巴蜀文化通史

乙酉岁处 马识途

《巴蜀文化通史》学术委员会

章玉钧　隗瀛涛　李绍明　林　向　胡昭曦　贾大泉
谭继和　万本根　陈玉屏　罗　鸣　沈伯俊　彭邦本

主　编
章玉钧　谭继和

副主编
罗　鸣　彭邦本

编辑部
主　任　侯水平　向宝云
副主任　万本根　李　庆

"十二五"国家重点图书出版规划项目

四川建设西部文化强省重点项目

章玉钧　谭继和　主编

巴蜀文化通史

巴蜀文化研究论著索引〔一〕

李敬洵　编

四川人民出版社

编者的话

巴蜀文化通史

编者的话

《巴蜀文化通史》编撰工程是中共四川省委批准、省委宣传部直接组织和领导,由四川省繁荣发展哲学社会科学协调小组立项、四川省社会科学院牵头的四川省西部文化强省建设重点支持项目,也是"十二五"国家重点图书出版物出版专项规划及国家出版基金(2016年度)资助项目。一直关心四川文化传承创新的省老领导杨超、杨析综、何郝炬、冯元蔚、廖伯康、聂荣贵、李永寿等同志率先向省委、省政府倡议启动编撰工作。在编撰研究过程中,得到了陶武先、柯尊平、王少雄、甘霖等历届省领导的大力支持和亲切指导,我们谨致衷心的敬意和感谢。

本书编撰委员会于2006年设立,编撰工作由此启动,至2020年全面完稿,历时十五年。编撰委员会名誉主任陶武先,主任王少雄、柯尊平,副主任殷建中、贾松青、侯水平、隗瀛涛、李绍明;顾问蔡美彪、李学勤、张海鹏;编委会成员有章玉钧、林向、胡昭曦、贾大泉、谭继和、万本根、陈玉屏、罗鸣、沈伯俊、彭邦本、向宝云、王素、舒大刚、邓经武、赵振铎、龙晦、龙显昭、刘平斋、吴野、钱来忠、曹顺庆、陈德述、任新建、李明泉、张忠仁、王毅、王庭科、冉光荣、杜肯堂、李学明、孙锦泉、陈廷湘、刘复生、佘正松、李健、李刚、李诚、江玉祥、江章华、蒋维明、季富政、高大伦、段志洪、侯德础、谢元鲁、甘绍成、张明富、张凤琦等。编委中,有些作为学术委员会成员,自始至终参与本书研讨和审定;有的承担了分卷的撰著;有的在本书酝酿和编撰的相关会议上提供了不少宝贵意见;有的应邀对有关书稿审阅并提出有益的建议。总而言之，编委们都为本书编撰出版做出了各自的贡献。另还专门请宗性（中国佛学院）审读了《宗教文化卷》。

编撰工作具体依托四川省社会科学院进行，院历届领导贾松青、侯水平、李后强、向宝云、高中伟等都给予大力支持、督促和帮助，多次召开院党委或院办公会议，听取编辑部汇报，决定有关事项并检查落实。编辑部成员张彦、彭东焕、印国玲在具体组织协调、制订规范规则、联系作者、学术讨论记录（含录音）、编写简报等方面做了大量工作。

《巴蜀文化通史》是集思聚智的学术成果，撰著参与者及分工情况详见于各卷后记。以下谨按卷次列出主要撰著者名单，共同见证这部著作的出版：

《通论卷》　　　　　　　谭继和著
《农业与水利文化卷》　　彭邦本编著
《工商文化卷》　　　　　张学君著
《城市文化卷》　　　　　何一民等著
《建筑文化卷》　　　　　庄裕光著
《交通文化卷》　　　　　蓝勇等著
《民族文化卷》　　　　　赵心愚、杨铭等著
《宗族与会社卷》　　　　张力著
《移民文化卷》　　　　　陈世松著
《方言卷》　　　　　　　李国太、黄尚军、袁雪梅、曾为志著
《民俗文化卷》　　　　　徐学书、喇明英、况红玲等著
《哲学思想卷》　　　　　蔡方鹿、刘俊哲、金生杨著
《史学卷》　　　　　　　粟品孝、周鼎、李晓宇著
《宗教文化卷》　　　　　李远国、向世山等著
《教育卷》　　　　　　　徐辉、徐仲林等著
《文学卷》　　　　　　　邓经武著
《艺术卷》　　　　　　　苏宁、沈博、幸晓峰著
《科技文化卷》　　　　　查有梁、王迎川、周世祥等著

《传播文化卷》　　　　　赵志立著
《文献要览卷》　　　　　舒大刚、李冬梅等著
《巴蜀文化大事记》　　　张彦、陈德言、王林、彭东焕编著
《巴蜀文化研究论著索引》 李敬洵编

由于多领域的地域文化通史尚属首创，不同门类各有其文脉演变、内在逻辑与历史进程，故未对各卷涉及本领域涵盖的时间起止及个别体例做统一的要求。编著者虽务求如清人顾炎武所说"庶几采山之铜"，而力避"买旧钱""废铜以充铸"，但因见闻学识所限，书中疏漏不足之处，尚祈望读者正之。

最后要说的是，全书从编撰到出版来之不易，还得益于四川人民出版社历任社长罗韵希、解伟、黄立新，副社长骆晓平，总编辑刘周远的关心和支持。特别是谢雪编审从中协调、统筹以及众多编辑"为他人作嫁衣裳"的辛勤付出。巴蜀文化界学术界的领军人物、尊敬的马识途先生在2018年一百零四岁时为本通史题写书名。在此，我们表示深深的谢意。

章玉钧　谭继和　罗鸣　彭邦本

2021年11月

总 序

◎ 章玉钧

总　序

　　呈献在读者面前的这部多卷本《巴蜀文化通史》，是国家重点图书出版物出版专项规划项目、国家出版基金资助项目和四川省西部文化强省建设重点支持项目的学术成果。这个项目由中共四川省委宣传部直接组织和领导，四川省社会科学院牵头，川渝合作，组织和邀约四川省、重庆市七十多位巴蜀文化研究专家参加，得到四川省委、重庆市委和国家有关部门的重视和支持，获得国家和省文化产业经费的资助。全书二十二卷二十八册，约一千六百万字。编撰出版工作历时十五年终告完成。参加本书编修的专家学者们团结协同、切磋琢磨、集思聚智、甘苦备尝，贡献了创造性的劳动。四川人民出版社和各卷责任编辑认真敬业，严谨审慎，做出了辛勤奉献。在此，谨就编撰《巴蜀文化通史》的缘起与旨归、定位与特色、架构与方法、集成与出新，作一概括的介绍，以助读者对全书先有个总体的了解。

缘起与旨归

　　编修《巴蜀文化通史》之议，酝酿已久。20世纪80年代至90年代，巴蜀文化和蜀学研究在四川逐步升温，在选编出版徐中舒、蒙文通、顾颉刚、任乃强、邓少琴、冯汉骥等大师关于巴蜀文化的论著①后，陆续编写出版了《巴蜀文化图典》②《巴蜀文化研究丛书》③《巴蜀文化系列丛书》④。大家既为"地域文化热"的兴起而振奋，又在同地域文化研究先行地区的比较中，看到我们的差距，深感传承、整合和弘扬巴蜀文化，要抓牵头的东西，抓具有基础性、全局性和带动性的项目。2001年，一直关注文化的四川省老领导杨超、杨析综率先提出编撰《巴蜀文化通史》的倡议，杨超还构想系统整理自古以来的巴蜀文献，编成《巴蜀全书》。他们登高一呼，高屋建瓴，对学界有很大的启发和鼓舞。经过反复酝酿，省里八位老同志⑤于2005年10月联名致信四川省委、省政府，建议启动《巴蜀文化通史》的编撰工程。在组织四川高校和研究机构数十位专家学者进行论证，并征得重庆市有关领导和专家学者的赞同后，省委批准立项，审定了全书的框架设计。2006年7月，《巴蜀文化通史》多卷本编撰工程正式开展。

大家渴望编撰《巴蜀文化通史》并积极付诸行动，是基于这样的共识：民族文化是一个民族的根、脉、魂，是民族精神的载体，是支撑民族生存和发展的脊梁。全球文明古国各具优长，唯有中华文明几千年来一脉贯通地连续发展至今，重要原因是有由甲骨文、金文发展而来的形、音、义相结合的汉字为重要载体和文化纽带，用其写成的文史典籍代代承传，从未间断，起到全民族凝心聚力的巨大作用，激励中华民族历经磨难而不衰，直至迎来民族走向伟大复兴的盛世。巴蜀文化是多源汇成一脉、多元聚为一体的中华文

---

① 徐中舒《论巴蜀文化》、蒙文通《巴蜀古史论述》、顾颉刚《论巴蜀与中原的关系》、任乃强《四川上古史新探》、邓少琴《巴蜀史迹探索》，均由四川巴蜀史研究会编辑，由四川人民出版社于20世纪80年代出版。此后还有《冯汉骥考古学论文集》1985年由文物出版社出版，另有《缪钺全集》2004年由河北教育出版社出版。
② 该图典由川渝合作编成，刘茂才、滕久明任编委会主任，万本根、俞荣根任主编，四川人民出版社1999年出版。
③ 该丛书由杨超、杨析综任编委会主任，首批六册。李绍明《巴蜀民族史论集》、隗瀛涛《巴蜀近代史论集》、林向《巴蜀考古论集》、胡昭曦《宋代蜀学论集》、谭继和《巴蜀文化辨思集》、徐南洲《古代巴蜀与〈山海经〉》，均由四川人民出版社2004年出版。
④ 该丛书由杨超、杨析综任编委会主任，谭洛非、邓星盈、万本根任主编，共十册，四川人民出版社2001年出版。
⑤ 八位老同志是杨超、杨析综、何郝炬、冯元蔚、廖伯康、聂荣贵、李永寿、章玉钧。

化中一个重要的区域文化，是博大精深的中华文明的一枝奇葩，在中华民族文化谱系中占有独特的地位。她绚丽多彩、大器包容，在与兄弟地域文化交流互益、吞吐融会中发展繁荣，形成并展示出独特的神韵和魅力，使哺育她的中华文化更添灿烂辉光。对于川渝地区各族同胞而言，巴蜀文化就是我们世代生存之根、承传之脉、发展之魂。

巴蜀大地钟灵毓秀、文脉悠长，堪称多种人类遗产荟萃的聚宝盆。巴蜀文化有许多独具的特色和亮点，足以令我们为先辈的创造感恩并自豪。茂县营盘山、成都平原从宝墩到三星堆、金沙以及长江三峡、宣汉罗家坝等处文化遗址的多次惊世发现，结合古文献资料，无可辩驳地证实了巴蜀作为长江上游的上古文明中心，丰富了中华文明的基因，显示出古蜀古巴文化永恒的魅力。周秦以来，中华思想文化素以儒学、道学为主干；佛学西来后，更以儒释道交融互补为特色。蜀地仙道发源很早，成为天师道的创教地；儒学从西汉起就在此代代传承，文翁石室、周公礼殿、孟蜀石经彪炳千秋；在佛教中国化的进程中，巴蜀出了许多大德高僧，尤其是禅学大师，成为中国禅学中心之一。作为中国重要地域学术文化的蜀学，富有哲思传统和文史之长，"易学在蜀""史学莫隆于蜀""文宗自古出巴蜀""自古诗人例到蜀"等赞语，无不彰显历代巴蜀学术文化的璀璨夺目，成就非凡。巴蜀的音乐、舞蹈、碑刻、石窟、书法、绘画、诗词歌赋、戏剧、织锦、酿酒、制茶、肴馔等享有盛誉，非物质文化遗存丰赡多彩。巴蜀悠久的农耕文化与繁盛的工商文化相得益彰，并曾在水利开发、天然气开采、钻井术、天文、数学、医药等科技领域独占鳌头，纸币"交子"首发领先全球。巴蜀是中国历史上一个典型的移民区域，又长期是汉族和许多少数民族相聚和融合的地区，开拓了对外交往的条条蜀道，形成了连通中亚、南亚的南方丝绸之路和藏羌彝民族走廊。移民文化与原生文化、汉文化与少数民族文化、本土文化与外来文化在这里交融互动，使巴蜀文化具有很强的开放性、包容性、创新性和辐射性，这些特性被学者喻为"水库效应"。巴蜀儿女自古敢为天下先，尤其是百余年来向现代化转型时期，巴蜀文化哺育和造就了众多的杰出人物和文化精英，红色文化光耀史册，三线建设举国之重，"改革之乡"①闻名遐迩。在 2008 年"5·12"汶川特大地震等自然灾害的救援和重建过程中，四川人民表现出的英勇、睿智、大爱、感恩，也都凝聚着巴蜀文化浴火重生的精神。

当今中国正处于世界百年未有之大变局，建设社会主义文化强国，着力提升文化软实力，关系到"两个一百年"奋斗目标和中华民族伟大复兴中国梦的实现。身为当代学人，要在马克思主义指导下，树立高度的文化自觉和自信，十分珍视本土优秀的传统文化，处理好传统文化与现代化、本土文化与外来文化的关系，立大志愿，开大视野，用大手笔来发掘和系统梳理传统文化资源，传承、整合、弘扬巴蜀文化，致力于培根铸魂、固本延脉，使我们优秀的文化基因永续传承，与当代社会相协调，让富有恒久魅力、具有当代价值的巴蜀文化在提高全民精神素质，推进文化强省强国，铸牢中华民族共同体意识和助推构建人类命运共同体的进程中发挥应有的作用。

编撰多卷本的《巴蜀文化通史》，具有深远宏大的文化价值、学术价值和应用价值。一是对巴蜀文化几千年的发展轨迹及其创造、积累的宝贵文化财富，作出系统梳理和规律性总结，可以回应巴蜀民众了解"我是谁""我从哪里来"的文化寻根需求，丰富人们的精神世界，尤其是在道德规范和价值取向上得到涵养和化育。二是可以较全面地展示巴蜀文化的神韵和亮点，系统阐扬蜀史、蜀学、蜀文、蜀艺，构筑宽阔的学术研究平台，为巴蜀人文社会科学走向繁荣，促进传统文化的创造性转化和创新性发展，发挥立其大本、凝聚人心、导向助推的作用。三是同兄弟地域文化的研究成果相互呼应、相得益彰，有助于深入了解中华文化，传承中华文脉，为我们的母亲文化增光添彩，一起来展示她的独特魅力，进而与世界多元文化中不同民族文化平等交流互鉴，为建设新时代中国特色社会主义文化，增强我国的文化竞争力和软实力添砖垒瓦。四是更进一步促进川渝文化合作，可以为繁荣、丰富当代巴蜀先进文化建设，尤其是推进文化创意产业和康乐旅游产业，发掘深层次的文化内涵，提供坚实的学术依据，从而开启思路、激发灵感，以文塑旅，以旅彰文，把潜在文化资源（包括物质文化遗产和非物质文化遗产）

---

① 邓小平 1982 年对家乡四川的深情赞语。

转化为现实的生产力和文化软实力。五是有助于改变四川高校和研究机构在巴蜀文化和蜀学研究上各自为政、力量分散的状况,使之汇聚并形成有较高水平的老中青结合的研究队伍。与《巴蜀文化通史》珠联璧合的《巴蜀全书》,作为四川有史以来最大规模的古籍文献整理工程,经由四川大学古籍整理研究所提出并担纲,在四川省社会科学院和兄弟高等院校协力下,2012年以来,已出版阶段性成果两百余种,就是蜀学研究正在形成合力的又一明证。

定位与特色

为了实现前述宗旨,参与编撰的同仁都力求使《巴蜀文化通史》既是文化集成,又是学术创新,努力做到观点有一定创新性,知识含量丰富,资料翔实,文笔流畅,总体上进入巴蜀文化研究的学术前沿,在科学性、系统性、创新性、前瞻性、可读性等方面力争成为当代巴蜀学人可以"预流"——预于时代学术潮流的成果,成为在巴蜀文化研究上服务于现实并可继往开来的学术著作。但我们悬鹄虽高而未必力所能逮,故难免"取法乎上,仅得乎中"之憾。

这部书的研究对象是巴蜀文化,性质是通中寓专、通专结合的文化通史,角度是把地域史学与文化学及相关学科契合起来,贯穿全书的编撰理念是"三通",即纵通、横通与会通。这里就分别说一说本书的"文化"本位、"巴蜀"立位和"三通"定位。

(一)"文化"本位

世界上对"文化"的定义已经有好几百种。我们以唯物史观为指导,本着天人合一、以人为本的中华人文精神[①]来解读文化。"惟天地万物父母,

---

① 天人合一、以人为本,打破天道与性命的隔阂,既避免把天人合一引向神学化,也避免陷入人类中心主义,而把敬畏、顺应自然与发挥人的主体能动性相统一,蕴含天人相依相待、互动互益的张力。

惟人万物之灵。"①人作为自然演化的产儿，受惠于天地万物，在群体劳动实践中成为地球上的万物灵长，既能创制工具，又能用语言交流，进而创制文字，由此有了文化及其积累、传承，于是便创造了"人化的自然界"。同时，在法天、法地、法万物的进程中，人也改变和提升着自身。汉字的"文"，原意是文身、文饰、纹理，以文来显示，以文来变化，讲规矩、礼貌，与禽兽区别开来。这是外在的，更是内在的。文的外化于行与内化于心，开物成务与锻塑成人，乃是人类与自然进行精神与物质相互变换中联袂互动的双重效应。自然力所为乃造化，人类心力所创是文化。文化从何而来？由人化文；文化落脚何方？以文化人。荀子讲"化性起伪"，"伪"就是人为的东西。要改变自身才能更好地改变世界。文化就是这样"人化"与"化人"（或曰"人为"与"为人"、人性的外化与内化）相统一，在双向建构中螺旋式上升，推动着人居世界的演进。人，既是创造文化的能动主体，又是文化所创造的价值主体。这与古语"人文化成"②的解读可以相通，也跟西方"文化"一词兼容"耕作、栽培"（外化）和"养育、教化"（内化）的语义相衔接。《中庸》讲至诚尽性，内外交修："惟天下至诚，为能尽其性。能尽其性，则能尽人之性；能尽人之性，则能尽物之性；能尽物之性，则可以赞天地之化育；可以赞天地之化育，则可以与天地参矣。"③这段话，恰可理解作为内化与外化相统一的文化的功能。

这样的广义文化，它对外与天地万物相成相济，内结构则包含着精神文化、语文符号、规范体系（行为习俗和法律）、社会制度和社会组织、物质产品等要素。④这些文化要素，大体可划分为相互联结、相互渗透的三个层面：外层是作为基础的物态文化，即经过人的劳动形成的"人化"自然或器物层面，体现人与自然的互动关系及其物质成果；中层是语文符号、制度文化和行为习俗文化等，可称为"交往文化"，体现出人与人的互动关系即社会关系，也是精神文化的外在表现；内层则是以价值观为核心的精神文化，

---

① 《尚书·周书·泰誓上》，《十三经注疏》上册，中华书局1979年影印本，第180页。
② 《易·贲卦·彖辞》："观乎天文以察时变，观乎人文以化成天下。"
③ 《礼记·中庸》，《十三经注疏》下册，中华书局1979年影印本，第1632页。
④ 《中国大百科全书·社会学卷》，中国大百科全书出版社1991年版，第409页。

体现出人的心灵世界在真、善、美、圣（科学、道德、艺术、哲学、宗教）诸多领域与境界的创造。清代龚自珍说过："圣人之道，本天人之际，胪幽明之序，始乎饮食，中乎制作，终乎闻性与天道。"①文化的上述三个层面，既如血脉相通，总体上联动互进，在变迁时序上又往往呈现有速有缓、或前或后的不平衡发展状态。这种总体性与异步性的统一，是在研究和描述文化史时需要仔细琢磨和体现的。

综上所述，文化是在天人相合相分、互动互益进程中人的生命存在及其取得的全部成果，或简单地说，文化就是人类独有的生存方式。人们总是生活在世代传承而又不断积累、不断丰富的文化之中。这文化如水，滋润万物；若风，吹拂人间；又好比血液，灌注循环于特定民族或地区人群的心灵深处，产生凝聚力和认同感，积淀、凝结为人们稳定的生存方式。因此，人类的文化既有共通性，又有民族性、地域性和时代性，是多元的、多样的，而不是单一的、无差别的。不同民族、不同地域、不同时代产生的文化模式，形成的文化精神各有不同。伴随着时代的风云变幻，当不同文化相遇、相会时，从价值观念、思维方式、生活样态到社会习俗，就会产生交流、交融、交锋，出现文化选择和互融，进而导致文化的转型。通观世界历史，文化转型曾有过各种不同的类式。中华文化的现代转型是守正创新，把马克思主义基本原理同中华优秀传统文化相结合的自主式；而不是聚合多种移民文化、喧宾夺主的复合式；更不是那种特定场合下原有文化解体，被另一文化取代的断崖式。

"文化"和"文明"是两个意义相近又有区别的概念。文化侧重于文的功能，文明侧重于文的成就。人猿揖别，就出现文化；到告别蒙昧、野蛮，才进入文明时代。文明是个褒义词，囊括人类创造的积极成果之总和，用以指称人类社会的进步程度和开化状态。②当今多以文化标示民族性差异和地域性特色，而以文明标示人类的普遍行为和多元成就。文明因交流而互鉴，因互鉴而发展。在经济和科技全球化进程中，许多物态文化和一部分行为习

---

① 《五经大义终始论》，《龚自珍全集》，上海人民出版社1975年版，第41页。
② 《易·乾·文言》："见龙在田，天下文明。"《尚书·舜典》："睿哲文明。"孔疏："经天纬地曰文，照临四方曰明。"

俗文化在逐步趋于同质化，而具有不同基因的制度文化、语言文字，特别是精神文化，则终会呈现和保持多样化。这一部地域文化通史，本着文化的多元性和相通性来立论，各卷都力图写出浓郁的地域文化味，体现出"人化"与"化人"的统一。

（二）"巴蜀"立位

广袤的中华大地因地壳碰撞形成了自西向东、由高到低三个落差很大的阶梯，巴蜀处于高阶到中阶的内陆腹地，连通祖国的南北西东。巴蜀西部为青藏高原东南缘及横断山区北段，东部为群山环抱的四川盆地，总体地势西高东低，地形地貌独特丰富，集雄、奇、险、秀于一体，自然禀赋得天独厚，是万物生灵的洞天福地。巴和蜀是上古以来巴人、蜀人及其他族群先民活动的地域，二者相连乃至交错，文化复合共生，自成一个地域文化区系。在中华文明满天星斗式的起源中，这里是相对独立肇兴的长江上游文明起源中心，有巫山人、资阳人为代表的文化根系，有万年以上的文明起步，上古巴蜀地域文明形成和发展中的不少谜团还有待地下发掘来破解。三千多年前巴蜀文明就与中原文明血脉交融，与吴越、荆楚等文明紧密互动，也与南亚、中亚文明交流互鉴。公元前316年，秦并巴蜀后则更紧密全面地融入中华文明共同体，成为它重要的组成部分之一，东汉时即享有"天府之国"的美誉。巴与蜀同源同囿，文化具有同质性和内聚力，而自然人文环境又同中有异，形成了刚柔相济的复合型文化共同体。蜀人慕文好乐，精敏健雄，浪漫诙谐；巴人质直尚勇，豁达豪爽，吃苦耐劳。所谓"巴出将、蜀入相"，大致道出了两者文化性格的差异。巴蜀的地域范围历代有涨有缩，行政区划迭有变迁（包括1997年以后川渝分治），而长期历史形成的巴蜀文化区虽没有截然划定的边界，却是相对稳定的整体，并未因行政区划变动而忽合忽分。巴蜀文化区的范围是涵盖今四川省和重庆市地域，兼及周边风俗略同地区的民族文化共同体。它以史源悠久、流传有绪的巴文化、蜀文化为主轴，既包括四川盆地以汉族为主体、辐射四周的文化，也包括盆地周边各以藏、彝、羌、苗和土家等世居少数民族为主体、各民族和谐共融的文化，是这一地区从古至今多民族地域文化的总汇。这部书论述的地域以今四川省和重庆市为主,对不同历史时期曾纳入巴蜀行政区划或与其文化关联密切的地域也有涉及。

巴蜀虽地处祖国内陆,不靠边、不濒海,却衔接南北,连通西东。在编撰这部书时,我们力求处理好巴蜀文化与其母文化——中华文化的关系,重视巴蜀文化与兄弟地域文化之间的交集和互动,着眼于巴蜀文化的特性、个性,寓共性于个性之中,寓统一性于多样性之中。我们也重视巴蜀文化与域外文化之间的交集和互动,注意巴蜀文化在中外文化交流中所起的作用。在巴蜀文化内部,我们力求处理好蜀文化与巴文化相互之间的关系,巴蜀汉民族文化与各世居少数民族文化的关系,尽可能都给以充分的关注,反映它们之间的共性与个性、互联与互动,力避顾此失彼,详略失当。为涵盖并展示少数民族文化多姿多彩的众多领域和方面,这部书除单独设置《民族文化卷》外,各有关专题卷都力图把相关领域的少数民族特色文化摆在重要位置进行阐述和概括。

(三)"三通"定位

"三通"是贯穿全书的重要编撰理念。史著价值在于信,通史灵气在于通。司马迁"究天人之际,通古今之变,成一家之言"[①]是我们心向往之、孜孜以求的目标。史学前辈范文澜等曾提出"三通"("直通""旁通""会通"),我们根据编撰《巴蜀文化通史》的要求,把历时态的"纵通"、共时态的"横通"与跨文化、跨学科的"会通",合在一起作一些新的阐释。世界是通的,大历史是通的,大文化是通的。文化史的发展,本来就涵盖着纵向的全过程、横向的多层面、跨文化的多领域。通向历史本真,揭示历史本体,是"三通"追求的目标。尤其是作为通中寓专、通专结合的多卷本地域文化通史,无论承担通论或专题卷的学者,都力求在"三通"上下功夫。

一曰纵通,指历时态全过程的贯通。"观水有术,必观其澜。"这部书贯穿古今,上溯于远古巴蜀先民之蒙昧初开,下迄21世纪初年川渝之文明新

---

① 《史记》卷一三〇《太史公自序》。

貌，原始察终，系统梳理这个既有内在连续性，又呈现不同时代阶段性的曲折过程中巴蜀文化层积而兴的脉络，由此分析其在各个历史时期的盛衰流变，此起彼伏的高峰低谷，展示巴蜀文化的特色和贡献，进而探究其发展的逻辑进程，尤其是传统巴蜀文化向现代化转型的路径，论证巴蜀文化的当代价值和意义，揭示巴蜀文化的发展趋势和前景，做到鉴古察今、述往知来。这是全书贯穿始终的主线。这条主线还可以从实践与认识的角度一分为二：一是巴蜀文化的实践史、发展史；二是在实践基础上对巴蜀文化的认识史、研究史。二者结合方能从实践与认识的循环往复中，深入把握"外化与内化相统一"的文化真髓。

二曰横通，指共时态全方位的互通。"事不孤起，必有其邻。"从全书立卷到各卷章节的设置，都力图以时间为经，以反映文化的不同层面及专题为纬，纵横交织，立体成像。历史运动是有结构的，它是过程与结构的统一，广义文化中各层面的共生、交叉、互动就体现着这种结构性。这部文化通史不仅要剖析巴蜀文化发展的过程，同时要展现巴蜀文化的层次与结构。本书多数专题卷，虽然在物态文化、交往文化、精神文化几个层面中各有其侧重点，但都是从有血有肉的文化肌体中抽出来的，不能孤立求索和描述。研究时不仅不能把经济基础与其上层建筑割裂开来，还要努力展示文化各层面的横通，展示各专题内部各个相关领域的横通。这样做是为了尽量体现地域文化生成的内在机理，使读者把握到神完气足、血肉丰满、生机勃勃的整个巴蜀文化。

三曰会通，着重指跨文化、跨学科的多元共融，全景式打通。《易·系辞上》说："圣人有以见天下之动，而观其会通。"① 南宋郑樵《通志》特别强调"会通"。② 要从天下事物阴阳变动不居的状况，观察领悟其会合变通的卯窍。人类文化从来是多元并存，在相互比较、碰撞、渗透、融合中发展的。研究地域文化，必须有开放式的大视野，具备跨文化、跨学科的眼界

---

① 李鼎祚《周易集解》注文中引用汉代干宝："观日月而要其会通，观文明而化成天下。"
② 郑樵《通志·总序》："百川异趋，必会于海，然后九州无浸淫之患。万国殊途，必通诸夏，然后八荒无壅滞之忧。会通之义，大矣哉！"又其《夹漈遗稿》卷三《上宰相书》："天下之理，不可以不会，古今之道，不可以不通，会通之义，大矣哉！"

和通识，能够在充分尊重和了解各种文化事象的前提下，不停留于对现象的描述，而要触类旁通、探赜索隐、择精合妙、汇聚通宜，真正实现圆融贯通。纵通为经，横通为纬，须擅会通，方呈现三维立体的全息图景，做到究始终、观全体、明是非得失之故。就是说，文化史研究要通过分析和综合，具备文化反思和阐释张力，会归通衢，由"方以智"进到"圆而神"，抵达藏往知来之境。

我们时时提醒自己：研究巴蜀文化不仅要钻得进去，还要跳得出来，站到更高处，具有开放的胸襟和跨文化比较的视野，把巴蜀文化放到多元一体的中华文化和全球多元文化的大背景下加以审视，察异观同，和合会通。巴蜀文化从来不是与世隔绝、孤立自足地成长起来的，而是在同周围的兄弟地域文化相互影响下发育繁衍，并在同远近的异质文化间接或直接的交流互动中汲取营养的。我们正处在不同文化交流空前深入、碰撞空前激烈的时代，为了追寻全球文化的多元和谐，助推构建人类命运共同体，一定要本着"各美其美，美人之美，美美与共，天下大同"的文化会通观，祛除近代以来因受西方强势文化轻视、压抑而形成的文化自卑和盲从心态，提高对中华文化地位、作用的认识，坚定文化自信，珍爱并拓展、弘扬本土文化的精华。要在马克思主义指导下，具备通识通才，对中外文化精神析同辨异，折冲樽俎，在会通中实现对优秀传统文化的继承和超越，对外来文化精华的吸纳和转化，促进新时代中国特色社会主义文化繁荣发展，不断开拓文化巴蜀、文化中国转型复兴之路。

架构与方法

20世纪初叶，随着新史学的兴起，文化史在历史学中的地位得到重视和加强。刘师培曾计划研究文化专门史，含十六种，以西方学术的科目，析先秦诸学学术思想之长短得失。① 胡适设想，中国文化史要包括民族史、语言文字史、经济史、政治史、国际交通史、思想学术史、宗教史、文艺史、风俗史、制度史等科目。② 梁启超专就文化史的做法讲课，认为需要对政教典章、社会生活、学术文化等方面，做分门别类的文化专史。最好是把人生的活动事项纵剖，依其性质，分类叙述。在狭义的文化专史中，他举出语言史、文字史、神话史、民俗史、宗教史、道术史（哲学史）、史学史、自然科学史、社会科学史、文学史、美术史等。③ 不过，20世纪30年代初问世的几部中国文化史（如杨东莼1931年、柳诒徵1932年、陈登原1935年），仍多系综合体裁，对各文化门类往往语焉不详。

在前辈学者探索的启发下，我们反复思量，决定突破所见的国内现有地域文化史侧重综合、纵通的体裁，而按"纵述史实，横排门类"的编撰原则，采用"通论+专题卷+大事记"这样一种体现纵通、横通、会通的创新结构，几经斟酌，全书共二十二卷，排序如下：置全书之首的《通论卷》，阐释了巴蜀文化的基本概念与学术体系，生态环境背景，巴蜀文化的研究史和认识史，由古及今的文化发展轨迹、基本性质及基本特征，在多元一体、博大精深的中华文化中的定位及其特殊贡献，薪火传承与现代化转型创新及前景趋势，力求起到提纲挈领、纲举目张的作用。其后大体按文化的不同层次，分别为巴蜀文化具有特色的领域、学科列专题卷。先是侧重物态文化并由此探及相关交往文化、精神文化层面的，有《农业与水利文化卷》《工商文化卷》《城市文化卷》《建筑文化卷》《交通文化卷》；接下来的《民族文化卷》从中华民族共同体的多民族视角强调综合性；《宗族与会社卷》《移民文化卷》《方言卷》《民俗文化卷》大体属于制度文化、语言文字、行为交往文化层面（鉴于政制、职官、法律等制度，全国大体统一，故不设专卷）。继后精神文化层面的部分，卷数较多，设有《哲学思想卷》《史学卷》《宗教文化卷》《教育卷》《文学卷》《艺术卷》《科技文化卷》《传

---

① 刘师培：《周末学术史序》，1905年作，《刘师培儒学论集》，四川大学出版社2010年版，第36～78页。
② 胡适：《〈国学季刊〉发刊宣言》，《胡适文存》二集，黄山书社1996年版。
③ 梁启超：《中国历史研究法（补编）》，《中国历史研究法》（外二种），河北教育出版社2000年版。

播文化卷》。为便于了解巴蜀历史文献，尤其是蜀学文献，特设有文献目录学专题《文献要览卷》。专题卷之后的《巴蜀文化大事记》，对先秦至当代巴蜀文化重大事件以编年方式扼要记载，便于读者对巴蜀文化全程有鸟瞰式、综合性的把握；《巴蜀文化研究论著索引》，则供研究者作为检索工具使用。以上就是全书的架构。

各专题卷均前置导言，末设结语。其篇章框架则因事制宜而有所不同。有的是以时期分章，大体按不同门类分节，在纵通中含横通（如《教育卷》）；有的主要按专题并结合时序来分章节，在横通中含纵通（如《科技文化卷》）；有的先理出历史线索，再突出一些重点专题，先纵后横，纵横结合（如《城市文化卷》）；还有的卷内分两编，分述相关内容（如《农业与水利文化卷》）。

《巴蜀文化通史》作为多卷本的学术著作，主要供大专以上程度的读者阅读，以及文化馆、图书馆等购备。它既不是曲高和寡的"阳春白雪"，也不是能够直接普惠民间的通俗普及读本。为了让巴蜀文化走进千家万户，还有待开发科普读物和图文，使之逐步大众化，在应用和传播上做创新文章。

编撰《巴蜀文化通史》，涉及学科门类甚广，涵盖时间很长，创新要求颇高，总字数超过千万。这样的文化工程，绝非率尔操觚、短促突击所能成功。近人刘承幹①《明史例案》提出过八条准则，就是"搜采欲博，考证欲精，职任欲分，义例欲一，秉笔欲直，持论欲平，岁月欲宽，卷帙欲简"，我们在编撰过程中借作参照，同时根据在新时代撰写地域文化通史的新要求，不断从实践中探索，大体形成了以下一些做法：

（一）多学科的专家学者分工合作，协同攻关

梁启超主张，广义的文化专史，涉及面特别广，在专史中最为重要，也最为困难。这不单是史学家的责任，更是研究某种专门学问的人对于该种学问的责任，要尽量用内行的专门家去做。若能以终身力量做出一种文化专史

---

① 刘承幹（1881～1963）：著名藏书家、刻书家、史学家。

来，于史学界便有不朽的价值。①本书的编撰设置了编撰委员会、学术委员会及编辑部，确定由正副主编主持编撰，编辑部依托省社科院开展编务工作。各专题卷的著者采取定向邀标办法聘请，多为对该学科领域研究有素的专门家，分别采取由个人承担，或二三人合著，或一人主撰、团队协力完成等方式进行。为保证学术质量，使全书有机统一，在实行主编负责制的同时，由资深专家组成学术委员会，全程参与从项目规划到成书的学术攻关和学术把关。

2006年以来，先后开了四次分卷著者会议，八十多次书稿审读会议。第一阶段，先由学术委员会同分卷著者反复讨论各卷著者拟出的由粗到细的提纲，并明确全书编纂理念②，统一规范体例，然后与分卷著者签订编撰合同，落实工作责任。第二阶段，学术委员会同分卷著者研讨各卷写出的一两章样稿，这是"摸着石头过河"的试错与磨合过程。有些卷的思路和写法曾有大的调整和改变。第三阶段，各卷著者潜心研究，奋力写作。初稿先后写出后，大都经过学术委员会仔细研读，写出审读意见，同著者一起讨论，从结构、体例到观点、材料都认真交换意见，对著者遇到的各种史料、概念及话语体系、文脉梳理、文化基因挖掘等问题，出点子，提思路。待著者修订后又进行讨论，有的书稿研讨了四个回合。当某一分卷初稿趋于成熟时，即请出版社责任编辑提前介入审编，参加讨论，以便撰写工作与第四阶段的编辑出版工作紧凑衔接，不出空当。因各卷皆分头撰写，结构和文字风格有所不同，对同一文化事象的见识裁断有别也在所难免。在统改书稿过程中，既充分尊重分卷著者的学术个性和创见，同时为了各卷在总体上规范统一，基本观点相互协调而不相抵牾，尊重主编的统改权，而在个案判断上各卷则有自由度。注意把握各卷边界，相互照应避让，以免大的重复，做到详略互见，各得其宜。

在这部文化通史编撰期间，本书学术委员会大多数成员在辛勤共事中度过了古稀以至耄耋之年。我至今还清楚地记得在每次研讨会、审稿会上专家

---

① 梁启超:《中国历史研究法（补编）》，《中国历史研究法》（外二种），河北教育出版社2000年版。
② 章玉钧:《关于编纂〈巴蜀文化通史〉的思考》，《中华文化论坛》2007年第4期，第5～10页。

们无私地贡献个人的真知灼见，自由发表不同见解乃至相反的主张，体现出的那种学术为公的争鸣探索精神。尤其令我们刻骨铭心的是：隗瀛涛、李绍明、贾大泉、沈伯俊、万本根、胡昭曦、林向七位先生为学术工作长期呕心沥血，先后因病辞世。对诸位先生的高见卓识、学者风范尤其是为编撰本书所做的贡献，我们将永志不忘。

（二）采取多重证据法和综合研究法，在搜集和鉴别史料上下大功夫

古人所称"文献"，原本指书面文字记载与贤人口头传闻[①]，徐中舒先生拓展他的老师王国维的古史二重证据法为多重证据法，注重传世文献、出土文物和现代民族学、民俗学的活态文献等结合互证，将区域文化史研究提高到崭新的学术境地。本书编撰中，继承和弘扬王、徐等前贤视野广阔的史料观，搜罗史料力求竭泽而渔，鉴别史料着意披沙拣金，通过综合比勘，相互参证，追根溯源，从而正误辨伪，务寻真史。各专题卷著者都是先汇辑基本史料并掌握学界已有研究状况，汲取前人取得的成果，才进入写作阶段。有好几卷的著者更是"读万卷书、行万里路"，带领研究生经年累月搞田野考察，获得不少真知灼见，从而在学术上有了新的拓展。

（三）坚持文化学的视角，采取多学科交叉和比较文化学的研究方法，力求写足文化味

文化既然是人的生存方式，归结为"人化"和"化人"，每卷文化史就要见物更见人，既写出"由人化文"的胜境，更揭示"以文化人"的妙谛。有关精神文化的各专题卷，既系统梳理巴蜀精神文化尤其是蜀学发展繁荣的脉络，突出展示巴风蜀韵孕育出的文宗巨子和文化精英的成就，也记载众多无名工匠、艺人等留下的民族民间文化、市井文化的瑰宝。侧重物质文化的各专题卷，不停留在物态层面的描绘，而尽力深入到制度层面、精神层面。如《农业与水利文化卷》《科技文化卷》等，对举世无双、造福人类

[①] 朱熹："文，典籍也；献，贤也。"引自《四书章句·论语集注》卷二《八佾第三》，中华书局2012年版，第63页。

二千二百七十多年的都江堰水利工程，就不仅从物质、科技、生态层面介绍其巧夺天工、可持续发展的奥秘，而且从制度文化层面总结其堰官、岁修、劳役、配水、轮灌、收费等管理制度，更深入精神文化层面阐释其"上善若水"的哲理和人文精华。

（四）掌握焦点，抓住重点，发挥特点，突破难点

饶宗颐先生在揭櫫华学趋向时，曾提出"三条"："一是纵的时间方面，探讨历史上重要的突出事件，寻求它的产生、衔接的先后层次，加以疏通整理。二是横的空间方面，注意不同地区的文化单元，考察其交流、传播、互相挹注的历史事实。三是在事物的交叉错综方面，找寻出它们的条理——因果关系。"又说："我一向采用的史学方法，是重视'三点'，即掌握焦点，抓紧重点，发挥特点，尤其要特别用力于关联性一层。"①我们体会，"三通"的理念与上述"三条""三点"是一致的，而方法上特别重视关联性，就要纵通找焦点，横通抓重点，会通求特点。编撰中，我们注意咀嚼梁启超的卓见：文化的发展史，各个时代、各个领域是不平衡的，重要性是不一样的，要分主系、闰系和旁系。不要平讲直叙，分不出浓淡高低。须用鸟瞰的眼光，看出哪个时代最主要，发达到最高潮，便用全力赴之。②各书大都采用了这种大处着眼、抓住重点、突破难点、提炼观点、不平均使用力量的方法。

集成与出新

前面提到，编撰这部书时，我们力求做到既是文化集成，更是学术创新。无论文化发展、学术探索，都是慧命相续、推故致新的过程，需要不断传承积累，继往开来，久久为功。"譬如积薪，后来居上。"用冯友兰先生

---

① 饶宗颐：《〈华学〉发刊词》（1995年），《选堂序跋集》，中华书局2006年版。
② 梁启超：《中国历史研究法（补编）》，《中国历史研究法》（外二种），河北教育出版社2000年版。

的话，这是从"照着讲"到"接着讲"的进程。每门文化史的研究，都需要对已有的各种史料，广搜博采，集纳钩沉；对前贤成果循波讨源，含英咀华；只有在对文化遗产守正传承的基础上，才有可能站到前人肩膀上，回应新的时代需求，匠心独运，开拓新境；才有可能焕然出彩，奉献出在某些方面超越前贤的成果。朱熹诗云："旧学商量加邃密，新知培养转深沉。"① 集成是出新必需的基础和前提，出新则是集成企求的目标和价值增值的成就。二者同体异面，缺一不可，是衡量学术成果质量相互关联的两个维度。

（一）从集成的维度看

首先，《巴蜀文化通史》可以说是"巴蜀文化"概念提出八十多年来首次大的学术集成。"西蜀文化"（郭沫若1934年）、"巴蜀文化"（卫聚贤1941年）提出之初，主要是就巴蜀考古文化而言，后来渐次扩大到广义的巴蜀文化，有关论著已上千册，有关文章达数万篇（《巴蜀文化研究论著索引》多有著录），形成了分别以史学文献考据、文物考古、民族民俗田野调查为主的三种研究方向，近年又发展出综合诸家的会通型研究方向。各条路径的学者在不同领域、从不同角度艰辛探索，均取得了丰硕的成果。本书各卷编修中，都努力加以搜集、消化和吸取，并以借鉴、发挥这些观念、方法为前提，力求形成对巴蜀文化研究具总汇性的成果。如《通论卷》从总体上就巴蜀文化生态背景、内涵性质、发展历程及基本规律、特征等问题，会通诸说，取精用宏，做了言之成理的统体性总述，成为具有集成性的一家之说。《民族文化卷》不仅就民族理论的疑难问题深入研究，还在搜集分析历史文献材料、文物考古材料，特别是对国家组织的多次民族调查材料下了很大功夫，从而描绘出巴蜀世居各少数民族立体生动的文化图景。

其次，古往今来的巴蜀文化长河浩荡壮丽，魅力无穷。《巴蜀文化通史》对清点总结长时段、宽领域、多层面的巴蜀文化来讲也是一次学术集成。巴蜀的历史文化名人，如大禹、李冰、落下闳、文翁、司马相如、扬

---

① 《鹅湖寺和陆子寿》，（宋）朱熹著，郭齐、尹波点校：《朱熹集》卷一，四川教育出版社1996年版，第185页。

雄、诸葛亮、陈寿、常璩、陈子昂、武则天、李白、杜甫、薛涛、苏轼、格萨尔、张栻、秦九韶、杨慎、李调元等，都在相关卷帙中重点推介，娓娓道来；巴蜀历史上突出的物质文化成就和非物质文化成就，蜀学、蜀文、蜀艺、蜀籍的精华也都提要钩玄，荟萃于此。如《文献要览卷》就搜选论列了近五百种巴蜀文化重要典籍，可一览巴蜀文献精华，为学者指点津梁。又如智慧幽默的四川方言是巴蜀历史文化凝结的珠宝，《方言卷》挖掘、串起一颗颗珍珠，并生动剖析其蕴含的丰富文化信息，令人齿颊留香。

再者，不少专题卷的著者既具文化通识，又对该学术领域长期耕耘，研究有素，此次写作起到了阶段性总结的学术集成作用。例如：《城市文化卷》著者三十多年来由跟从名师到带领团队，一直深耕于近现代中国城市与城市文化研究领域；《移民文化卷》著者是国内知名的移民文化、客家文化研究专家；《交通文化卷》著者多年致力于西南历史地理尤其是交通文化的调研；《哲学思想卷》和《史学卷》著者长期潜心研究巴蜀哲学、巴蜀史学；《建筑文化卷》著者是卓有成就的古建筑研究专家、高级建筑师。他们都在各自领域完成了多项国家课题，此次承担专题卷，更是辛勤研讨，旁搜远绍，厚积薄发，突出亮点，倾力奉献了后出转精之作。

（二）从出新的维度看

本书围绕前述长时段、宽领域、多层次的巴蜀文化来创新体例结构，成为首部纵横贯通、覆盖面广、体量超大的巴蜀文化史，在全国已出的各种区域文化通史中，当属编撰体例新、时间跨度长、内容浩繁的一部。学术体系上的集成性，本身就是从文化观念、编撰理念到架构体例的出新，在地域文化通史领域作了开创性的探索。这是其一。

本书各卷着眼于发展新时代文化，明道求真，以史经世，着力写出巴蜀文化的特色和韵味，在内容上有较多突破和出新。过去关于农业与水利、工商、交通、建筑、城市等的论著，容易停留于物态层面，罕有从文化学角度和宏观视野对其全过程深入探讨之作；这次研究标明以"农业与水利文化""工商文化""交通文化""建筑文化""城市文化"为对象，注重深入文化层面进行阐释，且着意探讨长时段历史中这些物质文化变动与制度文化、精神文化演进的关系及产生的影响，这些往往是以前研究论著较少触及的。有关巴蜀学术文化的几卷，着力显示蜀学长于思辨、多元会通、创新超迈、沟通理欲、注重事功等特色，有助于发扬当今的时代精神。有关交往文化的几卷，注重聚焦于民间大众，关注各色人等的日常生活，运用了许多文化人类学、社会学、民族学的方法，见解新颖，地域文化味很浓。这是其二。

更值得珍视的是，各卷在编撰中深汲传统的源头活水，发现其烛照现实和未来的原创亮点，尤其是优越秀冠的巴蜀文化在传承创新中焕发异彩之所在。许多卷发掘出大量翔实的资料，匠心独运，以史鉴今，提炼出有创新性的学术观点，或举出有新颖性的论据，活用巴蜀首创的学术话语，采用别出心裁的叙事方式，力争获得创新、独见、卓识的学术成果。具体的创新点如同"诗眼""文眼"分布闪烁在卷帙之中，细心披阅，当会时有"山阴道上，应接不暇"之乐，这里无法一一细析。

鉴于多卷本地域文化通史尚属初创，不同文化门类各有其学理脉络、发展轨迹和演进特色，编撰难度往往超出预期，主编和各卷著者虽迎难而上，勉力为之，但仍难免有纰漏丛脞之处。尤其是古蜀文明还有不少千古待解之谜，我们受限于已获的资料和研究水平，多只能守阙存疑。对成稿后的许多惊世发现，巴蜀文化日新月异的面貌和新的研究成果亦未能更多纳入。当把多卷本《巴蜀文化通史》奉献到读者面前时，我们既同大家分享喜悦，又有颇为忐忑的心情。这部书，以至其中每一卷，究竟应获怎样的评价，最终还要接受时间的检验。衷心期望巴蜀文化研究慧命相续，薪火相传，探索和构建起自身完整的学科体系、学术体系和话语体系。但愿此番的初创能为后续俊彦们开拓新境起到抛砖引玉的作用。

巴蜀文化研究论著索引 总目录

巴蜀文化研究论著索引 [一]

凡 例 / 1

第一章　地方文化（1）

第二章　地理名胜（33）

一、一般论著 / 35

二、历史自然地理 / 38

三、历史人文地理 / 85

四、古迹名胜与旅游 / 168

第三章 沿革变迁 237

一、建置沿革 / 239
二、制度变迁 / 248
三、政治历程 / 261

巴蜀文化研究论著索引 [二]

第四章 百业文化 485

一、一般论著 / 487
二、农业 / 501
三、工业 / 546
四、交通运输和邮电通信 / 614
五、商业 / 644
六、货币与金融 / 661
七、人口、赋税、度量衡 / 682

第五章 学术科技 691

一、学术 / 693
二、史学 / 738
三、考古 / 953

四、科技医卫 / 1091

巴蜀文化研究论著索引 〔三〕

第六章 宗教文化 (1109)

一、道教 / 1111

二、佛教 / 1126

三、苯教与藏传佛教 / 1140

四、景教、基督教、伊斯兰教 / 1149

五、其他宗教及信仰 / 1152

六、秘密会社 / 1177

第七章 巴蜀文学 (1181)

一、一般论著 / 1183

二、赋 / 1229

三、诗 / 1246

四、词、散曲 / 1435

五、文 / 1513

六、民间文学 / 1592

巴蜀文化研究论著索引 [四]

1669 第八章 巴蜀艺术

一、一般论著 / 1671
二、书画艺术 / 1675
三、造型艺术 / 1705
四、建筑艺术 / 1765
五、表演艺术 / 1790

1873 第九章 教育文化

1911 第十章 语言文字

一、巴蜀图语 / 1913
二、扬雄《方言》/ 1915
三、四川方言 / 1921
四、少数民族语言文字 / 1936

1957 第十一章 传媒文化

一、印刷与版本、索引 / 1959

二、出版与图书、博物馆 / 1971

1989 第十二章 移民文化

巴蜀文化研究论著索引 [五]

1999 第十三章 民族文化

一、一般论著 / 2001

二、氐、羌 / 2039

三、僰、僚、濮 / 2045

四、纳西族 / 2049

五、彝族 / 2053

六、藏族 / 2066

七、苗族 / 2074

八、回族 / 2076

九、土家族 / 2077

十、其他民族 / 2081

2083 第十四章 巴蜀民俗

一、一般论著 / 2085

二、服饰 / 2095

三、岁时与节庆 / 2098

四、饮食习俗 / 2103

五、婚俗 / 2113

六、丧葬习俗 / 2118

七、掌故及其他民俗 / 2122

第十五章 巴蜀人物　2133

一、分传 / 2135

二、合传 / 2299

三、家族谱牒 / 2322

凡 例 / 1

第一章 地方文化 /1

第二章 地理名胜 /33

一、一般论著 / 35
二、历史自然地理 / 38
三、历史人文地理 / 85
四、古迹名胜与旅游 / 168

第三章 沿革变迁 /237

一、建置沿革 / 239
二、制度变迁 / 248
三、政治历程 / 261

凡例

一、本索引从1900—2005年的出版物中，选取研究1949年以前的巴蜀文化的论著目录。同时，酌情收录属于资料性质的目录。在1900—2005年出版的巴蜀古籍，以及与巴蜀文化有关的论文集，也予以收录。

二、本索引收录的论著，其研究所涉及的地域范围，以2005年四川省和重庆市的行政区划为限，同时也酌情收录有关历史上曾经属于巴蜀地区的论著目录。

三、本索引收录的论著目录，分为15类。每类之中，视其具体情况，再细分为若干小类。归入各类或小类的条目，可同时归入两个或多个类别的条目，按其主题内容，仅在一处归类排列。

四、本索引收录的非汉文论著目录，已译为汉文者，著录译文。未译为汉文者，原则上照录原文，少数难以著录原文的条目，改译为汉文。

五、本索引收录的人物传记，按照传主出生时间排列，传主籍贯皆在今四川省及重庆市行政区划内，卒年在1949年以前，传主籍贯有争议者，酌情收录。凡1949年以后去世的巴蜀人物，概不收录其传记，其在1949年前的事项，按照以事系人的原则，酌情收录。

六、本索引的条目内容，按照篇、书名，著（译）、编者，出处，卷、期，时间的顺序著录。凡著（译）、编者，出处，时间不明者，暂缺不录。

七、本索引著录的条目，编有顺序号，在书末附录的作者索引中，将本目录所收录的每位作者的条目编号，系于该作者名下，以便检索。

八、编者学识有限，错误遗漏在所难免，尚望读者指正。

第一章 地方文化

篇、书名	著(译)编者	出处	卷、期	年月日
古代四川之文化	徐中舒	史学季刊	1卷1期	1940
四川旧有文化	陈觉玄	大学	2卷5期	1943
An Ancient History of Szechwan（四川古代文化史）	郑德坤	Journal of the West China Border Research Society	Vol. 16	1946
		华西大学博物馆专刊之一		1946
		巴蜀书社		2004
四川早期的文化	毛一波	四川文献	149期	1975
四川文化之古	毛一波	文史存稿		1983
"老四川"区域的文化特征及形成原因	蓝勇	成都大学学报（社科）	2期	1999
两大文化 交辉联璧	梁旭仲	四川文物	4期	1999
巴蜀一绝	陈轲等	重庆出版社		1999
四川古文化序列概述	赵殿增	中华文化论坛	2期	2003
四川区域文化特点及成因分析	郑霖	国土经济	7期	2003
四川文化开放与交流的历史思考	王代言	西南民族大学学报（人文）	9期	2005
敦煌与五代两蜀文化	龙晦	敦煌研究	2期	1990
前后蜀历史与文化研究述略	王瑛	社会科学研究	6期	1992
论前后蜀文化对后世的影响	王瑛	成都文物	3期	2005
宋代眉州及其文化发展原因初探	蜀鹰	四川文物	3期	1987
略论宋代地域文化	程民生	历史研究	1期	1995
论宋代文化中的"眉山现象"	祝尚书	四川大学学报（哲社）	3期	2004
熊南沙的文学活动及其对四川文化的影响	李朝正	文史杂志	5期	1988
略说明代"西蜀四大家"对四川文化的拓展	李朝正	社会科学研究	4期	1989
明代蜀道沿线文化复兴述论	梁中效	成都大学学报（社科）	2期	1998
移民文化的强大生命力	廖永祥	郭沫若学刊	4期	1996
移民文化在四川	大真	四川日报		2000.12.8
四川：移民人口与移民文化的大融合	孙晓芬	今日四川	4期	1997
移民文化的新探索	又安	文史杂志	6期	1998
巴蜀大地上的闽文化	孙晓芬	闽西职业大学学报	1期	2004
近代四川的三次文化浪潮	郭毅生	四川文物	2期	2004
Popular Culture in the Making of Anti-Imperialist and Nationalist Sentiments in Sichuan	Li, Danke	Modern China	Vol. 30, No. 4	2004

续表一

篇、书名	著(译)编者	出处	卷、期	年月日
四川精神	张其昀	大公报		1939.10.29
先乱后治的精神	郭沫若	现代读物	5卷7期	1940
漫谈当前四川之文化发展	钱穆	中央日报		1945.7.15
抗战时期高校对四川爱国主义文化运动的推动	刘德芳等	成都党史	6期	1995
郭沫若论四川文化精神	周九香	郭沫若学刊	4期	1997
历史时期四川居民个性特征的地理分区及演变研究	蓝勇	中国历史地理论丛	3期	1996
古代巴、蜀人的性格差异及成因	刘固盛	西南师范大学学报（哲社）	5期	1998
天下四川人		四川监察	4期	1999
四川人构成及分类	陈世松	四川监察	4期	1999
川人张口"格老子"	陈世松	四川监察	5期	1999
天下四川人："嗜好"语言的四川人	陈世松	四川监察	6期	1999
天下四川人：四川人的"天府情结"	陈世松	四川监察	7期	1999
天下四川人：四川人的"天府心态"	陈世松	四川监察	8期	1999
五色斑斓四川人	吴野	今日四川	3期	1999
天下四川人	陈世松	四川人民出版社		1999
重庆人、成都人	张学君	文史知识	7期	2001
川渝人：盆地之中的守望者	董维涛	中国乡镇企业技术市场	12期	2003
"巴出将、蜀出相"成因浅析	安勇	西华大学学报（哲社）	4期	2004
高雄四川同乡会年刊（1-25期）	四川同乡会编辑组	编者刊		1981-2005
四川人在台湾——高雄四川同乡会史	李映发	四川人民出版社		2001
重庆地方文化三议	王安宁	重庆师院学报（哲社）	3期	1993
重庆文化谫议	王泉根	长江流域经济文化初探		1997
中国第四直辖市重庆文化谫议	王泉根	西南师范大学学报（社科）	1期	1998
重庆文化史（远古-1949年）	薛新力	重庆出版社		2001
重庆发展的文化反思	王顺达	重庆社会科学	2期	2002
重庆文化精神简论	薛新力	探索	2期	2002
重庆文化概览	重庆市文化局	编者刊		2002
略论20世纪重庆的两次移民与重庆文化精神	罗玲 汪蕾	重庆工业高等专科学校学报	1期	2003
重庆地域文化的雄健风格	王毅	重庆邮电学院学报（社科）	1期	2003

续表二

篇、书名	著(译)编者	出处	卷、期	年月日
略论重庆城市文化特色的多重属性	罗玲	重庆工业高等专科学校学报	1期	2004
抗战时期重庆文化的发展演变及特点（上）（下）	薛新力	渝州大学学报（哲社）	2、3期	1995
抗战时期重庆的文化	苏光文	重庆出版社		1995
抗战文化与面向21世纪的重庆文化	薛新力 王晓静	渝州大学学报（社科）	4期	2000
重庆市抗战文化资源的开发与利用研究	王戎	重庆交通学院学报（社科）	4期	2001
重庆抗战文化资源保护、开发的现状与对策	潘洵	西南师范大学学报（社科）	6期	2003
重庆抗战文化资源的特点、价值及开发思路	潘洵	重庆社会科学	1期	2004
论重庆抗战文化地图中的"文协"	彭玉斌	重庆社会科学	1期	2005
论陪都重庆文化与文学的地理性	郝明工	重庆工商大学学报（社科）	6期	2005
重庆抗战文化的历史贡献	重庆市邓小平理论与"三个代表"重要思想研究中心	重庆日报		2005.8.27
重庆抗战文化史	民革中央孙中山研究学会重庆分会	团结出版社		2005
抗战时期成渝两地文化氛围的差异	李莹	西南民族大学学报（社科）	9期	2005
巴蜀文化	卫聚贤	说文月刊	3卷4期	1941
			3卷7期	1942
评卫聚贤"巴蜀文化"	陆侃如	文化先锋	1卷12期	1942
巴蜀在中国文化上之重大贡献	傅振伦	说文月刊	3卷7期	1942
巴蜀古文化之研究	于右任	说文月刊	3卷7期	1942
漫谈巴蜀文化	缪凤林	说文月刊	3卷7期	1942
古代巴蜀文化	缪凤林	文史哲季刊	1卷2期	1943
巴蜀文化初论	徐中舒	四川大学学报（社科）	2期	1959
《巴蜀文化初论》商榷	缪钺	四川大学学报（社科）	4期	1959
巴蜀文化续论	徐中舒	四川大学学报（社科）	1期	1960
论巴蜀文化	徐中舒	四川人民出版社		1982
巴蜀文化发展渊源的探索		社会科学研究	6期	1988
巴蜀文化是华夏文化的一个起源地	段渝	社会科学报		1989.10.19

续表三

篇、书名	著(译)编者	出处	卷、期	年月日
巴蜀文化的特征及其对当代四川文化发展的影响	王世达 陶亚舒	成都大学学报（社科）	4期	1989
古代巴蜀群众文化史研究二题	王建伟	成都师专学报	1期	1990
近五十年来巴蜀文化与历史的发现与研究	林 向	民族研究动态	4期	1990
刺讥——巴蜀文化的叛逆精神	刘真伦	龙门阵	5辑	1990
简论开展巴蜀文化研究的意义、内容及方法	四川省社科院巴蜀文化研究中心	社会科学研究	5期	1991
巴蜀文化	袁庭栋	辽宁教育出版社		1991
从考古和文献资料看巴蜀文化的内聚和外衍	周群华	成都文物	4期	1992
		四川文物	3期	1993
从考古和文献资料看巴蜀文化与周边区域文化的交流	周群华	社会科学研究	6期	1992
巴蜀文化与西南各族文化的关系	傅正初	文史杂志	4期	1993
关于"巴蜀文化"的命名	傅 征	文史杂志	6期	1993
"表仪一代"的巴蜀文化	曾枣庄	文史杂志	6期	1993
巴蜀文化研究概述	文 玉	中华文化论坛	1期	1994
巴蜀文化散论	庄裕光	室内设计	2期	1995
教材编写的一种蓝图——关于以巴蜀文化为内容的中高级汉语阅读教材的编写原则和方法	王文虎	语言教学与研究	4期	1995
巴蜀文化研究的几个问题	谭继和	先秦史与巴蜀文化论集		1995
巴蜀文化——大千世界（全文录目）	夏祥波	先秦史与巴蜀文化论集		1995
分析巴蜀文化的基本前提	祁和晖	先秦史与巴蜀文化论集		1995
西北民族与巴蜀文化	钱伯泉	先秦史与巴蜀文化论集		1995
论巴蜀文化和长江中游地区古文化的关系	刘彬徽	先秦史与巴蜀文化论集		1995
巴蜀文化的文化学研究	李安民	先秦史与巴蜀文化论集		1995
源远流长的巴蜀文化	彭兆琪	今日四川	1期	1996
巴蜀文化研究趋向平议	谭继和	社会科学研究	2期	1996
对巴蜀文化数千年历史特点的思考	屈小强	文史杂志	2期	1997
物华人杰是"陆海"——巴蜀文化	李彦涛	沈阳出版社		1997
巴蜀古文化探求	古贺登	唐代史研究	1号	1998
立足于巴蜀文化的研究	隗瀛涛	中华文化论坛	1期	1998

续表四

篇、书名	著(译)编者	出处	卷、期	年月日
巴蜀文化的二重心态说	冯广宏	文史杂志	2期	1998
从文化转型谈中介论——关于巴蜀文化转型的研究实例	刘茂才等	中华文化论坛	3期	1998
巴蜀文化大典	巴蜀文化大典编纂工作委员会	四川人民出版社		1998
巴蜀文化志	袁庭栋	上海人民出版社		1998
弘扬巴蜀文化传统 推动巴蜀文化研究	章玉钧等	中华文化论坛	4期	1999
弘扬巴蜀文化建设社会主义精神文明	章玉钧	音乐探索	4期	1999
政治结构与文化模式——巴蜀古代文明研究	段渝	学林出版社		1999
巴蜀文化论集	巴蜀文化丛书编委会	四川民族出版社		1999
巴蜀文化图典	巴蜀文化图典编辑委员会	四川人民出版社		1999
浅议巴蜀文化的地域差异	王元林	陕西师范大学学报（哲社）	4期	2000
大力弘扬中华文化传统 深入开展巴蜀文化研究——"巴蜀文化系列丛书"序	杨超 杨析综	中华文化论坛	4期	2000
从文化群落理论为巴蜀文化定位——巴蜀文化研究与西部开发（之一）	祁和晖	西南民族学院学报（哲社）	7期	2000
从三种启示追寻中华文化群落林间的巴蜀芳踪——巴蜀文化研究与西部开发（之二）	祁和晖	西南民族学院学报（哲社）	8期	2000
中华文明的开放性品格与古代巴蜀文化的基本特点——巴蜀文化研究与西部开发（之三）	祁和晖	西南民族学院学报（哲社）	9期	2000
巴蜀文化与四川旅游资源开发	四川省人民政府参事室、四川省文史研究馆	四川人民出版社		2000
巴蜀文化区的形成及其进一步趋同发展的历史过程	江章华等	中华文化论坛	4期	2001
西部大开发与巴蜀文化研究	胡昭曦	社会科学研究	5期	2001
巴蜀文化研究综述	刘复生	文史知识	7期	2001
源远流长的巴蜀文化	石应平	文史知识	7期	2001
巴蜀文化与西部大开发	谭继和	文史知识	7期	2001
挖掘巴蜀文化 突显涪陵个性	吴晓琳	城乡建设	12期	2001

续表五

篇、书名	著(译)编者	出处	卷、期	年月日
推动巴蜀文化研究迈上新台阶	徐骥 王晓	四川日报		2001.4.16
濯锦清江万里流——巴蜀文化的历程	段渝 谭洛非	四川人民出版社		2001
巴蜀文化与西部四川开发	陈信远	四川人民出版社		2001
巴蜀文化研究的现状与未来	谭继和	四川文物	2期	2002
巴蜀文化述略	吴洪成	重庆社会科学	3期	2002
巴山蜀水寻文化	段渝	人民论坛	3期	2002
巴蜀文化的多维视野	四川省社会科学院哲学研究所	四川人民出版社		2002
巴蜀文化研究与文化建设	柳斌杰	人民日报		2002.4.13
巴蜀文化的历史特征与四川特色文化的构建	刘茂才 谭继和	西南民族学院学报（哲社）	1期	2003
		四川省情	10期	2005
巴蜀文化研究获重大突破		科学时报		2003.7.2
巴风蜀韵	谭晓钟	四川党的建设（城市）	1期	2004
《巴蜀文化研究丛书》总序	杨超 杨析综	中华文化论坛	1期	2004
乌木、"建木"与巴蜀文化——兼论乌木的多元价值	万本根等	中华文化论坛	1期	2004
巴蜀文化的肇始：神话和上古传说	邓经武	西华大学学报（哲社）	5期	2004
巴蜀文化研究（第一期）	李诚	巴蜀书社		2004
巴蜀文化辨思集	谭继和	四川人民出版社		2004
长江上游的巴蜀文化	赵殿增 李明斌	湖北教育出版社		2004
弘扬巴蜀文化 传承巴蜀文明——关于《巴蜀文化走进千家万户丛书》的编写	隗瀛涛	文史杂志	1期	2005
巴蜀文化的特征及其研究意义	曾毅	宜宾学院学报	7期	2005
巴蜀文化的再发现与吴越文化之源起	蒋立群	先秦史与巴蜀文化论集		1995
近年来先秦巴蜀文化研究一瞥	徐勇 黎小龙	历史教学	12期	1995
		中国史研究动态	1期	1996
巴蜀文化的特质与秦举并巴蜀的成功	王子今	先秦史与巴蜀文化论集		1995
秦与巴蜀文化关系浅论	陈平	先秦史与巴蜀文化论集		1995
先秦巴蜀文化的尚五观念	段渝	四川文物	5期	1999
先秦巴蜀文化研究概述	段渝	文史知识	7期	2001

续表六

篇、书名	著(译)编者	出处	卷、期	年月日
从《诗经》"周南"、"召南"看楚风与巴蜀文化之关系	唐世贵	攀枝花学院学报	6期	2003
巴蜀文化的肇始：神话和上古传说	邓经武	西华大学学报（哲社）	5期	2004
论战国末秦汉之际巴蜀文化转型的机制	段渝	中华文化论坛	3期	2005
巴蜀文化中的楚文化因素	邹芙都	衡阳师范学院学报	4期	2005
巴蜀文化的地域差异及秦的郡县控制	金秉骏 段渝	中华文化论坛	1期	1998
秦汉移民与巴蜀文化的变迁	赖华明	西南民族学院学报（哲社）	11期	2002
两汉时期的巴蜀文化与岭南文化	李绪柏	学术研究	3期	1997
司马相如与巴蜀文化	杨正苞	文史杂志	4期	1999
巴蜀文化与石室中学	查有梁	文史杂志	5期	2003
五斗米道与巴蜀文化	王纯五	中华文化论坛	2期	1995
经文关系与汉晋时期巴蜀文化的变迁	陈晓亚 夏星	探索与争鸣	5期	1987
巴蜀文化与汉晋学术和宗教	段渝	中华文化论坛	1期	1999
李白与巴蜀文化	蒋志	成都大学学报（社科）	3期	1996
略论南诏文化与巴蜀文化的关系	李福军	云南师范大学学报（哲社）	1期	1998
苏氏蜀学文艺思想的巴蜀文化特征	李凯	四川师范大学学报（社科）	5期	2001
明清巴蜀文化论稿	李朝正	四川大学出版社		1997
李调元对巴蜀文化的贡献	蒋维明	成都大学学报（社科）	1期	1995
巴蜀文化的二十世纪体验者——关于郭沫若和其他的几位四川作家的读书札记	李怡	郭沫若学刊	1期	1996
巴蜀文化的二十世纪体验者（续）——关于郭沫若和其他几位四川作家的读书札记	李怡	郭沫若学刊	2期	1996
郭沫若与乡土文化随想	蔡震	郭沫若学刊	4期	1996
扭不断的乡土情结——论郭沫若与乡土文化	秦川	郭沫若学刊	4期	1996
郭沫若与巴蜀文化（上）	谭继和	郭沫若学刊	4期	1996
郭沫若与巴蜀文化（中）	谭继和	郭沫若学刊	1期	1997
研讨现代作家与乡土文化的两个问题——从郭沫若与乡土文化所想到的	李怡	郭沫若学刊	4期	1996
论郭沫若与巴蜀文化	李怡	郭沫若研究	12辑	1998

续表七

篇、书名	著(译)编者	出处	卷、期	年月日
郭沫若与荆楚文化、巴蜀文化	张万仪	广播电视大学学报（哲社）	4期	2000
郭沫若与巴蜀地域文化论	邓 伟	郭沫若学刊	1期	2002
郭沫若、李劼人与巴蜀文化	张 勇	西南民族学院学报（哲社）	3期	2000
巴金与巴蜀文化	邓经武	绵阳师专学报	2期	1998
徐中舒先生的考古学与巴蜀文化研究	林 向	中华文化论坛	3期	1998
艾芜与巴蜀地域文化略论	邓 伟	宜宾学院学报	3期	2002
时空视野下的互动显现——试论沙汀的巴蜀地域文化资源	邓 伟	乐山师范学院学报	1期	2003
卢作孚与巴蜀文化	张守广	重庆社会科学	增刊2	2004
鲁迅与巴蜀文化	邓经武	西华大学学报（哲社）	3期	2005
招蜀魂		广益丛报	162期	1908.3.12
蜀人之世界观	沈宗元	蜀报	7期	1910.11.16
蜀に関する文化史考察の一斑	中山久四郎	史潮	7年1号	1937
蜀人"乐祸贪乱"考	杨希义	历史知识	4期	1980
古蜀文化和中原文化关系的再认识	范小平	美术史论	3期	1988
论都江堰与蜀文化的关系	罗开玉	四川文物	3期	1988
蜀文化发展渊源的探索	王 毅	成都大学学报（社科）	1期	1988
神树、金杖、筇与蜀文化	季智慧	四川文物·广汉三星堆遗址研究专辑		1989
《帝系》传说与蜀文化	李学勤	四川文物	1期	1992
蜀文化与陈子昂、李白	贾普华	唐代文学研究	3辑	1992
蜀文化族属试探	卢升弟	文物考古研究		1993
蜀中文化最关情	唐振常	中华文化论坛	1期	1996
古蜀文化与彝族	杨甫旺	四川文物	4期	1996
鸟母与古蜀文化——读王家祐先生文后有感	冯广宏	四川文物	3期	1997
孟蜀石经与蜀文化	李均惠	文史杂志	6期	1998
蜀文化——一脉相承的四川文化传统	陈世松	中华文化论坛	3期	1999
蜀之味		今日四川	4期	2000
关于开发利用蜀文化的几点构想	肖永清	中国文化报		2000.6.14
天门	黄剑华	四川人民出版社		2000
古城古国古蜀文化	葛 洋	中国旅游报		2001.5.7
蜀文化探析	唐永进	中华文化论坛	1期	2005

续表八

篇、书名	著(译)编者	出处	卷、期	年月日
都江堰水文化与可持续发展	张 帅	四川水利	1期	2005
探秘成都 古蜀文化的遗宝	霍 巍	成都日报		2005.2.23
都江堰工程中的蜀文化	杨正林	中国水利报		2005.4.16
汉代文化始于蜀——巴蜀文化研究专家谭继和透露最新研究成果	王 嘉	成都日报		2005.10.5
成都人	周芷颖	至诚书局		1945
成都人	林文询	浙江人民出版社		1995
成都人（三题）	李霁宇	红岩	1期	1997
成都人的幽默	田闻一	四川统一战线	1期	2000
"斑彩文章"与"精敏""鬼黠"——从司马相如、扬雄散体赋看蜀人的文化个性	何玉兰	乐山师范学院学报	1期	2005
成都人的休闲心理及其形成	刘亚玲 尤明慧	大连民族学院学报	4期	2005
巴文化与土家族刍议	林时九	吉首大学学报（社科）	4期	1987
巴文化研究与民族形成浅议	渔 君	民族研究	1期	1990
试谈巴文化的渊源、特征及"白虎"的含义	刘纲纪	湖北民族学院学报（社科）	2期	1990
巴楚文化关系述要	张正明	湖北民族学院学报（社科）	2期	1990
略论巴文化和土家族文化的关系	彭英明 段 超	湖北民族学院学报（社科）	2期	1990
		中南民族学院学报（哲社）	2期	1991
巴人 巴国 巴文化	邓 辉	湖北民族学院学报（社科）	2期	1990
巴文化研讨会论文摘要		湖北民族学院学报（社科）	2期	1990
巴、巴人、巴文化释名	萧洪恩	湖北民族学院学报（社科）	1、2期	1991
南方文明之源——巫巴山地	管维良	重庆师院学报（哲社）	1期	1992
巴、越图腾文化之比较	姜孝德	西南师范大学学报（人文）	2期	1992
试论古代巴人的文化原型及其影响	阮荣华	厦门大学学报（哲社）	3期	1993
论早期濮文化与巴文化的关系	朱世学	民族论坛	2期	1996
试论巴族与巴族文化	傅德岷	重庆社会科学	5期	1997
巴文化の起源を探る	何 努	日中文化研究	12号	1998
寻找古代巴人文化	罗二虎	大自然探索	2期	2000
巴文化起源新论	张 硕	江汉论坛	8期	2002
巴文化研究	萧洪恩	北京出版社		2002
论巴文化演生的手段迫力	张 芹	中南民族大学学报（人文）	5期	2003

续表九

篇、书名	著(译)编者	出处	卷、期	年月日
从"巴巫夔渝"漫谈巴文化	甘犁	红岩春秋	5期	2003
巴文化的多元传播探究	戴宇立	光明日报		2004.10.27
盐与中国上古文化——立足于三峡地区盐资源与巴文化关系的考察	程龙刚	盐文化研究论丛	1辑	2005
巴文化与研究巴文化应树立的意识	邓斌	恩施职业技术学院学报（综合）	4期	2005
清江流域的远古文化与巴文化考辨	朱世学	三峡大学学报（人文）	4期	2005
楚都的探索与巴文化的考察	张正明 蔡靖泉	华中师范大学学报（人文）	4期	2005
巴人古堡复活巴文化的人文图腾		四川日报		2005.4.22
《华阳国志》与巴文化	吴道毅	光明日报		2005.4.26
白虎文丛：巴文化研究	胡茂成 顿祖义	湖北人民出版社		2005
涪陵巴文化研究	熊蜀黔	重庆出版社		2005
巴渝文化、陪都文化、红岩文化与西部大开发背景下的重庆精神文化建设	谢怀建 杨小扬	探索	1期	2001
巴渝文化 1辑	重庆市博物馆《巴渝文化》编辑委员会	重庆出版社		1989
巴渝文化 2辑——庆祝重庆市博物馆建馆40周年特辑	重庆市博物馆《巴渝文化》编辑委员会	重庆出版社		1991
巴渝文化 3辑	重庆市博物馆《巴渝文化》编辑委员会	重庆出版社		1994
巴渝文化 4辑	重庆市博物馆《巴渝文化》编辑委员会	重庆出版社		1999
论巴渝文化	马培汶	涪陵师专学报	1期	1998
巴渝特色文化论	王川平 张根发	西南师范大学出版社		1998
巴渝文化蕴藏地——四面山	王勇毅	风景名胜	8期	1999
巴渝文化刍议	余楚修	重庆师院学报（哲社）	2期	2000
巴渝文化与重庆经济的发展	彭洪淑 梁云	渝州大学学报（社科）	4期	2000
论巴渝文化十大系列	熊笃	重庆大学学报（社科）	4期	2001
巴渝文化与易文化	俞荣根	西南师范大学学报（社科）	6期	2001

续表一〇

篇、书名	著(译)编者	出处	卷、期	年月日
略论巴渝文化与蜀文化、楚文化的关系	薛新力	湖北民族学院学报（哲社）	6期	2002
浅论巴渝文化之特征	张友谊 管维良	重庆工学院学报	5期	2003
重庆市巴渝文化研讨会论文集	忠县人民政府、重庆市文史研究馆	编者刊		2003
试述重庆地方文献在宏扬巴渝文化及人文精神中的地位和作用	李林昉	重庆图情研究	3期	2005
论"巴渝文化"是贯通重庆古今的主流文化	熊笃	重庆社会科学	6期	2005
巴渝文化名人研究的学术思考	赵心宪	涪陵师范学院学报	6期	2005
本市学者讲巴渝文化	吴秀萍	重庆日报		2005.3.27
巴渝文化概论	张万仪 庞国栋	重庆出版社		2005
巴渝文化	重庆市万州第二高级中学历史组	西南师范大学出版社		2005
陪都文化论	郝明工	新疆大学出版社		1994
重庆陪都文化资源与旅游开发	杨晓霞 陈国生	经济地理	3期	1997
重庆南岸抗战陪都文化资源的保护与开发	曹选玉 朱顺知	重庆石油高等专科学校学报	3期	2002
英雄的历史名城 永恒的精神丰碑——传承抗战陪都文化 建设美好和谐重庆	陈兴锐	重庆行政	4期	2005
抗战时期的陪都沙磁文化区	重庆市沙坪坝区地方志办公室	科学技术文献出版社重庆分社		1989
重庆沙磁文化区创建史	重庆市沙坪坝区地方志办公室	四川人民出版社		2005
渝中英华	安占宝	西南师范大学出版社		1996
试论红岩文化及其面向21世纪之发展趋势	杨益言	长江流域经济文化初探		1997
论红岩文化及其发展	杨益言	重庆大学学报（社科）	3期	1998
论红岩文化	蒋如洲 张梅	重庆社会科学	1期	2001
试论红岩文化的形成、发展及其未来趋势	杨益言	红岩	5期	2003
探寻"红岩文化"的市场之路	张国圣	光明日报		2003.11.1

续表一一

篇、书名	著(译)编者	出处	卷、期	年月日
追溯"红岩文化"——重庆打造红色旅游精品	张琴	华东旅游报		2004.8.20
论红岩文化资源的时代价值	王戎	经济师	11期	2005
重庆"红岩文化"的商业味之辩	李建勋	中国商报		2005.1.11
三峡风物传说与巴楚文化精神	邓新华	湖北民族学院学报(社科)	4期	1993
傣族渊源与巴楚文化	刘岩	云南民族学院学报(哲社)	2期	1994
		广西民族研究	3期	1995
开垦区域文化研究的处女地——巴楚文化研究述评	鄢维新 石美玉	寻根	6期	1996
巴楚文化研究	彭万廷 屈定富	中国三峡出版社		1997
巴楚文化:一个古老而崭新的话题	鄢维新	中南民族学院学报(哲社)	1期	1998
从"巴楚文化"看土家族文化与汉文化的关系	鄢维新	中华文化论坛	1期	1999
巴楚文化的研究和开发	彭万廷	民族研究	3期	1999
巴楚文化	林永仁 来层林	华文出版社		1999
刘禹锡的民歌体诗与巴楚文化	赵继红	运城高等专科学校学报	5期	2000
李商隐姓氏、族属及心灵深层潜存的巴族因子——兼论巴楚文化南北流变、后世孑遗与潜藏	白俊奎等	渝州大学学报(社科)	5期	2001
"巴楚文化"的称谓不宜再使用	王善才	三峡大学学报(人文)	6期	2002
对襄樊市"襄""樊"得名的文化人类学诠释——兼论巴楚文化的南北演变及廪君系巴人五姓的起源地	白俊奎	重庆工商大学学报(社科)	3期	2003
巴楚文化源流	彭万廷等	湖北教育出版社		2003
巴族文化有传人,"灵均""廪君"一转音——论屈原是土家族先民成员之一及巴楚文化之南北混融与流变	白俊奎	西南民族大学学报(人文)	4期	2004
先秦巴文化与巴楚文化的形成	段渝	华中师范大学学报(人文)	6期	2004
巴文化、楚文化与巴楚文化	张硕	楚文化研究论集	6集	2005
盐亭县发现唐代《嫘祖圣地》碑志	王德奎等	四川文物	6期	1992
黄帝正妃嫘祖	曾继全	湖北人民出版社		1992
嫘祖研究	王德奎 赵均中	成都科技大学出版社		1993
嫘祖与盐亭	赵均中	四川丝绸	1期	1994

续表一二

篇、书名	著(译)编者	出处	卷、期	年月日
古蜀文明与嫘祖故里——盐亭	衡 平	中华文化论坛	1期	1994
嫘祖养蚕和桑蚕的宗教意义	孙其刚	中国历史博物馆馆刊	2期	1994
嫘祖与蚕陵	徐学书	文史杂志	3期	1994
秦蜀毗邻地 嫘轩丝联姻	何 烨	四川丝绸	3期	1994
嫘祖与盐亭	赵均中 何天度	文史杂志	5期	1994
嫘祖：中华民族的圣母		科技与经济画报	6期	1994
嫘祖研究刍议	廖仲宣	四川丝绸	1期	1995
研究嫘祖文化开发嫘祖文化	曾继全	妇女研究论丛	1期	1995
西陵胜迹嫘祖庙	夷陵客	风景名胜	9期	1995
中华民族之母——嫘祖	中华炎黄文化研究会等	中国三峡出版社		1995
嫘祖蚕桑文化的形成与生态环境之关系	蔡正邦	中华文化论坛	1期	1996
嫘祖胜迹——盐亭县龙泉乡发现藏丝洞	何 烨	四川丝绸	1期	1996
陶蚕、金蚕与嫘祖始蚕	衡 平	四川丝绸	2期	1996
四川丝绸古今谈（一） 嫘祖与丝绸	赖 武	今日四川	2期	1996
黄帝、嫘祖与中国丝绸的起源时代	段 渝	中华文化论坛	4期	1996
黄帝婚蜀族嫘祖诞盐亭	衡 平	四川文物	5期	1996
丝绸·嫘祖·盐亭	兰 月	健康	8期	1996
嫘祖文化研究（一）（二）——嫘祖与中国丝绸的起源和演进	段 渝	成都文物	3、4期	1997
嫘祖文化研究（三）（四）——嫘祖与中国丝绸的起源和演进	段 渝	成都文物	1、2期	1998
嫘祖故里情	廖仲宣	四川丝绸	1期	1998
嫘祖文化再上新台阶	杨 超	中华文化论坛	3期	1998
弘扬嫘祖文化 重振南方丝路	李绍明	中华文化论坛	3期	1998
中华嫘祖历经沧桑	王映维	少数民族史及史料研究（三）		1998
嫘祖故里初考	程远荃	中州今古	5期	1998
"行神"嫘祖是黄帝的妻子	刘泰焰	文教资料（初中）	5期	1998
先蚕考	黄维华	文艺研究	6期	1998

续表一三

篇、书名	著（译）编者	出处	卷、期	年月日
嫘祖故里大揭秘	岳定海等	伊犁人民出版社		1998
嫘祖文化本论——从传说中剥离历史内核	祁和晖	中华文化论坛	1期	1999
中华蚕桑始祖嫘祖故里行	王剑清	海内与海外	1期	1999
嫘祖出生地考	李政	山东蚕业	1期	1999
嫘祖的历史地位和现实作用	周礼银	四川省社会主义学院学报	3期	1999
嫘祖圣地碑文判读札记	老屯	巴蜀史志	6期	1999
首届海峡两岸嫘祖文化研讨会论文选	马宗舜 赵均中	四川盐亭嫘祖文化研究会		1999
《嫘祖圣地碑文判读札记》读后感	蔡正邦	巴蜀史志	1期	2000
嫘祖研究的补充意见	老屯	巴蜀史志	1期	2000
《嫘祖研究的补充意见》读后的几点意见	蔡正邦	巴蜀史志	2期	2000
请遵守辩论规则——再答蔡正邦先生	老屯	巴蜀史志	2期	2000
嫘祖：蚕祖概念中人文主题的终极表述	黄维华	中国文化研究	4期	2000
四川丝绸文化与嫘祖文化研究	袁杰明	四川丝绸	1期	2001
嫘祖杂说	向熹	文史杂志	1期	2001
嫘祖故里的"天外来客"	李祥林	寻根	2期	2001
嫘祖丝绸文化的形成过程	蔡正邦	文史杂志	4期	2001
川北盐亭蚕丝情	廖伦旭	江苏丝绸	6期	2001
嫘祖传	何天富	北京燕山出版社		2001
中华民族的母亲——嫘祖	王映维 杨志学	四川省人民政府台湾事务办公室		2001
关于嫘祖文化的思考	杨正苞	文史杂志	2期	2002
嫘祖信仰初探	宫哲兵 周冶陶	楚天主人	2期	2002
嫘祖丝绸文化研究——兼论中华远古文明	金鑫 王德奎	攀枝花大学学报	2期	2002
嫘祖文化论丛	蔡正邦	四川盐亭嫘祖文化研究会		2002
嫘祖文化的内涵	段渝	中华文化论坛	1期	2003
嫘祖文化研究与经济建设综述	王德奎	凉山大学学报	3期	2003
嫘祖文化研究综述	王德奎	凉山大学学报	3期	2003
嫘祖文化研究与经济建设综述（一）（二）（三）（四）	王德奎 金鑫	教学与科技	1-4期	2003

续表一四

篇、书名	著(译)编者	出处	卷、期	年月日
试论嫘祖的治国方略	李尔博王	成都行政学院学报（哲社）	5期	2003
大力弘扬嫘祖文化　推动社会全面发展	孙照玉	湖北社会科学	1期	2004
嫘祖故里——湖北远安	马学军 刘学甫	今日中国	5期	2004
嫘祖故里——盐亭		神州	11期	2004
丝绸源自四川盐亭	汪 挺	中国商报		2004.11.2
嫘祖考略	王达钦	黄帝文化研究		2004
黄帝　古蜀人的乘龙快婿	萧 易	成都日报		2005.8.22
嫘祖历史与人文情结	衡 平	香港华夏文化出版社		2005
大禹及夏文化研究	四川省大禹研究会	巴蜀书社		1993
论大禹精神——过渡时期的政治经济文化	杨 超	中华文化论坛	1期	1994
就大禹论我国传统文化精神	张启成	黔南民族师专学报	2期	1995
大禹精神的内涵及其现实意义	谢兴鹏	绵阳师范高等专科学校学报	1期	1997
禹文化西兴东渐简论	谭继和	四川文物	6期	1998
夏禹文化与四川的禹庙	龙显昭	四川文物	1期	1999
弘扬大禹的民族团结精神	蒋 志	绵阳师范高等专科学校学报	1期	1999
大禹文化专辑——重庆市南岸区历史文化系列丛书	南岸区历史文化系列丛书编委会	编者刊		1999
夏禹文化的新探索——近年来夏禹文化研究述评	谭继和	中华文化论坛	1期	2000
大禹、会稽与夏文化	徐建春	杭州师范学院学报	2期	2000
源远流长的涂山大禹文化	沈叶鸣	江淮文史	3期	2000
大禹文化与北川	蒋 志	绵阳师范高等专科学校学报	6期	2000
海峡两岸大禹文化研讨会论文集	四川省大禹研究会	四川省大禹研究会		2000
夏禹文化研究	李绍明等	巴蜀书社		2000
海峡两岸大禹文化研讨会论文集	四川省大禹研究会	编者刊		2000
大禹文化在禹城	刘长仁	禹城与大禹文化文集		2002
大禹文化与民族精神	李瑞兰	禹城与大禹文化文集		2002
大禹精神刍议	李明杰	禹城与大禹文化文集		2002

续表一五

篇、书名	著(译)编者	出处	卷、期	年月日
大禹精神论析	董乃强	禹城与大禹文化文集		2002
试论大禹精神	曹尧德	禹城与大禹文化文集		2002
论夏禹文化的先进性	李洪陵	禹城与大禹文化文集		2002
关于大禹文化研究的两个问题	张华松	管子学刊	3期	2003
禹羌文化研讨文集	四川省大禹研究会	编者刊		2003
夏禹文化研究三题	冯广宏	阿坝师范高等专科学校学报	2期	2004
海峡两岸大禹文化研究	王建华	中国社会科学出版社		2005
日本的"三国文化"热	林晓光	世界知识	7期	1991
三国文化历史走向	龙显昭等	成都科技大学出版社		1993
诸葛亮与三国文化	谭良啸	成都出版社		1993
三国文化概览	赵西尧等	河南大学出版社		1993
"三国文化"概念初探	沈伯俊	中华文化论坛	3期	1994
		成都大学学报（社科）	2期	1999
论三国文化精神	谭洛非	中华文化论坛	4期	1994
三国文化·传统与现代系列丛书：雄主霸业——三国首脑素质与领导艺术	谭洛非	四川人民出版社		1994
三国文化·传统与现代系列丛书：卧龙辅霸——诸葛亮成功之谜	谭良啸	四川人民出版社		1994
三国文化·传统与现代系列丛书：鹿鼎中原——三国战争与现代商战	熊志冲	四川人民出版社		1994
三国文化·传统与现代系列丛书：运筹帷幄——三国智囊与策划术	吕一飞	四川人民出版社		1994
三国文化·传统与现代系列丛书：审势攻心——三国管理之道	谭 豹 陈亚平	四川人民出版社		1994
三国文化·传统与现代系列丛书：折冲樽俎——三国外交与现代公关	张立伟	四川人民出版社		1994
三国文化·传统与现代系列丛书：忠义春秋——关公崇拜与民族文化心理	梅铮铮	四川人民出版社		1994
三国文化·传统与现代系列丛书：鹤鸣仙道——三国道教与东方人格	郝 勤	四川人民出版社		1994
三国文化·传统与现代系列丛书：吐哺归心——三国用人与现代人才观	侯荔江 巫绍泉	四川人民出版社		1994
三国文化·传统与现代系列丛书：汉晋夕阳——三国旅游寻踪	王家祐等	四川人民出版社		1994

续表一六

篇、书名	著(译)编者	出处	卷、期	年月日
三国文化研究	绵阳市《三国演义》学会、绵阳市富乐堂管理处	编者刊		1994
三国文化与绵阳（第一集）	绵阳市《三国演义》学会、绵阳市富乐堂风景区管理处	编者刊		1994
三国文化与改革开放	陈 辽	中华文化论坛	1 期	1995
《三国文化·传统与现代》丛书总序	肖 秧	中华文化论坛	2 期	1995
三国文化与梓潼——《三国演义》探索之三	梓潼县三国演义学会	编者刊		1995
三国文化与绵阳（第二集）	绵阳市《三国演义》学会、绵阳市富乐堂风景区管理处	编者刊		1995
三国文化的传承与思考——读《三国志》	刘耀辉	成都大学学报（社科）	1 期	1996
三国文化与绵阳（第三集）	绵阳市《三国演义》学会、绵阳市富乐堂风景区管理处	编者刊		1996
三国文化与绵阳（第四集）	绵阳市《三国演义》学会、绵阳市富乐堂风景区管理处	编者刊		1999
诸葛亮与三国文化 卷一	成都武侯祠博物馆、成都市诸葛亮研究会	编者刊		1996
诸葛亮与三国文化 卷二	成都武侯祠博物馆、成都市诸葛亮研究会	编者刊		1997
诸葛亮与三国文化 卷三	成都武侯祠博物馆、成都市诸葛亮研究会	编者刊		1998
三国文化对巴蜀的影响	沈伯俊	今日四川	4 期	1997
三国文化的特质	贺亚先	鄂州大学学报	3 期	1998
三国文化古今谈	谭良啸	成都科技大学出版社		1998
三国文化刍议	单长江	东方出版中心		1998
三国文化传播中文艺形式的流变及其作用	曹 玲 杨绪忠	黔南民族师范学院学报	2 期	1999

续表一七

篇、书名	著(译)编者	出处	卷、期	年月日
三国文化与绵阳	蒋志	绵阳师范高等专科学校学报	1期	2000
三国文化熟语探析	李树新	内蒙古大学学报(人文)	4期	2000
三国文化源顺庆	吴翟			2000
三国文化应用与研究专著概况	谭良啸	成都文物	4期	2001
三国文化及其应用研究	谭良啸	四川文物	5期	2001
诸葛亮与三国文化(一)	成都市诸葛亮研究会、成都武侯祠博物馆	四川科学技术出版社		2001
诸葛亮与三国文化(二)	成都市诸葛亮研究会、成都武侯祠博物馆	四川科学技术出版社		2004
"三国文化"主题思想初探——兼论成都武侯祠的主题思想	罗开玉	四川文物	6期	2002
三国伦理研究	刘伟航	巴蜀书社		2002
话说"三国文化"	罗开玉	寻根	1期	2003
以力假仁者霸——"仁"与三国文化研究之一	刘伟航	中华文化论坛	4期	2003
陈寿万卷楼——三国文化之源	丁耀廷	老人天地	10期	2003
剑门关与三国文化		四川日报		2003.4.18
三国文化研究钩沉	邓朝富 胡家庆	陈寿《三国志》研究会		2003
论三国文化的内涵特征及现代嬗变	马强	成都大学学报(社科)	2期	2004
成都三国文化遗迹寻踪	贺游	四川文物	5期	2004
绵阳与三国文化	李德书	电子科技大学出版社		2004
三国文化再度风生水起	毛毛	四川党的建设(城市)	4期	2005
达县市国统区革命文化史料集	达县市国统区革命文化史料集征编小组、达县市文化局	编者刊		1992
四川省达县地区国统区革命文化史料	达县地区文化局	编者刊		1993
绵阳市国统区:革命文化史料	绵阳市文化局	编者刊		1992
四川广元市:国统区革命文化史料	广元市文化局	编者刊		1993
四川竹文化刍议	王有鹏	成都文物	3期	1990
青神竹文化	青神县党史县志办公室	编者刊		2005

续表一八

篇、书名	著(译)编者	出处	卷、期	年月日
绵阳三江文化初探	管文虎	中华文化论坛	2期	2003
绵阳三江文化研究	绵阳市经济技术开发区、绵阳三江文化研究院	电子科技大学出版社		2003
三江文化新鉴（2003年）	刘基灿	四川人民出版社		2004
峨眉山的水文化	干鸣丰	乐山师范学院学报	2期	2004
"涵化"与岷江上游民族文化多样性	吴宁等	山地学报	1期	2003
岷江上游民族民间文化考察及思考	李祥林	四川戏剧	3期	2003
長江流域の地域史としての長江文明——失われた巴蜀・荊楚・吴越の復権	鶴間和幸	日中文化研究	10号	1996
古代長江流域文化と日本——巴蜀と日本の建国伝説からみた	古賀登	史観	135册	1996
政治结构与文化模式——巴蜀古代文明研究	段渝	学林出版社		1999
长江上游早期文明的探索	霍巍 王挺之	巴蜀书社		2002
长江上游文明的起源、形成与发展——兼论成都平原先秦文化的发现及意义	姜世碧	农业考古	1期	2003
成都平原是长江上游的古代文明中心	杨荣新	中华文化论坛	4期	2003
文明的连续与断裂——成都平原史前文明在中国多元文明化进程中的地位与影响	周志清	成都文物	1期	2003
		中国古都研究	19辑	2004
长江上游的巴蜀文明	赵殿增 李明斌	湖北教育出版社		2004
成都平原的文明起源问题	施劲松	中华文化论坛	4期	2005
寻找成都平原失落的古文明	刘继安 陈默	资源与人居环境	11期	2005
先秦时期金沙江流域的古代文化交流	黄家祥	东南文化	1期	1994
长江文化不可缺少的一环——试论金沙江文化	刘弘 李安民	长江文化论集		1995
论金沙江文化与文明起源	段渝	中华文化论坛	4期	2002
地理环境・民族迁徙・文化交流——再论金沙江文化	李安民	中华文化论坛	4期	2002
金沙江文化的性质及其特征	谭继和	中华文化论坛	4期	2002

续表一九

篇、书名	著(译)编者	出处	卷、期	年月日
金沙江：中国西部龙——金沙江文化论稿之一	林 向	中华文化论坛	4期	2002
金沙江文化简论	李绍明	中华文化论坛	4期	2002
金沙江文化研究缘起	刘 弘	中华文化论坛	4期	2002
十年磨一剑——对金沙江文化研究的一点感想	曹勤瑶	中华文化论坛	4期	2002
开创金沙江文化研究新纪元	刘 焰	中华文化论坛	4期	2002
金沙江文化研究与开发第一次考察报告	金沙江文化研究与开发课题组	中华文化论坛	4期	2002
三峡探奥	刘不朽	中国三峡建设	1期	1998
长江流域是人类起源地——《三峡探奥》之二	刘不朽	中国三峡建设	2期	1998
三峡地区：第四纪植物的"避难所"——《三峡探奥》之三	刘不朽	中国三峡建设	3期	1998
神神秘秘：三峡原始文化一瞥——《三峡探奥》之四	刘不朽	中国三峡建设	4期	1998
古三峡：巫人的活动地域和巫文化发祥之地——《三峡探奥》之五	刘不朽	中国三峡建设	5期	1998
巴人·巴国·巴文化：正在破解中的历史迷团——《三峡探奥》之六	刘不朽	中国三峡建设	6期	1998
鱼凫氏 鱼国与古三峡地区的渔猎文化——《三峡探奥》之七	刘不朽	中国三峡建设	7期	1998
三峡古代地名的启迪：杜鹃鸟之谜——《三峡探奥》之八	刘不朽	中国三峡建设	8期	1998
多民族的古三峡与多类型的文化遗存——《三峡探奥》之九	刘不朽	中国三峡建设	9期	1998
千古追踪：三苗集团是三峡先民的族祖——《三峡探奥》之十	刘不朽	中国三峡建设	2期	1999
三峡，孕育中国古代神话之摇篮——《三峡探奥》之十一	刘不朽	中国三峡建设	4期	1999
探寻长江三峡千古"禹迹"——《三峡探奥》之十二	刘不朽	中国三峡建设	6期	1999
女娲·山鬼·巫山 神女·盐水女神：三峡母系时代众生相——《三峡探奥》之十三	刘不朽	中国三峡建设	8期	1999
《九歌》之文化破译：三峡先民的神灵信仰与自然崇拜——《三峡探奥》之十五	刘不朽	中国三峡建设	10期	1999

续表二〇

篇、书名	著(译)编者	出处	卷、期	年月日
《天问》之科学寻绎：三峡先民的自然探索与宇宙神话——《三峡探奥》之十六	刘不朽	中国三峡建设	12 期	1999
嘉树，社树，坟墓之树：从《桔颂》探古三峡之柑桔文化——《三峡探奥》之十七	刘不朽	中国三峡建设	2 期	2000
屈赋所展示之草木世界：古三峡植物文化解读——《三峡探奥》之十八	刘不朽	中国三峡建设	4 期	2000
太阳神树之嬗变：从扶桑诸神到摇钱树——《三峡探奥》之十九	刘不朽	中国三峡建设	6 期	2000
三峡茶文化探踪：中国饮茶起源与三峡之渊源——《三峡探奥》之二十	刘不朽	中国三峡建设	8 期	2000
神农氏在三峡之遗踪和三峡之中草药文化——《三峡探奥》之二十一	刘不朽	中国三峡建设	10 期	2000
从古文献和考古发现管窥古三峡稻作文化——《三峡探奥》之二十二	刘不朽	中国三峡建设	12 期	2000
试探古代三峡地区丰富、神奇、怪异之动物世界——《三峡探奥》之二十三	刘不朽	中国三峡建设	2 期	2001
古三峡动物世界（禽鸟篇）：由神鸟恶怪鸟演绎的鸟文化——《三峡探奥》之二十四	刘不朽	中国三峡建设	4 期	2001
古三峡动物世界（走兽篇）：百兽率舞和兽图腾崇拜——《三峡探奥》之二十五	刘不朽	中国三峡建设	6 期	2001
古三峡动物世界（龙蛇篇）：神龙、灵蛇之谜与人兽母题——《三峡探奥》之二十六	刘不朽	中国三峡建设	8 期	2001
古三峡神奇的动物世界（龟鳖篇）：龟鳖的文化意蕴及珍稀鱼类风采——《三峡探奥》之二十七	刘不朽	中国三峡建设	10 期	2001
古三峡神奇的动物世界（白色篇）：白色动物之分布 传承与"白祥"文化——《三峡探奥》之二十八	刘不朽	中国三峡建设	12 期	2001
古三峡丰富神奇的动物世界（野人篇）：千古"野人"之谜之现代解读——《三峡探奥》之二十九	刘不朽	中国三峡建设	2 期	2002
奇俗·奇观·悬棺·悬案：走进三峡悬棺葬之千古迷谷——《三峡探奥》之三十	刘不朽	中国三峡建设	4 期	2002

续表二一

篇、书名	著(译)编者	出处	卷、期	年月日
试探长江起源与三峡形成之历史渊源——《三峡探奥》之三十一	刘不朽	中国三峡建设	6期	2002
石斧开辟的三峡石器时代和由神石信仰演进的三峡石文化（上篇）——《三峡探奥》之三十二	刘不朽	中国三峡建设	8期	2002
石斧开辟的三峡石器时代和由神石信仰演进的三峡石文化（下篇）——《三峡探奥》之三十三	刘不朽	中国三峡建设	9期	2002
从荆山玉之谜的破译追踪古三峡之玉文化——《三峡探奥》之三十四	刘不朽	中国三峡建设	12期	2002
原始民族选择三峡聚居的资源背景：盐与丹砂构建先民生存发展的两大支柱——《三峡探奥》之三十五	刘不朽	中国三峡建设	2期	2003
原始民族选择三峡聚居的资源背景：盐与丹砂构建先民生存发展的两大支柱（下）——《三峡探奥》之三十五	刘不朽	中国三峡建设	3期	2003
南音·二南·九歌·下里巴人：探乐歌起源与三峡民间乐歌之渊源——《三峡探奥》之三十六	刘不朽	中国三峡建设	4期	2003
三峡第一赋：宋玉《高唐赋》之文化诠释——《三峡探奥》之三十七	刘不朽	中国三峡建设	9期	2003
宋玉《神女赋》解读：巫山神女传说之原型与演变——《三峡探奥》之三十八	刘不朽	中国三峡建设	11期	2003
《山海经》与三峡：屈赋神话与《山海经》相互印证之考证——《三峡探奥》之三十九	刘不朽	中国三峡建设	1期	2004
《山海经》与三峡：论释《山海经》中有关三峡古地理之记载——《三峡探奥》之四十	刘不朽	中国三峡建设	2期	2004
《山海经》与三峡：《山海经》所载之古三峡氏族部落和方国探踪（上）——《三峡探奥》之四十一	刘不朽	中国三峡建设	3期	2004
《山海经》与三峡：《山海经》所载之古三峡氏族部落和方国探踪——《三峡探奥》之四十二	刘不朽	中国三峡建设	4期	2004
《水经注》与三峡《水经注·三峡》之历史地理、人文地理价值——《三峡探奥》之四十三	刘不朽	中国三峡建设	5期	2004

续表二二

篇、书名	著(译)编者	出处	卷、期	年月日
《荆州记》与三峡：第一部关注三峡的地记探析——《三峡探奥》之四十四	刘不朽	中国三峡建设	6期	2004
古猿·咏猿诗·猿人化石：长江三峡见证"从猿到人"中国版——《三峡探奥》之四十五	刘不朽	中国三峡建设	1期	2005
巴楚在三峡地区的军事争夺和文化交融：关于巴楚关系与巴楚文化之探讨——《三峡探奥》之四十六	刘不朽	中国三峡建设	1期	2005
山川形胜郭璞的三峡情结	刘不朽	中国三峡建设	6期	2005
关于"三峡学"与"三峡文化"的构想	杨 铭	重庆社会科学	6期	1994
		中华文化论坛	1期	1995
关于"三峡学"建构之我见	程地宇	三峡大学学报（人文）	5期	2001
"长江三峡学"刍议	曹诗图等	北京联合大学学报	1期	2002
"三峡学"研究的意义空间	王晓初	重庆三峡学院学报	2期	2002
"三峡学"的特征与定位：空间、生态、文化转型	邹登顺	重庆三峡学院学报	2期	2002
"三峡学"的学术内涵与时空定位	任桂园	重庆三峡学院学报	2期	2002
"三峡学"研究的可行性与可持续性	邓 晓	重庆三峡学院学报	2期	2002
"三峡学"的世界意义	程地宇	重庆三峡学院学报	2期	2002
"三峡学"的学科建构	管维良	重庆三峡学院学报	2期	2002
三峡区域经济研究与"三峡学"	徐素环	重庆三峡学院学报	2期	2002
三峡学与北京学之比较研究	曹诗图 孙世强	北京联合大学学报	1期	2003
有关"三峡学"的几个理论问题综论	管维良	重庆师范大学学报（哲社）	6期	2004
巫山神女传说与三峡文化	李太恒	民间文学论坛	1期	1993
三峡文化之特色及其开发战略	林永仁	理论月刊	2期	1993
辉煌的三峡文化遗产	江少青	光明日报		1993.10.24
试论长江三峡文化资源的整体优势	杨定发	长江论坛	1期	1994
试论中国三峡文化的主要要征	郑敬东	职大学报	4期	1995
简论三峡文化审美价值的三个层面	傅 舟	职大学刊	4期	1995
创建"长江三峡学"的初步构想	宜昌市长江三峡文化研究所课题组	宜昌社会科学	4期	1995
辉煌的三峡文化遗产	江少青	光明日报		1990.10.24

续表二三

篇、书名	著(译)编者	出处	卷、期	年月日
长江三峡文化特色与巴楚文化渊源初探	汪沧涛	中国三峡建设	5 期	1995
北览长城　南游三峡——三峡文化精神之沉思	马尚云	长江论坛	5 期	1995
食盐与三峡文化带形成的关系	任丽洁 郑喜坤	松辽学刊（自然）	2 期	1996
试论三峡地理环境与原始文化的关系	王家德	四川文物	3 期	1996
简论三峡文化之特征与研究意义——在三峡文化研究所成立大会上的发言	丁永忠	三峡学刊	4 期	1996
略谈三峡文化及其特色	张道葵	中国三峡建设	5 期	1996
中国三峡文化概论	郑敬东	中国三峡出版社		1996
《三国演义》与三峡文化	傅舟 唐毅	中华文化论坛	1 期	1997
丰都鬼城文化在大三峡文化及"三峡学"中的地位	管维良	三峡学刊	3 期	1997
"鬼城文化"在"长江三峡文化长廊"建设中的地位和作用	黄中模	重庆社会科学	3 期	1997
论三峡文化精神	屈小强 李殿元	天府新论	6 期	1997
三峡文化研究　第一集	四川三峡学院中文系三峡文化研究所	重庆大学出版社		1997
三国演义与三峡文化	黄春秀	重庆大学学报（社科）	1 期	1998
三峡地域文化探讨	蒋昭侠等	云南地理环境研究	2 期	1998
刘禹锡《竹枝词》与三峡文化	吴果中	湖南师范大学社会科学学报	5 期	1998
三峡文化与重庆文化发展战略的几个问题	张荣翼	涪陵师专学报	2 期	1999
三峡文化与三峡文学自然美的生成	万书辉	重庆师专学报	2 期	1999
三峡文化在重庆文化建设中的地位和作用	黄中模	重庆社会科学	2 期	1999
长江·三峡·库区——文化的追寻与沉思	郝明工	涪陵师专学报	2 期	1999
三峡文化研究　第二集	四川三峡学院中文系三峡文化研究所	重庆大学出版社		1999
中国三峡文化	屈小强等	四川人民出版社		1999

续表二四

篇、书名	著(译)编者	出处	卷、期	年月日
三峡文化与设计思考	吕淑梅	中国包装	2期	2000
三峡文化论析	张道葵	湖北三峡学院学报	4期	2000
三峡文化圈概说	林永仁	重庆三峡学院学报	2期	2001
三峡文化、巴文化与土家文化	周兴茂	重庆三峡学院学报	3期	2001
三峡地区的水文化和审美文化	刘军	华北水利水电学院学报（社科）	3期	2001
"方志"与三峡文化研究	吴柏森	三峡大学学报（人文）	5期	2001
审美：山水与文化的契合	张道葵	三峡大学学报（人文）	5期	2001
三峡文化心理解读	金道行	三峡大学学报（人文）	5期	2001
关于三峡口承文化研究的思考	邓新华	三峡大学学报（人文）	5期	2001
三峡文化研究丛刊 第一辑	三峡大学文学院三峡文化研究中心	武汉出版社		2001
三峡文化	《三峡文化》编辑部	编者刊		2001
壮丽的长江三峡文化长廊	重庆市文化局	西南师范大学出版社		2001
论三峡文化的建构	周兴茂	重庆三峡学院学报	5期	2002
略论三峡文化研究与三峡区域城市建设	黄昌富	理论月刊	12期	2002
三峡文化研究丛刊 第二辑	三峡大学文学院三峡文化研究中心	武汉出版社		2002
三峡文化研究 第三集	重庆市三峡文化研究会、重庆市三峡学院三峡文化研究所	汕头大学出版社		2002
长江三峡旅游文化	郑敬东 刘放	重庆出版社		2002
生态文化、三峡文化、盐文化与巴文化——从生态文化学视野看远古三峡文化	汪蕾	重庆电力高等专科学校学报	1期	2003
三峡古代舟楫文化初探	崔莉	成都教育学院学报	2期	2003
蓦回首，已是千年身——三峡文化溯源	邓迪	课外阅读	11期	2003
方兴未艾的三峡文化研究	胡绍华	湖北日报		2003.12.25

续表二五

篇、书名	著(译)编者	出处	卷、期	年月日
三峡文化研究丛刊 第三辑	三峡大学三峡文化与社会经济发展研究中心、湖北省三峡文化研究会	武汉出版社		2003
三峡橘文化	龚红林	武汉出版社		2003
三峡山水文化	张道葵	武汉出版社		2003
三峡石刻文化研究	杨 斌	武汉出版社		2003
三峡旅游文化概论	曹诗图	武汉出版社		2003
三峡先秦考古文化	杨 华	武汉出版社		2003
三峡民间艺术概论	胡绍华	武汉出版社		2003
三峡军事风云纵横论	阮荣华	武汉出版社		2003
中国三峡文化史	黄中模 管维良	西南师范大学出版社		2003
试论三峡文化中的早期历史文化	王善才	三峡大学学报（人文）	1期	2004
论长江三峡地区历史文化的发展	杨 华 刘自兵	重庆大学学报（社科）	1期	2004
《三峡文化研究丛书》笔谈	王作栋等	三峡大学学报（人文）	2期	2004
三峡伦理文化研究引论	夏澍耘	三峡大学学报（人文）	4期	2004
三峡盐文化 透视环境史的一面明镜	程地宇	绿叶	4期	2004
试谈抗战时期三峡地区精神文明的繁荣	沈双一 朱 琳	重庆师范大学学报（哲社）	6期	2004
论长江三峡地区历史文化的发展	杨 华 刘自兵	重庆大学学报（社科）	6期	2004
谈谈三峡文化（一）	臧 嵘	中小学教材教学（中学文科）	29期	2004
谈谈三峡文化（二）	臧 嵘	中小学教材教学（中学文科）	32期	2004
领略三峡文化意蕴	李 俊	中国新闻出版报		2004.3.9
三峡文化研究 第四集	三峡大学三峡文化与社会经济发展研究中心、湖北省三峡文化研究会	武汉出版社		2004
中国三峡文化教程	胡绍华	武汉出版社		2004

续表二六

篇、书名	著(译)编者	出处	卷、期	年月日
论《中国三峡文化教程》对高校地方文化教材的启示	胡绍华	武汉科技学院学报	1期	2005
长江三峡水文化研究	杨世灿	湖北三峡职业技术学院学报	2期	2005
三峡文化的历史渊源与荆楚文化、三峡文化的开发	魏 昌	三峡大学学报（人文）	4期	2005
三峡文化的主要内涵	刘玉堂	三峡大学学报（人文）	5期	2005
三峡地区的舟楫文化	黄诗玫 王巧萍	中国三峡建设	5期	2005
三峡文化研究 第五辑	三峡大学三峡文化与社会经济发展研究中心、湖北省三峡文化研究会	武汉出版社		2005
舟楫与长江三峡文化	黄诗玫	江西社会科学	8期	2005
文化及三峡文化	李发刚	宜昌日报		2005.1.18
长江三峡交通文化	郑敬东	中国文史出版社		2005
巫载文化带的形成及其历史地位	屈小强 任丽洁	重庆三峡学院学报	4期	1994
三峡远古巫文化管窥	苟世祥	四川三峡学院学报	1期	1999
巫溪与古老的巫文化	冉瑞铨	四川三峡学院学报	1期	1999
巫、巫溪、巫文化、长江文明及库区开发	彭逸林	重庆建筑大学学报（社科）	3期	2001
巫山文化简论	任桂园	四川三峡学院学报	4期	2000
大巫山文化	任桂园	重庆大学出版社		2001
三峡巫文化简论	管维良 林 艳	重庆师范大学学报（哲社）	4期	2003
三峡巫文化初探	管维良 林 艳	三峡大学学报（人文）	1期	2005
夔州文化探秘	刘本荣	四川人民出版社		2003
涪陵榨菜文化中的枳巴文化因素	曾 超	四川三峡学院学报	5期	1999
试论涪陵榨菜文化的构成	曾 超	西南农业大学学报（社科）	4期	2003
巴枳文化研究综述	曾 超	涪陵师范学院学报	6期	2005
涪州文化的渊源、特点与历史地位	李 胜	涪陵师范学院学报	4期	2001
涪陵特色文化研究论文辑 第一辑	吴安祥 吴盛成	涪陵特色文化研究会		2001
涪陵特色文化研究论文辑 第二辑	吴安祥 吴盛成	涪陵特色文化研究会		2003

续表二七

篇、书名	著(译)编者	出处	卷、期	年月日
涪陵特色文化研究论文辑 第三辑	吴安祥 吴盛成	涪陵特色文化研究会		2004
涪陵特色文化研究论文辑 第四辑	吴安祥 吴盛成	涪陵特色文化研究会		2005
抢救瞿塘文化	巴文	重庆与世界	2期	2000
渠县文化史料论文集	渠县文化志编辑室	渠县群众文化学会		1987
渠县文化大事记	渠县文化教育志编辑室	编者刊		
安宁河流域文化与巴蜀文化、滇文化的关系	唐亮	先秦史与巴蜀文化论集		1995
万户千门入画图——巴蜀少数民族文化	冯敏	四川人民出版社		2001
康藏文化之特征	张俊德	康藏前锋	3卷8、9期	1936
谈藏族文化在甘孜州繁荣的历史概要	降央扎巴	贡嘎山（藏文）	1期	1985
论德格人对藏族文化的贡献	杜永彬	藏学论丛——贤者新宴	1辑	1999
浅论康巴文化的继承和发展	朱军	康定民族师专学报	3期	2000
德格：康巴文化发祥地	建国	中国旅游报		2003.11.12
浅谈甘孜州康巴文化的主要特点	亚西 曲梅罗布	西藏研究	4期	2003
试论康巴文化的多元性	林俊华	康定民族师专学报	3期	2004
略论康巴人和康巴文化	格勒	中国藏学	3期	2004
康巴文化的华丽面容	林俊华	西藏旅游	4期	2004
横断山民族文化走廊：康巴文化名人论坛文集	泽波 格勒	中国藏学出版社		2004
《格萨尔王传》与藏族文化	降边嘉措	民族文学研究	6期	1989
		章恰尔（藏文）	2期	1990
		西藏研究	1期	1991
谈《格萨尔王传》的文化价值	索代	西北民族学院学报（哲社）	4期	1990
文化流程中的《格萨尔》	天涯石	西藏艺术研究	1期	1992
《格萨尔》中的古代藏族社会及其文化	王兴先	西北民族研究	2期	1992
试论英雄史诗《格萨尔》的文化内涵与藏民族的文化特征	赤烈曲扎 张慧	西藏艺术研究	2期	1992
《格萨尔》与苯教文化	降边嘉措	民族文学研究	3期	1993

续表二八

篇、书名	著(译)编者	出处	卷、期	年月日
《格萨尔》与萨满文化	孟慧英	青海社会科学	2期	1994
《格萨尔》中的原始文化特征	何天慧	甘肃社会科学	2期	1995
试谈《格萨尔》中的藏密文化特征	何天慧	西北民族学院学报（哲社）	2期	1995
《格萨尔》的文化心理学思考	高宁	青海师范大学学报（哲社）	4期	1995
《格萨尔》中的苯教文化特征	何天慧	西北民族学院学报（哲社）	4期	1995
《格萨尔》图腾崇拜及其文化内容	高宁	群文天地	1期	1996
《格萨尔》与藏族龙文化	何天慧	西北民族学院学报（哲社）	4期	1997
论《格萨尔》与藏族牛崇拜文化	何天慧 兰却加	西藏研究	1期	1998
论《格萨尔》所反映的藏族牛文化	何天慧	中国藏学	1期	1998
《格萨尔王传》中的图腾文化	达日·旦正加	中国藏学（藏文）	2期	1999
《格萨尔》原始文化特征——动物崇拜	何天慧	西藏艺术研究	4期	1999
珠牡与仙鹤——兼谈《格萨尔》中的原始生态文化	多拉	中国西藏	4期	1999
浅析《格萨尔》史诗中的巫术文化	高宁	西北民族学院学报（哲社）	3期	2000
《格萨尔》原始文化特征——征兆预测	何天慧	西北民族学院学报（哲社）	4期	2000
《格萨尔》精选本的文化启示录	杨义	文艺报		2000.12.9
浅论格萨尔史诗的文化意蕴	韩晓红	西藏民俗	1期	2001
从《格萨尔王传》看神巫文化与藏民族人格心理的关系	丹珍	民族文学研究	1期	2001
藏族史诗《格萨尔》与色达牧区文化	秋郎	西藏艺术研究	3期	2002
试析《格萨尔》中的茶文化	措吉	青海民族研究	4期	2002
《格萨尔》与康巴文化精神	石硕	西藏研究	4期	2004
石渠格萨尔文化探索之旅	杨嘉铭	中国西藏	3期	2005
大渡河上游丹巴藏族民间文化考察报告	郎维伟 艾建	四川省民族研究所		2001
藏族本波教与傩文化——四川阿坝自治州藏族原生态文化鸟瞰	马成富	傩苑——中国梵净山傩文化研讨会论文集		2003
凉山彝族传统文化与改革	冯敏	民族学研究	10辑	1989
凉山彝族——木器文化民族	冯利	民族团结	9期	1990
凉山彝族的传统思维及其文化规定性	黄建明	毕摩文化论		1993
彝族文化研究论文集	朱文旭	四川民族出版社		1993

续表二九

篇、书名	著(译)编者	出处	卷、期	年月日
凉山彝族文化掠影	李沛林	冶金政工研究	2期	1994
论凉山彝族社会的伦理道德规范	贾秀兰	西南民族学院学报（哲社）	1期	1997
凉山彝族道德研究	苏克明等	四川大学出版社		1997
凉山彝族传统道德的基本特征	刘俊哲	西南民族学院学报（哲社）	增刊	1998
浅议凉山彝族传统文化中的伦理观	马勤	凉山大学学报	4期	2000
凉山彝族传统道德文化浅析	米正国	凉山大学学报	4期	2000
凉山彝族传统文化及其现代化	刘俊哲	西南民族学院学报（哲社）	增刊3	2000
凉山彝族的树木文化	罗布合机	大自然	4期	2001
凉山民族文化与旅游	陆文熙 王安瑞	四川科学技术出版社		2001
凉山彝族生态文化的继承与凉山彝区生态文明建设	杨红	西南民族大学学报（人文）	2期	2005

第二章 地理名胜

一、一般论著

篇、书名	著(译)编者	出处	卷、期	年月日
现存最早的一部历史地图集——《历代地理指掌图》	曹婉如	科学史集刊	10辑	1982
我国现存最早的一部历史地图集	王羽非	地图	4期	1988
宋本历代地理指掌图		上海古籍出版社		1989
宋《历代地理指掌图》及其学术意义	凌申	地图	1期	1993
《历代地理指掌图》作者之争及我见	郭声波	四川大学学报（哲社）	3期	2001
现存中国古代孤本、珍品舆图赏析：历代地理指掌图	孙果清	地图	6期	2004
李龙眠蜀川胜概图	李公麟	有正书局		1920
宋《蜀川胜概图》考	蓝勇	文物	4期	1999
《蜀川胜概图》岷江上游地名考释	郭声波	宋代文化研究	11辑	2001
宋《蜀川胜概图》成都平原地名考释	郭声波	中国古都研究	19辑	2002
		宋代文化研究	12辑	2003
一幅清代四川地图小考	李复华 杜长明	成都文物	1期	2003
中华民国四川地理学	黄尚毅	成都编译局		1912
四川省之地理	中行研究所	复兴月刊	3卷 6、7期	1935
四川省之自然区划与天产配布	任乃强	地理学报	3卷4期	1936
四川地理	胡焕庸	正中书局		1938
四川地理	胡焕庸	图书季刊	新1卷1期	1939
四川地理		中等教育季刊	1卷1期	1940
四川地理表解	张克林			1940
分省地志：四川	楼云林	中华书局		1941
四川省之历史地理	中山久四郎（夏复）	更生周刊	11卷 3-7期	1941
四川的地文区域	丁骕	学术季刊	1卷2期	1943
四川新地志	郑励俭	正中书局		1946
地大物博的四川	董集	西藏日报		1963.8.9
四川地理	四川省教育厅教学研究室	四川人民出版社		1964

续表一

篇、书名	著(译)编者	出处	卷、期	年月日
四川地理	西南师范大学地理系四川地理教研室	西南师范学院学报（自然）编辑部		1982
沧桑亿载话巴蜀	潘云唐	四川日报		1982.1.18
四川地理沿革概要	刘琳 胡昭曦	四川大学历史系		1983
董皓的"成都府图"	雷覆平	成都日报		1957.2.24 1958.5.4
重庆西郊小区域地理研究	杨纫章	地理学报	8卷	1941
重庆市市中区地理	重庆市市中区教师进修学校	编者刊		1989
初中乡土教材：重庆地理（修订本）	重庆市教育科学研究院	西南师范大学出版社		1998
重庆地理	陈升琪	西南师范大学出版社		2003
川东地理考察简报	杨克毅等	地理	3卷 3、4期	1943
大巴山地理考察简报	林超等	地理	3卷 3、4期	1943
大巴山地理考察报告	楼桐茂等	四川北碚中国地理研究所		1946
灌县都江堰附近之今昔地理	李承三等	地理	3卷 3、4期	1943
灌县地理概略	李峰白	全国图书馆缩微文献复制中心		1992
崇庆乡土地理	宋炳章	四川省立各师范学校崇庆同学会		1943
铜梁县地理志	张佐周	排印本		1944
川西地理考察记（附图）	施雅风	地理	5卷 1、2期	1945
宜宾市地理（初稿）		赵定荣		1980
秀山县地理（初稿）	四川省秀山县地理学组	编者刊		1982
通江舆地词典	中共通江县委党史工委办公室	编者刊		1984
璧山地理	邹景武	璧山县教育局		1989
阆中地理	汤映政	四川人民出版社		1989
旺苍地理	旺苍县文教局教研室	编者刊		1990

续表二

篇、书名	著(译)编者	出处	卷、期	年月日
蒲江乡土地理备考	佚　名	全国图书馆缩微文献复制中心		1992
崇庆县乡土地理	宋炳章	全国图书馆缩微文献复制中心		1992
新都地理	新都县文教局	编者刊		1995
简阳地理	简阳县文教局乡土教材编审组	简阳县文教局		
渠县地理	渠县文教局中小学教学研究室	编者刊		
龙泉地理	成都市龙泉驿区教委教研室	成都市龙泉驿区教委		2000
安宁河之源——米易地理趣闻录	范茂祥	四川民族出版社		2002
雅安山水刍议	纪先桃等	四川农业大学学报	4 期	2002
宜宾地理		远方出版社		2003
汉水上游与蜀道历史地理研究	马　强	四川人民出版社		2004
石柱地理	刘建平	四川人民出版社		2004
泸州地理	泸州市教育科学研究所	人民中国出版社		2004
川边各县舆地图说	蔡廉洲	石印本		1921
调查川边各县沿革疆域气候表	蔡廉洲	排印本		1921
理番地理概况 (The Geography of Lifan)	刘恩兰 Liu En-Lan	西南边疆	14 期	1942
		Journal of the West China Border Research Society	Vol. 14B	1943
西康地理调查述略	谭锡畴	师大月刊	3 期	1932
西康图经地文篇	任乃强	新亚细亚	8 卷 4-6 期	1934
			9 卷 1-4 期	1935
		新亚细亚学会		1935
康藏地理概要	张涤生	四川月报	12 卷 3、4 期	1938
西康之地理	李亦人	西北论衡	9 卷 1-4 期	1941
西康地图谱	任乃强	康导月刊	5 卷 9-12 期	1943.12-1944.4
			6 卷 1-8 期	1944.7-1945.7

续表三

篇、书名	著(译)编者	出处	卷、期	年月日
百万分一康藏标准地图提要	任乃强	中国边疆	3卷 3、4期	1944
		康藏研究	19期	1948
康藏标准地图提要	任乃强	康藏研究	20期	1948
三体译文康藏地图略说	任乃强	康藏研究	21期	1948
康藏边疆地图		人民日报		1950.11.11

二、历史自然地理

篇、书名	著(译)编者	出处	卷、期	年月日
四川自然地理简况	庞志祥	四川大学历史系		1985
北碚自然地理特征		西南师范大学学报（自然）	1期	1960
北碚自然地理	重庆北碚地区方志编纂委员会	西南师范大学出版社		1986
青川县自然地理志	李实	四川省青川县志编纂委员会		1986
渠县志——自然地理	徐大纲	渠县编纂委员会编辑部		1987
凉山州自然地理概况	诸世镛	凉山彝族奴隶制研究	1期	1982
乐山市自然地理	罗成德等	成都科技大学出版社		1995
历史时期秦巴山区自然环境的变迁	梁中效	中国历史地理论丛	3期	2002
论唐宋时期对西南地区自然地理的考察及意义	马强	西南师范大学学报（人文）	6期	2004
南宋两种长江游记的自然地理学价值	周宏伟	自然科学史研究	3期	1990
Notes on Szechuan Geology	C. L. Foster	Journal of the West China Border Research Society	Vol. 1	1922-1923
秦岭山及四川之地质	赵亚曾 黄汲清	国立北平研究院地质学研究所		1931
四川地质调查报告书	实业部地质调查所等	实业部地质调查所		1935
四川省大地构造轮廓——四川省大地构造图说明书摘要		成都地质学院学报	1期	1960
四川构造体系图及说明书	成都地质学院地质力学研究室	编者刊		1976

续表一

篇、书名	著(译)编者	出处	卷、期	年月日
四川水文地质专集	四川省地质局	四川人民出版社		1981
四川地质科学发展史（简编）	肖有钧	四川地质学报	1期	1982
四川水文地质工程地质——第四系地质地貌工作的回顾与展望	周德贵	四川地质学报	1期	1982
四川构造地质研究工作的回顾和展望	徐开礼	四川地质学报	1期	1982
四川省地貌区划	中国科学院成都地理研究所等	四川省农业区划办公室		1982
四川省大地构造及其演化	赵友年等	中国区域地质	1期	1984
中国四川地质考察旅游指南	龙学明	成都地质学院		1987
应用航磁异常探讨四川盆地基底性质及四川省区域构造特征	曹树恒	四川地质学报	2期	1988
四川省区域地质概况及特征	姚冬生等	中国区域地质	1期	1990
四川省区域地质志	四川省地质矿产局	地质出版社		1991
四川地质考察路线丛书：四川省黄龙-九寨沟高寒岩溶地质自然景观考察指南	四川省地质矿产局	成都科技大学出版社		1991
四川地质考察路线丛书：自贡恐龙和川南岩溶地质考察指南	四川省地质矿产局	成都科技大学出版社		1991
四川地质考察路线丛书：长江三峡地质地貌与崩塌滑坡考察指南	四川省地质矿产局	成都科技大学出版社		1992
四川地质考察路线丛书：贡嘎山海螺沟冰川与第四纪地质考察指南	四川省地质矿产局	成都科技大学出版社		1993
四川地质考察路线丛书：螺髻山古冰川地质景观考察指南	四川省地质矿产局	成都科技大学出版社		1993
四川地质考察路线丛书：青藏高原东部松潘-甘孜印支造山带考察指南	四川省地质矿产局	成都科技大学出版社		1994
四川地质考察路线丛书：龙门山推覆构造带与景观考察指南	四川省地质矿产局	成都科技大学出版社		1994
四川地质考察路线丛书：峨眉山地质景观考察指南	四川省地质矿产局	成都科技大学出版社		1996
四川地质考察路线丛书：攀西裂谷地质考察指南	四川省地质矿产局	成都科技大学出版社		1996
四川地质工作百年志略	胡正纲	四川地质学报	3期	1999
陕北盆地和四川盆地	谢家荣	地理学报	2期	1934

续表二

篇、书名	著(译)编者	出处	卷、期	年月日
四川盆地中的几种地形与其形成史	侯德封 杨敬之	地质论评	5期	1939
四川盆地及其边缘地区的地形发展与地貌分区	刘增乾	地质论评	3期	1959
四川盆地三迭纪末的古地质	安作相	地质学报	4期	1962
四川盆地潜伏构造分析	徐和笙	天然气工业	3期	1981
四川盆地东南部卫星象片的构造解译	张亮鉴等	成都地质学院学报	3期	1981
论四川盆地白垩纪地质发展史	李玉文	中国区域地质	1期	1987
四川盆地的自然地理特征及其演变	杨宗干	大自然探索	1期	1982
"川中微型大陆"与四川盆地形成	谢琪 张宗命	四川地质学报	2、3、4期	1982
四川盆地话沧桑	刘存节 杜伊路	大自然	4期	1983
四川盆地自然地理概述	喻成炳	中学地理教学参考	5期	1983
四川盆地地域分异及综合自然区划	刘存节	地域研究与开发	4期	1987
龙门山造山带的崛起和四川盆地的形成与演化	罗志立	成都科技大学出版社		1994
四川盆地形成与演化	郭正吾等	地质出版社		1996
四川盆地是被天外来客砸出来的	陈方	大科技	6期	1999
四川盆地拉张-挤压构造环境探讨	李忠权等	北京大学学报（自然）	1期	2001
考察峨嵋山记	哈安姆	自然科学	2卷2期	
四川峨眉山之地文	谭锡畴 李春昱	方志月刊	6卷6期	1933
四川峨眉山地质	李春昱 谭锡畴	实业部地质调查所		1933
泰山与峨眉山之高度	竺可桢	地理学报	2卷4期	1935
区域图表与地景素描在峨眉山之应用	李旭旦	地理学报	7卷	1940
峨眉山地学旅游	四川省地质矿产局二〇七地质队、地质矿产部成都地质矿产研究所	重庆出版社		1988
峨眉山景观生态类型研究	董廷旭 仇禺	绵阳师专学报（自然）	1期	1994
峨眉山森林景观	岳春恩	四川林勘设计	1期	1994
峨眉山中地质宫	牟驱	中国石油报		2001.10.16

续表三

篇、书名	著(译)编者	出处	卷、期	年月日
灌县蒲阳场附近的地形	张保昇	地学集刊	1卷1期	1943
成都平原之区域分析	刘儒	四川经济季刊	3卷3期	1946
成都平原是怎样生成的	林泉	成都日报		1959.5.10
成都至龙日坝的景观变化	李再纯等	地理知识	11卷5期	1960
略谈成都平原	刘嗣	成都晚报		1962.7.28
美丽富饶的成都平原	凌光甫	成都日报		1979.4.19
成都三为沧海	李定与	成都日报		1979.10.15
成都地区卫星相片——第四纪地质目视解译试验	卢登仕等	地质论评	1期	1981
成都平原山地的类型	卢登仕	成都日报		1981.6.5
二百万年前的成都平原	刘永山	成都晚报		1985.1.8
成都平原新构造研究的进展	陈富斌等	四川地震	4期	1986
试论成都盆地（平原）的形成	何银武	地质通报	2期	1987
		中国区域地质	2期	1987
论成都盆地的成生时代及其早期沉积物的一般特征	何银武	地质论评	2期	1992
成都平原的形成与演化	钱洪 唐荣昌	四川地震	3期	1997
成都的山	马文起	巴蜀史志	3期	2004
龙门山南段东坡及其前山带第四纪冰川遗迹	李承三 李永昭	中国地质学会年会论文摘要汇编	2册	1962
		中国第四纪冰川遗迹研究文集		1964
四川龙门山中南段大宝山区大地构造基本特征	宫同伦	长安大学学报（地球科学）	1期	1979
四川龙门山印支期构造发展特征	边兆祥等	四川地质学报	1卷	1980
龙门山大地构造分区和区域地质特征的初步探讨	张文岳	四川地质学报	2期	1982
论龙门山区构造体系	幸石川 李宗藩	中国地质科学院562综合大队文集（3）		1982
龙门山及其邻区大地构造若干问题	赵友年	天然气工业	4期	1983
龙门山南西段飞来峰构造的形成特征	李远图	四川地质学报		1984
龙门山推覆构造初析	赵友年等	石油与天然气地质	4期	1985
龙门山推覆构造之初步研究	赵友年等	四川地质学报		1985

续表四

篇、书名	著(译)编者	出处	卷、期	年月日
川西龙门山"彭灌杂岩"花岗岩成因类型及其构造环境初步探讨	詹行礼等	成都地质学院学报	1期	1986
论龙门山地区构造体系的演变及其形成机制	周济元	中国区域地质	4期	1987
龙门山南西段飞来峰构造的基本特征	李远图	中国区域地质	3期	1989
四川龙门山北段推覆构造的厘定	于苏俊	四川地质学报	3期	1989
推覆体的几何学与四川龙门山推覆体模式	李明元 邓文龙	四川建材学院学报	4期	1989
龙门山唐王寨地区逆冲推覆体构造特征	张宗命 胡明	西南石油学院学报	3期	1990
龙门山—大雪山—锦屏山推覆构造带特征	唐若龙	四川地质学报	1期	1991
川西拗陷的沉降与龙门山的崛起	崔秉荃等	成都地质学院学报	1期	1991
龙门山推覆构造变形特征	林茂炳 吴山	成都地质学院学报	1期	1991
龙门山中北段地史发展的若干问题	龙学明	成都理工学院学报（自然）	1期	1991
《龙门山地质公园》——彭县地区自然景观揽胜	何银武	大自然探索	3期	1991
四川龙门山国家公园	骆耀南 赖绍民	地球	3期	1991
四川龙门山中的飞来峰	何银武	地球	3期	1991
龙门山地区地质发展史	杨季楷	四川地质学报	3期	1991
对龙门山南段宝兴—芦山地区构造格局的探讨	林茂炳	成都理工学院学报（自然）	3期	1992
川西龙门山褶皱——冲断带构造研究	梁慧社 刘和甫	河北地质学院学报	4期	1992
川西龙门山前缘地质地球物理解释	徐旭辉	石油实验地质	1期	1993
龙门山彭灌杂岩体中韧性剪切带的发现及其构造意义	吴山	矿物岩石	2期	1993
龙门山地质公园	赖绍民	四川地质学报	2期	1993
龙门山中-南段构造格局及其形成演化	吴山等	矿物岩石	3期	1993
龙门山南段金台山飞来峰的结构样式	侯建勇 林茂炳	成都理工学院学报（自然）	3期	1993
简论龙门山南段末端地区构造发展史	林茂炳	成都地质学院学报	3期	1993

续表五

篇、书名	著(译)编者	出处	卷、期	年月日
试论龙门山逆冲推覆作用的沉积响应——以成都盆地为例	李 勇 曾允孚	矿物岩石	1期	1994
川西龙门山冲断系构造样式与前陆盆地演化	刘和甫等	地质学报	2期	1994
龙门山造山带地质和地球物理资料的综合解释	宋鸿彪	成都理工学院学报（自然）	2期	1994
龙门山中段中生代前陆盆地的构造演化史	王道永	成都理工学院学报（自然）	3期	1994
彭县地区飞来峰的特征及形成演化	石绍清	成都理工学院学报（自然）	3期	1994
龙门山中段推覆构造带及相关构造的演化历史和变形机制（一）（二）	陈社发等	地震地质	4期	1994
关于四川彭县"飞来峰"的新见解	韩同林等	中国地质科学院文集（29）		1994
龙门山造山带的崛起和四川盆地的形成与演化	罗志立	成都科技大学出版社		1994
龙门山前陆盆地形成与演化	曾允孚 李 勇	矿物岩石	1期	1995
论龙门山彭灌杂岩体的构造属性	林茂炳 马永旺	成都理工学院学报（自然）	1期	1995
川西胜地龙门山		科技与经济画报	2期	1995
论楔入造山作用——以龙门山造山带为例	蔡学林等	四川地质学报	2期	1996
"彭灌杂岩"推覆体的构造变形特征	马永旺等	四川地质学报	2期	1996
四川芦山中林地区飞来峰的特征及形成演化	陶晓风	成都理工学院学报（自然）	2期	1996
初论陆内造山带的造山模式——以四川龙门山为例	林茂炳	四川地质学报	3期	1996
龙门山中段推覆构造带构造特征	胡新伟 邓江红	成都理工学院学报	3期	1996
汉南-米仓山区北东向构造及龙门山推覆构造外缘带	杜思清等	矿物岩石	增刊	1997
龙门山南段大型飞来峰	吴 山	矿物岩石	1期	1998
四川彭州葛仙山巨型冰川漂砾的发现及意义	韩同林等	中国区域地质	1期	1999
龙门山南段推覆构造与前陆盆地演化	陶晓风	成都理工学院学报	1期	1999

续表六

篇、书名	著(译)编者	出处	卷、期	年月日
再论龙门山飞来峰	吴山等	成都理工学院学报	3期	1999
龙门山中-南段构造格局及其形成演化	吴山等	矿物岩石	3期	1999
龙门山北段推覆构造的几何特征及应变分析	于苏俊	矿物岩石	4期	2000
四川省龙门山国家地质公园"飞来峰"考察记	叶式焜	四川地质学报	4期	2000
龙门山一座天然的地质博物馆	严石	大自然探索	8期	2000
龙门山彭州-什邡地区的巨型冰川漂砾	周自隆	四川地质学报	2期	2001
龙门山造山带-川西前陆盆地系统构造事件研究	刘树根等	成都理工学院学报	3期	2001
龙门山中段推覆构造的变形特征	马永旺 杨尽	成都理工学院学报	3期	2001
川西龙门山前陆盆地构造沉降初步分析	张箭等	沉积与特提斯地质	4期	2002
中国西部盆山系统的耦合关系及其动力学模式——以龙门山造山带-川西前陆盆地系统为例	刘树根等	地质学报	2期	2003
龙门山彭灌地区大鱼洞-九甸坪-龙溪滑覆体的变形特征及形成	马永旺 刘顺	成都理工大学学报（自然）	5期	2003
龙门山断裂带北段晚第四纪活动性讨论	李传友等	地震地质	2期	2004
龙门山断裂带的性质与活动性研究	安其美等	大地测量与地球动力学	2期	2004
龙门山北段推覆构造带变形特征研究	周建文等	天然气工业	增刊	2005
四川遂宁广安间公路沿线地质	马子骥 王承祺	地质论评	6期	1947
资威背斜区地景	丁锡祉	地学集刊	1卷2期	1943
四川盆地威远背斜的形成时代及形成机制	刘顺	成都理工学院学报	4期	2001
自贡地区沟谷负地貌的初步探讨	范锟才等	自贡教育学院院刊	1期	1985
乐山市的地貌特征	罗成德	乐山师专学报	1期	1986
四川西南四峨山地区构造体系划分的初步探讨	周济元	成都地质学院学报	1期	1974
绵阳市城市规划区地貌特征研究	董廷旭等	绵阳师专学报（自然）	2期	1997
绵阳市地貌发育简史	王文鹄	西南工学院学报	3期	1998
重庆南温泉附近地质	任绩	地质论评	3、4期	1934

续表七

篇、书名	著(译)编者	出处	卷、期	年月日
金佛山附近地质调查（一）	常隆庆	四川经济月刊	10卷2期	1938
重庆沙坪坝穹窿层地质	马子骥 王承祺	地质论评	5、6期	1946
重庆奉节天坑地缝喀斯特地质遗迹及发育演化	陈伟海等	山地学报	1期	2004
重庆市奉节天坑地缝岩溶景观特征及评价	陈伟海等	地理与地理信息科学	4期	2004
川东鄂西区域发展史	施雅风	地理	6卷	1949
对川东南地区缝合线构造的初步认识	徐惠民	中国地质	7期	1962
关于川东复杂构造的地震资料解释	徐中英等	天然气工业	2期	1981
四川华蓥山构造岩溶地质公园地质景观与成因探讨	曹俊 彭东	四川地质学报	2期	2004
大巴山之几个地形问题	郭令智	地理	5卷1、2期	1945
四川江油马角坝地区地质构造分析	张觉民 李永昭	成都地质学院学报	1期	1964
秦岭-巴山地区区域地质构造历史和特征	朱俊亭	中国地质科学院西安地质矿产研究所所刊	22号	1988
旺苍地质概况（缩写本）	旺苍县科委	编者刊		1987
论汉南古陆及大巴山隆起	陈旭等	地层学杂志	2期	1990
四川广元-朝天地区推覆构造研究	邹光富等	四川地质学报	3期	2002
川西北地区灌县至若尔盖间构造分区之初步意见	郭勇岭	地质论评	1期	1963
雅安自然景观与地学背景	纪先桃等	四川农业大学学报	1期	2003
A Sketch Map of North-west Szechwan	J. H. Edgar	Journal of the West China Border Research Society	Vol. 8	
The Physiographical History of Western Szechwan	W. B. Harland	Journal of the West China Border Research Society	Vol. 15B	1945
岷山隆起的构造地貌学研究	赵小麟等	地震地质	4期	1994
论岷山得名与羌、夷的关系	郭声波	民族研究	3期	1996
松潘雪宝顶北麓的地理考察纪要	李承三	地理学报	18卷1、2期	1951
岷山之巅——雪宝顶	罗伦德	西南师范学院学报（自然）	4期	1983
松潘雪宝顶	郑柏生	自然杂志	6期	1987
为了雪宝顶的纪念	红飘带	民间文化旅游杂志	5期	2001
雪宝顶：一座山峰和它的美丽传说		经营者	7期	2004

续表八

篇、书名	著(译)编者	出处	卷、期	年月日
川西马尔康米亚罗林区的自然景观	杨纫章	地理学报	4期	1959
松潘草地的自然地理概述	齐矗华	地理知识	3期	1960
川西北地区灌县至若尔盖间构造分区之初步意见	郭勇岭	地质论评	1期	1963
关于岷江上游地区地质稳定性的探讨	梁云甫	四川林业科技	增刊	1980
试论川西高原的形成	柴宗新	山地学报	4期	1983
略论川西山地的自然垂直带	郑远昌 高生淮	山地学报	4期	1984
川西高原第三纪推覆构造	朱占祥 潘云唐	大自然探索	2期	1993
四川松潘弓嘎岭-漳腊盆地新构造运动	唐文清 孙志明	特提斯地质		1999
川西北高原地貌垂直地带性及其联想	张信宝等	青藏高原地质过程与环境灾害效应文集		2005
红原县沼泽的成因及其类型	杨福明	四川草原	2期	1982
若尔盖高原的自然概况与地貌发育	穆桂春	西南师范大学学报（自然）	4期	1982
从遥感图象看若尔盖盆地的构造特征	何允中	四川地质学报	2期	1987
若尔盖高原泥炭沼泽及其评价	杨福明	资源开发与保护	2期	1988
若尔盖下包座弧形构造地质特征	黄仕华	四川地质学报	2期	2000
阿坝盆地区域地球化学特征及其地质意义	游再平 朱礼学	四川地质学报	3期	2000
从川西藏东地区地质构造特征看青藏高原隆起原因及其他有关问题	纪平	青藏高原地质文集	3期	1982
藏东川西及其以南地区深部地质构造特征	蔡振京	青藏高原地质文集	2期	1984
川西藏东板块构造体系及特提斯地质演化	刘朝基	地球学报	2期	1995
巴颜喀拉-松潘地区的构造发展	聂树人 邬树学	青藏高原地质文集	12期	1982
巴颜喀拉盆地岩相、相组及其演化	罗建宁	岩相古地理	1期	1992
巴颜喀拉-川西边缘前陆盆地演化	颜仰基 吴应林	岩相古地理	3期	1996
巴颜喀拉三叠纪沉积盆地岩相与古地理——以阿坝-若尔盖盆地为例	杜德勋等	岩相古地理	1期	1998

续表九

篇、书名	著(译)编者	出处	卷、期	年月日
巴颜喀拉三叠纪沉积盆地岩石地球化学特征与物源区构造背景的探讨——以阿坝-若尔盖、小金-马尔康及雅江盆地为例	杜德勋等	岩相古地理	2期	1999
论松潘-甘孜褶皱系的构造演化	李小壮	四川地质学报	2期	1982
松潘-甘孜造山带的造山过程	四川省地质矿产局地质矿产科研所	中国地质科学院地质研究所		1991
中国松潘-甘孜造山带的造山过程	志琴等	地质出版社		1992
川西松潘-甘孜弧前盆地的形成及演化	杨宗让	沉积与特提斯地质	3期	2002
Some Notes on the Sketch Map by J. Huston Edgar of the West China Border	D. S. Dye	Journal of the West China Border Research Society	Vol. 4	
西康测量记录	谭锡畴 李春昱	国立北平研究院院务汇报	2卷3期	1931
外人之康藏陆地测量谈	元	蒙藏周报	66期	1931
Comments on the Mountains about Tatsienlu	J. H. Edgar	Journal of the West China Border Research Society	Vol. 5	1932
Among the Foothills of Chinese-Tibetan Border	A. J. Brace	Journal of the West China Border Research Society	Vol. 6	1933-1934
四川西康地质志	谭锡畴 李春昱	实业部地质调查所、国立北平研究院地质学研究所		1935
		地质出版社		1959
西康地文之轮廓	李伟	史地论丛	1辑	1939
康定道孚之冰川地形	李承三 郭令智	地质论评	1期	1939
西康松林口之地文现象	袁见齐	地质论评	2期	1939
青康的剖面	李式金	新西北	5卷4-6期	1942
西康之自然地理	郭沅卿 杨仲华	康导月刊	5卷7、8期	1943
多康的自然区划	任乃强	康藏研究	9期	1947
西康省康定、九龙、雅江区域自然景观——山岳地理研究之一例	严钦尚	地理学报	2-4期	1948
甘孜地区地质的初步认识	邓康龄等	地质论评	4期	1960
甘孜藏族自治州自然地理特征	艾博文	西南师范学院学报（自然）	1期	1979

续表一〇

篇、书名	著(译)编者	出处	卷、期	年月日
天上·地下·河里	林化岭	地球	5期	2003
四川西部宝兴－丹巴一带几个地质问题研究的初步结果		地质学报	1期	1966
甘孜－理塘断裂带上巨大的推覆构造	杨 军 姚学良	四川地质学报	2期	1998
川西甘孜－雀儿山地区推覆构造的厘定	勾永东	四川地质学报	4期	2001
四川甘孜地区晚三叠世西康群复理石盆地沉积古地理研究	戴宗明 王大可	青藏高原及邻区地质与资源环境学术讨论会论文摘要汇编		2003
Notes Acoompanying Sketch of the Gang Ka	J. H. Edgar	Journal of the West China Border Research Society	Vol. 1	1922－1923
Sketches of the Gangka	H. J. Mullett	Journal of the West China Border Research Society	Vol. 3	1926－1929
The Gangka—A Pear in Eastern Tibet	J. H. Edgar	Journal of the West China Border Research Society	Vol. 3	1926－1929
打箭炉以南发现之最高峰问题	佚 名	西学杂志	3期	1930
贡嘎神山考察记	T. F. Rock (吴景敖)	西学季刊	1卷2期	1932
		地学杂志	1卷2期	1933
西康贡嘎山高度与地置	布尔其尔 (李旭旦)	方志月刊	7卷3期	1934
西康贡嘎雪山调查记	魏大鸣 左振今	新亚细亚	8卷5期	1934
			9卷 1－5期	1935
			10卷 1－3期	
西康贡嗄山考察记	李旭旦	地理学报	2卷1期	1935
关于木雅贡嘎	任乃强	康导月刊	6卷 7、8期	1945
论贡嘎山	李承三	地理知识	2期	1957
贡嘎山现代冰川的初步观察——纪念为征服贡嘎山而英勇牺牲的战友	崔之久	地理学报	3期	1958
贡嘎山	郑 霖	地理知识	3期	1980
蜀山之王——贡嘎山	白 峡	四川日报		1980.12.17
贡嘎山地区新构造的若干问题	陈富斌 范文纪	四川地质学报	2期	1982

续表一一

篇、书名	著(译)编者	出处	卷、期	年月日
贡嘎山的现代冰川考察	宋明琨 王彦龙	冰川冻土	2 期	1982
贡嘎山的地质构造基础和冰川地貌特征	范文纪	成都科技大学学报	3 期	1982
贡嘎山冰缘现象的初步观察	胡发德 王明龙	冰川冻土	4 期	1982
贡嘎山地理考察	中国科学院成都地理研究所	科学技术文献出版社重庆分社		1983
贡嘎山海螺沟雪崩与冰川	王彦龙 邵文章	冰川冻土	2 期	1984
《贡嘎山冰川图》简介	陈建明	冰川冻土	3 期	1985
贡嘎山山地石冰川的初步研究	李树德 姚河清	冰川冻土	1 期	1987
贡嘎山贡巴冰川的水文特征	曹真堂	冰川冻土	1 期	1988
漫话贡嘎山	白登陆昂 降央扎巴	贡嘎山（藏文）	5 期	1990
			1 期	1991
贡嘎山海螺沟冰川地质环境的基本特征	何耀灿	四川地质学报	3 期	1991
贡嘎山海洋性冰川发育条件及分布特征	苏珍等	冰川冻土	4 期	1993
贡嘎山西坡的第四纪冰川作用	马秋华	冰川冻土	1 期	1994
贡嘎山区全新世冰川变化与泥石流发育的关系	郑本兴 马秋华	山地研究	1 期	1994
贡嘎山地区全新世的冰川变化、气候变化与河谷阶地发育	郑本兴 马秋华	地理学报	6 期	1994
贡嘎山地区的冰川水文特征	曹真堂	冰川冻土	1 期	1995
贡嘎山海螺沟冰川的海洋性特征	苏珍等	冰川冻土	增刊	1996
天府第一峰——贡嘎山	邓明前	地球	6 期	1998
神奇的贡嘎山	鲍汝荣	中学地理教学参考	6 期	1998
贡嘎山地区山地生态系统与环境特征	钟祥浩等	AMBIO-人类环境杂志	8 期	1999
贡嘎山海螺沟冰川物质平衡、水交换特征及其对径流的影响	谢自楚等	冰川冻土	1 期	2001
贡嘎山东麓第四纪冰川作用与磨西台地成因探讨	郑本兴	冰川冻土	3 期	2001
贡嘎山第四纪冰川遗迹及冰期划分	苏珍等	地球科学进展	5 期	2002
海螺沟冰川	李国栋	大自然	5 期	2003

续表一二

篇、书名	著(译)编者	出处	卷、期	年月日
冰川王国海螺沟	李国栋	森林与人类	7期	2003
蜀山之王贡嘎山	范 晓	大自然探索	1期	2004
贡嘎奇观	崔之久 李菁菁	大自然探索	1期	2004
冰川王国海螺沟	李国栋	今日中国	12期	2004
木雅贡嘎	龚伯勋	巴蜀书社		2004
贡嘎山地区地质地貌旅游资源特征	杨 更 曹 俊	全国第19届旅游地学年会暨韶关市旅游发展战略研讨会论文集		2005
蜀山之王——木雅贡嘎	赵 敏	甘孜日报		2005.1.27
贡嘎山、海螺沟冰川		时代教育	2期	2005
峨眉山成因初探	李产林	湘潭矿业学院学报	2期	1986
海螺沟冰川成因浅析	徐子牛	西南石油学院学报	4期	1989
海螺沟环境地质的研究	何耀灿	四川地质学报	1期	1990
海螺沟自然地理考察报告	孙汉民 杨胜菊	乐山师专学报（自然）	增刊	1990
海螺沟：世界上海拔最低，纬度最低的现代冰川	李 礼	资源开发与市场	2期	2002
怪石嶙峋的海子山	骆景山	大自然	3期	2000
鲜水河断裂带附近地区的区域地貌特征	张大泉	西南师范大学学报（自然）	3期	1990
宁属地大物博的真象	傅述尧	新宁远	创刊号	1940
宁属之地理环境及其区划	郑象铣	边政公论	1卷11、12期	1942
雷马屏峨大小凉山之地理概要	任映沧	四川经济季刊	2卷4期	1945
川南河谷地带调查报告	萧敬平等	热带作物研究通讯	12期	1957
西昌地区地质构造特征及其地震活动性	刘福辉	成都地质学院学报	1期	1982
西昌地区的地理概况与植被	刘玉成	西南师范学院学报（自然）	2期	1982
西昌地质——四川省凉山州黄金学术生产会议专辑	四川省凉山彝族自治州地质学会	编者刊		1982
西昌的第四纪构造运动与邛海盆地的形成	闻学泽	四川地震	2期	1982
四川西昌邛海第四纪盆地成因的探讨	闻学泽 吴迪忠	地质论评	4期	1985

续表一三

篇、书名	著(译)编者	出处	卷、期	年月日
西昌盆地的形成与演化	王运生 李云岗	成都理工学院学报	1期	1996
康滇地轴的地质构造史	谢窦克	地质学报	2期	1959
"康滇地轴"地质构造发展历史的初步研究	李春昱	地质学报	3期	1963
康滇地轴中段的两个地质问题	邢无京	地质论评	3期	1964
康滇地轴中段基底构造特征兼谈安宁河深断裂的形成时代	刘福辉	成都地质学院学报	4期	1980
中国四川攀枝花—西昌古裂谷带——兼答刘凤仁的质疑	骆耀南	大自然探索	4期	1984
论康滇地轴的深部构造	袁学诚	地质学报	1期	1989
康滇地轴南段构造特征和盆地分析的遥感地质研究	陈建平等	华南地质与矿产	3期	1997
康滇地轴中南段区域构造格架的遥感地质统计分析	陈建平等	成都理工学院学报	1期	1999
四川会理地区区域地质构造分析	李叔达	成都地质学院学报	1期	1963
四川西南四峨山地区构造体系划分的初步探讨	周济元	成都地质学院学报	1期	1974
安宁河断裂带新构造运动的初步研究	徐杰等	地质科学	3期	1978
四川锦屏地区新生代地质初步考察	李有恒 黄万波	地层古生物论文集	7辑	1978
西昌-滇中地区构造体系的研究	赵济湘 潘杏南	中国地质科学院文集（1981）		1983
西昌-滇中地区地质矿产科研丛书：扬子地块西缘地质构造演化	地质矿产部成都地质矿产研究所	重庆出版社		1987
西昌-滇中地区地质矿产科研丛书：西昌-滇中地区地质构造特征及地史演化	地质矿产部成都地质矿产研究所	重庆出版社		1988
西昌-滇中地区地质矿产科研丛书：西昌-滇中地区沉积盖层及其地史演化	地质矿产部成都地质矿产研究所	重庆出版社		1988
西昌-滇中地区地质矿产科研丛书：康滇地区的前震旦系	地质矿产部成都地质矿产研究所	重庆出版社		1988
西昌-滇中地区地质矿产科研丛书：康滇灰色片麻岩	地质矿产部成都地质矿产研究所	重庆出版社		1988

续表一四

篇、书名	著(译)编者	出处	卷、期	年月日
西昌-滇中地区地质矿产科研丛书：西昌-滇中地区花岗岩类及其含矿特征	地质矿产部成都地质矿产研究所	重庆出版社		1988
西昌-滇中地区地质矿产科研丛书：会理地区的天宝山组	地质矿产部成都地质矿产研究所	重庆出版社		1988
西昌-滇中地区地质矿产科研丛书：康滇构造与裂谷作用	地质矿产部成都地质矿产研究所	重庆出版社		1988
西昌-滇中地区地质矿产科研丛书：康滇地区基性超基性岩	地质矿产部成都地质矿产研究所	重庆出版社		1988
四川省南亚热带河谷的自然资源、自然区划与自然发育史（摘要）	穆桂春	西南师范大学学报（自然）	2期	1979
攀西地区断块构造特征的初步探讨	刘福辉	成都地质学院学报	4期	1984
中国四川攀枝花-西昌（攀西）裂谷的形成、演化与裂谷分类	滕吉文 魏斯禹	大地构造与成矿学	1期	1987
攀西地区的大地构造演化——中元古和晚元古代的造山作用	从柏林 张儒瑗	科学通报	10期	1987
攀西地区的大地构造演化——Ⅱ.海西晚期至印支期的裂谷作用	从柏林 张儒瑗	科学通报	17期	1987
攀枝花-西昌古裂谷晚古生代的演化	吴根耀	成都理工学院学报	2期	1997
川西盐源推覆构造的探讨	葛肖虹	长春地质学院学报	1期	1984
木里-盐源地区的地质构造问题	姚冬生	四川地质学报	2期	1986
四川会理地区区域地质构造分析	李叔达	成都地质学院学报	1期	1963
四川省会理、会东地区构造体系概述	陈世瑜等	中国地质科学院成都地质矿产研究所文集（1）		1980
攀枝花地质	马玉孝等	四川科学技术出版社		2001
论大西南远古地理环境与"西南夷"的关系	李智雄	凉山大学学报	1期	2003
蜀水经	李元	巴蜀书社		1985
蜀水考	陈登龙	巴蜀书社		1985
黑水有三考	赵大煊	华西学报	2期	1934
禹贡黑水考	滇人	地学杂志	24卷4期	1935
禹贡山水杂说	钱穆	齐鲁学报	1期	1941
禹贡黑水问题之检讨	周桓	益世报（天津）		1948.11.2

续表一五

篇、书名	著（译）编者	出处	卷、期	年月日
古称三危与黑水之辨解	窦景椿	敦煌研究	2期	1987
《禹贡》黑水新考	周宏伟	陕西师大学报（哲社）	3期	1991
《禹贡》黑水及其相关诸地考	徐南洲	中国历史地理论丛	1期	1994
《禹贡》黑水与堂光古道	王子今	文博	2期	1994
论《山海经》所说的赤水、黑水和昆仑	刘建华	中国历史地理论丛	4期	1994
古黑水与古三危考	扶永发	云南民族学院学报（哲社）	2期	1995
试论《禹贡》雍州的西界问题	王宗元 齐有科	中国边疆史地研究	4期	1996
黑水与华夏文化	张晟	中国历史地理论丛	1期	2001
《禹贡》黑水之名的由来与古代氐羌人的关系	杨兆荣	2000年国际中国历史地理学术讨论会论文集		2001
《禹贡》"黑水"地望研究综述	魏幼红	中国史研究动态	9期	2002
梁州沱潜考	陈家骥	禹贡	3卷1期	1935
沱潜异说汇考	黄席群	禹贡	3卷2期	1935
《禹贡》中的江沱问题——就《禹贡注释》与顾颉刚先生商榷	喻权域	资料	1期	1976
江沱与沱江	魏达议	西南师范学院学报（人文）	2期	1984
关于"江沱"故道的几种说法	张宗书	文史杂志	1期	1995
"沱"义辨析	赵评春	社会科学战线	4期	1986
古桓水与白水水系考析——兼谈邢澍《桓水考》	漆子扬	西北成人教育学报	4期	2001
《禹贡》古桓水水系考释	漆子扬	中国历史地理论丛	2辑	2004
水经注西南四水注文举疑	唐钺	东方杂志	39卷10号	1943
"水经注"若水绳水孙水辨	朱偰	东方杂志	30卷14号	1943
若水源流考	大林太良	中国大陆古文化研究	9、10集	1980
江汉源流考	赵大煊	华西学报	2期	1934
嘉州小三峡	宋政	旅游天府	1期	1982
《史记·河渠书》中的"沫水"考	冯广宏	四川师范学院学报	1期	1984
辨《说文》段注"涐"、"沫"二篆注误兼辨《辞源》《辞海》同字条之误	周及徐	四川师范学院学报（社科）	4期	1990
论四川盆地内、外江名称的演变	郭声波	历史地理	17辑	2001
古渝水考	王建纬	四川文物	4期	2001

续表一六

篇、书名	著(译)编者	出处	卷、期	年月日
从昭觉县古墓葬、古遗址谈"卑水"	陈阿依	四川文物	4期	1999
川西滇北地区河流分类的初步研究	郭敬辉 邓暖临	地理学报	3期	1965
巴蜀江河辞典	四川省水利电力厅、重庆市水利电力局	编者刊		2000
长江上游查勘散记	维力	人民长江	2期	1956
长江上游河谷地貌	沈玉昌	科学出版社		1965
历史时期长江上游河道萎缩及对策研究	蓝勇	中国历史地理论丛	3期	1991
长江上游及雅砻江徒步考察概况	杨勇	四川环境	3期	1992
近代日本对长江上游的踏察研究	蓝勇	中国历史地理论丛	3期	2005
杂记——记二十四年金沙江断流事	常隆庆	工作月刊	2期	1936
金沙江	陈寅	人民长江	9期	1955
金沙江新地质构造运动反映在地貌上的一些特点	徐瑞春	人民长江	11期	1957
云南西北部金沙江河谷地貌与河流袭夺问题	任美锷等	地理学报	2期	1959
金沙江河谷地貌勘查	王炳生	科学通报	10期	1959
滇西金沙江袭夺问题的新探讨	沈玉昌 杨逸畴	地理学报	2期	1963
金沙江	西南师范学院地理系	地理知识	3期	1978
谈金沙江是长江上源的历史记载	于希贤	昆明师院学报	4期	1979
金沙江概况	莫逸群	人民长江	5期	1983
云南高原上河道的变迁——金沙江袭夺问题	黄少敏 曾昭璇	华南师范大学学报（自然）	1期	1985
金沙江断流浅谈	朱明先	地球	6期	1986
资源宝库金沙江	流星	中国水利	5期	1988
金沙江川滇交界段构造-地貌特征	王铠元	云南地质	1期	1989
凉山州金沙江干热河谷立地类型划分	朱作方等	四川林业科技	1期	1989
青藏高原东南部地貌边界与金沙江水系发育	吴锡浩	山地研究	2期	1989
滇西北金沙江河流袭夺的研究——兼与任美锷先生商榷	何浩生等	现代地质	3期	1989
金沙江袭夺地形探讨	曾昭璇	云南地理环境研究	2期	1991

续表一七

篇、书名	著(译)编者	出处	卷、期	年月日
滇西北沙溪－鸿文谷地的成因研究——金沙江河流袭夺问题的再商榷	何浩生等	现代地质	3 期	1991
金沙江奔子栏－金江街段发育史探讨	程 捷	华东地质学院学报	3 期	1994
晚新生代金沙江形成时代与过程研究	张叶春等	云南地理环境研究	2 期	1998
金沙江		云南电业	8 期	2000
金沙江东流的研究	杨达源 李徐生	南京大学学报（自然）	3 期	2001
长江正源探索历史是非的考辨	蓝 勇	历史研究	1 期	2005
重庆宜昌间扬子江之状况	刘锡三	扬子江水道整理委员会月刊	1 卷 3－5 期	1929
宜昌以上扬子江各支流定名概述	李孝芳	地理	4 卷 3、4 期	1944
千里川江	郭 子	中国水利	10 期	1988
川江一些弯道型浅滩演变及治理研究	陆永军 朱南华	泥沙研究	3 期	1989
南宋两种长江游记的自然地理学价值	周宏伟	自然科学史研究	3 期	1990
渝宜段川江水系的历史分布与变迁	杨伟兵	中国历史地理论丛	1 期	2001
长江渝宜河段深槽分布特征及成因	张丽萍等	南京大学学报（自然）	3 期	2001
三峡知多少	杨顺成	水利天地	5 期	1990
我国有哪些三峡		新农业	12 期	1992
"三峡"有多少	秦巴人	中学地理教学参考	Z1 期	1993
我国有十二个三峡		四川环境	2 期	1994
神州三峡何其多	鄂 档	湖北档案	4 期	1994
中国的"三峡"	陶文成	地球	6 期	1994
中国有十二个三峡	晓 平	当代矿工	3 期	1995
我国有六个三峡		新农业	12 期	1995
四川"三峡"知多少	许增泽	中国水运	5 期	1996
长江干支多三峡	向光银	交通世界	5 期	1996
川江"三峡"——知多少	许增泽	重庆与世界	1 期	1997
可知？重庆市区的长江小三峡	邹红峰	重庆与世界	1 期	1997
中国有多少三峡	杨 硕 王金辉	晚报文萃	11 期	2003
中国三峡知多少	大 宁	教育与职业	22 期	2004
中国有多少三峡	杨 硕	北方音乐	3 期	2005

续表一八

篇、书名	著(译)编者	出处	卷、期	年月日
Glimpses of the Yangtze gorges	Cornell Plant	Kelly & Walsh		1921
三峡	李元亮	人民长江	11期	1955
长江三峡概况	任美锷	地理知识	3期	1957
长江三峡	西南师范学院地理系、长航重庆分局《长江三峡》编写组	四川人民出版社		1977
长江三峡	吕洪文	旅游天地	1期	1980
长江三峡	重庆长江轮船公司旅行社	编者刊		1980
世界最长的峡谷——长江三峡	陈可馨	天津教育	2期	1982
明代有关长江三峡的志书——《三峡通志》	沈津	图书馆杂志	3期	1984
壮丽奇特的长江三峡	成绶台	中国水利	4期	1983
长江三峡		四川	5月号	1985
长江三峡（修订本）	周道贵	四川人民出版社		1985
三峡纵横谈	杨明俊 刘涛	武汉大学出版社		1985
三峡	四川人民出版社	四川人民出版社		1986
长江三峡	重庆长江轮船公司旅行社	编者刊		1986
三峡大观	长江流域规划办公室	水利电力出版社		1986
长江三峡阶地的成因机制	杨达源	地理学报	2期	1988
长江三峡的起源与演变	杨达源	南京大学学报（自然）	3期	1988
长江三峡		人民美术出版社		1991
长江三峡	柳忠贤	十堰大学学报	2期	1992
试论长江三峡河段深槽的成因	杨达源 赖莲英	山地研究	3期	1992
巴峡考辨	刘映华	重庆教育学院学报	3期	1992
水经注疏·三峡注补	杨守敬等	湖北人民出版社		1992
长江三峡是怎样形成的		桂林冶金地质学院学报	3期	1993
古往今来话三峡	晋宏逵	中外文化交流	1期	1993
中国长江三峡	苏丹丹	东方出版社		1993
长江三峡的洞穴奇观——地缝、天坑、冰洞、龙缸	谭开鸥	中国岩溶	1期	1994

续表一九

篇、书名	著(译)编者	出处	卷、期	年月日
三峡得名和演变	蓝 勇	史学月刊	3 期	1994
三峡究竟有多长		时代潮	8 期	1994
长江三峡贯通的时代及意义	张叶春	西北师范大学学报（自然）	2 期	1995
长江三峡南岸名列世界前茅的喀斯特形态与现象	朱学稳	中国岩溶	3 期	1995
三峡历史地理考证三则	蓝 勇	重庆师院学报（哲社）	4 期	1995
长江三峡中国之最	谭正双	民族团结	7 期	1995
长江三峡的我国之最	谭正双	旅游	7 期	1995
中国长江三峡大辞典	柏世友等	湖北少年儿童出版社		1995
长江三峡的身世	赵 诚	化石	1 期	1996
长江三峡地区构造地貌研究	李愿军 丁美英	水电能源科学	1 期	1996
漫话三峡地质地貌	曹诗图	中国三峡建设	2 期	1996
长江三峡的美学特质	施江城	湖北社会科学	12 期	1996
长江三峡河流袭夺与河流起源	赵 诚	长春地质学院学报	4 期	1996
长江三峡的历史变迁	侯全光	陕西水利	4 期	1996
长江三峡		中学语文教学参考	7 期	1996
长江三峡地质奇观	谭开鸥 李玉生	中国地质	11 期	1996
长江三峡河谷发育史	田陵君等	西南交通大学出版社		1996
长江三峡是怎样形成的	徐 璇	农家科技	1 期	1997
长江三峡是怎样形成的	肖 冈	现代技能开发	2 期	1997
论长江三峡形成与中更新世大姑冰期的关系	唐贵智 陶 明	华南地质与矿产	4 期	1997
瞿塘峡岂止"八公里长"	程印光	语文教学通讯	9 期	1997
三峡天险崆岭峡	向剑君	风景名胜	11 期	1997
中国長江三峡考——《華陽国志》"巴亦有三峡"をめぐって	飯塚勝重	アジア・アフリカ文化研究所研究年報	31 号	1997
中国三峡	岳涛等	科学技术文献出版社		1997
三峡史话	杨铭等	中华书局		1997
三峡地域要览	杜培斌等	中国地质大学出版社		1997
三峡地区的地质地貌特征及其经济评价	曹诗图	水电科技进展	1 期	1998
长江三峡及其上游的倒插支流和风口	赵 诚	中国地质灾害与防治学报	3 期	1998

续表二〇

篇、书名	著(译)编者	出处	卷、期	年月日
三峡·小三峡·小小三峡	张 杨	兰台世界	9 期	1998
三峡地域要览	杜培斌等	中国地质大学出版社		1998
唐代三峡述略	马雪芹	西南师范大学学报（哲社）	2 期	1999
长江三峡神奇之地	邵红峰	风景名胜	3 期	1999
世界地质奇观——"天坑与地缝"	盛志耘	两岸关系	9 期	1999
长江三峡地理	黄健民	重庆出版社		1999
长江三峡及其上游河流袭夺新认识	赵 诚 王世梅	武汉水利电力大学（宜昌）学报	3 期	2000
长江三峡	季 行	下一代	3 期	2001
长江三峡地区坡地发育初步研究	崇婧等	长江流域资源与环境	3 期	2002
长江三峡的待解之谜	王川平	中外文化交流	4 期	2002
长江三峡坝区河谷深槽的地貌特征及其成因	杨达源等	地理学报	5 期	2002
长江三峡大宁河流域三千年来沉积环境与河床演变初步研究	张强等	水利学报	9 期	2002
长江三峡上的奇葩——石牌风景区	程芙蓉 欧 阳	中国旅游报		2002.12.18
长江三峡地区历史地理之研究	陈可畏	北京大学出版社		2002
长江三峡	李金龙	湖北美术出版社		2002
长江三峡之谜	邵红峰	旅游纵览	8 期	2003
长江三峡（上）（下）	魏立群	小雪花	32、35 期	2003
长江三峡历史地理	蓝 勇	四川人民出版社		2003
千古三峡	蓝 勇	福建人民出版社		2003
永远的三峡	杭 侃 郝国胜	上海辞书出版社		2003
永远的三峡	王志江	辽宁人民出版社		2003
奉节天坑地缝岩溶景观及世界自然遗产价值研究	陈伟海等	地质出版社		2003
长江三峡是怎样形成的	李永兴	小学生导读	1、2 期	2004
长江三峡深槽沉积的研究	杨达源等	第四纪研究	5 期	2004
长江三峡		教师博览	9 期	2004
三峡地区河流阶地的成因、时代与人类活动	裴树文	第九届中国古脊椎动物学学术年会论文集		2004
永远的三峡	杜 鸿 陈伟明	大众文艺出版社		2004

续表二一

篇、书名	著(译)编者	出处	卷、期	年月日
1932年勘测长江三峡纪略	薛毅	湖北文史	1期	2005
长江三峡阶地的年代对比法及其意义	向芳等	成都理工大学学报（自然）	2期	2005
Two Tibetan Rivers: The Wi Ch'u and Li Ch'u	J. H. Edgar	Journal of the West China Border Research Society	Vol. 5	1932
西康之神秘水道记	F. K. Ward（杨庆鹏）	蒙藏委员会亚洲民族考古丛刊		1933
			5辑	1934
Bends in the Kin Sha, Litang, Ya Lung and T'ong or Ta-Tu Rivers	J. H. Edgar	Journal of the West China Border Research Society	Vol. 7	1935
雅砻江	龙德让	中国水利	4期	1985
雅砻江甘孜以上区域水文特性	张新海等	人民黄河	2期	2000
奔向雅砻江之源	税晓洁	旅游	8期	2001
徒步雅砻江	杨勇	大自然探索	8期	2002
安宁河流域水道级别的重新划分	彭文成	水道港口	4期	1994
		四川水利	2期	1995
勘察大渡河简略报告	胡洪亮	康导月刊	1卷6期	1939
大渡河入汇对岷江乐山九龙滩河段水沙运动的影响	吴学良	水运工程	11期	1989
水电富矿之一——大渡河	朱铁铮	中国能源	12期	1991
水电富矿大渡河	隋鲜	今日四川	3期	1998
大渡河中上游地质地貌条件对下游砂金矿的影响	罗成德 周骏一	乐山师范高等专科学校学报	4期	1999
四川大渡河金口大峡谷	赵逊	地球	2期	2002
大渡河上游地区景观格局与动态分析	摆万奇 张镱锂	加入WTO和中国科技与可持续发展——挑战与机遇、责任和对策（下册）		2002
		自然资源学报	1期	2003
金口大峡谷地貌成因与旅游资源	罗成德	山地学报	1期	2004
大渡河支流南垭河	陈渭忠	四川水利	5期	1995
大渡河支流龙池河	陈渭忠	四川水利	2期	1996
大渡河支流松林河	陈渭忠	四川水利	4期	1996
松林河流域的水文特性	王德康	四川水利	2期	1998
论名邛砾石层的成因、时代与青衣江改道	张倬元等	四川地质学报	2期	1982
青衣江中上游流域水文特征	张显林	四川水力发电	1期	1991

续表二二

篇、书名	著(译)编者	出处	卷、期	年月日
青衣江主源宝兴河的水文特性	王德康	四川水利	3期	2000
青衣江支流名山河	陈渭忠	四川水利	4期	2001
岷江峡谷	徐近之	地理学报	1卷1期	1934
岷江峡谷地理之初步考察	杨怀仁	地理学报	12、13卷	1946
岷江	王玉顺	人民长江	12期	1955
岷江枯水汊道的演变分析	吴学良 许婉莹	水运工程	增刊	1979
岷江上游大海子天然坝考察	阎文哲	人民黄河	6期	1980
岷江上游水文情势的初步分析	雷刚旭	四川林业科技	增刊	1980
岷江	巩坚壁	中国水利	5期	1983
岷江正源考辨	冯广宏	人民长江	7期	1986
岷江上游汶川——较场河段环境地质特征及其形成背景探讨	王运生	第六届全国工程地质大会论文集		2000
川西高原造就了"天府之国"	赵琦	四川地质学报	2期	2001
川西高原岷江上游河流阶地初步研究	杨农等	地质力学学报	4期	2003
基于GIS的岷江上游地貌形态初步分析	张会平等	中国地质灾害与防治学报	3期	2004
岷江上游深切河谷及其对川西高原隆升的响应	张岳桥等	成都理工大学学报（自然）	4期	2005
岷江支流鲫江	陈渭忠	四川水利	3期	2001
岷江支流茫溪河	陈渭忠	四川水利	6期	2001
沱江中游的河曲与阶地	穆桂春	西南师范学院学报（自然）	4期	1983
沱江	姚发桂	中国水利	2期	1985
沱江志	冯广宏	四川省水利电力厅		1991
沱江上游（绵远河、石亭江）环境水文条件分析	胡昕 高荣松	四川环境	3期	1992
沱江支流大清流河	陈渭忠	四川水利	5期	1994
沱江支流釜溪河	陈渭忠	四川水利	6期	1994
沱江支流球溪河	陈渭忠	四川水利	1期	1995
涪江	梅启俊	中国水利	10期	1985
涪江支流小安溪	陈渭忠	四川水利	5期	1995
涪江支流洋溪河	陈渭忠	四川水利	4期	1997
涪江支流蓬溪河	陈渭忠	四川水利	1期	1999

续表二三

篇、书名	著(译)编者	出处	卷、期	年月日
渠江支流驷马河	陈渭忠	四川水利	3 期	1997
渠江支流濛溪河	陈渭忠	四川水利	4 期	1998
渠江支流肖溪河	陈渭忠	四川水利	1 期	2000
渠江支流西溪河	陈渭忠	四川水利	3 期	2000
四川嘉陵江三峡地质志	常隆庆 罗正远	中国西部科学院地质研究所丛刊	2 号	1934
嘉陵江下游河阶地形之研究	陈秉范	地质论评	3 卷 4 期	1938
嘉陵江三峡区地质与地形和温泉的关系	李承三等	地理集刊	1 期	1943
嘉陵江上游穿断山之举例	周廷儒	地理	3 卷 1、2 期	1943
嘉陵江流域地理考察报告	李承三等	中国地理研究所		1946
缅怀李承三教授——重读《嘉陵江流域地理考察报告上卷·地形》	施雅风	成都理工学院学报	2 期	1998
嘉陵江志	马以愚	商务印书馆		1946
嘉陵江	孔繁清	人民长江	10 期	1955
嘉陵江小三峡石灰岩喀斯特区水文地质特征	徐毅峰	人民长江	9 期	1958
嘉陵江南充地区河段考古调查纪实	南充地区文化局、重庆市博物馆	编者刊		1979
嘉陵江小三峡巡礼	喻成炳	中学地理教学参考	6 期	1981
嘉陵江	巩坚壁 郑洪源	中国水利	1 期	1984
嘉陵江志	四川省水利电力厅	编者刊		1991
嘉陵江水系水环境背景值研究	郑远昌等	成都地图出版社		1991
嘉陵江	《嘉陵江》编委会	重庆出版社		1993
嘉陵江小三峡		四川人民出版社		1997
嘉陵江的起源及流域自然环境研究	李铁松 张桥英	四川师范学院学报（自然）	2 期	1999
嘉陵江中游地区水热状况研究	雷金容	四川师范学院学报（自然）	2 期	1999
嘉陵江源流异议	易哲文 易 瑜	四川水利	1 期	2001
嘉陵江源流在何处	易 瑜	人民长江	4 期	2001

续表二四

篇、书名	著(译)编者	出处	卷、期	年月日
嘉陵江支流螺溪河	陈渭忠	四川水利	5期	1998
无量河考	崔蜀远	地理研究	1期	1989
无量河的水	和锊宇	寻根	6期	2000
大凉山上美姑河	陈渭忠	四川水利	1期	1992
大凉山腹地的西溪河	李永弟	风景名胜	9期	2003
野牛山下荥经河	陈渭忠	四川水利	1期	1994
长江支流龙溪河	陈渭忠	四川水利	2期	1994
羊马河·羊摩江·杨磨	郭发明	文史杂志	2期	1994
千佛山下安昌河	陈渭忠	四川水利	3期	1994
弥江、湍江、榉溪——盐亭三河	陈渭忠	四川水利	5期	1997
永丰场河与河边场河	陈渭忠	四川水利	6期	1998
仓山河与象山河	陈渭忠	四川水利	4期	1999
营山河与千里渠	陈渭忠	四川水利	4期	2000
大旗山下消水河	陈渭忠	四川水利	5期	2000
峨眉山下两条河	陈渭忠	四川水利	5期	2001
贡嘎山东坡海螺沟的河川径流特征	李伟等	山地学报	6期	2004
金口河与小河子	陈渭忠	四川水利	1期	2005
思濛河与金牛河	陈渭忠	四川水利	6期	2005
乌江流域武隆至涪陵段新构造运动	唐将等	重庆交通学院学报	2期	2005
黄河入川与俄洛界务	任乃强	康藏研究	11期	1947
黄河流经四川	张范畴	旅行杂志	12期	1953
清代四川西北省界及引起的黄河流经四川问题	黄盛璋	四川大学学报（哲社）	1期	1957
若尔盖高原黄河古河道及其古地理意义	孙广友 张文芬	地理科学	3期	1987
黄河袭夺若尔盖古湖时代的沉积学依据	王云飞等	科学通报	8期	1995
黄沙袭夺若尔盖	李弈霖	大自然探索	4期	2003
黑、白河流域概况	张启富 胡尔昌	人民黄河	4期	1983
白河流域径流及泥沙特征	马庆全	中国水力发电工程学会水文泥沙专业委员会第六届学术讨论会论文集		2005
中国西南历史气候初步研究	蓝勇	中国历史地理论丛	3期	1993

续表二五

篇、书名	著(译)编者	出处	卷、期	年月日
四川气候区域	张宝堃	气象学报	3、4 期	1941
四川春夏气候与民生关系	张豹昆	大公报		1943.7.12、13
四川气候志	刘世楷	四川省气象所		1948
四川盆地历史时期的古气候演变	汤大清	四川气象	4 期	1990
近代四川气候特征初步分析及展望	陈效孟	成都气象学院学报	4 期	1993
四川 50 年来气候变化分析及未来趋势预测	李国平 贺文彬	成都气象学院学报	3 期	1994
近 100 年四川气温变化的多时间尺度分析	陈文秀等	成都气象学院学报	1 期	1999
20 世纪四川盆地降水变化特征分析	陈文秀 郝克俊	四川气象	1 期	2001
峨眉山之雨量	涂长望 许鉴明	气象杂志	10 期	1936
峨眉山之气候	王华文	气象学报	3、4 期	1942
重庆之气候	朱炳海	气象杂志	1 期	1938
巴山夜雨	吕炯	气象学报	1、2 期	1942
巴山夜雨	吕炯	文史杂志	3 卷 5、6 期	1944
北碚物候与农事		气象学报	1、2 期	1942
渝州暑热古人谈	徐立	重庆晚报		1985.8.2
略论重庆气候特点及其成因	张永和	重庆师范学院学报（自然）		1987
半世纪来重庆气温之变化及原因分析	张永和	重庆师范学院学报（自然）	2 期	1988
解放前的重庆气象事业	张庆	重庆地方志	2 期	1992
关于西域及西蜀之古气候与古地理	吕炯	气象学报	3、4 期	1942
近 60 年成都气温突变分析	陈文秀 田宏	四川气象	1 期	1993
四川省温江地区气象志	温江地区气象局	编者刊		1983
康南地理气象考察报告	朱炳海	地理学报	7 卷	1940
川康边区之雨量	卢鋆	气象学报	1、2 期	1942
雅安"天漏"的形成及其预报	汪之义	气象科技资料	增刊	1977
"雅安天漏"数值模拟的初步试验（摘要）	宇如聪等	四川气象	1 期	1992
"雅安天漏"研究Ⅰ：天气分析	彭贵康等	大气科学	4 期	1994

续表二六

篇、书名	著(译)编者	出处	卷、期	年月日
"雅安天漏"研究Ⅱ：数值预报试验	宇如聪等	大气科学	5 期	1994
"雅安天漏"研究Ⅲ：特征、物理量结构及其形成机制	曾庆存等	大气科学	6 期	1994
以杜诗来评论四川盆地的古今环境变化	杨善清	四川地质学报	4 期	1994
长江上游地区 18Ka 以来的植被与气候	唐领余等	世界科技研究与发展	增刊	2000
全新世大暖期若尔盖的植被与气候	刘光秀	冰川冻土	3 期	1995
若尔盖地区 25 万年以来的植被与气候	沈才明等	微体古生物学报	4 期	1996
若尔盖地区 22000 年以来的植被与气候	沈才明等	微体古生物学报	4 期	1996
四川剑门关侏罗－白垩系红层分子化石的古环境和古气候意义	王红梅等	地球科学	3 期	2001
运用地球化学方法研究中、新生代环境气候演替——兼论四川盆地侏罗纪气候变化	匡少平等	青岛化工学院学报（自然）	1 期	2002
卧龙区树木年轮和川西近百年的气候变动	刘传志	气象	5 期	1982
第四纪孢粉分析中古气温、古降水指数的计算方法——以成都锦江一级阶地研究为例	罗伦德	贵州师范大学学报（自然）	3 期	1996
成都平原第四纪化石冰楔的发现及古气候意义	李勇等	地质力学学报	4 期	2002
成都金沙古人类遗址亚粘土层的元素特征及其环境意义	陈碧辉等	成都理工大学学报（自然）	6 期	2003
金沙遗址古环境状况的综合探讨	傅顺	中国地质	3 期	2005
成都金沙遗址距今 3000 年的古气候探讨	姚轶锋等	古地理学报	4 期	2005
对川西高原和四川盆地 20 世纪 40 年代以来微观气候自然变化的分析	王运禄等	新世纪气象科技创新与大气科学发展——中国气象学会 2003 年年会"气候系统与气候变化"分会论文集		2003
对川西高原和四川盆地 1940－2003 年微观气候自然变化的分析	王运禄等	科技、工程与经济社会协调发展——中国科协第五届青年学术年会论文集		2004
岷江叠溪古堰塞湖沉积物碳酸盐碳氧同位素记录所揭示的古气候演化特征	段丽萍等	中国地质灾害与防治学报	2 期	2002

续表二七

篇、书名	著(译)编者	出处	卷、期	年月日
近6000年红原温度变化历史及其对社会文化的影响	徐 海 洪业汤	第六届全国环境地球化学学术讨论会论文摘要汇编		2002
若尔盖高原区泥炭地的孢粉组合及古植被与古气候	王曼华	地理科学	2期	1987
川西北若尔盖高原第四纪环境演变概要	徐茂其	西南师范大学学报（自然）	4期	1988
中更新世以来若尔盖盆地环境演化与黄土高原比较研究	王苏民 薛 滨	中国科学（D辑：地球科学）	4期	1996
若尔盖盆地RH孔近80万年来$\delta^{13}C_{org}$气候特征的频谱分析	吴敬禄	湖泊科学	3期	1997
青藏高原东部RM孔140ka以来湖泊碳酸盐同位素记录的古气候特征	吴敬禄等	中国科学（D辑：地球科学）	3期	1997
若尔盖盆地RH孔有机碳同位素序列指示的古气候事件诊断	吴敬禄 王苏民	湖泊科学	4期	1997
若尔盖盆地RM孔自生碳酸盐$\delta^{18}O$、$\delta^{13}C$记录所揭示的环境演化特征	吴敬禄 王苏民	海洋地质与第四纪地质	4期	1997
若尔盖RM孔揭示的青藏高原900kaBP以来的隆升与环境变化	薛滨等	中国科学（D辑：地球科学）	6期	1997
近2000年来长江上游荔枝分布北界的推移与气温波动	蓝 勇	第四纪研究	1期	1998
青藏高原东北部末次间冰期以来的古气候——以若尔盖盆地RM孔分析为例	薛滨等	海洋与湖沼	3期	1999
若尔盖盆地RM孔揭示的过去14万年古环境	薛滨等	湖泊科学	3期	1999
若尔盖盆地200ka以来氧同位素记录的古温度定量研究	吴敬禄等	中国科学（D辑：地球科学）	1期	2000
若尔盖盆地兴措湖沉积记录揭示的近代气候与环境	吴敬禄等	湖泊科学	4期	2000
兴措湖沉积物有机碳及其同位素记录揭示的近代气候与环境	吴敬禄等	海洋地质与第四纪地质	4期	2000
青藏高原东部兴措湖生物壳体元素及同位素记录的气候环境信息	吴敬禄等	湖泊科学	3期	2001
青藏高原东部兴措湖壳体同位素记录的气候环境信息	吴敬禄	海洋地质与第四纪地质	4期	2001

续表二八

篇、书名	著(译)编者	出处	卷、期	年月日
青藏高原东部兴措湖近 0.2ka 来的气候定量复原	吴敬禄等	中国科学（D 辑：地球科学）	12 期	2001
若尔盖草原环境地球化学特征及其研究意义	唐文春	物探化探计算技术	4 期	2001
青藏高原 2.8Ma 来的环境演化及其对构造事件响应	陈诗越 王苏民	地质力学学报	4 期	2002
青藏高原兴措湖腹足类壳体同位素组成特征与环境意义	吴敬禄等	古生物学报	2 期	2003
若尔盖盆地晚第四纪以来的孢粉记录及其沉积环境	唐领余等	青藏高原及邻区地质与资源环境学术讨论会论文摘要汇编		2003
若尔盖盆地 RM 孔孢粉记录及其年代序列	沈才明等	科学通报	3 期	2005
采用高山松最大密度重建川西高原近百年夏季气温	吴普	地理学报	6 期	2005
四川冕宁彝海全新世孢粉组合及其古气候特征简述	陈乐尧	四川地质学报		1985
川西南布拖县西溪河火烈湖孢粉组合特征与距今 2.2 万年以来古气候分析	刘和林等	四川林业科技	2 期	2003
川西南雷波县小海子孢粉组合特征与距今 1.6 万年以来古气候分析	刘和林等	四川林业科技	2 期	2004
重庆金佛山石笋的同位素年龄和古气候信息	王建力等	中国岩溶	4 期	2005
长江三峡工程库区古气候环境对滑坡发育的影响	张年学	第四届全国工程地质大会论文选集（一）		1992
长江三峡地区三叠－侏罗纪地层、古生态和古气候分析	孟繁松	地层古生物论文集	25 辑	1995
长江三峡西部自流井组植物化石和气候环境分析	孟繁松 陈大友	华南地质与矿产	1 期	1997
重庆巫山张家湾遗址 2000 年来的环境考古	张强等	地理学报	3 期	2001
长江三峡张家湾遗址孢粉组合及古环境演变	张芸等	长江流域资源与环境	3 期	2001
长江三峡大宁河流域 3000 年来的环境演变与人类活动	张芸等	地理科学	3 期	2001
长江三峡地区汉代以来人类文明的兴衰与生态环境变迁	朱诚等	第四纪研究	5 期	2002
三峡中坝遗址剖面中汞的地球化学特征和影响因素分析	黄润等	地球与环境	2 期	2004

续表二九

篇、书名	著(译)编者	出处	卷、期	年月日
对长江流域新石器时代以来环境考古研究问题的思考	朱 诚	自然科学进展	2 期	2005
长江三峡中坝遗址地层中 Rb 和 Sr 的分布特征及其古气候演变	黄润等	第四纪研究	5 期	2004
从三峡考古看古代三峡地区的生态环境	赵冬菊	四川文物	6 期	2005
三峡库区中坝遗址考古地层土壤有机碳的分布及其与人类活动的关系	高华中等	土壤学报	3 期	2005
四川植被地理历史演变的探讨	钟章成等	西南师范大学学报（自然）	1 期	1979
四川植物与森林考察简史		四川林业科技	3 期	1981
四川植被研究的历史与展望	钟章成	西南师范大学学报（自然）	2 期	1982
		生态学杂志	2 期	1982
明清时期长江中上游森林植被破坏的历史考察	暴鸿昌 胡 凡	湖北大学学报（哲社）	1 期	1991
四川亚高山暗针叶林的起源及其基本特征的研究	刘兴良等	四川林业科技	2 期	2002
四川盐边晚三叠世植物新种	陈晔等	Journal of Integrative Plant Biology	2 期	1979
四川箐河晚三叠世植物的初步研究	陈晔等	Journal of Integrative Plant Biology	3 期	1985
四川西昌螺髻山全新世植被与环境变化	李 旭 刘金陵	地理学报	1 期	1988
从四川西南部冕宁县中全新世古森林探讨生物多样性变化	刘和林 李承彪	生物多样性与人类未来——第二届全国生物多样性保护与持续利用研讨会论文集		1996
四川冕宁地区一万年来的植被与环境演变	童国榜等	微体古生物学报	4 期	2000
四川西部高原上新世植物群	郭双兴	古生物学报	3 期	1978
川西高原老第三纪植物群的发现及其意义	陈明洪等	Journal of Integrative Plant Biology	2 期	1983
四川新龙晚三叠世植物	陈晔等	植物研究	2 期	1985
四川古宋铜锣坝晚二叠世早期植物群	朱梅丽	中国矿业大学学报	1 期	1991
川东地区晚三叠世须家河植物群及其沉积环境	鲁胜梅 黄其胜	地球科学	3 期	1990
川东地区晚三叠世须家河植物群古生态初探	黄其胜 鲁胜梅	地球科学	3 期	1992

续表三〇

篇、书名	著(译)编者	出处	卷、期	年月日
川北晚三叠世须家河期古气候及成煤特征	黄其胜	地质论评	1期	1995
四川盆地北缘达县、开县一带早侏罗世珍珠冲植物群及其古环境	黄其胜	地球科学	3期	2001
The Haunts of the Giant Panda	J. H. Edgar	Journal of the West China Border Research Society	Vol. 3	1926–1929
关于大熊猫种的划分、地史分布及其演化历史的探讨	王将克	动物学报	2期	1974
大熊猫发展简史	裴文中	动物学报	2期	1974
		大自然	4期	1982
关于大熊猫分类地位的讨论	朱 靖	动物学报	2期	1974
近五千年来豫鄂湘川间的大熊猫	文焕然 何业恒	西南师范学院学报（自然）	1期	1981
今昔大熊猫	胡锦矗	野生动物	1期	1981
大熊猫的食性研究	胡锦矗	南充师院学报（自然）	3期	1981
大熊猫名考索引	胡锦矗	南充师院学报（自然）	3期	1981
		野生动物	4期	1981
大熊猫的历史记载	胡锦矗	南充师院学报（自然）	3期	1981
大熊猫	胡锦矗	南充师院学报（自然）	3期	1981
		大自然探索	2期	1982
熊猫之乡——卧龙		野生动物	4期	1981
大熊猫的兴衰	朱 靖 龙 志	动物学报	1期	1983
史话大熊猫	胡锦矗	大自然	4期	1983
熊猫	李春富	野生动物	3期	1984
围绕大熊猫的争论	王宗祎	大自然	3期	1984
卧龙地貌的特征和大熊猫	刘淑珍 郑远昌	野生动物	4期	1984
大熊猫的生态地理分布	胡锦矗	南充师院学报（自然）	2期	1985
秦岭的大熊猫	吴家炎	动物学报	1期	1986
邛崃山的大熊猫	胡锦矗	南充师院学报（自然）	1期	1986
岷山山系的大熊猫	胡锦矗	四川动物	2期	1986
雷波县大熊猫分布情况		四川林业科技	2期	1986
大熊猫分类地位的探讨	潘文石	野生动物	1期	1987

续表三一

篇、书名	著(译)编者	出处	卷、期	年月日
解开大熊猫起源之谜	洪志勇 吴香滨	化石	3期	1988
秦岭大熊猫考察（一）——大熊猫的祖居地和庇护所	潘文石	大自然	3期	1988
大熊猫的研究历史与进展	胡锦矗	四川师范学院学报（自然）	1期	1989
鄂、湘、川间大熊猫的变迁	何业恒	野生动物	2期	1989
大熊猫体型变化及兴衰分析	魏辅文等	四川师范学院学报（自然）	1期	1990
熊猫的衰落及食竹习性的形成	高 进	化石	4期	1990
岷山、邛崃山大熊猫体型差异及其原因初探	魏辅文等	兽类学报	4期	1990
大卫发现大熊猫的经过	李学健	大自然	4期	1990
大熊猫的研究史略与分类地位	胡锦矗	生物学通报	5期	1990
大小相岭的大熊猫	杨旭煜	大自然	2期	1991
四川宝兴——大熊猫的故乡	胡大可	大自然	3期	1991
大熊猫的分类地位与演化	胡锦矗	四川师范学院学报（自然）	3期	1992
四川野生大熊猫分布变迁及衰退趋势讨论	杨旭煜	四川动物	4期	1992
寻求大熊猫的祖先	张 锐	大自然	1期	1993
邛崃山系大熊猫栖息地状况的初步研究	张黎明	四川林业科技	2期	1993
大熊猫的演变过程和原因的探讨	张俊范等	四川动物	3期	1993
凉山山系大熊猫的食性研究	胡锦矗 王昌琼	四川师范学院学报（自然）	4期	1993
四川宝兴 大熊猫的故乡	崔毕卢	大自然	1期	1994
近代熊猫的发现史	刘德明	生物学教学	4期	1994
大熊猫的祖先	黄学诗	化石	1期	1995
大熊猫的摇篮——宝兴蜂桶寨	胡大可	四川统一战线	12期	1995
大熊猫分类的近期研究与进展	胡锦矗	四川师范学院学报（自然）	1期	1996
世界珍稀孑遗动物——熊猫	吴 力	中国生物圈保护区	2期	1996
大熊猫由盛到衰的原因初探	王少华	三明师专学报（社科）	2期	1996
大熊猫的身世	冯 宁 马清义	陕西林业	4期	1996
凉山山系、小相岭山系大熊猫遗传多样性的DNA指纹比较分析	方盛国等	兽类学报	4期	1997
古文献记大熊猫食铁探析	刘重来	文献	4期	1997

续表三二

篇、书名	著(译)编者	出处	卷、期	年月日
大熊猫的兴衰	何业恒	中国历史地理论丛	4期	1998
相岭山系大熊猫和小熊猫对生境的选择	魏辅文等	动物学报	1期	1999
大相岭山系大熊猫数量及遗传多样性的DNA指纹检测	方盛国等	四川大学学报（自然）	3期	1999
大熊猫的系统地位与种群生态学的研究与进展	胡锦矗	动物学研究	1期	2000
大熊猫生境选择研究	张泽钧 胡锦矗	四川师范学院学报（自然）	1期	2000
大熊猫生存地域史的变迁与人为影响	姚学良 廖远安	成都理工学院学报	增刊	2000
大熊猫是外国人发现的	汪永晨	市场观察	1期	2001
中国大熊猫发展史新探	吴斌	四川师范学院学报（自然）	1期	2002
邛崃山系大熊猫和小熊猫生境选择的比较	张泽钧等	兽类学报	3期	2002
王朗自然保护区大熊猫对生境的利用	曾宗永等	四川大学学报（自然）	6期	2002
论夹金山脉大熊猫栖息地的世界自然遗产价值	陈富斌等	山地学报	6期	2002
四川青川县大熊猫种群分析	胡杰等	四川动物	1期	2003
小相岭大熊猫与放牧家畜的生境选择	冉江洪等	生态学报	11期	2003
大熊猫分类与演化研究进展	李涛	科技进步与对策	增刊	2003
大熊猫的分类与演化综述	李涛等	地质科技情报	3期	2004
也谈大熊猫之今古称谓	林鸿荣 林林	北京林业大学学报（社会）	1期	2005
四川小相岭山系大熊猫种群及栖息地调查	冉江洪等	兽类学报	4期	2005
远古时代若尔盖犀牛成群	李彬林	四川日报		2000.8.15
历史上中国西南华南虎分布变迁考证	蓝勇	贵州师范大学学报（自然）	2期	1991
清初四川虎患	蓝勇	文史杂志	2期	1993
清初四川虎患与环境复原问题	蓝勇	中国历史地理论丛	3期	1994
陆游打虎再探	陶喻之	汉中师院学报（哲社）	4期	1994
汉中虎迹及虎文化	李天培等	宝鸡文理学院学报（社科）	3期	1998
明末清初西部虎患考述	刘正刚	中国历史地理论丛	4期	2001
虎入重庆城	庄燕和	重庆日报		1980.2.10
也谈虎入重庆城	胡荣伦	重庆日报		1980.5.11

续表三三

篇、书名	著(译)编者	出处	卷、期	年月日
老虎多次入城	魏仲云	重庆晚报		1987.6.21
老虎入城补	涪翁	重庆晚报		1987.7.1
老虎多一次入城又一说	欧阳平	重庆晚报		1987.7.5
汉中虎迹及虎文化	李天培等	宝鸡文理学院学报（人文）	3期	1998
Twenty Common Birds of the West Chian Union University Campus	J. B. Dye	Journal of the West China Border Research Society	Vol. 3	1926-1929
Summering with the Birds at Meng Ting and Omei	J. B. Dye	Journal of the West China Border Research Society	Vol. 16B	1946
Szechwan Fish	C. D. Reeves	Journal of the West China Border Research Society	Vol. 11	1939
Some Interesting Animals of Szechwan	F. T. Smith	Journal of the West China Border Research Society	Vol. 5	1932
历史时期长江三峡地区野生动物分布与变迁	杨伟兵	重庆社会科学	6期	1998
长江三峡地区野生动物的历史分布与变迁	杨伟兵	四川师范大学学报（社科）	1期	1999
西汉秦岭山地的兽类动物初探	颜廷真	中国历史地理丛	4期	2000
历代四川各地灾异提要索引	重庆市图书馆	重庆大公报馆		1944
四川文史馆编成一部"四川省历代灾异记"		人民日报		1956.9.22
四川历代自然灾害述略	田远	文史杂志	6期	1991
四川自然灾害及防治对策	周云章	四川地质学报	2期	1991
四川省自然灾害及减灾对策	唐邦兴	电子科技大学出版社		1995
古代四川灾害史考论	李飞	文史杂志	4期	1996
四川旱涝震的分形时间特征及其与统计时间特征比较	李祚泳 邓新民	自然灾害学报	2期	1997
保路运动前十年四川灾荒及其影响	钟钢	文史杂志	5期	1992
从清末四川自然灾害的危害看环保的重要性	刘仕慧	成都师专学报	3期	2002
宜宾自然灾害史（公元223-1993年）	中国人民政治协商会议宜宾地区工作委员会	编者刊		1995
内江自然灾害档案史料（1935-1985）	内江市档案馆	编者刊		1989
万县地区五百年灾害研究（1440-1990）	中共万县地委政策研究室	编者刊		1991
万县地区500年灾害发展规律及防灾减灾途径的探讨（摘要）	丁耀廷等	中国减灾	1期	1993

续表三四

篇、书名	著(译)编者	出处	卷、期	年月日
四川省万县地区500年灾害研究		长江志研究	1期	1995
万县市历代战争和灾害	万县市地方志办公室	编者刊		1996
中国近代地震文献编要（1900-1949）	陈尚平等	地震出版社		1995
四川地震目录	四川地震局成都地震大队	四川省革委会地震办公室		1975
四川省地震碑刻汇集简表（山崩附）	《四川地震资料汇编》编辑组	编者刊		1978
谈谈四川的地震	艾博文 李绍东	重庆日报		1979.12.5
四川地震资料汇编 第一卷（1949年前）	四川地震资料汇编领导小组	四川人民出版社		1980
谈谈四川省的地震周期	沈宗丕	四川地震	3期	1983
四川的地震湖	朱皆佐	地球	5期	1983
四川地震之最	雷泽高	四川地震	1期	1984
四川强震活动的时间间隔初析	黄圣睦	四川地震	4期	1999
四川地区7级以上地震危险性分析	陈学忠	国际地震动态	12期	2002
四川大于6.5级强震危险性探讨	江道崇 邓建平	四川地震	3期	2004
太阳活动与四川及邻区强地震时空分布关系	吴小平	四川地震	1期	2005
四川盆地的地震地质特征	钱 洪 唐荣昌	四川地震	3期	1992
成都的凹陷与地震	陆联康	成都日报		1981.5.8
成都烈度知多少	陆联康	成都日报		1981.6.26
哪些地震使成都有感	洪时中	成都日报		1981.11.10
成都平原上的古建筑和地震	陆联康	成都日报		1982.3.12
对1943年6月21日成都地震的调查	李山大 洪时中	四川地震	3期	1981
谈谈自贡地震的成因	罗世高	四川地震	2期	1982
自贡地震有季节性吗	王世民	四川地震	2期	1985
四川自贡地区地质构造与地震	易明初	四川地震	1期	1988
自流井背斜地震活动与注水关系的研究	张伯崇等	地震学报	2期	1993
雅安地区地震地质特征与地震活动性研究	赵友年等	四川地震	2期	1990

续表三五

篇、书名	著(译)编者	出处	卷、期	年月日
对四川阆中和江油几次地震的调查和考证	江在雄 张升林	山西地震	2期	1994
长江流域重庆至巫山段水文地震历史资料提要索引第一辑、第二辑	重庆市图书馆	编者刊		1973
四川南川县陈家场1854年地震震中烈度与震级的探索	胡人朝	考古与文物	4期	1980
一八五四年南川陈家场地震考察	重庆市地震办公室	四川地震	4期	1982
对一八五四年四川南川县陈家场地震的认识	朱皆佐 江在雄	考古与文物	2期	1983
1856年黔江地震震级讨论	陆联康	四川地震	3期	1984
1856年黔江小南海地震初探	李庆海	四川地质学报	3期	2001
重庆黔江小南海：地震堰塞湖	何年	城市与减灾	5期	2001
小南海水库地震堰塞坝渗漏特征研究	王子忠 杨绍平	四川地质学报	1期	2003
罕见的地震遗址——小南海	陈文文 罗其友	地球	2期	2003
重庆市地震活动的基本特征	李克昌 余国政	城市防震减灾	3期	1999
重庆地震研究暨《重庆1：50万地震构造图》	丁仁杰等	地震出版社		2004
1944年6月20日铜梁、璧山5(1/2)级地震考证	朱荣禄 雷万明	四川地震	3期	1986
德阳地区中小地震活动特征	刘万全	四川地震	3期	1994
阿坝州地震灾害的特点	陈晓华	四川地震	1期	1991
阿坝藏族羌族自治州地震灾害与对策研究	阿坝藏族羌族自治州地震局	北京出版社		1991
阿坝州历史地震的烈度评定与震级估算	徐吉廷	四川地震	1期	1994
阿坝州及邻区地震烈度衰减关系	李涌 姚永波	四川地震	4期	2000
四川岷江断裂带北段的新活动、岷山断块的隆起及其与地震活动的关系	周荣军等	地震地质	3期	2000
中研院考察松茂地震		国立四川大学周刊	2卷5期	1933
四川叠溪地震区调查记	常隆庆	国立北平研究院院务汇报	5卷1期	1934

续表三六

篇、书名	著(译)编者	出处	卷、期	年月日
四川叠溪地震调查记	常隆庆	中国西部科学院地质研究丛刊	1卷3期	1934
		地质论评	3卷3期	1938
叠溪大地震亲历记	张雪岩	四川地震	1期	1983
叠溪古城的地震遗址	本纪	四川日报		1982.11.13
1933年叠溪地震	四川省地震局	四川科学技术出版社		1983
叠溪古城遗址	潘志远	四川文物	1期	1987
谈谈叠溪大地震	杨逸畴	地球	3期	1990
世界上保存完好的叠溪地震遗迹	易文光 马启庆	水利天地	1期	1991
徐近之实察叠溪地震及对震后的建议对策	江在雄	山西地震	3期	1994
一九三三年叠溪地震滑坡堵江事件及其环境效应	柴贺军等	地质灾害与环境保护	1期	1995
古城沧桑——访叠溪地震遗迹	易文光 曾淑莲	水利天地	4期	1995
1933年四川叠溪地震珍贵震害照片的发现与考证	刘盛利等	中国地震学会第六次学术大会论文摘要集		1996
关于1933年叠溪7.5级地震若干问题的讨论	钱洪等	四川地震	3期	1999
岷江断裂南段与1933年叠溪地震研究	钱洪等	中国地震	4期	1999
四川岷江叠溪较场地震滑坡及环境保护	王兰生等	地质灾害与环境保护	3期	2000
叠溪	邵燕祥	山花	6期	2001
沧海桑田话叠溪		中国旅游报		2002.2.25
四川较场弧形构造与1933年叠溪地震发震构造的再讨论	黄祖智等	中国地震	2期	2002
叠溪地震纪实	李豫川	文史天地	6期	2002
地震的杰作——叠溪海子	陈国营	防灾博览	1期	2003
叠溪地震的今昔——为建立叠溪地质公园进言	周绪纶	四川地质学报	3期	2003
叠溪地震区龙池岸坡中埋藏古沟槽的空间分布特征	许向宁	山地学报	5期	2003
岷江叠溪大海子地震堰塞坝稳定性分析	段启忠	四川水力发电	1期	2004
岷江叠溪古堰塞湖的发现	王兰生等	成都理工大学学报（自然）	1期	2005

续表三七

篇、书名	著(译)编者	出处	卷、期	年月日
岷江上游叠溪地震区斜坡变形破坏分区特征及其成因机制分析	许向宁 王兰生	工程地质学报	1期	2005
岷江叠溪古堰塞湖的发现	王兰生等	成都理工大学学报（自然）	1期	2005
四川壤塘地区历史地震调查	江在雄等	地震研究	3期	1996
中国四川省鲜水河断裂带上的高地震重复性	姚国干 郭履灿	国际地震动态	9期	1982
1817-1892年鲜水河构造带缺震的考察	江在雄	四川地震	1期	1985
鲜水河地震带强震平均时间间隔的估计	高建国	四川地震	4期	1985
鲜水河断裂带的地震复发间隔	钱 洪	四川地震	1期	1986
鲜水河断裂带上一个典型的地震地貌	杜其方等	地震研究	1期	1988
古地震事件确定原则与鲜水河断裂带古地震事件的初步讨论	黄圣睦	四川地震	1期	1989
鲜水河断裂带炉霍段的水平运动及地震的重复性研究	李天招 杜其方	地震地质	4期	1989
炉霍断裂上的古地震事件及其重复间隔	李天绍等	四川地震	1期	1994
鲜水河断裂带炉霍县卡扎村大探槽古地震研究	李天等	四川地震	3期	1994
鲜水河断裂带东南段一次强烈古地震的发现	唐汉军等	地震研究	1期	1995
鲜水河断裂带地震活动特征及强震发生随时间增长概率	王贵宣	地震研究	3期	1995
鲜水河断裂带北西段的枢纽运动与强震的发生	李 天	四川地震	4期	1996
鲜水河断裂带乾宁-康定段的滑动速率与强震复发间隔	周荣军等	地震学报	3期	2001
甘孜地区古地震遗迹的初步研究	唐荣昌 黄祖智	西北地震学报	3期	1985
四川甘孜-康定-西昌带大震的长期预测	郑兴树 朱成熹	地震研究	5期	1987
康定-泸定地区强震活动与地震宏观破坏研究	王新民 裴锡瑜	四川地震	1、2期	1988
我州历次地震简介	余河生	甘孜报		1980.5.8
1725年康定7（1/2）级地震发震构造问题的讨论	龙德雄 邓天岗	四川地震	1期	1991

续表三八

篇、书名	著(译)编者	出处	卷、期	年月日
对1786年6月1日泸定地震震中订正的商榷	黄圣睦	四川地震	2期	1982
1786年四川康定地震	邓天岗等	中国地震	3期	1986
对1786年康定-泸定磨西间7 3/4级地震的新认识	王新民 裴锡瑜	中国地震	1期	1988
1786年康定地震形变特征的初步研究	龙德雄 邓天岗	地震研究	1期	1990
1923年炉霍7.3级地震		四川地震	4期	1988
金沙江地震带强震动及其与现今弱震活动关系	廖志和	四川地震	4期	1994
1870年巴塘7.2级地震		四川地震	4期	1988
1870年四川巴塘地震的烈度及等震线特征	王新民	四川地震	4期	1990
1896年邓柯7级地震及地震形变带	蔡长星	四川地震	1期	1994
金沙江断裂带新活动和巴塘6.5级地震震中的确定	伍先国 蔡长星	地震研究	4期	1992
地名音译差异造成的错觉——1923年邓柯同普未遭受地震严重破坏	江在雄	四川地震	3期	1981
1948年理塘7.3级地震		四川地震	4期	1988
1948年理塘7(1/4)级地震的发震断裂及地震破裂带特征	黄彩权	四川地震	2期	1983
则木河断裂全新世以来的新活动与地震	唐荣昌等	中国地震	6期	1986
则木河断裂带北段地震地貌及古地震研究	任金卫 李坪	地震地质	1期	1989
川西则木河断裂带强震复发周期的初步研究	任金卫	内陆地震	2期	1990
则木河断裂带晚第四纪活动特征及古地震研究	杜平山	四川地震	1期	1994
对川西南北向地震带构造地貌的初步认识	徐茂其	西南师范大学学报（自然）	2期	1981
西昌-渡口地区地震烈度区划综合研究报告	国家地震局 西南烈度队	地震出版社		1977
安宁河断裂带野鸡洞古地震事件初探	钱洪等	四川地震	1期	1990
安宁河断裂带北段的古地震事件及其在地震研究中的意义	钱洪等	中国地震	4期	1990
元鼎地震与汉邛都县考辨	林向	四川地震战线	3册	1979

续表三九

篇、书名	著(译)编者	出处	卷、期	年月日
1536年强震与安宁河断裂上的最新地表断错合及地震分段特征	张成贵等	四川地震	4期	1998
西昌李金堡古地震遗迹的鉴定及其意义	吴迪忠	四川地震	4期	1982
四川凉山地区的地震考古研究	林 向	四川文物	1期	1986
1489年西昌地震史料及初步分析	刘昌森	四川地震	1期	1989
西昌历史地震救灾对策及社会影响——兼论西昌防震宣传建议对策	江在雄	东北地震研究	1期	1991
西昌市大菁梁子一带古地震初探	张明新	四川地震	2期	1994
从地震考古资料看西昌明清三次强地震	刘世旭	四川文物	增刊	1996
明代四川西昌两次强震及震后对策措施	江在雄	中国地震	3期	1998
明清时期西昌三次地震救助措施及社会影响	江在雄	四川地震	2期	2005
一八五〇年宁南西昌地震考	林 向 甘遐荣	四川大学学报（哲社）	1期	1980
徐泽醇1850年西昌地震奏稿质疑	张 力 江在雄	地震学报	2期	1981
四川西昌1850年地震地表破裂特征研究	任金卫 李 坪	地震地质	2期	1993
1850年西昌地震地表破裂带	冯元保等	四川地震	1期	2000
1850年西昌地震孕育和发生的地质构造条件	冯元保 杜平山	四川地震	1期	2000
1850年西昌地震地表破裂带的考察研究	俞维贤等	地震研究	4期	2001
邛海地陷辨	林 向	四川大学学报（哲社）	4期	1977
邛海是怎样形成的	钟晓朗 薛亚玲	地球	1期	1993
1913年冕宁小盐井6级地震调查与考证	秦启沛 严光辉	四川地震	2期	1991
四川大凉山断裂带古地震研究初步结果	宋方敏等	地震地质	1期	2002
大凉山断裂带与安宁河-则木河断裂带的地震活动性分析	韩渭宾 蒋国芳	地震研究	3期	2005
马湖与马湖震害	韩德润	中国地震学会第四次学术大会论文摘要集		1992
马湖与马湖地震	韩德润	中国地震	1期	1994

续表四〇

篇、书名	著(译)编者	出处	卷、期	年月日
对1216年雷波马湖地震震中位置的质疑	梁小华等	中国地震	4期	2002
马湖成因探讨	曹俊等	全国第19届旅游地学年会暨韶关市旅游发展战略研讨会论文集		2005
川滇交界中段历史强震及其活动特征	黄圣睦	四川地震	4期	1994
川滇地区强震活动分布特征及其与地壳块体构造背景关系的研究	韩渭宾 蒋国芳	地震学报	2期	2004
荥经-马边-盐津逆冲构造带断裂运动组及地震分段特征	张世民等	地震地质	2期	2005
1935-1936年四川马边震群的初步探讨	刘昌森	上海地质	2期	1986
对1936年马边地震宏观震中和烈度分布的重新认识	唐贤书等	四川地震	3期	1988
1936年马边6.7级地震		四川地震	4期	1988
马边地区地震动态应力场	程万正等	四川地震	3期	1990
四川沐川-马边（1994.12.30）5.5级地震山地灾害类型研究	乔建平 蒲晓虹	自然灾害学报	3期	1995
四川马边地震地质背景浅探	彭云金	四川地震	1期	2001
四川会东1947年及云南禄劝1893年两次强震震害资料补遗	黄圣睦	四川地震	2期	1989
四川省近五百年旱涝史料	四川省气象局资料室	编者刊		1978
四川历代自然灾害述略	田远	文史杂志	6期	1991
古代四川灾害史考论	李飞	文史杂志	4期	1996
四川省百年严重水旱灾害史料		档案史料与研究	4期	1996
四川水旱灾害	四川省水利电力厅	科学出版社		1996
ENSO事件对长江上游1470-2003年旱涝灾害影响分析	张强等	冰川冻土	6期	2004
四川盆东地区近五百年旱涝变化及未来趋势展望	杨福安	四川气象	4期	1990
四川盆地近千年来旱涝灾害分析	蒋国碧 张新和	西南师范大学学报（自然）	2期	1991
四川近五十年降水、旱涝特征分析及未来十年趋势预测	杨福安等	四川气象	2期	1994

续表四一

篇、书名	著(译)编者	出处	卷、期	年月日
四川大旱大涝的时间特征及其背景预测	王玉萍 胡雪	四川气象	3期	1990
四川旱涝灾害时间分布序列的分形特征研究	李祚泳 邓新民	灾害学	3期	1994
四川旱涝时间分布的变维分形特征	李祚泳 彭荔红	厦门大学学报（自然）	4期	1999
绵阳地区近五百年旱涝史	绵阳地区科技情报研究所	编者刊		1981
近五百年长江三峡地区旱涝变化及未来趋势	陈效孟	高原气象	3期	1987
清代以来三峡地区水旱灾害的初步研究	华林甫	中国社会科学	1期	1999
成都水旱灾害志	《成都水旱灾害志》编写组	成都科技大学出版社		1995
民国二十四年四川各县水旱灾情调查表		四川月报	8卷4期	1936
全川灾荒概况		四川月报	10卷2期	1937
四川旱灾特辑	益坚	四川月报	10卷4期	1937
川灾特辑		四川经济月刊	7卷4期	1937
四川旱灾之真相及救济办法	周朝阳	建设周讯	1卷11期	1937
四川旱灾的成因与现状	甘祠森	新中华	5卷10期	1937
川灾概况及其救济经过	四川省政府民政厅	编者刊		1937
1937年四川盆地持久性干旱和持久性洪涝	汪耀奉	四川水利	5期	1995
抗战前夕的四川饥荒	徐宗懋	老照片	6辑	1998
历史的镜鉴——民国四川一次赈灾腐败记实	能德成	四川档案	4期	2000
1936年的四川大饥荒	郑光路	炎黄春秋	6期	2001
靖化县灾荒年人吃人资料	张孝忠	商务早报		2001.3.17
抗战前夕四川大旱灾的报灾与查灾	彭家贵 王玉娟	社会科学研究	2期	2002
罕见的旱灾	王浩生	四川档案	6期	2005
自重庆市三十一年夏旱论川东荒旱之成因及其预测	卢鉴	真理杂志	1卷2期	1944
民国三十五年四川春旱之起因实况及其防救办法	孙虎臣	川农所简报	7卷12期	1946

续表四二

篇、书名	著（译）编者	出处	卷、期	年月日
北碚丙子年大旱实录	廖泽文	重庆地方志	5、6期	1992
四川农业干旱长周期初探	冯广宏	四川水利	1期	1996
四川历史上特大洪水初考	黄世宪	成都大学学报（社科）	1期	1982
中华人民共和国四川省：洪水调查资料1-4册	四川省水利电力厅	编者刊		1982-1985
四川城市水灾史	郭涛	巴蜀书社		1989
从历史上看四川省水灾的特征	郭涛	水利史志专刊	2期	1990
从城市水灾史料看四川水灾的特征	郭涛	四川水利	3期	1990
四川城市水灾的历史特征	郭涛	灾害学	1期	1991
四川两千年洪灾史料汇编	水利部长江水利委员会等	文物出版社		1993
《清宫档案》与四川洪水	易哲文 易瑜	四川水利	5期	2004
长江的洪水	严维新	人民长江	12期	1957
1788年长江洪水概况	余传周	人民长江	3期	1958
1870年宜昌最大流量及洪水总量的初步论证	杨远东	人民长江	8期	1958
1860年长江稀遇洪水及其暴雨前期的气候异常	汪耀奉	地理科学	4期	1982
1788年夏季长江流域持久性洪水暴雨及其前期气候异常现象	汪耀奉	地理研究	4期	1985
长江1870年洪水	杨玉荣	中国水利	4期	1992
背景：长江百年水患沉重履历		森林与人类	5期	1998
长江水患百年	何蓓	农村科技开发	10期	1998
		绿叶	5期	1998
		治黄科技信息	5期	1998
		湖南政报	17期	1998
近百年来长江洪水变化的初步分析	黎明等	西南师范大学学报（自然）	1期	1999
长江流域历史洪水的周期地理学研究	刘沛林	地球科学进展	5期	2000
1840年以来长江大洪水演变与气候变化关系初探	施雅风等	湖泊科学	4期	2004
长江洪水特征分析	吴胜军等	《大地测量与地球动力学进展》论文集		2004
1900-2004年长江大水和黄河旱涝对ENSO的响应概率	陈菊英 程华琼	中国地球物理第二十一届年会论文集		2005

续表四三

篇、书名	著(译)编者	出处	卷、期	年月日
长江上游暴雨洪水初步分析	张有芷	人民长江	6 期	1979
"洪化洪水"究在何年	胡人朝	四川水利	1 期	1983
对长江上游洪武、洪化洪水的探索	胡人朝	四川水利史研究	1 辑	1983
1870 年 7 月长江上游特大暴雨分析	赵毅如等	水文	1 期	1983
长江上游历史枯水发生规律的探讨	胡人朝	四川水利史研究	3 辑合刊	1985
从考古材料看长江上游历史上发生的特大洪水	王家德	农业考古	2 期	1988
长江上游历史洪水发生规律的探索	胡人朝	农业考古	2 期	1989
清代长江流域中上游地区的洪灾研究	阮明道	四川师范学院学报（哲社）	2 期	1991
长江上游历代几次特大洪水与成因	王家德	四川文物	2 期	1993
长江上游"洪化"洪水调查考证	杨玉荣	水文	4 期	1993
长江上游年径流特丰的 1860 年	汪耀奉	四川水利	4 期	1997
长江上游千余年来特大洪水的初步探讨	袁瑞英	四川大学学报（工程）	6 期	2001
长江三峡大宁河流域的沉积环境与古洪水研究	张芸等	中国历史文物	2 期	2004
晚更新世晚期以来的长江上游古洪水记录	葛兆帅等	第四纪研究	5 期	2004
金沙江、雅砻江、澜沧江、怒江四江洪水特性分析	郭荣文	水电站设计	2 期	1990
金沙江宜宾 842 年迁城洪水	汪耀奉	四川水利	3 期	1995
金沙江 842 年洪水	辛忠礼 文琼秀	水电站设计	1 期	1996
金沙江宜宾 842 年洪水探讨	汪耀奉	四川水利	3 期	1997
溪洛渡水电站工程历史洪水调查考证	辛忠礼 文琼秀	水力发电	11 期	1997
金沙江历史洪水特性概述	汪耀奉	四川水利	3 期	1999
金沙江 1813 年洪水	辛忠礼等	水电站设计	1 期	2000
下川江 1847 年秋季后期洪水	汪耀奉	四川水利	4 期	1994
历史时期川江石刻洪水资料的分析	乔盛西 陈正洪	湖北气象	1 期	1999
川江中坝遗址 5000 年来洪水事件研究	张强等	地理科学	6 期	2004
评述三峡历史洪水可靠性	时文生	人民长江	10 期	1987
长江三峡及江汉平原地区全新世环境考古与异常洪涝灾害研究	朱诚等	地理学报	3 期	1997

续表四四

篇、书名	著(译)编者	出处	卷、期	年月日
三峡工程坝址河段古洪水研究	杨玉荣 王 辉	人民长江	3期	1997
大水肆虐的见证——三峡洪水题刻	黄晓东	重庆历史与文化	1期	2003
三峡库区奉节-云阳的低阶地与地壳运动、河谷深槽与古洪水的新解释	张年学等	第四纪研究	6期	2005
长江三峡库区中坝遗址地层古洪水沉积判别研究	朱诚等	科学通报	20期	2005
大宁河巫溪站历史洪水分析研究	徐德龙 荣凤聪	水利水电快报	2期	1999
长江三峡大宁河流域的沉积环境与古洪水研究	张芸等	中国历史文物	2期	2004
明代嘉陵江一次"滔天"洪水的考证	沈清濂	人民长江	7期	1957
嘉陵江洪水特性及其与长江干流洪水的关系	龚召雄	人民长江	7期	1957
嘉陵江"嘉靖年"洪水初探	黄 燕	人民长江	3期	1999
明清时期嘉陵江流域洪灾研究	文廷海	四川师范学院学报（哲社）	1期	2002
嘉陵江洪化元年洪水问题	吴 敌	四川师范学院学报（哲社）	1期	2002
嘉陵江流域历史洪水研究	李铁松	灾害学	1期	2005
重庆的洪水	易哲文	重庆日报		1981.7.26
我市发现宋代的洪水标志和题记	龚廷万	重庆日报		1984.8.24
重庆洪水史话	邵红峰	重庆晚报		1987.6.25
叠溪三湖与岷江特大洪水	卢登仕	文明	1期	1982
岷江历代洪水编年（公元前185-公元1942）	王澄琳	四川水利史研究	1辑	1983
1933年四川叠溪地震堵塞岷江的特大水灾	沈家五	民国档案	1期	1988
1933年叠溪地震洪水及1986年岷江水患——兼论岷江水患成因和整治对策	江在雄等	灾害学	4期	1989
叠溪地震次生水灾研究（摘要）	苏克忠等	中国地震学会第四次学术大会论文摘要集		1992
一九三三年叠溪地震滑坡堵江事件及其环境效应	柴贺军等	地质灾害与环境保护	1期	1995
岷江洪水	肖天国 赵坤云	水利水电快报	2期	2002

续表四五

篇、书名	著(译)编者	出处	卷、期	年月日
清代岷江流域洪灾成因略论	岑 松	乐山师范学院学报	6期	2005
十七年前我市的一场大水灾	卫 志	成都晚报		1964.7.4
解放前成都水灾记实	何承朴	文明	4期	1981
成都洪水今昔谈	熊达成	成都日报		1981.7.30
浅谈成都的水利与水害（上）	熊达成	成都文物	创刊号	1983
浅谈成都的水利与水害（下）	熊达成	成都文物	1期	1984
成都平原洪涝分析	姚发桂	四川水利	5期	1990
成都平原1947年洪水纪略	陈渭忠	四川水利	4期	1999
洪水汹涌话当年——浅析乐山、眉山、犍为县志中的洪水记载	彭邦本	十驾	4、5期	1982
洪灾志	资中县编史修志委员会	编者刊		1983
绵阳市洪灾史 1840－1992	绵阳市防洪防汛、江河管理指挥部办公室	编者刊		1992
一七八六年大渡河的地震洪水考察	林汀水	厦门大学学报（哲社）	1期	1983
阿坝州洪灾活动规律分析	陈安勇 何金龙	四川水利	1期	1997
宋代梓州与中江洪水资料的史源学考察	周 斌	四川师范学院学报（哲社）	1期	2002
1904年7月黄河上游及川西北洪水	王超然	水文	4期	1986
长江三峡山崩史实初探	周魁一 郭 涛	农业考古	2期	1983
长江三峡地区大型岩崩滑坡的历史与现状概述	周魁一 郭 涛	灾害学	1期	1987
长江三峡地区的历史地质灾害问题	李鄂荣	地质学论丛	2辑	1989
历史上长江三峡的大型岩崩和滑坡	周魁一 郭 涛	天地生综合研究		1989
三峡库区武隆县滑坡灾害特点及成因机制	何太蓉 杨达源	长江流域资源与环境	4期	2004
三峡库区武隆县地质灾害研究	孙果梅等	防灾减灾工程学报	2期	2005
长江上游滑坡危险度区划	乔建平等	水土保持学报	1期	1994
长江上游沿岸地区地质构造与灾害及其对城镇发展的影响	姚 萍 袁 犁	西南工学院学报	2期	1994
四川泥石流灾害和发展趋势初步分析	徐俊名	水土保持通报	2期	1982
四川地质灾害及其防治对策	周云章	四川地质学报	2期	1989

续表四六

篇、书名	著(译)编者	出处	卷、期	年月日
四川城镇的地貌分类与灾害	柴宗新	西南师范大学学报（自然）	4期	1990
四川滑坡、泥石流灾害及群防对策	甘存惠	四川水利	3期	1996
四川省泥石流危险度区划	韦方强等	水土保持学报	1期	2000
四川地区地震崩塌滑坡的基本特征及危险性分区	杨涛等	山地学报	4期	2002
四川省及重庆市滑坡危险度区划研究	乔建平等	自然灾害学报	1期	2000
重庆市崩塌滑坡地质灾害规律	殷坤龙	中国地质灾害与防治学报	增刊	1994
论重庆市崩滑灾害与地学环境	晏同珍 王建锋	城市勘测	2期	1998
重庆市中区地质灾害危险性评价	金晓媚等	第六届全国工程地质大会论文集		2000
重庆地质灾害为啥多	胡经国	中国国土资源报		2001.3.5
重庆市滑坡、崩塌的发育规律及区域危险性程度区划	陆关祥 李 林	地质科学	3期	2001
大渡河支流——流沙河自然地质灾害成因剖析	俞审然	铁道工程学报	4期	1986
攀西地区泥石流及其分区	唐邦兴 刘世建	铁道工程学报	4期	1986
四川华蓥山地区山地灾害发育特征	陈自生	自然边坡稳定性分析暨华蓥山边坡变形趋势研讨会论文集		1991
马边自然环境与自然灾害系统述要	马边彝族自治县地方志办公室	编者刊		1991
乐山市地质灾害区划	陈天伦 何天穆	四川地质学报	4期	1992
四川沐川县地质灾害的形成及防治	王作堂 高 路	中国地质灾害与防治学报	1期	2002
四川盆周山地灾害地貌分布规律的大地构造成因探讨	唐晓春 谢世友	水土保持学报	2期	1994
四川盆地主要气象灾害对农业的影响及减灾对策	程绍敏	四川气象	1期	2000
秦岭大巴山地区山地灾害及减灾对策	惠振德	自然灾害学报	3期	1994
茂汶－汶川段岷江两岸滑坡分布规律	晏鄂川等	山地研究	2期	1998
四川阿坝州主要地质灾害特点及防御对策	徐吉廷	灾害学	3期	1999
四川岷江叠溪较场地震滑坡及环境保护	王兰生等	地质灾害与环境保护	3期	2000

续表四七

篇、书名	著(译)编者	出处	卷、期	年月日
泥石流防灾优先性研究	刘希林	地理科学	2期	2001
岷江上游松坪沟地震山地灾害与生态环境保护	许向宁 王兰生	中国地质灾害与防治学报	2期	2002
川西高原主要地质灾害特征及其影响因素浅析	段丽萍等	沉积与特提斯地质	4期	2005
四川省甘孜州地质灾害特征与防灾减灾对策	郑万模等	地质灾害与环境保护	2期	2000
甘孜州地质灾害分布及重点地段地质灾害防治对策	张远明	四川地质学报	4期	2000
甘孜牧业气象灾害及其对策研究	熊维权	四川畜牧兽医	5期	2000
四川甘孜地质环境特征研究及其防治对策	尹江涛	地质灾害与环境保护	3期	2005
雅砻江畔雅江县城区地质灾害特征及其防治对策	郑万模等	地质灾害与环境保护	3期	1997
浅谈雅江县城南各种地质灾害的关系	唐小平	四川地质学报	4期	1997
四川泸定昔格达组的堰塞湖成因及其意义	陈智梁等	第四纪研究	6期	2004
康定县大息台沟泥石流灾害简介	刘岁海等	地质灾害与环境保护	1期	2005
四川锦屏山地区新构造运动及地质灾害	廖忠礼等	沉积与特提斯地质	1期	2003

三、历史人文地理

篇、书名	著(译)编者	出处	卷、期	年月日
四川的地形演化和人生之关系	翁文灏	清华周刊	40卷7、8期	1933
川省人地关系之检讨	刘恩兰	学思	3卷6期	1943
巴蜀历史地理兵要研究	于前进	中国军事研究	3期	1994
四川的凸现	施康强	中央编译出版社		2001
论巴蜀地理对文明起源的影响	段渝	四川大学学报（哲社）	2期	1988
成都平原全新世环境与古文化发展关系初探	李俊等	水土保持研究	4期	2005
从考古材料看四川盆地在中华文明形成与发展过程中的地位	江章华	中华文化论坛	4期	2005

续表一

篇、书名	著(译)编者	出处	卷、期	年月日
先秦两汉时期汉中与安康自然环境的变迁——兼及自然环境变迁与社会发展的关系	杨东晨	汉中师范学院学报	2期	1999
魏蜀吴三国时代的政治地理战略分析	王恩涌 曹诗图	人文地理	3期	1996
地理环境因素与汉末三国历史进程	马 强	成都大学学报（社科）	2期	2005
明清流民与川陕鄂豫交界地区的环境问题	邹逸麟	复旦大学学报（社科）	4期	1998
试论清初中期川陕交界地区的开发与环境问题	葛庆华	西北史地	1期	1999
明清秦巴山区生态环境变迁论略	张建民	中国经济史上的天人关系学术讨论会论文集		1999
碑石所记明清时期汉中安康的环境问题	梁中效 陈小赤	汉中师范学院学报	2期	1999
清代秦巴山区的开发与环境恶化	梁四宝	晋阳学刊	5期	1994
清代四川的人地矛盾、生态恶化及其对策	陈国生	社会科学研究	3期	1995
白龙江中游人生地理观察	李旭旦	地理学报	8卷	1941
甘南川北之地形与人生	任美锷	地理学报	9卷	1942
川东平行岭谷区之自然与人生	谢觉民	地理	3卷 1、2期	1943
四川盆地的人文景观	沙学浚	四川文献	78期	1969
巴蜀地形因素对古代战争的影响	杨 追 彭邦本	天府新论	2期	1993
蜀道地带生态环境的历史变迁	马 强	成都大学学报	1期	1999
成都平原及岷江上游地区生态环境的变化	石承苍 罗秀陵	西南农业学报	增刊	1999
蜀中平原的历史地位及其发展特点	陈怀荃	中国古都研究	19辑	2002
成都平原的环境对蜀文化聚落建筑与经济的影响	姜世碧	四川文物	2期	2003
历史时期汉中盆地的生态环境及变迁	马 强	汉中师范学院学报	4期	1998
汉中地区历史军事地理研究	马 强	历史地理	17辑	2001
汉中地区生态资源的历史变迁及其成因	马 强	中国历史地理论丛	3期	2002
历代文化名人与三峡	胡继明	三峡学刊	4期	1995
长江三峡全新世以来的生态特征	武仙竹	中国文物报		1995.4.9

续表二

篇、书名	著(译)编者	出处	卷、期	年月日
试论三峡地区地理环境与原始文化的关系	王家德	四川文物	4期	1996
历史上长江上游水土流失及其危害	蓝勇	光明日报		1998.9.25
历史时期长江清浊变化的初步研究	周宏伟	中国历史地理论丛	4辑	1999
长江三峡水土流失的历史考察与教训	杨伟兵	重庆社会科学	1期	2000
人文三峡（一）（二）（三）	王川平	中外文化交流	7-9期	2003
长江三峡军事地理位置及其战争评价	阮荣华	三峡大学学报（人文）	1期	2004
大三峡文化地理创刊号	长江三峡工程总公司	编者刊		2005
说古梁州	杨兆光 夏仁波	贵州文史丛刊	1期	1987
梁州名考	陈国生	中国历史地理论丛	2期	1993
也谈昭通涉及"梁州""荒服"的一些看法	刘顺良	云南师范大学学报（哲社）	5期	1993
蔡蒙考异	王仿生 王嘉勋	西南师范学院学报（哲社）	3期	1980
《蔡蒙考异》质疑	刘绍曾	西南师范学院学报（哲社）	3期	1981
夏禹与四川的两座涂山	魏嗣久	成都晚报		1962.7.13
重庆涂山——大禹之家	眭启汉	重庆日报		1979.8.5
涂山新考	董其祥	重庆师范学院学报（哲社）	1期	1982
涂山地望考辨	马世之	史学月刊	3期	1986
夏禹归葬于哪个涂山	陈维谨	文史杂志	2期	1989
涂山究竟在何处		文史知识	8期	1989
会稽涂山考	朱元桂	浙江学刊	4期	1995
关于禹的传说及历来的争论	陈桥驿	浙江学刊	4期	1995
涂山遗址之谜	燕萍	文史杂志	1期	1997
徐人西迁与重庆涂山的由来	杨铭	西南师范大学学报（哲社）	5期	1998
大禹会诸侯的涂山在何处		中国地名	1期	1999
大禹与涂山	张小宽	民主	1期	1999
涂山汇考	李修松	中国史研究	2期	1999
大禹"娶于涂山"考	黄中模	重庆社会科学	3期	2000
涂山考源	李学功 张广志	青海师范大学学报（哲社）	3期	2001

续表三

篇、书名	著（译）编者	出处	卷、期	年月日
涂山再考	梁 刚	唐都学刊	5、6期	2001
九江、涂山、会稽考	刘俊男	云梦学刊	1期	2002
"禹娶涂山"的考古学考察	叶文宪	中原文物	4期	2002
禹娶涂山氏地址考	熊 笃	重庆大学学报（社科）	5期	2002
涂山地望再研究	陈立柱	史学月刊	7期	2003
亘古涂山访大禹	韩朗亭	人民日报（海外）		2003.5.7
禹娶涂山新探	彭邦本	西南民族大学学报（人文）	5期	2004
禹娶之涂山与禹合诸侯之涂山非是一地	陈立柱	合肥学院学报（社科）	3期	2005
大禹治水的地域、《禹贡》江沱及成都古城址	王纯五	四川文物	1期	1999
甲骨文中的巴与蜀	董其祥	西南师范学院学报（哲社）	3期	1980
巴蜀探原（全文录目）	赵金炎	先秦史与巴蜀文化论集		1995
"巴"名称的由来		四川日报		1982.10.8
古荆为巴说	朱俊明	贵州社会科学	4期	1983
"古荆为巴说"考辨	段 渝	贵州社会科学	5期	1983
试论"巴"的得名之由	李恕豪	天府新论	1期	1986
"巴"义新解——兼释"板楯"	柏贵喜	民族论坛	3期	1997
巴蜀之"巴"意义源流探索	姜孝德	吉首大学学报（社科）	2期	1998
"巴"义新说	曾 超	涪陵师专学报	1期	1999
"巴"字本义与巴人精神通释	陈发喜	恩施职业技术学院学报（综版）	1期	2004
		重庆三峡学院学报	2期	2004
殷契钩沈甲卷	叶玉森	学衡	24期	1923
殷代地理小记	陈梦家	禹贡	7卷6、7期	1937
殷代的羌与蜀	董作宾	说文月刊	3卷7期	1942
周原卜辞中的蜀	林 向	考古与文物	6期	1985
蜀，蚕耶？非也	周匡明	农业考古	1期	1988
三星堆遗址与殷商的西土——兼释殷墟卜辞中的"蜀"的地理位置	林 向	四川文物·广汉三星堆遗址研究专辑		1989
殷墟卜辞中的"蜀"——成都平原商代遗存初析	林 向	殷墟博物苑苑刊	创刊号	1989

续表四

篇、书名	著(译)编者	出处	卷、期	年月日
契文举例	孙诒让著，楼学礼校点	齐鲁书社		1993
四川纵目人传说与殷代西南地名	饶宗颐	传统文化与现代化	2期	1994
说卜辞之蜀	饶宗颐	先秦史与巴蜀文化论集		1995
从"眼睛"崇拜谈"蜀"字的本义与起源——三星堆文明精神世界探索之一	赵殿增	四川文物	3期	1997
释"蜀"	杨中华	大庆高等专科学校学报	2期	2002
释"蜀"、"叟"：三星堆柱目人铜面像的解谜（上）	周清泉	成都大学学报（社科）	2期	2003
三星堆柱目人铜面像解谜（下）	周清泉	成都大学学报（社科）	3期	2003
楚捍关考——兼及清江和大溪源流及巴族迁徙路线	魏嵩山	江汉论坛	5期	1980
楚扞关辨正	杨昶	华中师范大学学报（哲社）	5期	1986
古代扞关今何在	陈剑	西南民族学院学报（哲社）	3期	1989
略谈"峨眉"二字的来历	田家乐	四川文物	2期	1987
湔水、湔堋和天彭	郭发明	文史杂志	4期	1990
说古梁州	杨兆光 夏仁波	贵州文史丛刊	1期	1987
梁州名考	陈国生	中国历史地理论丛	2辑	1993
也谈昭通涉及"梁州""荒服"的一些看法	刘顺良	云南师范大学学报（哲社）	5期	1993
梁州名义	顾颉刚	浪口村随笔	卷1	1998
论岷山得名与羌、夷的关系	郭声波	民族研究	3期	1996
"滇池"本在成都平原考	周宏伟	西南师范大学学报（人文）	5期	2005
离堆考	罗骏声	国学论衡	8期	1936
漫谈四川的离堆——兼谈《史记》所载李冰凿离堆的所在地	许肇鼎	四川大学学报（哲社）	3期	1977
李冰凿离堆不在都江堰	喻权域	光明日报		1978.5.4
离堆漫话	杨瑞文	成都日报		1979.8.9
李冰凿离堆的位置和宝瓶口形成的年代新探	张勋燎	中国史研究	4期	1982
《史记》中之"离碓"、"沫水"辨析	魏达议	社会科学研究	6期	1982
离堆何在	席尚之	旅游天府	2期	1982

续表五

篇、书名	著(译)编者	出处	卷、期	年月日
离堆辨	刘 琳	四川大学学报（哲社）	1期	1984
沱江何地"东别"——略述李冰开辟"离堆沱"	钟天康	成都文物	2期	1984
四川有四五个离堆	拾 遗	重庆师院学报（哲社）	3期	1984
新政离堆与颜真卿《鲜于氏离堆记》	王积厚 李蚁蛟	四川文物	4期	1985
天彭阙·离堆·汶水（上）（下）	魏达议	文史杂志	1、2期	1986
沱江、沫水、离堆考辨	田 尚 邓自欣	历史地理	5辑	1987
都江堰离堆古名"观坂"吗——关于《三国志》上一条资料的辨析	干永昌	文史杂志	4期	1991
秦时武都汉绵竹——古蜀文化史新探	宁志奇	先秦史与巴蜀文化论集		1995
萧何追韩信处在那里	陈显远	四川日报		1979.10.14
汉潆亭考	蒙文通	排印本		1949
"西蜀子云亭"考	志 正	旅游天府	2期	1981
东汉时的雒城究竟在哪里	李仲珣	四川文物	3期	1984
广汉城遗址考	李金彝	成都文物	4期	1984
汉"邛都南山出铜"地考	刘世旭	四川文物	6期	1989
汉中各县诸葛武侯遗迹考	陆懋德	西北论衡	7卷24期	1939
		文史杂志（渝）	3卷5、6期	1944
诸葛亮在汉中的活动遗迹考略	陈显远	汉中师院学报	2期	1984
孔明守过的西城	山 高	成都晚报		1963.8.28
张裔"拒张飞于德阳"为今遂宁	许肇鼎	历史知识	4期	1980
马谡失守的街亭在今何处	陈显远	历史知识	2期	1981
街亭考	陈可畏	地名知识	4、5期	1981
祁山·西城·街亭辨	黄 英	天水师范学院学报	1期	1982
由秦陇通道和祁山之战的形势探讨街亭的地理位置	刘 满	兰州大学学报（社科）	3期	1983
街亭考	徐日辉	兰州大学学报（社科）	3期	1983
诸葛亮首出祁山之役考述——兼论街亭的地理位置	吴洁生	甘肃社会科学	4期	1988
街亭故址考辨	薛方昱	西北师范大学学报（社科）	6期	1993
街亭位置考辨	王文杰	天水师范学院学报	1期	1994
		甘肃社会科学	3期	1996

续表六

篇、书名	著(译)编者	出处	卷、期	年月日
刘备立汉中王设坛处	陈显远	旅游天府	2期	1982
江油关不在江油县	拾遗	重庆师范大学学报（哲社）	4期	1983
蜀汉江油关遗迹考实	向远木	四川文物	5期	1991
三国与葭萌	广元政协文史资料委员会	编者刊		1993
江油戍的设置时间	曾维益	绵阳师范高等专科学校学报	1期	1998
姜维"投戈放甲"降魏之地在三台	左启	四川文物	4期	2003
论蜀汉时期的战略城池	薛瑞泽	中国古都研究	19辑	2002
西秦赤水、强川、甘松地望考	郑炳林	西北民族学院学报（哲社）	3期	1994
隋唐开边县治辨误	蓝勇	中国史研究	4期	1985
李商隐诗中的巴西	述闻	重庆师范大学学报（哲社）	1期	1982
《吐蕃传》地名考释	任乃强 曾文琼	西藏研究	1-3期	1982
			3、4期	1983
			1期	1984
《长恨歌》中的"峨眉山"考辨	陈红涛 永元	社会科学研究	2期	1982
唐代前期南宁州都督府与安南都护府的边界	方国瑜	云南社会科学	5期	1982
杜甫两川诗所咏遗迹拾翠	濮禾章	四川文物	1期	1986
唐明皇幸蜀闻铃处辨析	王代升	四川文物	4期	1994
杜甫诗中木皮岭的地理位置及其它	孙士信	兰州教育学院学报	1期	1988
敦煌石室出《贞元十道录》剑南道残卷考释	王仲荦	历史地理	12辑	1995
唐代长江上游地域空间的三大地位	蓝勇	唐代地域结构与运作空间		2003
宋代"马湖夷界山崩"的地点在哪里	曾绍敏 罗大斌	凉山彝族奴隶制研究	1期	1980
万胜入滇所经之界首在何处	蓝勇	重庆师范大学学报（哲社）	1期	1985
"忐剌"考辨	邹立波	青海民族学院学报	2期	2005
阳平关及其演变	黄盛璋	西北大学学报（人文）	3期	1957
古剑门关考察记	历史系74级毕业实践小分队	四川大学学报（哲社）	3期	1977
蜀道名关	冯学敏	旅游天府	3期	1981
姜维与剑门关	肖明远 罗少先	旅游天府	2期	1982

续表七

篇、书名	著(译)编者	出处	卷、期	年月日
剑门关的由来	杨扬	地名知识	5期	1983
古剑门关遗址	杨仕甫	四川文物	3期	1986
剑门关考	黄邦红	四川文物	3期	1994
新版《中国历史》课本中的几个问题	夏海	历史知识	1期	1981
漫夸天设剑为峰——剑门关诗话	郭祝崧	文史杂志	1期	1997
剑门关		西南民兵	6期	2000
古栈道与剑门关	陶林	青年科学	6期	2002
剑门关	林发茂	西南民兵	12期	2004
剑门关与姜维	喻光韶	巴蜀史志	5期	2005
铁血峥嵘剑门关	史幼波	中国西部	7期	2005
话说广元关隘	邵家仁 胡瑛	巴蜀史志	3期	2004
四战之地 葭萌关	史幼波	中国西部	7期	2005
隆康县城究竟在哪里	白中培 杨烈光	文史资料选辑	6期	1983
万源名由 历史误会	赵洪贤	达县师范高等专科学校学报	1期	1999
千顷池、万顷池考辨	杨伟兵	西南师范大学学报（人文）	3期	2000
南、北集渠考	杨伟兵	中国历史地理论丛	2期	2000
四川省地名录（第一分册）	四川省地名领导小组	编者刊		1979
浅谈历代避讳改四川地名	李良生	巴蜀史志	6期	1992
中华人民共和国地名词典·四川省	蒲孝荣	商务印书馆		1993
四川地名的文化内涵	崔荣昌 宋文辉	文史杂志	2期	1996
避讳与四川地名	向熹	文史杂志	2期	1999
四川省城市地名由来探源	李文田 周申立	聊城大学学报（社科）	2期	2004
四川地名考释——成都	任乃强	社会科学研究	2期	1980
四川省成都市地名录第一分册——四川省地名录丛书之二	成都市地名领导小组	编者刊		1989
青羊区地名册	成都市青羊区地名办公室	编者刊		1991
四川省成都市地名录第二分册——四川省地名录丛书之三	成都市金牛区地名领导小组	编者刊		1984

续表八

篇、书名	著(译)编者	出处	卷、期	年月日
成都市金牛区地名册	金牛区人民政府	编者刊		1983
金牛区地名诸说	成都市金牛区文化局	编者刊		2004
四川省成都市地名录第三分册——四川省地名录丛书之四	成都市龙泉驿区地名领导小组	编者刊		1985
四川省成都市地名录第四分册——四川省地名录丛书之五	成都市青白江区地名领导小组	编者刊		1989
四川省双流县地名录——四川省地名录丛书之六	四川省双流县地名领导小组	编者刊		1988
四川省金堂县地名录——四川省地名录丛书之七	四川省金堂县地名领导小组	编者刊		1990
四川地名考释——重庆	任乃强	社会科学研究	3期	1980
四川省重庆市地名录——四川省地名录丛书之八	四川省重庆市地名录领导小组	编者刊		1986
重庆市地名词典	《重庆市地名词典》编委会	科学技术文献出版社重庆分社		1990
重庆区县名的命名归类与命名特征	陈国生	衡阳师范学院学报（自然）	3期	2000
重庆地名趣谈	彭伯通	重庆出版社		2001
论重庆都市地名的文化特色与城市形象	王连勇	西南师范大学学报（人文）	3期	2002
地毯式搜索重庆地名	邓瑾	公民导刊	8期	2004
四川省重庆市市中区地名录——四川省地名录丛书之九	重庆市市中区地名领导小组	编者刊		1982
四川省重庆市江北区地名录——四川省地名录丛书之十	重庆市江北区地名领导小组	编者刊		1982
四川省江北县地名录——四川省地名录丛书之二十	四川省江北县地名领导小组	编者刊		1985
四川省重庆市沙坪坝区地名录——四川省地名录丛书之十一	重庆市沙坪坝区地名领导小组	编者刊		1984
重庆市沙坪坝区地名要览	重庆市沙坪坝区地名办公室	编者刊		1993
四川省重庆市九龙坡区地名录——四川省地名录丛书之十二	重庆市九龙坡区地名领导小组	编者刊		1983
四川省重庆市南岸区地名录——四川省地名录丛书之十三	重庆市南岸区地名领导小组	编者刊		1982
四川省重庆市北碚区地名录——四川省地名录丛书之十四	重庆市北碚区地名领导小组	编者刊		1985

续表九

篇、书名	著(译)编者	出处	卷、期	年月日
四川省重庆市南桐矿区地名录——四川省地名录丛书之十五	重庆市南桐矿区地名领导小组	编者刊		1984
四川省重庆市大渡口区地名录——四川省地名录丛书之十六	重庆市大渡口区地名领导小组	编者刊		1984
四川省长寿县地名录——四川省地名录丛书之十七	四川省长寿县地名领导小组	编者刊		1983
四川省綦江县地名录——四川省地名录丛书之十八	四川省綦江县地名领导小组	编者刊		1986
四川省巴县地名录——四川省地名录丛书之十九	四川省巴县地名领导小组	编者刊		1983
四川省新都县地名录——四川省地名录丛书之二十	新都县地名领导小组	编者刊		1982
四川地名考释——自贡	任乃强	社会科学研究	4期	1980
四川省自贡市地名录——四川省地名录丛书之二十一	自贡市地名领导小组	编者刊		1982
四川省什邡县地名录——四川省地名录丛书之二十二	什邡县地名领导小组	编者刊		1981
什邡浮名新解	钱玉趾	文史杂志	6期	1986
四川省荣县地名录——四川省地名录丛书之二十三	四川省荣县地名领导小组	编者刊		1982
四川省渡口地名录——四川省地名录丛书之二十四	渡口地名领导小组	编者刊		1983
四川省米易县地名录——四川省地名录丛书之二十五	米易县地名领导小组	编者刊		1982
四川省盐边县地名录——四川省地名录丛书之二十六	盐边县地名办公室	编者刊		1986
四川省邛崃县地名录——四川省地名录丛书之二十七	邛崃县地名领导小组	编者刊		1981
四川省郫县地名录——四川省地名录丛书之二十八	郫县地名办公室	编者刊		1986
四川省广汉县地名录——四川省地名录丛书之三十	四川省广汉县地名办公室	编者刊		1986
四川省彭县地名录——四川省地名录丛书之三十一	彭县地名领导小组	编者刊		1984
四川省灌县地名录——四川省地名录丛书之三十二	灌县地名领导小组	编者刊		1983
四川省崇庆县地名录——四川省地名录丛书之三十三	四川省崇庆县地名领导小组	编者刊		1987

续表一〇

篇、书名	著(译)编者	出处	卷、期	年月日
四川省大邑县地名录——四川省地名录丛书之三十四	大邑县地名领导小组	编者刊		1988
四川地名考释——温江地区十二县	任乃强 张至皋	社会科学研究	6期	1980
			1期	1981
四川省温江地区温江县地名录——四川省地名录丛书之三十五	四川省温江地区地名领导小组、四川省温江县地名领导小组	编者刊		1983
四川省蒲江县地名录——四川省地名录丛书之三十六	蒲江县地名领导小组	编者刊		1987
四川省新津县地名录——四川省地名录丛书之三十七	新津县地名领导小组	编者刊		1986
四川地名考释——绵阳地区十九县	任乃强 杨伟立	社会科学研究	3、4期	1981
四川省绵阳市地名录——四川省地名录丛书之三十八	四川省绵阳市地名录领导小组	编者刊		1983
绵阳市地名要览	绵阳市地名办公室	编者刊		1997
四川省德阳县地名录——四川省地名录丛书之三十九	德阳县地名领导小组	编者刊		1985
四川省中江县地名录——四川省地名录丛书之四十	四川省中江县地名领导小组	编者刊		1986
四川省蓬溪县地名录——四川省地名录丛书之四十一	四川省蓬溪县地名领导小组	编者刊		1986
四川省剑阁县地名录——四川省地名录丛书之四十二	四川省剑阁县地名领导小组	编者刊		1986
四川省平武县地名录——四川省地名录丛书之四十三	平武县地名领导小组	编者刊		1982
四川省青川县地名录——四川省地名录丛书四十四	四川省青川县地名领导小组	编者刊		1989
四川省梓潼县地名录——四川省地名录丛书之四十五	梓潼县地名领导小组	编者刊		1983
四川省盐亭县地名录——四川省地名录丛书之四十六	盐亭县地名领导小组	编者刊		1986
四川省射洪县地名录——四川省地名录丛书之四十七	射洪县地名领导小组	编者刊		1986
四川省三台县地名录——四川省地名录丛书之四十八	四川省三台县地名领导小组	编者刊		1986

续表一一

篇、书名	著(译)编者	出处	卷、期	年月日
四川省旺苍县地名录——四川省地名录丛书之四十九	旺苍县地名领导小组	编者刊		1988
四川省绵竹县地名录——四川省地名录丛书之五十	绵竹县地名领导小组	编者刊		1984
四川省江油县地名录——四川省地名录丛书之五十一	江油县地名领导小组	编者刊		1989
四川省遂宁县地名录——四川省地名录丛书之五十二	遂宁县地名领导小组	编者刊		1985
遂宁地名浅谈	敬 萍	四川职业技术学院学报	3期	2003
四川省北川县地名录——四川省地名录丛书之五十三	四川省北川县地名领导小组	编者刊		1986
四川省广元县地名录——四川省地名录丛书之五十四	四川省广元县地名领导小组	编者刊		1988
广元乡镇地名	广元市地名委员会、广元市民政局	编者刊		1992
四川省安县地名录——四川省地名录丛书之五十五	安县地名领导小组	编者刊		1986
四川地名考释——乐山地区	任乃强等	社会科学研究	6期	1983
			3期	1984
乐山地区乐山市地名录——四川省地名录丛书之五十六	乐山地区乐山市地名领导小组	编者刊		1985
四川乐山乡土地名考察——兼论乡土地名的形成、功能特点及文化内涵	赖先刚	乐山师范学院学报	1期	2004
五通桥地名小考	文伯宣	盐业史研究	4期	1988
四川省犍为县地名录——四川省地名录丛书之五十七	四川省犍为县地名领导小组	编者刊		1986
四川省眉山县地名录——四川省地名录丛书之五十八	四川省眉山县地名领导小组	编者刊		1987
四川省峨眉县地名录——四川省地名录丛书之五十九	四川省峨眉县地名领导小组	编者刊		1982
四川省彭山县地名录——四川省地名录丛书之六十	彭山县地名领导小组	编者刊		1982
四川省夹江县地名录——四川省地名录丛书之六十一	夹江县地名领导小组	编者刊		1983
四川省青神县地名录——四川省地名录丛书之六十二	四川省青神县地名领导小组	编者刊		1982
四川省井研县地名录——四川省地名录丛书之六十三	井研县地名领导小组	编者刊		1986

续表一二

篇、书名	著(译)编者	出处	卷、期	年月日
四川省丹棱县地名录——四川省地名录丛书之六十四	四川省丹棱县地名领导小组	编者刊		1986
四川省沐川县地名录——四川省地名录丛书之六十五	沐川县地名领导小组	编者刊		1982
四川省洪雅县地名录——四川省地名录丛书之六十六	四川省洪雅县地名领导小组	编者刊		1982
四川省仁寿县地名录——四川省地名录丛书之六十七	仁寿县地名领导小组	编者刊		1982
四川省金口河工农区地名录——四川省地名录丛书之六十八	四川省金口河工农区地名领导小组	编者刊		1982
四川省内江地区内江市地名录——四川省地名录丛书之六十九	四川省内江地区内江市地名领导小组	编者刊		1983
四川地名考释——内江地区	任乃强 邓自欣	社会科学研究	3期	1982
四川省内江县地名录——四川省地名录丛书之七十	内江县地名领导小组	编者刊		1983
四川省资阳县地名录——四川省地名录丛书之七十一	资阳县地名领导小组	编者刊		1982
四川省乐至县地名录——四川省地名录丛书之七十二	四川省乐至县地名领导小组	编者刊		1986
四川省简阳县地名录——四川省地名录丛书之七十三	四川省简阳县地名领导小组	编者刊		1985
四川省隆昌县地名录——四川省地名录丛书之七十四	四川省隆昌县地名领导小组	编者刊		1985
四川省资中县地名录——四川省地名录丛书之七十五	四川省资中县地名领导小组	编者刊		1991
四川省威远县地名录——四川省地名录丛书之七十六	威远县地名领导小组	编者刊		1986
四川省安岳县地名录——四川省地名录丛书之七十七	四川省安岳县地名领导小组	编者刊		1982
四川省雅安地区雅安县地名录——四川省地名录丛书之七十八	四川省雅安地区雅安县地名领导小组	编者刊		1982
四川省雅安地区地名手册	雅安地区地名领导小组办公室	编者刊		1983
中华人民共和国地名词典四川分卷雅安地区地名词条释文	雅安地区地名办公室	编者刊		1986

续表一三

篇、书名	著(译)编者	出处	卷、期	年月日
四川省名山县地名录——四川省地名录丛书之七十九	四川省名山县地名领导小组	编者刊		1985
四川省荥经县地名录——四川省地名录丛书之八十	荥经县地名领导小组	编者刊		1984
四川省汉源县地名录——四川省地名录丛书之八十一	四川省汉源县地名领导小组	编者刊		1982
四川省石棉县地名录——四川省地名录丛书之八十二	四川省石棉县地名领导小组	编者刊		1985
四川省天全县地名录——四川省地名录丛书之八十三	天全县地名领导小组	编者刊		1985
四川省芦山县地名录——四川省地名录丛书之八十四	四川省芦山县地名领导小组	编者刊		1984
四川省宝兴县地名录——四川省地名录丛书之八十五	四川省宝兴县地名领导小组	编者刊		1985
四川省南充地区南充市地名录——四川省地名录丛书之八十六	四川省南充地区南充市地名领导小组	编者刊		1987
四川省南充县地名录——四川省地名录丛书之八十七	四川省南充县地名领导小组	编者刊		1989
四川省南部县地名录——四川省地名录丛书之八十八	四川省南部县地名领导小组	编者刊		1984
南部县标准地名汇编	南部县地名办公室	编者刊		1995
四川省阆中县地名录——四川省地名录丛书之八十九	四川省阆中县地名领导小组	编者刊		1987
四川省苍溪县地名录——四川省地名录丛书之九十	苍溪县地名领导小组	编者刊		1982
四川省仪陇县地名录——四川省地名录丛书之九十一	四川省仪陇县地名领导小组	编者刊		1991
四川省营山县地名录——四川省地名录丛书之九十二	四川省营山县地名领导小组	编者刊		1986
四川省蓬安县地名录——四川省地名录丛书之九十三	蓬安县地名领导小组	编者刊		1985
四川省岳池县地名录——四川省地名录丛书之九十四	岳池县地名领导小组	编者刊		1987
四川省广安县地名录——四川省地名录丛书之九十五	四川省广安县地名领导小组	编者刊		1988
四川省武胜县地名录——四川省地名录丛书之九十六	四川省武胜县地名领导小组	编者刊		1986

续表一四

篇、书名	著(译)编者	出处	卷、期	年月日
四川省西充县地名录——四川省地名录丛书之九十七	西充县地名领导小组	编者刊		1982
四川省华云工农区地名录——四川省地名录丛书之九十八	华云工农区地名领导小组	编者刊		1982
四川省达县地区达县市地名录——四川省地名录丛书之九十九	四川省达县地区达县市地名工作领导小组	编者刊		1985
四川省达县地名录——四川省地名录丛书之一百	达县地名领导小组	编者刊		1986
四川省渠县地名录——四川省地名录丛书之一〇一	四川省渠县地名领导小组	编者刊		1982
四川省平昌县地名录——四川省地名录丛书之一〇二	四川省平昌县地名领导小组	编者刊		1987
四川省开江县地名录——四川省地名录丛书之一〇三	四川省开江县地名领导小组	编者刊		1987
四川省巴中县地名录——四川省地名录丛书之一〇四	巴中县地名办公室	编者刊		1986
四川省宣汉县地名录——四川省地名录丛书之一〇五	四川省宣汉县地名领导小组	编者刊		1988
四川省大竹县地名录——四川省地名录丛书之一〇六	四川省大竹县地名领导小组	编者刊		1988
四川省南江县地名录——四川省地名录丛书之一〇七	四川省南江县地名领导小组	编者刊		1983
四川省万源县地名录——四川省地名录丛书之一〇八	万源县地名领导小组	编者刊		1984
四川省邻水县地名录——四川省地名录丛书之一百〇九	四川省邻水县地名工作领导小组	编者刊		1985
四川省通江县地名录——四川省地名录丛书之一一〇	通江县地名领导小组	编者刊		1984
四川省白沙工农区地名录——四川省地名录丛书之一百一十一	四川省白沙工农区地名领导小组	编者刊		1985
四川省永川县地名录——四川省地名录丛书之一百一十二	永川县地名领导小组	编者刊		1987
四川省江津县地名录——四川省地名录丛书之一一三	四川省江津县地名领导小组	编者刊		1987
江津乡镇地名的分类及文化内涵	马宇	涪陵师范学院学报	1期	2005
四川省璧山县地名录——四川省地名录丛书之一百一十四	璧山县地名领导小组	编者刊		1982

续表一五

篇、书名	著(译)编者	出处	卷、期	年月日
四川省潼南县地名录——四川省地名录丛书之一百一十五	四川省潼南县地名领导小组	编者刊		1982
四川省大足县地名录——四川省地名录丛书之一百一十六	四川省大足县地名领导小组	编者刊		1987
四川省铜梁县地名录——四川省地名录丛书之一一八	铜梁县地名领导小组	编者刊		1986
四川省荣昌县地名录——四川省地名录丛书之一一九	四川省荣昌县地名领导小组	编者刊		1986
四川省宜宾地区宜宾市地名录——四川省地名录丛书之一百二十	四川省宜宾地区宜宾市地名领导小组	编者刊		1983
四川省泸州市地名录——四川省地名录丛书之一百二十一	四川省泸州市地名领导小组	编者刊		1983
四川省宜宾县地名录——四川省地名录丛书之一二二	宜宾县地名领导小组	编者刊		1987
四川省南溪县地名录——四川省地名录丛书之一二三	四川省南溪县地名领导小组	编者刊		1982
四川省珙县地名录——四川省地名录丛书之一二四	四川省珙县地名领导小组	编者刊		1982
四川宜宾珙县带"罗"音与凉山带"濮"意的地名小议	罗曲	西南民族学院学报（哲社）	增刊2	2000
四川省江安县地名录——四川省地名录丛书之一二五	江安县地名领导小组	编者刊		1987
四川省高县地名录——四川省地名录丛书之一二六	高县地名领导小组	编者刊		1987
四川省泸县地名录——四川省地名录丛书之一二七	泸县地名领导小组	编者刊		1985
四川省长宁县地名录——四川省地名录丛书之一二八	长宁县地名领导小组	编者刊		1987
四川省筠连县地名录——四川省地名录丛书之一二九	四川省筠连县地名领导小组	编者刊		1987
四川省兴文县地名录——四川省地名录丛书之一三〇	兴文县地名领导小组	编者刊		1982
四川省屏山县地名录——四川省地名录丛书之一三一	屏山县地名领导小组	编者刊		1982
四川省纳溪县地名录——四川省地名录丛书之一三二	纳溪县地名领导小组	编者刊		1983
四川省古蔺县地名录——四川省地名录丛书之一三三	四川省古蔺县地名领导小组	编者刊		1982

续表一六

篇、书名	著(译)编者	出处	卷、期	年月日
四川省合江县地名录——四川省地名录丛书之一三四	四川省合江县地名领导小组	编者刊		1987
四川省富顺县地名录——四川省地名录丛书之一三五	富顺县地名领导小组	编者刊		1982
四川省叙永县地名录——四川省地名录丛书之一三六	叙永县地名领导小组	编者刊		1986
四川省万县市地名录——四川省地名录丛书之一三七	四川省万县市地名领导小组	编者刊		1981
四川省万县地区重要地名诠释	万县地区地名办公室	编者刊		1987
四川省万县地名录——四川省地名录丛书之一三八	四川省万县地名领导小组	编者刊		1988
四川省万县地区重要地名诠释	万县地区地名办公室	编者刊		1987
四川省开县地名录——四川省地名录丛书之一三九	开县地名领导小组	编者刊		1987
四川省巫溪县地名录——四川省地名录丛书之一四〇	四川省巫溪县地名领导小组	编者刊		1982
四川省巫山县地名录——四川省地名录丛书之一四一	四川省巫山县地名领导小组	编者刊		1983
四川省梁平县地名录——四川省地名录丛书之一四二	四川省梁平县地名领导小组	编者刊		1988
四川省城口县地名录——四川省地名录丛书之一四三	四川省城口县地名领导小组	编者刊		1982
四川省奉节县地名录——四川省地名录丛书之一四四	四川省奉节县地名领导小组	编者刊		1982
四川省云阳县地名录——四川省地名录丛书之一四五	四川省云阳县地名领导小组	编者刊		1982
四川省忠县地名录——四川省地名录丛书之一四六	四川省忠县地名领导小组	编者刊		1982
四川省涪陵县地名录——四川省地名录丛书之一四七	涪陵县地名领导小组	编者刊		1985
涪陵市和县（市、区）名的由来	何孝文	巴蜀史志	2期	1996
四川省酉阳土家族苗族自治县地名录——四川省地名录丛书之一四八	酉阳土家族苗族自治县地名领导小组	编者刊		1984
四川省秀山县地名录——四川省地名录丛书之一四九	秀山县地名领导小组	编者刊		1983

续表一七

篇、书名	著(译)编者	出处	卷、期	年月日
四川省黔江县地名录——四川省地名录丛书之一五〇	黔江县地名领导小组	编者刊		1983
四川省彭水县地名录——四川省地名录丛书之一五一	彭水县地名领导小组	编者刊		1984
四川省南川县地名录——四川省地名录丛书之一五二	四川省南川县地名领导小组	编者刊		1983
四川省垫江县地名录——四川省地名录丛书之一五三	垫江县地名领导小组	编者刊		1983
四川省石柱土家族自治县地名录——四川省地名录丛书之一五四	石柱土家族自治县地名领导小组	编者刊		1986
四川省丰都县地名录——四川省地名录丛书之一五五	四川省丰都县地名领导小组	编者刊		1984
四川省武隆县地名录——四川省地名录丛书之一五六	武隆县地名领导小组	编者刊		1985
四川省凉山彝族自治州西昌市地名录——四川省地名录丛书之一五七	凉山彝族自治州西昌市地名领导小组	编者刊		1987
凉山地名词典	《凉山地名词典》编纂委员会	成都地图出版社		1992
四川省西昌市地名诠释	西昌市地名委员会	编者刊		1993
四川省凉山彝族自治州西昌县地名录——四川省地名录丛书之一五八	西昌县地名领导小组	编者刊		1983
四川省凉山彝族自治州木里藏族自治县地名录——四川省地名录丛书之一五九	木里藏族自治县地名领导小组	编者刊		1986
四川省凉山彝族自治州盐源县地名录——四川省地名录丛书之一六〇	盐源县地名领导小组	编者刊		1985
四川省凉山彝族自治州德昌县地名录——四川省地名录丛书之一六一	德昌县地名领导小组	编者刊		1984
四川省凉山彝族自治州会理县地名录——四川省地名录丛书之一六二	会理县地名领导小组	编者刊		1986
四川省凉山彝族自治州会东县地名录——四川省地名录丛书之一六三	会东县地名领导小组	编者刊		1986
四川省凉山彝族自治州宁南县地名录——四川省地名录丛书之一六四	宁南县地名领导小组	编者刊		1984
四川省凉山彝族自治州普格县地名录——四川省地名录丛书之一六五	普格县地名领导小组	编者刊		1983

续表一八

篇、书名	著(译)编者	出处	卷、期	年月日
四川省凉山彝族自治州布拖县地名录——四川省地名录丛书之一六六	布拖县地名领导小组	编者刊		1984
四川省凉山彝族自治州金阳地名录——四川省地名录丛书之一六七	金阳县地名领导小组	编者刊		1986
四川省凉山彝族自治州昭觉县地名录——四川省地名录丛书之一六八	昭觉县地名领导小组	编者刊		1985
四川省峨边彝族自治县地名录——四川省地名录丛书之一六八	四川省峨边彝族自治县地名领导小组	编者刊		1987
一段尘封半个世纪的历史——"马踩水"地名的来历	饶德宣	四川档案	6期	2005
四川省凉山彝族自治州喜德县地名录——四川省地名录丛书之一六九	喜德县地名领导小组	编者刊		1986
四川省凉山彝族自治州冕宁县地名录——四川省地名录丛书之一七〇	冕宁县地名领导小组	编者刊		1986
四川省凉山彝族自治州越西县地名录——四川省地名录丛书之一七一	越西县地名领导小组	编者刊		1984
四川省凉山彝族自治州甘洛县地名录——四川省地名录丛书之一七二	甘洛县地名领导小组	编者刊		1985
四川省凉山彝族自治州美姑县地名录——四川省地名录丛书之一七三	美姑县地名领导小组	编者刊		1984
四川省凉山彝族自治州雷波县地名录——四川省地名录丛书之一七四	雷波县地名领导小组	编者刊		1982
四川省马边彝族自治县地名录——四川省地名丛书之一七五	马边彝族自治县地名领导小组	编者刊		1987
四川省甘孜藏族自治州康定县地名录——四川省地名录丛书之一七七	甘孜藏族自治州康定县地名领导小组	编者刊		1986
四川省甘孜藏族自治州泸定县地名录——四川省地名录丛书之一七八	泸定县地名领导小组	编者刊		1988
四川省甘孜藏族自治州九龙县地名录——四川省地名录丛书之一七九	九龙县地名领导小组	编者刊		1988
四川省甘孜藏族自治州雅江县地名录——四川省地名录丛书之一八〇	雅江县地名领导小组	编者刊		1986
四川省甘孜藏族自治州理塘县地名录——四川省地名录丛书之一八一	理塘县地名领导小组	编者刊		1986
四川省甘孜藏族自治州乡城县地名录——四川省地名录丛书之一八二	乡城县地名领导小组	编者刊		1987
四川省甘孜藏族自治州稻城县地名录——四川省地名录丛书之一八三	稻城县地名领导小组	编者刊		1986

续表一九

篇、书名	著(译)编者	出处	卷、期	年月日
四川省甘孜藏族自治州巴塘县地名录——四川省地名录丛书之一八四	巴塘县地名领导小组	编者刊		1986
四川省甘孜藏族自治州得荣县地名录——四川省地名录丛书之一八五	得荣县地名领导小组	编者刊		1986
四川省甘孜藏族自治州白玉县地名录——四川省地名录丛书之一八六	白玉县地名领导小组	编者刊		1986
四川省甘孜藏族自治州丹巴县地名录——四川省地名录丛书之一八七	丹巴县地名领导小组	编者刊		1986
四川省甘孜藏族自治州道孚县地名录——四川省地名录丛书之一八八	道孚县地名领导小组	编者刊		1987
四川省甘孜藏族自治州新龙县地名录——四川省地名录丛书之一八九	新龙县地名领导小组	编者刊		1988
四川省甘孜藏族自治州炉霍县地名录——四川省地名录丛书之一九〇	炉霍县地名领导小组	编者刊		1987
四川省甘孜藏族自治州甘孜县地名录——四川省地名录丛书之一九一	四川省甘孜县地名领导小组	编者刊		1986
四川省甘孜藏族自治州色达县地名录——四川省地名录丛书之一百九十二	色达县地名普查领导小组	编者刊		1986
四川省甘孜藏族自治州德格县地名录——四川省地名录丛书之一九三	四川省德格县地名领导小组	编者刊		1987
四川省甘孜藏族自治州石渠县地名录——四川省地名录丛书之一九四	石渠县地名领导小组	编者刊		1985
四川省阿坝藏族自治州马尔康县地名录——四川省地名录丛书之一九五	阿坝藏族自治州马尔康县地名录领导小组	编者刊		1985
四川省阿坝藏族自治州理县地名录——四川省地名录丛书之一九六	理县地名领导小组	编者刊		1986
阿坝地名	阿坝州地名办公室	编者刊		1987
四川省阿坝藏族自治州汶川县地名录——四川省地名录丛书之一百九十七	汶川县地名领导小组	编者刊		1982
四川省阿坝藏族自治州茂汶羌族自治县地名录——四川省地名录丛书之一九八	茂汶羌族自治县地名领导小组	编者刊		1983
四川省阿坝藏族自治州黑水县地名录——四川省地名录丛书之一九九	黑水县地名领导小组	编者刊		1986

续表二〇

篇、书名	著(译)编者	出处	卷、期	年月日
四川省阿坝藏族自治州松潘县地名录——四川省地名录丛书之二〇〇	松潘县地名领导小组	编者刊		1983
四川省阿坝藏族自治州南坪县地名录——四川省地名录丛书之二〇一	南坪县地名普查领导小组	编者刊		1983
四川省阿坝藏族自治州若尔盖县地名录——四川省地名录丛书之二〇二	若尔盖县地名领导小组	编者刊		1986
四川省阿坝藏族自治州红原县地名录——四川省地名录丛书之二〇三	红原县地名领导小组	编者刊		1986
四川省阿坝藏族自治州阿坝县地名录——四川省地名录丛书之二〇四	四川省阿坝县地名领导小组	编者刊		1985
四川省阿坝藏族自治州壤塘县地名录——四川省地名录丛书之二〇五	壤塘县地名领导小组	编者刊		1985
四川省阿坝藏族自治州金川县地名录——四川省地名录丛书之二〇六	金川县地名领导小组	编者刊		1985
四川省阿坝藏族自治州小金县地名录——四川省地名录丛书之二〇七	小金县地名领导小组	编者刊		1985
四川省重庆市双桥区地名录——四川省地名录丛书之二〇八	重庆市双桥区地名领导小组	编者刊		1987
四川省一瞥	周傅儒	商务印书馆		1926
四川考察记	方文培	方志月刊	6卷7期	1933
"天府之国"	姜蕴刚	东方杂志	39卷6号	1943
论"天府之国"	陕西师大历史系一年级工农兵学员	陕西师大学报（哲社）	3期	1975
漫谈天府（一）	张秀熟	成都日报		1979.10.29
漫谈天府（二）	张秀熟	成都日报		1979.11.1
漫谈天府（三）	张秀熟	成都日报		1979.11.5
四川"天府之国"的由来		重庆日报		1981.11.12
话天府	席尚之	旅游天府	3期	1981
"天府"与"天府之国"的来历	庄燕和	重庆社会科学	3期	1984
四川为什么会成为"天府之国"	席尚之	旅游天府	1期	1984
"天府之国"由来的历史考察	袁廷栋	社会科学研究	1期	1985
天府之国——独占鳌头	浮云	四川地方志通讯	4期	1985
我国历史上三个天府之国		山东农机化	11期	1995
天府考	陈子谦	重庆大学学报（社科）	2期	1995

续表二一

篇、书名	著(译)编者	出处	卷、期	年月日
我国历史上的三个天府之国	黄正彪	地球	1期	1997
历史上的三个"天府之国"	黄珍	中华魂	5期	1997
"天府之国"溯源	滕新才	文史杂志	6期	1997
李冰：成就天府之国	陈瑶	资源与人居环境	3期	2005
近代四川的城市	东亚同文会（何一民）	成都志通讯	1期	1990
四川历史文化名城	应金华 樊丙庚	四川人民出版社		2001
近代四川城乡关系析论	隗瀛涛 田永秀	中华文化论坛	2期	2003
四川省城市体系空间布局的演变探析	廖婴露 焦翔	天府新论	增刊2	2005
巴蜀何时建城	董其祥	重庆师院学报（哲社）	2期	1988
巴蜀古代城市的起源、结构和网络体系	段渝	历史研究	1期	1993
先秦巴蜀城市研究述论	毛曦	中华文化论坛	1期	2005
蜀国早期都城初露端倪	陈德安 罗亚平	中国文物报		1989.9.15
成都平原发现一批史前城址		中国文物报		1996.8.18
长江流域上游地区相继发现史前城址	肖庆	文汇报		1996.11.14
成都史前城址发掘又获重大成果		中国文物报		1997.1.19
四川新津县宝墩遗址调查与试掘	成都市文物考古工作队等	考古	1期	1997
成都平原的早期古城址群——宝墩文化初论	江章华等	中华文化论坛	4期	1997
四川省成都市新津县宝墩遗址の调查	小泽正人	日本中国考古学会会报	7号	1997
四川新津县宝墩遗址1996年发掘简报	中日联合考古调查队	考古	1期	1998
宝墩村文化的初步认识	王毅 孙华	考古	8期	1999
宝墩文化发现新遗址	叶茂林 李明斌	中国文物报		2000.7.12
略论新津宝墩遗址的分期	李明斌	华夏考古	1期	2001
试析宝墩文化古城址群	林向	成都文物	4期	2001

续表二二

篇、书名	著(译)编者	出处	卷、期	年月日
论三星堆文化与宝墩文化之关系	陈显丹 刘家胜	四川文物	4期	2002
成都平原宝墩文化史前城址群初步分析	陈云洪 颜劲松	中国古都研究	19辑	2002
成都发现4000年前村落遗址	刘海 熊艳	华东旅游报		2003.11.6
宝墩文化的发现及其来源考察	黄昊德 赵宾福	中华文化论坛	2期	2004
都江堰市芒城遗址调查简况	樊拓宇	成都文物	4期	1992
芒城遗址与古蜀文化的联系	卞再彬	成都文物	4期	1998
"芒城"联想	杨正苞	文史杂志	1期	1999
四川都江堰市芒城遗址调查与试掘	成都市文物考古工作队等	考古	7期	1999
芒城遗址与舜禹时代古蜀文化初探	卞再彬	中国文物学会传统建筑园林委员会第十二届学术研讨会会议文件		1999
"鱼凫古城"考古记(上)	吴桂兵	中国文物报		1997.7.27
"鱼凫古城"考古记(下)	吴桂兵	中国文物报		1997.8.3
四川温江县鱼凫村遗址分析	蒋成 李明斌	东南文化	4期	1998
四川省温江县鱼凫村遗址调查与试掘	成都市文物考古工作队等	文物	12期	1998
试论鱼凫村遗址第三期遗存	李明斌	考古与文物	1期	2001
温江鱼凫村遗址的分期研究与土墙功能考察	黄昊德 李蜀蕾	四川文物	4期	2005
郫县古城发掘取得重大收获		中国文物报		1998.3.18
四川省郫县古城遗址调查与试掘	成都市文物考古工作队、郫县博物馆	文物	1期	1999
郫邑·郫城·郫县·小郫——杜鹃城遗址考古札记	陈剑	四川文物	3期	1999
四川省郫县古城遗址1997年发掘简报	成都市文物考古研究所、郫县博物馆	文物	3期	2001
郫邑地望再探——兼说杜鹃城遗址的性质	陈剑	中国古都研究	19辑	2002
郫县古城遗址初识	代自明	成都文物	4期	2004

续表二三

篇、书名	著(译)编者	出处	卷、期	年月日
四川郫县清江村遗址发掘简报	成都市文物考古研究所、郫县博物馆	文物	1期	2003
郫邑地望再探——兼说杜鹃城遗址的性质	陈剑	中国古都研究	19辑	2004
中华文明起源多元性的新佐证，紫竹古城址在川发现		文汇报		2000.3.31
文井江考古侧记	陈剑	成都文物	4期	2001
四川崇州市双河史前城址试掘简报	成都市文物考古工作队	考古	11期	2002
成都平原第二大古城破土而出	张珏娟	四川日报		2003.1.17
成都发现第七座史前古城遗址	苑坚	人民日报		2003.1.18
比三星堆遗址还早的盐店古城		科学大观园	5期	2003
中国长江文明起源研究的新成果——成都平原史前城址群发现记	王毅（小澤正人）	成都文物	2期	1997
		東方學	95卷	1998
成都平原的史前城址与史前文化	江章华	寻根	4期	1997
掘出五座古城留下一道新谜——成都平原考古新发现	刘蓉	今日四川	2期	1998
古蜀人与成都平原古城址群	杨正苞	文史杂志	4期	1998
成都平原古城遗址与古河道的关系	王纯五	成都文物	4期	1998
成都平原古城群兴废与古气候问题	刘兴诗	四川文物	4期	1998
一九九九年史前城址研究综述	叶茂林 何克洲	成都文物	3期	2000
成都平原早城址的发现与初步研究	王毅 蒋成	稻作陶器和都市的起源		2000
试论四川温江鱼凫村遗址、新津宝墩遗址和郫县古城遗址	宋治民	四川文物	2期	2000
成都平原早期城址及其考古学文化初论	江章华等	苏秉琦与当代中国考古学		2001
成都平原史前古城性质初探	段渝 陈剑	天府新论	6期	2001
		中国古都研究	18辑下	2001
论长江流域早期都市	王妙发	面向新世纪的中国历史地理学——2000年国际中国历史地理学术讨论会论文		2001
古蜀王都与早期古城遗址探讨	黄剑华	四川文物	5期	2002
		中国古都研究	19辑	2002

续表二四

篇、书名	著（译）编者	出处	卷、期	年月日
成都平原史前古城形态考察	叶万松 李德方	中国古都研究	19辑	2002
古城、酋邦与古蜀共主政治的起源——以川西平原古城群为例	彭邦本	四川文物	2期	2003
成都平原的环境对蜀文化聚落建筑与经济的影响	姜世碧	四川文物	2期	2003
从考古发现看杜宇时期蜀国城市的发展	毛曦	中国古代社会与思想文化研究论集		2004
8座史前城址，成都平原寂寞回响	黄浩	四川日报		2005.6.15
四川的商代蜀城	罗伯特·贝格勒（谢丹）	四川文物	6期	1995
三星堆蜀都古城古国探微	敖天照	先秦史与巴蜀文化论集		1995
严道古城的考古发现与研究	赵殿增等	中国考古学会第五次年会论文集		1988
"千子堡"、"鄨王城"历史渊源初探	左启	中国古都研究	19辑	2002
渝东地区古代盐业开发与城市起源	李晓波	盐业史研究	3期	2000
川东古代盐业开发对行政区划和城市分布的影响	李晓波 刘慧清	长江流域资源与环境	3期	2000
三峡古代盐业开发对行政区划和城镇布局的影响	李晓波	盐业史研究	1期	2003
巴国城市发展及其特点初论	毛曦	西南师范大学学报（人文）	3期	2005
三峡航道与巴人的生衍及城市的形成	张雪梅	重庆工商大学学报（社科）	5期	2005
秦汉时代的四川开发与城市体系	段渝	社会科学研究	6期	2000
西南夷地区城市的形成及其功能	刘弘	四川文物	5期	2003
论蜀汉时期的战略城池	薛瑞泽	军事经济学院学报	6期	2002
		中国古都研究	19辑	2002
丝绸之路河南道沿线的重要城址	中国社会科学院考古研究所四川工作队	考古学集刊	13集	2000
唐宋时期西南地区城镇分布演变研究	蓝勇	中国历史地理论丛	4期	1993
明清时期西南地区城镇分布的地理演变	蓝勇	中国历史地理论丛	1期	1995
清末民初期间四川城市的发展	吕实强	"中研院"成立五十周年纪念论文集	2辑（社科）	1978

续表二五

篇、书名	著(译)编者	出处	卷、期	年月日
由苏浙两湖四川及闽粤七省都市人口状态论清末民初我国南方诸省的都市化现象	李国祁	"中研院"国际汉学会议论文集		1981
试论近代四川中小城市发展缓慢之原因	田永秀	西南交通大学学报（社科）	2期	2001
清代四川城的形态与祠庙建筑空间格局	杨宇振	华中建筑	1期	2005
成都省城形势脉络说明书	钟朝镛	石印本		1922
成都历代沿革考	龚熙台	华西学报	5期	1937
成都市指南	莫钟馘	著者刊		1943
成都指南	山川出版社编译所	编者刊		1943
新成都	周芷颖	复兴书局		1943
成都都市地理之研究	沈汝生 孙敏贤	地理学报	14卷 3、4期	1947
成都史话	雷覆平	成都日报		1959.10.25
瞬息千变话成都	米建书	成都日报		1960.1.8
成都的由来与发展	邓 屯	地名知识	4期	1979
岁华多丽话成都	雷履平	龙门阵	1辑	1980
成都	任乃强	社会科学研究	2期	1980
成都考	李金彝 王家祐	地名知识	4期	1980
成都史话	李金彝	成都风物	1辑	1981
话成都	成都日报编辑部	编者刊		1981
话成都	吴 文	旅游天府	1期	1982
沧海桑田话成都	张子枢	成都日报		1982.6.25
成都		中国青年报		1982.8.1
漫话成都	刘舜泰 燕 兵	四川日报		1983.3.2
漫话芙蓉城	谷 莺	成都晚报		1983.9.29
话说成都	李亚平等	羊城晚报		1984.8.27
话成都	成都日报编辑部	编者刊		1985
成都考古二题	李祖桢	文史杂志	1期	1986

续表二六

篇、书名	著(译)编者	出处	卷、期	年月日
自然经济对古代成都城市发展的历史影响	谭继和	天府新论	3期	1986
地灵人杰说天府——试谈名城成都的几个特点	李金彝	文史杂志	4期	1987
成都城市文化的性质及其特征	谭继和	四川大学学报（哲社）	3期	1988
略论成都形成与发展的地理因素	周介铭	四川师范大学学报（社科）	4期	1988
成都城市文化史概述——纪念成都建城二千三百年	谭继和	成都大学学报（社科）	3期	1989
成都城市研究	郭付人等	四川大学出版社		1989
成都筑城二千三百年纪	李祖桢	文史杂志	3期	1990
成都城市水系变迁及其在都市发展中的作用	柴宗新	西南师范大学学报（自然）	4期	1990
古代成都城的风水学考察	罗开玉	文史杂志	2期	1993
成都城市史	张学君 张莉红	成都出版社		1993
天府蜀都（成都卷）	阳正太	中国人民大学出版社		1993
古诗文中有关成都故实的几点考证	岳生	四川师范大学学报（社科）	2期	1994
成都大辞典	杨武能 邱佩篁	四川辞书出版社		1995
成都城市与水利研究	四川省文史研究馆	四川人民出版社		1997
成都城市文明与城的年龄考析——纪念成都建城2310年	谭继和	中共成都市委党校学报（综合）	6期	1999
蜀墟商木源头远——成都城市空间历史模式初探	董云帆	四川建筑	4期	2000
四川成都の都市形成と水利問題	西岡弘晃	東洋經濟史學會紀念論文集（中国の歷史と經濟）		2000
成都文博文化词典	史宗健等	四川人民出版社		2000
变革与发展：中国内陆城市成都现代化研究	何一民	四川大学出版社		2002
成都历史文化内脉及保护建设浅析	毕凌岚 钟毅	华中建筑	1期	2002
论成都城市在中国历史发展进程中的地位和作用	何一民	西南民族学院学报（哲社）	2期	2002
成都城市兴起的地理基础	潘明娟	西安教育学院学报	4期	2002
成都与南京两座古都的比较研究	韩品峥 王宝林	中国古都研究	19辑	2002

续表二七

篇、书名	著(译)编者	出处	卷、期	年月日
成都现代化的历史进程	张莉红	巴蜀史志	2期	2003
当今世界特大城市中历史最悠久的文化古城——成都	何一民	四川省情	6期	2003
成都城市历史的新发现	何一民	城市发展研究	1期	2004
成都城市史述论	段 渝 邹一清	成都文物	2期	2004
成都——浪漫文雅之府	谢元鲁	中共成都市委党校学报（哲社）	3期	2004
成都城市生命力旺盛的历史原因	张莉红	巴蜀史志	4期	2004
"仙源故乡"说——为《神秘成都》一书所作序	谭继和	成都文物	4期	2004
成都与金沙——兼论成都城及名号起源	白 剑	文史杂志	5期	2004
没有水就没有成都——重视对成都城市水文化的研究	刘祯贵	城乡建设	7期	2004
成都故事丛书：神秘成都	成都市群众艺术馆	四川大学出版社		2004
成都城市聚合形成模式的中外比较	段 渝 邹一清	中华文化论坛	4期	2005
美哉，芙蓉城	罗念生	四川党的建设（城市）	6期	2005
人文成都中的佛教意象	史幼波 冯修齐	成都日报		2005.9.26
成都故事丛书：传奇成都	成都市群众艺术馆	四川大学出版社		2005
锦江春色与天齐	吴天玉	巴蜀书社		2005
蜀吴之梵名	岑仲勉	东方杂志	42卷9号	1946
成都のチベット名に就いて	榎一雄	東洋学報	31卷1号	1947
成都为什么有"芙蓉城"等名称		成都日报		1956.5.27
成都的得名和龟化城	许肇鼎	成都日报		1979.11.26
成都的别名——南京	戴德源	成都日报		1980.9.1
试为"成都"得名进一解	温少峰	社会科学研究	1期	1981
赞同《试为"成都"得名进一解》	任乃强	社会科学研究	1期	1981
成都名称和别称的由来	汪思德	中国旅游报		1983.9.6
蜀与"三都"得名管见	刘冠群	四川地方志通讯	2期	1984
成都和它的别称	许肇鼎	成都文物	3期	1984
成都名称的由来及其沿革简介	长 白	成都文物	4期	1984

续表二八

篇、书名	著(译)编者	出处	卷、期	年月日
从出土的战国漆器文字看"成都"得名的由来	沈仲常 黄家祥	四川文物	4期	1985
成都名称的由来	杨荣新	地名知识	4期	1986
成都得名考	孙华	成都文物	3期	1991
成都与金沙——兼论成都城及名号起源	白剑	文史杂志	5期	2004
成都是古代自由都市说	徐中舒	成都文物	1期	1983
蜀族演进与成都聚落的形成	西禾	成都志通讯	1期	1984
先秦时代的成都	李金彝	成都文物	3期	1990
试论成都城市的形成	何一民	成都文物	3期	1991
早期成都城初论——兼论早期南方城市的几个问题	罗开玉	四川文物	2期	1992
考古发现:成都历史可追溯到四千多年前	王存理 熊艳	人民日报(海外)		1996.12.5
《海》《荒》经中的成都	冯广宏	成都文物	1期	2000
成都建城始于开明五世时期	杨正苞	文史杂志	2期	2000
长江上游文明城市的兴起——论成都早期城市的形成	何一民	中华文史论坛	2期	2002
		中国古都研究	19辑	2002
成都城市兴起的地理基础	潘明娟	西安教育学院学报	4期	2002
商都:古蜀成都文化标识	蓝墨水	成都日报		2005.10.23
秦汉(三国)时期的成都	李金彝	成都大学学报(社科)	4期	1990
秦成都少城"与咸阳同制"浅析	潘明娟	中国历史地理论丛	4期	1995
秦成都"与咸阳同制"考辨	李令福	中国古都研究	14辑	1997
		陕西师范大学学报(哲社)	1期	1998
咸阳城与成都城的比较研究——兼谈秦文化与巴蜀文化的交流	彭文 花艳芳	秦俑秦文化研究		2000
秦汉时期的成都	孙华	中国古都研究	19辑	2002
		文明起源与城市发展研究		2004
秦成都城市布局初探	潘明娟	成都大学学报(社科)	1期	2003
汉代成都之城池与人口	马先醒	史学汇刊	10期	1980
汉代成都市环境考述——与秦代对比	王小红	中国古都研究	15辑	1998
诗乡——唐代的成都	杨槐	成都日报		1979.6.21

续表二九

篇、书名	著（译）编者	出处	卷、期	年月日
李白笔下的成都	平 之 周玉清	成都日报		1979.7.16
唐代诗人岑参笔下的成都	刘新生	成都文物	2期	1985
岑参笔下的成都	小 文	成都大学学报（社科）	1期	1988
杜甫笔下的成都	蓝 莉	杜甫研究学刊	4期	1993
唐五代时期之成都	严耕望	香港中文大学中国文化研究所学报	12卷	1981
前后蜀宫苑考释	王文才	成都文物	3期	1984
成都蜀汉故宫遗址考	陈光表	成都志通讯	4期	1990
前后蜀苑囿刍议	马文彬	四川文物	3期	2000
成都唐宋时期城市考古	谢 涛	中国古都研究	19辑	2002
陆游诗中的成都（上）	魏炯若	四川师范大学学报（社科）	3期	1980
陆游诗中的成都（下）	魏炯若	四川师范大学学报（社科）	4期	1980
陆游诗文中的南宋成都初探	常崇宜	成都大学学报（社科）	1期	1981
水·树·园：宋代成都城的生态环境	王小红	宋代文化研究	8辑	1999
		成都大学学报（社科）	2期	2001
马可·波罗笔下的成都	兰 桐	成都晚报		1963.2.9
马可·波罗笔下的成都	陈世松	成都文物	1期	1984
明代成都的城市文化	张莉红	第十届明史国际学术讨论会论文集		2004
明末清初的成都——小记余本与他的《蜀都行》	朱寄尧	文史杂志	3期	1995
清末成都之社会建设	姜蕴刚	旅行杂志	17卷 10期	1943
清代成都概貌	何一民	平准学刊	5卷	1989
Street Culture：Public Space and Urban Commoners in Late-Qing Chengdu	Wang, Di	Modern China	Vol. 24, No. 1	1998
Civilizing Chengdu：Chinese Urban Reform，1895－1937	K E. Stapleton	Harvard University Press		2000
The Rhythm of the City：Everyday Chengdu in Nineteenth-Century Bamboo-Branch Poetry	Wang, Di	Late Imperial China	Vol. 24, No. 1	2003
清末成都における都市計画とその変容——空間構造及びその認識の問題から	小羽田誠治	東洋学報	84卷 4号	2003

续表三〇

篇、书名	著(译)编者	出处	卷、期	年月日
中国城市的公共生活与节日庆典——清末民初成都的街道、邻里和社区自治	王笛	近代中国社会与民间文化——首届中国近代社会史国际学术研讨会论文集		2005
百年老照片：惊现消失的成都景观	刘永禄	四川档案	1期	2005
清代成都的市政建设	林成西	中华文化论坛	4期	2005
		西南师范大学学报（人文）	6期	2005
锦城小记	朱偰	东方杂志	38卷1期	1941
谈谈六七十年前的成都	苏东皮	成都晚报		1983.10.16
老成都：文化人视野中的老成都	曾智中 尤德彦	四川文艺出版社		1999
老成都：民国时期的老成都	王泽华 王鹤	四川文艺出版社		1999
老成都：市民记忆中的老成都	冯至诚	四川文艺出版社		1999
老成都：从历史的偏旁进入成都	冉云飞	四川文艺出版社		1999
李劼人说成都	李劼人	四川文艺出版社		2001
讲述老照片里的成都故事：走近老成都	蒲秀政	四川人民出版社		2002
龙骨：一个外国人眼中的老成都	徐维理（肖冰）	四川文艺出版社		2004
老成都：芙蓉秋梦	流沙河	江苏美术出版社		2004
成都城池沿革——成都古迹考	蒙思明	禹贡	5卷12期	1936
		四川文献	139期	1974
二千余年成都大城史的衍变	李劼人	风土杂志	3卷2期	1949
成都的城（上）	元琛	成都日报		1956.10.28
成都的城（下）	元琛	成都日报		1956.10.30
成都的城	罗世勋	成都晚报		1962.8.29
成都城池变迁史考述	刘琳	四川大学学报（哲社）	2期	1978
成都城的变迁	刘琳	成都日报		1979.6.25
成都城址变迁考	任乃强	成都文物	2期	1984
成都城址变迁考（续）	任乃强	成都文物	3期	1984
成都城址变迁考（续二）	任乃强	成都文物	4期	1984
成都城址变迁考（四）	任乃强	成都文物	1期	1985
成都城址变迁考（五）	任乃强	成都文物	3期	1985
话说成都城	黄友良	巴蜀史志	1期	1992

续表三一

篇、书名	著(译)编者	出处	卷、期	年月日
张仪和成都"秦城"	鲍世行	四川日报		1982.6.26
高骈与成都罗城	刘琳	成都文物	3期	1984
论成都唐宋罗城1、2号门址	蒋成	文物考古研究		1993
唐宋明清时期的成都城垣考	雷玉华	四川文物	1期	1998
高骈扩展的成都城墙	冯汉镛	文史杂志	6期	1998
唐末五代的成都城	孙华	宿白先生八秩华诞纪念文集		2003
少城春秋	戴盛昌	成都风物	2辑	1981
清代成都的"满城"与旗汉分治	陈一石 王端玉	四川大学学报（哲社）	3期	1981
		民族研究论文选	1辑	1983
		民族研究文集		2000
成都满城史（一）满城的由来及其布局	陈一石	成都文物	1期	1983
成都满城史（二）从副都统衙门到将军衙门	陈一石	成都文物	1期	1984
成都满城史（三）漫话成都将军	陈一石	成都文物	2期	1984
成都满城史（四）旗人文化习俗之变迁	陈一石	成都文物	4期	1983
成都满城史（五）清末成都旗人之贫困景象	陈一石	成都文物	1期	1986
成都满城考	雷履平	成都大学学报（社科）	3期	1985
清末民初期成都の満城と少城公園——その空間の役割	小羽田誠治	東洋学報	86卷3号	2004
成都市老皇城坝区历史演变及现状分析	杨小奕	建筑史论文集	13辑	2000
鼓楼与城墙	文平	成都日报		1982.2.15
城墙边今昔	海粟	成都日报		1982.3.17
拆城门的风波	硝烟	成都风物	5辑	1983
旧城拾零（二则）	晓枫	成都风物	5辑	1983
成都市1994-1995年城垣考古	谢涛	四川文物	1期	2001
成都迎曦下街古城墙的保护	尹建华 王正明	四川文物	3期	2002
成都坊巷古迹考	李致刚	旅行杂志	19卷3-5期	1945
成都城坊考（上）（中）（下）	王文才	四川师院学报（社科）	1、4期	1981
			1期	1982

续表三二

篇、书名	著(译)编者	出处	卷、期	年月日
成都城坊考	王文才	巴蜀书社		1986
成都城坊古迹考	四川省文史研究馆	四川人民出版社		1987
成都三义庙简考	李兆成	成都大学学报（社科）	2期	2001
成都街名小议	李金彝 王家祐	成都日报		1979.6.14
成都街名趣谈	陶亮生	成都风物	1辑	1981
成都街名琐记	陶亮生	成都风物	2-4辑	1981
成都的街	梁玉文 苟治平	旅游天府	3期	1982
锦城的"龙"街	文平	成都日报		1982.1.7
街以树名事有因	陈翀悟	成都日报		1982.2.18
古老名城的街名特色	文平	成都日报		1982.3.29
文化古城的文化街	冯正甫	成都风物	5辑	1983
以奇石命名的街	晓流	四川日报		1985.7.20
成都城区街名通览	吴世先	成都出版社		1992
成都街名谐音改字试析	赵静	成都大学学报（社科）	4期	1998
成都街道斜向布局原因考析	钱玉趾	成都文物	1期	2000
成都街名的文化内涵	崔荣昌 宋文辉	文史杂志	1期	2000
我不赞成成都注销老街名	雨田	四川日报		2004.3.1
老街名与文化品味	雷健	四川日报		2004.3.2
成都老街名寻常巷陌间的人文记忆	吴文	四川日报		2004.3.5
成都庭院商街的旧景	史占扬	成都文物	3期	2005
牛市口的过去现在	卢苇等	成都晚报		1954.1.8
古皇城前的新街道	陶治	工商导报		1954.10.5
无限沧桑话皇城	文木	成都晚报		1961.8.27
古老皇城换新颜——记成都皇城坝的变迁		四川日报		1974.9.20
皇城坝的变迁	李金彝 王家祐	成都日报		1979.4.30
漫话成都"皇城"	李思桢等	四川青年	6期	1981
抚今追昔话皇城	李金彝	成都风物	2辑	1981
皇城和康公庙	廖上柯	成都风物	1辑	1981

续表三三

篇、书名	著(译)编者	出处	卷、期	年月日
抚今追昔话皇城	李金彝	成都风物	2辑	1981
渡尽劫波说"皇城"	庄裕光	中国西部	4期	2002
珍贵的形象史料——读路得·那爱德（美）拍摄的一组成都皇城旧照	史占扬	成都文物	2期	2003
皇城扯谎坝散记	思品端	巴蜀史志	4期	2005
上莲池的今昔	雷履平	成都日报		1956.7.8
当年"扯谎坝"，今日文化宫	岳塞	成都日报		1957.9.30
旧成都的新南门"扯谎坝"	海粟	成都晚报		1984.2.22
活地狱变成百花园——北门城隍庙的今昔	何舫舲 陈肇世	成都日报		1959.9.24
北门城隍庙的塑像	曾缄	成都晚报		1962.9.15
三教九流大观园——成都府城隍庙	陈三	龙门阵	6期	1985
"皇城"旧事	李定一 曾成志	龙门阵	3期	2005
长顺街的新气象	彭树咸	成都日报		1960.1.6
春风一扫旧"少城"	王家祐	成都日报		1960.5.7
翼王名重科甲巷——石达开殉难九十九周年	赫治清	成都晚报		1962.6.25
科甲巷和真假石达开	李金彝	成都风物	1期	1981
从商业街街名引起的回忆	吴先优	成都晚报		1962.9.14
暑袜街	周菊吾	成都晚报		1962.10.13
暑袜街的由来	李模	成都晚报		1984.1.13
漫话"将军衙门"	隗瀛涛	成都晚报		1962.10.17
将军衙门	陶亮生	四川日报		1983.1.29
芙蓉城与芙蓉街	李金彝 王家祐	成都日报		1979.5.7
中山街—芙蓉街	孟骅 夏年亨	成都晚报		1983.10.20
马镇、马道、马棚	李金彝 王家祐	成都日报		1979.5.21
门泊东吴万里船	李金彝 王家祐	成都日报		1979.5.31
也说"门泊东吴万里船"	戴盛昌	成都晚报		1983.8.25

续表三四

篇、书名	著(译)编者	出处	卷、期	年月日
石笋与石柱	李金彝 王家祐	成都日报		1979.7.5
石笋街的今昔	陈世松	成都日报		1979.11.12
昔日"文化街"	鱼 光	成都日报		1979.10.8
成都文化街的回顾	丘 山	成都日报		1980.6.26
严遵·君平街	陈古全	旅游天府	1期	1980
状元街和杨升庵	李金彝 王家祐	成都日报		1980.5.12
成都状元街的得名	丹 枫	四川日报		1985.1.19
拾梦陕西街	崔 谷	四川日报		1980.12.17
少城春秋	代盛昌	成都风物	2辑	1981
追忆当年祠堂街	刘大明	四川日报		1981.4.5
祠堂街给我留下的记忆	李 致	成都日报		1981.7.12
春熙路的今昔观	陈伯为	成都风物	1辑	1981
成都春熙路漫步	刘德鑫	旅游天府	3期	1985
春熙路漫步	陈有发	巴蜀史志	3期	2002
1926年建成的春熙路	罗绩沅	巴蜀史志	3期	2002
泡桐树街与泡桐	赵 羿 曾寿梧	成都日报		1981.10.5
三多巷的传说	方 赫	旅游天府	2期	1981
下莲池的变迁	艾 芦	成都日报		1982.11.22
柳荫街的传说	何 求	成都晚报		1983.3.16
"倚遍南楼十二栏"——府河边上正兴场		成都晚报		1983.7.26
成都的一条街	李劫人	旅游天府	3期	1983
状元街头话赵遹	岱 峻	成都晚报		1984.7.22
金牛坝与金牛道	戴盛昌	成都晚报		1985.6.28
为何叫"古佛寺街"	张虎林	成都晚报		1986.6.8
闲话老成都一条街——骡马市沧桑	李祖祯	龙门阵	4期	1986
杨森在成都修马路新论	赵 可	成都大学学报（社科）	1期	2000
成都街道斜向布局原因考析	钱玉趾	成都文物	1期	2000
少城街名漫谈	潘前春	巴蜀史志	1期	2004
成都街名趣对	戴德沄	龙门阵	4期	2004

续表三五

篇、书名	著（译）编者	出处	卷、期	年月日
成都庭院商街的旧景	史占扬	成都文物	3期	2005
文殊院街区承载千年蜀文化	陈宇	四川日报		2005.11.11
锦里街名话旧	张绍诚	巴蜀书社		2005
文家场——文翁故里"石室文化"的守望者	李应红	资源与人居环境	7期	2005
芙蓉花和"虎河"的传说	金益	成都日报		1956.8.7
虎河与芙蓉	何承朴	旅游天府	1期	1980
金河		成都日报		1958.3.16
幽静的金河	慕沙	成都日报		1958.4.9
几番兴废话金河	夏顺均 李思桢	成都风物	3辑	1981
"金河"为"郫江"故道说（上）	绍风 石湍	成都文物	创刊号	1983
"金河"为"郫江"故道说（下）	绍风 石湍	成都文物	1期	1984
漫话御河边	江晓韩	成都日报		1961.9.7
锦江绿水绕城流	刘嗣	成都晚报		1962.9.13
锦城和锦江	余涛	中国纺织科技史资料	8期	1982
古代成都的二江与七桥	缪钺	成都晚报		1961.8.19
成都平原河流的特点	卢登仕	成都日报		1981.9.18
成都的河流	郑平	成都日报		1982.1.16
成都平原的南、北江	郭声波	中国历史地理论丛	1辑	1995
《成都平原的南、北江》补考	郭声波	中国历史地理论丛	1辑	1996
论成都平原的大、小江	郭声波	中国历史地理论丛	3辑	1995
成都平原的中江与前、后江	郭声波	中国历史地理论丛	2辑	1996
探寻郫江故道	朱代英	文史杂志	5期	1997
成都府南两河史话	冯举等	四川民族出版社		1998
锦江正名与流程起止点论辩	祁和晖	杜甫研究学刊	1期	2005
		成都日报		2005.1.19
成都的井	刘嗣	成都晚报		1963.6.27
漫话成都的古井	史杨	成都晚报		1983.8.19
漫话成都汉井	刘复章 夏阳	成都文物	4期	1985
重庆都市地理	陈尔寿	地理学报	10卷	1943

续表三六

篇、书名	著(译)编者	出处	卷、期	年月日
山城的创建	庄 张	重庆日报		1978.12.10
重庆城的由来和发展	庄燕和 鲜述秀	四川师院学报（社科）	2期	1980
古城重庆	彭伯通	重庆出版社		1981
古代的重庆	琦 羊	重庆师范学院学报（哲社）	1期	1982
八百多年前的重庆	文 深	重庆日报		1984.7.29
重庆古今谈	许 可 游仲文	重庆出版社		1984
从出土文物谈古城重庆的历史	庄燕和	四川文物	3期	1984
景观兴废话山城	湛 卢	重庆市中区史志	2期	1986
重庆——一个内陆城市的崛起	周 勇	重庆出版社		1989
重庆城市研究	隗瀛涛	四川大学出版社		1989
嘉陵江畔话山城	陈 全	旅游	1期	1990
重庆指南	邓 平 杜寅庆	重庆出版社		1991
重庆城市建设近代发展概述	杨崇秋	四川建设	4期	1992
《重庆城市建设近代发展概述》辨析	陈泉根	重庆地方志	5、6期	1992
重庆通	方华荫 方 娴	西南师范大学出版社		1993
说古道今话重庆	石 化	红岩春秋	7期	1997
重庆 中国西部明珠	刘德骥 邱万兴	西南师范大学出版社		1998
重庆旧影	刘豫川等	人民美术出版社		1998
重庆城市体系的结构研究	陈国生 易泽丰	人文地理	2期	1999
重庆百科全书	《重庆百科全书》编纂委员会	重庆出版社		1999
老重庆——巴山夜雨	黄济人	江苏美术出版社		1999
历史科学与城市发展——重庆城市史研讨会论文集	孟广涵	重庆出版社		1999
重庆城市史与重庆城市发展目标研究	周 勇	探索	6期	2000
古代重庆城市地图与重庆社会经济文化发展研究	蓝 勇	2000年国际历史地理学术讨论会论文集		2001

续表三七

篇、书名	著(译)编者	出处	卷、期	年月日
中国西部概览——重庆	赵公卿	民族出版社		2000
重庆	刘庆渝	五洲传播出版社		2001
中国重庆	刘庆渝	重庆出版社		2001
四塞天险重庆城——古重庆城的军事防御艺术	吴庆洲	重庆建筑	2期	2002
千年重庆图典	重庆市文化局、重庆市博物馆	重庆出版社		2002
重庆——中国古镇游	《中国古镇游》编辑部	陕西师范大学出版社		2005
"重庆"的命名与"巴蛇食象"	唐幼峰	重庆日报		1957.4.13
巴蛇食象新考	蓝勇	文史杂志	6期	1993
"巴蛇食象"新释	杨华	四川文物	6期	1996
释"巴蛇食象"	杨华	四川大学学报（哲社）	4期	1996
《山海经》"巴蛇食象"段异文小议	大明	四川师范大学学报（社科）	3期	2000
"重庆"的由来	左人	重庆日报		1961.11.15
"重庆"一名的由来	囷禾	重庆日报		1978.12.17
"渝"的来历	左人	重庆日报		1961.11.22
"渝"不是重庆的"史称"	李栋臣	咬文嚼字	3期	1998
重庆直辖市简称"渝"的商榷	华林甫	重庆师范大学学报（哲社）	3期	2004
山城的创建	庄张	重庆日报		1978.12.11
汉代的重庆	卫聚贤	说文月刊	3卷4期	1941
两宋时期的重庆	胡昭曦	重庆城市研究		1989
清代重庆移民社会与城市发展	王笛	城市史研究	1辑	1989
清中期四川省巴縣의都市發達과"八省客長公議"	李俊甲	서울대 동양사학과논집	제18집	1994.11
近代重庆城市史研究	隗瀛涛	近代史研究	4期	1991
近代重庆城市史	隗瀛涛	四川大学出版社		1991
清末民国时期重庆的外国侨民和管理		史志文汇	3期	1994
近代史上的重庆	李畅培	红岩春秋	2期	1997
The Ambiguities of Chinese Antiforeignism: Chongqing, 1870–1900	Wyman, Judith	Late Imperial China	Vol. 18	No. 2
新重庆	陆思红	中华书局		1939

续表三八

篇、书名	著(译)编者	出处	卷、期	年月日
陪都鸟瞰	何玉昆	陪都鸟瞰编辑部		1942
陪都要览	周俊元	自力出版社		1942
新重庆	黄克明	新重庆编辑社		1943
重庆要览	贺耀祖	重庆市政府		1945
漫谈重庆	周君亮	四川文献	158期	1976
古城重庆	彭伯通	重庆出版社		1981
话重庆	吴 文	旅游天府	2期	1982
抗日战争时期的重庆城	庄燕和	重庆社会科学	3期	1986
民国时期的重庆	东亚同文学会（何一民）	重庆地方志	2期	1992
重庆解放前夕的市政和社会状况	艾新全	重庆党史研究资料	4期	1997
二三十年代影响重庆城市变迁的几个因素——论刘湘对重庆的军人干政	张 瑾	重庆大学学报（社科）	2期	1999
二十世纪二三十年代"上海模式"对重庆的冲击	张 瑾	史学月刊	3期	2000
民国时期"下江人"的形成与认同刍议	张 瑾	西南民族学院学报（哲社）	4期	2001
张恨水说重庆	曾智中 尤德彦	四川文艺出版社		2001
二战对中国内陆城市重庆的影响	谢先辉 唐润明	民国档案	3期	2002
迎曦楼史料丛稿 卷一：渝城话旧	张均陶	海天出版社		2002
迎曦楼史料丛稿 卷二：历代学生运动	张钧陶	海天出版社		2002
山城晓雾	陈雪春	百花文艺出版社		2003
从《巴蜀鸿爪录》阅读三十年代重庆城市景观	杨宇振	建筑史	3期	2003
论近代城市建设发展研究的多维因子——以近代重庆城市为例	杨宇振	清华大学学报（哲社）	1期	2005
隔阂与融合——抗战时期重庆"上下江人"的求同存异	朱丹彤	广西社会科学	1期	2005
旧重庆啥模样	田 苗	红岩春秋	2期	2005
卢作孚"北碚模式"与20世纪二三十年代重庆城市变迁	张 瑾	中国社会历史评论		2005
巴山渝水——魅力山城重庆	《家庭百分百》编委会	大象出版社		2005

续表三九

篇、书名	著(译)编者	出处	卷、期	年月日
近代以来重庆100件大事要览	陆大钺	重庆出版社		2005
重庆的"城"	左人	重庆日报		1962.3.2
清代的重庆城	庄燕和	重庆日报		1980.3.30
重庆古城的创建与演变	庄燕和	重庆市中区史志	创刊号	1985
重庆古城考	董其祥	重庆社会科学	2期	1988
古重庆各城门的史由	田禾	重庆日报		1979.3.9
重庆各城门的由来	庄燕和	历史知识	4期	1980
老重庆的十七门	年丰	重庆日报		1983.8.21
重庆东南门	杨泽凌	中央民族大学出版社		2001
老重庆的城门与码头文化	邓晓	重庆师范大学学报（哲社）	1期	2005
九宫八卦与重庆城门	江义高	龙门阵	1期	2005
较场口今昔	文履平	重庆日报		1979.9.26
夫子池沧桑	欧阳平	重庆日报		1980.11.9
历史上的南坪	庄燕和	重庆日报		1980.11.19
卢作孚与北碚建设	高孟先	文史资料选辑	74辑	1981
卢作孚与北碚梧桐树	李萱华	重庆日报		1984.12.30
七星岗漫话	王文琛	重庆市中区史志	1期	1986
关于市中区（古城重庆）的地名变化规律	邓志华	重庆市中区史志	2期	1986
重庆的政治中心验地——上清寺街道史料	刘亮熙等	重庆市中区史志	2期	1986
碑岚垭的来历	李镑其	重庆晚报		1987.3.5
李子坝的变迁	邓子化	重庆晚报		1987.9.11
王家沱的得名	刘振甫	重庆晚报		1987.9.16
歌乐山开发史	张建中	重庆晚报		1987.10.11
苍坪街变迁	林忠	重庆晚报		1987.12.2
也说通远门外的变迁	欧阳平	重庆晚报		1987.12.20
重庆第一条马路	蒙毅	重庆晚报		1988.7.21
重庆南岸厕所今昔谈	吴驭梓	重庆地方志	2期	1992
旧重庆的城隍和"鬼城"	欧阳平	红岩春秋	6期	1996
重庆街道乡镇概览	重庆市人大常委会办公厅	重庆出版社		1998
旧重庆的河街	田苗	红岩春秋	3期	2000

续表四〇

篇、书名	著(译)编者	出处	卷、期	年月日
重庆的状元遗迹	余云华	重庆日报		2000.7.1
重庆老巷子	何智亚摄影	重庆出版社		2000
重庆的心灵——解放碑沧桑	杨筱	中国西部	4期	2002
千秋白象街	周昕欣 晓晖	重庆与世界	4期	2005
沉寂在大宅门中的——重庆南岸"王家沱"的来历及其故事往事	曹庞沛	重庆与世界	10、11期	2005
江北建城史话	彭育红	重庆地方志	2期	1988
西南盐城——自贡	艾风 用能	西康日报		1953.10.17
西南的盐都——自贡	川醚 聿门	旅行家	8期	1956
釜溪之忆	姚蒸民	四川文献	104期	1971
自贡市	何青等	地理知识	6期	1979
四川地名考释——自贡	任乃强	社会科学研究	4期	1980
盐都古今第一	詹怀香 杨自荣	中国井矿盐	4期	1981
自贡地名及盐业发展的若干问题——与《四川地名考释·自贡》一文作者商榷	孟泉	井盐史通讯	1期	1982
自流井风物名实说	吴鼎立	井盐史通讯	1期	1984
驰名中外的"盐都"——自贡市	自贡市人民政府办公厅	四川政报	9期	1986
千年盐都——自贡	李树山	四川金融	8期	1989
盐都自贡	当代四川丛书编辑部	四川人民出版社		1992
自贡近代城市发展研究论纲	曾凡英	自贡师范高等专科学校学报	4期	1993
名城自贡：古盐都之谜	刘志国	四川人民出版社		1993
中国自贡：井、盐、灯、龙	李良忠等	四川人民出版社		1993
盐都基本特征研究	王瑞成	近代史研究	3期	1994
盐都盐文化初探	王瑞成	盐业史研究	2期	1994
盐都基本特征研究	王瑞成	近代史研究	3期	1994
盐业与自贡城市发展	曾凡英	盐业史研究	3期	1994
自贡城市史	王仁远等	社会科学文献出版社		1995
盐都天车耸入云		四川戏剧	5期	1998

续表四一

篇、书名	著(译)编者	出处	卷、期	年月日
盐孕育的城市——自贡	林鹰	盐业史研究	4 期	1999
盐都，地图上的变迁	王典平	地图	1 期	2000
天车：盐都自贡的标志	邱力伟	中国井矿盐	1 期	2002
中国自贡：名城自贡	李华	四川人民出版社		2002
中国自贡：千年盐都	钟长永等	四川人民出版社		2002
简析清代四川富荣盐区的城市变迁	刘吕红 阙敏	文史杂志	3 期	2004
传统资源型城市近代转型研究——以清代四川富荣盐区城市变迁为例	刘吕红	求索	7 期	2004
关于盐都自贡城市早期现代化的思考——兼论西部中小专业城市发展的道路	曾凡英	盐文化研究论丛	1 辑	2005
盐都：四川自贡	施凌 卡利亚	台声	1 期	2005
清末民初四川富荣盐区城市社会结构研究	刘吕红	盐业史研究	2 期	2005
旱地盐都话自贡	掌故	中国社会报		2005.4.20
遍地盐井的都市——抗战时期一座城市的诞生	孙建三等	广西师范大学出版社		2005
德阳市发现汉代古城遗址	张志武	四川文物	1 期	1988
富饶的绵阳在期待着	罗运钧	四川日报		1958.1.3
天府重镇——绵阳市	绵阳市人民政府办公室	四川政报	1 期	1987
可爱的绵阳	绵阳市人民政府	四川大学出版社		1992
历史文化名城绵阳	四川绵阳市政协文史资料委员会	编者刊		1994
绵阳城市文化研究——纪念绵阳建城2200周年	杨子林	四川科学技术出版社		2000
纪念绵阳建城2200周年：城市建设研讨会论文集	绵阳市建设委员会、绵阳市社会科学界联合会	编者刊		2001
绵阳是个好地方1-4册——谨以此书献给绵阳建城2200周年	陈永乐	四川大学出版社		2001
漫话利州	梁永元 红涛	历史知识	1 期	1982
广元"马克思街"	范厚坤	四川文物	4 期	1986

续表四二

篇、书名	著（译）编者	出处	卷、期	年月日
天府之国的北大门——广元市	广元市人民政府办公室	四川政报	2 期	1987
春秋战国时的广元	徐成武	四川师范学院学报（哲社）	1 期	1995
蜀北重镇广元	郝振贤	今日四川	3 期	1995
四川的北大门——广元	刘万荣 罗 阔	地球	3 期	1995
广元市乡村大辞典	广元市民政局	编者刊		2001
女皇故里——广元市	赵友宗等	四川省情	9 期	2003
广元百科全书	广元百科全书编纂委员会	西安地图出版社		2005
川东北的经济中心——达县市	达县市志办公室	四川政报	10 期	1987
达州——亟待开发的历史文化名城	宋小武	达县师范高等专科学校学报	1 期	2003
天府之国的丝绸之乡——南充市	南充市人民政府办公室、南充地区行署办公室	四川政报	9 期	1987
丝绸之乡——南充	于 南 廖天富	四川金融	6 期	1989
丝绸名城南充	《当代四川》丛书编辑部	四川人民出版社		1991
南充地区城镇的形成与发展	翟有龙	四川师范学院学报（自然）	3 期	1992
南充博览	杨安民	《南充博览》编辑室		1994
南充市三区城市街名通览	南充市地名办	编者刊		1996
南充——嘉陵江畔的明珠	一 心	西部论丛	10 期	2004
锦绣南充（中英文本）	于成松	国际文化出版公司		2004
伟人故里 天府明珠——广安市		城市规划通讯	7 期	1999
锦绣广安	长 平	中国老区建设	8 期	2004
川中重镇——遂宁市	遂宁市人民政府办公室	四川政报	3 期	1987
川中明珠遂宁	赵熙樵	四川大学出版社		1993
璀灿的川中明珠——遂宁市	杨成乐	中国西部	3 期	1994
钟灵毓秀说遂宁	唐 毅	四川日报		2003.12.5
西部的发现：中国观音——妙善公主的故乡在遂宁	郑祯诚	巴蜀书社		2004

续表四三

篇、书名	著(译)编者	出处	卷、期	年月日
西部水都：遂宁	邓学建 骆常非	四川人民出版社		2005
甜城漫笔	刘崇理	成都晚报		1962.10.22
天府之国的"甜城"——内江市	内江市人民政府办公厅	四川政报	4期	1987
天府甜城——内江	何其昌 唐厚祥	四川大学出版社		1988
内江城市分形特征及发展对策研究	姜世中	内江科技	5期	1997
城市体系规模结构预测方法应用研究——以内江市为例	姜世中	人文地理	3期	1998
内江百科全书	内江百科全书编撰委员会	四川人民出版社		2000
回眸——千年跨越话内江	中共内江市委宣传部、中共内江市委政策研究室	编者刊		2002
酒城泸州	贺章	旅游天府	4期	1982
老泸州	赵永康	旅游天府	4期	1982
中外闻名的酒城——泸州	泸州市人民政府办公室	四川政报	11期	1986
宋代泸州酒楼考略	赵永康	四川文物	3期	1988
锦绣江阳——泸州市中区	谢守清 滕建能	四川大学出版社		1994
名城泸州	胡尚炯	成都出版社		1995
璀灿的川南明珠——泸州		中国西部	3期	1996
泸州之最	魏仁泉	成都出版社		1996
名人与泸州	吴孟辉	四川人民出版社		1999
酒城泸州	《当代四川》丛书编辑部	四川人民出版社		2000
泸阳旧事	赵永康	泸州市历史学会		2002
泸州：汉棺 奇石 兰草	泸州市人民政府研究室	编者刊		2003
百年泸州	徐龙治	中国文史出版社		2005
泸州百科全书	《泸州百科全书》编委会	方志出版社		2005
长江起点-古城-宜宾市	杨世桑	地理知识	10期	1982

续表四四

篇、书名	著(译)编者	出处	卷、期	年月日
川南重镇——宜宾市	宜宾市人民政府办公室	四川政报	8 期	1987
宜宾名城研究文集	熊明宣	宜宾历史文化名城建设领导小组		1989
宜宾名城研究文集（第二辑）	熊明宣	宜宾历史文化名城建设领导小组		1993
天然形胜 人杰地灵——简析宜宾成为历史文化名城的原因	蔡叔华	宜宾学院学报	2 期	1991
万里长江第一城——宜宾	赵永桂	今日中国	12 期	1992
万里长江第一城 宜宾市	徐玉良	四川大学出版社		1992
哪吒与宜宾	黄永江	四川人民出版社		1992
宜宾——长江之珠 名酒之乡	徐玉良 苟建华	中国西部	1 期	1994
试论酒都宜宾酒文化之特色	黄均红 彭智辅	社会科学研究	5 期	1994
宜宾百科全书	周继尧	四川辞书出版社		1996
酒都宜宾和宜宾酒文化史迹	黄均红	中华文化论坛	1 期	2001
宜宾：万里长江第一城		领导决策信息	43 期	2001
国家历史文化名城：宜宾	国家历史文化名城编委会	五洲传播出版社		2002
万里长江第一城	宜宾市《万里长江第一城》编委会	宜宾市人民政府		2004
神奇宜宾	宜宾市政协文史资料委员会	中国文史出版社		2004
名城宜宾	凌受勋	四川人民出版社		2004
千年酒都	左孝本	四川人民出版社		2004
神秘僰国	刘大桥	四川人民出版社		2004
宜宾的文化传承对城市扩张的影响	刘大桥	宜宾学院学报	11 期	2005
宜宾人	陈明本	著者刊		2005
三苏故里——眉山	四川眉山纪念苏东坡诞辰九百五十周年文化经济交流会	编者刊		1987
物华天宝 人杰地灵——眉山县简介	眉山县人民政府办公室	世界经济	9 期	1993

续表四五

篇、书名	著(译)编者	出处	卷、期	年月日
古往今来话眉山	王俊清 王华清	眉山报社		1996
三苏文化与眉山现代化	严文清	四川人民出版社		1999
眉山（英汉对照）	中共眉山市委宣传部	编者刊		2000
何人可配眉山	张忠全	四川文艺出版社		2001
眉山城街名溯源	严文清	成都时代出版社		2003
眉州之韵	晓舟	时代潮	10期	2004
全国闻名的风景旅游城市——乐山市	乐山市人民政府办公厅	四川政报	5期	1987
中国乐山	乐山市对外文化交流协会	编者刊		1991
"乐山"名称的由来	马琦	社会科学研究	1期	1994
钟灵毓秀话乐山	魏明	中国对外贸易	5期	1994
唐宋时期乐山城市的发展及文化特色的形成	向玉成	乐山师专学报（社科）	3期	1998
乐山嘉州古城特色的形成考析	唐长寿	四川文物	4期	1998
明代以来乐山城墙的修拆与城市近代化	张汝	乐山师专学报（社科）	4期	1998
		四川师范大学学报（社科）	5期	2000
元明清时期乐山城市史略	干鸣丰 向玉成	乐山师范高等专科学校学报	1期	1999
明代以来乐山城市街道发展变化原因探析	张汝	乐山师范学校学报	1期	2000
晚清乐山城市近代化问题初探	向玉成	乐山师范高等专科学校学报	1期	2000
简论乐山周边城镇体系的形成及其特点	干鸣丰	乐山师范高等专科学校学报	2期	2000
蜀之胜曰嘉州	黄明全	民主	10期	2000
乐山——中国著名的旅游城市	乐山市人民政府	编者刊		2000
乐山古城如何展示千年文明	林蓉	人民政协报		2002.7.29
民国时期（1912-1937）乐山城市近代化进程研究——近现代乐山旅游史背景研究之一	向玉成	乐山师范学院学报	2期	2003
抗战时期"内迁运动"与乐山城市近代化的加速发展——近现代乐山旅游史背景研究之二	向玉成	乐山师范学院学报	7期	2003

续表四六

篇、书名	著（译）编者	出处	卷、期	年月日
历代文化名人在乐山	乐山市作家协会	中国言实出版社		2003
乐山古城墙修筑探史	张忠凯	中共乐山市委党校学报	1 期	2004
漫议乐山古城的修筑与修缮	乐志文	中共乐山市委党校学报	2 期	2004
千古谜城——乐山	康鉴	中国中小企业	11 期	2004
乐山古城为何临江城门多	魏奕雄	科技日报		2004.11.8
乐山大火	叶至善	出版史料	3 期	2005
彭山纪年	徐原烈	排印本		1930
雅安县概况	佚名	川边季刊	2 卷 2 期	1936
四川雅安县之社会情况	佚名	前途	5 卷 6 期	1937
康藏的门户——雅安	陈士衡	新华日报		1939.1.25
雅安概况	资料室	康导月刊	2 卷 7 期	1940
天府雨城——雅安市	雅安行署办公室	四川政报	11 期	1987
美丽富饶的雅安市	中共雅安市委、雅安市人民政府	编者刊		1993
水电基地 石材王国 熊猫故乡——雅安	杨水源 屈坤宁	中国西部	1 期	1994
雅安三美	曹玲泉	旅游	3 期	1998
川藏线上第一城——雅安	萧洛	工会博览	1 期	2002
雅安：祖国西南的一颗翡翠——西蜀采风手记之一	徐斌	观察与思考	7 期	2002
A Road Is Made: Roads, Temples, and Historical Memory in Ya'an County, Sichuan	John M. Flower	Journal of Asian Studies	Vol. 63, No. 3	2004
从历史的偏旁走进雅安	李霖涌等	中国西部	4 期	2004
浪漫雅安 梦幻雨城	张剑	中国西部	4 期	2004
舒服的湿雅安	高压锅	旅游	12 期	2004
雅安与蒙顶山茶及茶马古道	田羽	科学与文化	1 期	2005
四川开江县	曾繁双	地理杂志	2 卷	1929
三台县汇刊	三台县政府	编者刊		1937
可爱的三台	中共三台县委	四川大学出版社		1991
古城三台历史概述	四川省三台县城乡建设环境保护委员会	编者刊		1984

续表四七

篇、书名	著(译)编者	出处	卷、期	年月日
古城三台概况	王荣祖	四川省三台县城乡建设环境保护委员会		1991
三台——"黄金线"上的明珠	王尧谦	三台县人民政府		1992
天全概况	呆 公	康导月刊	2卷12期	1940
天全散记	任乃强	康藏研究	24期	1949
			27-29期	1949
四川省彰明县概况	彰明县政府	编者刊		1941
汉源概况	刘裕常	康导月刊	4卷2、3期	1942
石棉城	匡远顺等	科学大众	8期	1957
射洪剪影	袁守成	四川文献	122-124期	1972
灌县		四川人民出版社		1980
灌县概况	灌县地名普查领导小组	编者刊		1980
论都江堰市山水、堰城、寺庙与园林	赵长庚	规划师	3期	1994
中华一市——都江堰篇		经贸世界	5期	1994
文化都江堰——文化视野中的都江堰市古代城市设计遗产和对策	万 钧	中国城市规划学会2001年会论文集		2001
朱德故里	朱德同志故居纪念馆	编者刊		1982
杜甫笔下的阆中	邓国泰	四川师院学报（社科）	2期	1983
古代天文研究圣地——阆中	刘文刚	文史杂志	5期	1988
古阆中城风水探析	范 为	城市规划	3期	1991
阆中天下稀	曾绍义等	四川大学出版社		1991
地灵人杰话阆中	张义全周良宗	四川统一战线	4期	1994
川北古城阆中面面观	古 今	四川文物	4期	1995
阆中散记	马学礼	工厂管理	4期	1995
"阆"秀于"良"——全国历史文化名城阆中	祁今燕	城乡建设	6期	1996
眉山五苏与阆中	刘友竹	成都大学学报（社科）	1期	1997
古城阆中	郭 实	科技与经济画报	3期	1997
历史文化名城阆中	薛立胜	今日中国	2期	1998

续表四八

篇、书名	著(译)编者	出处	卷、期	年月日
阆中滕王阁	薛立胜	对外大传播	3期	1998
三陈街、管星街	杨启国	中国地名	5期	1998
古城阆中	曹弘	风景名胜	7期	1998
阆中名城天下稀	沈昆	风景名胜	5期	1999
名城阆中	侯国刚	四川人民出版社		1999
古城阆中天下稀	文廷海 蔡东洲	南充历史文化旅游丛书编委会		2000
阆中：举世无双的神秘古城	曹弘	中学历史教学参考	9期	2001
名城阆中名不虚	邓火平	四川政报	12期	2001
话说阆中	毛明文	重庆出版社		2001
名城阆中（世纪珍藏版）	西南商报驻川北记者站	现代文明画报		2001
阆中：藏在大山的胜地	李佳临	今日中国	3期	2002
四川阆中也有个滕王阁	贺吉范	丝绸之路	4期	2002
西蜀滕王亭与阆中古城	徐旭	上海消防	10期	2002
阆中古城 一部再现唐宋以来实物构成的编年史	郑德贵	四川政报	35期	2002
阆中古城：建筑文化的奇葩	冉云明 李文明	中国建设报		2002.11.1
阆中	钟仁俊	旅游教育出版社		2002
伏羲与女娲出生地探微	马功德	编者刊		2002
四川的状元之乡——阆中	萧源锦	文史杂志	1期	2003
阆中古街院魅人的历史风景	冉云明 李文明	新西部	2期	2003
诗圣情结属阆中	何文亭	西南民兵	9期	2003
阆中的古城古街古院	蒋爱兵	人民日报（海外）		2003.5.9
古城阆中	刘先澄等	中国旅游出版社		2003
国家历史文化名城：阆中	中共阆中市委、阆中市人民政府	四川美术出版社		2003
东有梦周庄 西有仙阆中	陈勇	中关村	1、2期	2004
阆中人的张飞情结	史幼波	中国西部	3期	2004
阆中：中国风水文化之都	史幼波	中国西部	3期	2004
风水文化名城——阆中		中国西部	3期	2004
巴蜀要冲阆中古城	胡伦	风景名胜	7期	2004

续表四九

篇、书名	著(译)编者	出处	卷、期	年月日
"绿色阆中"	王洪波 何卫荣	公关世界	10期	2004
阆中，古代巴国的国都	胡文彬	旅游	10期	2004
阆中：华胥故里秀冠巴蜀	冉云明 李文明	四川日报		2004.8.10
阆中惊现百年古木仓	张晓东 李传君	四川日报		2004.8.31
川北胜地有阆中	林大如 江福全	金秋	2期	2005
四川阆中古城空间形态分析	刘涛等	规划师	5期	2005
四川阆中风水意象解构及其规划意义	李小波 文绍琼	规划师	8期	2005
阆中古城遗韵	林大如 江福全	台声	12期	2005
天人合一古阆中	鲁渝京	社区	14期	2005
阆中古城	萧郎	时代潮	21期	2005
阆中彭城遗址谜底初显	李传君	四川日报		2005.2.4
行家眼中的阆中古城	饶瀚	南充日报		2005.4.6
阆苑——历史文化名城阆中	何一民 范英	巴蜀书社		2005
广汉 川西大地上的一颗明珠	德公 陈健	中国西部		1992
可爱的通江	刘多发 刘中圊	中共通江县委宣传部		1984
富顺县地方概况	富顺县人民政府	编者刊		1985
安县概况	安县地方志编辑委员会	编者刊		1987
蜀南竹海——江安	蜀南竹海江安编委会	编者刊		1996
剑州古城考	黄邦红	四川文物	6期	1991
金牛古道上的明珠——剑阁	母学勇	四川人民出版社		1996
剑阁古城"两绝"	翟峰	城乡建设	12期	2002
天府南来第一州——四川邛崃	李旭萘	四川人民出版社		1990
巴蜀古城邛崃	许登孝	四川大学出版社		1992

续表五〇

篇、书名	著(译)编者	出处	卷、期	年月日
天府南来第一州	张义铭	世界经济与政治	7 期	1994
四川邛崃发现汉唐街衢	苑 坚	人民日报（海外）		2003.7.31
川南鱼米之乡：泸县	李家业	四川大学出版社		1992
文井源头 蜀门重镇——崇庆漫话	王艾文	四川人民出版社		1992
红色摇篮 银耳之乡——通江	向荣华	四川人民出版社		1992
李白故里——江油	江油市委政策研究室、江油市经济研究所	四川人民出版社		1992
李白故里	张庆珍	对外大传播	12 期	2001
李白故里——中国四川江油	何冀宁	中国旅游出版社		2002
李白故里——江油 绣口一吐便是半个盛唐		神州	11 期	2004
大禹故里——北川	中共北川县委宣传部、北川县政府旅游办	编者刊		1991
天府雄州简阳	天府雄州简阳编写组	四川大学出版社		1992
可爱的沐川	沐川教育委员会	四川大学出版社		1992
历史文化名城资中	资中县人民政府	四川大学出版社		1992
熊猫之乡——青川	李荣昌	四川人民出版社		1993
雪梨之乡——苍溪	陈 力	四川人民出版社		1993
蜀中大县中江	吴富嘉	成都科技大学出版社		1993
蜀南茶乡高县	陈文清	四川大学出版社		1993
蜀道明珠 梓潼	中共梓潼县委宣传部	编者刊		1993
风烟望五津——新津，我可爱的家乡	李兴玉等	新津县教育局		1994
平武	何代华	中共平武县委、平武县人民政府		1998
历史文化名城——绵竹	中共绵竹市委宣传部	四川人民出版社		1999
历史文化名城芦山	芦山县县志编委办公室	编者刊		1999
老盐亭	岳定海	中国文联出版社		2004
夹金山下浪漫城：文化宝兴	宝兴县《四个文化》编委会	中国铁道出版社		2004

续表五一

篇、书名	著(译)编者	出处	卷、期	年月日
岁月留痕	何一民 刘吕红	巴蜀书社		2005
重庆区县名的命名归类与命名特征	陈国生	衡阳师范学院学报（自然）	3期	2000
万县都市地理	谢觉民	地理	3卷 3、4期	1943
川东门户——万县市	万县地区行署办公室	四川政报	6期	1987
三峡库区城市万县市的形成、现状和未来	刘宗群	西南师范大学学报（哲社）	1期	1994
万县市	中共万县市委宣传部	重庆出版社		1996
万县市长江三峡明珠	李毓国	中国三峡建设	5期	1997
川东经济中心——万县在近代之崛起	田永秀	重庆师院学报（哲社）	4期	1998
老万州	重庆出版社	编者刊		2004
屏障陪都的綦江	任建蜀	著者刊		1941
涪陵考辨	胡汉生等	中国地方史志	3期	1982
川东新兴港城——涪陵市	涪陵地区行署办公室	四川政报	7期	1987
川东第二门户——涪陵港		中国河运	4期	1994
涪陵市	中共涪陵市委宣传部	重庆出版社		1996
巴国故都涪陵	之戈	重庆与世界	5期	1999
榨菜之乡——涪陵		红岩春秋	5期	2001
挖掘巴蜀文化 突显涪陵个性	吴晓琳	城乡建设	12期	2001
涪陵辞典	《涪陵辞典》编纂委员会	重庆出版社		2003
半淹之城	李世权	作家出版社		2003
忆黔江	唐涛	四川文献	159期	1976
明珠装点黔江美	王学军	中国民族	5期	1986
黔江土家族苗族自治县概况	《黔江土家族苗族自治县概况》编写组	四川民族出版社		1990
天府好望角——黔江地区	宋玉鹏	四川人民出版社		1993
古朴奇特的黔江	光军	风景名胜	5期	2000
林、瀑、峡、洞聚黔江	碧洲	风景名胜	7期	2001

续表五二

篇、书名	著(译)编者	出处	卷、期	年月日
一年来的云阳汇刊	云阳县政府秘书室	编者刊		1936
彭水概况	彭水县政府	编者刊		1940
彭水	彭水苗族土家族自治县筹备委员会	编者刊		1984
山灵水秀的彭水	李元川	中国民族	1 期	1985
彭水百科	彭水百科编辑组	四川人民出版社		1998
彭水苗族土家族自治县概况	《彭水苗族土家族自治县概况》编写组	四川民族出版社		1989
石柱土家族自治县简况	黎永万等	石柱土家族自治县成立纪念		1984
黄连之乡——石柱	黄世浦	中国民族	7 期	1985
可爱的石柱	蔡玉蓉			2002
石柱土家风情暨历史文化	朱茂等	中国文史出版社		2004
秀山、酉阳土家族苗族自治县简介	宋玉鹏	民族团结	6 期	1983
酉阳	酉阳土家族苗族自治县筹备委员会	酉阳土家族苗族自治县成立纪念		1983
酉阳土家族苗族自治县概况	《酉阳土家族苗族自治县概况》编写组	四川民族出版社		1986
"白花泡桐王"之乡——酉阳	船 运明 伟	中国民族	1 期	1987
酉水之阳	杨盛龙	寻根	3 期	2003
		民族文学	3 期	2004
美在深闺人未识——酉阳素描	罗 钢	红岩	4 期	2004
"小成都"——秀山	船 运	中国民族	12 期	1986
秀山土家族苗族自治县概况	《秀山土家族苗族自治县概况》编写组	四川民族出版社		1987
三峡明珠巫山城	戴宸志	四川日报		1984.9.22
三峡明珠——巫山	乔德炳	重庆出版社		2002
长寿县情	长寿县志编纂委员会办公室	编者刊		1988

续表五三

篇、书名	著(译)编者	出处	卷、期	年月日
乌江秀城 武隆	乌江秀城武隆编委会	四川大学出版社		1992
川东重镇忠县	忠县教育委员会	四川大学出版社		1992
龙乡铜梁	李明忠	西南师范大学出版社		1993
中国"龙乡"——铜梁	陈劲松	人民日报(海外)		2002.5.29
可爱的彭州	可爱的彭州编委会	编者刊		1998
养在深闺人未识——记渝北边陲城口	夏刚东	山区开发	8期	1998
重庆忠州城址调查	杭侃	四川文物	4期	2001
璧山风物拾零	王玉才	著者刊		2002
谈谈单纯词和合成词划界的几个问题——由"奉节"得名由来所想起的	冯志纯	自贡师专学报	1期	1988
诗城奉节	赵桂林	四川大学出版社		1991
奉节皇恩楼	赵贵林	中国水运	11期	1995
奉节古城墙	赵贵林	重庆日报		2000.6.16
在未来的水中打捞历史	古春晓	中华建筑报		2002.11.5
永远消失的千年古城奉节	马晓春	科技与经济画报	4期	2002
诗城奉节	蓝勇	福建人民出版社		2005
巴蜀古镇	赖武	四川人民出版社		2003
巴蜀古镇 续篇	赖武	四川人民出版社		2003
中国古镇游:四川、重庆	中国古镇游编辑部	陕西师范大学出版社		2003
古镇书:四川——叁拾贰座经典古镇	古镇书编辑部	南海出版公司		2004
古镇书:重庆——贰拾伍座经典古镇	古镇书编辑部	南海出版公司		2004
三峡古镇追溯	周立斌	社会科学与社会调查	1期	1994
重庆古镇	何智亚	重庆出版社		2002
巴渝历史名镇	吴涛	重庆出版社		2004
中国古镇游:重庆	中国古镇游编辑部	陕西师范大学出版社		2005
市郊小镇的风貌	郑光福	成都日报		1981.12.17
四川省华蓥市城镇体系结构研究	赵筱青等	云南地理环境研究	2期	2003

续表五四

篇、书名	著(译)编者	出处	卷、期	年月日
三峡特邀评点之一:峡江城镇的个性和生命	谭继和	世界中学生文摘	2期	2003
消失的三峡古镇	蒙和平	重庆出版社		2004
三峡古镇	阿蛮	福建人民出版社		2005
魅力渝北	中共重庆市渝北区委宣传部	今日重庆杂志社		2004
乡土家园——在金牛和川北古驿道上的古镇	李永松	成都时代出版社		2004
江津乡镇地名的分类及文化内涵	马宇	涪陵师范学院学报	1期	2005
中坝与太和镇	王成敬	地理	5卷1、2期	1945
射洪县太和镇古城	吴庆洲	四川文物	1期	1988
明皇幸蜀与天回镇	冯汉骥	风土杂志	1卷6期	1946
天回镇的来历	李金彝 王家祐	成都日报		1979.5.14
成都何来"天迴山"	李祥林	江海学刊	2期	1998
洛带一瞥	邓洪平	成都日报		1979.9.6
洛带——西部客家第一镇	陈世松 邹一清	中国西部	5期	2000
中国西部客家第一镇——洛带	肖平	成都地图出版社		2002
都市边缘的客家古镇——洛带	鄢然	巴蜀史志	5期	2003
中国西部客家第一镇——洛带		小城镇建设	7期	2004
洛带:中国西部客家第一镇	张二虎	经理日报		2004.9.27
洛带 西部客家第一镇	东方晓	人民日报(海外)		2004.11.25
川南三个小城镇——五通桥、罗城、金水井	成城 何干新	建筑学报	10期	1981
五通桥地名小考	文伯宣	盐业史研究	4期	1988
"五通桥"地名考	曹继光	盐业史研究	2期	1992
山顶一只船 云中一把梭——布局奇巧的罗城古商业街	应金华 杨明宁	城市规划	3期	1987
山顶船城	郑智谦	旅游	2期	1994
云中一把梭 山顶一只船 罗城古镇	邓红梅 孙吉祥	城市住宅	8期	2003
犍为罗城古镇遗产的保护与利用研究	陈兴中 帅希权	乐山师范学院学报	2期	2004

续表五五

篇、书名	著(译)编者	出处	卷、期	年月日
旱地修船　人财两旺——罗城古镇的建筑空间与风情	钱江林	小城镇建设	11期	2004
罗城没落的极品古镇	白郎 立山	文明	2期	2005
传统室外公共空间初探——以罗城古镇船形街为例	高静 程先斌	四川建筑	4期	2005
巴蜀古镇　罗城	江福全	老友	6期	2005
春江水暖话华阳	王泽枋 刘允嘉	成都日报		1982.3.22
华阳镇志	双流县华阳镇	编者刊		1989
郫县唐昌镇镇志	郫县唐昌镇镇志编纂领导小组	编者刊		1983
唐昌轶事	郫县政协学委会唐昌分会、郫县唐昌地区文化体育协会	编者刊		1991
唐昌丛话	郫县政协文史委员会	编者刊		1995
四川省新津县武阳镇志	武阳镇志编写组	编者刊		1983
长寿县城关镇志	长寿县城关镇志编写组	编者刊		1985
合川县三汇镇志	合川县人民政府镇志编纂小组	编者刊		1986
双流县太平场镇志	成都市双流县太平镇志编写组	编者刊		1987
籍田镇志	双流县籍田镇	编者刊		1989
彭县敖平镇志	彭县敖平镇志编委会	编者刊		1982
大昌恋情	戴宸志	四川日报		1982.10.6
大昌古城踏勘综考	季富政	四川文物	5期	1999
神晤大昌镇	王赶车	重庆与世界	2期	2000
"袖珍古城"大昌镇	慕奇	风景名胜	7期	2001
消失的三峡古镇——大昌	蒙和平	重庆建筑	1期	2002
袖珍古镇——大昌	余平等	陕西建材	6期	2002
大昌古镇封火山墙小考	陈日飙	小城镇建设	3期	2003

续表五六

篇、书名	著(译)编者	出处	卷、期	年月日
整体搬迁大昌古城	汤羽扬	文物天地	6期	2003
千年大昌	霜子 彭世良	今日重庆	2期	2005
大昌 即将离去的袖珍古城	李锐	重庆建筑	12期	2005
古镇土桥	郑光福	成都晚报		1983.4.19
几江镇名考	钟志海	重庆日报		1983.6.19
"常"与"变"——从川西小镇黄龙溪谈我国古代复合空间的哲学	杨鹰	新建筑	4期	1985
古镇黄龙溪一瞥	中国贸易总公司	编者刊		1990
古镇黄龙溪	郭实	科技与经济画报	4期	1997
神奇古镇黄龙溪	中共双流县委外宣办、双流县人民政府新闻办	电子科技大学出版社		1997
神奇古镇黄龙溪	乔仲林	中国乡镇企业报		2000.7.7
黄龙溪的三县衙门	邓喻	巴蜀史志	1期	2002
黄龙溪古镇	张家荣	西部大开发	4期	2002
东方威尼斯黄龙溪	张家荣	文化月刊	9期	2002
中国民间艺术"火龙"之乡——黄龙溪		小城镇建设	7期	2004
悠悠黄龙溪	王琦	四川党的建设(城市)	7期	2005
黄龙溪要古到骨子里	陈念	成都日报		2005.1.6
黄龙溪古镇	王文轩	中国旅游报		2005.2.7
汉旺镇志	《汉旺镇志》编纂组	绵竹县汉旺镇人民政府		1984
新都县新都镇志	乡志编写组	编者刊		1985
新都县新繁镇志	乡志编写组	编者刊		1985
宰相故里——新繁镇		小城镇建设	7期	2004
城关镇志	遂宁县城关镇志编纂委员会	编者刊		1985
石桥镇志	四川简阳县石桥镇政府	编者刊		1985
荣山镇志	广元市市中区荣山镇	编者刊		1986
安昌镇志	四川省安县安昌镇志编写小组	编者刊		1986

续表五七

篇、书名	著(译)编者	出处	卷、期	年月日
仪陇县金城镇志	仪陇县金城镇	编者刊		1986
岳阳镇志	四川省安岳县《岳阳镇志》编纂小组	编者刊		1986
合江县三汇镇志	合江县三汇镇镇志编纂小组	编者刊		1986
绵竹县城关镇志	绵竹县城关镇人民政府	编者刊		1987
沙湾古镇的保护与改造初探	赵光辉	城市规划	3期	1987
花荄镇志	四川省安县花荄镇志编纂办公室	编者刊		1987
蓬溪县赤城镇志	蓬溪县赤城镇志编纂委员会	编者刊		1987
四川广元昭化区志	广元市市中区昭化区公所	编者刊		1988
国家历史文化名城研究中心历史街区调研——四川广元昭化古城	李昕	城市规划	3期	2004
昭化	韩双宗	广元市中区昭化区公所		2004
千古蜀道第一镇昭化古城	瞿峰	城乡建设	9期	2005
蓬溪县回马镇志	回马镇人民政府	编者刊		1986
坪滩镇志	袁天祯	岳池县坪滩镇人民政府		1986
蓬溪县赤城镇志	赤城镇人民政府	编者刊		1987
郫县马街古城小考	梁文骏	四川文物	2期	1987
任市镇志	开江县任市镇镇志编写小组	编者刊		1987
岳池县城关镇志	谯大成等	岳池县城关镇人民政府		1988
大足县龙岗镇志	大足县龙岗镇志编写小组	编者刊		1990
木门镇志	旺苍县木门镇人民政府	编者刊		1990
犀浦史俗	郫县政协学委会犀浦分会	编者刊		1991
龙门镇志	南充县龙门镇志编辑领导小组	编者刊		1991

续表五八

篇、书名	著（译）编者	出处	卷、期	年月日
溪口镇志	四川省华蓥市志总编室、华蓥市溪口镇人民政府	编者刊		1992
杨闇公故里双江镇	潼南县政协文史资料委员会	编者刊		1992
潼南县双江镇街道风貌研究	袁　珏	小城镇建设	3期	2002
巴渝古镇——双江	李　炼	重庆出版社		2003
重庆市潼南县双江镇简介	重庆市潼南县城建档案馆	城建档案	1期	2005
宣汉县东乡镇镇志	东乡镇人民政府	编者刊		1992
汶川县漩口镇镇志	汶川县漩口镇镇志编纂组	编者刊		1992
汶川县威州镇志	何星俊	汶川县威州镇史志办公室		1997
川东巫溪宁厂古镇	陆　琦	中国传统民居与文化	7辑	1996
生态悲剧：盐都的坠落	覃昌年	森林与人类	9期	1999
宁厂怀古	向　阳	新重庆	8期	2003
巴渝古镇——宁厂	阿　蛮	重庆出版社		2003
忆中国营造学社在李庄	罗哲文	古建园林技术	3期	1993
川南古镇李庄	宋志权 蔡建国	四川统一战线	2期	1998
李庄板栗坳·史语所——我终生怀念的地方	何兹全	新学术之路："中研院"历史语言研究所七十周年纪念文集	下册	1998
古镇古庙古戏楼——访历史文化名镇李庄	何青城	四川戏剧	5期	1999
李庄：用淳朴叙说抗战烟云	岱　峻	四川统一战线	10期	2000
世界，将重新叩访李庄	岱　峻	四川政协报		2000.7.20
林徽因在李庄	翟永明	天涯	1期	2002
李庄：那时叫中国李庄	岱　峻 籁　武	中国西部	2期	2002
几度沧桑话李庄	邓泉山等	小城镇建设	10期	2002
李庄岁月	黄焱红	华夏人文地理	2期	2003
万里长江第一镇——李庄	王定浩	旅游	5期	2003
万里长江第一镇——李庄	刘荣健	上海消防	6期	2003

续表五九

篇、书名	著(译)编者	出处	卷、期	年月日
李庄考	邹邦	四川粮油科技	1 期	2004
李庄记事	李念里	四川粮油科技	1 期	2004
古镇李庄	皮大维	对外大传播	1 期	2004
古镇 古风 古韵——长江第一古镇李庄	皮大维	今日中国	1 期	2004
李庄，因文化而睿智	刘乾坤	旅游	2 期	2004
访历史文化名镇李庄有感	汪义诚	群言	6 期	2004
李庄调查	李广为	重庆建筑·研究生论文专辑		2004
古镇李庄的古庙与古戏楼	何青城	文史杂志	4 期	2005
梁思成与"中国李庄"	亦心	中华建设	8 期	2005
抗日战争时期李庄体育活动特点探析	赵丽萍 张杰	体育文化导刊	12 期	2005
品千年古镇往事 议建筑文化传承——四川李庄建筑文化考察侧记	魏凤娇	中国建设报		2005.11.28
李庄往事——抗战时期中国文化中心纪实	岳南	浙江人民出版社		2005
上里古镇	张朝武	四川文物	5 期	1995
川西古邑上里镇	周金平	中国旅游报		2003.12.17
四川雅安市雨城区上里古镇	雅文	中国地名	2 期	2005
上里古镇文荟	雅安市雨城区上里古镇管委会	编者刊		2005
严陵镇志	威远县严陵镇修志办公室	编者刊		1994
彭山县江口镇志	彭山县江口镇人民政府	编者刊		1997
彭山县灵石镇志	彭山县灵石镇人民政府	编者刊		1997
彭山县谢家镇志	彭山县谢家镇人民政府	编者刊		1997
龙泉镇志	龙泉镇人民政府	成都科技出版社		1998
二龙镇志	二龙镇志编委会	成都科技出版社		1999
磁器口地名考辨	唐昌朴	史学通讯	2 期	1982
磁器口琐忆	甘犁	红岩春秋	6 期	2000
古镇磁器口	重庆市沙坪坝区地方志办公室	四川人民出版社		2000

续表六〇

篇、书名	著(译)编者	出处	卷、期	年月日
磁器口怀旧	何平等	重庆与世界	2期	2001
千年古镇 异彩纷呈——重庆市磁器口镇的兴衰及文化价值	赵昆生 李娅丽	许昌师专学报	3期	2001
一条石板路 千年磁器口——西南古镇磁器口散记	徐宁	中国摄影家	12期	2002
白日里千人拱手 入夜后万盏明灯 磁器口古镇	莫虎	神州学人	12期	2002
古镇磁器口悠悠民风美——磁器口巴渝传统民风视觉艺术审美	徐岳南	重庆工商大学学报（社科）	6期	2003
磁器口——老重庆的缩影	刘芳晓	新重庆	7期	2003
磁器口古镇探源	周崇文 何瑛	影像视觉	6期	2003
千年古镇磁器口	夏桂廉	中华读书报		2003.3.26
积淀与变迁——重庆古镇磁器口的文化人类学探讨	龙赟 李亚	四川建筑	1期	2004
永远的磁器口	胡文彬	旅游纵览	8期	2004
磁器口古镇遗韵	单大国	重庆出版社		2004
在磁器口聆听岁月	杨树弘	重庆与世界	1期	2005
传统社区城市化的社会学因素——对磁器口传统社区的探讨	戴彦	重庆建筑大学学报	3期	2005
一条石板路千年磁器口	鲁人	社区	10期	2005
磁器口古镇专辑——《巴渝文化》增刊	重庆市群众艺术馆群众文化学会	《巴渝文化》编辑部		2005
北碚开拓者——卢作孚	北碚区政协文史资料工作委员会	编者刊		1988
北碚	重庆北碚区人民政府	重庆出版社		1994
卢作孚及其创造的北碚奇迹	赵晓铃	重庆与世界	4期	2000
城市园林绿化与自然山水融合——北碚城区的风貌特色	谌伦伟	中国园林	3期	2001
缙云山下的窈窕小城——重庆北碚景观风貌特色的形成和保持	黄天其	中国园林	3期	2001
国家园林城区——北碚		红岩	3期	2003
卢作孚与北碚小城镇建设	潘洵 向宗鼎	重庆与世界	12期	2003

续表六一

篇、书名	著(译)编者	出处	卷、期	年月日
黄丰镇志	彭山县黄丰镇人民政府	编者刊		1998
古镇钩沉记"弥牟"	刘继才	四川文物	1期	1999
龚滩古镇分外娇	冉再等	重庆与世界	6期	1998
古韵悠悠话龚滩	蒋刚	旅游	11期	1999
乌江畔的宝石——龚滩古镇		重庆日报		2000.9.8
龚滩古镇景点		重庆日报		2000.9.8
龚滩古镇的保护与发展——山地人居环境建设研究之一	赵万民等	华中建筑	2期	2001
龚滩遗韵	邢秀玲	西部大开发	8期	2001
乌江千年古镇——龚滩	穆群森	中国西部	2期	2002
古镇龚滩	余平等	小城镇建设	4期	2002
龚滩古镇	卢军	寻根	3期	2003
龚滩：绝壁临江一古镇	冉云飞 穆群森	中国西部	6期	2003
龚滩：一座深藏峡谷中的古镇	侯志平	世界	11、12期	2003
巴渝古镇——龚滩	士伏 邓晓茹	重庆出版社		2003
龚滩古镇与巴文化的历史渊源及兴衰原因初探	何瑛	重庆师范大学学报（哲社）	4期	2004
龚滩古镇	古正	室内设计与装修	4期	2004
龚滩古镇"林花谢了春红，太匆匆"		中华手工	2期	2005
龚滩古镇	林大如	老友	5期	2005
移民迁建与历史文化名镇环境特色保护——以龚滩古镇迁建为例	李俐娟 朱霓	重庆建筑	10期	2005
龚滩 将"古镇"进行到底	魏晓东	重庆日报		2005.7.6
罗泉有座"盐神庙"	朱维成 曹正银	盐业史研究	3期	1992
眉山县富牛镇志	富牛镇人民政府	编者刊		2002
古镇罗泉	朱林	中国西部	5期	2001
千年盐城——罗泉古镇	王定浩	旅游	5期	2003
国家历史文化名城研究中心历史街区调研——四川资中县罗泉古镇	林林	城市规划	3期	2005
资中罗泉觅古风	江福全	老友	1期	2005
何村今昔	王洪林	巴蜀书社		2001

续表六二

篇、书名	著(译)编者	出处	卷、期	年月日
我爱我的故乡——清溪	陈 忠	职高生	10 期	1995
古镇清溪韵味长	穆群森	中国西部	6 期	2002
"清溪"不是"犍为"	梁辰美	文献	2 期	2003
清溪道与1883年霍西访清溪县"记事"评介	刘达永	四川师范大学学报（社科）	4 期	2004
唐时"清溪"今安在	魏奕雄	科技日报		2004.10.16
白沙镇志	刘子华	江津县白沙镇人民政府		1996
巴渝古镇——白沙	蓝锡麟	重庆出版社		2003
千古白沙 渝州名镇		重庆行政	3 期	2004
龙潭古镇景色迷人	吴胜延	重庆与世界	6 期	1999
龙潭古镇：欲与丽江古城试媲美	渡部武 黎 曦	民族团结	10 期	2000
龙潭古镇的保护与发展——山地人居环境建设研究之二	赵万民等	华中建筑	3 期	2001
渝东南传统街区的人文解读及其现实启示——以重庆酉阳龙潭古镇为例	戴 彦	规划师	7 期	2002
龙潭古镇人居环境的保护与发展	赵万民 李泽新	重庆建筑	4 期	2003
巴渝古镇——龙潭	冉光大	重庆出版社		2003
陈食镇志	重庆永川陈食镇志编纂组	四川人民出版社		1999
福宝遐思	余平等	陕西建材	8 期	2002
水边古镇——福宝	余平等	小城镇建设	8 期	2002
福宝古镇	王剑林	城市住宅	11 期	2002
走进西部第一古镇——福宝	江 南 艾 梅	老人天地	1 期	2003
福宝古镇：从传说中归来	李香香	风景名胜	11 期	2004
春回古镇	陈 斌	泸天化科技	增刊	2004
福宝古镇	朱 林	汽车实用技术	9 期	2005
渝北古镇偏岩	王君朝	丝绸之路	10 期	2002
偏岩镇志	北碚区偏岩镇人民政府	编者刊		2005
神奇的仙市古镇	王孝谦等	四川民族出版社		2002
中山古镇风韵独具	荀 平 安文娥	重庆建筑	4 期	2003

续表六三

篇、书名	著(译)编者	出处	卷、期	年月日
图话重庆中山古镇	周维	重庆与世界	7、8 期	2003
巴渝古镇——中山	李哲良	重庆出版社		2003
传统·积淀·重生——邛崃平落古镇保护与发展	傅娅	四川建筑	增刊	2003
千年古镇——平乐		小城镇建设	7 期	2004
平乐交通古韵悠悠	胥绍成	中国交通报		2005.10.27
庄园古镇——安仁	四川省大邑县安仁镇人民政府	编者刊		2003
巴渝古镇——后溪	王继	重庆出版社		2003
巴渝古镇——路孔	王定天	重庆出版社		2003
山地文化特性及其对城镇发展的影响——以重庆市路孔古镇为例	黄光宇 刘敏	规划师	11 期	2004
重庆市九龙坡区石桥镇志	重庆市九龙坡区石桥镇志编委会	编者刊		2003
国家历史文化名城研究中心历史街区调研——四川雅安宝兴碛碛	朱晓明 张兰	城市规划	1 期	2004
古镇保护与发展探索——以重庆市走马古镇实践为例	胡纹等	小城镇建设	3 期	2004
国家历史文化名城研究中心历史街区调研——四川雅安望鱼古镇	朱晓明 张兰	城市规划	4 期	2004
石上望鱼,古风低吟浅唱	余茂智	中国西部	4 期	2004
临邛镇志	临邛镇志编纂领导小组	编者刊		2004
青城古镇街子场	张伯龄	中国文联出版社		2004
马井镇志	四川什邡马井镇	编者刊		2004
忠县忠州镇志	重庆市忠县忠州镇志编纂委员会	重庆出版社		2004
童家溪镇志	覃祥学	北碚区童家溪镇人民政府		2004
玉河镇志	中共绵阳市游仙区玉河镇委员会、绵阳市游仙区玉河镇人民政府	编者刊		2005
宜宾市乡镇大全	彭正琦等	中国文史出版社		2005

续表六四

篇、书名	著(译)编者	出处	卷、期	年月日
大观镇志	南溪县大观镇党委·政府	编者刊		2005
东阳镇志	张代国	北碚区东阳镇人民政府		2005
歇马镇志	重庆市北碚区歇马镇人民政府	编者刊		2005
龙凤桥镇志	欧阳毅	北碚区龙凤桥镇人民政府		2005
复兴镇志	朱敬奎	北碚区复兴镇人民政府		2005
水土镇志	田其沛	北碚区水土镇人民政府		2005
石坝镇志	汪兴亮	北碚区石坝镇人民政府		2005
金刀峡镇志	邓洪英	北碚区金刀峡镇人民政府		2005
天府镇志	翁文吉	北碚区天府镇人民政府		2005
澄江镇志	罗永恩	北碚区澄江镇人民政府		2005
三圣镇志	范学荣	北碚区三圣镇人民政府		2005
施家梁镇志	邓文学	北碚区施家梁镇人民政府		2005
蔡家岗镇志	北碚区蔡家岗镇人民政府	编者刊		2005
柳荫镇志	詹佑贵	北碚区柳荫镇人民政府		2005
四川山寨刍窥	刘 敏	四川文物	1期	1992
唐末永昌寨遗址考察记	李正心	大足县志通讯	3期	1985
夹金山发现古寨遗址	国 康 大 可	民族	10期	1989
重庆典型寨堡的比较与浅析——梁平、巫溪两地寨堡的调研	李 忠	重庆建筑	1期	2004
隆昌云顶寨史料	政协内江市委员会文史资料委员会、政协隆昌县委员会文史资料委员会	编者刊		1989
孤城夜场云顶寨	赖 武	今日四川	1期	1999
鬼市	瑞 春	文史杂志	6期	2000
云顶寨	谭 竹	红岩	1期	2004
云顶寨	谭 竹	重庆出版社		2004
北川明永平堡遗址	文齐国等	四川文物	2期	1991
北川明代军事设施关、堡、墩初探	罗胜利	四川文物	6期	2000
绵阳天生寨遗址考察记	钟利戡	四川文物	5期	1991

续表六五

篇、书名	著（译）编者	出处	卷、期	年月日
剑阁青虚山寨及双松庙	王德君	四川文物	3 期	1991
蔡家岗镇戴家寨遗址考察记	廖泽文	重庆地方志	3 期	1992
宝箴塞建筑特色述论	刘 敏	中华文化论坛	2 期	2004
蜀中第一塞	魏 崴	巴蜀史志	3 期	2004
理番、松冈、茂县、汶川、懋功、抚边、绥靖、崇化、盐边、金汤、西康		四川月报	1 卷 1 期	1932
川康边政资料辑要	边政设计委员会	编者刊		1940
四川的西北角	边理庭	蒙藏月报	13 卷 11、12 期	1941
四川西北边区之介绍	东 媛	大学	2 卷 5 期	1943
川西调查记	教育部蒙藏教育司	编者刊		1943
川西北草地一角	艾 果	旅行杂志	2 月号	1954
阿坝藏族自治州简介	亚 文	民族团结	10 期	1983
今日雪山草地——阿坝藏族自治州	邓有铭	中国民族	2 期	1985
阿坝藏族自治州概况	《阿坝藏族自治州概况》编写组	四川民族出版社		1985
阿坝藏族自治州地理景观及其演化	张剑光	西南师范大学学报（自然）	3 期	1987
阿坝通览	达尔基 李 茂	四川辞书出版社		1993
阿坝风光	罗真权	四川戏剧	3 期	1995
阿坝人文自然之最	李川虎	阿坝州史志学会		1998
阿坝风光	陈选文	当代电大	4 期	1999
阿坝散记	毛娃·尕让他	巴蜀史志	4 期	2000
		草地	2 期	2002
美丽的川西北草原	周 鹰	文化交流	2 期	2000
清代以来四川西部山区水土问题的考察	阮明道	四川师范学院学报（哲社）	5 期	2000
美丽的川西北大草原——阿坝州	稚 文	初中生辅导	16 期	2004
藏区第一州——阿坝	张东升	西部论丛	8 期	2005
岷江上游景观格局变化研究	赵永华等	Journal of Forestry Research	1 期	2005
松潘 茂县 懋功		四川月报	1 卷 4 期	1932

续表六六

篇、书名	著(译)编者	出处	卷、期	年月日
屯区鸟瞰	汉周	川边季刊	1卷4期	1935
松理茂汶介绍	边疆服务部	中国边疆	1卷11、12期	1942
松理茂汶之介绍	刘恩兰	边疆服务	1卷	1943
松潘之险关	佚名	四川月报	1卷5期	1932
松潘社会调查	佚名	川边季刊	1卷4期	1935
川北松潘草地视察记	谢竹勋	申报月刊	4卷2号	1935
松潘概况	佚名	四川月报	9卷5期	1936
松潘之纵横面	王健民	新亚细亚月刊	14卷2期	1944
神秘之松潘草地	郝明国	边政公论	3卷7期	1944
			4卷2、3期	1945
松潘县视察述要	冯克书	杭州古籍书店		1964
松潘古城考	周群华	四川文物	6期	1991
古城春秋	颜世万	草地	4期	1999
展读松潘	庄春辉	草地	3期	2002
		中国西藏	5期	2002
松潘古城	符瑛	人民日报(海外)		2003.10.27
四川松潘县南坪区一般情况		甘肃政报	5期	1950
高原明珠——南坪	傅炜	四川日报		1962.5.16
九寨沟的历史与来历	顾家德	河北企业	8期	2000
高原明珠——九寨沟县	阳俊	四川省情	11期	2004
Notes on Wei Chow	A. J. Brace	Journal of the West China Border Research Society	Vol. 1	1922–1923
汶川县威州镇志	汶川县威州镇、汶川县史志办	编者刊		1997
边地社会巡礼——川西的理番	屈光	边事研究	5卷2期	1937
阿坝藏族自治州理县通化乡社会调查报告	中国科学院民族研究所四川少数民族社会历史调查组	编者刊		1963
理番县视察述要	冯克书	杭州古籍书店		1964
姜维城和"长城墙"	杨宗宪	文史杂志	3期	1987

续表六七

篇、书名	著(译)编者	出处	卷、期	年月日
岷江上游聚落分布规律及其生态特征——以四川理县为例	陈勇等	长江流域资源与环境	1期	2004
阿坝藏族自治州小金、理县社会调查资料	中国科学院民族研究所四川少数民族社会历史调查组	编者刊		1963
茂县一瞥		四川月报	9卷5期	1936
记茂县	张叶舟	东方文化（上海）	2卷5期	1943
茂汶羌族自治县黑虎乡社会调查报告（初稿）	中国科学院民族研究所四川少数民族社会历史调查组	编者刊		1963
茂县历史文化资源的特点与价值	王康	文史杂志	3期	1998
茂县，云朵上的山、沟、寨	曲径 吕玲珑	中国西部	3期	2003
黑水社区政治	蒋旨昂	边政公论	2卷11、12期	1943
			3卷2期	1944
黑水流域地图质疑及边疆地图问题之急待解决	王钧衡	边政公论	4卷1期	1945
雪山映日 彩池流金 旅游圣地黑水县	高跃进	科技与经济画报	2期	2000
汶川概况资料辑要	佚名	排印本		
汶川县绵虒羌族乡社会调查报告	中国科学院民族研究所四川少数民族社会历史调查组	编者刊		1963
阿坝藏族自治州汶川县雁门羌族乡社会调查报告（初稿）	中国科学院民族研究所四川少数民族社会历史调查组	编者刊		1963
川西高原的门户——汶川	张正文	经贸世界	2期	1994
岷江上游景观变化研究——以汶川县为例	赵永华等	辽宁工程技术大学学报	6期	2005
毛儿盖	耿西	旅行家	8期	1956
森林集镇米亚罗	管纪奋	四川日报		1957.2.26
阿坝藏族自治州马尔康及绰斯甲地区社会调查材料	中国科学院民族研究所四川少数民族社会历史调查组	编者刊		1963

续表六八

篇、书名	著(译)编者	出处	卷、期	年月日
高原明珠——马尔康	今杼	四川日报		1979.8.24
璀璨的高原明珠——马尔康县	阿坝州人民政府办公室	四川政报	12期	1987
嘉绒圣土马尔康	马尔康县人民政府	四川美术出版社		2003
阿坝藏族自治州若尔盖、阿坝、红原调查材料	中国科学院民族研究所四川少数民族社会历史调查组	编者刊		1963
若尔盖	胡晓泉	中国摄影家	2期	1994
若尔盖——神女之地	杨云 刘立	西藏旅游	2期	2001
若尔盖——上帝的花园	棱子	草地	2期	2002
展读若尔盖	庄春辉	中国西藏	5期	2003
		草地	5期	2003
走进神秘的若尔盖	樊晖	中国地名	6期	2004
川西北高原上的璀璨明珠——红原		西南航空	6期	2003
红原、唐克、若尔盖、古尔沟		时代教育	2期	2005
金川印象	庄春辉	草地	4期	1998
金川漫谈	艾农	雪原文史		2003
走进壤塘	庄春辉 李瑞琼	草地	1期	2000
展读壤塘	庄春辉	中国西藏	2期	2004
甘肃郎木寺	王崎	中国摄影家	3期	1998
郎木寺历史及现状	牛宏	西藏研究	4期	2000
神秘的郎木寺	杨德禄	甘肃日报		2000.7.27 2005.11.17
郎木寺风情	常清明	丝绸之路	1期	2001
郎木寺的诱惑	李国栋	风景名胜	5期	2002
		森林与人类	7期	2002
郎木寺风情	陈卓辉	西部大开发	7期	2003
则岔·尕海·郎木寺	张学虎	甘肃日报		2003.10.28
聚焦郎木寺	边强	丝绸之路	7期	2004
郎木寺：魅力无限的川西北小镇	黄红	中国西部	1期	2005
川康甘青藏边三俄罗概况		四川月报	10卷6期	1937

续表六九

篇、书名	著(译)编者	出处	卷、期	年月日
俄洛初步介绍	庄学本	西南边疆	13 期	1941
俄洛·果洛·戈罗克	王 登	康导月刊	5 卷 6 期	1943
大积石山与俄洛藏族——献与大积石山探险队	任乃强	康藏研究	17 期	1948
大积石山与俄洛人民生活	庄学本	康藏研究	18、19 期	1948
西康杂谈	智 珠	地学杂志	4 年 11 号	1913
西康全图		东方杂志	9 卷 11 号	1913
西康日记	赵一清	抄本		1915
喀木康全部图说	蔡廉洲	石印本		1921
川边调查		西北月刊	31 期	1926
西康纪要	杨仲华	商务印书馆		1928
最近对于西康的考察与意见	杜象谷	边政月刊	1 期	1929
西康各县政情大概		蒙藏周报	2 期	1929
西康小识	兰 铣	边政月刊	1 期	1929
		康藏前锋	创刊号	1933
西康札记	任乃强	边政月刊	2 卷	1929
			3 卷	1930
		新亚细亚月刊社		1931
西康概况	杨仲华	新亚细亚	1 卷 2、3 期	1930
			1 卷 5、6 期	1931
			2 卷 1 期	1931
康区视察总报告书	任筱庄	边政月刊	4 卷	1930
新西康	黄启光	新西康	5 期	1930
落后的西康	云 浦	新西康	6、7 期	1930
西康问题	陈重为	中华书局		1930
评《西康问题》一书	野 原	史学杂志	42 卷 6 期	1931
西康之实况	翁之藏	上海民智书局		1930
西康现状之调查		西北研究	1 期	1931
西康各属调查表		边政月刊	5 卷	1931
西康宗教政况夷性考察报告	董兆孚 万腾蛟	边政月刊	5 卷	1931

续表七〇

篇、书名	著(译)编者	出处	卷、期	年月日
西康各县之实际调查	冯云仙	新亚细亚	2卷5期	1931
		边政月刊	8期	1931
		新西康	12期	1931
西康十四县调查表		边政月刊	8期	1931
西康地方简述		蒙藏周刊	1卷9期	1931
欧人考察西康		蒙藏周报	79期	1931
西康诡异录	任筱庄	四川日报社		1931
青海西康一瞥	刘虎如	商务印书馆		1931
康藏一瞥		四川月报	1卷2期	1932
西康实况述略	黄启光	新青海	2期	1932
康藏概况报告	格桑泽仁			1932
康藏	刘家驹	新亚细亚月刊社		1932
川康边区视察记	丁作韶	大中国周报	3卷2期	1933
			4卷5期	1933
西康之经济与政治	国 西	蒙藏旬刊	47期	1933
西康视察记	乐以琴 张 朴	蒙藏旬刊	55、58、60、63期	1933
今日之康藏	唐 聘	史地丛刊	1期	1933
西康人文地理略述	史蒂文森（源 泉）	清华周刊	40卷7、8期	1933
西康之自然环境与人文	姜 羊	国民日报（渝）		1934.5.15
西康之西部		康藏前锋	2卷3期	1934
西康情况	惠 平	大公报		1934.4.21－1934.5.7
西康情况		蒙藏旬刊	86期	1934
西康地方之简要介绍	林定平	边事研究	1卷1期	1934
西康各县调查		蒙藏旬刊	97期	1935
西康概略		川边季刊	1卷1期	1935
西康社会之分析	民 生	求实月刊	2卷10期	1935
西康考察记	张 敏	西北问题季刊	康藏专号	1936
康东考察记	马俊荣	康藏前锋	4卷7期	1937
			4卷10期	1937

续表七一

篇、书名	著(译)编者	出处	卷、期	年月日
西康关外日记	冯云仙	蒙藏月报	6卷4-6期	1937
			7卷1、2期	1937
西康纪要	杨仲华	商务印书馆		1937
西康概述		四川月报	13卷1、2期	1938
西康居住地理	严钦尚	地理学报	6卷	1939
西康山地村落之分布	朱炳海	地理学报	6卷	1939
西康调查日志	黄炎	旅行杂志	13卷7期	1939
西康概况	马鹤天	国讯旬刊	193、194期	1939
西康索隐	洪裕昆	康导月刊	1卷8期	1939
西康调查日志	黄炎	旅行杂志	13卷5-7期	1939
西康旧属各县志略	时正春	蒙藏月报	12卷4、5期	1940
西康社会之鸟瞰	康疆	蒙藏月报	13卷4期	1941
青康自然区之划分及其对人生之影响	李式金	东方杂志	38卷10号	1941
西康情况	李鉴铭	责善半月刊	1卷21期	1941
康区概况	徐仁常	康导月刊	4卷6、7期	1942
康昌考察记	朱俊	大时代书局		1942
今日之西康	左仁极	边疆通讯	1卷2期	1942
康藏地名释：乍丫、打箭炉、墨尔多山、大桑、菜子坡、白玉、德格	王登	康导月刊	5卷1-5期	1943
			6卷1期	1943
西康社会鸟瞰	郭沅卿 杨仲华	康导月刊	5卷9期	1943
西康社会之鸟瞰	柯象峯	正中书局		1944
西康地名汇考	何燕航	新中华（复刊）	3卷8期	1945
康属见闻	李鉴铭	文史杂志	5卷9、10期	1945
西康剪影	程裕淇	独立出版社		1945
康属见闻拾遗	李鉴铭	益世报·史地周刊	15期	1946.11.13

续表七二

篇、书名	著(译)编者	出处	卷、期	年月日
西康北部的藏番区域	林耀华	益世报·史地周刊	15 期	1946.11.13
西康北部的藏番社会	林耀华	益世报·史地周刊	44 期	1947.6.3
西藏以外的西藏——甘、青、川、康安多藏区	沙 戟	和平日报		1947.6.28
注意我国西南门户——康藏	洪石波	申报		1947.8.18
川滇之藏边	古纯仁（李思纯）	康藏研究	15 期	1947
西康素描	张超群	现代邮政	2 卷 6 期	1948
康区介绍		西南民族通讯	1 期	1951
康藏搜奇录	陈 道	文艺书屋		1973
甘孜藏族自治州简介		西藏日报		1983.8.24
美丽富饶的甘孜藏族自治州		西藏日报		1983.8.24
四川省阿坝藏族自治州 甘孜藏族自治州介绍		西藏日报		1983.8.24
贡嘎山下的甘孜州	扎 登	中国民族	12 期	1984
康巴地名的形成及其特征	高镇西	四川民族史志	4 期	1988
"朵甘思"考略	任乃强 泽旺夺吉	中国藏学	1 期	1989
松区的地理位置	山口瑞凤（杨元芳、陈宗祥）	西藏研究	3 期	1990
一字之改 铸成大错		西藏研究	4 期	1992
洁白美丽之地——甘孜	郭昌平	民族	6 期	1991
藏区多康古地名诠释（一）	根 旺	西南民族学院学报（哲社）	5 期	2000
从西康的变迁看其历史作用	彭代群	文史杂志	1 期	2001
藏族文化自然生态景观的保护和发展——四川宝兴碛碛藏族乡的调查报告	段粟云 段禹农	西南民族学院学报	3 期	2002
甘孜：雪峰、冰川、泸定桥，还有一座跑马山——西蜀采风手记之二	徐 斌	观察与思考	8 期	2002
甘孜	珠 吉	中国旅游出版社		2002
金沙江流域的生态变迁	李 锦	中华文化论坛	1 期	2003
解读康区	卢 梅	华夏人文地理	4 期	2003
藏文 mdo gams 和 mdo khams 考	黄维忠 王维强	民族研究	1 期	2004

续表七三

篇、书名	著(译)编者	出处	卷、期	年月日
四川藏区城镇化进程初探	蒋 彬 白 珍	西南民族大学学报（人文）	12期	2004
浅谈民国时期入西康考察之国人的类型及其原因	曹春梅	康定民族师专学报	1期	2005
神秘的甘孜藏地：香巴拉	胡巧利	广东人民出版社		2005
康区视察报告第一号——泸定县	任乃强	边政月刊	2卷	1929
西康泸定县调查表		边政月刊	8卷	1931
泸定县概况		康藏前锋	3卷3期	1935
西康泸定县一般情况调查表		西康建省委员会公报	创刊号	1937
大渡河边话泸定	李映发	地名知识	4、5期	1981
泸定藏语地名初释	扎西邓珠	西藏研究	3期	1990
西康泸定之一角——岚州	仲 馥	康藏前锋	2卷8期	1935
岚州一瞥		西康建省委员会公报	2卷	1937
岚州一瞥	张涤生	康藏前锋	4卷8、9期	1937
泸定岚安历史文化考察记		民族论丛	7辑	1989
打箭炉行脚	张蓬舟	边疆事情	12月号	1924
打箭炉——康藏地名小释之二	王 登	康导月刊	2卷3、4期	1943
康区视察报告第二号——康定县	任乃强	边政月刊	2卷	1929
康定	李笑田	国闻周报	3卷31期	1926
康定经纬已确定		蒙藏周报	41期	1930
西康康定县调查表		边政月刊	8卷	1931
康定		四川月报	1卷4期	1932
西康康定县	高上佑	方志月刊	6卷6期	1933
西康康定县		康藏前锋	2卷9期	1935
康定之回顾	洪思汤	新西康	创刊号	1938
康定概况	王业鸿	新西康	创刊号	1938
西陲重镇的康定	钱遹仙	新华日报		1939.3.28
康定琐志	李致刚	旅行杂志	17卷1期	1943
西康康定县	高上佑	方志月刊	6卷6期	1933
康定印象记	和 平	文化先锋	6卷23期	1947
川边之打箭炉地区	古纯仁（李思纯）	康藏研究	16、17期	1948

续表七四

篇、书名	著(译)编者	出处	卷、期	年月日
甘孜藏族自治州首府——康定	张江华等	地理知识	2期	1979
打箭炉史话	邓明洁	甘孜报		1980.3.20
康定今昔	袁玉麟	四川日报		1979.8.24
打箭炉的传说及地名刍议	马月华	西南民族学院学报（哲社）	3期	1987
川藏交通孔道——康定县	甘孜藏族自治州人民政府办公室、甘孜藏族自治州地名办公室	四川政报	1期	1988
打箭炉见闻记	柔克礼（杜品光）	四川民族史志	4期	1988
地名谐音二则	邹亮	阅读与写作	7期	1994
情歌的故乡——康定	郭昌平等	四川民族出版社		2000
康定溜溜的城哟	聂作平	西部大开发	4期	2001
茶马古道说康定	牟子	四川日报		2001.7.27
康定美丽的高原小城	沈舟	上海城市管理职业技术学院学报	3期	2002
康定——一个美丽的地方	沈舟	小城镇建设	6期	2002
The Names Zhara or Chara	J. H. Edgar	Journal of the West China Border Research Society	Vol. 6	1933–1934
亚拉神山——西环线上的生态旅游明珠	田龙 谢忠荣	中国西部	7期	2005
鱼通缩影	蒋五骥	康导月刊	创刊号	1938
			1卷2期	1938
金汤一瞥		康藏前锋	4卷5期	1937
川康边的处女地——金汤	慕宗	康导月刊	5卷2、3期	1943
孔玉考察记	任汉	康导月刊	创刊号	1938
西康九龙县纪要		边政月刊	5卷	1931
西康九龙县调查表		边政月刊	8卷	1931
今日之九龙	吴振	康导月刊	1卷2期	1938
九龙全境视察记	邱述铃	康导月刊	2卷4期	1939
			2卷6期	1940
康区视察报告第三号——丹巴县	任乃强	边政月刊	3卷	1930
西康丹巴县调查表		边政月刊	8卷	1931

续表七五

篇、书名	著(译)编者	出处	卷、期	年月日
西康丹巴县概况		康藏前锋	2卷10、11期	1935
丹巴调查报告	庄学本	康导月刊	1卷7期	1939
		西南边疆	6期	1939
古碉·藏寨·顶毪衫——奇特的丹巴	甘艾丹	风景名胜	1期	2001
千碉之国——丹巴	唐亮	文明	2期	2002
神往的丹巴	甘艾丹	中国民族报		2002.4.5
千碉之国丹巴	杜渝 王铀	中华手工	3期	2004
丹巴 神秘的千碉之国	左手	西藏旅游	4期	2004
丹巴，一朵暗香梅	陈晓鹏	地图	2期	2005
美丽甘孜的丹巴		有色金属再生与利用	6期	2005
丹巴——菩萨手心的红痣	韦维 李贵云	中国西部	10期	2005
千碉之国	韦维 李贵云	中国西部	10期	2005
体味古老而神秘的丹巴	王郢	Women of China（中文海外）	12期	2005
墨耳多山——康藏地名小释	王登	康导月刊	5卷4期	1943
墨尔多山天然自生塔	拉尔吾加	中国西藏	6期	1994
本教圣地 墨尔多山散记	达尔基	草地	4期	1996
雍仲本教圣地曼尔多山	达尔基	西藏民俗	1期	1997
神奇的自生塔	阿知斯当布	西藏民俗	3期	2000
墨多神山及嘉绒藏族的山神崇拜	张昌富	西藏艺术研究	2期	2003
千碉之国：丹巴	杨嘉铭	巴蜀书社		2004
转经之路 朝圣川西墨尔多神山	谢伟文	中国西部	2期	2005
大桑·菜子坡——康藏地名小释	王登	康导月刊	5卷5期	1943
道炉甘瞻视察纪要		四川月报	12卷5、6期	1938
康区视察报告第四号——道孚县	任乃强	边政月刊	3卷	1930
西康道孚县造呈县治山川道里物产风俗表	欧阳华	边政月刊	5卷	1931
西康道孚县调查表		边政月刊	8卷	1931
西康道孚县概况		康藏前锋	2卷12期	1935

续表七六

篇、书名	著(译)编者	出处	卷、期	年月日
道孚小志	羊 磊	川边季刊	2卷1期	1936
道孚县浅影	赵留芳	康导月刊	创刊号	1938
查坝调查记（附路线图）	赵留芳	康导月刊	创刊号	1938
榆科见闻记——献给我的挚友李侗初先生	王涤瑕	康导月刊	4卷1期	1942
道孚见闻	千 峰	新华社新闻稿		1952.7.30
情歌故乡的后花园——道孚	赵玮玮	航空港	6期	2004
色耳巴概况	刘醒泉	康导月刊	3卷5-7期	1941
吟唱的金马草原——色达	蒋秀英	中国文史出版社		2005
康区视察报告第五号——炉霍县	任乃强	边政月刊	3卷	1930
西康炉霍县调查表		边政月刊	8卷	1931
炉霍县概况	丹 珍	康藏前锋	3卷6期	1936
炉霍概况	尹子文	康导月刊	2卷4期	1939
The Story of the Nya-Rong (Chuan-tui) Border Research Society	J. H. Edgar	Journal of the West China Border Research Society	Vol. 1	1922-1923
康区视察报告第七号——瞻化县	任乃强	边政月刊	4卷	1930
西康瞻化县调查表		边政月刊	8卷	1931
西康瞻化县纪要		边政月刊	7卷	1931
西康瞻化		四川月报	1卷4期	1932
天星眼	梅	康导月刊	2卷2期	1939
我的家乡	罗哲情措	康藏研究	27-29期	1947
康区视察报告第六号——甘孜县	任乃强	边政月刊	4卷	1930
西康甘孜县调查表		边政月刊	8卷	1931
康北重镇——甘孜	靖 唐	康导月刊	5卷1期	1943
川边之霍尔区与瞻对区	古纯仁（李哲生）	康藏研究	18期	1948
甘孜散记	千 峰	新华社新闻稿		1952.8.12
雪山下的新城——甘孜	王世晋	新华社新闻稿		1953.9.29
阅读乃龙山	益 邛	西藏民俗	1期	1998
乃龙神山	张建世	西藏民俗	3期	1998
西康德格县概况	高警民	康藏前锋	4卷3期	1936

续表七七

篇、书名	著(译)编者	出处	卷、期	年月日
德格写真	文 阶	康导月刊	2卷4期	1939
			2卷6期	1940
德格——康藏地名小释	李鉴铭	康导月刊	6卷1期	1944
西康德格之历史与人口	李安宅	边政公论	5卷2期	1946
		李安宅藏学文论选		1992
文化古城德格	贺先枣	民族团结	6期	1984
"德格"之由来	刘先毅	民族	4期	1990
德格地区藏族文化的源流及特色	刘先毅	中国藏学	2期	1993
德格——雪域藏族文化中心论要	杨嘉铭	康定学刊	3期	1997
		康定民族师专学报	4期	1997
		西南民族学院学报（哲社）·历史、旅游经济专刊		1999
德格——藏文化三大中心之一	杨嘉铭	今日中国	1期	1998
永远的驿站——玛尼干戈：从此凄美	孤独求欢	中国新时代	9期	2003
德格，从马尼干戈到德格	小 游	西藏旅游	4期	2004
天德格地德格	贺先枣	甘孜州文学艺术联合会		2004
唤醒沉睡的善地	泽尔多吉	德格县格萨尔学会		2004
邓柯鸟瞰	云 杰	边疆通讯	2卷3期	1944
石渠现况素描	蒙永锡	康导月刊	2卷8期	1940
六最之县——石渠	郑 霖	旅游天府	3期	1982
"丹玛"史地杂考	根 旺	西藏研究	3期	1998
雅砻江源头的太阳部落——扎溪卡	曲 径 吕玲珑	西藏旅游	1期	2002
		中国西部	2期	2002
石渠：灵魂放逐地		中国西部	2期	2002
美丽高远的太阳部落		中国西部	2期	2002
动物天堂扎溪卡瓦		中国西部	2期	2002
迷醉在扎溪卡大草原	曲 径	大自然探索	10期	2002
石渠 野生动物的天堂	曲 径	大自然探索	2期	2003
康区视察报告第九号——雅江县	任乃强	边政月刊	4卷	1930
雅江县土地人民调查录		边政月刊	4卷	1930
西康雅江情记	笑 棠	康藏前锋	1卷 2-3、8期	1933

续表七八

篇、书名	著(译)编者	出处	卷、期	年月日
雅江县概况		康藏前锋	3卷4期	1935
Hokow：The Back Door of Chagra	J. H. Edgar	Journal of the West China Border Research Society	Vol. 7	1935
今日之雅江	陈治荣	康导月刊	1卷4期	1938
康南八县纪要——雅江	李中定	边疆通讯	1卷10期	1943
康区视察报告第八号——理化县	任乃强	边政月刊	4卷	1930
西康理化县纪要		边政月刊	7卷	1931
西康理化县调查表		边政月刊	8卷	1931
西康理化县概况		康藏前锋	10、11期	1934
理化一瞥	张子惠	康导月刊	创刊号	1938
理化一瞥	永和	康导月刊	5卷6期	1943
康南八县纪要——理化	李中定	边疆通讯	1卷9期	1943
甘孜藏族自治州理塘县社会调查材料	中国科学院民族研究所四川少数民族社会历史调查组	编者刊		1963
甘孜藏族自治州理塘县毛垭牧区社会调查报告	中国科学院民族研究所四川少数民族社会历史调查组	编者刊		1963
走进理塘帐篷城	乌金	今日四川	3期	1996
理塘：草原明珠熠熠生辉	张晓明等	西藏日报		2001.4.12
理塘 有限与无限 随时变幻的时空	钢特墨勒	佛教文化	3、4期	2002
神奇的理塘	陈智	四川省情	9期	2002
理塘：世界高城 祥瑞宝地	高原 石岩	厂长经理日报		2002.5.18
三乡一瞥	张朝镒	新西康	创刊号	1938
定乡素描	兰希夷	康导月刊	2卷12期	1940
康南八县纪要-定乡	李中定	边疆通讯	1卷12期	1943
理化莫拉濯桑两区人民生活状况考察记	张子惠	康导月刊	1卷2期	1938
理化濯桑垦区调查记	张子惠	康导月刊	1卷12期	1939
格聂神山——四川藏区的仙境	鄢长青 吴健	今日四川	4期	1995

续表七九

篇、书名	著（译）编者	出处	卷、期	年月日
理塘与巴塘	古纯仁（李哲生）	康藏研究	19、20期	1948
西康巴安县调查表		边政月刊	8卷	1931
巴安通讯		康藏前锋	1卷9期	1934
巴安小志	羊磊	川边季刊	1卷4期	1935
西康巴安县概况	王信隆	康藏前锋	3卷7期	1936
康南八县记要——巴安	李中定	边疆通讯	1卷4期	1943
康中名城——巴塘	林田	新华社新闻稿		1950.11.8
康藏高原的花园——巴塘	张世勋	西南青年	325期	1951
高原苏杭——巴塘	余波	四川青年	4期	1983
高原明珠——巴塘	张玉林	中国地名	2期	2003
弦歌总是关山情——"康藏高原上的江南"巴塘	锦绣新华《建筑艺术》栏目组	北京规划建设	5期	2005
稻城县概况	董用霖	边政月刊	4卷	1930
西康稻城县调查表		边政月刊	8卷	1931
康南八县纪要——稻城	李中定	边疆通讯	1卷11期	1943
最后的香格里拉——四川稻城	晓苏 吕玲珑	中国西部	4期	1999
最美的地方——稻城	吕玲珑 晓苏	文化月刊	1、2期	2000
稻城	杨效松	大自然探索	10期	2000
最后的香格里垃——稻城	李新治	丝绸之路	7期	2002
净土稻城	沈廉	中国摄影家	9期	2002
稻城，香格里拉之魂	有有	西藏旅游	4期	2004
稻城	罗亮	新闻导刊	4期	2005
西康得荣县调查表		边政月刊	8卷	1931
今日之得荣	朱刚夫	康导月刊	1卷4期	1938
得荣鸟瞰	朱刚夫	康导月刊	2卷11期	1940
康南八县纪要——得荣	李中定	边疆通讯	1卷7期	1943
太阳谷——世界尽头的"冷艳仙境"	曲径	西藏旅游	4期	2001
走读西部太阳谷 得荣	有有	西藏旅游	4期	2004
三十年来之白玉	傅真元	康导月刊	2卷3期	1939
边坝调查记	王叔	康导月刊	2卷3期	1939

续表八〇

篇、书名	著(译)编者	出处	卷、期	年月日
康南八县纪要——白玉	李中定	边疆通讯	1卷5期	1943
白玉——康藏地名小释	李镒铭	康导月刊	5卷10期	1944
白玉三绝		民族团结	7期	1997
格萨尔王的"兵工厂"——白玉县河坡乡	刘友志	中国西部	5期	2002
三岩概况	羊泽	康导月刊	2卷1期	1939
康南八县纪要——义敦	李中定	边疆通讯	1卷8期	1943
木里与班洪丛谈	石觉民	边事研究	2卷1期	1935
康滇交界处木里地方风政一瞥	记者	康藏前锋	2卷6期	1935
木里记	傅述尧	边事研究	7卷5、6期	1938
			8卷1期	1938
			8卷5、6期	1939
			9卷1期	1939
秘密之邦——木里	崔克信	西康经济季刊	13期	1946
眉里——西康的东南角	顾青海	新经济	4卷4期	1940
木里又一个西部神奇	程树民	风景名胜	4期	2005
木里:洛克从这里走过	何万敏 杨通富	中国西部	11期	2005
川边宁属各县概况		康藏前锋	2卷4、5期	1934
宁属纪实	刘尚新	川边季刊	1卷4期	1935
宁属八县概述		四川月报	13卷1、2期	1938
宁属概况		康导月刊	1卷12期	1939
漫谈宁属	王绍曾	新宁远	创刊号	1940
宁南概况		康导月刊	3卷4期	1940
历代诗人笔下的凉山州奇珍异宝	蒋邦泽	西昌师专学报	3期	1996
西昌近影	王和	康导月刊	2卷2期	1939
西昌专区简介		四川日报		1957.6.13
月城西昌	吉木布初	旅游天府	2期	1982
川西南的新兴城市——西昌市	西昌市人民政府办公室	四川政报	2期	1988

续表八一

篇、书名	著(译)编者	出处	卷、期	年月日
西昌的气候与风光	李建云	四川气象	4期	1989
重返月亮城	韩滨中 冼瑞基	民族团结·今日凉山专号		1989
大西南的一颗明珠	龚继铭 邓明波	民族团结·今日凉山专号		1989
月城西昌——纪念西昌解放四十周年	西昌地方志编委会办公室	编者刊		1990
西昌概况		中国西部	4期	1997
抗战时期美国租借物资与西昌的历史联系	赵先明	四川师范大学学报（社科）	3期	1998
西昌历史文化名城调查评价及保护规划构想	张正宁	四川文物	4期	1999
山地城市西昌城区景观体系建设	方一平 石原润	山地学报	1期	2003
探寻西昌蒋氏"特宅"	宋明	中国民族报		2003.12.5
凉山西昌城市变迁初探	罗凉昭 马尚林	西南民族大学学报（人文）	2期	2004
凉山通讯	杨成志	中山大学语历所周刊	6卷65、66、70期	1929
大小凉山之行	江应樑	责善半月刊	2卷13期	1941
夷地剪影	张植初	康导月刊	3卷12期	1942
凉山一角	江应樑	旅行杂志	17卷6期	1943
大凉山志略		边政月刊	2卷4-6期	1946
大小凉山考察记	林耀华	边政公论	3卷5、6期	1944
彝族之乡——凉山	朱国金等	地理知识	6期	1982
凉山彝族自治州概况	万世祥	四川民族出版社		1985
凉山地名初探	巴莫·阿依	民族研究	6期	1987
凉山彝语地名初探	巴莫·阿依	民族研究	6期	1987
凉山秘境	雷文彬	新西部	2期	2002
凉山彝族自治州概况		四川省情	9期	2002
凉山彝语地名命名方式及文化内涵	沙马打各	西昌学院学报（人文）	1期	2005
彝家大凉山	胡小平	风景名胜	5期	2005
凉山彝族自治州部分古城址调查记	黄承宗	凉山彝族奴隶制研究	1期	1982
说科布多	无生	地学杂志	11、12号	1912

续表八二

篇、书名	著(译)编者	出处	卷、期	年月日
昭觉概况		康导月刊	3卷4期	1940
三访昭觉	庄学本	民族团结	10期	1962
大凉山的昭觉故城	李延良	历史知识	6期	1981
凉山的古城——越西	傅亮等	四川日报		1962.12.5
未开发的宝藏——峨马雷屏	田俜之	东方杂志	24卷8号	1927
		康藏前锋	3卷10期	1936
雷马屏峨四县调查录	李仲魁	边政月刊	2卷	1929
四川省雷马屏俄调查记	常隆庆等	中国西部科学院特刊		1935
读雷马屏俄调查记	闻宥	大公报·图书副刊	112期	1936.1.9
雷马屏峨概况		四川月报	10卷1期	1937
雷马屏峨物产交通调查		四川月报	10卷2期	1937
雷马屏之鸟瞰	张熹	青年之声	2卷2、3期	1941
雷马屏峨纪略	张云波	四川省政府教育厅		1941
雷马屏峨纪略	爱素	西南边疆	14期	1942
四川第五区风土政情	四川省第五区行政督察专员兼保安司令公署	编者刊		1944
马屏峨三县之边情	愚民	边事研究	9卷6期	1939
马边县考察记	方文培	科学	14卷9号	1929
马边县考察记	方文培	科学	14卷9号	1930
马边县纪要	佚名	边政月刊	6卷	1931
马边调查	中国银行调查组	川边季刊	1卷2期	1935
马边纪实	余洪先	马边县政府		1937
峨边调查	中国银行调查组	川边季刊	1卷3期	1935
峨边彝族自治县发展概述	周树清	民族学研究	11辑	1993
明代"契约"与峨边历史	饶德宣	中国档案报		2004.10.22
魅力金口河		中共乐山市委党校学报	5期	2005
雷波调查	中国银行调查组	川边季刊	1卷4期	1935

续表八三

篇、书名	著(译)编者	出处	卷、期	年月日
凉山彝族自治州雷波县拉里沟乡社会调查报告（初稿）	中国科学院民族研究所四川少数民族社会历史调查组	编者刊		1962
小凉山山城——雷波	阿卢黑格	民族团结	10期	1984
屏山县记要	黄岷耀 石世珍	边政月刊	5卷	1931
屏山调查	中国银行调查组	川边季刊	2卷1期	1936
金沙江畔的古都——屏山		山区开发	9期	1998
屏山明代古城建筑刍议	胡 玉	四川文物	4期	2004
盐源札记	聂 森	四川日报		1957.3.1
披沙地志	樊 恺	边政月刊	1卷1期	1929
古城会理	刘云霞	地球	5期	1986
会理城河流域的古代文化遗存	唐 翔	四川文物	4期	1992
历史文化名城——会理	陈淑琼	四川建筑	1期	1994
凉山彝族自治州普雄县瓦吉木乡社会调查报告（初稿）	中国科学院民族研究所四川少数民族社会历史调查组	编者刊		1962
凉山彝族自治州甘洛县阿尔乡社会调查报告（初稿）	中国科学院民族研究所四川少数民族社会历史调查组	编者刊		1962
凉山彝族自治州甘洛县斯补、宜地两乡社会调查报告	中国科学院民族研究所四川少数民族社会历史调查组	编者刊		1962
发现米易	李吉顺	中国电影出版社		2005

四、古迹名胜与旅游

篇、书名	著(译)编者	出处	卷、期	年月日
蜀中名胜记	曹学佺著、刘知渐点校	重庆出版社		1984

续表一

篇、书名	著(译)编者	出处	卷、期	年月日
如此校点本	伊濬	读书	1期	1986
《蜀中名胜记》点校质疑	许世荣	成都大学学报（社科）	2期	1986
《蜀中名胜记》与四川文物	徐朝中	四川文物	3期	1986
《蜀中名胜记》标点商榷	王焱	四川师范学院学报（哲社）	5期	1989
点校《蜀中名胜记》札记	王焱	重庆师专学报	3期	1991
蜀景汇考	钟登甲	成都古籍书店		
蜀胜志异录	孔令毂辑	说文月刊	3卷4期	1941
四川古迹之调查	张继	说文月刊	3卷7期	1942
宝成铁路沿线文化古迹概况	陈有年	四川日报		1953.12.23
宝成路上的古迹名胜	陈有年	旅行家	2期	1958
伟大的艺术，丰富的遗产——"四川省名胜古迹展览观后"	南郭敬	工商导报		1955.2.3
五个读书台	愚溪	成都晚报		1961.10.21
四川名胜（第一辑）	沈怀石	四川人民出版社		1980
巴山蜀水（第一辑）	四川日报编辑部	编者刊		1980
中国名胜词典·四川分册	国家文物事业管理局	上海辞书出版社		1981
咏四川茶区名胜	吕允福	茶叶	3期	1983
四川名胜古迹名称集趣	海辑	四川日报		1984.11.3
三国遗迹四川多	谭良啸	旅游天府	1期	1984
四川的三国遗迹概说	谭良啸	四川文物	3期	1985
蜀汉胜迹	成都武侯祠博物馆	四川人民出版社		1985
三国蜀汉探踪	《旅游天府》编辑部	四川人民出版社		1985
访古话孔明	谭良啸	文物出版社		1987
蜀汉史迹论考集	中共绵阳市委宣传部	编者刊		1988
巴山蜀水	冯广宏等	四川科学技术出版社		1987
天府旅游大观	杜伊路 刘存节	重庆大学出版社		1988
四川历史人物名胜词典	高文等	四川人民出版社		1989
四川省风景名胜区一览		四川政报	2期	1993

续表二

篇、书名	著(译)编者	出处	卷、期	年月日
诸葛亮与巴蜀古迹	陈明华	文史杂志	3期	1994
千古神威 平添蜀西名胜——游川西古蜀道觅赵子龙遗踪	曹弘	风景名胜	12期	1994
从荆州到白帝城——三国遗迹揽胜之一	林群英	炎黄纵横	1期	1996
長江・巴蜀の地を行く（1）（2）（3）——道教と仏教の古跡を訪ねて	鄭正浩	アジア文化	19-21号	1994-1996
四川的名泉	梁云甫 黄世英	四川水利	3期	1997
纺毂纱理访三苏：蜀中记游之一	陈雪丹	明道文艺	268期	1998
古阴平道涪江段三国遗迹考察记	李兆成	成都文物	1期	1999
巴蜀一绝	陈轲等	重庆出版社		1999
三国蜀道览胜	四川省广元市人民政府等	四川美术出版社		1999
四川省风景名胜区名录		巴蜀史志	4期	2000
剑南山水尽清晖——巴蜀名胜与旅游	刘和椿 刘岚	四川人民出版社		2001
读史二题	李豫川	成都文物	3期	2002
天府神游	章玉钧 谭继和	巴蜀书社		2003
四川古盐业遗址与旅游开发	吴其付 朱敏	盐业史研究	4期	2004
蜀中名胜游记	陈淀国	成都文物	2期	2005
成都名胜访问记	邵祖平	旅行杂志	14卷4期	1940
成都风光	四川群众艺术馆	四川人民出版社		1959
系人怀念的成都	卢锜	自立晚报		1965.12.3
锦城风物足咏怀	曾枣庄	成都日报		1979.4.5
锦城拾锦	康峻	旅游	3期	1981
锦城成都	钟树梁等	上海教育出版社		1981
成都的名胜古迹	于辑	旅游天府	1期	1982
成都为何是历史文化名城	林延年	旅游天府	3期	1982
全国第一批历史文化名城简介	佚名	文物	5期	1982
我市有哪些文物保护单位	轶辑	成都日报		1982.10.6
话成都	吴文	旅游天府	1期	1982

续表三

篇、书名	著(译)编者	出处	卷、期	年月日
成都揽胜	成都对外文化交流协会、成都西蜀文化艺术总公司	成都出版社		1993
成都文物古迹要览	古元忠 刘笑平	中外文化交流	3期	1998
成都古迹小识三题	苟治平	成都文物	2期	2000
成都的名城保护与文物保护	李明斌 王正明	成都文物	2期	2002
成都城市品牌与"三国圣地"研究	罗开玉	四川文物	4期	2003
锦江区地名与古迹漫谈	李豫川	成都文物	1期	2004
成都武侯祠	常盘大定 关野贞	中国文化史迹	10辑	1941
武侯祠	耳 东	成都日报		1956.7.1
成都武侯祠反映的历史上的儒法斗争	成都无缝钢管厂工人理论组、成都武侯祠文物保管所理论组	文物	4期	1976
武侯祠	成都武侯祠文管所	文物	9期	1977
诸葛亮与武侯祠	诸葛亮与武侯祠编写组	文物出版社		1977
"墨痕同溅岳将军"	张师俊	成都日报		1978.11.2
成都武侯祠	章映阁	四川日报		1979.4.8
成都武侯祠塑像	章映阁	四川日报		1979.6.3
武侯祠古柏记	章映阁	四川日报		1980.5.25
翠柏森森武侯祠	章映阁	四川日报		1980.6.4
幽邃的红墙夹道	章映阁	成都日报		1980.6.16
诸葛亮和铜鼓	章映阁	成都日报		1980.8.7
千秋同祀武乡侯	李金彝	成都日报		1980.8.18
成都武侯祠	郭祝崧	中国建设	10期	1980
成都武侯祠	章映阁等	四川人民出版社		1980
武侯祠古柏	汪 潜	文明	1期	1981
刘禅何处栖身——武侯祠逸话数则	李兆成	文明	2期	1981
成都武侯祠史话	谭良啸	历史知识	4期	1981

续表四

篇、书名	著(译)编者	出处	卷、期	年月日
成都武侯祠	成都市武侯祠文管所	四川人民出版社		1981
成都武侯祠为何没有刘禅像	承朴	旅游天府	1 期	1982
武侯祠后殿的铜鼓	汪潜	成都风物	2 辑	1982
诸葛亮和武侯祠	李金彝	成都风物	3 辑	1982
武侯祠	成都市武侯祠文管所	文物出版社		1982
成都的诸葛亮祀庙	陶元甘	成都风物	5 辑	1983
丞相祠堂话古柏	吴天畏	成都风物	5 辑	1983
异代升堂宋两贤	周维扬	成都风物	5 辑	1983
武侯祠古柏的传说	谭良啸	成都晚报		1983.3.24
谁最早在成都为诸葛亮立庙	谷莺	成都晚报		1983.12.2
成都历史上的几座武侯祠	谭良啸	成都文物	创刊号	1983
武侯祠漫谈	谭良啸	地名知识	5 期	1983
成都武侯祠和它的匾联	谭良啸	旅行家	5 期	1983
黄陵庙与武侯祠	谭良啸	成都晚报		1985.3.21
岳飞书前后《出师表》石刻考	谭良啸	四川文物	1 期	1985
成都武侯祠的塑像	李兆成	四川文物	3 期	1985
武侯祠揽胜	章映阁等	四川人民出版社		1985
成都武侯祠塑像简考	李兆成	四川文物	2 期	1986
千秋遗爱在人间——成都武侯祠小记	刘征泰	中国作家	4 期	1986
武侯祠大观	谭良啸	四川人民出版社		1988
"读"武侯祠	刘东	读书	6 期	1992
成都有个武侯祠	王得后	瞭望周刊	48 期	1992
成都武侯祠研究专辑	四川省文史研究馆、四川省人民政府参事室	文史杂志	增刊	1992
成都武侯祠始建年代初探	陈显远	中国文物报		1993.4.18
武侯祠	谭良啸 张宗荣	成都出版社		1993
一壶浇天下	张飙	中国气功	1 期	1994
武侯祠堂柏森森	梅铮铮	古典文学知识	6 期	1994
岳飞书《出师表》考辨	李文辉	寻根	3 期	1995
武侯祠与南郊公园	岳春恩	四川林勘设计	4 期	1996

续表五

篇、书名	著(译)编者	出处	卷、期	年月日
武侯祠历史文化丛书——天下英雄刘备	谭良啸	四川人民出版社		1998
武侯祠历史文化丛书——关帝之谜	梅铮铮	四川人民出版社		1998
武侯祠历史文化丛书——一代贤相诸葛亮	李兆成	四川人民出版社		1998
武侯祠历史文化丛书——武侯祠史话	李兆成等	四川人民出版社		1998
武侯祠历史文化丛书——蜀汉遗迹寻踪	贺游	四川人民出版社		1998
武侯祠历史文化丛书——蜀汉英雄传奇	彭建平等	四川人民出版社		1998
武侯祠历史文化丛书——成都武侯祠的古建与园林	张宗荣	四川人民出版社		1998
武侯祠历史文化丛书——武侯祠碑刻与匾联	杨代欣	四川人民出版社		1998
武侯祠历史文化丛书——蜀汉英雄咏赞诗选	贺游等	四川人民出版社		1998
一副知人论史的对联	程毅中	光明日报		1999.2.4
成都武侯祠塑像之我见	梅铮铮	四川文物	2期	1999
三顾频烦天下计 一番晤对古今情——记成都武侯祠	王英杰	中国房地信息	12期	1999
锦官城外柏森森——漫谈成都武侯祠古柏	何红英	文史杂志	3期	2000
成都武侯祠说古	徐伯荣	四川统一战线	1期	2001
武侯祠丛考五则	罗开玉	四川文物	2期	2001
成都武侯祠文物资料收集整理概述	贺游	四川文物	5期	2001
成都武侯祠民国时期纪事	卿三祥	四川文物	5期	2001
清末的成都武侯祠	杨代欣	成都文物	3期	2002
成都武侯祠塑像探	任芳盛	成都教育学院学报	4期	2002
三国圣地 明良千古——武侯祠1780年回首（上）	罗开玉	四川文物	6期	2002
三国圣地 明良千古——成都武侯祠1780年回首（下）	罗开玉	四川文物	4期	2003
清代雍正至道光年间武侯祠道士事迹考评	梅铮铮	四川文物	4期	2003
武侯祠漫游	罗开玉 李兆成	四川科学技术出版社		2003

续表六

篇、书名	著(译)编者	出处	卷、期	年月日
诸葛亮与武侯祠	刘时和	巴蜀史志	1期	2004
成都武侯祠诸葛亮殿脊梁题字记实	徐孝闻	成都文物	2期	2004
武侯祠：一千七百年的沉思	梁衡	课外阅读	4期	2004
		阅读与作文（初中）	7、8期	2004
清初住持张清夜与武侯祠事研究	梅铮铮	四川文物	5期	2004
谒惠陵并丞相祠堂	李致刚	旅行杂志	15卷8期	1941
成都惠陵、昭烈庙、武侯祠考	吴鼎南	风土杂志	1卷4期	1944
			1卷5期	1945
		四川文献	144、146期	1974
刘备陵墓漫考	鲁生	成都晚报		1961.10.8
刘备墓与武侯祠	质责	龙冈杂志	1期	1967
昭烈庙亭院——成都惠陵、昭烈庙、武侯祠	吴鼎南	四川文献	153期	1975
惠陵与汉昭烈庙、武侯祠	思俊	成都日报		1978.8.16
刘备墓	章映阁	四川日报		1979.5.6
漫话刘备墓	谭良啸	四川日报		1981.3.1
武侯祠·刘备墓	欧阳惠筠	旅游	1期	1981
锦官城外刘备墓	王大明	成都晚报		1983.9.8
"刘备弓箭墓说"辨析	许肇鼎	成都文物	创刊号	1983
汉昭烈陵庙考	吴天畏	地名知识	5期	1983
武侯祠、惠陵、昭烈庙	梁玉文	成都文物	1期	1986
武侯祠、惠陵、昭烈庙（续）	梁玉文	成都文物	1期	1986
刘备墓及真伪考辨	谭良啸	四川文物	1期	1987
对惠陵若干问题的再认识	梅铮铮 王家祐	四川文物	6期	1998
读惠陵史料札记	清明子	四川文物	5期	2001
再说刘备葬于成都惠陵	王联润	文史杂志	3期	2002
潘时彤与《昭烈忠武陵庙志》	李兆成	四川文物	4期	2003
刘备墓地之谜	曾辉	人民日报（海外）		2003.5.27
浣花草堂志	李玮	清华周刊	40卷1期	1933
读《浣花草堂志》	王文才	杜甫研究学刊	4期	1996
《浣花草堂志》作者考略	詹杭伦	杜甫研究学刊	4期	1997

续表七

篇、书名	著(译)编者	出处	卷、期	年月日
少陵草堂	常盘大定 关野贞	中国文化史迹	7 辑	1941
工部浣花草堂考	吴鼎南	成都新新新闻报馆		1943
从杜诗中所见之工部草堂	许同莘	东方杂志	42 卷 18 期	1946
浣花草堂	田木繁	コスモス	3 卷 1 号	1948
草堂与草堂寺	陈宇	旅行杂志	28 卷 4 期	1954
杜甫草堂	何韧	四川日报		1955.5.3
杜甫与成都草堂	李同辑	工商导报		1955.5.5
浣花草堂	黄裳	文汇报		1956.10.30
杜甫草堂	毛宗璜	旅行家	4 期	1957
杜甫草堂	李可染	诗刊	4 期	1957
杜甫草堂	黎本初	文艺世纪	3 期	1959
杜甫草堂		四川教育	5 期	1959
成都杜甫草堂	杜甫草堂管理处	文物	8 期	1959
草堂之诗人（上）	钟树梁	成都日报		1959.5.27
草堂之诗人（下）	钟树梁	成都日报		1959.5.29
草堂今昔	钟树梁	成都日报		1959.9.12
草堂的园林	林延年	成都日报		1960.2.5
万里桥西一草堂	周祖佑	光明日报		1962.4.11
		人民日报		1962.4.11
"草堂留后世 诗圣著千秋"	高楠	四川日报		1962.4.11
草堂旧话（上）	曾缄	成都晚报		1962.4.13
草堂旧话（下）	曾缄	成都晚报		1962.4.14
"浣花草堂，八景题略"跋	阿瑛	人民日报		1962.4.17
杜甫草堂记	土岐善麿	春秋社		1962
杜甫草堂	杜甫草堂文管处	文物	2 期	1977
草堂寺与杜甫草堂	禾章	成都日报		1978.8.2
略谈陆黄配祀工部祠	禾章	成都日报		1978.9.28
杜甫"浣花草堂"在哪儿	祝崧	社会科学战线	3 期	1979
杜甫"浣花草堂"在哪儿	高维岳	抖擞	39 期	1980
杜甫草堂诗情画意	陈儒珍	四川日报		1980.1.13
浣花溪畔的杜甫草堂	柳嘉	广州日报		1980.4.15

续表八

篇、书名	著(译)编者	出处	卷、期	年月日
草堂柴门风光	濮禾章	成都日报		1980.7.7
杜甫草堂一辩	陶元甘	文明	1期	1981
成都草堂遗址考	郭世欣	草堂	创刊号	1981
略谈古代草堂、梵安两寺及杜甫草堂的位置——评唐、宋人的有关记载	关鼎南	草堂	2期	1981
草堂话梅	巩学	旅游天府	2期	1981
成都杜甫草堂	缪钺	中国建设	30卷12期	1981
少陵草堂与石碑	石欣	成都日报		1981.8.31
柴门掩清幽	古元忠	成都日报		1981.10.4
"工部祠"与"水竹居"	石欣	成都日报		1981.11.8
水槛连波春常在	古元忠	成都日报		1981.12.3
杜甫草堂为何又叫草堂寺	李定与	旅游天府	2期	1982
略说成都杜甫草堂三事	王仲镛	四川师院学报（社科）	3期	1982
杜甫草堂有几个	李定与	旅游天府	4期	1982
天府之国话草堂	闻辅	四川日报		1982.8.14
韦庄与杜甫草堂	李谊	四川史研究通讯	1期	1983
杜甫草堂和冀国夫人	曾亚男	旅游	4期	1983
草堂门前风光好	濮禾章	成都晚报		1983.1.21
草堂与草堂寺	谷莺	成都晚报		1983.8.8
草堂蓬门为君开	笑秋	旅游天府	3期	1984
漫话草堂石刻	古元忠	成都文物	4期	1984
杜甫梓州草堂遗址考辨	杨重华	草堂	2期	1985
杜甫草堂知多少	曾亚南	旅游	4期	1985
草堂散记	秦瑞杰	成人教育	5期	1985
杜甫草堂——诗碑	小河	成都文物	2期	1986
成都草堂寺与杜甫草堂	曾亚兰	成都文物	2期	1986
		杜甫研究学刊	1期	1988
草堂杜甫刻像探源	石欣	成都文物	2期	1986
草堂与寺院	章群	明报月刊	10月号	1986
杜甫草堂遗碑考析	古元忠	四川文物	4期	1987
成都杜甫草堂	刘崇	建筑工人	3期	1990
王蘧常与草堂	张国瀛	杜甫研究学刊	1期	1994

续表九

篇、书名	著(译)编者	出处	卷、期	年月日
草堂杜像赏评	丁 浩	杜甫研究学刊	2期	1994
草堂留后世 诗圣著千秋	胡正华	杜甫研究学刊	3期	1994
草堂考	庄裕光	四川建筑	1期	1995
成都杜甫草堂剪影	岳春恩	四川林勘设计	3期	1995
草堂留后世 诗圣著千秋——成都杜甫草堂剪影	岳春恩	森林与人类	4期	1995
草堂留后世 诗圣著千秋——记成都杜甫草堂	肖 骁	华夏文化	3期	1996
万里桥西宅，百花潭北庄——杜工部自咏浣花溪草堂	岳 生	文史杂志	5期	1998
草堂寺原非杜甫草堂	吴 琼	四川建材	5期	1998
杜甫草堂漫话	潘前春	巴蜀史志	4期	2000
中国文学史上的一块圣地——成都杜甫草堂	谢桃坊	古典文学知识	6期	2000
杜甫陵园修建记	古 野	杜甫研究学刊	3期	2001
杜甫草堂	王俊良	资源开发与市场	3期	2001
由环境文化看杜甫草堂	冯瑞玲	四川建筑	4期	2001
杜甫草堂的奥秘	关 捷	甘肃日报		2001.4.11
成都杜甫草堂	李 亦	河北企业	6期	2003
草堂梅花	张建军	杜甫研究学刊	1期	2004
杜甫与草堂	流 水	巴蜀史志	2期	2004
成都杜甫草堂：千年的诗舍	张洪军	大众科技报		2004.11.7
谈杜甫草堂的古井	杨渝泉	成都文物	2期	2005
浣花溪的故事	肇 世	工商导报		1952.12.19
诗情画意浣花溪	刘志远 王家祐	成都晚报		1962.1.1
洗药浣花溪	柴正言	成都日报		1981.1.7
浣花祠的变迁	刘知渐	成都日报		1981.4.20
冀国夫人歌词及浣花亭考	王文才	草堂	2期	1981
浣花溪记	钟 惺	旅游天府	2期	1982
古文集锦《浣花溪记》	岱碧译	旅游天府	2期	1982
唐代浣花溪 能泊万里船	李豫川	文史杂志	2期	1997
关于"唐代浣花溪"的通信	郭祝崧	文史杂志	4期	1997
浣花夫人塑造	高华敏	成都晚报		1983.3.27

续表一〇

篇、书名	著(译)编者	出处	卷、期	年月日
浣花韵事流千古	石 欣	成都晚报		1983.5.29
浣花祠与冀国夫人	文 超	龙门阵	16辑	1983
"冀国夫人祠"名考辨	林 弘	杜甫研究学刊	4期	1994
冀国夫人与成都	袁 力	成都大学学报（社科）	1期	1995
唐代浣花溪 能泊万里船	李豫川	文史杂志	2期	1997
青羊宫到浣花溪有二十里吗	李新民	文史杂志	1期	1999
浣花溪记	钟 惺	语文新圃	2期	2002
浣花古刹考略——唐益州正觉寺钩沉	陶喻之	杜甫研究学刊	2期	2004
薛涛井考略	蒋唯心	国闻周报	6卷44期	1929
薛涛墓	悼 红	北平晨报		1931.8.12
望江楼与薛涛	郭祝崧	旅行杂志	19卷2期	1945
成都新修望江楼	焦 萝	旅行杂志	28卷3期	1954
万竹摇翠望江楼	钱道远	成都晚报		1962.6.5
风光绮丽望江楼	石 湍	成都日报		1979.4.26
望江楼畔话薛涛——南行散记之四		北京晚报		1980.10.7
薛涛未上望江楼——望江楼公园形成的历史	李思桢	历史知识	4期	1980
望江楼志	彭芸荪	四川人民出版社		1980
望江楼和薛涛	李思桢	成都风物	1辑	1981
薛涛井		妇女生活	1期	1982
望江楼和薛涛		文史知识	5期	1983
薛涛井		四川	5月号	1985
薛涛坟史话	黄小斧	成都档案	3期	1985
孤坟旧地话薛涛	陶元甘	文史杂志	2期	1986
薛涛与薛涛井	任文娟	四川文物	4期	1989
既丽且崇望江楼	赖庆明	旅游	7期	1994
请猜薛涛之谜	乃 夫	旅游	4期	1995
丽阁竹海寻薛涛	丁 艾	森林与人类	4期	1996
望江楼与薛涛	梁占恒	健康天地	1期	1998
薛涛与望江楼	俞浣萍	风景名胜	11期	1998
薛涛的故事	吕锦华	雨花	10期	1999
望江楼与薛涛	钱学文 何承朴	巴蜀史志	2期	2000

续表——

篇、书名	著(译)编者	出处	卷、期	年月日
花笺茗碗香千载——成都望江楼之薛涛遗迹	谢桃坊	古典文学知识	4期	2001
望江楼公园忆旧游	张存叶	森林与人类	12期	2001
望江楼因薛涛永恒	甘艾丹	文化交流	2期	2005
望江楼往事	尹墨怀	民族论坛	7期	2005
清末崇丽阁的施工测量及其监测措施	张克勤 赖志礼	四川测绘	2期	1995
城市测量讲座——第六讲 城市工程测量	张正禄等	四川测绘	2期	1995
历史文化名城成都的标志——崇丽阁	王正明 方全明	四川文物	2期	2001
成都百花潭	朱偰	旅行杂志	20卷12期	1946
古百花潭在哪里	吴鼎南	成都文物	3期	1984
唐代百花潭不在宝云庵	李豫川	文史杂志	4期	1999
明远楼	吴劭先	成都日报		1956.9.16
锦城散花楼小考	常崇宜	四川师范学院学报（社科）	1期	1983
成都西楼考辨	陈光表	成都文物	1期	1986
漫话昌福馆	李祖桓	成都晚报		1962.10.4
海会寺	郑方	四川日报		1980.7.9
成都大观堂	江苇	成都日报		1980.1.31
成都王建墓	刘开渠	京沪周刊	2卷16期	1948
相如琴台与王建永陵	冯汉骥	史学论丛（四川大学）	1期	1949
抚琴台和王建墓	施孝长	成都日报		1956.7.15
王建墓不是抚琴台	刘廷壁	成都日报		1956.9.5
"相如台"与"子云宅"	忠贵	成都日报		1979.3.8
琴台、桥柱及其它	李金彝	文明	6期	1982
王建墓		成都晚报		1961.7.24
永陵参观记	沁梅	四川文献	152期	1975
王建墓	李志嘉	成都日报		1979.1.25
		四川农民报		1979.1.25
		四川日报		1980.4.10
		文物	6期	1980

续表一二

篇、书名	著(译)编者	出处	卷、期	年月日
漫话王建墓	吴康零 马文彬	历史知识	2 期	1980
秋风芙蓉王建墓	高华敏	成都晚报		1983. 10. 16
王建墓		四川	5 期	1985
漫话"永陵"	梁玉文	文史杂志	2 期	1985
沧桑蜀王陵	张征雁	百科知识	12 期	1996
前蜀永陵杂考	樊一	成都文物	1 期	1991
永陵史略与遗物	王瑛	成都文物	2 期	1997
永陵小史(之二)	王瑛	成都文物	1 期	2000
永陵小史(之三)	王瑛	成都文物	2 期	2000
永陵小史(之四)	王瑛	成都文物	3 期	2000
永远的永陵	肖易	成都日报		2005. 4. 27
青羊宫的铜羊	肇世	工商导报		1956. 4. 24
青羊宫铜羊的出处	籴纪	成都晚报		1963. 3. 21
青羊宫的铜羊回来了	石湍	成都日报		1978. 7. 12
古亭展新颜	治平	成都日报		1979. 3. 1
青羊古肆	李金彝 王家祐	成都日报		1979. 11. 8
八角亭的传说	忠贵	成都日报		1980. 3. 22
三清殿铜羊		四川日报		1980. 2. 17
青铜怪兽	邱跃全 莫树清	旅游天府	2 期	1981
集十二属相于一身的青羊	沈无翰	中国青年报		1982. 11. 28
泥羊、石羊、铜羊	李金彝	成都晚报		1984. 7. 4
漫话青羊宫铜羊	陶元甘	成都文物	3 期	1984
青羊宫杂记	吴鼎南	文史杂志	1 期	1985
文化公园——青羊宫	岳春恩	四川林勘设计	3 期	1999
五担山	东古	旅游天府	1 期	1980
巴蜀遗迹武担山	叶青	成都晚报		1985. 12. 26
石镜知何处	张荫本	地球	2 期	1994
支矶石	老沈	成都日报		1956. 8. 12
支矶石——织女送的礼物	罗世勋	成都晚报		1962. 8. 18
支矶石	郑光福	成都风物	1 辑	1981

续表一三

篇、书名	著(译)编者	出处	卷、期	年月日
五块石	达文记	工商导报		1954.5.3
"五块石"和"乌龟石"	李金彝	成都日报		1956.11.18
五块石	山高	成都晚报		1961.8.21
五块石	邓仕铭 郑光福	群众文艺	5期	1981
天涯石	苟治平	成都日报		1979.10.25
成都"石笋"的下落	陈世松	社会科学研究	6期	1980
"天外来石"	赵夏	旅游天府	3期	1981
成都古巨石新探	杨德全	成都文物	4期	1997
南泉山石	徐成文	成都日报		1981.4.16
访石牛	余一光	成都风物	4辑	1982
学射山	蒋荣康 刘尚勇	成都风物	4辑	1982
学射山小考	蠢伊	成都大学学报（社科）	4期	1989
摩诃池——人民广场	李金彝 王家祐	成都日报		1980.9.11
人民公园沧桑	廖友陶	成都日报		1957.9.7
成都公园史话	古元忠	四川文物	2期	1989
辛亥秋保路死事纪念碑	刘廷壁	成都日报		1956.6.24
辛亥秋保路死事纪念碑		四川日报		1961.10.12
辛亥秋保路死事纪念碑	集贤	成都文物简讯	2期	1978
辛亥秋保路死事纪念碑	石湍	历史知识	4期	1981
保路死事纪念碑的来历	刘嗣	成都晚报		1962.9.8
啊，辛亥保路死事纪念碑	金泉 伟胜	成都日报		1981.10.10
历史丰碑永巍然	石湍	成都日报		1981.8.24
清末四川与日本的交往之研究——留日的铁路留学生、雇佣日本技术者与成都"辛亥秋保路死事纪念碑"	徐苏斌	建筑史论文集	13辑	2000
孙中山先生铜像	苟治平 袁宪富	成都日报		1979.10.4
川汉铁路公司旧址	王家祐	成都日报		1981.10.19
成都南郊刘湘墓	李兆成	四川文物	2期	1987
刘湘墓园补遗	杨蕴成	四川文物	6期	1994

续表一四

篇、书名	著(译)编者	出处	卷、期	年月日
刘湘墓与南郊公园的建立	李亚红	文史杂志	6期	2002
刘湘墓园外景	罗绩沅	巴蜀史志	6期	2002
刘湘墓沿革	何红英	成都文物	2期	2004
刘湘墓沿革简记	何红英	文史杂志	5期	2005
将军坟	郭祝崧	旅行杂志	19卷1期	1945
记龙泉驿的蛮王坟	袁守成	四川文献	96期	1970
也谈龙泉驿的蛮王坟	陈先骏	四川文献	96期	1970
蓉郊名胜	姚蒸民	四川文献	108期	1971
桑树丛中丞相家——诸葛亮在成都的故居初考	王泽枋	成都日报		1980.10.30
典雅的诸葛亮庭院	章映阁	成都日报		1980.12.17
诸葛亮在成都的府第	陶元甘	成都风物	2辑	1981
诸葛九里堤	质　一 力　刃	旅游天府	3期	1981
问冢记——漫话成都附近古陵墓	龙在天	成都风物	1辑	1981
成都的黄忠墓	郑光福 苟治平	成都风物	2辑	1981
黄忠与黄忠坟	孙琪华	金牛风物	3期	1983
成都黄巢墓的由来	刘尚勇	成都文物	创刊号	1983
"三女坟"小考	李兴玉	成都文物	2期	1985
唐家寺八阵图	曾缄	成都晚报		1962.9.5
"百里河山在眼底"——金堂云顶山简介	杨崇荣	成都日报		1980.12.18
金堂县名胜古迹与文物	薛玉树	四川省金堂县文物保护管理所		1999
广汉金雁桥及严君平卜台	小辑	历史知识	3期	1980
成都的明十陵	程娟	中国文物报		1996.11.24
明蜀王陵——精美的地下宫殿	任学清	四川文物	4期	1997
精美绝伦蜀王陵	瑟琶	旅游	9期	1997
明蜀王和明蜀王陵	薛登 方全明	四川文物	5期	2000
郫县望丛祠	文编	历史知识	3期	1980
杜鹃城的《望丛祠》	金　泉 水　明	成都日报		1981.2.18

续表一五

篇、书名	著(译)编者	出处	卷、期	年月日
望帝·丛帝与望丛祠	沈 泽	旅游天府	2期	1982
郫县杜鹃城、扬雄墓、子云亭	梁文骏	四川地方志通讯	2期	1983
郫县望丛祠	向熙成	成都文物	4期	1985
张俞与望丛祠	尹全德	成都晚报		1986.3.30
望丛古今	郫县博物馆	四川人民出版社		1989
川西"望丛祠"溯源	曹 弘	风景名胜	8期	1998
"古蜀国的骄傲"——望丛祠寻荒	王德友	丝绸之路	6期	2002
西蜀子云亭	木 易	群众文艺	6期	1980
何处寻觅子云亭	杨家齐	成都晚报		1983.8.25
"西蜀子云亭"探索	孙琪华	文史杂志	1期	1986
扬雄墓与子云亭	卫志中	成都文物	1期	1987
川西名亭——子云亭	沈皖蜀	科技文萃	11期	1994
《陋室铭》与子云亭	赵树中	四川文物	1期	1997
扬雄宅的沧桑史	孙琪华	文史杂志	3期	2002
何武墓小考	尹全德	四川文物	1期	1987
郫县汉代何武墓	李万霖	四川文物	2期	2002
川西的"小少林"——古城	泽 荣 无 川	成都晚报		1983.12.26
新都访古记	李致刚	旅行杂志	15卷4期	1941
新都名胜古迹简介	新都县桂湖公园管理所	编者刊		1958
新都罗汉堂	重 木	成都晚报		1961.12.23
宝光新影	李嘉模 倪宗新	四川日报		1978.8.11
泥塑珍品罗汉堂	李树英	成都日报		1978.10.26
唐础与宝光	李家模	成都日报		1979.8.30
宝光古寺换新颜	乐 游	四川日报		1979.10.29
唐时古塔仍绰约——宝光寺漫话	冯修齐	成都日报		1981.1.5
罗汉塑像知多少——罗汉堂探趣之一	冯修齐	成都日报		1982.3.28
五百罗汉的来历——罗汉堂探趣之二	冯修齐	成都日报		1982.4.4
穿龙袍的罗汉——罗汉堂探趣之三	冯修齐	成都日报		1982.4.11
疯僧为济颠——罗汉堂探趣之四	冯修齐	成都日报		1982.4.18

续表一六

篇、书名	著(译)编者	出处	卷、期	年月日
宝光寺的艺术群星——罗汉堂	汪潜 力刃	旅游天府	2期	1982
宝光寺罗汉堂塑像	胡宏	旅游天府	5期	1983
香城新都	新都县文管所	旅游天府	5期	1983
宝光无垢塔	李泽民	旅游天府	5期	1983
石刻珍品——千佛碑	谢亦鸥	旅游天府	5期	1983
罗汉堂探趣	冯修齐	旅游天府	5期	1983
宝光寺的佛门三宝	马冰	旅游天府	5期	1983
乾隆皇帝与紫霞山	冯修齐	成都晚报		1985.2.11
宝光寺文物巡礼	刘学文	法音	2期	1986
宝光寺石雕舍利塔	俞崇	法音	4期	1988
著名旅游胜地——宝光寺	黄宫清	西南民兵	1期	1997
新都宝光寺念佛堂壁画揭取及复位	谢振斌	四川文物	5期	1997
宝光寺观宝记	高平	中国西部	1期	2001
宝光寺——收藏名家艺术的殿堂	陈支援	市场报		2002.12.27
全国重点文物保护单位 宝光寺		四川统一战线	5期	2003
新都宝光寺	新都宝光寺管理委员会	编者刊		2003
桂蕊飘香话桂湖	李嘉模	成都日报		1978.9.21
桂蕊飘香话桂湖	黄福全	四川日报		1980.10.8
桂湖与杨升庵	李嘉模	成都日报		1979.9.24
桂湖与杨升庵	陈廷乐	旅游天府	1期	1980
杨升庵·桂湖·桂花	冯修齐	成都日报		1981.9.21
杨升庵遗迹访问记	沈仲常	四川日报		1962.8.8
高晓探梅——谒升庵祠记	刘以行	盘江文艺	1期	1979
明代状元杨升庵故里	张德全	四川文物	5期	1988
杨升庵与八阵图	张德全	文史杂志	5期	1988
桂花湖和杨升庵	李楠	瞭望周刊	26期	1992
杨升庵与桂湖荷花	周孟琪	今日四川	3期	1996
杨升庵与桂湖	木子	中国文物报		1997.10.26
新都桂湖的起源、沿革及园林特征	张渝新	四川文物	5期	1999
新都升庵桂湖古城墙沿革考略	张德全	四川文物	1期	2000
新都桂湖科举文化阐释	朝正	成都行政学院学报	3期	2000

续表一七

篇、书名	著(译)编者	出处	卷、期	年月日
新都历史文化丛书：新都桂湖	张渝新	四川人民出版社		2001
初唐驿站园林——新都桂湖	廖嵘	中国园林	2期	2004
从新都桂湖的经费来源看古代官产园林的经营方式	张渝新	四川文物	6期	2004
川西名胜"东湖"古今谈	曹弘	风景名胜	11期	1987
交加亭	陈廷乐	成都晚报		1983.8.7
蚕女墓	徐式文	成都日报		1980.12.24
新都王铭章墓	陈廷乐	四川文物	1期	1994
费祎墓遐思	弱草	旅游天府	4期	1982
卓文君在哪里卖酒	黄书冠	成都风物	4辑	1982
文君当炉时，相如涤器处——话临邛文君井	双江 蔗羽	成都晚报		1961.5.17
文君井	罗俊林 万志刚	四川日报		1979.5.21
文君井	孙晓芬	人民日报		1980.10.6
邛崃文君井	拾遗	历史知识	3期	1980
文君井畔诗香浓	罗俊林	成都日报		1980.8.18
文君井散记	郭祝崧	龙门阵	3辑	1982
文君古井越千年	邓洪平	成都晚报		1983.4.23
文君井	黄微曦	四川文物	4期	1984
邛崃"文君井"不饮也醉人	王新民	旅游	6期	1985
文君古井自晶莹	王维明	成都晚报		1985.5.27
《高山流水》和《凤求凰》	汪政明	音乐世界	5期	1994
严君平故里和君平墓	魏西尧	四川地方志通讯	2期	1983
邛崃鼓楼	翔翎	成都文物	1期	1984
仙踪古迹白鹤山	古元忠	成都文物	1期	2003
川南第一桥	胡立嘉	成都文物	4期	2004
崇嘏山	李锐	成都文物	3期	2005
林峦特秀历史悠久的蟆颐山	彭泽良	眉山县文史资料	5期	1982
彭山县象耳山"李白读书台"小识	钱云华	四川师范大学学报（社科）	2期	1993
四川高唐寺巡礼	倪纲贤	旅行杂志	12卷10期	1938
大邑名胜拾遗	卫复华	大邑县政协会、大邑县图书馆		1993

续表一八

篇、书名	著(译)编者	出处	卷、期	年月日
大邑名胜诗选浅注	卫复华	大邑县政协会、大邑县图书馆		1993
大邑名胜文选浅注	卫复华	大邑县政协会、大邑县图书馆		1993
大邑名胜文选补注	卫复华	大邑县政协会、大邑县图书馆		1993
大邑名胜今昔	大邑县政协文史资料委员会	编者刊		1994
子龙庙·子龙坟	苍宇	旅游天府	3 期	1981
大邑赵子龙祠墓	傅华	成都文物	1 期	1985
汉赵子龙祠墓艺文	卫复华	大邑县政协会、大邑县图书馆		1993
蒲江飞仙阁	吴芝海等	四川日报		1982.8.28
川西胜迹纯阳观	李兴玉等	成都文物	4 期	1991
九莲山上的一朵奇葩	颜开明	四川文物	4 期	1993
四川新津"八景"独树一帜		四川环境	4 期	1995
唐求故里	孟超	成都文物	4 期	1984
蜀州名胜录（上）（下）	王文才	成都大学学报（社科）	2、3 期	1987
崇庆县陆游祠	朱敏祥	成都文物	4 期	1992
李冰升仙台	徐式文	成都日报		1981.12.16
什邡"皇姑墓"及后唐"三太子墓"由来考述	郑绪滔	四川文物	2 期	1996
灌县山水	秦季平	编者刊		
都江堰二郎庙	林文	科学画报	4 期	1951
四川都江堰市二王庙	南方	中国道教	1 期	1993
灌县名胜简介	于文	工商导报		1953.6.26
都江堰名闻天下	古方	掌故	27 卷	1973
淡写都江堰	林藜	四川文献	143 期	1974
都江古堰美如画		四川日报		1979.12.7
都江堰名胜	灌县文物保管所	编者刊		1979
伏龙观的由来	李启明	灌县风物	1 期	1981
都江堰开水大典	王纯五	龙门阵	15 辑	1983
古玉垒关	罗树凡	成都文物	1 期	1984

续表一九

篇、书名	著（译）编者	出处	卷、期	年月日
离堆象鼻岩珍照	谭徐明	水利天地	2期	1988
中国经典名胜 都江堰	蒋永志	四川美术出版社		2001
都江堰、青城山杂记	骆奇南	巴蜀史志	4期	2003
都江堰风景名胜区志	都江堰风景名胜区管理局	成都时代出版社		2003
都江堰－青城山	祝隽超	人民法院报		2002.6.22
青城山－都江堰		风景名胜	2期	2003
都江堰－青城山	晏 华	统一论坛	3期	2004
青城山－都江堰	茹勇夫	科学大观园	3期	2004
青城山－都江堰	东 方	小学生时代	6期	2004
青城山－都江堰：遗世独立	刘乾坤	中国西部	9期	2005
青城山记补正	罗元黼	排印本		1928
青城山	易君左	旅行杂志	14卷9－11期	1940
青城山	李承山	文史教学	5期	1942
灌县青城山	张保昇	地学集刊	1卷3期	1943
青城近记	灌县灵光室	编者刊		1946
青城山	张保昇	风土杂志	2卷6期	1949
锦城秀丽青城幽	洪 流	旅行杂志	28卷7期	1954
青城天下幽	刘 冰	四川日报		1956.6.21
青城山上的古文物	四川省博物馆	成都晚报		1961.6.28
青城天下幽	祝 崧	成都晚报		1961.7.23
青城天下幽	康世泰	四川日报		1962.6.29
		大公报		1962.9.18
青城天下幽	温 灌	四川日报		1978.8.25
青城翠浪	易 之	四川日报		1978.9.17
冬日青城山	阳本福	成都日报		1980.1.1
青城漫话	舒振邦	实践	1期	1980
青城揽胜	柯谷实	实践	2期	1980
青城山	四川省灌县青城山管理所	编者刊		1980
青城山亭记	笑 秋	旅游天府	3期	1981

续表二〇

篇、书名	著(译)编者	出处	卷、期	年月日
登名山·听传奇·观美景——青城揽胜	王纯五	旅游	1 期	1982
青城山寻幽	余 音	旅游天府	2 期	1982
青城山志	王文才	四川人民出版社		1982
		巴蜀书社		2004
千年奇石	河 川 王远猷	四川日报		1983.1.3
千年古树	张 开	四川日报		1983.1.3
青城山亭趣	张承隆	四川日报		1983.1.3
青城天下幽	董泗海	四川日报		1983.1.3
古城天下幽	青山道教宫观委员会	编者刊		1985
青城山	君 文	中华文化论坛	2 期	1995
川西原始植被的橱窗——青城山	岳春恩	四川林勘设计	4 期	1995
仙山青城天下幽	晓 梅	中国对外贸易商务月刊	7 期	1998
建福宫·天师洞	江 舟	风景名胜	11 期	1998
蜀山青城天下幽	黄 勇	风景名胜	11 期	1998
川西第一山——青城山	周绪纶	地球	3 期	2001
青城山	季 行	下一代	10 期	2001
青城山		地理教学	10 期	2001
啊 青城山	陈昌久	国土绿化	7 期	2002
千岩迤逦藏幽胜 万树凝烟罩峰奇 青城山	晓 晴	神州学人	10 期	2002
青城天下幽	曾星勇	风景名胜	2 期	2003
青城天下幽	岳欣等	中国建设报		2003.7.1
青城山琅环仙馆	卞再斌	成都文物	4 期	2005
青城山	朱月华	江南游报		2005.1.20
青城天下幽		西部时报		2005.8.5
江口览胜	彭山县文物保护管理所、彭山县旅游开发办公室	编者刊		1987
"川南第一山"中岩	罗家祥	旅游天府	6 期	1983
青神县同心协力恢复中岩文物古迹	黎复华	四川文物	2 期	1985

续表二一

篇、书名	著(译)编者	出处	卷、期	年月日
蜀中名胜 青神中岩	黄剑华	四川文物	1期	1988
川南第一山——中岩	李久贡 李 良	园林	3期	1996
仙女山景区旅游——仙山彭祖长寿术	宋学镰 廖志新	彭山县旅游局		2000
嘉定东坡院	常盘大定 关野贞	中国文化史迹	10辑	1941
眉山"三苏纪念馆"	高 文	成都晚报		1961.6.7
"三苏"纪念馆		光明日报		1962.8.20
三苏祠巡礼	平 子	成都晚报		1963.7.25
"千古文章"三苏祠	熊朝东	四川日报		1978.9.3
"三苏祠"异彩重放	熊朝东	四川日报		1980.5.28
文献一家——三苏祠一瞥	董泗海	四川日报		1980.12.20
观蓬节时话苏祠	熊朝东	群众文艺	5期	1980
三苏祠		语文学习	5期	1982
三苏祠	四川省眉山三苏文物保管所	编者刊		1983
三苏祠新添碑亭	熊朝东	四川日报		1981.7.21
三苏故居	刘少泉	旅行家	3期	1981
苏东坡的故居三苏祠	徐 康	文化娱乐	4期	1981
"三苏祠"内的新碑亭	熊朝东	成都日报		1982.5.3
苏祠黄荆三百岁	河 川	四川日报		1982.7.20
翰墨流芳三苏祠	徐 康	成都日报		1983.2.19
三苏祠与苏小妹	柯 原	羊城晚报		1983.9.4
三苏祠诗文集	眉山三苏博物馆	编者刊		1985
苏东坡与三苏祠	彭宗林	四川人民出版社		1985
眉山三苏祠	阎慰鹏	旅游	3期	1986
三苏祠	陈 桥	紫禁城	4期	1988
黄荆古树	颜嘉泉 潘国基	植物杂志	4期	1990
一门父子三祠客 千古文章四大家——三苏祠风光一瞥	岳 斐	森林与人类	5期	1994
三苏祠觅踪	姚毓青	江苏交通运输	5期	1995

续表二二

篇、书名	著(译)编者	出处	卷、期	年月日
三苏祠	胡明远	少年月刊	12 期	1995
一门父子三词客 千古文章八大家——眉山三苏祠揽胜	唐一哲	山西老年	5 期	1997
三苏祠的木假山堂	徐丽	文史杂志	1 期	2000
三苏祠	宋明刚	三苏祠博物馆		2001
三苏故里与三苏	彭泽良	眉山市文联		2001
千古风流三苏祠	王许林	古典文学知识	3 期	2002
木假山	黄文山	三月风	3 期	2002
三苏祠匾联墨迹大观	四川眉山三苏博物馆	编者刊		2003
千古风流三苏祠	胡文彬	旅游纵览	12 期	2004
南州胜迹三苏祠		两岸关系	7–10 期	2005
漫话"载酒亭"	毛西旁	四川日报		1982.6.12
千年宝砚	苏惠芬	旅游天府	3 期	1982
连鳌山与苏东坡	文凌	成都晚报		1983.9.14
苏轼巨书"连鳌山"	王国荣	人民日报（海外）		2003.4.23
嘉州山水	东郊	新中华（复刊）	1 卷 10 期	1943
嘉州风光	夏炎德	旅行杂志	18 卷 7 期	1944
乐山山水	车国成	光明日报		1962.2.24
嘉州山水	赵福元	四川日报		1978.9.24
乐山名胜	乐山市文物管理所	四川人民出版社		1982
文化旅游名城乐山		四川人民出版社		1989
乐山揽胜	张致忠等	成都地图出版社		1994
蜀胜之观在乐山	卢云亭	百科知识	8 期	1995
乐山汉文化旅游资源研究	郑元同	乐山师专学报（社科）	1 期	1998
乐山旅游大城市与名人文化资源	邱云志	乐山师专学报（社科）	3 期	1999
嘉州隐士杨甡与碧云亭	江文远	中共乐山市委党校学报	1 期	2000
"三苏"父子与嘉州风物	陈德忠	古典文学知识	4 期	2002
嘉州揽胜	樊喜杰	中国地名	6 期	2004
嘉州山水——乐山风物录	唐长寿	新疆人民出版社		2004
美丽的乌尤寺	田家乐	四川日报		1956.7.27
乌尤剪影	平子	成都晚报		1962.2.24

续表二三

篇、书名	著(译)编者	出处	卷、期	年月日
山青水绿话乌尤	蔡耕 梅元	成都晚报		1963.3.21
绿岛乌尤	陈遐龄	旅游天府	4期	1983
乌尤寺今昔	刘学文	法音	4期	1988
人文荟萃——乌尤寺	满霖	中共乐山市委党校学报	3期	2004
乌尤山何以成离堆	魏奕雄	科技日报		2004.6.28
观音化像镇妖蜮 李冰凿渠划乌尤	满霖	中国民族报		2004.10.26
诗里乌尤	卢志伟	中共乐山市委党校学报	4期	2005
乌尤三题	唐长寿	文史杂志	6期	2005
寺隐乌尤傍绿天——乐山乌尤寺	胜理	中国宗教	12期	2005
漫谈尔雅台	梅之	成都晚报		1962.7.19
乌尤山上尔雅台	李仲玙	历史知识	3期	1981
乐山尔雅台质疑	魏奕雄	乐山师专学报（社科）	1期	1997
绿影一堆飘不去	魏樵	旅游天府	3期	1981
海棠香国	陈德忠	龙门阵	4辑	1982
漫话壁津楼	黄光新	成都晚报		1983.8.24
壁津楼记	晓东	旅游天府	4期	1983
璧津楼史话	张碧秀	巴蜀史志	1期	2004
乐山有关邓通的传说和遗址之我见	缪永舒	四川文物	1期	1991
老霄顶历史溯源	李天贵 屈彬	乐山师专学报（社科）	1期	1997
乐山古迹名胜地扬雄山	周俊麒	四川文物	4期	2000
凌云山古炮台	王建	风景名胜	11期	2001
		中共乐山市委党校学报	5期	2003
美丽的五通桥	金泉	成都日报		1981.7.21
绿色丛中小西湖	宋东涛	四川日报		1982.7.17
商衍鎏题诗夹江庞坡洞	张学志	四川地方志通讯	5期	1984
化成山揽胜怀古	江文远	中共乐山市委党校学报	6期	2002
乐山·峨眉山	黄文连	中国旅游出版社		1995
世界遗产公约自然·文化遗产：中国峨眉山——乐山大佛	中华人民共和国建设部	编者刊		1995
峨眉山-乐山大佛：中国与世界之最	田家乐	峨眉山博物馆		1999

续表二四

篇、书名	著（译）编者	出处	卷、期	年月日
峨眉山·乐山大佛	马 虹	上海辞书出版社		2003
峨眉山上的景物	许钦文	新中华	2卷16期	1934
峨眉山	重庆中国银行	中国银行总管理处经济研究室		1935
A Sung Dynasty Document of Mount Omei	D. L. Phelpe	Journal of the West China Border Research Society	Vol. 11	1939
Record of A Journey To Mount Omei Fan Ch'en-ta of the Sung Dynasty	Fan Ch'en-ta	Journal of the West China Border Research Society	Vol. 11	1939
金顶佛光	范成大	旅游天府	2期	1981
淡写峨嵋	易君左	旅行杂志	14卷7期	1940
峨嵋山	常盘大定 关野贞	中国文化史迹	10辑	1941
峨嵋山顶佛灯观测报告	刁钦奎	气象学报	2期	1941
峨嵋山与中国文化	何君超	东方杂志	39卷2号	1943
峨嵋植物园志	方文培	文化先锋	2卷3期	1943
峨嵋揽胜记	松 庐	旅行杂志	19卷8期	1945
			19卷9期	1945
中国第一名山峨嵋	刘雁声	广播周刊（复刊）	35期	1947
峨眉风光	黄大受	中国文化服务社		1947
峨眉山之珙桐与木瓜江	方文培	风土杂志	2卷4期	1948
峨嵋天下秀	孙忠靖	成都日报		1956. 8. 14
峨嵋天下秀	任楚材等	中国青年报		1956. 9. 4
峨嵋记胜	方文培	旅行家	5月号	1957
峨眉山的大型蚯蚓	李又林	生物学通报	5期	1957
峨嵋山的"岩桑"	李又林	蚕丝通报	4期	1958
峨嵋山的"胡子蟾"	李又林	动物学杂志	6期	1959
峨嵋天下秀	祝 崧	成都晚报		1961. 7. 16
峨眉山的斑点鸽	李又林	动物学杂志	3期	1960
峨嵋山的"藏酋猴"	李又林	动物学杂志	5期	1960
峨嵋天下秀	康世泰	人民日报		1961. 8. 13
峨眉风景	洪 洋	光明日报		1962. 2. 24
普贤铜像	吾 非	成都晚报		1962. 3. 17
峨嵋云海——峨嵋风物杂记	岳 生	成都晚报		1962. 9. 22

续表二五

篇、书名	著（译）编者	出处	卷、期	年月日
峨嵋四姐妹	功 勤	自立晚报		1965. 7. 19 1965. 7. 20
金顶奇观	林 藜	四川文献	144 期	1974
峨眉山	四川省峨眉县文物保管所	编者刊		1976
险峻秀丽的峨眉山	臧威霆等	地理知识	4 期	1978
峨眉添新秀	李洪启	四川日报		1978. 11. 14
峨眉山	龚学儒等	科学画报	4 月号	1979
白水秋风万年寺——峨嵋十景之一	焦东海	四川日报		1979. 4. 6
峨眉山的杜鹃花	高宝莼	成都日报		1979. 4. 21
初夏的峨眉山	山 高	成都日报		1979. 6. 14
清音阁	陶靖天	成都日报		1979. 6. 25
峨眉山的"佛光"	汤大清	四川日报		1979. 8. 20
峨眉名山添新秀	廉正祥	四川日报		1980. 1. 13
"天府之国"第一峰	龚伯勋	成都日报		1980. 6. 23
峨眉山还是峨湄山	彭静中	龙门阵	1 辑	1980
峨山沧桑	刘兴诗	文明	1 期	1980
洪椿晓雨——峨嵋景色一瞥	焦东海	四川日报		1980. 8. 2
峨眉山	赵伯礼 陈荣华	四川人民出版社		1980
峨眉山	邹学顺	气象	1 期	1981
四川峨眉山蛙属一新种——峰斑蛙	叶昌媛	动物分类学报	3 期	1981
峨嵋山圣寿万年寺铜铁佛像	李显文	文物	3 期	1981
峨嵋天下秀	马识途	旅游	3 期	1981
峨嵋天下秀		四川日报		1982. 5. 7
峨眉山	隆 莲	法音	1 期	1982
话说峨眉山	骆钟琪	旅游天府	4 期	1982
洗象池的夜月	钱学文	成都日报		1980. 6. 30
清音阁前话白蛇	焦东海	成都日报		1981. 6. 14
金顶奇观	骆坤琪等	四川日报		1981. 10. 4
峨眉山	隆 莲	法音	1 期	1982
圣积晚钟——峨眉十景之一	张光廷	四川日报		1982. 4. 7
双桥清音——峨眉十景之一	李俊文	四川日报		1982. 5. 7

续表二六

篇、书名	著(译)编者	出处	卷、期	年月日
峨嵋山胜景玉液泉	华敏	成都日报		1982.8.30
峨眉山的来历	明琪	旅游天府	1期	1983
金顶的奇特景象	河市	旅游天府	1期	1983
峨眉十景	蜀林	旅游天府	1期	1983
峨眉山的寺庙	潘集	旅游天府	1期	1983
神奇的圣积铜钟	陈祖继	旅游天府	5期	1983
峨眉山麓的明珠	黄石林	成都晚报		1984.9.10
话说峨眉山	骆坤琪	四川人民出版社		1984
峨眉天下秀	周文海	中国旅游报		1985.1.22
峨眉山与万年寺	吴觉非	四川文物	2期	1985
峨眉山辨	朱元桂	绍兴师专学报	3期	1985
峨眉山"报国寺"门匾再生记	李先定	四川地方志通讯	3期	1985
峨眉山顶奇观	陈述舟	龙门阵	4辑	1985
峨眉山别名知多少	乙丁	四川日报		1985.7.6
驻峨眉解放军某部两年恢复历史名胜"功德林"	木林	四川文物	3期	1985
"峨眉"与"渶眉"名辨	骆坤琪	四川地方志通讯	4期	1985
万历皇帝与峨眉山	骆坤琪	旅游天府	5期	1985
普贤为什么骑象	凌云 友援	旅游天府	1期	1986
峨眉山圣积晚钟	骆坤琪	四川文物	3期	1986
峨眉宝光考	田家乐	四川文物	3期	1986
报国寺及明代瓷佛	陈述舟	四川文物	3期	1986
峨眉山金殿——华藏寺	文启威	成都晚报		1986.6.23
万年寺"第一山"碑	陈泽生	四川文物	1期	1987
峨眉宝光	杨尚全 王大炜	资源开发与市场	2期	1987
舍身岩探奇	张友森等	中国民兵	8期	1987
天下名山峨眉	骆坤琪	四川省社科院乐山分院		1987
峨眉山伏虎寺及其铜塔	陈述舟	四川文物	2期	1988
峨眉山		四川人民出版社		1990
峨眉撷秀	吴淮生	朔方	1期	1991
天下名山秀峨眉	荣光友	内蒙古林业	4期	1993

续表二七

篇、书名	著（译）编者	出处	卷、期	年月日
孙思邈隐居峨眉山	孙建超	风景名胜	1期	1994
峨眉山佛光	筱蝉	广西经济管理干部学院学报	4期	1994
峨眉一线天	桑原	福建文学	5期	1994
峨眉山的自然美与人文意蕴	郑国铨	华夏文化	5、6期	1994
蜀山神灯	红峰	风景名胜	2期	1994
佛教名山——峨眉山	君文	中华文化论坛	4期	1995
中国十大峨眉山		四川统一战线	5期	1995
峨眉山猴趣	高曙军	中国外资	5期	1995
峨眉与佛	林木	风景名胜	9期	1995
峨眉山旅游指南	林萌	风景名胜	9期	1995
佛教名山——峨眉山	大文	百科知识	1期	1996
峨眉山	邹学顺	气象	1期	1996
峨眉仙山觅灵猴	闻怡	四川戏剧	3期	1997
峨眉猴趣	孟津民	兵团工运	4期	1997
峨眉宝刹万年寺	干树德	文史知识	12期	1997
十大诗人与峨眉山	田家乐	四川省乐山市社科联		1997
峨眉山药用观赏植物	杨祯禄	特种经济动植物	3期	1998
峨眉山"银色世界说"探源	干树德	中华文化论坛	1期	2000
峨眉山天然植物园	林立	中共乐山市委党校学报	3期	2000
峨眉山	刘方成	北京宣武红旗业余大学学报	4期	2000
天下名山——峨眉山	吴健	两岸关系	6期	2000
		今日中国	6期	2001
金顶奇观	袁卫人	风景名胜	9期	2000
峨眉杜鹃	李晓梅	风景名胜	9期	2000
人间仙境——峨眉山	林萌	民主	10期	2000
锦绣峨眉山	吴健	对外大传播	6期	2001
佛光映照的人间仙境——峨眉山	方北辰	文史知识	7期	2001
世界自然与文化遗产——峨眉山	宝光	风景名胜	11期	2001
月下峨眉山	汤留生	人民公安	17期	2001
峨眉山四大奇观	胡同	广西经贸	8期	2002
刮目相看峨眉山（上）	王冬梅	中国旅游报		2002.8.9

续表二八

篇、书名	著（译）编者	出处	卷、期	年月日
刮目相看峨眉山（下）	王冬梅	中国旅游报		2002.8.23
峨眉山名新考	唐长寿	中华文化论坛	4期	2003
峨眉天下秀	贾涛等	风景名胜	4期	2003
峨眉山	刘世昭	风景名胜	6期	2003
峨眉山获"天下秀"的缘由	陈文文	生物学教学	8期	2003
震旦第一山——峨眉山	李佳	经理日报		2003.4.27
峨眉山景区价值特征分析	陈向红	国土与自然资源研究	2期	2004
峨眉山风光	刘勇	照相机	8期	2004
探析峨眉山万年寺普贤铜像的旅游价值	陈倩	乐山师范学院学报	11期	2004
峨眉山"佛光"之谜	耿艳丽	少年科技博览	12期	2004
		科技日报		2004.8.30
峨眉"天下名山"溯源	郑必辉	巴蜀史志	3期	2005
峨眉山——乐山大佛景区旅游指南	沈皖蜀	旅游	10期	1994
诗人笔下的峨眉山		中华魂	9期	2000
峨眉山——乐山大佛风景名胜区	祝隽超	人民法院报		2001.9.19
峨眉山——乐山大佛	茹勇夫	科学大观园	2期	2004
峨眉山普贤铜像三个谜		科技日报		2004.6.7
峨眉山枯叶蝶嗜酒之谜谁能解	魏奕雄	科技日报		2004.9.20
峨眉山青蛙为何"长胡子"还会"弹琴"	魏奕雄	科技日报		2004.9.25
何谓峨眉山万年寺三宝	魏奕雄	科技日报		2004.11.15
峨眉山万年寺普贤铜像在四川文化旅游中的价值	徐敏	阿坝师范高等专科学校学报	2期	2005
欲探天下秀 须到峨眉走	田青	老友	11期	2005
峨眉山"佛光"之谜	苏非	出版参考	23期	2005
巴蜀西湖五通桥	胡加伦	成都科技大学出版社		1992
蜀中名胜 夹江古迹：碧云亭	夹江县碧云亭公园管理处	编者刊		1997
瓦屋山自然保护区、风景名胜区综合考察及研究		乐山师专学报（社科）	1期	1991
瓦屋山国家森林公园		中国西部	1期	1994
瓦屋山森林公园简介		植物杂志	5期	1994
以瓦屋山命名的植物	何勇	植物杂志	5期	1994

续表二九

篇、书名	著(译)编者	出处	卷、期	年月日
博大幽深的绿色王国——瓦屋山国家森林公园	竹大翠	中学地理教学参考	9期	1994
瓦屋山杜鹃花散记	何 勇	植物杂志	4期	1995
瓦屋山野生杜鹃	何 勇	中国林业	3期	1996
天上平台——瓦屋山	车志华	西南民兵	10期	1997
一座瓦屋山 两代植物情	何 勇 王 东	植物杂志	4期	1999
威尔逊：瓦屋山纪行	刘朝禄 何 勇	植物杂志	6期	1999
		四川档案	3期	2004
道教生态观与可持续发展	李后强	系统辩证学学报	1期	2001
解谜瓦屋山	罗大佺	人民日报（海外）		2001.10.30
瓦屋山十八怪	何 勇	森林与人类	6期	2002
原始古朴瓦屋山	王国荣	旅游	10期	2002
瓦屋杜鹃	张晓健	四川统一战线	12期	2002
一个英国植物学家在中国西部的传奇	王海燕	中国西部	6期	2004
杨素与大雅堂	郑林森	乐山师专学报（社科）	2期	1991
神秘的白马灵泉	周晓平	西南民兵	5期	1999
四川省雅安市地名与名胜	张炳耀	雅安市地名办公室		1986
雅雨、雅鱼、雅女的魅力	邓 翔	中国西部	4期	2004
雅安史迹名胜探实	曹 宏	中国国际文化出版社		2004
王褒与墨池坝	温钧陶	内江师专学报（社科）	1期	1989
历代名贤咏资州八景	宋国英	四川文物	6期	1990
资州揽胜	铁波乐	内江市文联、内江作家协会		2001
漫话船山	曾伯融	文谭	8期	1983
南溪的古城门	南包文	四川文物	3期	1991
蜀中名胜高洞庙	胡传淮	著者刊		2002
川中名胜赤城山	胡传淮	著者刊		2003
川北名胜高峰山	胡传淮	四川省蓬溪县委宣传部等		2004
安岳城外陈抟墓	白中培	四川日报		1983.9.17
金华山与陈子昂	陈 霁	旅游天府	3期	1982
陈子昂读书台	古 今	成都日报		1982.6.21
金华滴翠读书台	闻 辅	成都晚报		1983.7.9

续表三〇

篇、书名	著(译)编者	出处	卷、期	年月日
金华山诗歌对联选	蒋均涛	四川省射洪县文物管理所		1984
陈子昂读书台	马德富	中国典籍与文化	1期	1995
川中名胜金华山	田老泉	四川人民出版社		1990
臭石 臭寺 臭石歌	新晚	劳动世界	11期	1994
"臭寺"探趣	杜华赋 一木	当代矿工	2期	1995
臭石歌话臭石	吴昭谦	地球	4期	1996
来者——来自陈子昂故乡金华的报告	陶琳等	四川人民出版社		1997
臭寺·臭石·臭石歌——陈子昂读书台览胜	丁艾	中华魂	2期	2001
少陵胜迹梓州多	李智勇	杜甫研究学刊	3期	2002
万卷楼与陈寿	蒋任	四川文物	3期	1987
陈寿读书万卷楼	朱兴弟	风景名胜	2期	2000
四川南充的万卷楼	李科治	地球	6期	2001
白塔晨钟	唐旭 王积厚	四川日报		1978.11.18
白塔晨钟	马雪乔	四川日报		1985.7.1
关于南部、仪陇、阆中三县文化资源及其开发情况的调查报告	谭洛非	中华文化论坛	4期	1997
仪陇奎星阁	李蚊蛟	四川文物	2期	1987
仪陇县清代奎星阁		四川文物	2期	1997
张飞与阆中	伏从周	成都晚报		1963.3.6
张飞战八濛	王建纬	旅游天府	3期	1981
阆中张飞墓	文萌	旅游天府	1期	1982
新政离堆与颜真卿《鲜于氏离堆记》	王积厚	四川文物	4期	1985
《鲜于氏离堆记》考辨	林学远	书法研究	1期	2000
阆中揽胜	毛明文	现代出版社		1993
阆中古柏奇观	龚炳雄等	中国林业	9期	1995
阆中名胜古迹考释	杨林由	西南师范大学出版社		1997
天上仙境 人间阆苑——阆中市锦屏风景名胜区简介		四川政报	3期	1999
禹王故宫放光彩	徐怀益	四川日报		1979.10.24

续表三一

篇、书名	著(译)编者	出处	卷、期	年月日
禹里名胜壮古今	政协北川县委员会文史资料委员会	编者刊		1991
苍溪寻乐书岩	王峻峰	四川文物	2期	1985
天台山	政协四川苍溪县委文史资料委员会	编者刊		1990
梓州揽胜：灵峰仙迹	民盟三台县委文教卫委员会、三台县灵兴镇教科文卫办公室	编者刊		1994
蓝池庙文物名胜志	左启	三台梓州艺术院、三台蓝池庙管委会		2000
岷水鄞人秀梓南	左启	三台县鲁班云台旅游经济开发区管委会		2003
溯源考究集	张庆	三台县文化体育局		2005
天下第一雄山——华蓥山	何长安 刘理科	中国和平出版社		2004
宝成铁路沿线路文化古迹概况	陈有年	四川日报		1957.12.23
德阳揽胜	德阳市文化局	编者刊		1993
绵竹诸葛瞻父子墓祠	宁志奇	四川文物	3期	1985
绵竹诸葛瞻父子墓考析	林集友	四川文物	4期	1990
蜀汉胜迹——庞统祠墓	德阳市市中区文化局	编者刊		1991
德阳庞统墓祠	刘军	四川文物	1期	1987
秋游"落凤坡"谒庞统祠	曹弘	四川建材	3、4期	1999
天意高难问——谒庞统祠墓	杨闻宇	海内与海外	5期	1999
探访三国遗踪——庞统祠	尹墨怀 王修海	文化月刊	9期	2005
鹿头关上靖侯祠	刘仁铸	成都晚报		1983.7.23
古柏森森靖侯祠	岳春恩	四川林勘设计	3期	1997
中华名关白马关		西南民兵	7期	2000
罗江历史人文胜迹	赖安海	伊犁人民出版社		2001
罗江风雅集——罗江名胜古迹·历代诗词楹联	赖安海	四川省德阳文化局、四川省罗江县文化旅游体育局		2002
记绵阳蒋琬墓遗址	孙次舟	责善半月刊	1卷16期	1940
谒蒋琬墓	王代升	旅游天府	3期	1981

续表三二

篇、书名	著(译)编者	出处	卷、期	年月日
蜀汉名臣蒋琬墓	赵树中	四川文物	3期	1985
蒋琬与蒋琬墓	张学君	四川地方志通讯	5期	1985
蜀汉史迹论考集	中共绵阳市委宣传部等	编者刊		1988
绵阳市风光名胜诗选	中国人民政治协商会议四川省绵阳市委员会	巴蜀书社		1990
绵阳市的乐楼	陈永乐	四川文物	2期	1992
绵阳李杜祠	赵义元	四川文物	3期	1995
绵阳李杜祠	钟树梁	杜甫研究学刊	1期	1998
李杜祠	黄光兴	四川大学出版社		2001
历史文化名城：绵阳名胜风景诗文选注	刘文传 项家德	绵阳市文化局		1995
绵阳自然文化名胜大全：风物长流	马蒲先	绵阳市文化局		2003
天然画屏窦圌山	仇昌胤	四川日报		1979.3.21
圌山揽胜	欧小白	成都日报		1980.7.26
神奇的窦圌山	加林 家福	旅游天府	2期	1981
江油窦圌山	金勖琪	四川日报		1982.1.30
窦圌山道教转轮藏雕像初探	邓少琴 王家祐	宗教学研究	4期	1983
江油圌山如画屏	乡居	成都晚报		1983.4.2
圌山揽奇	卢跃刚	地理知识	4期	1985
圌山——川西北的画屏	郭同旭	旅游天府	5期	1985
别有天地非人间——记四川窦圌山	柳宜生	文史杂志	1期	1986
江油县圌山云岩寺飞天藏及藏殿勘查记略	辜其一	四川文物	4期	1986
四川江油窦圌山云岩寺飞天藏	黄石林	文物	4期	1991
飞天藏的木雕人像艺术刍论	黄石林	四川文物	5期	1991
江油窦圌山云岩寺	曾昌林	四川文物	3期	1992
窦圌山皇帝廊	江油市窦圌山管理处	编者刊		1994
窦圌夜闻铃	俞浣萍	风景名胜	6期	1998
古刹铁链作通道	陈中原	风景名胜	3期	2000
窦圌山	轩舟	成都文物	4期	2002

续表三三

篇、书名	著(译)编者	出处	卷、期	年月日
窦圌山奇观	程 溪	西部大开发	1 期	2003
华夏一绝——江油窦圌山云岩寺	王生生	中国房地信息	11 期	2003
江油窦圌山	王 晔	上海集邮	8 期	2005
云岩寺飞天藏及其宗教背景浅析	左拉拉	建筑史	21 期	2005
神奇的蜀北古迹	洪 兵	今日中国	4 期	1991
太白故里	张 桂	四川日报		1956.5.25
青莲乡太白遗址	宋 艾	成都晚报		1964.4.4
李白故里——青莲		中国青年报		1980.6.28
李白故居的石牛	分 戈	成都日报		1982.12.8
李白故里的石牛	李 戎	旅游天府	5 期	1983
李白故里话诗仙	吴 红	成都晚报		1984.11.5
李白故乡古江油	梁安礼	旅游天府	5 期	1985
嵌在李白故里的翡翠	赵 敏	旅游天府	5 期	1985
李白纪念馆巡礼	吴丹雨	旅游天府	5 期	1985
春到青莲场	李 戎	旅游天府	5 期	1985
匡山神游	丁稚鸿	旅游天府	5 期	1985
李白故里	李 戎	四川人民出版社		1987
李白纪念馆	江油李白纪念馆	巴蜀书社		1991
李白故里风采录	李树芳	中共江油市委宣传部		1994
李白故居	曾昌林 唐 飞	四川文物	5 期	1996
李白故里"磨针溪"	何 俊 李传富	西南民兵	12 期	2002
李白故里名胜古迹趣闻录	《名胜古迹趣闻录》编委会	编者刊		2005
梓潼名胜记	李致刚	旅行杂志	18 卷 4 期	1944
梓潼风光名胜	李敦义	中国人民政治协商会议四川省梓潼县委员会		1992
文昌圣地——梓潼		神州	11 期	2004
七曲山大庙	姚光普	四川日报		1979.1.14
		四川文物	5 期	1991
七曲大庙	陈正明 梅忠荣	成都日报		1980.9.11

续表三四

篇、书名	著(译)编者	出处	卷、期	年月日
梓潼大庙与张献忠太庙	石磊	旅游天府	4期	1981
古柏大庙七曲山	李宪	成都晚报		1983.8.27
张献忠与梓潼大庙	王代升	四川文物	4期	1985
梓潼大庙是祭祀谁的	王代升	文史杂志	3期	1986
文昌宫里的宋代丹桂	黄森木	国土绿化	2期	1994
		中国林业	5期	1998
"道法自然"的梓潼七曲山文昌宫	刘长荣	四川文物	3期	1997
梓潼七曲山大庙铁铸文昌像的断代及文化内涵	谢焕智	四川文物	4期	2000
文昌帝乡七曲山	周朝海	梓潼县文化旅游局		2003
七曲山大庙建造史初考	黄枝生	四川文物	5期	2005
梓潼三国遗迹"诸葛寨"	谢汉杰	四川文物	1期	1995
四川剑州重阳亭	常盘大定 关野贞	中国文化史迹	10辑	1941
剑阁天下雄	祝崧 云林	成都晚报		1961.5.20
剑门天下雄	肖明远 罗少先	四川日报		1979.11.16
剑门赞	刘忠信	成都日报		1980.6.5
历代兵家争剑门	肖明远 袁济生	旅游天府	4期	1981
唐代皇帝过剑门	肖明远 罗少先	旅游天府	1期	1983
剑门关	中共剑阁县委宣传部	编者刊		1984
三国与剑门	剑阁县文化馆	编者刊		1987
剑门蜀道与剑门蜀道文物	王代升	四川文物	1期	1988
剑门天下雄	罗少先	四川日报		1989.11.16
剑门	中国人民政治协商会议剑阁县委员会文史资料研究委员会	编者刊		1990
四川剑门乌龙再现	王宗成等	四川环境	4期	1993
剑门天下雄	徐守银	风景名胜	4期	1994
诸葛亮在剑阁的业绩及其影响	萧明远 何中辉	四川文物	1期	1995

续表三五

篇、书名	著(译)编者	出处	卷、期	年月日
剑门蜀道	南山	对外大传播	12期	1996
剑门雄关景物记	罗尧生 郝翠华	作文成功之路（高中）	12期	1998
古道雄关——剑门	庭西	当代职校生	2、3期	2000
"红""绿"俱佳的剑门关景区	田兴甫等	中国老区建设	3期	2003
剑门与蜀道	郭祝崧	成都大学学报（社科）	4期	2003
剑阁之谜		四川日报		2003.4.18
雄秀奇幽话剑门	高戈	西部人	2期	2004
剑门天下雄	杨永建	老友	7期	2005
剑阁道上话古柏	肖明远 罗少生	四川日报		1978.12.8
翠云廊琐记	贺章	旅游天府	4期	1981
"翠云廊"上古柏奇	肖明远 罗少先	旅游天府	3期	1982
剑州古柏考	赵（羽弋） 王芳瑜	四川林业科技	1期	1986
剑阁古柏与李璧铜像	黄邦红	四川文物	3期	1986
翠云廊历史探讨	王传心	四川文物	1期	1988
翠云廊	剑阁县政协文史资料研究委员会、剑阁县林业局	编者刊		1988
川北古驿道行道古柏考	王继贵	四川林业科技	1期	1991
从"翠云廊"的形成看我国自然保护区的发展趋向	蔡正邦 张毅	四川环境	3期	1991
世界奇观——翠云长廊	立力	广西林业	2期	1994
国之珍宝——翠云廊	一哲	山西老年	8期	1995
蜀道奇观"翠云廊"	黄森木	中国林业	12期	1995
蜀道翠云廊	曹弘	风景名胜	2期	1998
蜀道"绿龙"——翠云廊	翟峰	城乡建设	3期	1999
世界奇观翠云廊	何中辉	四川统一战线	5期	1999
皇柏古道	瑞强	风景名胜	9期	1999
皇柏古道"翠云廊"	曲弓	风景名胜	1期	2001
浅谈翠云廊的形成与绿色通道工程建设	吴志文	四川林勘设计	4期	2001

续表三六

篇、书名	著(译)编者	出处	卷、期	年月日
中国古代的绿色通道工程——翠云廊及其形成	吴志文	世界林业研究	5 期	2001
蜀道古柏奇观	蔡运生	四川统一战线	2 期	2002
翠云廊古柏荫森森	陈 洋 江 南	国土绿化	8 期	2002
探游蜀道翠云廊	前 记	旅游	9 期	2002
绿色长城"翠云廊"	陈 洋 江 南	老人天地	11 期	2002
蜀道奇观翠云廊	王兆钧	甘肃林业	6 期	2003
中国西部的一大奇观：蜀道翠云廊	王传心	文史杂志	1 期	2004
翠云廊里"剑阁柏"	申及甫	文史杂志	2 期	2004
雨夜话古城	管纪畲	四川日报		1962.7.13
古城昭化	马兴国	四川日报		1980.11.1
鹤鸣山访古	黄邦红	旅游天府	2 期	1982
皇泽寺怀古，朝天驿探险——四川广元揽胜	戈 敏	文化与生活	1 期	1982
广元揽胜	中共四川省广元市委宣传部	编者刊		1987
璀璨的旅游明珠——广元	刘万荣 罗 阆	中学地理教学参考	1、2 期	1994
川北妙境广元	孙安坚	今日中国	5 期	1995
蜀道明珠 广元	王正和 陈 锦	中国西部	2 期	1997
广元揽胜	陈正鹏	西南财经大学出版社		1998
广元风景名胜	李金河 何兴明	四川辞书出版社		2003
"古人驿道栽桑致富"有感	成正贵	财政	7 期	1994
女皇武则天的祀庙	徐守银	风景名胜	1 期	1995
女皇故里寻踪	陈 崇	乡音	5 期	1995
"恩泽寺"应为"皇泽寺"	舒义顺	新闻知识	5 期	1995
广元乌龙山女皇武则天祀殿	周俊麒	成都大学学报（社科）	1 期	1996
皇泽寺	金耀文	对外大传播	11 期	1996
武则天与皇泽寺	段建平	风景名胜	3 期	1999
广元皇泽寺《蚕桑十二事图》	黄 河	北方蚕业	2 期	2000
女皇武则天祀庙：广元皇泽寺	陈正鹏	广元市文化局		2000

续表三七

篇、书名	著（译）编者	出处	卷、期	年月日
皇泽寺与武则天	杨知人	中国老区建设	3期	2002
广元皇泽寺	温声航	文史天地	1期	2004
芳留剑阁 光被利州——漫游广元皇泽寺	温志航	文史杂志	2期	2004
武则天故里的一颗绿色明珠	高文豪 孙离伯	绿色大世界	2期	1994
南栈风光	朱登阶	四川省广元市地方志编纂委员办公室		1995
秦汉"褒斜栈道"揽胜	曹弘	四川统一战线	2期	2000
穿行 剑门蜀道	张晨	中国矿业报		2001.5.26
蜀道奇观——明月峡	高戈	西部人	11期	2003
古栈道走进明月峡	吕友根	四川统一战线	1期	2003
蜀道奇观——明月峡——中国古今交通博物馆	江南 高戈	老人天地	7期	2003
李杜川北遗址考察散记	濮禾章	草堂	1期	1982
送客亭与临江寺	王峻峰	四川文物	4期	1986
古寺沧桑——漫话平武报恩寺	林夕	成都日报		1979.6.25
平武一宝，报恩古刹	李良明	旅游	1期	1982
记平武报恩寺	向远木	四川文物	3期	1986
神奇的蜀北古迹	洪兵	今日中国	4期	1991
平武报恩寺	向远木	四川人民出版社		1992
平武报恩寺之建王玺蒙冤辩说	杨培德	绵阳师范高等专科学校学报	1期	1998
深山宫殿——平武报恩寺	白虎政	西南民兵	4期	1999
深山"宫殿"报恩寺	苏洪礼	中国文物报		2000.3.1
报恩寺揽胜	向远木	中国三峡出版社		2001
报恩寺	赵大督	航空港	2期	2005
鱼洞奇观	闻道	成都文物	3期	2005
禹里名胜壮古今	四川省北川县政协文史资料委员会	编者刊		1991
秀美青川——省级风景名胜区四川青川阴平古道简介	田行卫			2004
达县的真佛	方赫	旅游天府	4期	1983
巴中奎星阁	晏萍 岳钊林	四川文物	1期	2000

续表三八

篇、书名	著(译)编者	出处	卷、期	年月日
巴中风光	中共巴中地委宣传部	编者刊		1999
光雾仙山 诺水洞天	中共巴中市委、巴中市人民政府	编者刊		2004
巴渠揽胜——四川达县地区旅游便览	达县地区外事办公室	四川人民出版社		1992
锦绣达县	达县旅游局	编者刊		2005
樊哙百里峡	中共宣汉县委宣传部	宣汉县文化馆		1984
红四门暨南江城墙	岳崇涛	四川文物	2期	1985
与峨嵋并称的大蓬山胜迹考	阚家骆	文史杂志	2期	1986
蜀北仙踪大蓬山	鲁子健	文史杂志	2期	1986
盐县胜景王爷庙	宋良曦	四川文物	1期	1987
自贡名胜古迹	自贡市文化局	编者刊		1988
川南有名的佛教胜地		四川日报		1984.12.31
宜宾流杯池	崔陈	四川文物	5期	1988
宜宾真武山佛道史迹考略	杨曦	四川文物	3期	2001
宜宾大观楼	舜泰	四川日报		1983.7.11
"西南之最"——宜宾大观楼	尚义等	四川文物	2期	1985
泸州名胜龙马潭	易润生	泸州史志通讯	2期	1985
泸州钟鼓楼	尹焱	泸州史志通讯	2期	1985
东岩揽胜	陈鑫明	泸州市博物馆		1991
张坝风情	陈鑫明	泸州市张坝园林风景区管理处		1999
泸县名胜话神奇	寇官桂	泸县建设局等		2003
话说泸县名胜	寇官桂	泸县建设局等		2004
奇特的洞穴风光——介绍兴文县天泉洞		重庆日报		1980.10.27
兴文石林千姿百态		重庆日报		1980.10.27
马湖秀色	吴琪拉达	四川日报		1979.10.29
合江名胜笔架山	合江县志办公室	泸州史志通讯	4期	1985
叙永县名胜古迹简介	曾介民	叙永县文史资料工作委员会		1983
川南奇景——龙泉洞	颜林	巴蜀史志	4期	2004

续表三九

篇、书名	著(译)编者	出处	卷、期	年月日
蜀南竹海与传统竹文化	潘前春	巴蜀史志	2期	2000
古宋名胜古迹简介（第一集）	兴文县史志协会古宋分会	编者刊		1985
石海洞乡——四川省兴文县的溶洞石林	杨世桑	重庆出版社		1983
天下第一漏斗	四川兴文县石海洞乡管理处	编者刊		1993
中国喀斯特的故乡——四川兴文	焦伟侠等	科学普及出版社		2004
神奇石海	刘大桥	四川人民出版社		2004
讲述兴文石海——世界地质公园背后的故事	向华	香港天马出版有限公司		2005
博物馆组织名胜古迹调查队	胡人朝	重庆日报		1957.11.17
渝州揽胜记	姚蒸民	四川文献	114期	1972
重庆名胜古迹简介	庄燕和	重庆地方志资料	1期	1986
七星岗、何家花园：山城众山佳木		重庆市中区史志	2期	1986
重庆江河名胜录	邵红峰	重庆地方志	3、4期	1987
川东名胜	潘德潜	重庆日报		1988.8.2
重庆名胜风情录	魏仲云	重庆出版社		1994
陪都遗址今犹在	部琬琅	四川旅游	3期	1995
重庆陪都重点遗址一览表		重庆与世界	4期	2000
陪都遗址门庭冷落	隆准	重庆商报		2000.9.4
巴山渝水风景美	刘楚雄	风景名胜	7期	2001
山城揽胜	杨绍全	重庆出版社		2001
巴渝揽胜	段荣昌	重庆出版社		2001
重庆景区知多少	唐文虎	城市质量监督	9期	2002
重庆·三峡——撷萃·拾遗	李彦一	重庆出版社		2003
重庆国家级旅游风景区图典：缙云山、北温泉、钓鱼城	蓝锡麟	重庆出版社		2003
巴渝山水名胜	老谭	重庆出版社		2004
重庆的温泉	罗正富	地球	2期	1987
重庆的温泉	黄小林	地球	6期	1998
南泉与北碚	杜若之	巴渝出版社		1938
闲话重庆南泉	邱培豪	旅行杂志	13卷10期	1939
重庆的风景区——南温泉	易声伯	旅行杂志	17卷4期	1943

续表四○

篇、书名	著(译)编者	出处	卷、期	年月日
南温泉	魏青铿	文史杂志	7、8期	1944
重庆的宠儿——南温泉	钟树楠	风土杂志	6期	1946
南泉记	时燮平	南泉建设委员会文化促进组		1947
		南泉书店		1949
南泉	仁耀	历史知识	3期	1980
重庆南温泉仙女像	重庆市园林管理处	美术	11期	1980
南泉风光	钱棱	重庆出版社		1992
巴南旅游话温泉	正荣 关键	重庆日报		2000.10.13
北泉一览	私立北泉图书馆	编者刊		
北泉小志	何刼堂	旅行杂志	18卷2期	1944
北泉诗碑	李萱华	重庆日报		1984.8.12
北温泉创建轶事	何崇文	重庆晚报		1985.5.9
北泉"汉洗"今何在	李萱华	重庆晚报		1987.12.29
国宝"汉洗"安然无恙	李文泉	重庆晚报		1988.1.2
北泉乳花洞成因探讨	马崇田	四川地质学报	2期	1988
风景秀丽的北温泉公园	岳春恩	四川林勘设计	4期	1997
乳花洞黄金之谜	孙丹年	红岩春秋	5期	1998
北温泉记游	陈元洪	新重庆	10期	2004
重庆胜景歌乐山	魏仲云	重庆出版社		1993
陪都蒋介石夫妇旧居	杨耀健	文史精华	9期	1995
北碚风景名胜录	李萱华			1985
重庆市的后花园北碚揽胜	重庆市北碚区政协文史委员会	编者刊		1998
卢作孚开拓北碚风景区	陈伟华	风景名胜	4期	1999
都市里的绿洲——北碚公园	李德虹	中国园林	3期	2001
缙云山下的窈窕小城——重庆北碚景观风貌特色的形成和保持	黄天其	中国园林	3期	2001
北碚区城市绿地系统的结构特点	况平	中国园林	3期	2001
国家园林城区——北碚		红岩	3期	2003
重庆后花园北碚	明俊雄	上海人民美术出版社		2004

续表四一

篇、书名	著(译)编者	出处	卷、期	年月日
访解放行动委员会抗战陪都遗址	杨 力	前进论坛	11期	2002
缙云山志	释尘空	汉藏教理院		1942
川东小峨嵋	杨世燊	重庆日报		1979.7.29
		地理知识	9期	1981
缙云揽胜	范昌灼	成都日报		1980.4.14
缙云山和北温泉	杨自庆	重庆日报		1980.5.25
峰奇峦秀说缙云	唐文光	旅游天府	2期	1981
重庆缙云山		重庆出版社	编者刊	1983
缙云山自然保护区	潘体常	植物杂志	4期	1984
天府名胜——缙云山	刘志安	重庆地方志	3、4期	1987
重庆缙云山志	潘昌平	重庆市缙云山自然保护管理处		1987
缙云山	刘志安	重庆出版社		1987
天然森林公园——缙云山自然保护区	岳春恩	四川林勘设计	4期	1994
缙云山自然保护区掠影	岳春恩	森林与人类	6期	1994
山到九峰静 云流一派闲——重庆缙云山诗话	刘友竹	文史杂志	6期	1996
重庆缙云山	郭守锡	重庆市缙云山自然保护区管理处		2000
蜀中好山缙云山	郭守锡	风景名胜	7期	2001
缙云山自然保护区		中国林业	2期	2003
川东小峨嵋——重庆市缙云山国家级自然保护区侧记	刘万平	森林与人类	1期	2005
重庆的状元遗迹	余云华	重庆日报		2000.7.14
重庆东泉记	陈慕群	旅行杂志	19卷8期	1945
巴蔓子的故事	庄 张	重庆日报		1979.2.4
两千多年前的古迹——巴蔓子墓	彭伯通	古城重庆		1981
巴蔓子和巴蔓子墓	爱 琴	四川日报		1982.10.22
巴蔓子墓不在重庆	史阙文	重庆师院学报（哲社）	3期	1982
巴蔓子和严颜	陈懋璋	历史知识	6期	1983
巴蔓子墓和莲花池		重庆妇女	3期	1984
巴蔓子考论	王 峰	民族研究	1期	1998
寻找巴蔓子墓	董亚林	重庆与世界	5期	1998

续表四二

篇、书名	著(译)编者	出处	卷、期	年月日
有关石达开军一八六二年春经过重庆的古迹	庄燕如	重庆师院学报	4期	1980
姚公场和蚕神祠	魏仲云	重庆日报		1983.1.9
鹅岭公园		重庆妇女	2期	1984
鹅岭公园	文宗祥	重庆市中区史志	创刊号	1985
林园史话	魏仲云	重庆晚报		1985.8.28
重庆"林园"	陈文渝	四川文物	4期	1986
林园——一段往事的见证	杨泽本	成都文物	2期	2004
旅游胜地大沟	邓启文	重庆地方志	3期	1992
陪都黄山别墅	李华明	重庆地方志	4期	1992
重庆胜景歌乐山	魏仲云	重庆出版社		1993
北岩名胜点易洞	蒲国树	涪陵师范学院学报	4期	2001
南川金佛山概况		四川月报	1卷6期	1932
南川金佛山记	邱培豪	旅行杂志	13卷6期	1939
金山天下富	喻光韶	旅游天府	3期	1982
天然绿色植物宝库——金佛山	汪蜀秋等	大自然探索	2期	1983
四川南川县金佛山简介	吴宪章 彭俊杰	四川林业科技	1期	1984
金佛山		重庆出版社		1993
民国时期对金佛山的开发利用	南川县档案馆	编者刊		1993
金佛山揽胜	赵世富	四川统一战线	3期	1996
"金佛"神韵	任禎学 唐洪道	科技与经济画报	5期	1996
水帘垂悬遮望眼 金山趣事鲜人知——金佛山水帘洞散纪	张培麟	旅游	7期	1996
银杏皇后——金佛山五绝之一	刘本心	气功与生命科学	4期	1997
金佛山"银杏皇后"	张虹	植物杂志	6期	1998
金佛山揽胜	绿风	山区开发	7期	1998
神秀迷人的金佛山	赵世富	四川统一战线	6期	2000
巴蜀名山金佛山	黄桂华	甘肃日报		2000.7.20
植物王国金佛山	张钦伟 袁仕宏	风景名胜	7期	2001
国家级自然保护区——金佛山	刘成军	生物学教学	12期	2001
多姿多彩的金佛山		初中生辅导	4期	2002

续表四三

篇、书名	著(译)编者	出处	卷、期	年月日
藏不住的金佛山	杨选民	四川文艺出版社		2003
重庆国家级旅游风景区图典：金佛山	蓝锡麟	重庆出版社		2003
四面山风光	刘志安	四川人民出版社		1988
四面山风光	刘少敏	重庆出版社		1999
重庆国家级旅游风景区图典：四面山	蓝锡麟	重庆出版社		2003
重庆国家级旅游风景区图典：芙蓉江、芙蓉洞、仙女山、天生桥、龙水峡、白马山	蓝锡麟	重庆出版社		2003
云阳桓侯庙与盐井	倪纲贤	旅行杂志	13卷2期	1939
"巴蜀一胜境"——张飞庙	万阳	四川日报		1978.10.20
张飞庙	彭献翔	旅游天地	1期	1980
巴蜀胜景张飞庙	杨千廷	成都日报		1980.9.8
云阳何来张飞庙	徐廉明	四川日报		1981.11.17
云阳何来张飞庙	杨千廷	旅游天府	2期	1981
张飞庙传奇	王健	旅游天府	5期	1982
书法艺术宝库张飞庙	王健	旅游天府	3期	1983
云阳张桓侯庙	彭献翔	四川文物	2期	1992
云阳县张飞庙搬迁初探	郭宝蓉	四川建筑	1期	1995
江上风情——云阳张桓侯庙的文物价值	吕舟	古建园林技术	2期	1996
搬迁张飞庙	吕舟	文物天地	6期	2003
张飞庙遗址发掘简报	重庆市文物局等	文博	5期	2003
云阳张飞庙考古取得丰厚成果	呼延思正	西安日报		2003.4.9
万县李太白山	常盘大定 关野贞	中国文化史迹	10辑	1941
风光美丽的万县	万县市工艺美术服务部	编者刊		1980
丰都"阴王"的由来	毛一波	掌故	43卷	1975
迷雾"鬼城"天子殿	徐廉明	四川日报		1981.3.14
丰都揽胜	丰都县名山管理委员会	编者刊		1985
抓住主要特点 掌握基本方向——试谈丰都名山的恢复与开发	朱秉璋	四川文物	1期	1986

续表四四

篇、书名	著(译)编者	出处	卷、期	年月日
鬼城游考	李 门 姚玉枢	四川人民出版社		1986
鬼城导游	周茂祥	四川人民出版社		1988
鬼城幽趣	张长江	中国旅游出版社		1989
名山志	丰都县名山管委会	科学技术文献出版社重庆分社		1990
"鬼国"幽都——名山	廖长明	山区开发	1期	1992
丰都鬼城悠悠情	肖 岚	炎黄春秋	5期	1992
名人轶事与鬼城	范明吉 陈庆根	重庆出版社		1992
中国民间"死亡"哲学之城——漫谈鬼城丰都	骨 嘉 唐偷扬	科技与经济画报	3期	1994
"鬼城"丰都溯源	秦 飞	风景名胜	11期	1994
名山名人共辉煌——长江三峡第一景"鬼城名山"	江 滨	经贸世界	11期	1994
话说鬼城	梁从诫	文史杂志	1期	1995
鬼城丰都——中国神曲之乡	刘代荣	四川美术出版社		1995
迷,迷,迷——"鬼城"大搜秘	罗国建	创业者	7期	1996
鬼城丰都	树 纯	兰台世界	8期	1996
丰都·鬼城·巴人失踪	宫玉海 胡远鹏	文史杂志	6期	1997
酆都·丰都·豐都		咬文嚼字	4期	1998
三峡名城——鬼城丰都	王治国	重庆与世界	6期	1999
风景名胜——"鬼城"丰都	陆 琦	广东建筑装饰	2期	2000
试论鬼城文化的旅游开发	甘联君	地理教育	1期	2001
神奇的鬼城 丰都	陈志平	风景名胜	7期	2001
丰都的风情	咸 作	风景名胜	7期	2001
神曲之乡 丰都	冉 杰	中国矿业报		2001.5.26
"鬼城文化"有精华	谭大辉	中国旅游报		2002.8.12
石宝寨	万 忠	地理知识	8期	1979
石宝古寨添异彩	崔吉平 明信凡	四川日报		1980.5.4
石宝寨	于澄建	光明日报		1980.10.4
雄峙九重天	杨干廷	成都日报		1980.11.3

续表四五

篇、书名	著(译)编者	出处	卷、期	年月日
孤峰古寨 石宝寨	冯碧	建筑知识	3期	1982
奇特的石宝寨	王光荣	旅游	4期	1985
石宝寨述源	吴觉非	四川文物	1期	1986
崇楼飞阁 别一天台——四川省忠县石宝寨建筑特色谈	汤羽扬	古建园林技术	2期	1996
石宝寨漫步	鹤年	中国水运	5期	1996
感念石宝寨	濯蒙	中国三峡建设	7期	1998
		工厂管理	10期	1998
石宝寨传说引发的思考	京山日	人才开发	9期	2000
江上明珠石宝寨	周晓琼	中国三峡建设	12期	2000
石宝寨不会淹没	汤羽扬	文物天地	6期	2003
邂逅石宝寨	王中刚	文史天地	7期	2003
中华建筑奇观石宝寨	高松	影像材料	4期	2004
大足十景	李正心	四川日报		1982.3.10
提出寡妇不能再嫁谬论的地方	胡岸草	旅游天府	1期	1982
怀清台	廖成江	四川地方志通讯	2期	1983
皇华台	袁代奎	四川地方志通讯	6期	1983
秦良玉和忠州太保祠	袁代奎	四川日报		1984.6.23
长江云梯街奇观	黄玉才	建筑工人	6期	1992
夏日云梯街	谭潭	民间文学	12期	1992
万里长江第一街——云梯街	向大春	民族团结	7期	1994
长江奇观"云梯街"	黄钰财	建筑知识	6期	2003
		中国地产市场		2005.5.30
西沱"云梯街"	黄钰财	中国文化报		2005.8.25
川江名胜	鄢国培	重庆日报		1956.12.9
白帝城巡礼	倪纲贤	旅行杂志	11卷3期	1937
白帝城	韩惠民	四川日报		1956.7.5
白帝城看瞿塘风光	黄河	成都晚报		1965.12.13
白帝城	万县地委宣传部、奉节县委宣传部	文物	9期	1977
白帝彩云	孙善齐	四川日报		1978.8.28
白帝城风光	乔德炳	四川日报		1978.10.20

续表四六

篇、书名	著(译)编者	出处	卷、期	年月日
白帝城	江述林 杜礼臣	地理知识	11期	1979
白帝彩云间	信东	成都日报		1980.5.12
白帝古城好风光	孙善齐	四川日报		1980.5.28
白帝城	胡焕章	四川日报		1981.5.6
白帝城	何竹君	四川人民出版社		1983
白帝城巡礼	欧勤圣	旅游天府	2期	1985
白帝城漫话	杜礼臣	云南人民出版社		1989
白帝城·瞿塘峡旅游指南	劳征	成都科技大学出版社		1992
白帝城	杜礼臣	成都出版社		1993
白帝城建成时间及与公孙述的关系	陈剑	四川文物	3期	1994
白帝城高夔门险	徐柏容	天津文学	5期	1994
白帝城考略	赵评春	四川文物	1期	1995
汉白帝城位置探讨	陈剑	四川文物	1期	1995
关于《汉白帝城位置探讨》有关问题的补充	蓝勇	四川文物	3期	1996
奉节白帝城	郑言平	上海集邮	5期	1995
白帝城高急暮砧	刘中国	中外房地产导报	21期	1995
白帝城		四川人民出版社		1995
白帝寺始建时代及现存文物概述	陈剑	四川文物	2期	1996
峡口明珠——白帝城	佟福贵	兰台世界	6期	1996
从白帝城到夔门天堑	朱光临	中国石化	8期	1999
白帝城	重庆市三国文化研究会 白帝城博物馆	编者刊		2000
白帝城宋城遗址大规模发掘	黄豁 陈敏	瞭望	13期	2002
白帝城曾是三峡地区政治中心军事重镇	黄豁 陈敏	光明日报		2002.1.21
白帝城——在战争与和平间迁徙	袁东山	文物天地	6期	2003
遥祭白帝城	汪震国	福建乡土	1期	2004
白帝城美丽打折	天长	咬文嚼字	3期	2004
白帝城——诗人的朝圣	王以培	中国青年出版社		2004
白帝城——沉入江底的家园	王以培	成报出版社		2005

续表四七

篇、书名	著(译)编者	出处	卷、期	年月日
诗城奉节胜迹多	运生	旅游天府	2期	1985
杜甫生活过的地方	何钟辛	大公报		1962.4.17
瞿塘峡畔的杜甫草堂	赵贵林 游翔	旅游天地	5期	1982
巫山寻古	黄世宪	历史知识	5期	1980
巫山小景	尹鸿禄	成都日报		1981.4.2
纵横古今巫山	吕红文	成都日报		1981.6.17
巫山县古迹名称史话	鲁良朝	地名知识	3期	1982
巫山揽胜	巫山县文化局	重庆出版社		1988
巫山奇趣录	巫山县志办公室	重庆出版社		1988
巫山神女庙寻踪	邵红峰	风景名胜	1期	1996
巫山神女庙	邵红峰	史志文汇	2期	1997
巫山神女庙	陈文	风景名胜	12期	1997
寻梦神女溪	石仁	风景名胜	7期	2001
夔州的浣花溪	吕红文	成都日报		1982.5.9
夔州风光	赵贵林	四川科学技术出版社		1990
三峡·小三峡·小小三峡	张杨	兰台世界	9期	1998
三峡记	傅焕光	旅行杂志	13卷2期	1939
巫山、巫山峡	常盘大定 关野贞	中国文化史迹	10辑	1941
巫山十二峰	钟永毅	旅行杂志	28卷1期	1954
巫峡和巫山十二峰	钟苏	工商导报		1954.9.2
壮丽的长江三峡	钟功甫	地理知识	6卷8期	1955
壮丽的长江三峡	鞠继武	新知识出版社		1956
巫峡天下险	祝崧 云林	成都晚报		1961.8.23
巫山十二峰	徐廉明	四川日报		1980.12.21
瞿塘峡	蔡行端	成都日报		1980.10.25
巫峡云雨奇观	陈洪春	四川日报		1980.12.2
风景如画瞿塘峡	徐廉明	四川日报		1981.1.17
长江三峡的由来		中国财贸报		1981.5.9
神女峰和巫山十二峰	毛西旁	四川日报		1981.7.22
长江三峡有哪些名胜古迹		旅游天府	4期	1981

续表四八

篇、书名	著(译)编者	出处	卷、期	年月日
三峡风情	吕红文	重庆出版社		1982
巫山十二峰的由来	徐首	旅游天府	3期	1983
三峡大观	长江流域规划办公室	水利出版社		1983
三峡游览志	李华章 谷雨生	湖北人民出版社		1984
三峡风景	张寿樾等	地质出版社		1986
三峡鉴赏志	吕红文	四川美术出版社		1989
长江三峡揽胜	谢延淦	地球	4期	1987
巫山十二峰	陈慕平	水利天地	3期	1989
三峡鉴赏志	吕红文	四川美术出版社		1989
青山依旧，几度夕阳——三峡工程将影响的人文古迹及其保护	成潭	风景名胜	2期	1993
三峡库区揽胜		重庆出版社		1993
三峡大观	长江流域规划办公室	水利出版社		1993
长江三峡 山水画廊	程文高	上海集邮	6期	1994
巫峡	陈仲原	长江论坛	1期	1996
长江三峡地质奇观	谭开鸥 李玉生	中国地质	11期	1996
巫山多奇泉	向承勇	风景名胜	2期	1997
三峡览胜	张立生	火山地质与矿产	4期	1997
中国长江三峡全景	刘家信	中国城市出版社		1997
三峡自然景观的审美特征及审美价值生成	傅舟	职大学刊	1期	1998
长江三峡揽胜	曹祥本 唐昌华	湖北人民出版社		1998
巫山十二峰	胡新德	中国矿业报		2000.12.9
长江三峡奇观	谭开鸥等	重庆出版社		2001
三峡揽胜	乔德炳	重庆出版社		2001
三峡，无法不怀古	李元	中国西部	5期	2003
长江三峡之谜	邵红峰	旅游纵览	8期	2003
重庆·三峡·撷萃·拾遗	李彦一	重庆出版社		2003
巫峡春秋	邓元良	贵州人民出版社		2003

续表四九

篇、书名	著(译)编者	出处	卷、期	年月日
神秀三峡	仲林等	山东画报出版社		2004
唐宋时期三峡地区的志记、咏记、游记与历史旅游景观研究	李小波 吴其付	中国地方志	10期	2004
壮丽三峡	重庆中国三峡博物馆	重庆出版社		2005
滟滪石	尹钦榆	旅行家	9期	1958
长江巫峡、宁河小三峡风景名胜简介	巫山县旅游局	四川人民出版社		1989
小三峡	唐颂	今日中国	3期	1984
大宁河——《大宁河游》专集	四川省巫溪县文化馆	编者刊		1984
小三峡水天下美	唐探峰	水利天地	3期	1988
大宁河上小三峡	刘波	民主与科学	1期	1993
小三峡奇观	任斌	世纪行	10期	1994
大宁河上小三峡	周汝樾	河南水利	1期	1995
奇秀小三峡	罗学源	老年人	2期	1996
小三峡	赵永琦 龚源鼎	中国外资	8期	1996
迷人的大宁河小三峡	徐伦虎	重庆与世界	1期	1997
大宁河揽胜	喻向午	海燕	5期	1997
"绝代佳人"小三峡	余音	民族文学	7期	1997
壮哉,长江小三峡	刘立志	山西老年	7期	1997
小三峡揽胜	陈薇	旅游	10期	1997
风光迷人的巫山小三峡		重庆与世界	5期	1998
大宁河三奇	邵红峰	风景名胜	11期	1998
峰奇水秀大宁河	翟昕	中国物资再生	3期	1999
大宁河风情	冉瑞铨	排印本		1999
鸟栖大宁河	李华章	中国三峡建设	8期	2000
小三峡景观	峰奇	风景名胜	7期	2001
飘逝的大宁河	王学文	珠江水运	9期	2003
大宁河小三峡	胡萍	少年天地	7、8期	2003
如梦似幻小三峡	秦建明	文博	2期	2004
几江流向三峡	钟永毅	江津市地方志编纂委员会		1994

续表五〇

篇、书名	著(译)编者	出处	卷、期	年月日
黔江小南海	黔江土家族苗族自治县筹委会宣传组	编者刊		1984
明珠装点黔江美	王学军	民族团结	5 期	1986
合川的瓮城	文履平	重庆晚报		1986. 6. 27
三江文化旅游：合川揽胜	刘基灿	天地出版社		2002
合川胜概	《合川胜概》编辑委员会	重庆出版社		2005
璧山大佛岩回文诗	若 禅	重庆晚报		1986. 11. 21
璧山县名由来与名胜古迹	廖和泰等	重庆地方志	4 期	1988
璧山风景名胜录	张永信	重庆地方志	2 期	1992
明代土司别墅——飞来峰	鞠 卒 邱进民	四川文物	4 期	1987
桃花源确实在四川酉阳	秦文玉	史志文汇	3、4 期	1997
酉州览胜	冉光大 吴胜延	重庆出版社		2001
涪陵翼王台及其他	史 式	文史杂志	5 期	1988
千里乌江第一景——四川涪陵小溪旅游风景揽胜	吕伟见 聂木鱼	社会科学研究	5 期	1992
涪陵北崖	刘 争 扬 峰	四川文物	2 期	1994
涪陵现代历史胜迹简述	何孝文	史志文汇	3、4 期	1997
巴岳山的古树奇观	孙玉生	重庆晚报		1988. 4. 18
彭水红三军司令部旧址	刘 争	四川文物	6 期	1990
潼南风景名胜录	刘富成等	重庆地方志	4 期	1992
秀山发现三国古迹孔明洞	刘发生	四川文物	5 期	1996
松潘有条莽黄龙	袁清林	光明日报		1984. 10. 25
松潘山川多娇	贺德清	旅游天府	1 期	1985
松潘揽胜	曾国伟	四川人民出版社		1996
川西北的三个风景区	陈 捷	新观察	3 期	1981
姜维城和"长城墙"	杨宗宪	文史杂志	3 期	1987
理县筹边楼	陈学志	四川文物	5 期	1995
若尔盖——神女之地	杨 云 刘 立	西藏旅游	2 期	2001
神秘的色尔古藏寨	泽 红	阿坝日报		2003. 5. 2

续表五一

篇、书名	著(译)编者	出处	卷、期	年月日
柔媚骁勇话黑虎	尹浩英	巴蜀史志	5期	2004
巴安八景		蒙藏周报	48期	1930
西康名胜记	贾猷西	蒙藏周报	53期	1930
雅江八景	郑祖培等	康导月刊	5卷7、8期	1943
奔腾的大渡河	陈桥驿	旅行杂志	2期	1954
大渡河边话今昔	耿 西	新观察	139期	1956
泸定三桥	侯仕鑫	成都日报		1980.2.7
泰宁胜迹		康导月刊	3卷1期	1940
康北的圣地——泰宁	尚 诚	康导月刊	5卷5期	1943
乾宁惠远寺	邓廷良	四川文物	1期	1987
果亲王乾宁惠远寺之行	刘俊才	甘孜报		1983.4.14
莲花山里的惠远寺	张 琦	中国民族报		2004.12.17
丹巴拾零	胡咸宜	康导月刊	4卷2、3期	1942
丹巴"屠龙台"	郑友生	西藏民俗	2期	2002
丹巴美人谷	丹 青	四川民族出版社		2004
川藏高原两座城	方 赫	四川文学	9月号	1961
康定的公主桥和塔公寺	格 勒	民族文化	1期	1983
塔公三个地名的传说	李东辉	康巴文苑	1期	1992
康巴旅游胜地——塔公寺	杨小莉	民族	1期	1999
郁葱二郎山	傅先才 蔡 涛	甘孜报		1980.8.23
山魂水魄康定城	岱 竣	民族	6期	1994
孕育康定情歌的地方——跑马山	聂光荣	四川气象	2期	2002
折多遗梦	罗达志	成都文物	4期	2004
咏德格八景并附八景小注	文 阶	康导月刊	3卷12期	1942
格萨尔王庙观奇	骞仲康	民族	7期	1989
甘孜藏族自治州的名胜古迹		西藏日报		1983.8.24
雅砻江源的奇观——石渠松格嘛呢石经城	石 硕	四川文物	1期	2005
松格玛尼 格萨尔的寄魂城	杨嘉铭 薄 卉	西藏人文地理	2期	2005
雪域高原奇观:石渠松格嘛呢石经城	石 硕	中国西藏	5期	2005

续表五二

篇、书名	著（译）编者	出处	卷、期	年月日
藏区最大嘛呢石经城惊现四川	石 川	中国民族报		2005.1.25
天下独尊的嘛呢石坛城	李星星	中国民族报		2005.4.5
雅安西昌间沿路概况一览	王拱璧	康导月刊	1卷12期	1939
雅安西昌间沿路概况——交通、名胜古迹	王拱璧	边事研究	10卷1期	1939
僻地芦山古迹多	陈诗华 钟 坚	四川日报		1984.5.5
芦山文物日见璀璨	王泽林	四川日报		1984.8.17
飞仙关外访芦山	程子京	旅游天府	2期	1985
名胜古迹简介	芦山县文管所	芦山县历史文物资料辑		1985
卓克基土司及其官寨	辛 玉	四川文物	4期	1989
明代土司别墅——飞来峰	鞠 卒	四川文物	4期	1987
谈西昌风物	李仲侯	"中央日报"		1964.10.29
邛海鸟瞰	钱梦超	边疆研究	2卷4期	
西昌的邛海泸山	李仲侯	"中央日报"		1964.10.22
邛海	康化椿	四川日报		1981.1.18
邛海揽胜	邹俊修	重庆日报		1982.8.12
邛海之迷	张子枢	四川工人报		1982.10.4
凉山处处有胜景	玉 歆	旅游天府	6期	1983
西昌明清古城墙	张正宁	四川文物	4期	1992
邛海名胜古迹辑录	黄承宗	凉山大学学报	2期	2002
中国百慕大——峨边黑竹沟	杜 驰	家庭科技	10期	1994
黑竹沟之谜	杜 驰	劳动理论与实践	10期	1994
"中国百慕大"——峨边黑竹沟原始森林探秘	李天社	中国西部	2期	1995
中国的"百慕大"——四川黑竹沟撩开神秘面纱	杨全新 王猷川	记者观察	5期	1995
黑竹沟考察记	唐邦兴等	世界科技研究与发展	1期	1996
旅游处女地——四川黑竹沟	刘立等	今日四川	1期	1996
黑竹沟	满 良	青少年科技博览	10期	2002
黑竹沟：并非中国的"百慕大"	王兴国 王正双	人与自然	8期	2003
滇北高原上的明珠——泸沽湖	陈永森 唐乃焕	昆明师院学报	3期	1978

续表五三

篇、书名	著(译)编者	出处	卷、期	年月日
神秘的泸沽湖		中学地理教学参考	12 期	1994
世间最美泸沽湖	闫文敏	森林与人类	6 期	1998
静静的泸沽湖	郝洪才	教育与职业	16 期	2003
巴蜀旅游文化	林惠君	重庆出版社		1995
魏晋南北朝的隐逸与山水旅游文化	方 燕	西南民族学院学报（哲社）	增刊	1998
试论唐宋以后三峡地区寺庙文化及其旅游开发价值	李勇先 毛丽娅	宋代文化研究		2000
苏轼灌口、青城之游详考	刘友竹	成都大学学报（社科）	2 期	2001
入蜀记	陆放翁著，何松心校点	新兴印务公司		1934
陆游《入蜀记》之价值与其成书流传及版本之研究	张春树	史语所集刊	48 本 3 分册	1976
入蜀记	陆 游	旅游天府	4 期	1981
陆游《入蜀记》思想艺术初探	朱国才	杭州大学学报（哲社）	4 期	1984
"缕述风土，考订古迹"的佳制——评陆游的《入蜀记》	黄镇伟	九江师专学报	1 期	1986
宋人长江游记——陆游《入蜀记》、范成大《吴船录》今译	陈新译注	春风文艺出版社		1987
陆游《入蜀记》浅析	贾占平 殷连英	商丘师专学报（社科）	4 期	1988
《入蜀记》"次江陵之建宁镇"析	龚 江	历史地理	6 辑	1988
長江流域の歴史の風景——陸游の旅日記《入蜀記》の記述から	乾一夫	二松学舎大学人文論叢	45 号	1990
浅谈陆游《入蜀记》中三峡史料价值	王家德	四川文物	2 期	1996
万里长江的壮丽图卷——从陆游《入蜀记》论旅游的价值	邵荣霞	长江论坛	6 期	1999
陆游《入蜀记》琐谈	李 强	阅读与写作	10 期	2002
文字的亲密接触——从陆游的《入蜀记》到范成大的《吴船录》	苏 迅	太湖	1 期	2004
试论陆游的《入蜀记》	伍联群	菏泽师范专科学校学报	1 期	2004
		四川师范大学学报（社科）	3 期	2004
读陆游《入蜀记》札记	莫砺锋	文学遗产	3 期	2005
文字因缘非偶然——从陆游的《入蜀记》到范成大的《吴船录》	苏 迅	江南论坛	5 期	2005
马可·波罗在川滇	赵 夏	旅游天府	4 期	1982

续表五四

篇、书名	著(译)编者	出处	卷、期	年月日
马可·波罗成都之行考辨	邹重华	四川文物	3期	1990
明代的蜀道旅游	梁中效	汉中师范学院学报（哲社）	4期	1999
巴蜀	山川早水	成文馆		1908
蜀游闻见录	徐心余	四川人民出版社		1985
巴蜀鸿爪录	剑花楼主	近代史资料	85号	1994
论清代成都地区的旅游休闲活动及其影响	王雪梅	四川师范大学学报（社科）	2期	2002
四川云贵旅行谈	山田邦彦	湖北学报	2集20册	1904
			2集30册	1904
西南漫游记	侯鸿鉴	著者刊		1935
西南旅行杂写	向尚等	中华书局		1937
黔滇川旅行记	薛绍铭	中华书局		1937
		重庆出版社		1986
新西南游记	味辛	时代读物社		1939
滇黔川游记	陈志良	新学生	1卷2-4期	1946
游历川云纪略	戴鼎新	地学杂志	2年18号	1911
川滇公路纪行	杨任农	旅行杂志	14卷7期	1940
川滇道上	林超	地理	1卷1期	1941
蜀滇纪行	盖洛（门司胜）	满蒙	23年10-12号	1942
			24年2-4号	1943
叙昆铁路北段游记	李承三	地理	2卷1、2期	1942
川滇纪行	万里	旅行杂志	17卷5-8期	1943
昆蓉纪行	徐荫祥	旅行杂志	19卷4、5期	1945
川滇东路重征记	易戍疆	旅行杂志	19卷6期	1945
川滇旅途闻见与感想	罗香林	中国青年	12卷6期	1945
四川、雲南の旅	安藤彦太郎	アジア经济旬报	1095号	1978
			1096号	1978
西行艳异记	陈重生	上海时报社		1930

续表五五

篇、书名	著(译)编者	出处	卷、期	年月日
川缅纪行	汪永泽	独立出版社		1942
川康游踪	易君左等	中国旅行社		1943
滇康道上——边区行之一	曾昭抡	文友书店		1943
川楚纪游	钟 灵	著者刊		1911
湘川路上	吕渭渔	旅行杂志	14卷2期	1940
蜀黔湘之行	宇 周	旅行杂志	15卷10、11期	1941
湘渝行程日记	易声伯	旅行杂志	16卷11期	1942
湘川道上	薛建吾	商务印书馆		1942
从四川回到三湘	振 声	旅行杂志	18卷3期	1944
从川东到鄂西	庸 生	文史杂志	4卷3、4期	1944
川湘纪行	陈万里	商务印书馆		1944
旅行四川记	晏臣德	地学杂志	1年8号	1910
巴蜀旅行谈	张大鉌	地学杂志	7年4-8期	1916
巴蜀随宦录	徐心余	地学杂志	12年6、7期	1921
游川须知	上海商业储蓄银行旅行部	编者刊		1924
乙丑游记	邓 恕	著者刊		1926
游川日记	曹亚伯	中国旅行社		1928
四川游记	翁文灏	地学杂志	3期	1931
			1期	1932
四川游记	吉尔门	四川月报	3卷6期	1933
四川之行	葛绥成	新中华	1卷22-24期	1933
四川之行	万绥成	新中华	1卷20期	1933
川游小记	顾一樵	独立评论	100、103期	1934
川游漫记	陈友琴	正中书局		1934
四川之行	葛绥成等	中华书局		1934
到四川去	友声旅行团	编者刊		1935

续表五六

篇、书名	著(译)编者	出处	卷、期	年月日
四川导游	郑璧成	国光印书局		1935
		中国旅行社		1935
赴川历程	吴传钧	旅行杂志	12卷10期	1938
四川秘境记	米内山庸夫	改造	23卷1号	1941
入川纪行	张了且	河南民国日报社		1943
川游外记	冶秋	新中华（复刊）	2卷3期	1944
客游巴蜀记	杨萍	文华	1期	1946
川中纪游	光坻	世界月刊	1卷5-9期	1947.1-1947.9
			2卷2期	
蜀游萍踪	陆贻	旅行杂志	8卷4号	1934
蜀游杂记	钦文	中学生	44号	1934
蜀游心影	舒心成	中华书局		1934
蜀游通讯	李磊夫	著者刊		1934
蜀游杂记	前溪	国闻周报	12卷2期	1935
入蜀记	季窝	国闻周报	12卷19期	1935
蜀游杂感	俞颂华	申报月刊	4卷12号	1935
蜀游日志	庄泽宣	新中华	4卷22、23期	1936
蜀游纪略	陈兴亚	大德祥印书局		1936
蜀道	黄炎培	开明书局		1936
		国讯书店		1941
蜀行日记	孙诒	著者刊		1939
入蜀驿程记	俞陛云	同声	3卷1-4期	1943
			3卷6、7期	1943
蜀道散记	梁乙真	商务印书馆		1943
去蜀记	杨翊华	新中华（复刊）	2卷11期	1944
蜀行漫记	冯石竹	经纬书局		1946
蜀游记	张一麐	四川文献	160期	1976
蜀游闻见录	徐心余	四川人民出版社		1985
蜀游日记	孙毓汶	近代史资料	83号	1993

续表五七

篇、书名	著(译)编者	出处	卷、期	年月日
中国纪游文学史上的杰作——张素含《蜀程纪略》的文史价值	孙天胜	成都大学学报（社科）	4期	1999
华西印象——一个美国人 1910-1913 在西部中国	那爱德（王虎、毛卫东）	四川人民出版社		2003
两游成都杂志	Lockhart Gack	皇家地理学会月刊	21卷	1903
成都导游	胡 天	开明书店		1938
成都灌县青城游览指南	徐德光	旅行图书出版社		1943
成都名胜访问记	邵祖平	旅行杂志	14卷4期	1940
锦城七日记	易君左	旅行杂志	14卷 5、6期	1940
锦城小记	朱 偰	东方杂志	38卷1期	1941
成都纪行	小笠原宣秀	竜谷史壇	43号	1958
60年前的成都旅游	刘永禄	四川档案	2期	2002
观三绝碑记	刘萝秋	文史杂志	5卷 3、4期	1945
赫赫蜀妃墓 莹莹五丁镬——五担山纪游	王津洪	成都风物	5辑	1983
双流游记	顾颉刚	文史教育	1期	1941
新津游记	顾颉刚	文史教学	3期	1941
Records of Ch'ing Ch'eng Shan Revised by Hsiang Hsuen in 1930	H. Hsuen	Journal of the West China Border Research Society	Vol. 4	1930-1931
成都灌县游记	袁昌英	宇宙风（乙刊）	28期	1940
灌县山水	秦季平	编者刊		
灌县游览指南	灌县县政府	编者刊		1938
玉垒纪行（附都江堰视察记）	朱 偰	东方杂志	37卷24号	1940
灌县导游	周家驹	编者刊		1940
灌游外记	王冶秋	东方杂志	39卷15号	1943
夜度绳桥看伏龙	郭祝崧	旅行杂志	21卷6期	1947
青城山游记	邵潭秋	旅行杂志	15卷3期	1941
青城行	南齎赐	旅行杂志	17卷4期	1943
犍乐道中	徐盆棠	斯文	1卷6期	1940
乐山旅游文化	中国人民政治协商会议乐山市委员会文史资料委员会	成都科技大学出版社		1993

续表五八

篇、书名	著(译)编者	出处	卷、期	年月日
世界文化与自然遗产所在地：乐山旅游史	向玉成	巴蜀书社		2005
青峨游记	冯玉祥	著者刊		1941
峨眉山纪游	楼蓼然	著者刊		1909
A Collecting Trip to Washan and Mount Omei	D. C. Graham	Journal of the West China Border Research Society	Vol. 3	1926 – 1927
游峨眉山记	陈为重	时事月报	5卷2、3号	1931
峨眉游记	少咸	旅行杂志	7卷12期	1933
峨眉游记	张志和	学艺出版社		1933
游峨眉山	赵循伯	著者刊		1934
峨眉忆游	钦文	东方杂志	32卷13期	1935
峨眉游记	李基鸿	著者刊		1935
峨眉山导游详记	刘上熹著，刘仲山编修	商务印书馆		1936
峨眉导游	邓少琴	四川印刷局		1938
峨嵋记游	沈伯棠	旅行杂志	14卷4期	1940
峨山向导	程振华	编者刊		1940
峨嵋行	张目寒	斯文	2卷8、9期	1942
峨山导游	朱尘根	峨山旅行社		1942
峨眉导游	徐德光	旅行图书出版社		1943
峨眉导游	蒋益明	四川文化事业协进会文化股		
峨眉山游记选注	峨眉山文管所	四川人民出版社		1986
蒋介石宋美龄峨眉山之行	明红	党史文苑	4期	2002
蒋介石宋美龄峨眉山金顶游	明红	湖南文史	1期	2003
1935：蒋介石宋美龄峨眉山之行	明红	中国档案报		2004.7.30
川东壮游	天涯游子	旅行杂志	15卷7–10期	1941
从川东到鄂西	庸生	文史杂志	4卷3、4期	1944
避巴小记	吴敬恒	说文月刊	3卷7期	1942
川北行记	孙翰文	西北论衡	6卷19期	1938

续表五九

篇、书名	著（译）编者	出处	卷、期	年月日
川陕道上	作家战地访问团	抗战文艺	5卷1期	1939
川陕豫鄂游记	喻血轮	旅行杂志	18卷6、7期	1944
			18卷10期	1944
秦蜀行脚	叶洛鼎	风土杂志	2卷2期	1948
游剑州重阳亭记	朱昌时	蜀报	4期	1910.10.3
广元纪游	钱公来	文史教育	5期	1942
		文史杂志	4卷3、4期	1944
五十年前路过广元	胡绳	四川党史	4期	1995
川南纪行	朱偰	东方杂志	36卷22号	1939
川南纪游	冯玉祥	三户图书社		1946
游宜宾及昭通日记	虚生	旅行杂志	16卷10、11期	1942
忆叙永	苏良赫	地学集刊	1卷1期	1943
川西南游记	冯玉祥	三户图书社		1944
三峡旅游与文化传统	李丽	重庆大学学报（社科）	4期	2001
三峡文化旅游全书	韩致中	中央民族大学出版社		1994
长江三峡旅游文化	郑敬东 刘放	重庆出版社		2002
三峡旅游文化概论	曹诗图等	武汉出版社		2003
三峡旅游文化	三峡旅游研究会	编者刊		2003
旅川日记	曹亚伯	中国旅行社		1929
入峡记	张静庐	旅行杂志	8卷4期	1934
宜昌到重庆	重庆中国银行	编者刊		1934
三峡胜揽——入蜀记之一	朱偰	东方杂志	33卷18号	1936
蜀江纪行——入蜀记之二	朱偰	东方杂志	33卷20号	1936
平羌江纪行——入蜀记之三	朱偰	东方杂志	33卷21号	1936
峨眉纪游——入蜀记之四	朱偰	东方杂志	33卷23号	1936
归航——入蜀记之五	朱偰	东方杂志	34卷2号	1937
川江归櫂记	余受之	国闻周报	13卷45期	1936
三峡游览指南	嘉陵江三峡建设实验区	编者刊		1938
宜渝道上	周俊元	华中图书公司		1939

续表六○

篇、书名	著(译)编者	出处	卷、期	年月日
光绪戊戌旋蜀舟行日记	藏园老人	中国公论	5卷1期	1941
渝宜间的三日	李青厓	新中华（复刊）	4卷16期	1946
长江行	徐荫祥	旅行杂志	21卷2、3期	1947
出峡记	姚蒸民	四川文献	118期	1972
入峡记	姚蒸民	四川文献	119期	1972
蜀江纪行	伍稼青	四川文献	159期	1976
三峡胜览	朱偰	东方杂志	33卷18号	1936
三峡一瞥	江仲海	新中华	5卷6期	1937
巫山纪游	朱偰	四川月报	12卷1期	1938
三峡游览志	李华章 谷雨生	湖北人民出版社		1984
巴蜀鸿爪录	剑花楼主	近代史资料	总85号	1994
从重庆到上海	黄炎	旅行杂志	13卷8期	1939
沪渝长征记	潘泰村	旅行杂志	15卷1-5期	1941
沪渝纪程	庆修	旅行杂志	18卷1期	1944
嘉陵江三峡游览指南	嘉陵江三峡乡村建设实验区署	编者刊		1937
三峡游览指南	嘉陵江三峡乡村建设实验区署	北碚月刊社		1938
从广西到重庆	尼卡尔敏	译报周刊	1卷22期	1939
重庆桂林间	秋心	群众周刊	3卷10期	1939
筑渝纪行	林冰	旅行杂志	13卷3期	1939
渝蓉旅程	邵潭秋	旅行杂志	14卷4期	1940
由重庆到西安	乐夫	西北研究	3卷8-10期	1941
由北平到重庆	王汝先	时事类编特刊	68-70	1941.12-1942.1
重游北岩记	贺子钦	广益丛报	231号	1910
重庆旅感录	张恨水	旅行杂志	13卷1期	1939
重庆旅行指南	唐幼峰	旅游指南社		1933
重庆市一览	重庆市政府秘书处	重庆市政府庶务股		1936

续表六一

篇、书名	著(译)编者	出处	卷、期	年月日
重庆指南	杨世才	重庆指南编辑部		1937
		重庆书店		1938
旅渝向导	杜若之	巴渝出版社		1938
新重庆	陆思红	中华书局		1939
新都见闻录	吴济生	光明书局		1940
重庆旅居向导	社会部重庆社会服务处	编者刊		1941
南泉建文峰纪游	朱偰	东方杂志	39卷5期	1943
缙云游草	朱偰	东方杂志	39卷6号	1943
南泉导游	南泉青年会	编者刊		1937
北碚游览指南	北碚管理局	编者刊		1945
北泉旧游录	唐静	新重庆	1卷3期	1947
回首重庆	胡汉君	四川文献	158期	1976
郑观应两游重庆	夏东元	历史知识	4期	1981
蒋氏夫妇慕名畅游金佛山	张友华	四川统一战线	6期	1997
涪州武隆司观音硐游记	贺守典	广益丛报	118、119号	1906
乌江历险记	（伏历）	旅行杂志	14卷10期	1940
清渊硐大瀑布纪游	朱偰	东方杂志	39卷19期	1943
钓鱼台访古	郭沫若	说文月刊	3卷7期	1942
游钓鱼城补记	马以愚	东方杂志	42卷11期	1946
四川西南游行记	E. Amundsen	皇家地理学会月刊	15、16卷	1900
松潘游记	傅樵斧	著者刊		1915
A Journey into the Heofan Velley	T. E. Plewman	Journal of the West China Border Research Society	Vol. 1	1922-1923
A Collecting Trip to Songpan	D. C. Graham	Journal of the West China Border Research Society	Vol. 2	1924-1925
国立中山大学川边调查团旅行记略	李承三	自然科学	2期	1931
川边游记	徐金源	京城印书局		1932
		北平著者书店		1941
A Summer Collecting Trip among the Ch'iang People	D. C. Graham	Journal of the West China Border Research Society	Vol. 6	1933-1934
西宁松潘间之草地旅行	徐近之	地理学报	创刊号	1934
一年来边地采集的旅行生命	俞季川	方志	7卷5期	1934

续表六二

篇、书名	著(译)编者	出处	卷、期	年月日
西宁成都间四十日记	徐近之	方志月刊	7卷5期	1934
杂谷脑游记	黄庄毅	川边季刊	1卷2期	1935
华西纪游	黄炳权	新中华	3卷13期	1935
近西游副记	王天元	拔提书店		1935
		四川文艺出版社		1997
松理茂游记		川边季刊	2卷2期	1936
陇蜀之游	庄泽宣	中华书局		1937
川西北行	李先藻	国讯旬刊	189期	1938
松理茂汶游记	刘刚甫	边事研究	9卷2、6期	1939
川西边地纪行	刘天均	政治建设	3卷5期	1940
四川边地纪行	马松龄	西南边疆	9期	1940
理番小游记	高钟润	斯文	2卷3期	1941
川西记游	张目寒	旅行杂志	16卷9期	1942
记黑水旅行	于式玉	旅行杂志	18卷10期	1944
		于式玉藏区考察文集		1990
蜀西北纪行	吴瀛	中华书局		1944
川西游记	刘恩兰	文化先锋	6卷5期	1946
蜀西北纪行	吴景州	中华书局		1946
川西北步行记	王成敬	交通书局		1947
阿呢玛青山及其毗邻的地区	J. F. Rook	东方丛书第七种		1956
西藏东部与康区旅行记	P. Koyloff	皇家地理杂志	31卷	1908
布洛克游历四川西部之情形	C. H. Meares	皇家地理杂志	34卷	1909
边地见闻录		蜀报	10、12期	1911
西藏归程记	心禅	小说月报	5卷8-12号	1914
			6卷1、2号	1915
			8卷9、10号	1917
缴外旅痕	董兆孚	边政月刊	4期	1930
欧人考察西康		蒙藏周报	79期	1931

续表六三

篇、书名	著(译)编者	出处	卷、期	年月日
西藏东部游记	S. E. Teichman（吴墨生）	边政月刊	8期	1931
			9期	1932
		Journal of the West China Border Research Society	Vol. 6	1933–1934
	（高上佑）	康藏前锋	1卷 8–12期	1934
			2卷 1–5期	1934
			2卷 7、12期	1935
			3卷 2–4期	1935
			3卷 8、9期	1936
	（之通）	蒙藏月报	4卷 2–4期	1935
到康藏去	仲馥	康藏前锋	创刊号	1933
西康风光	李明	东方杂志	33卷4号	1936
			10卷3期	1937
旅康宝鉴	洪裕昆	康导月刊	1卷3期	1938
			1卷4期	1938
西康采药旅行记	顾学裘	科学世界	8卷3期	1939
西康旅途日记	邱怀瑾	边事研究	8卷6期	1939
			9卷 1、3、4期	1939
康坞旅程记	洪荫槐	康导月刊	1卷12期	1939
西康行记	徐益棠	西南边疆	8、9期	1939
旅途零碎	许文超	康导月刊	3卷4期	1940
西康旅行记	黄和绳	责善半月刊	1卷21期	1941
西康三年环游记	廖公诚	新新新闻		1941.4.20
		康导月刊	3卷 10、11期	1942
康游杂记	李镒铭	责善半月刊	1卷11期	1940
			2卷 8–10期	1941
			2卷14期	1941

续表六四

篇、书名	著(译)编者	出处	卷、期	年月日
西康牧区之游	李镕铭	责善半月刊	1卷15期	1940
康游日记	李镕铭	责善半月刊	2卷10期	1941
西康纪行	柯象峰	边政公论	1卷3、4期	1941
			1卷7、8期	1942
			1卷9、10期	1942
康藏行	戴礼	边疆研究	9期	1941
行政院康昌旅行团手册	行政院康昌旅行团总务组	编者刊		1941
入康记	段公爽	西康国民日报社		1941
川边游记	徐金源	著者书店		1941
入康纪行	王春沐	康导月刊	3卷12期	1942
西康行	楼祖诒	旅行杂志	17卷6期	1943
近代国人康藏旅行之概述	鳞	中央亚细亚	2卷4号	1943
西南藏区游记	A. D. Neel（歌石）	中国边疆	3卷5-8期	1944
从西康归来	张澄基	海潮音	25卷11、12期	1944
康行散记	张硕人	新中华（复刊）	3卷4-6期	1945
			3卷10、12期	1945
康藏途中	梅幼云	旅行杂志	19卷7期	1945
青康藏新西人考察史略		国立中央大学理科研究所地理学部丛刊	8期	1945
周福生入藏旅程摘记	戴新三	康藏研究	21期	1948
			23期	1948
西康履痕	叶浅予	风土杂志	2卷2期	1948
察哇龙之行	（李哲生）	康藏研究	23期	1948
《川藏游踪汇编》题记	吴丰培	中央民族学院学报	4期	1982
			1期	1983
玉珍纳姆旅行笔记卷二	张静波	开发西北	4卷1、2期	1935

续表六五

篇、书名	著(译)编者	出处	卷、期	年月日
康东道上	钱逎仙	新华日报		1939.1.25
从陕西至西康	石耒	西北论衡	8卷5期	1939
蓉康旅程	王清泉	旅行杂志	13卷9期	1939
由康定到徽江	周伯棣	时代精神	1卷3期	1939
由康定赴盐井须知		康导月刊	1卷2期	1939
西康东部高原游记	（陈吉佳）	旅行杂志	14卷11期	1940
旅途零碎	许文超	康导月刊	3卷4期	1940
由雅安到康定游记	申报记者考察团	蒙藏旬刊	83期	1933
川康道上	钱逎仙	新华日报		1939.1.23
川康道上	杨慧贞	国民公报（渝）		1941.7.12 - 1942.7.17
川康边沿走马记	岳剑塞	旅行杂志	18卷5期	1944
川康采风集	张维翰	四川文献	158期	1976
康北旅行记	管履丝	康导月刊	创刊号	1938
青康之行	鞠考铭	旅行杂志	15卷12期	1941
入康记	段公爽	西康国民日报社		1941
康青纪行	沈乘龙	军事与政治	2卷6期	1942
			3卷1期	1942
通过康青草地	沈忱农	边疆通讯	1卷1期	1942
康青边行观感	吴景敖	康导月刊	5卷1期	1943
青康边地巡礼	庄学本	旅行杂志	18卷2期	1944
夷疆旅行琐志	陈华	国闻周报	7卷9-14期	1930
康南旅行记	徐思执	康导月刊	创刊号	1938
宁行琐记	毅夫	康导月刊	1卷12期	1939
			2卷1期	1939
叙昆沿线	杜大君	全民抗战周刊	112、113期	1940
由成都到西昌	徐廷文	康导月刊	2卷9期	1940
康昌旅行记		新新新闻		1941.7.2
西康宁属旅行记	（丁乙节）	香港大公报		1941.3.3
康昌纪行	谢章浙	新蜀报（渝）		1941.7.2

续表六六

篇、书名	著(译)编者	出处	卷、期	年月日
康昌之行		国民公报（渝）		1941.7.13 - 1941.8.23
康昌旅行团之观感	王家桢	国民公报（渝）		1941.8.29
康南纪游	冯明心	康导月刊	5卷 7、8期	1943
			5卷9期	1943
			5卷 11、12期	1944
			6卷1期	1944
			6卷 2-4期	1945
			6卷6期	1945
			6卷 7、8期	1945
康南游记一千三百里的见闻	何许人	康导月刊	4卷1期	1942
			4卷 2、3期	1942
塞外风光——康南部旅行记	乔亮卿	康导月刊	4卷 2、3期	1942
康雅道上——康南旅行通讯	永和	康导月刊	5卷 2、3期	1943
川边与滇边游记	F. Gore（蒋宗三）	康导月刊	3卷 8、9期	1941
昆明到西昌	许倬	新宁远	1卷 6-9期	1941
雅州游记	陈重生	善邻协会调查月报	76号	1938
天芦宝札记	任乃强	康导月刊	4卷 2、3期	1942
包城坝与大土坝——天芦宝札记之一	任乃强	康导月刊	6卷 5、6期	1945
神禹漏阁——天芦宝札记之二	任乃强	康导月刊	6卷 7、8期	1945
泸定导游（上卷）	任乃强	康导月刊	2卷 2-4期	1939
			2卷6期	1940
泸定导游（下卷）	任乃强	康导月刊	2卷 7-9期	1940

续表六七

篇、书名	著（译）编者	出处	卷、期	年月日
A Trip to Tatsienlu	D. C. Graham	Journal of the West China Border Research Society	Vol. 2	1924－1925
贡嘎各寺探奇记	洛 克	康藏前锋	4卷1、2期	1936
西康木雅贡嘎雪山游记	庄学本	康导月刊	3卷10、11期	1942
木雅贡嘎山下藏区纪行	诸 俭	旅行杂志	23卷8期	1949
九龙之行	任 庵	康导月刊	5卷9期	1943
贫窟忆语	涤 瑕	康导月刊	1卷3期	1938
从炉霍至甘孜——康北旅行通讯	涤 瑕	康导月刊	5卷4期	1943
家庙奇观记——草原散记之二	阿 金	康导月刊	3卷5－7期	1941
"鲜曲"行——康北旅行通讯	涤 瑕	康导月刊	5卷2、3期	1943
金沙江上——旅行杂记	常隆庆	工作月刊	3期	1936
金沙江东岸的旅行——从永善步行到雷波	赤 峯	边事研究	9卷2期	1939
在金沙江上游——康北旅行通讯	涤 瑕	康导月刊	5卷7、8期	1943
踏上西康的脊梁——康北旅行通讯	涤 瑕	康导月刊	5卷5期	1943
天德格·地德格——康北旅行通讯	涤 瑕	康导月刊	5卷9期	1943
德格人话三岩——康北旅行通讯	涤 瑕	康导月刊	5卷11、12期	1944
甘孜至道孚将闻记	柔克礼（杜品光）	四川民族史志	2期	1989
雅理途中——康南旅行通讯	永 和	康导月刊	5卷5期	1943
雅江见闻	永 和	康导月刊	5卷4期	1943
A Journey through Nyarung from Litang	J. H. Edgar	Journal of the West China Border Research Society	Vol. 4	1930－1931
J. H. Edgar's Map from Damba to Chan Tui	D. S. Dye	Journal of the West China Border Research Society	Vol. 7	1935
由理化到巴安——康南旅行通讯	永 和	康导月刊	5卷7、8期	1943
乡稻见闻录	蓝希夷	康导月刊	4卷4、5期	1942
巴塘附近にて	エルソスト・シエフア	蒙古	8卷8号	1941

续表六八

篇、书名	著(译)编者	出处	卷、期	年月日
宁行琐记	毅夫	康导月刊	1卷12期	1939
			2卷1期	1939
西昌旅行记	兰孟九	新新新闻·旬刊	12、14、21卷	1938.11.1－1939.2.1
西昌纪行——邛都胜览	朱偰	东方杂志	38卷22号	1941
邛海鸟瞰	钱梦超	边疆研究	2卷4期	1941
邛海泛舟记	朱偰	东方杂志	39卷12期	1943
螺髻山探胜记	朱偰	东方杂志	39卷8期	1943
西昌之行	鲁儒林	商务印书馆		1943
大小凉山之行	江应樑	责善半月刊	2卷13期	1941
大凉山的边缘	陈寄生	风土杂志	1卷1期	1943
我怎样通过大小凉山	梁瓯第	文通书局		1944
木里纪游	罗克（金飞）	边政月刊	9期	
木里游记	且维屏	边事研究	3卷1期	1935
木里纪行——附康马旅程记	邱述钤 洪荫槐	康导月刊	1卷12期	1939
西康东陲木里纪行	杨衔晋	旅行杂志	14卷11期	1940
木里之行	程沪生	边疆通讯	5卷8－11期	1948
屏雷途中杂记	蒋永恕	川边季刊	1卷3期	1935
屏山游记	蒋永恕	川边季刊	2卷1期	1936
雷马行纪	徐益棠	边政公论	1卷11、12期	1942
峨边历险记	曾昭抡	中国边疆	1卷11、12期	1942
盐源纪行	汪正琯	康导月刊	5卷6期	1943

第三章

沿革变迁

一、建置沿革

篇、书名	著(译)编者	出处	卷、期	年月日
关于四川问题之几张地图	张其昀	地理杂志	3卷5期	1930
四川郡县志	龚煦春著，四川大学历史研究所四川地方史研究室等校点	古美堂		1935
		成都古籍书店		1983
龚煦春的《四川郡县志》	陈红梅	巴蜀史志	4期	2002
"四川"因何得名	少安	成都晚报		1964.9.24
川与蜀	毛一波	"中央日报"		1968.6.20
四川省名考	姚蒸民	四川文献	125期	1973
四川省名与形成省区以前之探索——读姚著四川省名考书后	文守仁	四川文献	126期	1973
四川历代政区治地今释简表（初稿）	蒲孝荣	四川省哲学社会科学研究所		1978
"四川"的名称由来和辖区演变	张至皋	社会科学研究	5期	1979
四川各市、县名称的由来	蒲孝荣	社会科学研究	5期	1980
为"四川"正名	广隶	重庆日报		1980.5.25
"四川"的得名 "天府"的由来	知集	解放日报		1980.10.13
两川、三川与四川	吴文	旅游天府	4期	
"四川"这个名称是怎样来的		重庆日报		1982.1.28
四川历代行政区划的变迁	席常之	旅游天府	5期	1983
四川省行政区划变迁简况（上）（中）（下）	四川省公安厅档案科	四川档案史料	2-4期	1984
四川省疆域沿革概述	戴蕃瑨	西南师范大学学报（社科）	2期	1985
四川是得名于四条江吗	史锋	文汇报		1985.2.4
四川政区沿革与治地今释	蒲孝荣	四川人民出版社		1986
"四川"一词使用的考察	刘复生	巴蜀史志	4期	1992
"四川"得名并非因为四条河流		中国地名	4期	2000
论历史上巴与蜀的分分合合	罗开玉	社会科学研究	5期	2000
"巴"、"蜀"及"四川"之名的由来	石苗子	文史知识	7期	2001
四川州县建置沿革图说	任乃强 任新建	巴蜀书社		2002
楚置汉中郡地望考略	严耕望	责善半月刊	2卷16期	1941
楚、秦の漢中郡について	久村因	史学雑誌	65卷9号	1956

续表一

篇、书名	著(译)编者	出处	卷、期	年月日
秦和西汉时期的汉中郡治在何处	陈显远	陕西地方志通讯	1期	1985
秦至新莽时期汉中郡治地望	冯岁平	中国历史地理论丛	1期	1994
秦汉时期的汉中及陕南	杨东晨	汉中师范学院学报（社科）	1期	1998
汉中地区历史政区建置沿革研究	郭鹏	汉中师范学院学报（社科）	4期	1998
战国楚汉中的位置	张海超	齐齐哈尔师范高等专科学校学报	1期	2005
楚秦黔中郡地望考	严耕望	责善半月刊	2卷19期	1942
古代巴国南疆考	彭武一	求索	4期	1983
楚黔中郡与"巴黔中"	伍新福	江汉论坛	2期	1986
楚黔中腹地在酉水流域	郭仁成 戴亚东	求索	1期	1987
黔中故城初考	田自梅	湖南档案	3期	1990
战国黔中三论	贺刚	湖南考古辑刊	6辑	1994
试探"五溪蛮地"的两个黔中郡	舒向今	民族论坛	3期	1997
"五溪"境内历史上的两个黔中郡治	舒向今	怀化师专学报	4期	1997
楚秦黔中郡与洞庭郡关系初探	钟炜	湖北大学学报（哲社）	4期	2005
秦代无长沙、黔中二郡略论——兼与陈伟、王焕林先生商榷	赵炳清	中国历史地理论丛	4辑	2005
略论峡江地区盐卤资源与楚西进置郡的关系	赵炳清	三峡大学学报（人文）	5期	2005
秦苍梧、洞庭二郡刍论	陈伟	历史研究	5期	2003
从出土文献析楚秦洞庭、黔中、苍梧诸郡县的建置与地望	徐少华 李海勇	考古	11期	2005
巴蜀为郡考	孙华	社会科学研究	2期	1985
蜀郡设置和第一任蜀守考	胡大贵 冯一下	四川师范大学学报（社科）	2期	1993
秦汉三国湔氏道、湔县考——兼论川西北的开发序例及其氐人诸题	罗开玉	四川师范学院学报（社科）	3期	1985
"湔氐道"的范围和治地	罗树凡	天府新论	6期	1985
僰道应为秦置——欧阳忞"秦曰僰道"说考辨	陈维国	宜宾师专学报	3期	1991
秦汉芦山郡县建置与文化发展之关系	胡开祥	四川文物	1期	2005
两汉蜀汉四川疆域沿革考	龚煦春	四川文献	117期	1972
司马迁奉使西南设郡考	祁庆福	中央民族学院学报	3期	1981

续表二

篇、书名	著(译)编者	出处	卷、期	年月日
张家山汉简《二年律令·秩律》所见巴蜀县道设置	王子今 马振智	四川文物	2 期	2003
前漢の汶山郡について（正）（続）	久村因	紀要（名古屋大学教養部）	13 輯	1969
		鎌田博士還暦記念歷史学論叢		1969
公孫弘の対策の年について――「犍為郡開置の年代について」の予備的考察	久村因	紀要（名古屋大学教養部）	11 輯	1967
董仲舒对策之年辨兼考公孙弘对策之年	刘国民	古籍整理研究学刊	3 期	2004
犍为郡得名由来	陶元甘	贵州文史丛刊	2 期	1986
汉犍为郡治所并非在"宜宾西南"	邓沛	历史教学	11 期	2004
西汉"僰道"治所辨误	邓沛	贵州文史丛刊	4 期	1998
"初平"分巴与"三巴"始名考	陈剑	四川地方志通讯	2 期	1985
盐铁经济与汉末巴郡分化	李小波	中国社会经济史研究	1 期	2000
三国郡县表补正	吴增仪撰，杨守敬补正	宜都杨氏		1907
		二十五史补编		1936－1937
三国时代疆域考	郑璜	史地丛刊（大夏大学）	1 期	1933
三国疆域今释	廖诚泰	辅仁广东同学会半年刊	2 卷 1 期	1934
校补三国志疆域志	金兆丰	商务印书馆		1935
魏蜀间分界线的地理学分析	侯甬坚	历史地理	12 辑	1995
张鲁改汉中为汉宁	施之勉	大陆杂志	31 卷 10 期	1965
蜀汉新道县考	李兆成	地名知识	4 期	1983
十六国时成国的梁州先治于晋寿，后移于涪	沧洲	中国历史地理论丛	3 期	1992
成汉统治期间在西南民族地区设的置郡县	肖迎	思想战线	5 期	1995
晋宋齐四川疆域沿革考	龚煦春	四川文献	118 期	1972
梁西魏北周四川疆域沿革考	龚煦春	四川文献	119 期	1972
六朝江原故址及侨置郡县考	王文才	四川师范大学学报（社科）	3 期	1989
东晋南朝侨州郡县的设置及其地理分布（上）（下）	胡阿祥	历史地理	8、9 辑	1990
六朝疆域与政区研究史料评说	胡阿祥	历史地理	12 辑	1995
晋宋齐涪陵郡废置及属州考	杨光华	西南师范大学学报（哲社）	4 期	1999
汉昌及巴州建置年代考	龙显昭	中华文化论坛	1 期	2003

续表三

篇、书名	著(译)编者	出处	卷、期	年月日
唐以前巴渝行政区划沿革考释	聂树平 赵心宪	重庆教育学院学报	2期	2002
隋唐五代四川疆域沿革考	龚煦春	四川文献	120期	1972
《隋书·地理志》所载旧置郡县考(梁益部分)	郭黎安	历史地理	15辑	1999
日知录引唐割属东川六州制考	陈垣	益世报(津)		1947.10.13
"临江"与"黔"地名辨	惟忠	淮北煤师院学报(社科)	1期	1983
隋唐开边县治考辨	蓝勇	中国史研究	4期	1985
《通鉴》秦、益二州胡注正误	王振忠	历史地理	7辑	1990
《旧唐书·地理志》西南地区正误	卢华语	中国历史地理论丛	3辑	2005
唐宋时期邛州火井县治的今址	胡昭曦	井盐史通讯	1期	1980
唐宋成都府灵泉县治地考	薛登	成都文物	2期	1998
前蜀疆域考	王伊同	史学年报	2卷4期	1937
前蜀与荆南疆界辨误	杨光华	西南师范大学学报(人文)	4期	1993
宋元明四川疆域沿革考	龚煦春	四川文献	121期	1972
宋川峡二路分成四路	祝培坤	历史地理	创刊号	1981
"川峡"非"川陕"	顾吉辰	江淮论坛	1期	1982
宋末涪州治所——三台寨考察	蒲国树 陈世松	四川文物	3期	1987
宋代大昌县治考	杨光华	中国历史地理论丛	4期	1999
从《圣朝升改废置州郡图》看宋代两个政区的建置沿革	祝碧衡	中国历史地理论丛	2期	2000
宋初黔州的隶属	李中锋	中国历史地理论丛	3辑	2004
元陕西四川行省沿革考	谭其骧	禹贡	3卷6期	1935
元代的马湖江和马湖路	陈世松	社会科学研究	6期	1986
说元末四川所设的绍熙军民宣抚司	东湖	中国历史地理论丛	4期	1993
李时珍敕封蓬溪知县考辨	赖显荣	杏林学刊	2期	1985
署四川总督锡奏拟请授案改设炉霍屯务片	锡良	东方杂志	2卷1期	1905
清代懋功五屯	周询	四川文献	118期	1972
清代地理沿革表——四川、西康、云南、贵州	赵泉澄	禹贡	7卷1-3期	1937
清代川省各厅州县	周询	四川文献	111-115期	1971.11-1972.3

续表四

篇、书名	著(译)编者	出处	卷、期	年月日
清代四川疆域沿革考	龚煦春	四川文献	135期	1973
从一方清代铜印看马边厅的设置	石湍	四川文物	2期	1984
川东道署概况	黄贤虞	重庆地方志	3期	1992
嘉定州何年升嘉定府	毛西旁	文献	2期	1998
清朝对西藏与四川、青海、云南行政分界的勘定	李凤珍	西藏研究	1期	2001
四川省府厅州一律改县呈文并批	胡景伊	地学杂志	4号	1913
唐以前巴渝行政区划沿革考释	聂树平 赵心宪	重庆教育学院学报	2期	2002
巴渝历史沿革	蓝勇等	重庆出版社		2004
重庆市的历史沿革		重庆社会科学	1期	1983
重庆见闻录·沿革篇（1）（2）	彭伯通	重庆市中区史志	1、2期	1986
重庆市、区、县建置沿革表	胡道修	重庆地方志	创刊号	1986
我国古代陪都建置纪略	管维良	重庆师范大学学报（哲社）	3期	1991
重庆历代行政区划的变迁——写在中央批准设立重庆直辖市之际	陈国生	重庆社会科学	2期	1997
重庆地名的由来和建置沿革	陈国生	上海档案	6期	1997
重庆直辖市建置溯源——兼析巴蜀地域差异	王元林	中国历史地理论丛	1期	1998
重庆建置沿革	重庆市地方志办公室	重庆出版社		1998
"长寿"的来历	罗良德	重庆日报		1980.4.20
自贡地名沿革	张学君	地名知识	4、5期	1981
岳池县及其县境废县的建置沿革与治地问题——复岳池县人民政府办公室来信	蒲孝荣	四川地方志通讯	1期	1982
新津县的建置及其治所迁徙	新津县县志编辑委员办公室	四川地方志通讯	1期	1982
资阳何故名雁江	徐伯荣	四川工人报		1982.8.7
綦江县名考	綦江县志办公室	四川地方志	2期	1984
广元市郡县关驿考	李生辉	广元市地名办公室		1986
广元州郡县驿续考	李生辉	广元市离休干部协会		1997
广元政区沿革述注	李生辉 杨兰芝	广元市图书馆		1992
东安县始置时间辨	吉成轩	重庆地方志	3、4期	1987

续表五

篇、书名	著(译)编者	出处	卷、期	年月日
云阳何时置县	刘文君	文史杂志	6期	1988
江北县城的五次迁移	梅瑞冰	重庆晚报		1988.8.28
邻水县历任知县、县长名录	邻水县档案馆	编者刊		1990
万县地区历代县级以上政区地名今释	邓显皇	成都地图出版社		1990
四川省万县地区行政区划汇编	万县地区地名领导小组办公室	编者刊		1992
合川赤水乡古赤水县遗址的调查	刘豫川	四川文物	6期	1991
石柱溯源	曹弘	风景名胜	4期	1998
双流县广都遗址调查报告	市考古工作队、双流县文管所	成都文物	1期	1999
盐味十足的自贡市行政区划	成贤	中国井矿盐	2期	2002
从历史地理角度看三峡特别行政区的建立	蓝勇	中国方域	1期	2002
汉昌及巴州建置年代考	龙显昭	中华文化论坛	1期	2003
古资中县置县时间之我见	张麟	巴蜀史志	5期	2004
阿坝土舀之现况及其设治问题	郑象铣	边政公论	1卷9、10期	1942
阿坝由来考	崔丹	阿坝报		1983.7.23
大小金川地区也曾被称为新疆	齐清顺	新疆史学	1期	1980
黑水芦花地名的来历	尚志军	新草地	1期	1983
阿坝藏族自治州县名浅释	崔丹	地名知识	4期	1984
川督赵驻藏大臣赵会奏开办边务所折		广益丛报	187号	1908.11.13
蜀西分省刍言		东方杂志	5卷12期	1909
论卫藏与蜀边之不可混		广益丛报	197号	1909.3.31
察木多宜划入川疆以固边围以保卫藏论	黄言昌	地学杂志	1卷5期	1910
川督赵奏夷地紧要请将巡检改升厅治折		地学杂志	9期	1912
说川边诸府厅州形势	无生	地学杂志	2卷11、12期	1912
西康建省谈（上）（续）	高劳	东方杂志	9卷11、12期	1913
西康考	曹经沅	地学杂志	7卷1期	1916
分川改省问题	杨广锡	蜀风	5卷5期	1914

续表六

篇、书名	著(译)编者	出处	卷、期	年月日
西康考	曹经源	地学杂志	7年1期	1916
分建西康行省议	郭选芳	地学杂志	10卷11、12期	1919
川藏界线之变迁沿革	姚锡光	地学杂志	13卷4、5期	1922
西康疆域溯古录	胡吉庐	商务印书馆		1925
西康省各县名称区域程站沿革调查录	西康政委会	边政月刊	3卷	1930
全国内政会议之两案——请划四川之建南七属及汉源县并入西康省区案、请从速组织西康省政府确定巴塘为西康省会并改巴塘为康平案		蒙藏周报	49期	1930
川边的沿革		新亚细亚	2卷5期	1931
西康建省问题	黄天硕	新亚细亚	2卷5期	1931
西康改省之计划	格桑次仁	新亚细亚	2卷5期	1931
西康建设之开创	戴季陶	新亚细亚	2卷5期	1931
目前西康兴革之要点	冯云仙	新亚细亚	2卷5期	1931
川滇康边区建省议	胡学熙	新亚细亚	4卷2期	1932
西康图经境域篇	任乃强	新亚细亚	5卷3-6期	1933
		新亚细亚学会		1933
西康沿革考	陈志明	拔提书店		1933
西康疆域史料	胡吉庐	开发西北	2卷2期	1934
青海西康两省	刘虎如	商务印书馆		1933
西康省府几时成立	文斗	康藏前峰	1卷8期	1934
西康应从速建省		蒙藏月报	1卷2期	1934
西康省府暂缓组织	安	康藏前锋	1卷9期	1934
康藏界务与西康建省	廷	康藏前锋	1卷12期	1934
建设西康之初步工作	举安	康藏前锋	1卷12期	1934
西康建省消息		蒙藏月报	1卷5期	1934
康定各机关经费开支概况		康藏前锋	2卷1期	1934
欢迎余松林重掌西康军政	祥麟	康藏前锋	2卷1期	1934
西康建省前应有之规划	梦蕉	康藏前锋	2卷3期	1934
		蒙藏月报	2卷5期	1935

续表七

篇、书名	著（译）编者	出处	卷、期	年月日
西康建省前途如何		康藏前锋	2卷3期	1934
西康建省感言	安	康藏前锋	2卷3期	1934
西康建省	王成组	东方杂志	31卷23期	1934
西康民族思想与西康建省	幼愚	康藏前锋	2卷4期	1934
			2卷5期	1935
西康建省问题的商榷	张啬夫	新中华	3卷4期	1935
西康建省声中的疆界问题	张鸿奎	康藏前锋	2卷8期	1935
中国近代边疆沿革史	华企云	新亚细亚	9卷4期	1935
西康建省会组织条例		西陲宣化	创刊号	1935
西康建省费		西陲宣化	创刊号	1935
西康各县县名之正误	羊磊	川边季刊	1卷2期	1935
西康县名正误		禹贡	4卷1期	1935
发展西康实业与西康建省	马裕恒	康藏前锋	2卷12期	1935
			3卷1期	1935
西康建省后的建设问题	杨超仙 张诏迁	西北春秋	19期	1935
西康沿革及康藏界务之纠纷	成群	康藏前锋	3卷1期	1935
西康省界问题	绛央尼玛	康藏前锋	3卷2期	1935
西康建省应有之规划	陈佑敷	康藏前锋	3卷2期	1935
西康建省问题	静安	康藏前锋	3卷3期	1935
西康省会问题	幼愚	康藏前锋	3卷3期	1935
西康各县疆域及建设次序	幼愚	康藏前锋	3卷4期	1935
川康划界问题		西陲宣化	1卷3期	1936
西康建省应有之设施	龙从云	西陲宣化	1卷3期	1936
西康建省委员会之希望	黄举安	西陲宣化	1卷3期	1936
西康建省委员会治康方针	刘文辉	西陲宣化	1卷3期	1936
西康建省运动的检讨和展望	周儒海	边事研究	3卷3期	1936
西康领域伸缩之史迹	腾蛟	康藏前锋	3卷5期	1936
西康省建议书	稻僧	边事研究	8卷2期	1938
完成西康建省之意义及今后施政之中心骨干	刘文辉	康导月刊	1卷5期	1939
新西康的诞生	镜如	东方杂志	36卷3期	1939

续表八

篇、书名	著(译)编者	出处	卷、期	年月日
西康建省之前夜	贺觉非	东方杂志	36卷4期	1939
中国的新省——西康		文献	5卷	1939
新西康县政建设之研讨	文阶	康导月刊	1卷8期	1939
西康建省后		经济研究	2卷2、3期	1940
西康省康属各县行政区划表		康导月刊	3卷2、3期	1941
论边腹变迁与西康全图	任乃强	康导月刊	5卷6期	1943
西康过去经营之得失与建省之经过	刘文辉	康导月刊	6卷5、6期	1945
西康建省记要	刘赞廷	民族文化宫图书馆		1960
西康建省记	小峰	四川文献	170期	
西康建省对川藏影响之研究	黄华焊	著者刊		1975
四川藏族地区的区域划分制度述略	都干	西藏研究（藏文）	创刊号	1982
西康建省的渊源（上）——赵尔丰与川边土司的改土归流	冯明珠	故宫学术季刊	1卷4期	1984
西康建省的渊源（下）——赵尔丰与川边土司的改土归流	冯明珠	故宫学术季刊	2卷1期	1984
贡嘎山下的甘孜州	扎登	民族团结	12期	1984
川边、西康、昌都的建制沿革	邹明方	文史杂志	4期	1986
略谈甘孜州的历史建置	钱秉彝	四川民族史志	4期	1988
历代中央王朝在四川藏区的建置	李绍明	四川藏学研究	2辑	1994
甘孜藏区境域沿革考略	杨嘉铭	西北民族学院学报（哲社）	1期	1995
西康建省始末记	董恩强	民国春秋	2期	1996
从西康的变迁看其历史作用	彭代群	文史杂志	1期	2001
论民国时期西康建省	黄天华	四川师范大学学报（社科）	4期	2001
刘文辉与西康建省	马宣伟	文史杂志	5期	2002
关于西康和西康省的若干问题	左双文	中学历史教学	7期	2002
西康何时建省	王培利	历史教学	9期	2002
对《西康何时建省》一文若干史实的辨误与补充	邓沛	历史教学	12期	2002
试论西康建省与康区的早期现代化	吴建国	华中科技大学学报（社科）	3期	2003
20世纪的西康省与藏彝走廊地区的发展初探	孙宏年	"藏彝走廊历史文化"学术讨论会会议论文		2003

续表九

篇、书名	著(译)编者	出处	卷、期	年月日
相恋西康建省	莫轨	西藏人文地理	2期	2005
清末勘划理化县疆域记		边政月刊	6卷	1931
新龙县名的由来	万浩	四川民族史志	4期	1988
试论康定古代东邻郡县设置	张子余	甘孜州史志	2期	1990
巴塘历史沿革漫述	张玉林	康定民族师专学报		1990
甘孜藏区境域沿革考略	杨嘉铭	西北民族学院学报（哲社）	1期	1995
甘、青、川、滇藏区历史沿革初考（上）（下）——浅析所谓"大藏区"的历史真相	卢秀璋	社会科学	3、4期	2004
绰斯甲划归西康之始末考	郑宇春	阿坝文化研究	1期	2002
		雪原文史		2003
昭觉县沿革		川边季刊	2卷1期	1936
马边沿革纪要		边政	6期	1937
宁属之地理环境及其区划	郑象铣	边政公论	1卷11、12期	1942

二、制度变迁

篇、书名	著(译)编者	出处	卷、期	年月日
蜀兵探源——二里冈インパクトと周・蜀・楚	淺原達郎	古史春秋	2号	1985
简论巴人的部落兵制	曾超	涪陵师专学报	1期	1997
试析巴人部落兵制的久存及其原因	曾超	贵州民族研究	1期	1999
漢末東州兵出自考——山東と巴蜀の文化をめぐって	福井重雅	史観	100号	1979
吳・蜀の兵制と兵戶制	浜口重国	山梨大学学芸学部研究报告	9号	1959
论蜀吴图籍中"吏"的身份	周国林	许昌师专学校（社科）	2期	1987
汉寿亭侯 寿光侯	拔沙	社会科学辑刊	6期	1980
蜀"国不置史，注记无官"质疑	夏仁波	贵州师范大学学报（社科）	4期	1986
蜀汉汉中都督考论	雷勇	汉中师范学院学报（社科）	1期	1997
蜀汉镇戍都督论略	张鹤泉	吉林大学社会科学学报	6期	1998

续表一

篇、书名	著（译）编者	出处	卷、期	年月日
蜀汉秀才孝廉察举考略	罗新本	西南民族学院学报（哲社）	6 期	2001
蜀汉职官制度研究	罗开玉	四川文物	5 期	2004
孙吴蜀汉封侯问题探讨	沈 刚	中国魏晋南北朝史国际学术研讨会论文集		2004
前后蜀的枢密使	贾大泉 周原孙	社会科学研究	1 期	1990
两川行院述论	肖建新	四川师范大学学报（社科）	4 期	1992
后蜀贡举勾沉	周腊生	孝感职业技术学院学报	4 期	2000
前后蜀兵制初探	杜文玉	江汉论坛	11 期	2004
论南宋初年四川都转运使	陈 璋	大陆杂志	41 卷 5 期	1970
		宋辽金元史研究论集		1975
南宋时期四川总领所之财权及其影响	林天蔚	食货	10 卷 11 期	1981
南宋四川历任制置使	陈世松	西南师院学报（哲社）	3 期	1982
南宋総領所の任用官——"開禧用兵"前後の四川を中心に	伊原弘	アジアの社会と教育（多賀秋五郎博士古稀記念論文集）		1983
宋代川广诸路转运司差官 两广摄官小识	姜汉椿	宁波师院学报（社科）	5 期	1988
"白艻子弟"考索——兼论宋代乡兵的一个特例	刘复生	社会科学研究	6 期	1994
南宋四川的潼川府及夔州路安抚使年表——《南宋制抚年表》补	李昌宪	台湾大学文史哲学报	43 期	1995
宋代四川帅司路考述	李昌宪	文史	44 辑	1998
夔路策应使考	喻学忠	社会科学战线	5 期	2000
南宋夔路策应使设置时间考	喻学忠	重庆师范大学学报（哲社）	1 期	2001
吴渊兼夔路策应使时间考辨	喻学忠	四川大学学报（哲社）	2 期	2001
南宋初期の川陝地方における宣撫処置使・宣撫使について	高橋弘臣	愛媛大学法文学部論叢（人文）	13 号	2002
宋王朝的政策与土家族土兵的形成	石亚洲	西南民族学院学报（哲社）	2 期	2003
宋代都大提举茶马司沿革——宋代茶马职官研究之一	王晓燕	青海民族研究（社科）	2 期	2002
南宋四川"类省试"的分析	林天蔚	书目季刊	4 卷 3 期	1980
论南宋的四川"类省试"	祝尚书	四川师范大学学报（社科）	5 期	2003
南宋四川の類省試からみた地域の問題	近藤一成	史観	151 册	2004

续表二

篇、书名	著(译)编者	出处	卷、期	年月日
元代凉山彝族地区的行政与经济	徐 铭	西南民族学院学报（哲社）	3期	1981
元代吐蕃等路宣慰司史地考证	张 云	民族研究	6期	1994
		中国藏学研究中心藏学论文选集		1996
元代吐蕃等处宣慰司史地考证	张 云	西北民族研究	2期	1997
元代朵思麻宣慰司的设置年代和名称	陈庆英	中国藏学	3期	1997
巴西分设使臣		半星期报	4期	1908.4.14
委绅办团		广益丛报	40号	1904.6.23
指租办团		广益丛报	77号	1905.7.22
兴办团练		广益丛报	79号	1905.8.10
川东兵备道之新政		东方杂志	1卷5期	1904
蜀募新军		武备杂志	8期	1904
川省编练新军		广益丛报	103号	1906.4.23
川省编练新军之计划		武备杂志	19期	1906
川省督练公所成立		武备杂志	19期	1906
招募新军		广益丛报	139号	1907.7.9
拟定川省练兵限制		广益丛报	140号	1907.7.19
川北新军		广益丛报	152号	1907.11.15
四川兵事谈	吉 珊	四川	2号	1908.1.15
铁尚书请整顿四川陆军		广益丛报	168号	1908.5.9
请裁松潘镇改设练兵大臣		广益丛报	192号	1909.1.1
川军军事片片录		南洋兵事杂志	38期	1909
校阅川滇新军		广益丛报	197号	1909.3.31
四川之陆军观	前 人	蜀报	9期	1910.12.26
蜀海丛谈——清代川省制营	周 询	四川文献	70期	1968
清末川省防军	周 询	四川文献	71期	1968
清末川省新军	周 询	四川文献	72期	1968
清代川省武职	周 询	四川文献	85期	1969
清末历任四川总督	巴 人	四川文献	96、97期	1970
清代四川总督设置沿革	怀 襄	四川文献	164期	1977
清代的兵备	树 凡	灌县风物	1、2期	1981

续表三

篇、书名	著(译)编者	出处	卷、期	年月日
清代成都满蒙族驻防八旗概述	陈一石	西南民院学报（哲社）	3 期	1981
清代成都驻防八旗再探	陈一石	西南民院学报（哲社）	2 期	1983
清末川滇黔的新军编练	程昭星	文史杂志	6 期	1991
四川续备军规则	耿来金	近代史资料	总99号	
清末四川编练新军	马宣伟	文史杂志	3 期	2003
清代的成都将军	李 英	巴蜀史志	4 期	2004
清代四川考试	周 询	四川文献	77 期	1969
蜀海丛谈——学官	周 询	四川文献	84 期	1969
清季川省之法庭	周 询	四川文献	86 期	1969
蜀海丛谈——印信	周 询	四川文献	90 期	1970
蜀海丛谈——举劾奖励	周 询	四川文献	91 期	1970
蜀海丛谈——清代奏折	周 询	四川文献	92 期	1970
蜀海丛谈——幕友	周 询	四川文献	93 期	1970
蜀海丛谈——官文书	周 询	四川文献	97 期	1970
清代的县衙门	罗树凡	灌县风物	1 期	1981
清代巴县衙门书吏与差役	李荣忠	历史档案	1 期	1989
清末重庆府及所辖州县官职设置	郑定国	重庆地方志	1 期	1991
清代四川の地方行政	山本進	名古屋大学東洋史研究報告	20 号	1996
成都府衙出入证	刘永录	中国商报		2001.6.2
盐亭自治可观		蜀报	4 期	1910
赵尔丰经营西康时之军制		边政月刊	6 期	1931
清末川滇边务大臣衙门之组织	张为炯	康导月刊	2卷1期	1939
四川政权之系统及行政现状	张培均	复兴月刊	3卷6、7期	1935
四川实施新县制的近况	胡次威	地方自治	1卷6期	1940
现阶段四川新县制与民政视导	李锡年	新政治	5卷2期	1940
论四川军法行政	梁 刚	大公报		1944.6.28
四川省人事行政之检讨与改进	曾用修	国语日报		1944.12.26
四川各县参议会之回顾与前瞻	袁忠泽	华西乡建	4、5 期	1947
民初四川的省议会（1912-1926）	吕实强	"中研院"近代史研究集刊	16 期	1987
行政督察专员体制下的四川第九区专署	范正银	档案史料与研究	2 期	1999

续表四

篇、书名	著(译)编者	出处	卷、期	年月日
国民参政会之川籍参政员	郑秀卿	四川文献	6 期	1963
第一届国民大会之川籍代表	华 生	四川文献	91 期	1970
抗战时期之四川役政	戴高翔	四川文献	11、12 期	1963
		兵役与动员	174 期	1970
抗战期中四川役政概况及应征壮丁人数	周开庆	四川文献	95 期	1970
抗战时期兵役制转变与四川农民对兵源的贡献	刘一民	成都大学学报（社科）	4 期	2005
抗战期中之四川省级民意机构	平 子	四川文献	36 期	1965
抗战期中四川县市以下民意机关之建立	华 生	四川文献	45 期	1966
一九四〇年代国民政府统治下的县市参议会——以四川省之例为中心	山本真	一九四九年：中国的关键年代学术讨论会论文集		2000
20 世纪 40 年代四川省新县制下地方自治的施行	曹成建	西南交通大学学报（社科）	2 期	2002
国共两党领导重庆抗日文化运动的主要机构及其指导思想与影响	温贤美	中华文化论坛	1 期	2004
试论国民政府基层组织——区署建制在四川的推行及其影响	王春英	四川大学学报（哲社）	6 期	2004
国民政府改革基层参政制度的努力与成效——以 20 世纪 40 年代四川县政议事机构的设立及其运作为例	王春英	社会科学研究	2 期	2005
盐商与自贡地方议事会	林建宇	盐业史研究	2 期	2003
乐山三百年行政机构职官考略	王 水	乐山师专学报（社科）	3 期	1989
诸葛亮在南中的统治措施与隋唐的羁縻州府	卫永锋	四川文物	4 期	2003
南朝宁蛮府、左郡左县、俚郡僚郡述论	胡阿祥	历史地理	13 辑	1996
党项发祥地——唐初"河曲十六州"研究	郭声波	历史地理	11 辑	1993
"积石雪山十一州"考——唐贞观十三年政区考辨（四）	郭声波	中国历史地理论丛	1 期	1998
"岷江西山九州"考——唐贞观十三年政区考辨（五）	郭声波	中国历史地理论丛	2 期	1998
唐贞观十三年政区考辨——兼与贺次君先生商榷	郭声波	中国历史地理论丛	2 期	1988
唐代在四川设置羁縻府州考略	李克剑	西南民族学院学报（哲社）	6 期	1998

续表五

篇、书名	著(译)编者	出处	卷、期	年月日
唐弱水西山羁縻州及保宁都护府考	郭声波	中国史研究	2 期	1999
唐宋泸属东部羁縻州县研究	郭声波	贵州民族研究	2 期	2001
唐宋集群羁縻州之典型——雅属羁縻州	郭声波	中国史研究	3 期	2001
唐代黎属羁縻州研究	郭声波	历史地理	18 辑	2002
唐朝南宁州都督府建置沿革新考	郭声波	历史地理	19 辑	2003
唐代巂属羁縻州研究	郭声波	历史地理	20 辑	2004
岷江上游的宋代羁縻州	刘复生	中国边疆史地研究	1 期	1997
元代罗罗斯地区实设过元帅府吗	杜玉亭	凉山彝族奴隶制研究	1 期	1978
元初未设过罗罗斯土官宣慰使吗？——与杜玉亭同志商榷	胡庆钧 何耀华	民族研究	5 期	1980
元代罗罗斯土官的建置和评价问题	杜玉亭	民族研究	1 期	1980
罗罗斯慰司与利利土司关系诸问题	杜玉亭	凉山彝族奴隶制研究	1 期	1981
元代罗罗斯宣慰司刍议	蒋家骅	凉山彝族奴隶制研究	1 期	1981
罗罗斯何时开始归属元朝	杜杉	凉山彝族奴隶制研究	1 期	1981
元罗罗宣慰司之后为河东长官司说质疑	李绍明	凉山彝族奴隶制研究	1 期	1981
元代罗罗斯土官宣慰使研究	杜玉亭	民族研究	2 期	1982
关于元初罗罗斯土官宣慰使的设置问题	何耀华 金钧	思想战线	6 期	1984
元代罗罗斯总府建置考	杜玉亭	内蒙古社会科学	1 期	1985
明四川行都司土司制度未因元制说	杜玉亭	内蒙古社会科学（文史哲）	6 期	1987
清代川省土司	周询	四川文献	117 期	1972
读校清史稿四川土司传	冯明珠	食货月刊（复）	12 卷 7 期	1982
土家族地区土司制度概况	彭绣枢 刘文武	吉首大学学报（社科）	1 期	1982
土家族地区的改土归流	彭官章	中央民族学院学报	2 期	1982
略论土家族地区土司制度的实质	邓辉	恩施师专学报		1984
土家族在羁縻、土司和改土归流时期的对外关系	彭秀枢	吉首大学学报（社科）	3 期	1986
土家族土司简史	吴永章	华中理工大学出版社		1990
土家族土司简史	王承尧 罗午	中央民族学院出版社		1991
土家族土司史录	王承尧等	岳麓书社		1991

续表六

篇、书名	著(译)编者	出处	卷、期	年月日
湘鄂川黔土家族地区卫所制度初探	戴楚洲	湖北民族学院学报（社科）	3期	1994
明末清初峡区土司对外关系的变化	吴 旭	民族论坛	3期	1996
论明初土家族土司的归附与朱元璋"以原官授之"	田 敏	贵州民族研究	3期	2000
土家族土司兴亡史	田 敏	民族出版社		2000
土家族土司改土归流背景分析	陈心林	凉山大学学报	2期	2002
石柱土司史料辑录	何服生	政协石柱县文史委		1994
酉阳土司制度述略	冉敬林	贵州文史丛刊	5期	1994
明代酉阳土司制度特点	冉敬林	贵州文史丛刊	4期	1995
甘川青康边区土官分布概况	黄正清	新西北半月刊	4卷6期	1941
川青康滇现存土司统计表		边疆通讯	2卷1期	1944
羌族地区土司资料汇编	中国科学院民族研究所四川少数民族社会历史调查组	编者刊		1963
羌族地区的土司制度与"改土归流"	冉光荣等	四川大学学报（哲社）	4期	1980
The First Prince of washi	J. H. Edgar	Journal of the West China Border Research Society	Vol. 5	1932
瓦寺土司政治调查	宓宪章	西南边疆	13期	1941
世代宗贞之瓦寺土司	祖世德	四川瓦寺宣慰使司宣慰使署		1946
登涂禹山访瓦寺土司官寨	刘恩兰	文化先锋	6卷6期	1946
瓦寺土司历史沿革简介	崔 丹	中国藏学	4期	1994
瓦寺土司的祖源——一个对历史、神话与乡野传说的边缘研究	王明珂	历史人类学学刊	2卷1期	2004
黑水社区政治	蒋旨昂	边政公论	2卷11、12期	1943
			3卷2期	1944
黑水头人与百姓	蒋旨昂	大学	3卷3、4期	1944
Black River Communal Politics	Chiang Chih-ang	Journal of the West China Border Research Society	Vol. 15A	1944
麻窝衙门	于式玉	边政公论	3卷6期	1944
		于式玉藏区考察文集		1990
羌族习惯法述论	龙大轩	现代法学	2期	1996
羌族习惯法的神法文化特征	龙大轩	现代法学	2期	1997

续表七

篇、书名	著(译)编者	出处	卷、期	年月日
历史上的羌族习惯法与国家制定法	龙大轩	现代法学	2期	1997
试析羌族习惯法	陈汎舟	西南民族问题新论	1集	1988
羌族民约的习惯法特征	龙大轩	西南政法大学学报	1期	1999
习惯法与羌族习惯法	俞荣根	中外法学	5期	1999
羌族习惯法	俞荣根	重庆出版社		2000
法治在民间的困惑——对羌族习惯法的考察	龙大轩	现代法学	5期	2001
十九世纪末地方法律实践状况考——一块碑文透出的历史信息	龙大轩	现代法学	3期	2002
羌族法文化渊源考——兼论中华法系的早期雏形	龙大轩	思想战线	6期	2002
羌族继承习惯法试析	李鸣	政法论坛	3期	2004
羌族婚姻习惯法的历史考察	李鸣	比较法研究	4期	2004
羌族诉讼习惯法的历史考察	龙大轩	山东大学学报（哲社）	2期	2005
理番四土之政治	刘恩兰	边政公论	7卷2期	1948
理番四土之社会	刘恩兰	边政公论	7卷3期	1948
清代理县"土屯"制度	邓晓琳	西南民族学院学报（哲社）	2期	1982
川西北嘉戎藏族的土屯制度	李家瑞	思想战线	5期	1983
清代川西北藏族地区的土屯制与屯田制	李家瑞	西南民族学院学报（哲社）	4期	1984
乾隆朝四川杂谷厅改土归屯述略	潘洪刚	中南民族学院学报（哲社）	4期	1987
乾隆朝两金川改土归流之兴起	潘洪刚	中南民族学院学报（哲社）	5期	1988
清代乾隆朝两金川改土归屯考	潘洪刚	民族研究	6期	1988
从清代档案看清政府对金川土司的政策	刘源	中国藏学	4期	1993
清代金川改土为屯	徐怀宝	首都师范大学学报（社科）	5期	1995
金川嘉绒藏族的土屯制	蔡仁政	四川藏学研究	4辑	1997
川康北界的嘉戎土司	林耀华	边政公论	6卷2期	1947
		民族学研究		1985
卓克基土司及其官寨	辛玉	四川文物	4期	1989
绰斯甲土司制度概述	晏春元	西藏研究	特刊	1989
卓克基土司及土司官寨——兼谈嘉绒藏民族建筑的一些特点	陈学志	西藏研究	1期	1999
清代嘉绒地区土司的婚姻初探	曾穷石	西藏大学学报	4期	2004

续表八

篇、书名	著(译)编者	出处	卷、期	年月日
嘉绒藏区习惯法中的司法制度	杨华双	西南民族大学学报(人文)	4期	2005
刍议清代藏区土司制度	曾国庆	西藏研究	2期	1997
四川藏族土司制度	都淦	历史知识	5期	1980
四川藏族地区土司制度概述	都淦	西藏研究	创刊号	1981
康区土司制度的由来和发展	许茂慈	四川藏学研究	1辑	1993
		民族研究文集		2000
简论四川藏区土司与寺庙的关系	冉光荣	四川藏学研究	4辑	1997
我所熟悉的西康土司	贺觉非	湖北文史	2期	2005
西康改土归流史略	飞虹	蒙藏周报	76期	1931
赵尔丰与四川藏区的改土归流	陈一石	四川师院学报(社科)	3期	1981
清末川边藏区改土归流初探	徐铭	西藏研究	2期	1982
试论清末川边改土归流	李茂郁	西藏研究	2期	1984
略论清末川边改土归流与赵尔丰	陈一石	云南民族学院学报(哲社)	4期	1984
改土归流对康区社会的影响	程贤敏	康定民族师专学报(文科)	2期	1987
改土归流与康区社会(上)(下)	程贤敏	中国藏学	3、4期	1988
清代川边土司制度与改土归流	许茂慈	民族论丛	7辑	1989
清末西南改土归流决策论	董守义	史学集刊	1期	1992
清末川边藏区"改土归流"的宏观历史分析	马菁林	西藏研究	3期	2001
从"土"到"流"的历史趋势——试论川边改土归流的历史背景	林俊华	康定民族师专学报	2期	2002
清末川边藏区改土归流考	马菁林	巴蜀书社		2004
从川边改土归流看清廷治边思想的转变	高玮	民族史研究	6辑	2005
西康各土司之递嬗		蒙藏周报	26期	1930
西康土司头人之专制	杨仲华	蒙藏周报	50期	1930
西康特区政务委员会汇报各属旧有土司土职调查表		边政月刊	5卷	1931
西康旧有土司土职调查表	张鸿逵	边政月刊	8卷	1931
西康各属旧有土司土职调查	康德区政务会	开发西北	2卷2期	1934
西康之土司		蒙藏月报	2卷3期	1934
西康各县土司调查表		开发西北	3卷4期	1935
		川边季刊	1卷2期	1935

续表九

篇、书名	著(译)编者	出处	卷、期	年月日
西康土司考	胡巨川	西北问题季刊	2卷1、2期	1936
西康现存土司调查表		四川月报	12卷2期	1938
西康之土司喇嘛	孤僧	边事研究	9卷3、4期	1939
解决土司问题之先决条件	之北	康导月刊	3卷5—7期	1941
康区土司头人问题之探索	文阶	康导月刊	3卷5—7期	1941
西康已废除土司现仍有势力者		边疆通讯	2卷1期	1944
西康各县土职头人调查表		边疆通讯	3卷11、12期	1945
西康各县土司调查表		边疆通讯	3卷11、12期	1945
改流前之天全土司	朱祖明	康导月刊	5卷9期	1943
天全高土司世系——续天全散记	任乃强	康藏研究	25期	1949
天全杨土司世系	任乃强	康藏研究	26期	1949
明正土司之过去与现在	朱祖明	康导月刊	6卷5、6期	1945
明正土司考略	任新建	西南民族学院学报(哲社)	3期	1985
瞻化土酋之过去与现在	欧阳枢北	康导月刊	1卷12期	1939
改流前之瞻化土司	朱祖明	康导月刊	6卷1期	1944
德格土司之过去和现在	文阶	康导月刊	创刊号	1938
会见德格女土司	涤瑕	康导月刊	5卷10期	1944
德格土司世传译注	无畏	康导月刊	6卷5、6期	1945
德格土司世传	任乃强	康藏研究	13—15期	1947
			16期	1948
德格土司史略	(更登)	四川民族史志	4期	1988
德格土司辖区的政教关系及其特点	杜永斌	中国藏学	3期	1989
		中国藏学研究中心藏学论文选集		1996
"德格家族"的世系关系	刘先毅	甘孜州史志	2期	1990
德格土司研究的历史与现状	杜永斌	西藏民族学院学报	3期	1990
论德格土司的特点	杜永斌	西藏研究	1期	1991

续表一〇

篇、书名	著(译)编者	出处	卷、期	年月日
德格土司世系叙略	嘎玛坚赞	中国藏学（藏文）	3期	1992
近代德格土司的一场争斗	来作中	民族	10期	1993
浅谈康区德格土司与改土归流	扎西央宗	藏学研究论丛	7辑	1995
论德格土司制度及其特点	杜永彬	四川省社会科学院硕士研究生学位论文摘要		1995
甘孜麻书孔撒两土司之分合	佚名	蒙藏周报	34期	1930
甘孜孔萨土司家族史略	孔萨益多	四川藏学研究	3辑	1995
石渠土司势力概况	佚名	康导月刊	3卷5-7期	1941
泸定土司概况	李安宅	康导月刊	3卷5-7期	1941
鱼通土司及其衙门考	吴吉远	民族论丛	7辑	1989
		西藏研究	4期	1991
明正土司考略	任新建	西南民族学院学报（哲社）	3期	1985
明正土司迁康时间及名号小考	王辉全	康定民族师专学报	1期	1993
康南的土头世界	任汉光	康导月刊	3卷5-7期	1941
理塘土司变异浅述	来作中	四川民族史志	4期	1988
论乡城县改土归流	何英	康定民族师专学报	2期	2004
木坪女土司王幺幺逸闻	新建	文史杂志	2期	1985
木坪土司王幺幺	任新建	文史杂志	4期	1987
甘孜康萨土司家族简史	康萨益多	中国藏学（藏文）	1期	2000
西康政治与宗教	佚名	西康公报	25-29期	1929
西康宗教之势力与将来之新西康	克让	新西康	5期	1930
康藏政治宗教教育合一之研究	华崇俊	新亚细亚	7卷5期	1934
康区"政教合一"史话	邓俊康	康定民族师专学报		1986
论康区的政教联盟制度	曾文琼	拉萨藏学讨论会文选		1987
		西南民族学院学报（哲社）	2期	1988
也谈康区的政教关系	刘先毅	西藏研究	3期	1990
甘孜藏区封建农奴制下的政教关系	杨嘉铭	西藏研究	3期	1991
试论甘青川滇藏区政教合一制的特点	王献军	西藏民族学院学报（哲社）	2期	2004
理塘寺早期政教史初探	冯智	西藏大学学报	1期	2005

续表一一

篇、书名	著(译)编者	出处	卷、期	年月日
西康的几个习惯法	羌生	边事研究	4卷6期	1936
康区的习惯法	李忠定	边疆通讯	1卷1期	1947
西康省番民之法律	曾间吾辑	中华法学杂志	7卷4期	1948
西康各县司法调查	苏法成	边事研究	8卷4期	1938
西康特殊的司法概况	邱怀瑾	边事研究	10卷2、3期	1939
最近一年来之西康司法	骆盟雪	康导月刊	2卷6期	1940
解放前川边藏区诉讼简述	杨武斌 饶斯丹	西南民族学院学报（哲社）	5期	1995
色达部落习惯法述略	益邛	中国藏学	2期	1996
西康乡村组织概况	佚名	蒙藏周报	37期	1930
西康社会组织	言	康藏前锋	1卷4、5期	1934
大小凉山之土官制度	任映苍	中国边疆	3卷3、4期	1944
关于四川大小凉山的彝族土司制	欧潮泉	教学与研究	3期	1958
凉山西昌彝族地区土司历史及土司统治区社会概况	中国科学院民族研究所四川少数民族社会历史调查组	编者刊		1963
凉山彝族"兹莫统治时期"初探	蒙默	社会科学研究	4期	1979
凉山土司考索	何耀华	社会科学研究	2期	1981
明清四川凉山马湖安氏土司兴衰考略	夏延安	四川文物	5期	1996
清初以来彝族的土司制度与改土归流	胡庆钧	明清彝族史论丛		1981
论清代凉山彝区的土司制度与改土归流	杨明洪	民族研究	2期	1997
"改土归流"以来滇川黔交界地区彝族社会的发展变化	潘先林 潘先银	中南民院学报	4期	1997
四川宁远土司调查记		东方杂志	9卷4号	1912
西昌土司调查		康导月刊	1卷12期	1939
木里土司调查书		边政月刊	1卷	1929
木里土司调查记	李仲魁	边政月刊	2卷	1929
西康省与木里土司	信隆	康藏前锋	5卷1-3期	1938
西康木里宣慰司政教概况	刘万荣	西南边疆	8期	1940
西康的木里土司	郑象铣	地理	1卷1期	1941

续表一二

篇、书名	著(译)编者	出处	卷、期	年月日
木里土司——顶里巴松典	邱述钤	康导月刊	3卷5-7期	1941
试析木里土司的政治经济结构	益希汪秋	西南民族学院学报（哲社）	4期	1992
毕苴卢土司	文汉	边疆通讯	4卷4期	1947
关于凉山阿都土司地区的情况	赵树恂	凉山彝族奴隶制研究	1期	1981
从墓碑资料来看清代凉山彝族土司阿都氏初探	清水享	彝族古文献与传统医药开发国际学术研讨会论文集		2002
盐源九所土司概况	委员长四川行营边政设计委员会	编者刊		1937
		盐源县地方志编纂委员会办公室		1986
盐边县马喇长官司调查	叶大槐 曾熙国	凉山彝族奴隶制研究	1期	1982
雷波屏山沐川等县土司家谱	方壮猷	边政公论	4卷4-6期	1945
蛮夷司文等九土司家谱	方壮猷	边政公论	4卷7、8期	1945
彝族土目考	张正江	彝族古文献与传统医药开发国际学术研讨会论文集		2002
凉山彝族奴隶社会习惯法初探	张光显	贵州民族研究	1期	1984
凉山彝族奴隶社会的奴隶配婚制度	周星	学习与思考	2期	1984
对凉山彝族习惯法的初步研究	刘广安	比较法研究	2期	1988
凉山彝族有关女性问题习惯法的特点	范利平	现代法学	2期	1991
凉山彝族奴隶社会婚姻习惯法初探	王学辉	云南民族学院学报	3期	1991
浅谈彝族奴隶社会的执法	骆正义	中央民族学院学报	4期	1991
凉山彝族奴隶社会婚姻制度浅析	王济美 宋豫	西南民族学院学报（哲社）	1期	1992
凉山彝族奴隶社会法律制度研究	杨怀英	四川民族出版社		1994
凉山彝族奴隶社会婚姻法律制度	张居盛	西昌师专学报（哲社）	1期	1995
德古与苏依浅议	罗家修	凉山民族研究		1995
凉山彝族习惯法综述	曲木约质	彝族文化	1期	1997
家支·德古·习惯法	周星	社会科学战线	5期	1997
凉山彝族习惯法案例集成	海乃拉莫等	云南人民出版社		1998
凉山彝族习惯法对伤害五官的处罚及其特点	蔡富莲	民族艺术	1期	1999
彝族奴隶社会习惯法中的原始习俗	骆正义	四川文物	4期	1999

续表一三

篇、书名	著(译)编者	出处	卷、期	年月日
论凉山彝族智者、学者——德古	马尔子	凉山大学学报	4 期	2000
凉山彝族习惯法的研究	蔡富莲	凉山大学学报	2 期	2001
论凉山彝族传统习惯法的功能	蔡富莲	凉山大学学报	1 期	2002
凉山彝族聚居区法律生活分析	巴且日火	凉山民族研究		2002
凉山彝族传统习惯法中的性别歧视观念	蔡富莲	凉山民族研究		2002
彝族民间司法官"德古"刍议	杨 玲 袁春兰	西南政法大学学报	6 期	2003
凉山彝族习惯法与等级婚姻关系	杨丽英	凉山大学学报	4 期	2004
从社会习惯法和尔比看凉山彝族传统社会性别的特征	秋么东市	楚雄师范学院学报	4 期	2004
凉山彝族"德古"的特征、现状与再造	郭金云等	西南民族大学学报（人文）	5 期	2005

三、政治历程

（一）一般论著

篇、书名	著(译)编者	出处	卷、期	年月日
旧四川与新四川之现象	二十世纪之怪物	鹃声	1 年 1 期	1905
四川历史	吴嘉谟	四川学报	16、18、19 册	1905
			20 册	1906
		广益丛报	116 - 124 号	1906.9.8 - 1906.12.25
过去之四川	金 沙	四川	1 号	1908
显微镜下之四川	言	康藏前锋	2 卷 1 期	1934
复兴月刊·四川专号	赵正平等	复兴月刊	3 卷 6、7 期	1937
An Early Description of Szechwan's Dark Age	L. G. Kilborn	Journal of the West China Border Research Society	Vol. 11	1939
四川的治乱问题与历史数字	傅双无	责善半月刊	1 卷 13 期	1940

续表一

篇、书名	著(译)编者	出处	卷、期	年月日
四川省の史地综合观	中山久四郎	外交时报	96卷 1、2号	1940
四川史地表解	叶育之			1941
四川历史乡土教材	柳定生	钟山书局		1942
		四川文献	121-124期	1972
			125-136期	1973
四川秘境记	米内山庸夫	改造	23卷1号	1941
闲话四川	米内山庸夫（夏复）	更生周刊	9卷 8-10期	1941
四川之过去与现在	惕文	大学	2卷5期	1943
创造四川历史的新页	建犹	文史杂志	3卷 5、6期	1944
四川乡土常识	陈宗棠	著者刊		1949
加强地方历史的调查研究	西师历史系地方历史教研组	重庆日报		1961.7.15
四川大学第六次科学讨论会论文集（历史系分册）	四川大学历史系	编者刊		1978
古代的四川	谢雁翔	群众文艺	3期	1980
四川地方史研究专集——四川大学学报丛刊第五辑	四川大学学报编辑部	四川人民出版社		1980
论巴蜀与中原的关系	顾颉刚	四川人民出版社		1981
四川史学会史学论文集	四川史学会	四川人民出版社		1982
四川历史（上册）	四川省教育科学研究所	四川人民出版社		1982
周氏五书与四川史实	毛一波	文史存稿		1983
巴蜀史迹探索	邓少琴	四川人民出版社		1983
四川历史	四川教育科学研究所	四川教育出版社		1985
话说四川	袁庭栋	巴蜀书社		1985
四川近代史	隗瀛涛等	四川省社会科学院出版社		1985

续表二

篇、书名	著(译)编者	出处	卷、期	年月日
四川简史	四川简史编写组	四川省社会科学院出版社		1986
巴蜀史稿	邓少琴	重庆地方史资料组		1986
四川古史考察札记	胡昭曦	重庆出版社		1986
四川上古史新探	任乃强	四川人民出版社		1986
四川历史研究文集	贾大泉等	四川省社会科学院出版社		1987
四川古代史稿	蒙默等	四川人民出版社		1988
四川近代史事三考	胡汉生	重庆出版社		1988
对四川近代史整体研究的思考——《四川近代史稿》一书的前言	隗瀛涛	四川大学学报（哲社）	1期	1988
《四川近代史》档案引文分析	冬牧	档案工作	10期	1988
四川现代史	王斌	西南师范大学出版社		1988
四川近代史稿	隗瀛涛	四川人民出版社		1990
四川史新编	徐才安	四川师范学院		1990
"天下未乱蜀先乱，天下已治蜀未治"驳议	陶懋炳	衡阳师专学报（社科）	1期	1991
巴蜀历史·民族·考古·文化	李绍明等	巴蜀书社		1991
四川古代史话	徐才安	重庆出版社		1992
四川通史	贾大泉等	四川大学出版社		1993
四川历史辞典	贾大泉	四川教育出版社		1993
川史通讲	徐才安 蔡东洲	西南财经大学出版社		1996
四川百科全书	四川百科全书编纂委员会	四川辞书出版社		1997
四川的古代历史	郑德坤	四川文物	6期	1999
近代四川政局和政权演变概述	赖悦	中华文化论坛	2期	2000
巴蜀生存	戴善奎	今日四川	4期	2000

续表三

篇、书名	著(译)编者	出处	卷、期	年月日
古代的四川	史蒂文·F.塞奇	四川文物	4期	2000
古代的四川（续）	史蒂文·F.塞奇	四川文物	5期	2000
千年回首话四川	沈庆生	巴蜀书社		2000
历代流贬巴蜀史略	骆永寿	四川大学出版社		2000
古代四川的分期及其意义	史蒂芬·F.塞奇（董越）	四川文物	3期	2001
巴蜀地区大事年表	缪元朗	文史知识	7期	2001
跨出封闭的世界——长江上游区域社会研究（1644-1911）	王笛	中华书局		2001
辛亥革命到五四时期四川大事记1911-1921	四川省人民政府参事室、四川文史研究馆	四川人民出版社		2001
国中的"异乡"：二十世纪二三十年代旅外川人认知中的全国与四川	王东杰	历史研究	3期	2002
巴蜀历史文化论集	胡昭曦	巴蜀书社		2002
治蜀史鉴	隗瀛涛	巴蜀书社		2002
巴蜀历史与文化	罗兰秋	四川大学出版社		2003
巴蜀百年：1901-2000	四川电视台	四川人民出版社		2003
巴蜀近代史论集	隗瀛涛	四川人民出版社		2004
20世纪四川全纪录（1900-2000）	《20世纪四川全纪录》编委会	四川人民出版社		2004
《20世纪四川全纪录》与百年四川	张缪斯	文史杂志	6期	2004
巴蜀帝王知多少	杨鸿儒	巴蜀史志	6期	2005
成都历史上有多少朝代	有前	成都晚报		1962.8.23
成都历次建都顾略	喻光韶	文史杂志	2期	1985
重庆简史和沿革	邓少琴等	重庆地方史资料组		1981
重庆地区的远古文化	董其祥	史学通讯	2期	1983
重庆简史	董其祥	重庆市中区史志	2期	1986

续表四

篇、书名	著(译)编者	出处	卷、期	年月日
重庆古代历史述略	陈建林	重庆地方志	3、4期	1987
古代重庆大事编年（距今二万多年－公元1840年）	管维良	重庆师范大学学报（哲社）	3期	1989
重庆大事记	重庆市地方志编纂委员会总编辑室	科学技术文献出版社重庆分社		1989
重庆古史二题	蓝 勇	重庆史学	1期	1990
重庆历史	重庆市教育科研所	西南师范大学出版社		1995
重庆史话	隗瀛涛 沈松平	社会科学文献出版社		2000
豪在重庆	熊四智	四川烹饪高等专科学校学报	2期	2001
关于重庆通史研究的几个问题	周 勇	重庆大学学报（社科）	2期	2002
重庆通史	周 勇	重庆出版社		2002
以近代城市史研究为重点编撰出版《重庆通史》	李宗杰	近代中国	13辑	2003
《重庆通史》评论集	孟广涵	重庆市地方史研究会		2005
巴渝文史荟萃（第一卷）	重庆市渝中区政协文史资料委员会	编者刊		1999
巴渝历史沿革	蓝勇等	重庆出版社		2004
远古巴渝	重庆中国三峡博物馆	重庆出版社		2005
雅安史地	赵存善	雅安县地方行政干部人员训练所		1941
雅安地区史地论丛	曹 宏	雅安地区地方志学会		1997
大足历史若干问题探疑（一）（二）（三）	张 划	大足县志通讯	创刊号	1984
			1、2期	1985
达县市大事记（1911年－1949年）	政协达县市委员会文史资料研究室	编者刊		1984
古城阆中历史概述	阆中县政协文史研究委员会、阆中县城乡建设环境保护局	编者刊		1984

续表五

篇、书名	著(译)编者	出处	卷、期	年月日
阆中历史（试用本）	阆中市教育教学研究室	编者刊		1996
说古道今话通江	共青团通江县委	编者刊		1984
通江历史编年记	郭际富 向思第	中共通江县委党史工作委员会		1985
黔江历史	陈世雄 黄健民	四川省黔江县科协、四川省黔江教育学会		1983
黔江史志资料选编1、2	黔江土家族苗族自治县志办公室	编者刊		1986
辛亥革命和护国之役在叙永	叙永县编史修志委员会	编者刊		1984
华蓥今古	李廷文等	科学技术文献出版社重庆分社		1988
井研历史	宋志远 卢正体	井研县教研室		1989
绵阳历史	绵阳市教育研究室	编者刊		1989
绵阳市涪城区游仙区历史	绵阳市地方史志学会	编者刊		1994
绵阳文史探奇	李德书	绵阳市文学艺术界联合会		1995
绵阳史稿	蒋志	绵阳师范高等专科学校		1995
绵阳简史	蒋志	成都科技大学出版社		1998
绵阳史纲	南治平 钟利戡	政协绵阳市委员会文史资料委员会		2001
绵阳通史简编	南治平 钟利戡	绵阳市历史学会		2003
绵阳通鉴（公元前387-公元1949）	绵阳市政协学习文史委员会	编者刊		2005
邻水历史（乡土教材）	邻水县中小学教研室、邻水县历史教学研究会	编者刊		1989
泸州乡土历史	赵永康	泸州市历史学会、泸州市教科所		1989
泸州地方史论稿	赵永康	泸州市人民政府		1998
金堂文史	徐德勋	巴蜀书社		1990
彭祖·竹公·开明故治——乐山上古史初探	杨炳昆	乐山师专学报（社科）	2期	1990

续表六

篇、书名	著(译)编者	出处	卷、期	年月日
彭祖即巫彭	杨炳昆	社会科学研究	6期	1991
乐山古史新探	杨炳昆	四川大学出版社		1991
乐山历史上的今天	乐山市地方志办公室	编者刊		2005
渠县现代史资料1-3辑	渠县现代革命史资料组等	编者刊		1981-1984
渠县历史考古文选	王建纬	著者刊		1992
渠县百年大事记	渠县地方志办公室	编者刊		
璧山历史	胡静虎	璧山县教育局		1991
内江现代革命斗争史稿（1919-1949）	中共内江市市中区委党史研究室	四川人民出版社		1991
巴中现代革命史	王超 张铮	四川人民出版社		1991
巴山巴水育巴人——巴中古今	巴中市地方志办公室、巴中市巴人文化研究会	编者刊		2002
雅安历史	贾鸿基	全国图书馆缩微文献复制中心		1992
南川人民革命简史	中共南川县委党史研究室	四川大学出版社		1992
平武历史文集	曾维益	平武县县志编撰委员会		1992
资阳史话	王洪林	巴蜀书社		1993
德阳史话	胡大贵等	成都科技大学出版社		1993
德阳百年大事记	中共德阳市委宣传部、德阳市地方志办公室	编者刊		2001
三峡地区古代少数民族与经济文化述略	丁永忠	三峡学刊	2、3期	1994
剑阁历史年表（上编）	母林生 何柏伦	四川大学出版社		1994
南江县武装史 1911-1994	南江县人民武装部	编者刊		1994
四川岷江上游地区历史文化研究	冉光荣 工藤元男	四川大学出版社		1996
自贡史话	雷贞干	四川大学出版社		1997

续表七

篇、书名	著(译)编者	出处	卷、期	年月日
酉阳现代风云录	王明友	西南师范大学出版社		1999
江津的姓氏与战争	钟永毅 刘达礼	江津市地方志编纂委员会		1996
江津1400年史实大事记（598-1998）	江津市人民政府地方志办公室	编者刊		1999
荣昌革命风云录	中共荣昌县委党史研究室	编者刊		1997
金堂史料钩沉	金堂县历史学会	编者刊		2000
金堂百年大事记（1901-2000）	金堂县地方志办公室	编者刊		2001
龙泉历史	成都市龙泉驿区教委教研室	编者刊		2001
宜宾历史上的今天	宜宾市地方志办公室	编者刊		2001
绵竹百年大事记（清光绪二十六年-公元二〇〇一年）	绵竹市档案馆	编者刊		2003
葭萌春秋	陈正鹏	中国三峡出版社		2003
石柱人民革命斗争简史	中共石柱土家族自治县委党史研究室	编者刊		2004
旺苍史话	中共旺苍县委宣传部	中国文联出版社		2005
罗江遗韵	沈世峰 刘良国	中国文史出版社		2005
董其祥历史与考古文集	董其祥	重庆出版社		2005
地方史志文集	阿坝州方志地名办公室	编者刊		1989
阿坝军事史话	孙松寿	阿坝州地方志编纂委员会		1998
金川历史文化览略	张海清	中央民族大学出版社		2002
西康（西藏附）	尚秉和	刻本		1924
西康	梅心如	正中书局		1934
西康省通志撰修纲要	任乃强	西康省通志馆筹备委员会		1940
康藏史地	任乃强	西康省地方行政干训团		1941
初版康藏史地大纲自序	任乃强	康导月刊	4卷8、9期	1942
康藏史地大纲	任乃强	建康日报社		1942

续表八

篇、书名	著(译)编者	出处	卷、期	年月日
康藏史地大纲	丁实存	边政公论	2卷3-5期	1943
《康藏史地大纲》论评	何燕航	康导月刊	5卷4、5期	1943
论评《康藏史地大纲》的批评	任乃强	康导月刊	5卷5期	1943
甘孜藏族自治州史话	格勒	四川人民出版社		1984
康藏大事纪年	张云侠	重庆出版社		1986
西康史拾遗（未定稿）	冯有志	政协甘孜州委员会文史资料委员会		1987
西康史拾遗（续集）	冯有志	政协甘孜州委员会文史资料委员会		1987
巴塘藏族反教卫国斗争史略	刘传英	四川人民出版社		1993
木里政教大事记摘抄	刘先进	西藏研究	1期	1986
考察木里藏族自治县的历史和现状的报告	彭哲	藏学研究通讯	5期	1992
Khams pa Histories-Visions of People, Place and Authority	Lawrence Epstein	Brill		2001
渡口文物考古、历史、民族研究资料选辑（第一辑）	渡口市文物管理处	编者刊		1985
攀枝花市文物考古、历史、民族研究资料选集（第二辑）	攀枝花市文物管理处	编者刊		1989
攀枝花市文物考古、历史、民族研究资料选集（第三辑）	攀枝花市文物管理处	编者刊		1994

（二）先秦

篇、书名	著(译)编者	出处	卷、期	年月日
古巴蜀考略	吴致华	成大史学杂志	2期	1930
蜀乘丛编（二）巴蜀古史		四川月报	10卷2期	1937
古代巴蜀与中原的关系说及其批判	顾颉刚	中国文化研究汇刊	1卷	1941
巴蜀始末	郑德坤	学思	2卷11期	1942
巴蜀史的问题	蒙文通	四川大学学报（社科）	5期	1959
巴蜀古史	仲眉	四川文献	48期	1966

续表一

篇、书名	著(译)编者	出处	卷、期	年月日
古代巴蜀史の再構成——傳承時代（巴蜀古史的再构成）	狩野直禎（罗开玉）	東洋史研究	33卷4号	1975
		四川史学通讯	2期	1983
《古代的巴蜀》二、三章	童恩正	四川大学学报（哲社）	1期	1977
《古代的巴蜀》六、七章	童恩正	四川大学学报（哲社）	2期	1977
古代的巴蜀	童恩正	四川人民出版社		1979
评"古代的巴蜀"（童恩正著）	狩野直禎	東洋史研究	39卷1号	1980
巴与蜀	剑 虹	历史知识	3期	1980
西南古奴隶王国	冯汉骥	历史知识	4期	1980
古代巴蜀在武王伐纣和几次统一战争中的作用	管维良	重庆师范学院学报（社科）	4期	1980
夜郎与巴蜀	王家祐	夜郎考（讨论文集之二）		1981
巴蜀古史论述	蒙文通	四川人民出版社		1981
		蒙文通文集·古族甄微		1993
试论夜郎与巴蜀的关系	宋世坤	贵州文史丛刊	1期	1982
沧桑亿载话巴蜀	潘云唐	四川日报		1982.1.18
巴蜀史迹探索	邓少琴	四川人民出版社		1983
巴蜀史稿	邓少琴	重庆地方史资料组		1986
古巴蜀史考略	吴致华	史学杂志	2期	1990
中国西南地区的奴隶社会	童恩正	中国西南民族考古论文集		1990
古代巴蜀人民对祖国统一的贡献	少 先 李 静	成都师专学报（文科）	1期	1991
三星堆考古发现与巴蜀古史研究	赵殿增	四川文物·三星堆古蜀文化研究专辑		1992
论黄帝与巴蜀	谭洛非 段 渝	社会科学研究	1期	1994
再论黄帝与巴蜀	谭洛非	中华文化论坛	1期	1994
古史研究的材料、理论和方法——以巴蜀古史研究为例	段 渝	史学理论研究	4期	1994
关于重建巴蜀古史的思考	赵殿增	先秦史与巴蜀文化论集		1995
夔、夔巴、夔子巴及开明氏蜀	王有鹏	先秦史与巴蜀文化论集		1995
"武王伐纣实得巴蜀之师"辨正	田 敏	民族研究	4期	1997
战国秦蜀楚巴对汉中、黔中的争夺	刘蓬春	成都大学学报（社科）	1期	1998

续表二

篇、书名	著(译)编者	出处	卷、期	年月日
古代的巴蜀（童恩正文集·学术系列）第一卷	童恩正	重庆出版社		1998
南方文明（童恩正文集·学术系列）第二卷	童恩正	重庆出版社		1998
人类与文化（童恩正文集·学术系列）第三卷	童恩正	重庆出版社		1998
顾颉刚先生对四川古史传说的研究	顾 洪	中华文化论坛	4 期	1999
政治结构与文化模式——巴蜀古代文明研究	段 渝	学林出版社		1999
古代巴蜀与中原黄河流域彩陶南流的有关问题	邓少琴	中华文化论坛	2 期	1999
古巴国辨	童书业	文史杂志	2卷9、10期	1943
春秋吴巴郭鄀厉韩六国别纪	陈 槃	孔孟学报	6 卷	1963
关于"巴"的古老历史	囷 禾	重庆日报		1978.12.3
古代巴史中的几个问题	庄燕和	西南师范学院学报（哲社）	4 期	1979
巴楚关系初探	林 奇	江汉论坛	4 期	1980
古代的巴与越	董其祥	重庆师范学院学报（哲社）	4 期	1980
古代的巴与越（续）	董其祥	重庆师范学院学报（哲社）	1 期	1981
巴史三题	唐嘉弘	思想战线	2 期	1981
古代巴国的国都在哪里	李殿元	史学通讯	2 期	1982
古代巴国南疆考	彭武一	求索	4 期	1983
涪陵考古新发现与古代"巴国"历史的一些问题	王家祐 刘磐石	文物资料丛刊	7 期	1983
巴史新考	董其祥	重庆出版社		1983
巴史新考续编	董其祥	重庆出版社		1993
"巴国"是一个奴隶王国吗	唐嘉弘	四川文物	1 期	1984
殷周之际巴与虎方和荆楚的区别	段 渝	四川史学通讯	5 期	1984
楚国灭巴考	沈仲常 孙 华	贵州社会科学	6 期	1984
从"下里巴人"话巴国	祁庆富	中国民族	7 期	1985
古代汉中区域的开拓和古巴国的建立	周集云	成都大学学报（社科）	2 期	1988
古代巴史中的几个问题	燕庄和	重庆出版社		1988
"楚得枳而国亡"议	夏述华	文史杂志	4 期	1989

续表三

篇、书名	著(译)编者	出处	卷、期	年月日
春秋战国时期楚、巴关系试探	陈文学	江汉考古	2期	1991
涪陵小田溪战国墓及所见之巴、楚、秦关系诸问题	段渝 谭晓钟	四川文物	2期	1991
关于古巴国治地问题的辨析	苟延一	成都文物	3期	1991
楚监巴地域考	田敏	中南民族学院学报（哲社）	3期	1991
涪陵——巴国首府小考	曾立人	四川师范学院学报（哲社）	1期	1993
古代三峡地区的巴人与巴国	李世斌	三峡学刊	1期	1994
巴国社会性质问题探论	李学功	青海师范大学学报（哲社）	3期	1994
说阆中之巴	孙机	考古	9期	1994
论巴族国家的形成	姚政	三峡学刊	2期	1995
徐人王巴考	杨铭	先秦史与巴蜀文化论集		1995
关于巴国的社会性质问题	李学功	先秦史与巴蜀文化论集		1995
楚国灭巴考	田敏	贵州民族研究	1期	1997
"楚子灭巴，巴子五人流入黔中"考——楚巴关系及廪君巴迁徙走向新认识	田敏	湖北民族学院学报（哲社）	1期	1997
三巴寻五帝，百越探三皇——一个建筑师的中国古史观	张良皋	理论月刊	4期	1997
巴国寻踪	高应勤	中国三峡建设	10期	2001
寻找失落的巴国	白木 周洁	飞碟探索	5期	2003
		民族论坛	6期	2003
		旅游纵览	9期	2003
巴国及廪君探源	高应勤	三峡大学学报（人文）	2期	2003
巴史杂谈	高应勤	中国三峡建设	2期	2003
巴国辉煌都江州	孙善齐	中国三峡建设	3期	2003
试论巴与楚的关系	高应勤	三峡大学学报（人文）	6期	2003
巫巴史迹探微	汤绪泽	远方出版社		2003
包山楚简鄩即巴国说	李学勤	中国文化	21辑	2004
巴东与古巴国的关系	顿嵩元	黄河科技大学学报	2期	2004
巴楚关系探讨	白九江	重庆师范大学学报（哲社）	6期	2005
古代蜀国史略述	傅述尧	禹贡	1卷6期	1934
		四川文献	146期	1974
从蜀地神话中的蚕丛说到殉葬的蚕王	孙次舟	经世战时特刊	47、48期	1939

续表四

篇、书名	著(译)编者	出处	卷、期	年月日
关于"金蚕"解释的补正	孙次舟	经世战时特刊	47、48期	1939
古蜀国为蚕国说	朱希祖	时事新报·学灯	44期	1939.4.2
读"古蜀国为蚕国说"的献疑	孙次舟	齐鲁学报	1期	1941
古蜀国之起源	孙次舟	星期评论	22、23期	1941
古代蜀国的迁移	孙次舟	边政公论	1卷11、12期	1942
殷代的羌与蜀	董作宾	说文月刊	3卷7期	1942
五丁诠实	吴敬恒	说文月刊	3卷9期	1943
"蜀王本纪"与"华阳国志"所记蜀国史事之比较	顾颉刚	中国史学	1期	1946
		史林杂识初编		1963
春秋蜀国	陈槃	大陆杂志	32卷6期	1966
古代蜀国史略述	傅述尧	四川文献	146期	1974
古代楚蜀的关系	徐中舒 唐嘉弘	文物	6期	1981
戈·蜀·蚕	石湍	四川农民报		1979.5.19
蜀开明氏族属初探	兰峰 李尚义	民族论丛	2辑	1982
说蜀	俄洛 扎嘎	四川史学通讯	4期	1983
蜀族立国之地海窝子	李裕畴	历史知识	6期	1983
犍为巴蜀墓的发现与蜀人的南迁	王有鹏	考古	12期	1984
"蜀伐楚，取兹方"考辨	刘文杰	江汉论坛	4期	1985
蜀楚関係史への一試論	間瀬收芳	戦国時代出土文物の研究		1985
蜀·蚕丛·纵目	萧兵	四川文物	1期	1986
鳖灵事迹重考	冯广宏	天府新论	1期	1986
早期蜀国都邑重见天日		人民日报		1986.8.24
古蜀国的望帝、丛帝	李仲玛	文史杂志	6期	1987
论蜀史"三代论"及其构拟	段渝	社会科学研究	6期	1987
"杜宇禅位"与"巴人灭蜀"——蜀史探源之一	薛登	成都大学学报（社科）	1期	1988
从近年考古材料看古蜀史	徐鹏章	成都大学学报（社科）	1期	1988
古蜀国之谜初探	史石	人民中国	2期	1988
古蜀春秋	廖八鸣	人民中国	2期	1988
论商周王朝与古蜀国的关系	张亚初	文博	4期	1988

续表五

篇、书名	著(译)编者	出处	卷、期	年月日
从近年来新发现的考古材料看古蜀史	徐鹏章	社会科学研究	6期	1988
走向杜宇	平子	三月风	7期	1988
试论蜀史的两个问题	王燕芳	成都文物	1期	1989
试论"蚕虫氏"文化的源流	徐学书	成都文物	3期	1989
鳖灵名义考——兼论鳖灵与蜀开明氏的关系	孙华	四川文物	5期	1989
蜀楚关系初探——从考古发现看楚文化与巴蜀文化	郭德维	考古与文物	1期	1991
揭开古蜀国神秘的面纱	文贤书 夏如秋	四川日报		1992.4.3
《帝系》传说与蜀文化	李学勤	四川文物	1期	1992
鱼凫考——也谈三星堆遗址	胡昌钰	四川文物	1期	1992
蜀王开明九世改革初论	罗开玉	四川师范大学学报（社科）	6期	1992
成都地区楚式敦的出土及开明氏蜀族源试探	王有鹏	中国考古学会第七次年会论文集		1992
从考古资料看蚕丛氏蜀人的南迁	徐学书	四川文物	6期	1993
杜宇的时代及其族属探微	江章华	文物考古研究		1993
蜀文化考古与夏商时代的蜀王国	段渝	四川文物	1期	1994
古代的蜀	史蒂文·F.塞奇（杨荣新）	四川文物	3期	1994
古代的蜀（续）	史蒂文·F.塞奇（杨荣新）	四川文物	4期	1994
蜀开明氏族属试探——兼释"故大夜郎国"与"汉夜郎国"	李伯章	贵州文史丛刊	4期	1994
女阴崇拜——纵目人考	胡仲实	民族艺术	3期	1995
古蜀国考——三星堆遗物に寄せて	古贺登	中国古代の国家と民众		1995
鳖灵考	李修松	先秦史与巴蜀文化论集		1995
计方、雒水与雒戎入蜀	刘章泽等	先秦史与巴蜀文化论集		1995
古蜀的"三王"、"二帝"别说	杨正苞 刘玉珊	成都大学学报（社科）	1期	1996
古代蜀国史研究の新视点——《蜀王本纪》と《华阳国志·蜀志》との读み比べを通じて	徐朝龙	史林	79卷3期	1996
川南蜀人墓葬和蜀国南疆	唐长寿	先秦史与巴蜀文化论集		1995
古蜀历史的几个问题（上）	Steven·F.塞基（段渝）	中华文化论坛	2期	1997

续表六

篇、书名	著(译)编者	出处	卷、期	年月日
古蜀历史的几个问题（中）	Steren·F.塞基（段渝）	中华文化论坛	3期	1997
从成都平原考古新发现看古蜀历史	杨正苞	文史杂志	3期	1997
先蜀杜宇氏族文化再探	李盛铨	成都文物	4期	1997
蜀王望帝与"杜宇化鹃"	崔荣昌	文史杂志	5期	1997
武担山士来何方	王大炜	文史杂志	6期	1997
蜀王开明氏考	伏元杰	四川文物	1期	1998
鱼复与鱼凫的源流探索	姜孝德	重庆师院学报（哲社）	1期	1998
春秋战国时期蜀地的族国和文化	杨东晨	宜宾师专学报	1期	1998
早蜀柏灌及其文化	李盛铨	文史杂志	2期	1998
早蜀早期蚕丛氏族文化初探	李盛铨	成都文物	2期	1998
早蜀早期蚕丛氏族文化再探	李盛铨	成都文物	3期	1998
古蜀国鱼凫世钩沉	高大伦	四川文物	3期	1998
古蜀王徙治成都原因考释	钱玉趾	四川文物	4期	1998
蜀与夏——从考古新发现看蜀与夏的关系	林向	中华文化论坛	4期	1998
柏灌决非伯鲧	冯广宏	文史杂志	6期	1998
古蜀历史有空白区新说	冯广宏	文史杂志	3期	1999
蜀の開国伝説と氐·羌——併せて寶人を論ず	古賀登	東アジア史における国家と地域		1999
试说鳖灵族属及开明期文化	杨正苞	文史杂志	5期	2000
古蜀国与丝绸之路	王德友	丝绸之路	6期	2000
蒲卑氏考	伏元杰	中华文化论坛	专刊	2000
《古代的蜀国》序	刘茂才	中华文化论坛	3期	2001
昭通——蜀王杜宇的发祥地	陈孝宁	昭通师专学报	4期	2001
心手文·鱼凫·颛顼	冯广宏	四川文物	4期	2001
玉垒浮云变古今——古代的蜀国	段渝	四川人民出版社		2001
商蜀文化互动交流的考古学观察——兼论蜀国早期历史	郑红利	文博	1期	2002
		四川文物	2期	2003
蜀王魂化杜鹃花	王大钧	园林	2期	2002
试论先秦时期数代"蜀王"的时空坐标	王有鹏	四川文物	4期	2002
鱼凫·三星堆·弓鱼氏	冯广宏	文史杂志	4期	2002

续表七

篇、书名	著（译）编者	出处	卷、期	年月日
古蜀国故都探源	杨明春	巴蜀史志	6期	2002
"古蜀国的骄傲"——望丛祠寻荒	王德友	丝绸之路	6期	2002
"望帝啼鹃"之义考证	陈小东	语文教学通讯	8期	2002
甲骨文所反映的蜀和殷商的关系	郭胜强	中国古都研究	19辑	2002
玉垒浮云变古今——古代的蜀国	段 渝	四川人民出版社		2002
五色帝小考	冯广宏	成都文物	2期	2003
古蜀三王考	冯广宏	成都文物	4期	2003
杜鹃解析	李万霖	成都文物	4期	2004
蜀都考	曲英杰	中国社会科学院历史研究所学刊	2集	2004
古蜀王国是洪水湮没的吗	李有才	四川文物	6期	2004
古蜀文明：璀璨的四川古代文化	段 渝 邹一清	四川出版集团		2004
说甲骨文中的蜀国地望	杜 勇	殷都学刊	1期	2005
考古复原的古蜀史新论	冯广宏	天府新论	2期	2005
跨生态的文化和政治扩张——古蜀与南中诸文化的关系	段 渝	西南民族大学学报（人文）	2期	2005
略论古蜀文明的形态特征	赵殿增	中华文化论坛	4期	2005
寻找古蜀王国	陈显丹 何经泰	华夏人文地理	12期	2005
成都平原开创纵目时代——五代蜀王之蚕丛篇	萧 易	成都日报		2005.11.7
历史黑洞中的次代蜀王	萧 易	成都日报		2005.11.14
牧誓八国	顾颉刚	史林杂识初编		1963
试论《牧誓》八国与黑、白族系	陈宗祥	西南民族学院学报（哲社）	1期	1979
跟随武王伐纣的"八国"考	杨东晨	铁道师院学报	4期	1995
巴师八国考	张良皋	江汉考古	1期	1996
"武王伐纣实得巴蜀之师"辨正	田 敏	民族研究	4期	1997
《尚书·牧誓》所载卢、彭地望考	曹定云	中原文物	1期	1995
释《牧誓》之"彭"	王建纬	成都师专学报（社科）	2期	1987
关于牧誓八国中"彭"所在地之商榷——兼及彭祖考	谢 进	乐山师专学报（社科）	2期	1996
武王伐纣之彭国考	伏元杰	成都大学学报（社科）	1期	1996
		四川文物	5期	1996

续表八

篇、书名	著(译)编者	出处	卷、期	年月日
关于牧誓八国中"彭"所在地之商榷——兼及彭祖考	谢 进	乐山师专学报（社科）	2 期	1996
《牧誓》之"彭"与賨人歌舞	王建纬	四川文物	5 期	1998
彭祖·竹公·开明政治——乐山上古史初探	杨炳昆	乐山师专学报（社科）	2 期	1990
彭祖考略	汪燕岗	中国社会科学院研究生院学报	2 期	2005
话说苌弘	张 麟	巴蜀史志	5 期	2005
先秦时期西南三国史述略	尤 中	思想战线	2 期	1993
庄蹻王滇辨	蒙文通	四川大学学报（社科）	1 期	1963
试论岷山庄王与滇王庄蹻的关系	徐中舒	思想战线	4 期	1977
从滇文化的发掘看庄蹻王滇的真伪	张增祺	贵州民族研究	1 期	1979
庄蹻王滇考略	赵 橹	大理学院学报	1 期	1980
楚经营西南考辨	孙 华	贵州民族研究	1 期	1983
楚国经营西南地区简论	邹芙都	求索	2 期	2005
论楚国对西南地区的经营	邹芙都	云南社会科学	2 期	2005

（三）秦汉

篇、书名	著(译)编者	出处	卷、期	年月日
巴蜀归秦考	马培棠	禹贡	2 卷 2 期	1934
		四川文献	148 期	1974
论秦举巴蜀之年代	钟凤年	禹贡	4 卷 3 期	1935
张仪入秦续辨——附马培棠、钟凤年二先生秦灭巴蜀在惠文王初年说的商兑	张公量	禹贡	4 卷 6 期	1935
秦灭巴蜀考	黄少荃	狂飚月刊	1 卷 1 期	1947
秦の蜀地経営	大庭脩	竜谷史壇	33 号	1950
略论秦开发巴蜀的历史作用	刘磐石	资料	1 期	1974
秦对巴蜀的开发是法家路线的胜利	历史系大批判组	四川大学学报（哲社）	2 期	1974
秦统一战争与巴蜀的社会大变革	魏启朋 张筑生	四川大学学报（哲社）	2 期	1974

续表一

篇、书名	著（译）编者	出处	卷、期	年月日
旧地基挖得愈深，旧制度复辟愈困难——谈秦在巴蜀地区是怎样挖掘奴隶制的旧地基的	魏启朋 张筑生	四川日报		1974.12.3
秦统一巴蜀后在蜀的反复辟斗争	李定凯等	成都日报		1975.4.15
秦国统一巴蜀是法家路线的胜利	胡昭曦等	四川人民出版社		1975
秦蜀侯非秦人考辨	蒋家骅	西南民院学报（哲社）	1 期	1981
		中国历史文献研究集刊	2 集	1981
		南京师院学报（社科）	4 期	1981
如何评价秦王朝在蜀郡的三次镇压	陈 今	四川师院学报（社科）	3 期	1981
从《云梦秦简》探讨巴蜀史上的三个问题	陶元甘	成都大学学报（社科）	1 期	1982
伐蜀实为惠王而非昭王	庆 余	社会科学辑刊	6 期	1982
是"白虎为害"还是巴人起义	徐南洲	天府新论	3 期	1986
秦对西戎、巴蜀的兼并	杨家友	历史教学	7 期	1986
秦并巴蜀在秦统一中的战略地位	刘淑梅	北方论丛	6 期	1993
评秦惠文王灭蜀	赵泽光	贵州师范大学学报（社科）	3 期	1995
秦の巴・蜀支配	大川裕子	史樱	2 号	1996
巴蜀在秦国国防发展战略中的地位和价值	吴如嵩	先秦史与巴蜀文化论集		1995
秦兼并蜀地的意义与蜀人对秦文化的认同	王子今	四川师范大学学报（社科）	2 期	1998
张仪、司马错伐巴蜀考	王保国	河南大学学报（社科）	6 期	1999
试论张若治蜀	赵 毅	西南师范大学学报（社科）	3 期	2000
秦并巴蜀史事新论	冯广宏	成都文物	4 期	2000
"白虎为害"、"夷人射虎"新议	曾 超	涪陵师范学院学报	6 期	2000
战国后期秦国统治蜀之政策研究	胡绍华	渝西学院学报（社科）	3 期	2002
秦蜀侯考	贺润坤	陕西广播电视大学学报	1 期	2003
关于"白虎为害"若干问题的探讨	曾 超	商丘师范学院学报	4 期	2003
试论秦对巴蜀分治的原因及影响	张剑涛	重庆三峡学院学报	6 期	2004
"白虎为害"新议	曾 超	中国民族学会第七届全国学术研讨会论文集		2004
秦汉时代的四川	顾颉刚	学思	1 卷 8 期	1942
秦漢時代の巴蜀開発	渡部武	東西文化交流史		1975

续表二

篇、书名	著（译）编者	出处	卷、期	年月日
秦汉时代的巴蜀	狩野直祯	历史知识	6期	1983
论巴蜀在秦汉统一大业中的作用	孟祥才	三峡学刊	2、3期	1994
论秦汉王朝对巴蜀的改造	段渝	中国史研究	1期	1999
秦汉时代的中国西南	罗二虎	天地出版社		2000
试论秦汉中央政权对西南地区的控制	丁毅华	秦汉史论丛	8辑	2001
试论战国秦汉时期西南开发进程中历史阶段的划分	黎小龙	西南师范大学学报（社科）	3期	2003
秦汉时期巴郡的政治和经济	罗君	涪陵师范学院学报	1期	2004
刘邦赴汉中时所行的道路	籍大阳	中国历史地理论丛	4期	1996
汉王刘邦在汉中诸史实考辨	冯岁平	秦都咸阳与秦文化研究——秦文化学术研讨会论文集		2001
刘邦汉国号考源	胡阿祥	史学月刊	6期	2001
中国历史上的汉国号	胡阿祥	江苏行政学院学报	5期	2005
前漢の遷蜀刑について——古代自由刑の一側面の考察	久村因	東洋学報	37卷2号	1954
读史记新校注略记——楼船卒巴蜀罪人夜郎兵二十余万人击南越	施之勉	大陆杂志	38卷7期	1969
西汉前期四川地区巩固新兴封建制的斗争——兼论汉武帝对西南边疆的开发	周九香	四川大学学报（哲社）	3期	1975
西漢時代における益州について——巴蜀地方を中心として	中林史朗	漢学會誌	16号	1977
辨舍人的籍贯、官称和姓名	王燕玉	贵阳师院学报（社科）	1期	1982
咬牙封雍齿	李思桢 阳光水	历史知识	3期	1982
雍齿其人	吴时光	文史杂志	5期	1998
四川历史上第一个农民起义领袖——郑躬	江玉祥	文史杂志	4期	1991
四川省博物馆藏汉代吕后族人墓葬石刻文字及其相关问题	张勋燎 袁曙光	中国西南的古代交通与文化		1994
汉代的四川	Steven·F.塞基	中华文化论坛	3期	1998
刘邦的扶翼之臣——扶嘉	康清莲	西华师范大学学报（哲社）	5期	2004
両漢交替期の豪族叛乱——隗囂集団と公孫述集団	木村正雄	立正史学	31号	1967
吴汉入屠成都时间考	张启琛	安徽史学	1期	1991

续表三

篇、书名	著(译)编者	出处	卷、期	年月日
略论东汉王朝克定陇蜀之战略战术	田跃安 李东久	唐都学刊	3期	2000
后漢末の世相と巴蜀の動向	狩野直禎	東洋史研究	15卷3号	1957
后漢時代地方豪族の政治生活——犍為張氏の場合	狩野直禎	史泉	22号	1961
益州门阀初探	刘伟航	南充师院学报（哲社）	2期	1986
从四川出土陶俑谈汉代奴婢的一些问题	唐光孝	四川文物	增刊	1996
刘璋失益州与税收	李烈辉	草原税务	9期	1995
刘璋失益州新论	段少京 陈金凤	南昌航空工业学院学报（社科）	1期	2004
刘璋论略	旷天全	西华师范大学学报（哲社）	3期	2004
论刘璋张鲁	毛忠贤	宜春师专学报	6期	1995
试论张鲁及其政权性质	张炳耀	江汉学报	1期	1961
汉中农民政权与张鲁其人——与张炳耀等同志商榷	杨柄	江汉学报	9期	1962
张鲁是农民起义军的领袖吗	徐规	光明日报		1961.9.27
试论张鲁政权的性质	黄惠贤	武汉大学学报（人文）	3期	1964
汉末张鲁政权史实考辨	高敏	中国农民战争史论丛	2辑	1980
关于张鲁政权性质的再探索	赵克尧 许道勋	杭州大学学报（哲社）	3期	1980
关于张鲁政权的性质	董克昌	北方论丛	4期	1980
释"张鲁在北"	秦效琼	语文教学通讯	11期	1981
汉末张鲁政权史实考辨	高敏	秦汉史论集		1982
张修领导的五斗米道起义	管维良	历史知识	3期	1982
也谈张鲁政权的性质	梁赞英	浙江学刊	1期	1983
张鲁	钱安靖	宗教学研究	2期	1983
再论张鲁政权的封建割据性质	赵克尧 许道勋	浙江学刊	3期	1983
五斗米道政權と板楯蠻	澤章敏	史観	116册	1986
试谈张鲁政权	张仁镜	汉中师院学报（哲社）	1期	1987
五斗米道政權の組織構造	澤章敏	道教文化への展望		1994
曹操征张鲁人物考辨	刘昌安	汉中师范学院学报	1期	1997
东汉原始道教与政治考	姜生	社会科学研究	3期	2000

续表四

篇、书名	著（译）编者	出处	卷、期	年月日
汉末西部政局与张鲁政权	梁中效	成都大学学报（社科）	2 期	2005
东汉熹平二年《张普题字》考述	连邵名	四川文物	4 期	2005

（四）蜀汉

篇、书名	著（译）编者	出处	卷、期	年月日
论刘备与曹操	祝秀侠	时代精神	8 卷 3 期	1943
刘玄德的妻室	曲颖生	畅流	9 卷 10 期	1954
刘备是怎样失败的	黄逸民	畅流	11 卷 10 期	1955
曹操、刘备、孙权的法治路线	卢 路	厦门大学学报	1 期	1974
略谈历史上的刘备	路 牧	南京师院学报	4 期	1974
蜀の昭烈帝と谶纬	平秀道	竜谷大学論集	409 号	1976
关于刘备之死	李定与	旅游天府	2 期	1983
托孤时的"君可自取"析	谭良啸	历史知识	3 期	1983
甘露尚未建寺 何来刘备招亲	杨志玖	文史知识	6 期	1984
建甘露寺和刘备招亲问题的管见——与杨志玖先生商榷	汪仁宏	镇江师专学报（社科）	1 期	1985
刘备葬在哪里	陈 剑	天府新论	3 期	1985
鱼儿是怎样离开水的——评刘备的失败	张汉川	文科通讯	3 期	1985
刘备并非平庸之辈	张家胜	理论探索	2 期	1986
"持的突围"者不是刘备	林集友	学术研究	3 期	1986
天下英雄——刘备	谭良啸	成都大学学报（社科）	3 期	1986
也谈"三顾茅庐"、"白帝托孤"	彭起跃	成都大学学报（社科）	3 期	1986
论刘备治国与用人	吴洁生	探索（哲社）	4 期	1986
刘备用人和三国鼎立	叶哲明	文史知识	6 期	1987
论刘备	张大可	成都大学学报（社科）	2 期	1987
曹、刘、孙用人异同论	裴传永	理论学刊	5 期	1988
刘备成功之道述论	杨伟立	河北学刊	3 期	1990
谈刘备的仁义思想	廖双初	益阳师专学报	1 期	1993
刘备禁酒，欲酿犯法	淮安子	酿酒科技	4 期	1993

续表一

篇、书名	著（译）编者	出处	卷、期	年月日
从对曹操、刘备的审美评价看中国传统文化价值观	李萃	广东社会科学	6期	1993
陈寿笔下的刘备	徐兴海	西安外国语学院学报	1期	1994
		无锡教育学院学报	2期	2001
枭雄刘备的起家与"争盟淮隅"	方诗铭	史林	2期	1994
刘备的忠君思想及其演变	廖双初	益阳师专学报	2期	1994
论刘备	刘琳	四川大学学报（哲社）	3期	1994
刘备古墓在巴蜀	清华	民族团结	9期	1994
是否刘备墓	赖红蓉 韩涵子	旅游	10期	1994
刘备遗诏浅论	梅林	社会科学研究	1期	1995
曹操·刘备·孙权的用人之道	冯世斌	湖北经济管理	2期	1995
刘备与孙夫人关系考释	王炎平	四川大学学报（哲社）	3期	1995
刘备能用人不疑	丑纪锐	同舟共进	3期	1995
刘备浅议	杜长庚	云南教育学院学报	4期	1995
刘备用人之道论	叶哲明	淮阳师专学报	4期	1995
刘备遗嘱"君可自取"句辨释	方北辰	魏晋南北朝史研究		1995
是否真要查查刘备的"脚丫"	申文	民主与科学	3期	1996
刘曹优劣论	洪涛	学术月刊	2期	1997
刘备与蜀汉政权的兴衰	杨世见	川东学刊	4期	1997
鞭打督邮是何人	李燕捷	文史知识	12期	1997
曹操的谋士与刘备的军师	宋志坚	领导文萃	2期	1998
劉備と曹操——作者の意図と作中人物像との乖離	李国栋	中国学研究论集	2集	1998
曹操和刘备的求才术	蒋元明	山东农业	5期	1998
刘备的"小圈子主义"	平白	瞭望	5、6期	1998
刘备托孤永安宫	郑言平	上海集邮	7期	1998
遗体防腐与刘备归葬	李兆成	成都晚报		1998.10.8
论刘备仁义的本质及其得失	李国平	邵阳师范高等专科学校学报	1期	1999
刘备葬奉节说质疑	管维良	重庆师范大学学报（哲社）	1期	1999
运筹人心的顶级大师刘备	林木阿	科技智囊	2期	1999

续表二

篇、书名	著(译)编者	出处	卷、期	年月日
刘备贬马谡遗嘱之真伪辨	史义银	盐城师范学院学报（人文）	3 期	1999
刘备身世之谜	李文厂	乡音	5 期	1999
试论刘备人性的弱点	阙 敏	西南民族学院学报（哲社）	增刊 6	1999
从刘备之死谈慢性腹泻	是明启	家庭医学	7 期	1999
刘备是哪里人	何 兴	咬文嚼字	9 期	1999
枭雄抵巇：刘备寄寓与集团的荆州化	张靖龙	温州师范学院学报（哲社）	1 期	2000
刘备"周旋陈元方、郑康成间"事考	张崇琛	许昌师专学报	3 期	2000
《刘备"周旋陈元方、郑康成间"事考》补正	潘民中	许昌师专学报	6 期	2000
刘备的"韬光养晦"术与今人处世	鲍日新	现代交际	3 期	2001
刘备的祖辈世系和"皇叔"称谓辨析	彭建平	四川文物	5 期	2001
刘备的妻妾、后妃考述	胡 莉	四川文物	5 期	2001
论刘备	张作耀	学术研究	2 期	2002
徐州争夺与刘备集团之崛起	张 功	大同职业技术学院学报	2 期	2002
刘备的"爱"	秦川牛	石油政工研究	4 期	2002
东汉末期刘备集团危机管理实践述评	周永生 蒋蓉华	社会科学家	1 期	2003
枭雄与明君——论刘备形象	沈伯俊	厦门教育学院学报	1 期	2003
		四川文物	4 期	2003
刘备是中国制鞋业鼻祖		企业导报	2 期	2003
刘备墓地之谜	曾 辉	人民日报（海外）		2003.5.27
闲话刘备	廖世勤	人才开发	10 期	2004
蜀国刘备之用人之道	桅 子	才智	2 期	2005
刘备与朱元璋仁政之比较	黎 蘩	成都大学学报（社科）	2 期	2005
从斩张任看刘备的用人策略	思 佚	才智	12 期	2005
乱世之枭雄——刘备	陈华梅	龙岩学院学报	增刊	2005
HR 看三国：刘备如何笼络人才	陈 骥	民营经济报		2005.10.25
法治而兴，儒蠹而亡——评刘备诸葛亮法家路线	宝鸡石油机械厂一车间工人理论小组等	陕西师大学报（哲社）	1 期	1975

续表三

篇、书名	著(译)编者	出处	卷、期	年月日
君臣之至公，古今之盛轨——刘备与诸葛亮鱼水关系评析	李绍泽	成都大学学报（社科）	3期	1986
"长使英雄泪满襟"——刘备与诸葛亮关系发微	李 强	上海师范大学学报（哲社）	2期	1987
刘备与诸葛亮的用人政策	刘国石	佳木斯师专学报	2期	1990
刘备与诸葛亮关系新探	刘国石	北方论丛	6期	1993
刘备、诸葛亮关系考	冯文广	四川师范学院学报（哲社）	1期	1994
刘备、诸葛亮对吴政策异同论	黄晓阳	成都大学学报（社科）	1期	1996
"蜀中无大将"之反思——论刘备、诸葛亮用人之误	曾 良	内江师范学院学报	1期	1996
还是要学刘备和孔明	史 简	乡镇企业科技	12期	1996
诸葛亮为刘备所累	张国凤	语文世界	1期	2001
试论刘备与诸葛亮的用人之道	吴国联	大连教育学院学报	4期	2001
论刘备与诸葛亮	韦宝宏 鄢军涛	陇东学院学报（社科）	1期	2004
刘备和诸葛亮的用人之道	成 方	才智	1期	2005
论刘备与诸葛亮君臣遇合	马凤岗 汤慧敏	临沂师范学院学报	5期	2005
刘备、诸葛亮用人比较分析	王志宏	党政干部学刊	5期	2005
蜀汉后主刘禅评	陈登原	金陵学报	2卷1期	1932
哀哉！阿斗之"长"	吴 昊	群言	1期	1986
浅议刘禅	戴惠英	成都大学学报（社科）	3期	1986
阿斗乐不思蜀	实 厚	领导科学	8期	1986
刘禅之"禅"的读音	吕友仁	中国语文天地	4期	1988
阿斗的大名怎样读	吕友仁	文史知识	11期	1988
也说刘禅之"禅"	王静宇	中国语文天地	1期	1989
满纸幽默画刘禅	上官冬	新闻界	2期	1989
从安乐公谈起	高 玉	党校学报	3期	1990
刘禅之"禅"释义补证	王立军	河南师范大学学报（哲社）	2期	1991
阿斗的名字及其他	寒 操	民主与科学	6期	1992
为刘禅、刘禹锡正名	邓 彤	语文学习	1期	1993
刘禅褒贬与怎样爱国的断想	毛书征	学习月刊	11期	1995
论刘表刘禅	毛忠贤	宜春师专学报	1期	1996

续表四

篇、书名	著(译)编者	出处	卷、期	年月日
爱说实话的刘阿斗		中学历史教学参考	4期	1996
"刘禅"的"禅"怎么读	金文明	咬文嚼字	6期	1996
浅说刘禅"禅"字的读音	才国贤	阅读与写作	9期	1996
刘禅的"禅"字该读何音	李祥福	语文月刊	12期	1997
挞妻殒命的蜀汉大臣刘琰——一桩涉及后主刘禅的命案	马倩如	文史杂志	3期	1998
刘禅之"禅"读音释疑	徐连伟	语文知识	11期	2001
从"扶不起的刘阿斗"看历史评价的双重标准	宋强刚	四川教育学院学报	3期	2001
"刘禅"之"禅"缘何读"shàn"	陈 强	现代语文	1期	2002
君道无为，臣道有为——析刘禅与诸葛亮君臣政治运作模式	马凤岗	四川文物	6期	2002
后主刘禅落拓鄂西北至汉中一带考	王一军	十堰职业技术学院学报	1期	2002
乐不思蜀后世笑 犹自梦魂蜀山绕	鸿 林	东北史地	4期	2003
刘禅的"禅"读 shàn	潘振中	文史杂志	4期	2004
刘禅"乐不思蜀"辨	童 江	语文天地	18期	2004
刘禅非痴子说	徐 玲	洛阳大学学报	3期	2005
刘禅昏庸说质疑	管维良	重庆师范大学学报（哲社）	5期	2005
刘禅是谁的俘虏	施 凯	咬文嚼字	11期	2005
"王谌"应是北地王刘谌	伏 琛	群言	5期	1986
关云长	章衣萍	儿童书局		1933
关羽	陈其鹿	商务印书馆		1935
论关羽	徐君慧	人物杂志	3卷8、9期	1948
漫谈关羽之死	方 歌	工商导报		1952.5.28
从关羽、祢衡的问题谈到对历史人物的分析和评价	少 若	光明日报		1954.7.25
论关羽	黄逸民	畅流	11卷1期	1955
关公辨正	花萼楼主	台湾新闻报		1962.6.7
闲话关羽	毛一波	"中央日报"		1967.5.12
关羽乞妻	毛一波	"中央日报"		1968.10.8
关于"关公"传	张 谷	联合报		1969.7.20
论历史人物关羽	鲁 戈	文史哲	3期	1975

续表五

篇、书名	著(译)编者	出处	卷、期	年月日
寿亭侯	罗继祖	吉林大学学报（社科）	5 期	1979
关羽姓氏小议	刘毓忱	北京日报		1982.2.6
评关羽其人	唐兆梅	益阳师专学报	3 期	1986
"汉寿亭侯"辨析	郭平凡	编辑之友	4 期	1988
关羽其人	赵启同	运城高专学报	1 期	1990
总观不灵大事难成——谈关羽麦城之败	思哲	承德社会科学	4 期	1991
关羽的封号		文史知识	3 期	1992
汉寿亭侯	寒操	民主与科学	4 期	1992
文学和历史中的关羽	罗忼烈	社会科学战线	1 期	1993
关羽奉令北征考	魏殿文	社会科学辑刊	4 期	1993
关羽与岳飞两位历史武将的比较	岳德庄	领导文萃	1 期	1994
关羽北征之谜试解	杨德炳	魏晋南北朝隋唐史资料		1994
关羽姓名谈	李永庆	中州统战	3 期	1995
"汉寿亭侯"的意思和读法		语文建设	1 期	1996
关羽水军南下考略	魏殿文	辽宁大学学报（哲社）	4 期	1996
漫话关羽	罗民介	新东方	5 期	1996
从孙刘联盟的破裂看关羽北上襄樊的时机	王石天	河南大学学报（社科）	6 期	1996
从关羽"受贿"说开去	小颜	中国监察	1 期	1997
关羽始筑江陵城说辨误	李步嘉	华中师范大学学报（哲社）	4 期	1997
是"汉寿亭侯"还是"寿亭侯"——关羽封爵考	文廷海	中华文化论坛	4 期	2000
关羽北伐与《隆中对》再探	黄晓阳	成都大学学报（社科）	2 期	2001
也谈"汉寿亭侯"——兼谈"汉寿"的地理位置	张维慎	中国历史地理论丛	2 期	2001
关羽败亡与刘备的关系	王廷武	江汉论坛	7 期	2003
说关羽	李国文	文史天地	8 期	2003
《三国志》中关羽形象新论	马宝记	商丘师范学院学报	3 期	2005
说关羽	李国文	啄木鸟	9 期	2005
略评诸葛亮与关羽	姚秀彦	"中央日报"		1967.5.2 - 1967.5.4
诸葛亮头痛关云长	吴长生	文史天地	6 期	1999
诸葛亮借刀杀关羽	朱子彦	领导文萃	12 期	2005

续表六

篇、书名	著(译)编者	出处	卷、期	年月日
二谈诸葛亮借刀杀关羽	朱子彦	探索与争鸣	4期	2005
质疑诸葛亮"借刀"杀关羽	盛巽昌	探索与争鸣	6期	2005
三论蜀假吴人之手杀关羽——兼与盛巽昌研究员商榷	朱子彦	探索与争鸣	8期	2005
专家发现诸葛亮借刀杀关羽	张星海	北京科技报		2005.2.2
张飞的丈八蛇矛考	谭良啸	成都晚报		1983.10.19
张飞妇为夏侯渊从女	一休	历史教学问题	4期	1990
"张翼德"本作"张益德"	徐传武	语文知识	1期	1995
张飞这个人	杨志怀	中国人事	3期	1995
由张飞之死说开去	李建红 李少松	政工学刊	7期	1997
当事专家详解张飞和曹操的亲戚关系	侯健美	出版参考	5期	2004
张飞本是白面书生	张星海	北京科技报		2004.10.27
孔明与张飞	凡夫	青海日报		1962.7.17
诸葛亮	孙毓修	商务印书馆		1915
诸葛武侯秘史	寿凌虚	古史编辑社		1917
诸葛孔明生活	徐蘧轩	世界书局		1929
诸葛忠武侯年谱	古直	中华书局		1929
诸葛亮	章衣萍	上海儿童书局		1933
诸葛亮	吕金录 杜迟存	商务印书馆		1934
诸葛亮	韩非木	中华书局		1935
诸葛武侯	顾旭侯	新教育出版社		1936
诸葛孔明评传	王缁尘	国学正理社		1936
诸葛忠武侯评传	王缁尘	世界书局		1936
诸葛亮	郑侃巍	大众知识（北平）	1卷7期	1937
诸葛亮	徐楚樵	中华书局		1937
诸葛亮	朱杰勤	昆明空军军官学校政治部		1941
鞠躬尽瘁的诸葛亮	马精武	民众书店		1942
诸葛亮	祝秀侠	胜利出版社		1944
诸葛亮	周佐治	青年出版社		1946
诸葛亮	王永生	少年儿童出版社		1957

续表七

篇、书名	著(译)编者	出处	卷、期	年月日
诸葛亮	马植杰	上海人民出版社		1957
诸葛亮	徐素	香港中华书局		1959
诸葛亮评传	刘裕略	再生	3卷 5-9期	1960
三国两孔明	刘乃和	光明日报		1962.9.12
诸葛亮（附年表）	柳春藩	中国青年出版社		1962
诸葛亮	曹增祥 李家林	中华书局		1962
诸葛孔明	植村清二	筑摩书房		1964
诸葛亮评传	陈芳草	学园	3卷 8-10期	1968
诸葛亮	施忄	包头日报		1974.9.20
诸葛亮	李素珍	吉林日报		1974.12.2
诸葛亮评传	唐明邦	长江日报		1974.11.29
		武汉大学学报（哲社）	3期	1974
诸葛亮	四川人民出版社	编者刊		1974
天才横溢文经武略可比管乐的诸葛亮	刘子清	中国历史人物评传		1976
诸葛亮（附年表）	吉林大学历史系《诸葛亮》编写组	人民出版社		1976
诸葛亮（附年表）	昆明师院史地系	云南人民出版社		1976
诸葛亮小传（附年表）	中共南阳市委宣传部	河南人民出版社		1976
三国蜀诸葛忠武侯亮年表	张鹏翮	台湾商务印书馆		1978
诸葛亮	王文彬	历史教学	12期	1981
诸葛亮	郑孝时	江苏人民出版社		1983
诸葛亮新传	章映阁	上海人民出版社		1984
一代名相诸葛亮	曹余章	上海人民出版社		1984
諸葛孔明語録	中林史朗	明德出版社		1986
诸葛亮（附年谱）	林田慎之助（李天送）	三秦出版社		1989

续表八

篇、书名	著(译)编者	出处	卷、期	年月日
諸葛孔明——三国志の英雄たち	立間祥介	岩波書店		1990
诸葛亮 智圣人生	曹海东	长江文艺出版社		1993
诸葛亮大传	陈文德	九洲图书出版社		1994
诸葛亮：智者的悲剧	李国文	法律与生活	8期	1996
诸葛亮评传	余明侠	南京大学出版社		1996
诸葛亮	谭乃立	中国国际广播出版社		1996
诸葛亮	雪 悟	解放军出版社		1996
诸葛亮	陈秋帆	东方出版社		1996
武侯鼎蜀 诸葛亮世家	张崇琛	吉林人民出版社		1997
诸葛武侯全传	周殿富	时代文艺出版社		1997
诸葛亮评传	柳春藩	中国青年出版社		1997
一代贤相诸葛亮	李兆成	四川人民出版社		1998
武侯春秋	朱大渭 梁满仓	团结出版社		1998
诸葛亮全传	陈文德	中国友谊出版社		2000
诸葛亮传论	马植杰	马植杰秦汉三国史论文选		2001
诸葛亮之谜	丁宝斋	新华出版社		2001
诸葛亮智圣人生	侯书森	中国华侨出版社		2001
諸葛孔明	立石優	幻冬舎		2001
一代英才诸葛孔明	张悦颖	大庆师范学院学报	1期	2002
简析《三国志·诸葛亮传》裴松之注	刘治立	成都大学学报（社科）	2期	2002
諸葛孔明	渡邉義浩	ナツメ社		2002
文韬武略 诸葛亮	周殿富	时代文艺出版社		2002
諸葛孔明 三国時代を演出した天才軍師	狩野直禎	PHP文庫		2003
诸葛亮	马凤岗 王瑞功	山东文艺出版社		2004
诸葛大名垂宇宙		东京留学界纪实	1期	1905
诸葛亮之社会学的分析	王墨园	社会学	5卷2期	1932

续表九

篇、书名	著(译)编者	出处	卷、期	年月日
诸葛亮新论	王芸生等	读者之友社		1945
		近代书局		1946
诸葛亮论	剡川野客	大陆	1卷1期	1940
魏晋间人对于诸葛武侯之评论	宿白	留日同学会季刊	3卷4期	1944
诸葛亮论	易君左	军事与政治	8卷1期	1945
诸葛亮是怎样受到崇拜的	张遼青	新史学通讯	11期	1952
论诸葛亮	林治平	反攻	87期	1953
论诸葛亮	周一良	历史研究	3期	1954
漫谈诸葛武侯	王文漪	国魂	80期	1954
大政治家诸葛亮	林治平	反攻	119期	1954
诸葛亮论	马植杰	新史学通讯	8期	1956
试论诸葛亮	韩嘉穗	兰州大学学生科学论文集刊	4期	1957
读"诸葛亮论"	季为章	史学月刊	7期	1957
答季为章"读诸葛亮论"	马植杰	史学月刊	9期	1957
论诸葛亮在历史上的地位和作用	李西成	山西师院学报	2期	1958
谈谈历史人物和艺术形象的诸葛亮	李希凡	光明日报		1960.7.3
诸葛亮为什么能引起我们的共鸣	刘剑刚	黑龙江日报		1961.4.25
试论关于评述诸葛亮的几个问题	孙达伍	扬州师院学报	12期	1961
诸葛大名垂宇宙	韦仲公	国魂	196期	1961
关于诸葛亮的评述		文汇报		1962.1.12
杰出的政治家和军事家诸葛亮	史苏苑	中国历史人物简论（续集）		1963
我对诸葛亮的认识	姚季农	"中央日报"		1965.9.3，1965.9.6
诸葛亮·王导·谢安	陶希圣	食货月刊复刊	3卷7期	1973
试论诸葛亮在历史上的作用	龚恩生	扬州师范学院学报	1期	1974
三国时期杰出的法家——诸葛亮	师训班理论学习小组	北京师范学院学报（社科）	3期	1974
三国时期杰出的政治家和军事家——诸葛亮	秀峰等	山西师范学院学报	4期	1974
论诸葛亮	师平	北京师大学报（社科）	4期	1974

续表一〇

篇、书名	著(译)编者	出处	卷、期	年月日
试论诸葛亮——兼驳儒家对诸葛亮的歪曲和诬蔑	杨子坚	南京大学学报（哲社）	5、6期	1974
三国时期的法家政治家诸葛亮	成都武侯祠文物管理所、四川大学中文系	四川日报		1974.9.13
三国时期的法家诸葛亮	陈步基等	成都日报		1974.10.13
西晋时代の诸葛孔明観（西晋时期对诸葛亮的评价）	狩野直祯（温云祥）	史林	59卷1号	1976
		成都大学学报	4期	1990
论诸葛亮	漆泽邦	西南师范学院学报（哲社）	2期	1980
论诸葛亮典型及其复杂性	陈翔华	文艺论丛		1981
杰出的政略家诸葛亮	杨廷福	百科知识	7期	1981
关于对诸葛亮的评价	曾敏之	南方日报		1982.4.2
漫谈政治家诸葛亮	缪钺	成都晚报		1983.10.30
诸葛亮研究	李恭蔚	复文图书出版社		1983
诸葛亮与三国（第一辑）	《诸葛亮与三国》编辑组	编者刊		1983
诸葛亮再评价	闵传超	历史教学问题	4期	1984
诸葛亮与三国（第二辑）	《诸葛亮与三国》编辑组	编者刊		1984
诸葛亮与三国（第三辑）	《诸葛亮与三国》编辑组	编者刊		1985
诸葛亮与三国研究文集	襄樊市文化局、襄樊市园林局	编者刊		1985
诸葛亮研究	成都市诸葛亮研究会	巴蜀书社		1985
诸葛亮研究文集	汉中地区文教局	编者刊		1985
论诸葛亮	张大可	社会科学	1期	1986
		三国史研究		1988
五年来全国诸葛亮研究述补	冯述芳 马强	汉中师院学报（哲社）	1期	1986
论政治家诸葛孔明	狩野直祯（温云祥）	成都大学学报（社科）	3期	1986
近年来国内学术界对诸葛亮的"批判思维"	常崇宜	成都大学学报（社科）	3期	1986
闲话诸葛亮		文史知识	4期	1986

续表一一

篇、书名	著(译)编者	出处	卷、期	年月日
《資治通鑑綱目》の周辺——蜀漢正統論と諸葛亮評価をめぐって	近藤正則	漢学会会報	31号	1986
诸葛亮研究新编	襄樊市诸葛亮研究会	湖北人民出版社		1986
从历史人物神化看诸葛亮的历史地位	王瑞功	东岳论丛	6期	1987
试析诸葛亮研究中的几个疑题	赵昆生	重庆师范大学学报（哲社）	2期	1988
诸葛亮研究三编	王汝涛等	山东文艺出版社		1988
陈寿对诸葛亮的评价新议	严衡山	求索	3期	1989
卧龙深处话孔明——关于诸葛亮的新评说	晋宏忠	经济日报出版社		1989
諸葛孔明　影の旋律	渡辺精一	東京書籍		1992
诸葛亮与中国传统文化	丁宝斋	中国魏晋南北朝史学会第三届学术讨论会论文集		1992
有关诸葛亮两个问题的考释	诸葛志	浙江师大学报（社科）	2期	1994
诸葛亮及其后裔研究——全国第七次诸葛亮学术研讨会论文集	包瑞田	新华出版社		1994
对诸葛亮的两点新认识	何景强	惠州大学学报（社科）	1期	1995
诸葛孔明四论	谭良啸	社会科学研究	1期	1995
诸葛亮新论	屈玉堂	许昌师专学报（社科）	3期	1995
儒道互补——诸葛亮智慧的文化特征	王群力	社会科学辑刊	5期	1995
金秋阳都论诸葛——全国第八次诸葛亮研讨会论文选	王汝涛等	军事科学出版社		1995
现在向孔明学什么	城野宏（沈伯俊）	社会科学研究	5期	1996
《诸葛亮研究集成》序言	陈翔华	临沂师专学报	5期	1996
论诸葛亮的成败得失及现实意义	刘于雄	思维与实践	6期	1996
话说诸葛亮	郑杰文	大众日报		1996.5.15
八阵图与木牛流马——诸葛亮与三国研究文集	谭良啸	巴蜀书社		1996
诸葛武侯的素养与战略	袁宙宗	台湾商务印书馆		1996
再谈王夫之论诸葛亮	莫尔雅	船山学刊	2期	1997
诸葛亮与三国鼎立	胡鸣焕	咸阳师范学院学报	2期	1997
论诸葛亮多谋善断的文韬武略	唐建华	江西社会科学	2期	1997
诸葛亮——理想化的智慧化身	任继梅	内蒙古师范大学学报（教育）	3期	1997

续表一二

篇、书名	著（译）编者	出处	卷、期	年月日
《诸葛亮研究集成》编纂始末	王瑞功	聊城师范学院学报（哲社）	3期	1997
诸葛亮研究集成	王瑞功	齐鲁书社		1997
羲皇故里论孔明——全国第九次诸葛亮学术研讨会论文集	甘永福等	甘肃文化出版社		1997
制胜必鉴——诸葛亮的成败得失	任远	西北大学出版社		1997
十论武侯在兰溪——全国第十次诸葛亮学术研讨会论文选	包瑞田	浙江大学出版社		1998
諸葛亮孔明——その虚像と実像	渡邉義浩	新人物往来社		1998
諸葛亮の神性——神話の英雄像の発展に関する一考察	土屋文子	中国文学研究	25号	1999
诸葛亮研究二题	魏平柱	襄樊学院学报	1期	2000
诸葛亮崇拜的文化心理透视	雷勇	汉中师范学院学报（社科）	4期	2000
伊藤仁斎、東涯父子の諸葛孔明観	長尾直茂	漢文学解釈与研究	3号	2000
论毛泽东对诸葛亮的科学评价	李学林	毛泽东思想研究	5期	2002
三国文韬武略——诸葛亮智慧今用	博源	民主与建设出版社		2002
近二十年来国内诸葛亮研究概述	马强	成都大学学报（社科）	2期	2003
《正葛》与《思葛》——章炳麟的诸葛亮论述评	刘治立	成都大学学报（社科）	2期	2003
论诸葛亮文化	晋宏忠等	新世纪出版社		2003
全論・諸葛孔明	渡辺精一	講談社		2004
思い出の諸葛亮——黄月英の私記	藤原千鶴子	文芸社		2004
论诸葛亮的逆历史影响	庄俊芳	东华大学学报（社科）	2期	2005
儒者之梦，儒道之歌——浅谈诸葛亮与我国古代知识分子、思想文化	谈艺超 黄文超	南宁师范高等专科学校学报	2期	2005
古代文人对诸葛亮的评价及其思维走向	黄丽峰	中州学坛	4期	2005
三世纪的诸葛亮热——陈寿《三国志》成书前几位政论家对诸葛亮的评论	魏明安 任菊君	兰州大学学报	6期	2005
諸葛孔明批判論とその本邦における受容をめぐる一考察	長尾直茂	斯文	113号	2005
诸葛亮的生平思想及其事业	张民权	建国青年	2卷5期	1946
诸葛亮的法家思想	崔春华	辽宁大学学报	1期	1974
诸葛亮和法家路线	周一良	历史研究	1期	1974
诸葛亮的法家思想	崔春华	辽宁大学学报	1期	1974

续表一三

篇、书名	著(译)编者	出处	卷、期	年月日
路线正确与否决定一切——浅谈诸葛亮的法家思想	王炳南	福建师大	4期	1974
论三国时期的法家路线	北大清华批判组	北大学报	4期	1974
论诸葛亮的法家路线	初 学	四川通讯	12期	1974
诸葛亮的法家思想	史 凡	黑龙江日报		1974.7.3
略评诸葛亮的法家思想	向 宏	云南日报		1974.8.28
评诸葛亮的法治思想	槐 钟	新华日报		1974.8.31
诸葛亮的法家思想	厚 璞	广州日报		1974.9.2
浅谈诸葛亮的法治思想	钱润林	南昌日报		1974.12.5
诸葛亮的尊法反儒思想	海 明	大众日报		1974.12.18
论诸葛亮的法家路线	赵怿伯	四川大学学报（哲社）	2期	1975
论诸葛亮统一、前进的法家路线	烟台师专《诸葛亮文选编》小组	破与立	3期	1975
论诸葛亮的法家路线	魏文清	哈尔滨师院学报	4期	1975
诸葛亮论法选注	郑州印染厂等	郑州大学学报	增刊	1975
从《前出师表》看诸葛亮的尊法反儒思想	蔡春兰	河北日报		1975.2.17
诸葛亮的唯物论思想	张玉安	宁夏日报		1975.4.10
诸葛亮的法家路线	石嘴山第一矿务局水电所工人理论组	宁夏日报		1975.4.10
助"帮"为虐的"诸葛亮研究"——评"梁效"某教授的《诸葛亮和法家路线》	田居俭	历史研究	4期	1978
略论诸葛亮的法治观	陈鹏生	法学	复刊号	1981
诸葛亮的财政思想	马大英	财政研究资料	81期	1982
试论诸葛武侯的政治思想	王利器	成都晚报		1983.10.30
试论诸葛亮的治蜀思想	段培勋	云南师范大学学报（哲社）	3期	1985
诸葛亮法律思想初探	唐梦诗	云南民族学院学报	2期	1986
诸葛亮的法治思想和执法实践	张海声	兰州学刊	2期	1986
诸葛亮经济思想初探	余鹏飞	襄阳师专学校（哲社）	1期	1987
诸葛亮道家思想剖析	赵 缊	齐鲁学刊	6期	1987

续表一四

篇、书名	著(译)编者	出处	卷、期	年月日
诸葛亮哲学思想探析	陈国生	社会科学	5期	1988
诸葛亮的经济思想	解学东	河南大学学报（哲社）	6期	1990
诸葛亮的法制思想	左明祥	河北大学学报（哲社）	3期	1991
诸葛亮的领导思想浅议	朱文民	临沂师专学报（社科）	4期	1991
简论诸葛亮对各家思想的综合	于联凯	临沂师专学报（社科）	4期	1991
诸葛亮的情报与决策思想	徐兴海 陈东玉	情报杂志	4期	1991
论诸葛亮的政治地理思想	庞德谦	宝鸡师院学报	1期	1992
诸葛亮法律思想探源	李俊恒	许昌师专学报	2期	1992
诸葛亮外交思想探析	余明侠	江海学刊	2期	1993
从诸葛亮的人才思想看当今教育改革	刘道玉	江苏高教	1期	1994
略论诸葛亮的"闭关"经济思想	沈端民	财经理论与实践	3期	1994
诸葛亮经济思想探微	刘春香 涂白诚	许昌师专学报（社科）	4期	1994
诸葛亮的审时明法和任贤律己思想	王廷钰	社科纵横	6期	1994
汉代琅邪地区的学术氛围与诸葛亮思想的形成	张崇琛	中国典籍与文化	1期	1995
略论诸葛亮以弱胜强的思想方法	刘志刚	山东社会科学	1期	1995
诸葛亮法律思想初探	刘冀民 李金河	社会科学研究	1期	1995
论诸葛亮"应权通变"的策略思想	梁中实	烟台师范学院学报（哲社）	2期	1995
诸葛亮与《周易》	张崇琛	社科纵横	2期	1995
诸葛亮的"儒者气象"	刘祚昌	孔子研究	4期	1995
诸葛亮的忧患意识初探	闵宜	山东师范大学学报（社科）	4期	1995
诸葛亮思想溯源	李永先	大众日报		1995.3.22
浅谈诸葛亮的统战策略思想与实践	杜渺	中南民族学院学报（哲社）	1期	1996
略论诸葛亮的策略思想及历史启示	梁中实	河南大学学报（社科）	1期	1996
诸葛亮廉政思想探要	吴洁生	探索	3期	1996
诸葛亮的思想体系及其成败	李子伟	贵州文史丛刊	1期	1997
诸葛亮法治思想成因初探	杨彦平 姚继荣	青海师专学报	3期	1997
诸葛亮教育思想浅探	贾维钦 王树仁	许昌师专学报（社科）	4期	1998
论诸葛亮的战略思想	张武	江汉论坛	10期	2000

续表一五

篇、书名	著(译)编者	出处	卷、期	年月日
浅探诸葛亮法治思想之成因	程宗璋	胜利油田党校学报	1期	2001
诸葛亮的管理思想及对现代管理的启示	王洪生	中国成人教育	4期	2001
诸葛亮理财思想及借鉴	易新照	湖北财税	24期	2002
东汉思想文化走向与诸葛亮的政治思想	张保同	南阳师范学院学报（社科）	11期	2003
试论诸葛亮的法治思想	吴毅	长春师范学院学报	1期	2003
		讨论"三个代表"哲学思考研讨会论文集		2003
光武二十八将与诸葛亮尚贤思想	潘民中	许昌学院学报	4期	2004
论诸葛亮的管理思想与治国方略	袁诗弟	四川经济管理学院学报	2期	2005
略论诸葛亮的重农思想及其影响	谭书龙	乐山师范学院学报	2期	2005
诸葛亮与《管子》	李景焉	成都大学学报（社科）	6期	2005
诸葛亮法治思想研究	程皓 胡国庆	求索	8期	2005
诸葛亮之嘉言懿行	王健民	中央周刊	5卷46期	1943
诸葛武侯的学术	任访秋	力行月刊	9卷3、4期	1944
从作人态度论诸葛武侯	王恩洋	文教丛刊	1卷2期	1945
孔明的读书方法	人杰	解放日报		1961.8.16
诸葛亮的志节及其师友	禚梦庵	人生	29卷4期	1965
诸葛亮的生活风范	王渡龠	"中央日报"		1965.11.24
诸葛武侯的公诚与风教	禚梦庵	人生	31卷4期	1966
略论诸葛亮的作风	范奇龙	四川师院学报（社科）	4期	1978
诸葛亮的风格	范奇龙	人物	2辑	1980
诸葛亮的修身与治家	徐连达	文汇报		1980.2.25
试评诸葛亮的正身、用人和执法	张云桥	四平师院学报（哲社）	1期	1981
诸葛亮是怎样成为"天下奇才"的	王世莲	北方论丛	2期	1981
诸葛亮治家有术	章映阁	成都日报		1981.3.2
诸葛亮的精神文明	汪昌仑	湖北日报		1981.4.16
诸葛孔明琐谈	勋叶胄	阜阳师院学报	1期	1983
诸葛亮三世忠贞	肖伍	旅游	6期	1983
诸葛亮政治品格管窥	余鹏飞	襄阳师专学报	1期	1984

续表一六

篇、书名	著(译)编者	出处	卷、期	年月日
也谈诸葛亮的澹泊——与黄裳同志商榷	黎 洪	江汉论坛	6期	1984
诸葛亮有多少家产	余 昂	河南日报		1985.1.26
试论诸葛亮的道德风范及其对蜀汉政治的影响	陈玉屏	西南民族学院学报（社科）·历史研究专辑		1986
论诸葛亮的修身、用人与政治理想（上）（下）	刘家钰 张 扬	天津商学院学报	1、2期	1987
诸葛亮的家风	朱文民	临沂师专学报	2期	1990
诸葛亮的品格	华 丁	瞭望	1期	1991
论诸葛亮逸群之才的成熟条件	赵 炯	临沂师专学报（社科）	4期	1991
诸葛亮修身述论	邱少平	湖南城市学院学报	4期	1991
试论诸葛亮的成才道路	戈春源	苏州科技学院学报（社科）	1期	1992
诸葛亮的倡廉风范	张有智	晋阳学刊	5期	1992
诸葛亮与中国传统文化	丁宝斋	文史哲	3期	1993
诸葛亮与传统价值观散论	谭良啸	社会科学研究	3期	1994
论诸葛亮的古代知识分子特质	梅铮铮	社会科学研究	4期	1994
诸葛亮夫人及其在民间传说中的形象——兼论诸葛亮的婚姻观	戴惠英	湖湘论坛	5期	1994
诸葛亮的齐地人文风格	赵 缦	史学月刊	2期	1995
诸葛亮不识时务	韦文经	贵阳师专学报	4期	1995
忠——诸葛亮的支柱和灵魂	肖红缨	天中学刊	1期	1996
论诸葛亮成为杰出人物的原因	李殿元	天府新论	3期	1996
诸葛亮的人格：多重性格之大悲剧	竺洪波	上海教育学院学报	4期	1996
诸葛亮的人格风采	周国林	华中师范大学学报（哲社）	5期	1996
试论"诸葛一生惟谨慎"	马学元	成都大学学报（社科）	1期	1997
略论诸葛亮的修身思想	李乐民	河南大学学报	6期	1997
诸葛亮的成才之路	张崇琛	武警工程学院学报	3期	2000
诸葛亮成材之路	丁宝斋	武汉大学出版社		2000
论诸葛亮的精神生命	梁满仓	襄樊学院学报	6期	2001
诸葛亮成才与沂蒙文化	马凤岗	临沂师范学院学报	2期	2003
死して後已む—諸葛亮の漢代の精神	渡邉義浩	（大東文化大学）漢学会誌	42号	2003
诸葛亮"帝王之志"新探	洪卫中	池州师专学报	1期	2004

续表一七

篇、书名	著(译)编者	出处	卷、期	年月日
诸葛亮的为学之道	胡小林	枣庄学院学报	3 期	2004
诸葛亮忠于蜀汉说再认识	朱子彦	文史哲	5 期	2004
琅邪文化与诸葛亮人格的形成	张崇琛	潍坊学院学报	5 期	2005
论诸葛亮的人格魅力	孟祥才	临沂师范学院学报	5 期	2005
诸葛亮并非淡薄名利	高 永	语文教学与研究	36 期	2005
诸葛亮故居究竟在何处	陆云龙	光明日报		1957.4.2
诸葛亮故居确在襄阳	孙文青	光明日报		1957.4.13
诸葛亮故居	潘泰封	旅行家	6 期	1957
古隆中	隆中管理处	湖北人民出版社		1980
隆中山上访诸葛	罗重璋	旅游	1 期	1981
诸葛茅庐一顾记	方 赫	旅游天府	2 期	1983
诸葛亮隐居处考析	连 武	南都学坛	2 期	1981
读《诸葛亮隐居处考析》后——兼与连伍同志商榷	金 石	南都学坛	1 期	1982
诸葛亮籍贯考	张崇琛	地名知识	6 期	1982
南阳郡隆中简介	肖 伍	地名知识	5 期	1983
古隆中	汪大宝	湖北人民出版社		1984
诸葛故居——古隆中	张孝元	四川文物	3 期	1985
诸葛故里调查记	谭良啸	四川文物	3 期	1985
诸葛亮故里暨离阳都年代诸异说辨正	王汝涛	成都大学学报（社科）	3 期	1987
诸葛亮隐居地碑文之我见	水仲贤	河南日报		1987.8.8
诸葛亮在襄阳	余鹏飞	湖北人民出版社		1987
诸葛亮躬耕地质疑	李兆峰 黄婉峰	中州今古	4 期	1988
"诸葛亮隐居南阳说"质疑——兼与水仲贤先生商榷	唐明礼	南都学坛（社科）	1 期	1989
从汉阳古城考古论诸葛亮家族的新问题	徐淑彬	成都大学学报（社科）	1 期	1990
"诸葛草庐"今地之争	安 康	中国史研究动态	2 期	1990
诸葛亮躬耕地的定位要历史地全面地考察	汪福宝	安徽师大学报（哲社）	3 期	1990
诸葛亮躬耕地与游学寓居处管见	张 诚	卧龙论坛	4 期	1990
论诸葛亮"躬耕地"在南阳邓县隆中	黎 虎	北京师范大学学报（社科）	4 期	1990
诸葛亮躬耕地与游学寓居处管见	张 诚	卧龙论坛	4 期	1990

续表一八

篇、书名	著(译)编者	出处	卷、期	年月日
今南阳、襄樊两处的诸葛亮躬耕遗址皆为后人假托说	曹文柱	北京师范大学学报（社科）	4期	1990
诸葛"草庐"究竟在何方	黎虎	文史知识	6期	1990
诸葛故宅与刘备三顾处不在一地	侯廷章	南都学坛（社科）	1期	1991
对"诸葛亮躬耕襄阳隆中"说形成过程的考察	鲁阳	卧龙论坛	1期	1991
"诸葛亮躬耕地"辨析	孟明汉	阴山学刊	2期	1991
孔明躬耕地处释疑答问	陈玉屏	西南民族学院学报（哲社）	2期	1991
诸葛亮躬耕地辨考述评	黄子瑞	史学月刊	3期	1991
从诸葛玄的墓地看诸葛茅庐之所在	白万献 张晓刚	史学月刊	3期	1991
诸葛亮躬耕地考辨	任崇岳	固原师专学报	3期	1991
诸葛亮躬耕地辨析	孟明汉	卧龙论坛	4期	1991
诸葛亮躬耕地望论文集	高士楚等	东方出版社		1991
诸葛亮襄阳的姻亲关系	刘诗平	历史大观园	1期	1992
诸葛亮躬耕隆中说献疑	程有为	南都学坛	3期	1992
论诸葛亮的隆中避世	谭良啸	天府论坛	3期	1992
诸葛亮隐居襄阳隆中原因探析	杨剑虹	武汉大学学报	6期	1992
诸葛亮躬耕地新考	李兆钧	社会科学文献出版社		1992
魏王城曹嵩冢诸城得名说	王端功	临沂师专学报	4期	1994
李白诗中的诸葛躬耕处	武安国	南都学坛	1期	1995
从刘备的屯兵地看诸葛亮的躬耕地	李乐民	史学月刊	4期	1995
诸葛亮躬耕地、三顾处与草庐对辨考	王成功	学术月刊	12期	1995
"诸葛"复姓及蜀相诸葛亮世家考	赵运喜 王德峰	天中学刊	3期	1996
琅琊文化与诸葛亮家族文化	张崇琛	社科纵横	5期	1997
论诸葛氏家族的文化传统	张崇琛	固原师专学报（社科）	2期	1998
襄阳、南阳诸葛亮在何处躬耕	李兆钧 王建中	人民论坛	2期	1998
诸葛亮家世考略	唐家泓 张建华	贵州大学学报（社科）	4期	1998
关于诸葛亮的复姓及世家探源	王德峰 梁汉珍	山东大学学报（哲社）	2期	1998
诸葛亮躬耕何处	丁宝斋	武汉大学出版社		1998

续表一九

篇、书名	著（译）编者	出处	卷、期	年月日
诸葛瑾、诸葛亮离乡时间考辨	许峰	临沂师专学报	2期	1999
诸葛亮家族的婚宦关系	薛瑞泽	忻州师范学院学报	3期	2001
诸葛亮"躬耕地"辨析	王子芝 樊小伟	中国档案报		2001.9.28
孔明跟莱阳搭什么界	省庐	咬文嚼字	4期	2002
争论躬耕地 对联启示人	孙东岳	对联·民间对联故事	2期	2003
诸葛草庐南阳襄阳之争的形成和发展	张晓刚	南都学坛	1期	2004
论诸葛亮躬耕"陪京之南，居汉之阳"说	王建中	南都学坛	1期	2004
汉代南阳的交通地理形势——兼论诸葛亮躬耕南阳的战略选择	王子今	南都学坛	1期	2004
诸葛亮"躬耕南阳"的文化意象	梁中效	成都大学学报（社科）	2期	2004
诸葛南来有旧迹	张海平	楚雄师范学院学报	5期	2004
南阳武侯祠——诸葛亮在南阳的印痕	张晓刚	寻根	6期	2004
诸葛亮"梁父吟"考辨	胡念贻	"中央日报"		1947.8.4
诸葛亮与《梁父吟》	于联凯	历史知识	3期	1983
"自比管乐"辨——与王利器先生商榷	王瑞功	临沂师专学报	2期	1990
释诸葛亮"好为梁父吟"	唐天佑	临沂师专学报	4期	1994
释诸葛亮"好为《梁父吟》"	王炎平	西南交通大学学报（社科）	4期	2005
诸葛亮到过南京	余音	旅游天府	2期	1985
从政前的诸葛亮	刘蓬春	四川文物	6期	2002
刘表未用诸葛亮之臆论	刘克勤	四川文物	6期	2002
诸葛亮是怎样出山的	胡逸民	畅流	9卷1期	1954
论诸葛武侯的出山	方德昭	思想战线	2期	1980
刘备何年识诸葛	乐牛	北京晚报		1980.10.2
刘备究竟何年识诸葛	林顿	北京晚报		1980.10.31
刘备怎样识诸葛	刘友竹	历史知识	3期	1983
"徐庶荐诸葛"再认识	诸葛志	浙江师范大学学报（社科）	1期	1996
诸葛何以择主刘备	贺游	成都大学学报（社科）	3期	1986

续表二〇

篇、书名	著(译)编者	出处	卷、期	年月日
诸葛亮择主刘备原因探析——访成都武侯祠有感	王大建	中国海洋大学学报（社科）	2期	1996
试论诸葛亮的从政心理与丞相之路	朱子彦	史学集刊	4期	2004
诸葛亮择主与拜相再认识	朱子彦	东岳论丛	5期	2004
诸葛亮和三顾茅庐	何明	光明日报		1961.2.8
"三顾茅庐"——刘备和诸葛亮合作初探	叶哲明	教与学	2期	1979
"隆中对""三顾茅庐"及其他	吴功臣	山花	4期	1979
"三顾茅庐"和刘备诸葛亮合作崛起荆州之研究——兼评刘备和诸葛亮的政治卓识和才能	叶哲明	台州师专学报	1期	1983
是"三顾"，不是"自荐"	张云轩	文化与生活	6期	1983
"三顾茅庐"新探	王振忠	复旦学报（社科）	1期	1985
"三顾茅庐"是否实有其事	达观	解放日报		1987.1.21
诸葛亮受三顾处答或人问	张福增 水仲贤	活动月报		1988.6
刘备三请诸葛亮的史事不容怀疑	丁保斋 张孝元	襄阳师专学报	1期	1988
"三顾茅庐"辨——兼与达观同志商榷	梁友尧 陈鸿琛	上海社会科学院学术季刊	2期	1989
三顾茅庐发生在襄阳隆中	张晓刚 王玉君	集邮	4月号	1989
"三顾茅庐"发生在何处	王晓真	临沂师专学报（社科）	3期	1990
刘备三顾草庐异议	汪济民	南昌职业技术师范学院学报	1期	1991
诸葛故宅与刘备三顾处不在一地	侯廷章	南都学坛	1期	1991
三顾草庐在何处	兆钧等	郑州大学学报（哲社）	3期	1991
浅谈"三顾草庐"时的诸葛亮	邱文 杨昃	西南民族大学学报（人文）	3期	1991
刘备"三顾茅庐"原因之我见	王瑞平	黄淮学刊（社科）	4期	1991
		商丘师范学院学报	4期	1991
"三顾茅庐"异说格——兼谈刘备的性格	盛巽昌	学术月刊	10期	1992
"三顾茅庐"与《草庐对》献疑——诸葛亮早年思想和生活考察	王大良	南都学坛（社科）	5期	1995
从"三顾草庐"看礼贤下士	李荣华	中央社会主义学院学报	6期	1998

续表二一

篇、书名	著(译)编者	出处	卷、期	年月日
探析传统三顾茅庐——论诸葛亮自荐	陈廷志	贵州文史丛刊	1期	1999
谈"三顾茅庐"之"顾"的确切含义	郝发廉	甘肃教育	11期	1999
刘备并未"三顾茅庐"	史式	今日中国	3期	2000
从刘备不曾"三顾茅庐"说起	苗体君	人才开发	1期	2001
刘备"三顾茅庐"原因再认识	王瑞平	河南教育学院学报（哲社）	2期	2001
从"三顾茅庐"看"双向选择"	邹明升 刘孝峰	中国大学生就业	5期	2002
"三顾茅庐"相关问题考辨	孙文礼	华中科技大学学报（社科）	2期	2003
诸葛自荐和刘备三顾——兼评史式教授的"'三顾茅庐'新解"	裘祗 许锡强	全国中学优秀作文选（高中）	3期	2003
《隆中对》的分析	何加陵	语文学习	5期	1955
诸葛亮的《隆中对》	易吾	光明日报		1961.3.18
陈寿：《隆中对》	唐敬德	文字改革	10期	1963
诸葛亮的《隆中对》	襄樊市第一机床厂理论学习组	湖北日报		1974.9.20
诸葛亮《隆中对》的法家路线与蜀国政权的建立	兰州化学工业公司化肥厂理论小组	甘肃日报		1974.11.30
诸葛亮《隆中对》注译	扬州师院中文系二（1）班第三小组	扬州师院学报（哲社）	1期	1974
《隆中对》注译	中央民族学院政治系七一级三班部分工农兵学员	中央民族学院学报	2期	1974
诸葛亮《隆中对》注译	延边大学中文系七二级译注小组	延边大学学报（哲社）	4期	1974
诸葛亮是"生而知之"的"天才"吗——读诸葛亮的《隆中对》	南宁市铸造厂等法家著作注释小组	广西民院学报	1期	1975
《隆中对》分析	刘子骥	语文函授	3期	1978

续表二二

篇、书名	著(译)编者	出处	卷、期	年月日
《隆中对》简析	朱式平	山东师院学报（社科）	4期	1978
《隆中对》串讲	徐应佩 周溶泉	四川师范学院学报（社科）	4期	1978
《〈隆中对〉串讲》中"张鲁在北"串文的商榷	何国定	四川师院学报（社科）	1期	1979
《隆中对》试讲	曹善春	教学参考	1期	1979
《隆中对》语文疏解	黄岳洲	天津师院学报	3期	1979
身居草庐，胸怀天下——《隆中对》析	吴万刚	齐鲁学刊	4期	1979
		破与立	5期	1979
诸葛亮与《隆中对》	薛国中	江汉论坛	1期	1980
《隆中对》与《论持久战》——未来研究史例对比分析	三奇	未来与发展	2期	1980
诸葛亮并非"重益轻荆"	张大可	江汉论坛	2期	1981
也谈《隆中对》的"对"	蔡干宏	湘潭师范学院学报（社科）	4期	1981
谈《隆中对》的"对"字	李志杰	宁夏教育	5期	1981
从《隆中对》漫谈诸葛亮	田居俭	文史知识	6期	1981
《隆中对》		文史知识	1期	1982
对《隆中对》一文中几条注释的我见	薛玉珍	中学语文	5期	1982
《隆中对》简论	朱维权	南充师院学报（哲社）	3期	1983
谈谈《隆中对》的对	蔡干宏	文史知识	8期	1983
《隆中对》的"对"不作"对策"解		中学语文	11期	1983
论"隆中对"	霍雨佳	海南大学学报（社科）	2期	1984
诸葛亮的《隆中对》与决策思想	曾涤	经营与管理	6期	1984
《隆中对》与三国前期战略战争	吴洁生	社会科学	4期	1985
论《隆中对》的成功与失误	傅克辉	文史哲	3期	1986
关于《隆中对》"汉沔"的解释	袁小平	中学语文	10期	1986
《隆中对》断想	周林法	党政论坛	4期	1987
诸葛亮《隆中对》的战略思想及其他	张景荣等	军事历史	5期	1987
从《隆中对》的形成看信息在汉末魏晋政治军事生活中的重要作用	杨德炳	武汉大学学报（社科）	6期	1987
从《隆中对》看诸葛亮的决策思想	曹本光	中国西部开发报		1988.3.2

续表二三

篇、书名	著(译)编者	出处	卷、期	年月日
从《隆中对》和《让县自明本志令》谈起——论诸葛亮与曹操的历史作用	瞿如潜	烟台师范学院学报（哲社）	1 期	1988
《隆中对》别论	裴传永	山东社会科学	5 期	1988
《隆中对》写作时间考辨	闵和顺	湖南师范大学社会科学学报	5 期	1988
从《隆中对》看诸葛亮的预见性	郑遽	西南师范大学学报（人文）	3 期	1989
隆中对策实践质疑	余鹏飞	历史教学问题	5 期	1989
《隆中对》再认识	田余庆	历史研究	5 期	1989
《〈隆中对〉别论》质疑	李兴斌	山东社会科学	2 期	1990
《隆中对》评议——《〈隆中对〉再认识》读后	王汝涛	临沂师专学报（社科）	3 期	1990
"隆中对"非诸葛亮一人之高见	盛巽昌	学术月刊	4 期	1990
《隆中对》质疑	邱文 杨晟	西南民族学院学报（哲社）	6 期	1990
浅论诸葛亮从"隆中对"到北伐战略思想的得失	殷克勤	成都大学学报（社科）	2 期	1991
从"隆中对策"到"九伐中原"——蜀汉战略探讨	钮海燕	山西大学师范学院学报（综合）	2 期	1991
《隆中对》何以能传诵千古——与盛巽昌同志商榷	王清敏	临沂师专学报（社科）	2 期	1991
《〈隆中对〉质疑》的质疑——与邱文、杨晟同志商榷	辛渝	西南民族学院学报（哲社）	3 期	1991
近十年《隆中对》研究述论	许峰	临沂师专学报（社科）	4 期	1991
"隆中对"思想探源	王晓真	临沂师专学报（社科）	4 期	1991
再论《隆中对》——兼与田余庆先生商榷	吴洁生	甘肃社会科学	3 期	1992
《隆中对》评议	吉家友	信阳师范学院学报（哲社）	1 期	1993
《隆中对》新考	王延武	中南民族学院学报（哲社）	1 期	1994
		中国史研究动态	9 期	1994
从《隆中对》看诸葛亮决策思想的科学性	张觉文	中国行政管理	1 期	1994
"天下有变"——析《隆中对》	郝光陆	汉中师院学报	2 期	1994
《隆中对》平议之二：刘备与其三谋士	王汝涛	临沂师专学报	2 期	1994
《隆中对》研究概述	彭建平	社会科学研究	5 期	1994

续表二四

篇、书名	著(译)编者	出处	卷、期	年月日
试论《隆中对》方略的矛盾——兼评《诸葛亮不谏刘备伐吴的究竟》一文	颜 勇	贵州文史丛刊	6期	1994
《〈隆中对〉写作时间考辨》质疑	王瑞功	聊城师范学院学报（哲社）	2期	1995
《隆中对》与《论持久战》战略思想之比较——兼论中华民族的战争智慧在抗日战争中的作用	胡学举	毛泽东思想研究	3期	1995
"隆中对策"今论	潘民主 王海燕	许昌师专学报（社科）	4期	1995
草庐对研究新编	李兆钧等	百花文艺出版社		1995
"隆中对"战略定位得失谈	丁福虎	决策探索	11期	1997
从鲁肃"鼎足江东"谋划看"隆中对"得失	黄晓阳	成都大学学报（社科）	1期	1998
"隆中对"与"走麦城"——"隆中对"中战略构想的缺陷及其刍议	王佩琼	徐州师范大学学报（哲社）	2期	1998
试论《隆中对》的构想与客观实际的矛盾	梅铮铮	中华文化论坛	2期	1999
论诸葛亮草庐决策的科学性	任守春	史学月刊	5期	1999
关羽北伐与《隆中对》再探	黄晓阳	成都大学学报（社科）	2期	2001
关于"草庐对"的几个问题	李桂阁	南都学刊（哲社）	增刊	2001
"草庐对"刍议	冯振广等	河南社会科学	5期	2002
《隆中对》的营销战略元素分析	刘德昌	西南民族学院学报（哲社）	4期	2003
《隆中对》：科学与虚幻并存	刘玉堂 李 程	三峡大学学报（人文）	6期	2003
隆中对（节选）	陈 寿	作文世界（初中）	7期	2003
专待春雷惊梦回，一声长啸安天下——《隆中对》解读	竺洪波	作文世界（初中）	7期	2003
《隆中对》：揭诸葛亮的"短"	张学新	语文建设	12期	2003
析《隆中对》中诸葛亮的形象	侯守斌	语文教学通讯	14期	2003
《隆中对》新论	徐业海	语文教学与研究	15期	2003
《隆中对》争议背后的商业用心	刘天珠 郭启朝	中国商报		2003.9.16
诸葛亮《隆中对》试析	杨荣新	西南民族大学学报（人文）	1期	2004
《隆中对》简析	孙 琪	西安教育学院学报	1期	2004
从"隆中对"到蜀汉的衰亡——论诸葛亮战略管理的失策	周远成	船山学刊	3期	2004

续表二五

篇、书名	著(译)编者	出处	卷、期	年月日
虚构的"隆中对"	阿沙巴依	西部时报		2004.7.7
试论《隆中对》战略中的一着失棋	徐日辉	浙江社会科学	1期	2005
隆中对	杨荣新	地图	3期	2005
对"隆中对"的再认识	李程 陈梅阁	理论月刊	5期	2005
诸葛亮·庞统：选自《三国志》	陈寿 沙宗复	中华书局		1983
谈谈庞统的失败	石约	成都日报		1956.5.3
落凤坡和金雁桥	吴纯	成都晚报		1962.1.10
从庞统"面试"失败说起	薛林群	组织人事学研究	3期	2004
		共产党人	20期	2004
庞统：盛名之下有虚士	马大勇	文史知识	11期	2004
常山赵子龙	梁中实	文史知识	8期	1996
虎将赵云的谋略	王俊梅	思维与智慧	5期	1998
赵云死后葬何处	李绍先	文史杂志	4期	2000
赵云其人及其忠义精神的塑造	党红星	工会论坛	5期	2005
忠勇名将——赵云	李明隆	语文世界（高中）	10期	2005
三国羌族名将——马超	陈一石	历史知识	2期	1980
论吕布马超	毛忠贤	宜春师专学报	3期	1996
凉州兵团在三国史上的特殊地位——从马超助刘备取蜀说起	王北固	开封大学学报	3期	2000
论马超的政治抱负	王小蓉	四川教育学院学报	4期	2005
黄忠之老	罗继祖	社会科学战线	1期	1978
夏侯渊是否为黄忠所手斩——新版《辞海》条目质疑	盛巽昌	社会科学战线	3期	1989
五虎将座次排列	翟平	安徽大学学报（哲社）	4期	1983
"五虎将"是否官衔	盛巽昌	学术月刊	12期	1998
略论三国魏延		"中央日报"		1965.4.19
诸葛亮忌恨魏延吗	海潮	旅游天府	2期	1982
论魏延和南谷口火拼——兼评诸葛亮北伐曹魏的军事战略	叶哲明	台州师专学报（社科）	2期	1984
诸葛亮与魏延、杨仪之死	贺游	四川文物	3期	1985
论魏延	徐日辉	四川师范大学学报（社科）	5期	1986
论魏延	张云樵	社会科学辑刊	1期	1989

续表二六

篇、书名	著(译)编者	出处	卷、期	年月日
刘封、魏延之死——兼论孔明的机心与权术	单长江	咸宁学院学报	1 期	1989
为三国魏延一辩	周学禹	信阳师范学院学报（哲社）	3 期	1989
蜀国名将、汉中太守——魏延	殷克勤	成都大学学报（社科）	4 期	1989
石马遗址与魏延冤案	陶喻之	四川文物	4 期	1989
魏延论	吴仲强 黄晓阳	青海师专学报	1 期	1991
魏延论	黄晓阳	成都大学学报（社科）	4 期	1991
魏延脑后无反骨	骆承烈	山东档案	3 期	1994
		吉林档案	6 期	1994
为魏延辨屈	雍国泰	川东学刊	1 期	1995
自取其祸 何冤之有——魏延被杀史实辨正	李兴斌	历史教学	2 期	1995
"魏延现象"的启示	李燕杰	特区实践与理论	4 期	1995
魏延错在哪儿	商玉贵	探索与求是	4 期	1995
诸葛亮北伐何以不用魏延的奇谋	李兴斌	历史教学	8 期	1995
魏延头上的"反骨"	宋志坚	学习月刊	10 期	1995
魏延何以被杀	洪涛	学术月刊	2 期	1996
仪延不协与孔明失策	刘光亮 刘晟华	吉安师专学报	3 期	1996
重说魏延	解放	领导文萃	9 期	1996
论魏延的悲剧	达凤全	社会科学研究	5 期	1997
论诸葛亮之用人和魏延之悲剧	徐澄清	青海社会科学	4 期	1998
遗梦魏延城	薛军礼	丝绸之路	1 期	2000
也论诸葛亮与魏延	李兆成	中华文化论坛	3 期	2000
魏延与诸葛亮	胡觉照	汉中师范学院学报（社科）	4 期	2000
评诸葛亮用人与魏延之悲剧	徐澄清	炎黄春秋	12 期	2000
谋反是杨仪不是魏延	史式	今日中国	12 期	2000
论魏延被杀兼及诸葛亮的过失	高新伟	襄樊学院学报	6 期	2001
也评诸葛亮用人与魏延之悲剧	彭传杰	炎黄春秋	9 期	2001
孔明与魏延	国宾	共产党人	9 期	2002

续表二七

篇、书名	著(译)编者	出处	卷、期	年月日
魏延的悲剧	张锐强	中华散文	1期	2002
		领导文萃	4期	2002
孔明与魏延	国宾	共产党人	9期	2002
诸葛亮为何不纳魏延之计	张崇琛	成都大学学报（社科）	2期	2003
魏延的悲剧	张锐强	牡丹	2期	2003
魏延引兵屯扎于何处	施俭	语文知识	9期	2003
论魏延"从子午谷袭长安"之计不可行	童力群	鄂州大学学报	2期	2004
魏延何尝有反骨	马大勇	文史知识	2期	2004
魏延被杀的性格因素探析	杨俊才	甘肃社会科学	2期	2004
从魏延说开去	桂向明	炎黄春秋	3期	2005
马良	非马良	新世纪	65号	1908
赵括和马谡	吴南星	前线	2期	1962
马谡	王业犹	天津日报		1962.1.10
斩马谡	扬州师院中文系二（1）班《诸葛亮的故事》编写组	扬州师院学报（哲社）	1期	1974
诸葛亮明法斩马谡	潘友林	山东师院	1期	1975
诸葛亮以法治军斩马谡	曹起华	青海民族学院	2期	1975
马谡	罗继祖	社会科学战线	1期	1978
讨论马谡该杀不该杀问题		北京晚报		1980.4.10
执法如山 赏罚严明	剑功	岳阳师专学报	2期	1980
马谡是"自杀"的吗	常评	学术研究	6期	1980
马谡被杀的真相	朱大渭	学林漫录	4集	1981
"马谡自杀之说"辨	常评	江淮论坛	4期	1982
言过其实 不可大用	吴德洲	探索	5期	1985
马谡被斩的真正原因	潘民中	历史知识	6期	1985
谈马谡与街亭之败	景尔强	社会科学	5期	1986
诸葛亮并未斩马谡	刘隆有	贵州文史丛刊	2期	1987
		兰州学刊	2期	1987
诸葛孔明 泣いて馬謖を斬る	林田慎之助	集英社		1987
由三国军事论诸葛亮斩马谡	徐日辉	汉中师院学报（哲社）	1期	1988

续表二八

篇、书名	著(译)编者	出处	卷、期	年月日
古代人事行政心理释例——从诸葛亮斩马谡与自贬谈起	唐宏中	人才研究	2 期	1988
对"挥泪斩马谡"的反思	戴凤秀	军事知识	4、5 期	1988
马谡之死辨疑	李兴斌	聊城大学学报（社科）	3 期	1990
"诸葛亮斩马谡"述考三题	刘仲文	西北民族大学学报（哲社）	3 期	1991
失街亭斩马谡与蜀军的战斗力	杨德炳	武汉大学学报（社科）	2 期	1992
马谡骄傲成因新说	张元鼎	淮阴师专学报	2 期	1992
诸葛亮挥泪斩马谡的思考	韩素华	理论月刊	1 期	1993
从马谡的"攻心战"和"失街亭"说起——从政史鉴	邓立勋	长沙水电师院社会科学学报	3 期	1993
"挥泪斩马谡"新议	魏绪涛	阅读与写作	10 期	1994
略论诸葛亮"违众拔谡"的原因	刘蕴之	天津师大学报（社科）	1 期	1995
马谡是个人才	朱靖宇	文史春秋	3 期	1995
关于诸葛亮斩马谡的冤案	王成功	河南大学学报（社科）	5 期	1995
诸葛亮用马谡辨	平 白	探索与求是	7 期	1995
诸葛亮如何处置马谡案	司马一勺	瞭望新闻周刊	52 期	1995
马谡的可取之处	傅子强	北京支部生活	2 期	1996
试论马谡悲剧的成因	郑继江	聊城师范学院学报（哲社）	1 期	1997
为什么马谡必斩	周乾溁	史学集刊	3 期	1997
马谡新论	史义银	盐城师专学报（人文）	3 期	1997
诸葛亮挥泪斩马谡钩沉	黄新亚	儒学与二十世纪中国文化学术讨论会论文集		1997
试论马谡悲剧的成因	郑继江	聊城师范学院学报	1 期	1997
马谡的悲剧及其它	兴 国	现代审计与经济	1 期	2000
该不该让马谡镇守街亭——诸葛亮用人思维的错位	童中贤	领导科学	2 期	2000
马谡之死考辨	尚志迈	张家口师专学报	3 期	2000
替马谡辩诬	桂向明	中华魂	8 期	2000
我哭马谡	张德騫	中华魂	11 期	2000
马谡也有可学之处	李 闻	党员之友	2 期	2001
马谡之死与三国的军法	宋 杰	襄樊学院学报	4 期	2001

续表二九

篇、书名	著（译）编者	出处	卷、期	年月日
孔明之失与马谡之死	李国文	领导文萃	7期	2002
说马谡	应良帆	杂文选刊	6期	2003
马谡"违亮节度"考	徐日辉	学术月刊	10期	2003
赵括和马谡	吴晗	现代语文	1期	2004
失街亭的马谡是一位"匡世奇才"	张守明	中州今古	10期	2004
马谡如何失了街亭	张祖训	中学语文教学	4期	2005
李恢将军考略	陈兴	云南教育学院学报	3期	1989
论蜀汉谋略家法正	黄晓阳	成都大学学报（社科）	2期	1993
黄权父子的悲剧	张天行	散文百家	11期	2002
试论三国时三大战役异同	李恩普	历史教学	11期	1980
论三国时期联合战线的历史教训	张大可	魏晋南北朝史研究		1995
论赤壁之役	郭化若	群众周刊	8卷18期	1943
论"赤壁之战"	张耀枢	光明日报		1955.3.31
论"赤壁之战"里的周瑜、诸葛亮、张昭	刘勉之	人民日报		1959.1.20
论赤壁之战里的周瑜、诸葛亮、张昭	吴晗	灯下集		1960
"通鉴"写赤壁之战	白寿彝	北京师大学报（社科）	4期	1962
赤壁之战	玄禄	历史教学	1期	1966
《赤壁之战》浅析	朱宗尧	语文教学与研究	3期	1978
《赤壁之战》简析	周溶泉 徐应佩	南京师大学报（社科）	1期	1979
司马光怎样写赤壁之战	游任达	温州师专学报	2期	1980
赤壁之战辨	尹韵公	光明日报		1981.3.31
"赤壁之战辨"质疑	胡宝国	光明日报		1981.12.7
史实昭然，何疑之有——读《赤壁之战辨》异议	张国光	荆州师专学报（社科）	1期	1981
也谈赤壁之战——与尹韵公同志商榷	卢专	广州师院学报（社科）	2期	1981
曹操兵败赤壁与血吸虫病关系之探讨	李友松	中华医史杂志	11卷2期	1981
《赤壁之战》人物散论	周建忠	上饶师专学报（社科）	4期	1981
赤壁之战析——与尹韵公同志商榷	伊丁	青海社会科学	4期	1981
赤壁之战 无需置疑——与尹韵公同志商榷	谭绍鹏	学术论坛	5期	1981

续表三〇

篇、书名	著(译)编者	出处	卷、期	年月日
论赤壁之战的几个问题	施丁	史学月刊	6期	1981
根据史实理解《赤壁之战》中的几处文句	徐作权	语文教学与研究	11期	1983
"赤壁之战"是遭遇战吗——与尹韵公同志商榷	王陵 王泓	山西师院学报（社科）	1期	1982
谈《赤壁之战辨》一文中的几个论据	汪廷奎	学术论坛	2期	1982
对《赤壁之战》原文的校勘和评述	桂心仪	宁波师专学报（社科）	2期	1982
《资治通鉴》如何记述赤壁之战	韩国磐	社会科学战线	4期	1982
赤壁之战战场考	黄红军	档案资料	7期	1982
赤壁之战	刘凯鸣	语文学习	7期	1984
赤壁之战与三国鼎立	张大可	兰州学刊	2期	1985
"赤壁之战"应为江汉之战	吴佑和	南充师院学报（哲社）	3期	1985
"赤壁之战"应为江汉之战		贵州文史丛刊	3期	1986
赤壁之战新论	闵和顺	湘潭大学学报（社科）	4期	1987
关于赤壁之战的几个问题	赵克尧	浙江学刊	6期	1987
简论曹操赤壁之战败北的经济原因	沈端民	河南财经学院学报	1期	1988
赤壁之战曹军败因新说	赵伯阳	南京中医学院学报	3期	1988
血吸虫病猖獗是曹军在赤壁之战中惨败的主因	赵伯阳	江苏社联通讯	3期	1988
历史事实与小说艺术——从《三国志》中的"赤壁之战"到《三国演义》中的"赤壁之战"	李悔吾	湖北大学学报（哲社）	3期	1988
赤壁之战新论	简修炜 陈长琦	江汉论坛	7期	1988
再论赤壁之战的几个问题	刘孔伏 潘良炽	渤海学刊	3期	1989
赤壁之战再辨	尹韵公	学习与探索	1期	1990
从曹刘孙三方军队的进退路线看"赤壁之战"鏖兵何地	王琳祥 邱娅玲	黄冈师专学报	1期	1990
赤壁之战的若干问题辨正	刘孔伏 潘良炽	贵州文史丛刊	3期	1990
赤壁之战斗舰的复原研究	李蕙贤 文尚光	武汉水运工程学院学报	3期	1990
"赤壁之战"战场因何选在蒲圻	冯金平	咸宁师专学报	4期	1990

续表三一

篇、书名	著(译)编者	出处	卷、期	年月日
"周郎赤壁"何处寻——论黄州赤壁是"赤壁鏖兵"的古战场	王琳祥 邱娅玲	中国人民大学学报	4期	1990
赤壁之战拾遗	万绳楠	安徽师范大学学报（哲社）	2期	1991
赤壁之战的赤壁究竟在何处	靳极苍	黄冈师专学报	4期	1991
赤壁之战战地在黄州	刘盛佳	华中师范大学学报（哲社）	6期	1991
古战场赤壁	王汝清	理论月刊	11期	1991
赤壁大战前夕刘备的举措之失	廖双初	益阳师专学报	2期	1992
赤壁战地辨析——与万绳楠先生商榷	王琳祥	安徽师范大学学报（哲社）	4期	1992
"三国周郎赤壁"不在黄冈——《赤壁战地辨析》一文质疑	汪福宝	安徽师范大学学报（哲社）	2期	1993
赤壁之战的真相	王永	小学语文教学	1期	1994
"赤壁之战"话用人	张维玲	领导文萃	3期	1994
赤壁之战与江汉九赤壁	王琳祥	黄冈师专学报	3期	1994
"赤壁之战"及其雾况风况的探源	王鹏飞	陕西气象	4期	1994
"赤壁之战"发生地——赤壁镇		长江建设	3期	1995
论赤壁之战与曹操的战略指导	王中兴	军事历史研究	2期	1996
赤壁之火是谁放的	戴景义	安徽消防	4期	1996
		山东消防	2期	1997
赤壁之战的"赤壁"在哪里	李修鲁	黄埔	5期	1996
赤壁之战再评价	胡觉照 王铎	汉中师范学院学报（社科）	1期	1997
再论赤壁之战与黄冈地理、文物	董子儒	鄂州大学学报	1期	1997
周瑜乎？诸葛亮乎？	贺远明	中华文化论坛	3期	1997
蒲圻赤壁何以成为曹操与孙刘联军鏖兵战场	单长江	咸宁学院学报	4期	1998
《赤壁之战》新论	汪春堂	语文教学与研究	9期	1999
赤壁之战及其史传方法	许锡强	阅读与写作	8期	2000
赤壁之战前夕诸葛亮何以能说服孙权联刘抗曹	张建功 寇瑞东	河北科技大学学报（社科）	2期	2001
赤壁之战古战场新考——真正赤壁之战古战场在汉川	冯汉江 陈中林	荆州师范学院学报	6期	2001
"赤壁之战"新谈	周益安	时代消防	12期	2001

续表三二

篇、书名	著(译)编者	出处	卷、期	年月日
"借东风"之谜：赤壁之战气象问题刍议	张靖龙 周汝英	明清小说研究	2期	2002
赤壁之战决机于丹徒	左广斌	江苏地方志	3期	2002
试论曹操南征荆州及东进江东的战略决策	魏晓明	广州大学学报（社科）	6期	2002
赤壁之战中的张昭	纪拥军	炎黄春秋	6期	2002
赤壁之战，曹操兵败谁手1-6	李友松	科学与文化	4-6期	2003
			1-3期	2004
赤壁战役时间考论	张靖龙	学术月刊	2期	2004
论赤壁之战敌对双方战争指导的优劣得失	夏旻 吴如嵩	军事历史研究	1期	2005
从陆机《辨亡论》看赤壁之战的战址	刘盛佳	中国历史地理论丛	1期	2005
昭昭泯泯说"通鉴"——司马光《资治通鉴·赤壁之战》赏析	竺洪波	作文世界（高中）	3期	2005
孙权是赤壁之战的关键人物	桑文彬	现代语文	10期	2005
赤壁之战发生在汉水而非长江	戴劲松 卢娟	新华每日电讯		2005.6.24
关于"借荆州"	白星	"中央日报"		1963.3.5
从荆州争夺战看三国前期的外交斗争	尹韵公	文史哲	5期	1981
刘备"借荆州"辨证	刘光亮	吉安师专学报（哲社）	2期	1986
试论荆州之役	陈云发	常州工业技术学院学报	1期	1988
略论鲁肃关羽与荆州	邹礼洪	新疆师范大学学报（哲社）	2期	1988
从失荆州看诸葛亮外交政策的僵化	杜建民	聊城师范学院学报（哲社）	3期	1988
论襄樊之役与关羽失荆州	朱子彦	军事历史研究	3期	1989
蜀汉襄樊之战初探	魏殿文	辽宁大学学报（哲社）	5期	1989
刘备"借荆州"质疑	陈显远	成都大学学报（社科）	2期	1990
刘备在荆州的失误	廖双初	益阳师专学报	3期	1990
吴蜀荆州之争与三国鼎立的形成	朱绍侯	史学月刊	1期	1991
《隆中对》与荆益得失	殷克勤	汉中师院学报（哲社）	2期	1991
刘备借荆州考析	李兴斌	山东社会科学	5期	1991
关羽"大意失荆州"的再认识	李绍泽	成都大学学报（社科）	1期	1992
孙刘荆州之争中蜀的失误	寇养厚	唐都学刊	1期	1992

续表三三

篇、书名	著(译)编者	出处	卷、期	年月日
论荆州之失的深层原因及蜀汉主客势力的消长	吉彦波	张家口师专学报（社科）	1期	1992
论三国初期的荆州争夺战	谭良啸	成都大学学报（社科）	2期	1992
"借荆州"浅议	朱绍侯	许昌师专学报（社科）	4期	1992
岂止是"关羽大意失荆州"——荆襄战役得失谈	单长江	咸宁师专学报	4期	1992
论吴蜀荆州之争	张兆凯	求索	5期	1992
蜀汉何以失荆州	杜建民	史学集刊	2期	1993
"刘备荆州失守"罪在刘备	徐俊	华中师范大学学报（哲社）	3期	1993
蜀汉荆州之失探源	谭良啸	天府新论	5期	1993
也谈《隆中对》与荆益得失——兼与殷克勤先生商榷	张建明	汉中师院学报（哲社）	2期	1994
"借荆州"的是是非非	李殿元	成都大学学报（社科）	3期	1994
关羽失荆州失在何处	张德印	新长征	3期	1994
论"借荆州"	徐澄 徐海松	杭州师院学报	1期	1995
刘备实未"借荆州"	杜建民	齐鲁学刊	2期	1995
从荆州之争看三国时期的外交斗争	余鹏飞	魏晋南北朝史研究		1995
也谈刘备"借荆州"	刘勇	许昌师专学报（社科）	2期	1996
《隆中对》"跨有荆益"得失再评说	杨德炳	武汉大学学报（哲社）	2期	1996
《隆中对》"跨有荆益"的策划为何破灭——论刘备和关羽对丧失荆州的责任	方诗铭	学术月刊	2期	1997
孙吴谋荆州述论	杨洪权	烟台师范学院学报（哲社）	4期	1997
荆州的得失与三国的兴衰	罗民介	新东方	2期	1998
只因一着错 决策半成空——论诸葛亮对荆州失守的责任	石弘	河南教育学院学报（哲社）	3期	1998
关羽失荆州评议	杨伟立	中华文化论坛	4期	1999
益阳与吴蜀水战	刘年香	陕西水利	3、4期	1999
荆州大战与刘备关羽关系演变新探	林世芳	福建师大福清分校学报	3期	2000
"孙、刘争夺荆州的是非"新论	黄忠晶	华夏文化	2期	2002
荆州之争与吴蜀关系新探	张东华 刘伟	成都大学学报（社科）	2期	2003
"孙权借荆州给刘备"史实辨析	黄忠晶	武汉文史资料	5期	2003

续表三四

篇、书名	著(译)编者	出处	卷、期	年月日
"借荆州"问题辨误——兼与岳玉玺先生商榷	陈冬阳	聊城大学学报（社科）	2期	2004
蜀汉丢失荆州原因新议	何 堤	文史杂志	5期	2004
"隆中对"与夷陵之战	朱大渭	江汉学报	9期	1962
论彝陵之战	吴 晗	北京日报		1963.6.27
彝陵之战	李赓序	中华书局		1965
夷陵之战是以少胜多吗？	蒋福亚	光明日报		1979.9.4
"夷陵之战"确系以少胜多	杨东梁	北京师院学报	2期	1980
重评刘备东征	林成西	史学月刊	6期	1984
夷陵之战的几个问题	任昭坤	江汉论坛	3期	1985
陆逊韬略撮要	孔令铜	军事历史	4期	1985
孔明与阚泽——侧谈彝陵之战	岩 耕	领导科学	3期	1986
陆逊拜帅战彝陵	实 厚	领导科学	1期	1987
对夷陵之战刘备集团战略指导的思考	王 帜 毛彦春	军事历史	2期	1987
对刘备夷陵之败直接原因的商榷	董石竹	军事历史	2期	1988
对夷陵之战刘备战略决策之吾见	丁致中	军事历史	2期	1988
诸葛亮不谏刘备伐吴的究竟	顾文栋	贵州文史丛刊	3期	1989
蜀吴夷陵之战后议和史事考	方北辰	四川大学学报（哲社）	4期	1989
从"彝陵之战"看领导者的情绪控制	莫 啸	中国人才	12期	1990
简论夷陵之战	陈 辽	湖北师范学院学报（哲社）	4期	1992
诸葛亮未谏阻刘备伐吴原因新探	王大健	许昌师专学报（社科）	3期	1995
夷陵之战诸葛亮何以未能与谋	薛军力	天津师大学报（社科）	6期	1996
夷陵之战审视	张道葵	三峡大学学报（人文）	4期	1997
蜀汉将领东征探微	魏殿文	文史哲	5期	1997
刘备东征孙吴原因质疑	马平安	辽宁教育学院学报	4期	1998
刘备"连营七百里"异说	盛巽昌	学术月刊	2期	1999
夷陵之战二题	蒋福亚	襄樊学院学报	4期	2000
"夷陵"与"彝陵"	金 矢	天津外国语学院学报	2期	2001
"夷陵"与"彝陵"	郑铁生	中国语文	3期	2002
关于夷陵之战中蜀败吴胜的必然性探索	张作耀	江汉论坛	2期	2004

续表三五

篇、书名	著(译)编者	出处	卷、期	年月日
说蜀汉的兴起	赵俪生	历史教学	1卷1期	1951
蜀漢国前史	狩野直禎	東方学	16辑	1958
刘备建国道路述论	张晓连 唐淑珍	重庆师范学院学报（哲社）	3期	1999
论刘备西征的闪失	廖双初	益阳师专学校	2期	1991
刘备入川的政策与诸葛亮治蜀的几点启示	王拴弟 张列芳	山西高等学校社会科学学报	12期	2001
诸葛亮西征战略评析	黄晓阳	成都大学学报（社科）	2期	2002
论涪县在蜀汉时期的战略地位	杨伟立	中华文化论坛	3期	2002
有关刘备军事集团平定益州的几个问题的考证	李尚学	乐山师范学院学报	7期	2004
三国时代的汉中	沈明璋	史地论丛	1辑	1939
刘备汉中撤军刍议	吴建	福建师范大学学报（哲社）	2期	1988
略谈刘曹汉中之战和蜀汉集团开国方略	孙海石	汉中师院学报（哲社）	2期	1989
刘、曹汉中之战	薛凤飞	汉中师院学报（哲社）	3期	1989
张飞"间道"进兵汉中考辨	李承畴 孙启祥	汉中师院学报（哲社）	1期	1991
试论三国时期汉中的战略地位	梁中效	汉中师院学报（哲社）	2期	1993
汉中在三国时期的历史地位（代前言）	蔡秉衡	汉中师院学报（哲社）	1期	1997
"得陇"为何不能"望蜀"——从曹操争夺汉中看其统一思想的矛盾性别	温勤能	汉中师院学报（哲社）	1期	1997
曹操与诸葛亮取用汉中战略之比较	梁中效	成都大学学报（社科）	2期	2003
汉中对三国蜀魏战争的重要影响	宋杰	首都师范大学学报（社科）	1期	2004
群雄逐鹿话汉中——《三国志》与《三国演义》所述汉中之比较	杨东晨	成都大学学报（社科）	2期	2005
蜀汉政权与罗江	沈伯俊	中华文化论坛	3期	2004
蜀汉政权建立后的开疆拓土	王小蓉	中华文化论坛	3期	2005
蜀漢政權の構造	狩野直禎	史林	42卷4号	1959
巴蜀の豪族と国家権力——陳寿とその祖先たちを中心に	上田早苗	東洋史研究	25卷4号	1967
蜀漢政權と豪族	榊原文彦	鎌田博士還曆記念歷史学論叢		1969

续表三六

篇、书名	著（译）编者	出处	卷、期	年月日
天下三分と益州疲弊——初期劉備集団の性格をめぐつて	福井重雅	中国前近代史研究		1980
浅谈蜀汉统治集团的社会构成	李开元	文史知识	6期	1985
蜀漢政権の成立と荆州人士	渡邊義浩	東洋史論	6号	1988
蜀漢政権の支配と益州人士	渡邊義浩	史境	18号	1989
蜀汉政治新论	赵昆生	许昌学院学报	2期	1992
试论蜀汉统治集团的地域构成及其矛盾	雷近芳	信阳师范学院学报（哲社）	4期	1992
蜀史四题——蜀国新旧纠葛的历史追溯	田余庆	文史	35期	1992
论蜀汉人才缺乏的原因	刘国石	东北师范大学学报（哲社）	3期	1994
蜀漢政権論——近年の諸説をめぐつて	上谷浩一	東方学	91辑	1996
论蜀汉的政治腐败——诸葛亮失误之二	韩隆福	常德师范学院学报（社科）	1期	2001
蜀汉婚姻的特色	薛瑞泽	文史杂志	3期	2001
蜀汉政权与益州士族	李兆成	四川文物	6期	2002
东汉末期刘备集团危机管理实践述评	周永生 蒋蓉华	社会科学家	1期	2003
蜀中缘何无大将	古今	四川粮油科技	1期	2004
蜀汉军队的后勤供应	薛瑞泽	军事历史研究	1期	2004
益州土著士人与刘璋、刘备集团	高茂兵	乐山师范学院学报	8期	2004
三国蜀汉土著豪族初论	罗开玉	成都大学学报（社科）	6期	2005
蜀汉政权重要官员的地域构成及变化——兼议诸葛亮的"贵和"精神	许蓉生	西南民族大学学报（社科）	12期	2005
诸葛亮与蜀国外交	王之容	人物杂志	1卷7期	1946
论三国时代刘孙联合抗曹的得失	何千之	新建设	3卷4期	1951
吴蜀联盟的鼻祖——鲁肃	林元泰	自由太平洋	10卷9期	1966
鲁肃和东吴立国——兼评诸葛亮、周瑜的政治卓识和外交才能	叶哲明	台州师专学报（社科）	1期	1982
诸葛亮与鲁肃	刘京华	成都大学学报（社科）	3期	1986
"结好孙权"策略的利弊	李佃原	成都大学学报（社科）	3期	1986
比较鲁肃与诸葛亮的战略思想——兼谈对孙吴与刘蜀国策总旨之影响	张云波	齐鲁学刊	1期	1989
孙权与吴蜀联盟	刘国石	东北师大学报（哲社）	1期	1990

续表三七

篇、书名	著(译)编者	出处	卷、期	年月日
关于孙刘联盟几个问题的辨析	朱和平	郑州大学学报（哲社）	2期	1993
吴蜀往来信使考——入吴蜀使考	裴传永	理论学刊	6期	1996
吴蜀往来信使考——入蜀吴使考	裴传永	临沂师范学院学报	2期	1997
三国时期的蜀吴关系	赵国华	华中师范大学学报（哲社）	1期	1997
论三国时代的吴蜀同盟	陈乾康	四川师范大学学报（哲社）	4期	1997
论孙刘联盟的破坏——诸葛亮的失误之一	农夫	常德师范学院学报（社科）	1期	2000
联合对抗钳制敌方——谈诸葛亮的外交谋略	李延江	思维与智慧	4期	2000
论蜀吴联盟中诸葛亮的统战战略	王栓弟	山西高等学校科学学报	12期	2002
诸葛亮外交政策对弱小国家外交的启迪	黄晓阳	成都大学学报（社科）	2期	2005
对魏蜀和平接触尝试的初步考察	潘民中	许昌师专学报（社科）	4期	1987
善于运用领袖权力的诸葛亮	公霭	汗血月刊	2卷1期	1933
诸葛亮之实干精神与实干政治	曲兴域	汗血月刊	5卷6期	1935
论诸葛亮构想兴复汉室的原则及其限制	林继平	人生	31卷6期	1966
诸葛亮论法选注	郑州印染厂等	郑州大学学报（哲社）	增刊	1975
论诸葛亮的"治实"精神	万绳楠	安徽师大学报（哲社）	3期	1978
诸葛亮如何执法	李林河 李哲夫	光明日报		1980.10.14
执法如山 赏罚严明	剑功	岳阳师专学报	2期	1980
从诸葛亮自贬三等说起	傅普生	新湘评论	3期	1980
诸葛亮行法的历史地位	罗秉英	思想战线	2期	1981
诸葛亮理财	马大英	财政	3期	1982
诸葛亮的政教经军建设	蒋君章	东方杂志（复刊）	16卷3期	1982
论孔明"攻心"战略的妙用	剑锋	海南大学学报	1期	1987
试论诸葛亮的法治政策	杨文秀	云南师范大学学报（哲社）	1期	1987
厉行法治赏罚严明——谈诸葛亮治国之道	谭良啸	探索（哲社）	3期	1987
论诸葛亮的官吏考绩法	边牛汉 张达昌	辽宁广播电视大学学报	3期	1987
评以法治国的诸葛亮	伍攀椿	萍乡教育学院学报	3期	1987

续表三八

篇、书名	著(译)编者	出处	卷、期	年月日
论诸葛亮的情与法	霍雨佳	海南大学学报	4期	1987
不隐恶，不虚美：诸葛亮政风浅议	王正明	成都大学学报（社科）	1期	1988
刘封悲剧的成因——兼论孔明的机心与权术	单长江	湖北大学学报	5期	1988
试论诸葛亮"兴复汉室"的理想及其实践	李殿元	天府新论	1期	1991
试论诸葛亮把握利用人们心理的艺术	梁宗奎	泰安师专学报	3期	1991
白话诸葛谋略全书	尹名等	中州古籍出版社		1991
诸葛亮谋略宝典	侯洪焰	山东大学出版社		1991
诸葛亮的法制观及《蜀科》的制订	余明侠	淮海文汇	2期	1994
论诸葛亮法制中的弹性原则	高梅	临沂师专学报	4期	1994
诸葛亮思想工作的特点——激将法	龙廷驹	疏导	4期	1995
诸葛亮的激将法	赵叶惠	中国公务员	10期	1995
诸葛亮正确通过的十大矛盾	杨柄	甘肃社会科学	5期	1995
诸葛亮智谋全书	伊力	中州古籍出版社		1995
论诸葛亮现实主义的政治与政策	何颖 阎嘉伟	黑河学刊	2期	1996
诸葛亮行事中的暗点	刘存璞	菏泽师范专科学校学报	3期	1996
诸葛亮败走"麦城"	阮生江	中国民兵	4期	1996
诸葛亮的政绩	厚	文史知识	10期	1997
论诸葛亮的封建法治	陈春雷 孙艳丘	淮阴师范学院学报（哲社）	3期	1998
蜀朝の執権・諸葛亮：劉封の処刑・三顧の礼・馬謖の死・北伐	菊池良輝	千葉敬愛短期大学紀要	20号	1998
诸葛亮的失误四议	何耘等	汉中师范学院学报（社科）	2期	1999
读史断想之六	王毓	档案管理	4期	1999
诸葛亮"心战"新论	刘伟航	中华文化论坛	3期	2001
诸葛亮智谋全书	智瑞	印刷工业出版社		2001
读诸葛亮"半在邑间半在田"说"当官"	熊德成	四川档案	3期	2002
论诸葛亮的领导艺术	李乐民	南都学坛（社科）	5期	2002
诸葛亮加强安定团结策略探析	李乐民	韶关学院学报	8期	2002
略论诸葛亮的法治——廉政思想及其成效	席萍安	文史杂志	1期	2003

续表三九

篇、书名	著(译)编者	出处	卷、期	年月日
我为神州惜大贤	桂向明	文史天地	6期	2003
成也诸葛，败也诸葛——诸葛亮领导方式的反思	张向前	哈尔滨学院学报	10期	2004
诸葛亮执政实践的价值选择	黄晓阳	成都大学学报（社科）	2期	2004
从"隆中对"到蜀汉的衰亡——论诸葛亮战略管理的失策	周远成	船山学刊	3期	2004
诸葛亮谋略说	张 南	金城出版社		2004
诸葛亮的战略与大战略	钮先钟	领导文萃	5期	2005
关于诸葛亮"心书"之研究	史久光	新中国	3-5期	1945
诸葛亮的人事政策	蒋君章	人事行政	5期	1954
诸葛孔明之治国与用人	吴宗岳	人事行政	9期	1957
诸葛亮的用人之道	特 力	考铨月刊	93期	1959
试评诸葛亮的正身、用人和执法	张云桥	吉林师范大学学报（人文）	1期	1981
诸葛亮的重大失误	李 淳 新 材	晋阳学刊	1期	1981
关于诸葛亮的"重大失误"问题——与李淳、新材二同志商榷	张占斌	四平师院学报（哲社）	4期	1981
李严兴废和诸葛亮用人	田余庆	中华学术论文集		1981
论诸葛亮的错误与失策	吴洁生	学术月刊	12期	1981
彭羕被杀、廖立遭废是诸葛亮嫉才的结果吗——与《论诸葛亮的错误与失策》一文作者商榷	胡申生	阜阳师院学报	4期	1982
诸葛亮嫉贤妒才吗——与吴洁生同志商榷	霍雨佳	海南师专学报	3期	1982
论诸葛亮对人才用而不教的历史教训	尉丰久 杨春友	东岳论丛	5期	1982
诸葛亮的七条用人之道	小 竹	文史知识	12期	1982
用人唯贤知人善任	李恩来	成都晚报		1983.10.30
谈诸葛亮用人	张仁镜	汉中师院学报（哲社）	2期	1984
论诸葛亮的人才观和人才政策	黄剑华	社会科学	2期	1985
关于诸葛亮罢黜李严的商榷	张孝元	成都大学学报（社科）	3期	1986
诸葛亮在人事上的苦恼与过失	胡 刚 唐泽映	中南民族学院学报（社科）	1期	1987
浅论诸葛亮的用人得失	唐 峻	学术论坛	1期	1987

续表四〇

篇、书名	著(译)编者	出处	卷、期	年月日
诸葛亮用人失误散议	冯世斌	百家论坛	3期	1987
诸葛亮的人才思想和用人实践	张思恩	西北大学学报（哲社）	4期	1987
诸葛亮用人得失评析	黄晓阳 吴仲强	实事求是	6期	1989
且说诸葛亮对蜀汉人才的摧残	刘小龙	青年思想家	3期	1991
诸葛亮的用人理论与实践	崔子科	松辽学刊（社科）	1期	1993
论诸葛亮用人之得失	程铁标	太行学刊（社科）	1期	1994
诸葛孔明误用人评点	胡文义	机电兵器政工	1期	1994
如何看待李严之废这段历史公案——兼与尹韵公同志尚榷	陈玉屏	西南民族学院学报（哲社）	2期	1994
诸葛亮人才思想初探	林维平	湖湘论坛	5期	1994
诸葛亮的人事管理思想与用人艺术	谢修敩	人才管理	2期	1995
诸葛亮用人思想述评	石军红 周传义	河南师范大学学报（哲社）	3期	1995
李严之废 咎由自取——为诸葛亮辨诬	周云龙	明清小说研究	1期	1996
诸葛亮的用人之道与知人之术	崔乃瑜	现代交际	12期	1996
试论诸葛亮的用人思想及其实践	陈文苹	鄂州大学学报	3期	1997
诸葛亮的举贤任能	王蕴华 宋俊国	河北学刊	5期	1997
爱才却有嫉才时——诸葛亮的人才思想与实践	李庚辰	中国人力资源开发	5期	1997
简评诸葛亮的人才思想	周全 佟丽娟	理论探讨	2期	1999
诸葛亮"辨才七法"	周国兴	中国人事报		2000.7.25
由诸葛亮想到用人制度	陈林芳	人民法院报		2000.8.13
诸葛亮在用人问题上的功过	杨国强	广东行政学院学报	6期	2001
诸葛亮用人治国之道散论——从成都武侯祠著名"攻心"联说起	梅铮铮	成都大学学报（社科）	2期	2001
试论诸葛亮用人的两个失误	吴国联	大连教育学院学报（社科）	1期	2003
《心书》识人用人学——诸葛亮用人之道	戴淑芬 陈翔	北京科技大学学报（社科）	3期	2004
智者之失——诸葛亮大意失荆州对人才选用的启示	段波	商业经济	4期	2004
诸葛亮用人之得失	屈世清	云南日报		2004.12.27
诸葛亮有什么心理障碍	岳晓东	北京科技报		2005.11.30

续表四一

篇、书名	著(译)编者	出处	卷、期	年月日
孔明兵法之一斑	郭化若	群众周刊	8卷16期	1943
论诸葛亮的攻守策略	史念海	文史杂志	6卷2期	1948
		河山集		1963
诸葛亮的"神机妙算"	顾学颉	新观察	113期	1955
诸葛亮的军事才能	柳春藩	吉林日报		1962.9.8
评诸葛亮的战略战术	6543部队四连理论组	江苏师院学报	2期	1974
诸葛亮的法家军事路线	69信箱写作组等	四川大学学报（哲社）	1期	1975
诸葛亮军事思想略论	朱大渭	史学月刊	2期	1980
诸葛亮兵法	韬隐	国家出版社		1980
应变将略亦为诸葛亮所长	陈小剑	连云港师专科学报	1期	1884
诸葛亮"奇谋为短"证	谭良啸	社会科学	3期	1985
从《隆中对》看诸葛亮的军事思想	史航	贵州民族学院学报（社科）	4期	1987
诸葛亮将苑注译	张天夫	陕西人民出版社		1987
不应贬低诸葛亮的军事才能	严衡山	湘潭大学学报（社科）	3期	1989
诸葛亮军事思想研究	施光明	南都学坛（社科）	3期	1989
诸葛亮的军事战略思想	唐士文	临沂师专学报（社科）	2期	1990
諸葛孔明の兵法	高畠穣	三笠书房		1990
诸葛亮兵法	张澍	三秦出版社		1990
诸葛亮与《孙子兵法》初探	徐淑彬	成都大学学报（社科）	1期	1991
诸葛武侯兵法今译	（王臣）	陕西师范大学出版社		1991
诸葛亮兵法谋略	宇光编译	陕西旅游出版社		1991
应变将略确非其长：诸葛亮军事才能漫议	刘隆有	天津师大学报	1期	1992
论诸葛亮的将略	陈玉屏	贵州师范大学学报（社科）	3期	1992
诸葛亮兵法全译	何兆吉	江西人民出版社		1993
诸葛亮兵法	郑吟韬等	辽沈书社		1993
应变将略亦为诸葛亮所长	陈小剑	连云港教育学院学报	1期	1994
诸葛亮"应变将略"析	黄晓阳	成都大学学报（社科）	3期	1994
诸葛亮兵法	普颖华 华名良	中国物资出版社		1994

续表四二

篇、书名	著(译)编者	出处	卷、期	年月日
诸葛亮军事思想管窥	苏彦荣	军事历史	3期	1995
诸葛亮的军事才能刍议	罗民介	新东方	4期	1995
白话诸葛亮兵法	毛元佑	岳麓书社		1995
诸葛亮兵法	何兆吉 任　真	江西人民出版社		1996
白话诸葛亮兵法	普颖华 郑吟韬	时事出版社		1997
兵帅奇略——诸葛亮兵法	张平安 张　玮	九洲图书出版社		1997
诸葛亮领导兵法——《将苑》菁华录	罗吉甫	远流出版事业股份有限公司		1997
论诸葛亮的朴素军事真理观	喻舒曼	军事历史研究	2期	1999
諸葛孔明の兵法——その虚像と実像	中林史朗	月刊しにか	102号	1999
汉水流域与诸葛亮的政治军事战略	马　强	成都大学学报（社科）	2期	2001
諸葛孔明の兵法——ビジネスに生かす知恵の出し方・人の動かし方	高畠穣	三笠書房		2001
论诸葛亮德法同济的治军思想	王晓春	军事历史研究	2期	2002
诸葛亮军事政治智慧的形成及影响	陈友良 梅里金	军事历史研究	2期	2002
诸葛亮兵法古今谈	孔　干	中国经济出版社		2002
		军事科学出版社		2005
诸葛亮军事伦理思想研究	胡东原	南京社会科学	2期	2003
诸葛亮军事经济思想与战略试析	陈金凤	社会科学辑刊	2期	2004
诸葛亮兵法	诸葛亮	兰州大学出版社		2004
战略与政略相融会的兵典：诸葛亮兵法	王　珲 师　金	军事科学出版社		2005
安定内部，发展生产——诸葛亮在统一活动中的治蜀措施	刘福元等	河北日报		1975.8.26
诸葛亮的法治和蜀汉政权的演变	文　实	长沙日报		1975.4.25
严法·任贤·正身——略论诸葛亮治蜀	马德真 刘　琳	社会科学研究	2期	1980
诸葛亮治蜀	君　才	新长征	1期	1981
论诸葛亮治蜀——兼论诸葛亮是儒法合流的典型人物	朱大渭	魏晋隋唐史论集	1辑	1982

续表四三

篇、书名	著(译)编者	出处	卷、期	年月日
试论诸葛亮的道德风范及其对蜀汉政治的影响	陈玉屏	西南民族学院学报·历史研究专辑		1986
诸葛亮治蜀	谭良啸	四川人民出版社		1986
诸葛亮治理蜀汉的主要政策和管理艺术	武新春	河北财经学院学报	1期	1991
以诸葛亮治蜀为镜	李泮	海南大学学报（社科）	2期	1991
儒学与诸葛亮治蜀	杨代欣	文史杂志	4期	1991
诸葛亮在剑阁的业绩及其影响	萧明远 何中辉	四川文物	1期	1995
诸葛亮治蜀没能解决的问题	周乾溁	史学集刊	3期	1995
话说——诸葛亮治蜀	常绍林 徐鸿云	农业发展与金融	3期	1996
试论诸葛亮行法治蜀	王玲	贵州师范大学学报（社科）	2期	1997
诸葛亮治蜀论	张作耀	学术研究	2期	2002
诸葛亮加强安定团结策略探析	李乐民	韶关学院学报（社科）	8期	2002
诸葛亮治蜀论略	唐建华	湖北社会科学	7期	2005
不审势，则宽严皆误——诸葛亮治蜀的教训（外一篇）	李国文	同舟共进	10期	2005
诸葛亮"西和诸戎、南抚夷越"质疑	龚鹏九	广西民族研究	4期	1995
论蜀汉"西和诸戎，南抚夷越"之策	白翠琴	中国边疆史地研究	4期	2002
论诸葛亮"西和诸戎"的战略地位	杨福华	西北大学学报（哲社）	4期	1986
诸葛亮"西和诸戎"政策评析	施光明	云南教育学院学报（社科）	3期	1988
蜀汉凉州"和戎"策略探析	黄晓阳	成都大学学报（社科）	3期	1992
"西和诸戎"与失街亭之关系考	徐日辉	固原师专学报（社科）	4期	1998
蜀汉开辟南蛮考	束世澂	史地学报	1卷3期	1922
			1卷4期	1922
诸葛亮与云南西部边民	江应樑	西南边疆	6期	1939
诸葛武侯南征始末	王绍曾	新宁远	1卷 6、7期	1941
诸葛武侯在云南	程兆熊	旅行杂志	17卷 10期	1943
"五月渡泸深入不毛"考	卫聚贤	说文月刊	5卷 1、2期	1944

续表四四

篇、书名	著(译)编者	出处	卷、期	年月日
诸葛武侯征八莫	卫大法师	说文月刊	5卷1、2期	1944
诸葛亮征八莫	卫聚贤	说文社出版部		1944
八莫非不毛辩	南 迁	东方杂志	40卷24号	1944
诸葛武侯与南蛮	江应梁	西南边疆民族论丛		1948
关于诸葛亮平定"南中之乱"的评价问题	柳春藩	史学集刊	1期	1956
关于诸葛亮"南中"留兵的研究	张思恩	人文杂志	2期	1957
诸葛亮在"南中"的用兵及统治政策	张思恩	西北大学学报（人文）	3期	1957
诸葛亮与孟获	江应梁	云南日报		1957.4.26
诸葛亮为什么要南征——对《诸葛亮与孟获》一文的商榷	华 峨康 峻	云南日报		1957.5.24
云南最早的一部地方志——《南中志》四《诸葛亮南征》	尤 中	云南日报		1962.6.25
论诸葛亮南征	蒙文通李有明	光明日报		1962.8.1
诸葛亮南征考	谭宗义	文史学报	2卷	1964
诸葛武侯南征考	文守仁	四川文献	128-131期	1973
评诸葛"南征"	都 淦	资料	2期	1974
法家诸葛亮对待少数民族的进步主张	倪文白	中央民族学院学报	2期	1974
诸葛亮的法家政治与民族政策	马 曜	云南大学学报（社科）	3期	1974
诸葛亮矫东汉之弊对我国西南的开发	四川师范学院大批判组	四川通讯	8期	1974.8.10
诸葛亮治理"南中"——《诸葛亮传》之一章	7707部队等《诸葛亮传》编写组	教育革命	3期	1975
诸葛亮安定南中和团结少数民族的历史功绩	马 曜	思想战线	3期	1975
论诸葛亮安定南中	马 曜	历史研究	4期	1975
从诸葛亮在云南的遗迹试谈他的民族政策	武侯祠文物保管所	文物	4期	1976
孟获与朱提孟氏——复邓子琴书	张希鲁	凉山彝族奴隶制研究	1期	1980
诸葛亮"南征"的若干问题	宁 超	云南社会科学	2期	1981
诸葛亮与云南少数民族	张廷贤	云南日报		1981.3.20

续表四五

篇、书名	著(译)编者	出处	卷、期	年月日
孔明何处擒孟获	喻光韶	旅游天府	2期	1982
诸葛亮深入的"不毛"指哪里	李定与 龚培萱	旅游天府	1期	1983
保山诸葛亮"遗迹"	谭良啸	旅游天府	5期	1983
诸葛亮治蜀时期的民族政策	杨植范	贵州日报		1983.10.29
执行诸葛亮"南抚夷越"政策的典范——张嶷	韩新明	陕西理工学院学报（社科）	2期	1984
		汉中师院学报	2期	1984
诸葛亮南征后南人反叛的原因及影响	刘海宁	云南师范大学函大中文学员论文选		1984
诸葛亮"七擒孟获"质疑	谭良啸	社会科学	3期	1985
诸葛亮"南抚夷越"之我见	关荣华	西南民族大学学报（社科）	2期	1986
诸葛亮"南抚夷越"辨	吴佑和	南充师院学报	增刊	1986
浅析诸葛亮的民族思想	王留想	商丘师专学报	1期	1987
能攻心则反侧自消——我对诸葛亮的看法	岭光电	文史杂志	2期	1987
"七擒孟获"真有其事吗	王保钰	史学月刊	2期	1987
"七擒孟获"可能真有其事——兼与王保钰同志商榷	李廷贵 陆显禄	史学月刊	5期	1987
谈谈诸葛亮的南征	张绍荣	文史杂志	5期	1987
试论孟获的身份和族属	邵献书	中央民族学院学报	6期	1987
诸葛亮"五月渡泸，深入不毛"辨——兼论对孟获七擒七纵之不可信及传说失实之原因	罗荣泉	贵州文史丛刊	1期	1988
从诸葛亮南征四郡谈"不毛之地"	江玉祥	文史杂志	1期	1988
诸葛亮对"南中"宽缓和善的民族政策	侯绍庄 冷天放	贵州文史丛刊	3期	1989
诸葛亮治理南中初探	张连英	玉溪师范学院学报	6期	1989
蜀汉统治南中历史作用的再认识	汪福宝	安徽师范大学学报（人文）	3期	1990
诸葛亮是否到过大理	李宝鐄	大理师专学报（哲社）		1991
诸葛亮南征中的"不毛"之地是指哪里	涂东霞	文史杂志	6期	1991
"攻心"未必平定南中	李乔	楚雄师专学报（社科）	1期	1992
诸葛亮和云南的少数民族	周芳	思想战线	5期	1992
诸葛亮与"南中"	周玲	昭通师专学报	1期	1993

续表四六

篇、书名	著(译)编者	出处	卷、期	年月日
关于"七擒孟获"的史学研究——学术研究动态简介		遵义师专学报	1期	1994
孟获籍贯、族属考	羊枣	曲靖师专学报	1期	1994
诸葛亮"七擒七纵"孟获解析	刘耀辉	成都大学学报（社科）	3期	1994
诸葛亮为夷人作《图谱》略说	杨伟立	中华文化论坛	1期	1995
诸葛亮与南中少数民族	方素梅	民族团结	5期	1995
诸葛亮南征新考	陈本荣	贵州文史丛刊	1期	1997
三国时期孟获族属新论	杨正权	思想战线	2期	1997
诸葛亮和抚夷越，南北朝重归一统	金石	民族团结	5期	1997
诸葛亮南征行程及其它——对"诸葛亮与孟获"一文的商榷	李巧思	四川文物	1期	1999
话说馒头	曲文军	寻根	2期	1999
"七擒七纵孟获"一个不利于民族团结的虚假故事	吉克曲日	文史杂志	1期	2000
诸葛亮与南中开发	孙大英 李殿元	天府新论	6期	2000
关于诸葛亮南征的主战场	薛琳	云南社会科学	增刊	2001
诸葛亮"七擒孟获"说考辨	邓沛	军事历史	2期	2002
孔明山中孟获石	朱法智	文史天地	12期	2002
诸葛亮为夷人作图谱质疑	何永福	大理学院学报	4期	2004
蜀汉政权与南中民族	彭玲	"江淮地域与六朝历史"学术研讨会论文集		2004
诸葛亮出师六次路线考略	白眉初	地学杂志	18年4期	1930
诸葛亮六出祁山	纪庸	大中国图书局		1947
诸葛亮伐魏战史	李则芬	军事	33卷7期	1964
论诸葛亮之北伐策略	马智修	香港大学中文学会年刊（1965－1966）		1966
论诸葛亮出师	张大可	西北史地	4期	1984
诸葛亮北伐目的论析	李兴斌 温玉川	齐鲁学刊	3期	1995
"六出祁山"浅说	马鼎盛	历史知识	4期	1981
诸葛亮北伐析疑	陈克华	争鸣	2期	1982
论诸葛亮一出祁山之战	陈可畏	中国古代史论丛	3期	1982
诸葛亮首出祁山之役考述——兼论街亭的地理位置	吴洁生	社会科学（甘）	4期	1988

续表四七

篇、书名	著(译)编者	出处	卷、期	年月日
诸葛亮兴兵攻魏所走的褒斜栈道	郭荣章	汉中师院学校(哲社)	2期	1984
略论诸葛亮北伐失败原因	蔡耀武	广州师院学报(社科)	2期	1985
诸葛亮招孟达为外援的前前后后	杨伯明	社会科学	3期	1985
诸葛亮北伐是极其错误的决策	骆大宾	求索	4期	1986
诸葛亮北伐失败原因再探	臧振	宝鸡师范学院学报	1期	1986
论六出祁山与诸葛亮的心理	陈泽华	孝感师专学报(哲社)	2期	1986
从出土文物谈诸葛亮在汉中的军屯	郭清华	成都大学学报(社科)	3期	1986
诸葛亮北伐略析	简修炜 葛壮	历史教学问题	6期	1986
诸葛亮北伐"以攻为守"说质疑	施光明	宝鸡师院学报(哲社)	3期	1987
諸葛亮・北伐軍団の組織と編成について——蜀漢における軍府の発展形態	石井仁	東洋史論集	4集	1990
蜀国兵力与诸葛亮北伐用兵考	卢华语	北京师范学院学报(社科)	2期	1991
略论诸葛亮的北伐	任重	石油大学学报(社科)	4期	1991
论诸葛亮北伐的战略目的——兼及"奇谋为短"说	卢华语	史学月刊	5期	1991
诸葛亮出斜谷的行军之道	郭荣章	成都大学学报(社科)	2期	1992
评诸葛亮北伐的战略错误	岳玉玺	聊城师范学院学报(哲社)	4期	1992
诸葛亮"六出祁山"探踪	李星	汉中师院学报(哲社)	2期	1993
从诸葛亮北伐的战略思想看北伐失败的原因	杨荣新	天府新论	2期	1993
诸葛亮在汉中八年北伐	殷克勤	汉中师院学报(哲社)	2期	1994
诸葛亮北伐目的论析	李兴斌 温玉川	齐鲁学刊	3期	1995
诸葛亮北伐曹魏目的论析	李兴斌	史林	3期	1995
诸葛亮北伐的遗迹	龚学孺	地理知识	12期	1995
为诸葛亮北伐一辩	万代铭	文史天地	2期	1996
三国时代蜀魏在临洮的战争	苟鸿洲	甘肃社会科学	2期	1996
从北伐说诸葛亮将略之失	张华松	齐鲁学刊	1期	1997
诸葛亮伐魏不是"以攻为守"——兼论诸葛亮北伐的思想基础	田耕滋	汉中师范学院学报(哲社)	1期	1997
略论诸葛亮的战略失误	赵天瑞	辽宁教育学院学报	2期	1997
诸葛亮北伐新探	郑之洪	学术月刊	2期	1997

续表四八

篇、书名	著(译)编者	出处	卷、期	年月日
诸葛亮的北伐	郑世敏	中学历史教学参考	7期	1997
再论蜀汉政治中的北伐问题	赵昆生	重庆师院学报（哲社）	1期	1998
诸葛亮北伐失败的评价	韩隆福	湖南教育学院学报	3期	1998
从兵出祁山与兵出子午看诸葛亮的得与失	戴承元	中华文化论坛	4期	1998
蜀国兵力再考——兼与卢华语同志商榷	宋 薇 李 斌	首都师范大学学报（社科）	4期	1998
诸葛亮为何兵出祁山	李 冰	兰州学刊	1期	1999
"六出祁山"小考	高天佑	天水师专学报	2期	1999
也谈关于诸葛亮北伐的几个问题	何 静	黔西南民族师专学报	2期	2000
诸葛亮的五次北伐与后勤	过少雯	中国机关后勤	8期	2000
从军事上看诸葛亮北伐的失败	雷 震	安康师专学报	3期	2002
诸葛亮首次北伐新议	尹韵公	军事历史	3期	2003
诸葛亮与祁山历史遗迹考述	贾利民	天水师范学院学报	4期	2004
粮食困难是蜀军失利于街亭战役的重要因素	童力群	天水师范学院学报	1期	2005
诸葛亮北出五丈原取道城固小河口说质疑	李之勤	西北大学学报（哲社）	3期	1985
五丈原头话武侯——蜀汉渭南之役述论	李伯勋	成都大学学报（社科）	1期	1994
诸葛名垂五丈原	刘宏岐 王宗焕	风景名胜	4期	1994
五丈原上话诸葛	陈 崇	中国地名	3期	1996
评诸葛亮进驻五丈原	罗民介	新东方	1期	1997
诸葛亮进驻五丈原浅析	罗民介	军事历史	1期	1997
五丈原上祭诸葛	付 博	风景名胜	2期	1998
定军山与五丈原	郑 敏	烟台大学学报（哲社）	2期	2001
武侯"真墓"不真	陈显远	陕西师大学报	1期	1981
从诸葛亮之死的描述谈起	阿 君	当代文学研究丛刊	2期	1981
司马懿气死诸葛亮	肖 伍	文化与生活	6期	1983
出师未捷身先死——五丈原的诸葛亮庙	王西林	文化与生活	6期	1983
诸葛亮之死	吴天畏	成都大学学报（社科）	3期	1986
五丈原诸葛亮庙溯源	深福义	宝鸡师院学报	1期	1988

续表四九

篇、书名	著(译)编者	出处	卷、期	年月日
诸葛亮与中国武侯祠	郭清华 侯素柏	陕西旅游出版社		1993
诸葛武侯墓	陈显远	风景名胜	8期	1996
诸葛亮归葬汉中的心态透析	傅兴林	汉中师范学院学报（哲社）	1期	1997
论诸葛亮钟情汉中的人性真实	李锐	汉中师范学院学报（哲社）	1期	1997
五丈原上祭诸葛	付博	风景名胜	2期	1998
诸葛亮为何"遗令"葬在定军山	李绍先	文史杂志	5期	2000
诸葛亮祭祀所见魏晋隋唐制祀的变化	李文澜	魏晋南北朝隋唐史资料		2003
孔明食少事繁岂能久乎	朱久昀	石油政工研究	4期	2003
谈谈历史人物和艺术形象的诸葛亮	李希凡	光明日报		1960.7.3
诸葛亮——杰出的封建政治军事家的艺术形象	中文系《三国演义》评论组	中山大学学报	4期	1975
试谈诸葛亮形象的意义	赵庆元	安徽师大学报（哲社）	4期	1978
诸葛亮形象的创造方法	杜黎均	北京文艺	5期	1980
诸葛亮形象演变史论纲	陈翔华	古典文学论丛	5辑	1986
诸葛亮形象与中国古代贤人风范	徐保卫	盐城师专学报	3期	1987
军师、道化、神化：兼论诸葛亮	张强	淮阴师专学报	4期	1989
诸葛亮形象史研究	陈翔华	浙江古籍出版社		1990
谈诸葛亮服饰与道教影响	梁宗奎 李桂奎	临沂师专学报（社科）	4期	1991
关于诸葛亮形象的争议问题	秦彦士	四川师范大学学报（社科）	6期	1991
论诸葛亮形象的文化意义	王齐洲	荆州师专学报	4期	1992
诸葛亮形象史外部研究浅议	黄钧	湖南师大社会科学学报	6期	1993
诸葛亮文化现象浅论	张晓刚 刘霞	南都学坛（哲社）	4期	1994
诸葛亮服饰论考	谈梁笑	社会科学研究	5期	1994
诸葛亮现象成因论	李明山	河南大学学报（社科）	6期	1994
《三国志》《三国演义》与诸葛亮文化现象	于平	西南民族学院学报（哲社）	6期	1994
"羽扇纶巾"与诸葛亮何干	桑文彬	语文教学通讯	12期	1994
概论诸葛亮文化现象	谭良啸	中华文化论坛	1期	1995
儒道互补——诸葛亮智慧的文化特征	王群力	社会科学辑刊	5期	1995
虽识时务而未明大义——诸葛亮形象再认识	刘纪昌	河东学刊（社科）	2期	1998

续表五〇

篇、书名	著(译)编者	出处	卷、期	年月日
諸葛亮像の変遷	渡辺義浩	大東文化大学漢学会誌	37号	1998
论诸葛亮塑像的民间性、多样性及其原因	张应生	天水师专学报	3期	1999
诸葛亮道家形象探原	谭良啸	天府新论	5期	1999
南北融合与诸葛亮形象的演变	赵山林	华东师范大学学报（哲社）	2期	2000
"诸葛亮"式系列军师形象的文化意蕴	纪德君	山西师大学报（社科）	1期	2001
蜀道线上的诸葛亮文化	梁中效	成都大学学报（社科）	3期	2001
试论诸葛亮形象类型化现象	彭 智 周仁德	株洲师范高等专科学校学报	1期	2002
中世禅林における諸葛孔明像	長尾直茂	漢文学解釈与研究	6号	2003
インタビュー：諸葛孔明の虚像に迫る	酒見賢一	本の話	12卷10号	2004
诸葛亮文化形象的形成及其社会心理探析	李梅娟	临沂师范学院学报	5期	2005
诸葛亮形象的寻绎	冯文楼	江淮论坛	6期	2005
孔明八阵图考	霖 苍	新民报	1卷12期	1939.11
谈八阵图	金 易	"中央日报"		1959.3.9
四个八阵图	愚 溪	成都晚报		1961.11.22
漫话"八阵图"	张国康	光明日报		1962.6.16
再说八阵图	魏嗣久	成都晚报		1962.10.6
八阵图	长 弓	旅游天府	1期	1980
漫话八阵图	苟治平	成都日报		1980.4.17
孔明巧布八阵图	张国康	历史知识	1期	1980
白帝城八阵图遗址考	谭良啸	四川大学学报（哲社）	1期	1981
诸葛亮摆八阵图	徐廉明	四川日报		1982.1.30
关于诸葛亮的八阵图	李兆成	西南师院学报（哲社）	2期	1982
八阵小考	张震泽	辽宁大学学报	2期	1983
试论诸葛亮的八阵图	谭良啸	甘肃社会科学	5期	1983
八阵图在哪里	李思祯	社会科学研究	5期	1983
杨升庵与八阵图	张德全	文史杂志	5期	1988
罗秀书与《诸葛亮八阵图》刻石	薛凤飞	成都大学学报（社科）	1期	1989
诸葛亮八阵遗址真伪商榷	李伯勋	成都大学学报（社科）	2期	1992

续表五一

篇、书名	著(译)编者	出处	卷、期	年月日
诸葛亮八阵图及阵法试探	余大吉	中国史研究	3期	1994
川陕列石遗迹的年代及性质	孙华	四川文物	4期	1995
八阵图遗址	文郁	甘肃教育	10期	1996
再论诸葛亮的八阵图	谭良啸	天府新论	4期	1997
古代八阵渊流及诸葛亮八阵考略	李伯勋	成都大学学报（哲社）	2期	1998
诸葛亮的八阵图	田昭林	军事历史研究	2期	1999
诸葛亮八阵图探赜	宦书亮	南昌大学学报（人文）	1期	2003
诸葛亮鱼复八阵图考辨	宦书亮	重庆三峡学院学报	5期	2003
奉节鱼复浦上的八阵图与盐灶	刘卫国	盐业史研究	1期	2004
八阵演兵与白帝托孤	唐明邦	风景名胜	1期	2004
论诸葛亮的错误和失策	吴洁生	学术月刊	12期	1981
论诸葛亮的成败得失	谢求成	江海学刊	3期	1982
诸葛亮的悲剧	刘耀辉	成都大学学报（社科）	3期	1986
对诸葛亮德才功过论争的浅见	陈玉屏	天府新论	6期	1986
诸葛亮失败的教训	凌溪子	智囊与物元分析	3期	1987
诸葛亮的悲剧所在——兼与常崇宜、刘耀辉同志商榷	陈启智	成都大学学报（社科）	1期	1988
诸葛亮失败原因探	刘隆有	求是学刊	5期	1988
诸葛亮何以壮志未酬	冯立君	新长征	4期	1995
试论诸葛亮的历史功过	周毓华 彭陟焱	西藏民族学院学报	4期	1995
诸葛亮历史悲剧探因	李淑娴 王秉琴	固原师专学报（社科）	5期	1996
制胜必鉴——诸葛亮的成败得失	任远	西北大学出版社		1997
诸葛亮的悲剧	姜少勇	党员干部之友	3期	2001
诸葛亮的若干反面启思	张退之	西昌学院学报（自然）	3期	2002
"出师未捷身先死"——论诸葛亮悲剧成因	周远成	邯郸学院学报	2期	2003
诸葛亮扶汉无果探由	刘洁	四川文物	5期	2004
诸葛亮的悲剧	冷成金	有色金属再生与利用	8期	2004
诸葛亮及其后裔研究	包瑞田	新华出版社		1994
诸葛亮后裔	郭清华	陕西旅游出版社		1999
諸葛孔明の子孫たち	雛喉潤	名古屋自由学院短期大学研究紀要	33号	2001

续表五二

篇、书名	著(译)编者	出处	卷、期	年月日
咸承诸葛成规的蒋琬、费祎	梁玉文	成都大学学报（社科）	3期	1986
试论诸葛亮死后的蜀汉政权	陈前进	重庆师范大学学报（哲社）	3期	1988
诸葛亮的继任者——蒋琬	焦传斌	新湘评论	4期	1981
蜀汉名臣蒋琬墓	赵树中	四川文物	3期	1985
蒋琬故里考	王孝柏	零陵师专学报	2期	1988
		文献	2期	1992
蒋琬葬于绵阳考辨	何志国	四川文物	1期	1991
蒋琬	绵阳博物馆	编者刊		1991
蒋琬雅量今思	颜宪明	机电兵器政工	8期	1994
蒋琬的雅量	刘克敏	中州统战	8期	1996
蒋琬雅量		湖南政报	8期	1997
从蒋琬善待逆耳之言说开去	顾彭荣	前进论坛	7期	1998
"汉大司马蒋恭侯墓"与蜀汉名相蒋琬	张学君	四川文物	5期	2004
一位不可多得的蜀中英才：蒋琬论	王前程	郧阳师范高等专科学校学报	5期	2004
諸葛亮歿後の「集団指導体制」と蒋琬政権	満田剛	創価大学人文論集	17号	2005
费祎		信阳师范学院学报（哲社）	4期	1993
姜维九伐中原	纪庸	大中国图书局		1947
姜维的战术	相湘	"中央日报"		1950.7.9
关于"胆如斗大"	晁福林	学术研究	1期	1980
姜维与剑门关	肖明远 罗少先	旅游天府	2期	1982
羌族名将姜维与诸葛亮的"和戎"政策	黎尚诚	西北史地	1期	1983
试论姜维	谢继忠	天水师范学院学报	1期	1984
姜维简论	施光明	河南师范大学学报（哲社）	1期	1986
姜伯约"远志"、"当归"喻壮怀	刘隆有	贵州文史丛刊	2期	1986
重评蜀汉姜维北伐	叶哲明	兰州大学学报（社科）	1期	1987
说"胆量"	刘绍楹	瞭望周刊	2期	1991
蜀汉后期汉中军事防务及"敛兵聚谷"刍议——兼谈对姜维的评价	郭鹏	成都大学学报（社科）	3期	1992
姜维的招魂曲	李春	丝绸之路	1期	1994

续表五三

篇、书名	著(译)编者	出处	卷、期	年月日
姜维故里	李 春	丝绸之路	2期	1995
"当归"、"远志"说姜维	潘 锐	春秋	6期	1995
姜维入蜀与诸葛亮的攻守策略	施光明	魏晋南北朝史研究		1995
姜维论	黄晓阳	成都大学学报（社科）	1期	1997
姜维之死	王连辰	科技智囊	11期	1997
"立志功名而玩众黩旅"——论姜维的九伐中原	谌志华	培训与研究	4期	1998
主动开拓伐中原	史 简	乡镇企业科技	9期	1998
姜维"投戈放甲"降魏之地在三台	左 启	四川文物	4期	2003
姜维"投戈放甲"降魏之地考	左 启	文史杂志	4期	2003
姜维屯田避祸与伦理承担	龙卫球	社会科学论坛	3期	2005
论姜维的是非功过	王定璋	天府新论	3期	2005
姜维巧用中药表忠心	计光辅	家庭中医药	7期	2005
曹爽伐蜀之目的及其失败原因考析	王永平	许昌师专学报（社科）	3期	1999
邓艾之冤与昭雪	王贵文	辽宁大学学报（哲社）	3期	1987
剑阁邓艾墓真伪考	王兴志 杨仕甫	四川文物	4期	1988
趁敌不备捣成都	史 简	乡镇企业科技	5期	1998
文才武略评邓艾	李红艳	山东教育学院学报	6期	1998
邓艾灭蜀评述	王炳庆	泉州师范学院学报	3期	2001
谈蜀国灭亡的原因	尹韵公	文史哲	5期	1982
从人才观上看蜀汉之兴亡	钮海燕	山西大学学报（哲社）	1期	1985
论黄皓专政与覆国——兼论《三国志·蜀书》的疏略	杨伟立	天府新论	6期	1987
主客矛盾与蜀汉政权的失败	颜 勇	贵州文史丛刊	2期	1993
蜀汉破灭咎由谁负	赵敏如	百家论坛	2期	1994
从人口性比例失调看蜀汉政权之败亡——兼论刘备、诸葛亮为政之失	高凯等	郑州大学学报（哲社）	4期	1999
人才·发展·强盛——蜀汉灭亡原因初探	周庆义 孟肇咏	运城学院学报	4期	2000
蜀汉人士与蜀汉兴亡	张承宗 郑华兰	襄樊学院学报	3期	2002
人才盛衰与蜀国兴亡	孟繁冶	郑州大学学报（哲社）	5期	2004
论蜀汉灭国后其上层侨寓集团之解体分流	赖 萍 胡阿祥	魏晋南北朝史论文集		2004

（五）两晋南北朝

篇、书名	著(译)编者	出处	卷、期	年月日
试论西晋政权在平吴前的对蜀政策	刘伟航	十驾	4、5期	1982
		南充师院学报（哲社）	4期	1982
曹魏西晋统一方略的财政经济分析	周　红	中国社会经济史研究	3期	2002
试论魏晋时期的巴蜀士族	张晓莲	川东学刊	4期	1998
两晋、刘宋统治益、梁政策之异同	李文才	汉中师范学院学报（社科）	4期	2000
入晋之蜀汉人士命运的浮沉	王永平	史学月刊	2期	2003
元嘉时期的益州农民起义	杨伟立	历史知识	1期	1980
西晋末年荆湘地区流民起义的一些问题	龙显昭	南充师院学报（哲社）	2期	1982
西晋流民起义中的杜弢	龙显昭	中国史研究	3期	1982
晋代巴蜀地方に於ける諸変乱の性格について	中林史朗	大東文化大学中国学論集	4号	1982
杜弢の乱とその周辺	大澤陽典	立命館文学	439、441号	1982
论西晋末年长江中游地区的流民暴动	方亚光	学海	1期	1990
杜弢の乱始末——建軍府と巴蜀流民の動向	中林史朗	大東文化大学漢学会誌	29号	1990
杜弢与荆湘流民起义	杨伟立	中华文化论坛	3期	1997
论流民与两晋之际的政治格局	刘雅君	贵州文史丛刊	23期	2002
范长生与巴氏据蜀的关系	唐长孺	历史研究	4期	1954
		魏晋南北朝史论丛续编		1959
试论西晋末年李特、李流领导的流民暴动的性质	简修炜	史学月刊	12期	1964
五胡時代の豪族——巴蜀の豪族と成漢国	狩野直禎	歴史教育	14卷5号	1966
成汉的兴亡	黄繁光	史学汇刊	6期	1975
宁州大姓联合成汉反对晋王朝民族压迫的斗争（公元265至420年）		思想战线	4期	1976
试论李特起义和成汉政权	漆泽邦	西南师范学院学报（哲社）	2期	1979
论李特起兵及其所建政权的性质	杨伟立	西南师范学院学报（哲社）	2期	1980
论李特兄弟领导的武装斗争及成汉政权的性质	童　超	社会科学研究	2期	1980

续表一

篇、书名	著(译)编者	出处	卷、期	年月日
賨人建国史略	杨伟立	西南民族学院学报（哲社）	3期	1980
张骏与李雄间的四次通使	杨伟立	历史知识	5期	1980
李氏集団の展開とその性格	中林史朗	中嶋敏先生古稀記念論集（上）		1980
桓温以鼓吏误鸣进鼓获胜而灭蜀	甘孺	社会科学辑刊	1期	1981
关于大成国几个文件的质疑	骆驿	学术论坛	2期	1981
成汉史略	杨伟立	重庆出版社		1983
巴賨建国的宗教背景	刘九生	陕西师大学报（哲社）	1期	1986
晋代宁州之战	万揆一	云南师范大学学报（哲社）	2期	1987
范长生与巴氏据蜀关系再探	段玉明	云南师范大学学报（外教）	3期	1989
魏書・李雄伝雑考	船木勝馬	中央大学文学部紀要（史学科）	37号	1992
论李氏据蜀与南中的关系	姚乐野 段玉明	贵州民族研究	4期	2004
巴氏人的起源与成汉政权的建立	程刚	信阳农业高等专科学校学报	4期	2005
义熙伐蜀与晋末宋初政局	李文才	河北学刊	1期	2001
周・毛二氏と譙縦の乱	中林史朗	大東文化大学漢学会誌	30号	1991
《宋书・朱龄石传》勘误	陈金凤	中国史研究	1期	2002
西魏の四川進攻と梁の帝位闘争	前島佳孝	中央大学大学院研究年報文学研究科篇	29号	2000
萧纪治蜀二三题	李文才	浙江学刊	5期	2001
西魏蕭梁通交の成立——大統初年漢中をめぐる抗争の顛末	前島佳孝	中央大学アジア史研究——中央大学東洋史学専攻創設50周年記念アジア史論叢	26号	2002
魏孝明帝时期北南双方在益梁地区的争夺	张玲玲 李文才	大同职业技术学院学报	1期	2003
梁末陈初的南川酋豪	欧阳小桃	争鸣	2期	1992

（六）隋唐

篇、书名	著(译)编者	出处	卷、期	年月日
The Golden Age and the Dark Age in Hanchow, Szechwan: I, Fang Kung and the Golden Age	V. H. Donnithome	Journal of the West China Border Research Society	Vol. 6	1933–1934

续表一

篇、书名	著(译)编者	出处	卷、期	年月日
唐朝前期政治中的山南、剑南地区	任大熙 胡宝珍	河北学刊	2期	1992
唐代四川的区位优势	梁中效	成都大学学报（社科）	1期	2000
唐朝皇帝奔蜀再析	梁中效	唐史论丛	6辑	1995
唐朝皇帝与蜀道	梁中效	成都大学学报（社科）	4期	2003
四川——唐王朝的避难所	岱峻	四川政协报		2003.9.18
山南道在唐代政权安全体系中的战略地位	周尚兵	史学月刊	7期	2005
魏徵生地质疑	杨仕甫	四川文物	2期	1987
魏徵籍贯辨	卢华语	西南师范大学学报（哲社）	1期	1997
		文献	3期	1988
政惠蜀民的章仇兼琼	干树德	四川文物	4期	1995
章仇兼琼述论	刘范弟	长沙水电师院社会科学学报	4期	1995
严武行年考	陈冠明	杜甫研究学刊	2期	1996
敦煌写本讽谏今上破鲜于叔明令狐峘等请试僧尼及不许交易书考释	陈英英	敦煌吐鲁番文献研究论集		1982
Corruption unmasked yuan Chen's investigation in Szechwan	C. A. Peterson	Asia Major	Vol. XVIII, Part I	1973
关于元稹通州任内的几个问题	吴伟斌	贵州文史丛刊	1期	1987
元稹通州行踪考述——《元稹年谱》疏误举证	吴伟斌	海南大学学报（人文）	1期	2001
元稹在通州的作官与作诗	陈正平	四川教育学院学报	3期	1994
通州司马元稹	陈正平	川东学刊	3期	1996
元稹在通州	陈正平	唐都学刊	3期	1996
		中华文化论坛	1期	2003
元稹与通州	中国达川市元稹诗文研究会、达川市《元稹与通州》编委会	编者刊		1998
元稹迟抵通州原因初探	李厚琼 于军民	达县师范高等专科学校学报	1期	2004
元稹裴淑结婚时间地点新考订——兼与吴伟斌先生商榷	周相录	周口师范学院学报	3期	2005
白居易与忠州	中国人民政治协商会议忠县委员会	编者刊		1993

续表二

篇、书名	著(译)编者	出处	卷、期	年月日
白居易在忠州	袁代奎 陈仁德	四川省忠县史志协会白居易研究会		1994
从"闲适"走向"自适"——论江州时期与忠州时期白居易思想的发展变化	陈 忻	重庆师院学报（哲社）	4 期	2000
"自笑忆忠州"——白居易与三峡	孙善齐	中国三峡建设	10 期	2000
高适在四川	曾枣庄	四川大学学报（哲社）	1 期	1981
李德裕在西川	李德纲	编译馆馆刊	4 卷 1 期	1975
李德裕在四川	赵振铠 唐步云	历史知识	2 期	1981
试论李德裕在四川的边防战略与治绩	郑慧珍	南充师院学报（哲社）	2 期	1987
李德裕治蜀	李义让 贺锡玉	四川师范大学学报（社科）	4 期	1987
李德裕治蜀	房 锐	文史杂志	2 期	2001
李德裕在西川	房 锐	乐山师范学院学报	2 期	2001
从西川和浙西事件论元和政治格局的形成	陆 扬	唐研究	8 卷	2002
唐代剑南道军费刍议——以剑南西川为中心	贾志刚	魏晋南北朝隋唐史资料	19 辑	2002
越王楼征诗及唐代绵州刺史于兴宗小考	杨学是	绵阳师范学院学报	6 期	2005
唐末の土豪的在地勢力について——四川の韋君靖碑の場合	栗原益男	歴史学研究	243 号	1960
唐韋君靖碑の応管諸鎮寨節級について の一考察	日野開三郎	和田博士古稀記念東洋史論叢		1961
韦君靖名讳辨证	陈汝宽	四川文物	2 期	1991
大足《韦君靖碑》与韦君靖史事考辨	王家祐 徐学书	四川文物	5 期	2003
唐代後半期の四川——官僚支配と土豪層の出現を中心として	松井秀一	史学雑誌	73 卷 10 号	1964
唐代末年四川阡能的起义	臧 嵘	光明日报		1964.2.26
唐末阡能起义及对其遗迹的考察	胡昭曦	四川大学学报丛刊	5 辑	1980
唐代後半における社会變質の一考察	愛宕元	東方学報（京都）	42 号	1971
唐宋変革期における四川成都府路地域社会の変貌について	佐竹靖彦	東洋史研究	35 卷 2 号	1976
柳玭贬沪考——《通鉴》质疑一则	傅 义	古籍整理研究学刊	1 期	1987

（七）前蜀和后蜀

篇、书名	著(译)编者	出处	卷、期	年月日
五代における前蜀および後蜀の文化について	田中整治	北海道学芸大学紀要（社科）	14卷1号	1963
唐末五代小史（Ⅰ）（Ⅱ）——特に秦、成、階、鳳四州の争奪を中心として	田中整治	北海道学芸大学紀要（社科）	15卷1号	1964
			15卷2号	1964
五代兵灾中士人之逃亡与隐居	赵效宣	新亚书院学术年刊	5期	1963
前蜀后蜀史	杨伟立	四川省社会科学院出版社		1986
前后蜀之败亡	曾智中	文史杂志	4期	1986
略论前后蜀的国情和国运	王炎平	四川大学学报（哲社）	1期	1991
前后蜀时期南北战争中的粮道	彭起耀	成都大学学报（社科）	1期	1991
前后蜀历史与文化研究述略	王瑛	社会科学研究	6期	1992
前后蜀的历史与文化——前后蜀的历史与文化学术研讨会论文集	成都王建墓博物馆	巴蜀书社		1994
论前后蜀文化对后世的影响	王瑛	成都文物	3期	2005
王建与前蜀	唐光沛	历史知识	4期	1980
王建史料编年	钟大全	成都市王建墓文物保管所		1981
王建与前蜀的建立	唐光沛	成都文物	2期	1984
王建墓与王建其人	余德章	文物天地	4期	1984
王建是怎样走上割据道路的	罗开玉	四川师范学院学报（社科）	4期	1984
重用知识分子的王建	段吉泉	历史知识	2期	1985
王建在五代史上的地位	陈绍乾	天府新论	6期	1986
王建生平事迹考（上）	迟乃鹏	成都师专学报（综合）	3期	1990
王建生平事迹考（下）	迟乃鹏	成都师专学报（综合）	1期	1991
王建重才兴邦	高卫星	中州今古	4期	1994
前蜀王建青少年时代身世、德行考辨	徐学书	四川文物	3期	2000
论王建及其前蜀政权的历史地位	徐学书	四川文物	3期	2000
论前蜀的兴亡	莫锦江	四川大学学报（哲社）	4期	1983
王蜀政權成立の前提について	佐竹靖彦	東京大學東洋文化研究所紀要	99号	1986
王蜀政權小史	佐竹靖彦	都立大學人文學報	185号	1986
		日本中青年學者論中國史・宋元明清卷		1995

续表一

篇、书名	著（译）编者	出处	卷、期	年月日
五代における后蜀国の成立過程について	田中整治	北海道学芸大学紀要（社科）	14卷2号	1963
后唐对蜀战争浅析	曾国富	湛江师范学院学报（哲社）	1期	1999
孟知祥为什么能割据两川	曾国富	天府新论	3期	2000
略论后周的南征北伐	曾国富	湛江师范学院学报（哲社）	4期	2001
略论孟昶	武建国	历史教学	6期	1986
后蜀孟昶死因试探	张执让	成都大学学报（社科）	2期	1989
毁誉参半的亡国之君孟昶	王道敏	档案天地	3期	2002
国君丧志亡后蜀	吴樵子	党风与廉政	12期	2002

（八）宋元

篇、书名	著（译）编者	出处	卷、期	年月日
北宋对四川的经营	葛绍欧	台湾师范大学学报	27期	1982
		宋史研究集	16辑	1988
宋代四川における在地社会の形成と国家	佐藤明	歴史学研究	573号	1987
宋代川峡四路荒政特点浅析	王涯军 杨伟兵	贵州社会科学	6期	1998
由宋代强干弱枝国策说到四川的独特地位	王德毅	中华民国史专题论文集第五届讨论会		2000
北宋川峡四路的政治特殊性分析	余蔚 任海平	历史地理	17辑	2001
宋太祖讨伐蜀始末及检讨	献依	中华文化复兴月刊	16卷10期	1983
试论北宋初年四川地区的士兵暴动和农民起义	陈守忠	甘肃师大学报（哲社）	3期	1978
"王公"不是王全斌	吴伟鹏	华南师范大学学报（社科）	4期	1980
川峡地区反宋起义的原因	张执让	西南师范大学学报（人文）	4期	1984
宋初四川王小波李顺之乱（一失败之均产运动）	张荫麟	清华学报	12卷2期	1937
		张荫麟文集		1956
		宋史研究集	1辑	1958
关于宋初王小波李顺的起义	丁则良	历史教学	1卷1期	1951

续表一

篇、书名	著(译)编者	出处	卷、期	年月日
关于北宋初年王小波、李顺起义的几个问题	丁则良	中国农民起义论集		1954
北宋初年王小皤、李顺起义	杨威民等	新史学通讯	4期	1956
北宋初年王小波、李顺所领导的川陕农民起义	陈守忠	西北师范学院学报（人文）	1期	1957
王小波是哪里人	知渐	中学历史教学	9期	1957
关于宋代以王小波、李顺及张余等为首的农民起义的几个问题	蒋逸人	历史研究	5期	1958
		历代农民起义论丛（中）		1978
试谈王小波、李顺领导的农民起义	王瑞明	历史教学	3期	1960
宋代农民起义"均贫富等贵贱"的斗争	吉敦谕	天津日报		1962.8.8
王小波、李顺起义	杨威民 任树明	上海人民出版社		1964
王小波李顺の亂と唐宋変革期の性格	佐藤和弘	中國農民戰爭史研究	1号	1968
王小波、李顺の亂における反乱集団の構成	中村健寿	中國農民戰爭史研究	2号	1968
王小波、李顺の亂の性格——宋代四川の地主佃戶制との関連において	島居一康	東洋史研究	29卷1号	1970
历代劳动人民反孔斗争史实均贫富——王小坡、李顺起义的反孔口号		广西日报		1974.3.28
北宋王小波、李顺起义地点与初期进军路线的问题	王家祐	资料	2期	1974
《李顺》浅释		首都师范大学学报（社科）	2期	1974
从一件墓志看北宋王小波、李顺起义	秦中行	文物	12期	1974
宋代的茶禁与茶户、茶贩的反抗斗争	关履权	文哲史	2期	1978
王小波李顺起义考述	四川大学历史系"王小波李顺起义考述"编写组	四川人民出版社		1978

续表二

篇、书名	著(译)编者	出处	卷、期	年月日
王小波李顺起义资料汇编	四川大学历史系"王小波李顺起义"调查组	四川人民出版社		1978
北宋王小波李顺起义的几个问题	朱瑞熙	南开大学学报（哲社）	1期	1979
王小波、李顺里贯和起义发祥地考辨	周子云	南充师院学报（哲社）	2期	1979
王小波李顺起义为什么在川西地区发生	吴天墀	四川大学学报（哲社）	3期	1979
关于王小波李顺起义的几个问题	阎邦本	南充师院学报（哲社）	1期	1980
王小波、李顺起义的起因是"贩茶失职"吗	鲁阳	四川大学学报（哲社）	3期	1980
宋初川陕地区的茶法与"贩茶失职"	胡昭曦	四川大学学报（哲社）	3期	1980
宋初四川王小波・李顺の乱について——唐宋変革の一問題	丹喬二	東洋学報	61卷3、4号	1980
《老学庵笔记》中王小波"自言"的两个问题	杨继忠	西南师院学报（哲社）	3期	1981
论"等贵贱，均贫富"——宋代农民的政治经济思想	漆侠	中国史研究	1期	1982
"川峡"非"川陕"	顾吉辰	江淮论坛	1期	1982
首倡"均贫富"，义旗卷川峡——北宋王小波李顺起义	胡昭曦	文史知识	8期	1983
"等贵贱，均贫富"试释	王瑞明	华中师范大学学报（人文）	1期	1984
北宋王小波李顺起义提出的"均贫富"口号是否存在	顾吉辰	社会科学辑刊	2期	1985
李顺死事考略	罗大云	云南民族学院学报	4期	1987
"均贫富"口号毋庸置疑	张其凡	历史研究	4期	1989
试谈"均贫富"口号提出的社会背景	舒适	内蒙古电大学刊（哲社）	4期	1993
王小波于何时领导农民起义	大明	文史杂志	2期	1994
"均贫富"与封建政治经济结构——写在王小波、李顺起义1000周年	李世宇	贵州师范大学学报（社科）	4期	1994
李顺下落考析	孔令彬	江汉大学学报	5期	1994
李顺大蜀政权性质小议	邢铁	邢台师范高专学报	3期	1996

续表三

篇、书名	著(译)编者	出处	卷、期	年月日
谢涛家族研究	李俊清 上田信	晋阳学刊	6期	1998
田锡批评宋太宗事必躬亲	克炎	党政干部学刊	11期	1992
张咏治蜀事辑	吴天墀	史学季刊	1卷1期	1940
张咏与四川	毛一波	四川文献	150期	1975
治蜀名臣张咏	张其凡	西南师范大学学报（哲社）	3期	1988
欧阳修籍贯小议	魏峡	文史杂志	2期	1996
赵抃知江原	刘光全	四川地方志通讯	3期	1982
赵抃与四川	粟品孝	成都大学学报（社科）	1期	1994
"三旨相公"王珪	黄剑华	文史杂志	5期	1990
"三旨相公"漫议	刘隆有	党政论坛	1期	1992
莫做"三旨相公"	杜春亭	瞭望周刊	11期	1992
元祐蜀洛党争和苏轼的反道学斗争（上）	何满子	松辽学刊（社科）	2期	1984
"洛蜀黨議"と哲宗实錄——《宋史》党争记事初探	近藤一成	中国正史の基礎研究（早稻田大学東洋史研究會）		1984
论苏轼与理学之争	金诤	学术月刊	2期	1985
论洛蜀党争的性质和意义	王水照	河北师院学报（社科）	1期	1995
洛蜀党争辨析	诸葛忆兵	南京师大学报（社科）	4期	1996
苏轼策题之谤与洛蜀党争	萧庆伟	漳州师院学报	1期	1997
论洛蜀党争	程瑞钊	面向二十一世纪		1998
孔文仲与洛蜀党争	李春梅	宋代文化研究	11辑	2002
苏轼兄弟役法改革异同论	杨胜宽	四川师范大学学报（社科）	5期	2005
"水晶灯笼"孙道夫	官莱	历史知识	5期	1981
泸州江安县生南者	佐竹靖彦	刘子健博士颂寿纪念宋史研究论集		1989
刘光祖家世考	粟品孝	西华大学学报（哲社）	1期	2004
南宋时代重庆在国防上之地位	邓子琴	责善半月刊	2卷15期	1941

续表四

篇、书名	著(译)编者	出处	卷、期	年月日
南宋时四川特殊化之分析	林天蔚	东方文化	1、2号	1980
		宋史研究集	16辑	1986
试论南宋时期四川的战略地位	关文发	西南师范学院学报（哲社）	1期	1982
南宋初年的宋金陕西之战	华山	历史教学	6期	1955
南宋初年主战派经营陕西述论	黄正林	西北史地	4期	1998
宋金川陕之战述论	王云裳 邵洪兴	黑龙江社会科学	5期	1999
南宋高宗朝的川陕军粮问题	史继刚	西南师范大学学报（社科）	2期	1999
南宋の四川における張浚と吳玠——その勢力交替の過程を中心として	伊原弘	史林	44卷1号	1961
南宋の再造と都督張浚	加藤繁	史学雜誌	54編2号	1943
南宋建国期の武将勢力に就いての一考察——特に張、韓、劉、岳の四武将を中心として	山内正博	東洋学報	38卷3期	1955
張浚の富平出兵策——武将対策の一環として觀たる	山内正博	東洋史研究	19卷1号	1960
南宋抗金英雄——张浚	元祐	成都晚报		1963.2.7
谈张浚	王应祺	许昌师专学报	1期	1982
张俊与张浚	孙海清	读书	9期	1983
张浚事迹述评	杨德泉	宋史研究论文集		1984
宋史《张浚传》质疑	杨德泉	文史集林	4期	1985
对《张浚事迹述评》的几点商榷	阎邦本	四川师范学院学报（哲社）	2期	1989
对《张浚事迹述评》的几点商榷之二	阎邦本	四川师范学院学报（哲社）	5期	1992
张浚和他的母亲	周蜀蓉	文史杂志	2期	1989
关于张浚的评价问题	魏隽如	历史教学	12期	1990
张浚新论	王德忠	东北大学报（哲社）	3期	1992
再论张浚——兼答阎邦本同志	杨德泉	岳飞研究	4辑	1996
读《再论张浚——兼答阎邦本同志》	阎邦本	四川师范学院学报（哲社）	1期	1998

续表五

篇、书名	著(译)编者	出处	卷、期	年月日
试论南宋孝宗朝初年与金人的和战——兼论对张浚和史浩的评价	何忠礼	浙江学刊	6期	1998
张浚在永州	张绪伯	风景名胜	10期	1998
张浚与川陕的经略（1129－1133）——《南宋偏安局面的形成》研究之二	蔡哲修	大陆杂志	99卷1期	1999
宋金富平之战	王曾瑜	中州学刊	1期	1983
南宋初宋金陕西"富平之战"述论	吴 泰	西南师范大学学报（人文）	3期	1983
张浚与富平之战	刘树友	渭南师专学报（社科）	3期	1993
"符离之战"述评	吴世骏	南充师院学报（哲社）	2期	1987
和尚原和仙人关之战述评	王曾瑜	西南师范大学学报（人文）	2期	1983
抗金英雄——吴玠、吴璘	罗介刚	甘肃日报		1961.7.12
吴玠、吴璘抗金史迹述评	李 蔚	兰州大学学报（人文）	2期	1963
关于吴玠、吴璘抗金史迹	余光明	光明日报		1963.12.30
南宋四川における吴氏の势力——吴曦の乱前史	伊原弘	青山博士古稀记念宋史论叢		1974
西北抗金双杰——吴玠和吴璘	肖 化	西北师大学报（社科）	4期	1983
力战抗金确保巴蜀的英雄——吴玠吴璘	周恩棠 郝玉屏	甘肃社会科学	4期	1983
吴氏武将势力的成立与发展	陈宗秀	台北师专学报	11期	1984
吴氏武将对四川之统治及南宋的对策	陈宗秀	台北师专学报	12期	1985
吴玠吴璘家族考	杨倩描	河北学刊	2期	1990
吴氏世将与南宋政治	王智勇	中国史研究	4期	1996
过大散关——吊吴玠吴璘二将军	史钧生	宝鸡社会科学	5、6期	1996
吴家将：吴玠吴璘吴挺吴曦合传	杨倩描	河北大学出版社		1996
杨倩描同志《吴家将：吴玠吴璘吴挺吴曦合传》序	漆 侠	河北大学学报（哲社）	3期	1997
陇上名将两兄弟——吴玠、吴璘	赵梅春	文史知识	7期	1997
吴玠吴璘研究资料选编	柳 林	甘肃人民出版社		1997

续表六

篇、书名	著(译)编者	出处	卷、期	年月日
中华书局本《宋史·吴玠吴璘传》正误二则	王智勇	宋代文化研究	7辑	1998
论吴氏抗金在南宋军事史上的地位	舒仁辉 陈仰光	杭州师范学院学报（社科）	3期	2002
论宋、金德顺军之战	王智勇	四川大学学报（哲社）	4期	2003
吴玠与岳飞	刘大有	社会科学（甘肃）	4期	1981
浅论吴玠在川陕的抗金斗争	廖 青	南充师院学报（哲社）	1期	1986
吴玠死因辩证	陶喻之	汉中师范学院学报（社科）	3期	2000
也谈吴玠死因	顾吉辰	汉中师范学院学报（社科）	3期	2001
吴璘抗金事迹述评	王智勇	宋代文化研究	4辑	1994
"吴曦之乱"析论	杨倩描	浙江学刊	5期	1990
吴曦叛宋原因何在	张邦炜	天府新论	5期	1992
论吴曦之叛	王智勇	宋代文化研究	5辑	1995
吴曦叛宋降金的原因及其影响	鲜乔蓥	成都师专学报	1期	2001
吴曦叛宋探因	王继东	商丘师范学院学报	1期	2005
南宋四川における吴曦の乱後の政治動向	伊原弘	紀要（中央大学文学部）	25号	1980
南宋四川抗金名将安丙生祠碑考	陈显远	成都大学学报（社科）	4期	1991
安公生祠碑考	陈显远	西北史地	1期	1996
甘肃徽县仙人关安丙生祠碑考述	蔡东洲	四川文物	1期	1998
南宋安丙有关石刻索隐	陶喻之	四川文物	3期	1998
"茗山纪功之碑"考论	杨 杰	四川师范学院学报（哲社）	6期	1998
安丙遗迹考述	蔡东洲	四川师范学院学报（哲社）	4期	1999
安丙述评	刘 敏	中华文化论坛	1期	2001
安丙及其家族成员考略	唐云梅	中国历史文物	6期	2002
安丙家族考论	蔡东洲	文献	4期	2004
安丙研究	蔡东洲 胡 宁	巴蜀书社		2004
论南宋中期四川的官员安丙	朱瑞熙	暨南史学	4辑	2005

续表七

篇、书名	著（译）编者	出处	卷、期	年月日
敢忤秦桧的"小东坡"	江初	历史知识	3期	1981
南宋状元赵逵籍贯考辨	赵宗文	四川文物	2期	1994
略论南宋状元许奕	徐才安	南充师院学院学报（哲社）	5期	1987
宋杨栋不是眉州青城人	阎邦本	四川师范学院学报（哲社）	4期	1990
南宋优遇川籍进士初探	柯江明 吴龙财	人文及社会学科教学通讯	14卷5期	2004
范成大治蜀述论	张邦伟 陈盈洁	四川师范学院学报（社会）	5期	2004
宋四川安抚制置副使知重庆府彭大雅事辑	张政烺	国学季刊	6卷4期	1946
宋故四川安抚制置副使知重庆府彭忠烈公事辑	张皖峰	宋史研究集	5辑	1970
丁黼与成都失陷	陈世松	历史知识	4期	1980
《宋史·丁黼传》补正	陈世松	文史	13辑	1982
蜀皖流芳话丁黼	陈世松	安徽史学	4期	1985
蒙军"假道灭金"研究四题	蔡东洲	四川师范学院学报（哲社）	2期	1989
孟珙与四川	黄宽重	思与言	28卷2期	1980
		南宋军政与文献探索		1990
陇上名将两兄弟——吴玠、吴璘		文史知识	7期	1997
钓鱼城卫国战争的民族英雄——余玠、王坚、张珏	吕小品 艾小惠	新史学通讯	12期	1955
南宋名将——余玠	陈世松	四川日报		1962.12.7
宋余玠设防山城与保蜀八柱考略	刘凤翰	思想与时代	127期	1965
余玠评传	姚从吾	庆祝李济先生七十岁论文集		1967
		宋史研究集	4辑	1969
宋末捍卫四川的余玠	胡秋原	湖北文献	5期	1967
余玠治蜀刍论	胡汉生 骆兆伦	西南师范学院学报（哲社）	1期	1981
余玠轶事	陈世松	历史知识	1期	1982
余玠传	陈世松	重庆出版社		1982

续表八

篇、书名	著(译)编者	出处	卷、期	年月日
余玠北伐汉中之役	李天鸣	中华文化复兴月刊	17卷10期	1984
"以人心为金汤，以人才为武库"——谈南宋余玠经略四蜀的战争指导	孔令铜	军事历史	6期	1987
论余玠	吴敛弉	贵阳师专学报（社科）	1期	1989
张珏钓鱼城抗战大事纪要（1263—1280）		凤县文史资料	6辑	1985
张珏在钓鱼城保卫战中的贡献	胡汉生	凤县文史资料	6辑	1985
张珏坚守重庆情形	女子琴	凤县文史资料	6辑	1985
张珏抗元事迹考	骆兆伦	重庆地方志资料	2期	1986
南宋利用山水寨的防守战略	陶晋生	食货	复7卷1、2期	1977
四川宋末抗元山城遗址概述	陈志学 杨荣新	文史杂志	1期	1990
山城防御——以南宋、高丽抗御蒙古的经验为例	黄宽重	中国史研究	1期	1993
		韩国学报	12期	1993
宋元战争中四川的宋军山城及其现状	薛玉树	四川文物	1期	1993
略论南宋时期四川抗蒙山城防御体系	何平立	军事历史研究	1期	1996
宋元战争中川东北山城遗址考	马幸辛	四川文物	3期	1998
南宋四川山地城市防御设施研究	邓琳 郭剑锋	规划师	3期	2004
宋元合州钓鱼城之争夺战	陈刚	新四川	1卷5期	1939
钓鱼城	张天授	旅行杂志	14卷5期	1940
钓鱼城抗元事迹简述	张清海	说文月刊	3卷7期	1942
元の憲宗について	駒井義明	史学雜誌	53編7号	1942
钓鱼城抚今追昔录	方豪	东方杂志	40卷13号	1944
钓鱼城史迹钞	郑知乐	合川日报		1944.6.14—6.16
宋人抗元的奇迹（上）（下）——"钓鱼城之围"	黄介瑞	建设	3卷8、9期	1955

续表九

篇、书名	著(译)编者	出处	卷、期	年月日
钓鱼城抗元事迹简述	张靖海	历史教学	6期	1955
钓鱼城的抗元战争	明生颖	八·一	111期	1956
钓鱼城保卫战	钱云南	"中央日报"		1958.1.2
宋蒙钓鱼城战役中熊耳夫人家世及王立与合州获得保全考	姚从吾	"中研院"史语所集刊	29本下册	1958
		宋史研究集	2辑	1964
钓鱼城史实考察	西南师范学院历史系	四川人民出版社		1961
钓鱼城	雷履平	成都晚报		1961.4.8
钓鱼城抗元史话	丁禹孝 李正谊	手稿本		
钓鱼城史实考察	西南师范学院历史系	四川人民出版社		1962
元宪宗的大举征蜀与他在合州钓鱼城的战死	姚从吾	台湾大学文史哲学报	14期	1965
宋、元钓鱼城之战	夏亦穆	陆军学术月刊	135期	1976
宋合州守城始末及传奇故事的破惑	李则芬	文史杂考		1979
合川钓鱼城——文史资料汇编（一）	唐唯目	合川县图书馆		1979
合川钓鱼城——文史资料汇编（二）	唐唯目	合川县图书馆		1979
合川钓鱼城——文史资料汇编（三）	唐唯目	合川县图书馆		1980
钓鱼城	唐唯目	历史知识	1期	1980
王坚"收复兴元"说质疑	陈世松	西南师范学院学报（哲社）	4期	1980
孤城古寺钓中原	唐文光	旅游天府	4期	1981
光荣的传统，英雄的人民	胡昭曦	合川报		1981.10.21
钓鱼山上发现新的历史资料	唐唯目	合川报		1981.10.21
蒙哥死地的探讨	许可	重庆日报（星期天增刊）		1981.11.5
钓鱼城之战浅论	吴如嵩 傅宗文	厦门大学学报（哲社）	2期	1982
"上帝折鞭处"——访钓鱼城	李德森	瞭望	8期	1982
"千秋尚浩然"的钓鱼城	李德森	瞭望	8期	1982
钓鱼城历史学术讨论会论文资料集	西南师范学院历史系、合川县历史学会	编者刊		1982
宋合州守城始末	李则芬	战史论集		1983
钓鱼城志	唐唯目	重庆出版社		1983

续表一○

篇、书名	著(译)编者	出处	卷、期	年月日
王坚史迹考	王以成	著者刊		1983
宋代的钓鱼城	冯学敏	旅游	2期	1984
写在上帝折鞭处	杨永年	旅游天府	6期	1985
钓鱼城揽胜	唐唯目	重庆地方志资料	2期	1986
钓鱼城——独钓中原三十六年	张心阳	解放军报		1986.1.19
也谈蒙哥的死地	苟国梁	重庆地方志	5期	1987
张森楷的《宋史》校勘与王坚补传	唐唯目	西南师范大学学报（社科）	2期	1988
蒙哥汗死因新探	李天鸣	故宫学术季刊	7卷2期	1989
古战场——钓鱼城	闻三思	军事历史	3期	1989
钓鱼城古战场遗址	唐唯目	四川文物	6期	1989
劉整の叛亂	衣川强	劉子健博士頌寿記念宋史研究論集		1989
南宋古战场"钓鱼城"	唐唯目	成都大学学报（社科）	2期	1990
关系宋季政权存亡的钓鱼城与厓门寨战役	傅宗文	天府新论	2期	1991
贵州历史上的城建大师冉琎、冉璞	李云飞	贵州文史丛刊	2期	1991
土家族抗元英雄冉琎、冉璞	李泽民 李泽君	贵州文史丛刊	2期	1991
上帝鞭折钓鱼城	王群生	重庆出版社		1991
钓鱼城与南宋后期历史——中国钓鱼城暨南宋后期历史国际学术讨论会文集	刘道平	重庆出版社		1991
钓鱼城之战浅析	胡晏	江苏教育学院学报	4期	1992
钓鱼城与南宋政权	贾大泉	中华文化论坛	2期	1994
论钓鱼城在蒙宋对抗战争中的几个问题	王中格	川东学刊	4期	1994
钓鱼城中最早肯定王立、熊耳夫人的无名石刻诗文考证	秦文玉	史志文汇	4期	1994
蜀中军事古战场——"钓鱼城"	罗明均	西南民兵	7期	1996
播州二冉与钓鱼城	牟应杭	文史天地	1期	1998
钓鱼城访古	王大方	丝绸之路	2期	1999
古战场钓鱼城	李科治	地球	2期	2000
千古凛然钓鱼城	池开智	前进论坛	5期	2000
合川钓鱼城揽古	赵世富	四川统一战线	4期	2001

续表一一

篇、书名	著(译)编者	出处	卷、期	年月日
古钓鱼城	刘基灿	天地出版社		2001
合州·钓鱼城	王爵英	四川人民出版社		2001
千古钓鱼城	葛剑雄	文史知识	1期	2002
溯古论今钓鱼城	肖晓丽 褚冬竹	小城镇建设	2期	2002
南宋抗蒙（元）战争中的播州少数民族	王兴骥	贵州文史丛刊	4期	2002
浅析合川钓鱼城的历史文化遗产价值	刘涛 李嘉林	四川建筑	5期	2004
钓鱼城：战争与女人的故事	吴怀连	百科知识	7期	2004
众说纷纭评王立	殷殷	戏剧之家	5期	2005
改写了世界历史的贵州人——介绍冉琎、冉璞兄弟和他们建造的重庆合川钓鱼城	卜宗学	文史天地	6期	2005
"上帝鞭折钓鱼城"考辨	蓝锡麟	重庆社会科学	12期	2005
抗元名城"老泸州"	孟辉 家纯	中国青年报		1981.5.31
抗元历史名城——"老泸州"初考	合江县志编辑领导小组办公室	四川地方志通讯	2期	1982
青居古城	王积厚	南充日报		1980.3.30
古大获城	魏育才	南充日报		1980.4.27
大获城遗址	王峻峰	四川文物	4期	1989
四川抗元名城之一——富顺虎头城	胡昭曦	富顺报		1981.11.8
多功城	艾天泽	四川地方志通讯	2期	1982
龙岩城	董晏明	重庆日报		1983.7.3
南川抗元名城龙岩城	张钦伟	四川文物	4期	1996
南宋云顶山石城遗址	胡昭曦	成都文物	1期	1984
云顶山古城门	苟治平	成都文物	1期	1984
云顶山又发现南宋故城门	苟治平	成都文物	2期	1986
金堂宋末云顶山城遗址再探	邹重华	四川文物	5期	1988
遗留在川西的唯一宋蒙战争遗址云顶城	薛玉树	成都大学学报（社科）	1期	1990
古城寻迹	何承朴	成都文物	1期	1984
广安县宋末大良城遗址考察	胡昭曦	四川文物	1期	1985

续表一二

篇、书名	著(译)编者	出处	卷、期	年月日
宜宾地区境内的三座抗元山城遗址	丁天锡	四川文物	2期	1985
南宋抗元遗址——剑门苦竹寨	何兴明	四川文物	3期	1985
宋元之际的泸州	陈世松等	重庆出版社		1985
南宋运山古城遗址	陈言昌	四川文物	4期	1989
南充青居山在宋蒙战争中的地位和作用	王积厚	四川文物	1期	1990
平昌发现南宋小宁城遗址	马幸辛	四川文物	3期	1990
南宋神臂城遗址	王庭福 罗萍	四川文物	1期	1993
云阳磐石城初考	潘友茂	四川文物	1期	1993
宋末万州天生城抗元保卫战	腾新才	四川文物	1期	1993
通江得汉城宋元以来的战略地位	岳钊林	四川文物	4期	1997
乐山宋代抗元山城三龟九顶城初探	唐长寿	四川文物	2期	1999
南宋抗元遗址淳祐故城	龙鹰 王积厚	四川文物	2期	2003
反映南宋末年四川军民抗元斗争的几件历史文物	胡昭曦	四川大学学报(哲社)	4期	1981
略论南宋末年四川军民抗击蒙古贵族的斗争	胡昭曦	宋史研究论文集		1982
试论蒙古取蜀时间长达半个世纪的原因	陈世松	学术文集		1983
宋末四川战争史料选编	胡昭曦 唐唯目	四川人民出版社		1984
蒙古定蜀史稿	陈世松	四川省社会科学院出版社		1985
兀良合台自滇入蜀事迹考述	陈世松	社会科学研究	2期	1985
重庆在南宋抗蒙(元)斗争中的战略地位	黎邦正	西南师范大学学报(哲社)	3期	1990
论支持宋末重庆三峡区域长期抗蒙之诸因素	李廷勇	西南师范大学学报(社科)	3期	1999
元政府统治西部地区政策述略	万振新 管龙陵	兰州大学学报(社科)	1期	2005

（九）大夏政权

篇、书名	著(译)编者	出处	卷、期	年月日
攘夷兴夏之明玉珍	李寰	四川文献	65期	1968
论元末红巾军将领明玉珍的历史地位	胡昭曦	四川大学学报（哲社）	4期	1977
试论明玉珍在重庆建立的大夏政权	黎邦正	西南师范学院学报（哲社）	4期	1979
明玉珍在重庆建都立国	庄燕和	重庆日报		1982.5.11
元末红巾军的政权建设——夏政权	邱树森	元史论丛	1辑	1982
再论农民领袖明玉珍	黎邦正	西南师范大学学报（人文）	1期	1983
明玉珍建立大夏政权始末	董其祥	重庆师范学院学报（哲社）	2期	1983
对明玉珍生平几个重要时间的订正	刘孔伏	四川师院学报（社科）	3期	1983
明玉珍的"远略"问题试析	张翼之	华中师范大学学报（人文）	4期	1983
明玉珍生年考订	刘孔伏	中国史研究	4期	1983
明玉珍与大夏国	黎邦正	四川人民出版社		1985
明氏大同谱	韩国"明氏大宗会"	编者刊（第7次编修）		1986
明玉珍大夏政权与鄂西关系探索	邓辉	四川文物	2期	1987
元末大夏政权述评	刘孔伏 潘良炽	社会科学战线	3期	1989
明玉珍入据四川经过考辨	刘孔伏	四川教育学院学报	2期	1991
夏帝明玉珍故里初考	程卫国	荆楚文史	2期	1994
明玉珍反暴政略论	张善熙	巴蜀史志	3期	1995
韩国《明氏大同谱》	程卫国	寻根	4期	1997
明玉珍其人其事及其后代	张光明	重庆与世界	2期	1999
明氏始祖大夏太祖明玉珍皇帝史迹	韩国"明氏大宗会"	编者刊		1999
明玉珍及其大夏国本末（上）（下）	腾新才	三峡学刊	4、5期	2000
明玉珍入据四川经过考辨	刘孔伏 潘良炽	刚直斋史学论稿		2001
朱元璋、刘基赋所见之明夏战争	滕新才	重庆三峡学院学报	4期	2005

（十）明清

篇、书名	著（译）编者	出处	卷、期	年月日
明实录类纂：四川史料卷	李国祥 杨昶	武汉出版社		1993
朱元璋平蜀浅析	郑家福	西南师范大学学报（社科）	4期	1986
蓝玉党案と蜀王朱椿	川越泰博	中国史学	14卷	2004
建文遗迹与建文帝	张光明	重庆日报		1980.5.11
		四川日报		1981.7.21
建文帝是否遁迹巴县	刘昌湘	文史杂志	1期	1992
建文遗迹在渝州	赵长庚	规划师	2期	1994
建文帝是否隐居重庆	魏仲云	重庆日报		1997.12.15
卓氏宗谱中有关建文帝削发为僧的记载	卓礼江 杨倩	文史杂志	1期	1998
地方志是建文帝出亡的历史见证	管维良	重庆师院学报（哲社）	2期	2001
明正德年间几次农民起义的经过和特点	赵俪生	文史哲	12期	1954
明正德年间四川大宁灶夫领导的起义	唐光沛	井盐史通讯	1期	1979
邹智	骆兆伦	西南师范学院学报（哲社）		1期
青年海瑞——邹智事略	唐唯目	重庆地方志	3期	1988
李实的人格美	何旭光	川北教育学院学报	2期	1991
李实学术研讨会文集	遂宁市文化局	语文出版社		1996
明代蜀道沿线文化复兴述论	梁中效	成都大学学报（社科）	2期	1998
明代巴县暴吏王应熊	余云华	重庆晚报		1999.3.26
明蜀王和明蜀王陵	薛登 方全明	四川文物	5期	2000
明代蜀中名将何卿履历检校	薛登	成都文物	2期	2004
论明代南充"二陈"在政治上缘何得势不得志	王小蓉	西华师范大学学报（哲社）	5期	2005
明末清初之四川	顾颉刚 黎光明	东方杂志	31卷1号	1934
农民起义军在川鄂地区的联明抗清斗争	李光璧	中国农民起义论文集		1954
清初内地人民抗清斗争的性质问题	商鸿逵	中华文史论丛	1辑	1980

续表一

篇、书名	著(译)编者	出处	卷、期	年月日
明末农民起义军初期入川作战问题探讨	田 尚	社会科学研究	6 期	1983
明末四川经济与农民起义	王 纲	天府新论	2 期	1985
泸县发现"熊文灿故里"石刻和"熊氏族谱"	冯天林 肖培林	四川文物	1 期	1988
熊文灿籍贯考述	赵永康	四川师范大学学报（社科）	1 期	1995
		贵州文史丛刊	3 期	1995
关于张献忠的材料	于 飞	民俗	90 期	1929
张献忠屠川考略	萧远雄	师大月刊	18 期	1935
The Golden Age and the Dark Age in Szechwan：Ⅱ Chang Hsien Chung and the Dark Age	V. H. Donnithorne	Journal of the West China Border Research Society	Vol. 10	
造成张献忠乱蜀的政治环境	王 璞	唯民周刊	11 期	1946
张献忠在蜀二三事	王 璞	人物杂志	2 卷 2 期	1947
张献忠其人其事	韩 燽	反攻	98 期	1953
农民起义与张献忠	谢国桢	历史教学	3 卷 2 期	1952
张献忠史事	李光涛	"中研院"史语所集刊	25 本	1954
Overtiones of religion and supersition in The rebellion of Chang Hsien-Chung	J. B. Parsons	Sinologica	Vol. Ⅳ, nos. 3	1956
The Culmination of a Chinese peasant Rebel Lion：Chang Hsien-chung in Szechwan，1644－46	J. B. Parsons	The Journal of Asian Satudies	Vol. ⅩⅥ, nos. 3	1957
张献忠在蜀事迹考察	孙次舟	历史研究	1 期	1957
关于张献忠"屠僇生民"的辨证	陈登原	西北大学学报（人文）	3 期	1957
反证与真相——从关于张献忠的史料谈起	江 流	北京日报		1961.11.2, 1961.11.4
张献忠不杀人辨	陈 波	人民日报		1962.5.10
关于张献忠杀人问题的探讨	袁庭栋	四川大学学报（社科）	1 期	1963
《流寇志》与《平寇志》	谢伏琛 方福仁	学术研究	3 期	1963
张献忠	袁定基	中华书局		1963
张献忠的藏金	庄 练	"中央日报"		1965.9.2

续表二

篇、书名	著(译)编者	出处	卷、期	年月日
张献忠农民起义军对宋明理学的批判——兼驳"张献忠剿四川"的反动谬论	汪世华等	资料	1期	1975
没有正确路线基础上的团结便没有革命的胜利——大西农民军失败的一条历史教训	邹启宇	思想战线	4期	1975
张献忠摔皇冠的启示	王 劲	四川师范学院学报	2期	1975
论大西政权中的投降派刘进忠	重庆市印刷二厂工人理论组等	四川师院学报（社科）	2期	1976
张献忠传注释	北京汽车制造厂工人理论组	中华书局		1977
有关张献忠起义的新见史料——介绍《五马先生纪年》	胡昭曦	四川图书馆学报	创刊号	1979
"锦江埋银"质疑	沈仲常	社会科学研究	4期	1979
张献忠"屠蜀"考辨	孙祚民	社会科学研究	4期	1979
"张献忠屠蜀"与"湖广填四川"	胡昭曦	中国农民战争史研究集刊	1辑	1979
张献忠攻占重庆	田 禾	重庆日报		1979.2.25
张献忠牺牲的地点	王 纲	社会科学研究	1期	1980
对张献忠"杀戮士子"的探讨——兼与孙祚民同志商榷	杨济堃	南充师院学院（哲社）	2期	1980
关于张献忠降明问题	傅玉璋	文史哲	2期	1980
大西农民军抗清斗争事迹	王 纲	西南师院学报（哲社）	2期	1980
汪兆龄与大西国的失败	王 茂	江淮论坛	2期	1980
浅谈张献忠	黎邦正	西南师范学院学报（哲社）	4期	1980
张献忠对待西洋科学技术的态度	戴执礼	重庆师范学院学报（哲社）	4期	1980
张献忠入川作战不是两次而是五次	王 纲	重庆师范学院学报（哲社）	4期	1980
张献忠屠蜀考辨——兼析湖广填四川	胡昭曦	四川人民出版社		1980
清代档案史料丛编　第六辑	中国第一历史档案馆	中华书局		1980
关于张献忠农民起义的流寇主义问题	袁庭栋	四川师院学报（社科）	1期	1981
论张献忠农民起义在历史上的作用	王 纲	南充师院学报（哲社）	3期	1981
大西农民军五次攻克重庆始末	王 纲	重庆地方史资料组		1981
张献忠在四川	《社会科学研究丛刊》编辑部	编者刊		1981
张献忠传论	袁庭栋	四川人民出版社		1981

续表三

篇、书名	著(译)编者	出处	卷、期	年月日
大西政权建立日期小议	杨济堃	南充师院学报（哲社）	1期	1982
张献忠名号、籍贯和年龄小考	王纲	社会科学研究	4期	1982
张献忠与《孙子兵法》	孙祚民	中国农民战争问题论丛（下）		1982
再谈张献忠入川作战次数问题——答田尚同志	王纲	社会科学研究	2期	1984
"张献忠在四川"研究动向（摘要）	今凑良信（高岩）	社会科学研究	5期	1984
张献忠	朱绍侯	中外历史名人传略		1984
张献忠究竟在何处殉难	李仲华	四川日报		1985.11.30
张献忠事迹与作用述略	李殿元	成都师专学报（文科）	2期	1986
张献忠轶闻	李祖桓	文史杂志	2期	1986
张献忠之死	刘德鸿	延安大学学报（社科）	4期	1986
张献忠	李长弓	中国古代著名军事家评传（下）		1986
张献忠	任乃强	陕西人民出版社		1986
张献忠殉难西充凤凰山	李仲华	文史杂志	4期	1987
		绵阳师专学报（人文）	1期	1988
		新时代论坛	2期	1988
张献忠智取重庆府	黄德燧	重庆晚报		1987.6.30
张献忠架炮击天	魏仲云	重庆晚报		1987.7.28
张献忠大西军史	王纲	湖南人民出版社		1987
张献忠在西充	西充县县志办公室、文教局地方志协会	编者刊		1987
张献忠在梓潼	中国人民政治协商会议梓潼县委员会文史资料委员会	编者刊		1987
从张献忠《圣谕碑》看大西政权的失败	蒋志	绵阳师专学报（人文）	1期	1988
明末大西军在四川"屠戮生民"之问题	李三谋	四川师范大学学报（哲社）	2期	1988
论清初大西军联明抗清中孙李分歧	宋国强	锦州师范学院学报（哲社）	2期	1988
张献忠起义研究概述	李晟文	文史杂志	3期	1988
张献忠殉难地——凤凰山	李廷茂	四川文物	3期	1989

续表四

篇、书名	著(译)编者	出处	卷、期	年月日
张献忠农民起义历史作用的再评价	胡昭曦等	张献忠与李自成		1989
"剥皮"法考证	周伟	语文学习	2期	1990
历史争议人物：张献忠	余同元	文津出版社		1994
论大西军与永历朝的联明抗清	顾峰	楚雄师专学报（社科）	1期	1996
从"吊何承光诗碑"看张献忠入峡作战	滕新才	文史杂志	4期	1999
明末清初四川的动乱及影响——关于"屠蜀"的再检讨	李俊甲	第八届明史国际学术讨论会论文集		1999
"圆盘计划"与张献忠土地岭大捷	滕新才 甘立明	文史杂志	3期	2001
张献忠三峡战事述论	滕新才	四川师范大学学报（社科）	4期	2002
张献忠起义政权的科举考试情形	平川	孝感职业技术学院学报	4期	2002
张献忠"以走致敌"与黄陵城大捷	滕新才	文史杂志	6期	2002
成都府的"打衙蠹"事件	牧惠	文史天地	3期	2003
农民起义书写了怎样的历史——以张献忠为例	张宏杰	社会科学论坛	10期	2005
李自成与张献忠部众归明考	李文治	"中央日报"		1946.5.28
李自成与张献忠余党的复国运动	李文治	"中央日报"		1946.6.25
康熙十年李自成余部活动记载的纠误	方福仁	中华文史论丛	3辑	1963
李自成攻打过成都	荆逸	成都晚报		1984.11.9
论张献忠与李自成在四川的争夺与大西政权的崩溃	郑定理	绵阳师专学报（人文）	1期	1988
李自成、张献忠在明末农民战争中的作用比较	姜晓萍	西南师范大学学报（哲社）	增刊	1988
论南明与大顺、大西军余部的抗清及其历史命运	李治亭 梁希哲	第八届明史国际学术讨论会论文集		1999
贺珍事迹考述	马明达	陕西师范大学学报（哲社）	1期	1981
贺珍的降清与抗清问题	童恩翼	江汉论坛	8期	1982
农民起义军在川鄂地区的联明抗清斗争	李光璧	中国农民起义论文集		1954
"夔东十三家"考	赵俪生	中国农民战争史论文集		1954
		文史哲	1期	1955
李定国和夔东十三家的战斗友谊	俞海兰	南京大学学报（人文）	3期	1962
夔东十三家及其与南明王朝的联系	谢源远	江汉论坛	4期	1980
后明韩主事质疑	方福仁	江汉论坛	4期	1980

续表五

篇、书名	著（译）编者	出处	卷、期	年月日
摇黄十三家小考	王 纲	社会科学研究	5 期	1983
夔东十三家与李来亨	周凝华	历史知识	2 期	1984
关于夔东十三家的抗清斗争	顾 诚	北京师范大学学报	3 期	1985
李自成余部在兴山抗清遗址初探——兼论夔东十三家	谢源远	江汉考古	1 期	1986
"后明韩主"乌有说	秦 晖	陕西师大学报（哲社）	1 期	1992
"夔东十三家"抗清史论	滕新才	四川三峡学院学报	4 期	1998
清代四川史	王 纲	成都科技大学出版社		1991
大清历朝实录四川史料 上卷	王 纲	电子科技大学出版社		1991
清代康雍乾三朝平定边疆叛乱之分期比较研究	杨 洪	四川师范大学学报（哲社）	1 期	1997
清朝治理西部地区的军事政策探析	张 彦	西南民族大学学报（人文）	2 期	2005
清朝统治四川的政治理念对四川官风民风的影响	谭 平	中华文化论坛	4 期	2005
勇于任事着力改革的宪德	德 仁	西南民族学院学报（社科）	3 期	
纪大奎传	李仲玙	四川地方志通讯	3 期	1982
清官纪大奎	李显德 李先运	群众文艺	5 期	1980
张鹏翮——与清官堪与匹	晓 晨	中国人事	10 期	1994
清代蜀中显赫人物——张鹏翮——兼与《辞海》《张鹏翮》条商榷	吴次名	西南师范大学学报（哲社）	2 期	1995
两江总督阿山参劾张鹏翮满文奏折	关孝廉 沈 原	历史档案	3 期	1996
为张鹏翮的人品与官品一辨	李朝正	社会科学研究	6 期	1996
勤政廉洁的张鹏翮	朱云峰	会计之友	4 期	1998
张鹏翮居肥缺"一介不取"	向文史	理论与实践	4 期	2001
论雍正乾隆年间的四川吏治	曹启富	四川师范学院学报（哲社）	2 期	1998
关于白莲教之乱	矢野仁一（相铁夫）	人文	6 卷 1、2 期	1935
一七九六年白莲教的反清斗争	贾天农	新史学通讯	11 期	1955

续表六

篇、书名	著(译)编者	出处	卷、期	年月日
从《三省边防备览》一书看十八世纪至十九世纪二十年代陕、川、鄂三省交界地区社会关系的一些特点	李景林	史学集刊	1期	1956
试论清代中叶白莲教大起义	陈诗启 郑全备	厦门大学学报（社科）	3期	1956
清嘉庆元年白莲教起义初步研究	尹居诚	兰州大学学报（人文）	1期	1958
试论川楚白莲教农民大起义	董蔡时	文史哲	7期	1958
1796年－1805年的白莲教大起义	王竹楼	中国农民起义论文集		1958
清代中叶的白莲教起义	夏家骏	中华书局		1974
清代四川白莲教乱始末	辜海澄	四川文献	162期	1977
清代中叶白莲教起义军的阶段、阶层分析	王钰欣	中国农民战争史论丛	1辑	1979
《清中期川楚陕豫甘五省农民战争资料》简介	王竹楼	中国史研究动态	1期	1979
1796年白莲教起义	何荣昌	中学历史教学	2期	1980
嘉庆年间五省白莲教大起义	冯佐哲	清史论丛	2辑	1980
刘之协在川楚陕农民大起义中作用的考察	许曾重 林 易	清史论丛	2辑	1980
清代嘉庆年间的白莲教及其支派	庄吉发	台湾师范大学历史学报	8期	1980
清中叶白莲教起义没有推动社会生产力的发展吗	白 钢	光明日报		1980.1.29
川湖陕白莲教起义资料辑录	蒋维明	四川人民出版社		1980
清中期五省白莲教起义资料	中国社会科学院历史研究所	江苏人民出版社		1981
试论清朝中期白巾军起义四川战区的几个问题	胡昭曦等	中国农民战争史研究集刊	2辑	1982
论清中期白莲教起义的社会后果	白 钢	中国农民战争史论丛	4辑	1982
论川楚陕农民起义军的两件告示	许曾重	中国农民战争史论丛	4辑	1982
关于白莲教运动性质的考察	野口铁郎	明清史国际学术讨论会论文集		1982
白莲教与四川的农民起义——兼论宗教在农民起义中的作用	黎邦正	明清史国际学术讨论会论文集		1982

续表七

篇、书名	著(译)编者	出处	卷、期	年月日
四川白莲教起义与社会经济的关系	黎邦正	历史教学问题	1期	1984
白莲教及其支派的反清斗争		四川档案史料	2期	1984
川楚陕白莲教起义	蒋维明	四川人民出版社		1985
移住民社會と地域變動——四川省雲陽縣における嘉慶白蓮教の反亂	山田賢	東洋史研究報告（名古屋大學）		1987
嘉慶白蓮教反亂の思想——白蓮教宗教義禮解析試論	山田賢	史潮	新26号	1990
清嘉庆元年川楚白莲教起事原因的探讨	李健民	"中研院"近代史研究所集刊	22期上册	1993
白莲教喋血大蓬山	何泽春 罗明常	文史杂志	2期	1996
关于中师教材白莲教起义有关几个问题的看法	王荣成等	达县师范高等专科学校学报	3期	1999
嘉庆年间白莲教在汉水流域的反清斗争	周忠庆	汉中师范学院学报（社科）	1期	2001
「官逼民反」考——嘉慶白蓮教反亂の「叙法」をめぐる試論	山田賢	東洋史研究報告（名古屋大學）	25号	2001
战争与地理——以清朝嘉庆初年川陕楚白莲教之役为例	庄吉发	清史论集	10辑	2002
川楚白莲教起义，清朝由盛变衰	史馆文	中国档案报		2004.2.27
白莲教起事与巴山老林附近地区乡村防御体系	周琳	佳木斯大学社会科学学报	1期	2004
王聪儿	康健	光明日报		1961.9.2
王聪儿——农民起义的女领袖	税成良	武汉晚报		1963.10.12
王聪儿	周景泉	天津日报		1975.3.7
八路兵马总指挥王聪儿——农民起义女英雄小传	石立	历史研究	4期	1975
坚持革命反对投降的农民起义女英雄王聪儿	北京市朝阳区洼里公社羊坊大队理论小组	北京师范大学学报	1期	1976
王聪儿是"八路兵马总指挥"吗	冯佐哲	历史研究	1期	1978
清代农民起义领袖王聪儿到底牺牲在哪儿	冯佐哲	天津师院学报	3期	1978

续表八

篇、书名	著(译)编者	出处	卷、期	年月日
王聪儿入川前后	蒋维明	历史知识	3期	1980
试论评介王聪儿的几个问题	许曾重	清史论丛	3辑	1982
有关王聪儿起义的几个问题	李健等	武汉师范学院学报（哲社）	3期	1982
农民起义的女领袖——王聪儿	谷伟	妇女	2期	1983
王聪儿起义	李健等	历史档案	1期	1984
白莲教首领王聪儿最后的悲壮	袁汉学	湖北档案	4期	1994
王聪儿起义	奚原	光明日报		1998.5.15
王聪儿起义考叙	奚原	清史研究	1期	2000
		军事历史研究	3期	2000
历史和传说中的王三槐	江苇	成都日报		1980.11.13
王三槐是混进起义军的蛀虫吗	李建	历史档案	1期	1982
谈徐天德	蒋维明	四川师院学报（社科）	1期	1980
冉天元别传	蒋维明	龙门阵	1－3辑	1980－1981
巴县芝麻官刘衡	陈宛茵	重庆晚报		1986.8.18
我州藏羌人民在鸦片战争中的贡献	昌荣河	阿坝报		1982.7.24
鸦片战争时期川军的反侵略斗争及其作用	唐建军	南充师范学院学报（哲社）	3期	1986
鸦片战争给四川人民带来的灾难	王家楼	四川社联通讯	3期	1990
		天府新论	3期	1990
鸦片战争中的抗英川军	阳暎	宜宾师专学报（社科）	1期	1993
鸦片战争中的四川军队	周文林	四川档案	4期	1997
咸同时期平定川乱方略	伍非百	著者刊		1935
贵州斋教、回民、号军起义——刘汉忠与刘仪顺的隐语书函	唐嘉弘	历史研究	8期	1956
贵州斋教、回民、号军起义——关于刘仪顺的史料	唐嘉弘	历史研究	10期	1956
刘汉忠与刘仪顺	长弓	四川档案史料	2期	1985
刘仪顺与贵州咸同大起义	倪英才	贵阳师院学报（社科）	2期	1985
刘义顺的灯花教与贵州的号军起义	曾召南	贵阳师院学报（社科）	2期	1985
刘仪顺号军的北伐计划	吴雁南	贵州文史丛刊	4期	1985

续表九

篇、书名	著（译）编者	出处	卷、期	年月日
《刘义顺告示》小考	华　山	中央民族学院学报	2期	1989
号军入川与桐梓团练	倪英才	贵州师范大学学报（社科）	3期	1990
刘仪顺论	濮文起	贵州大学学报（社科）	4期	2005
民间教门与咸同贵州号军起义	欧阳恩良	贵州师范大学学报（社科）	6期	2005
李永和蓝朝鼎起义始末	邹知白	光明日报		1955.4.14
太平天国革命时期蓝朝鼎李永和农民起义	艾小惠	新史学通讯	4期	1956
对邹知白《李永和蓝朝鼎起义始末》一文的商榷及补充	李祖桓	历史研究	12期	1956
瑞天豫傅佐延等复李短鞑兰大顺谕跋	罗尔纲	太平天国史料考释集		1956
对于李、蓝起义某些问题的商榷	王文才 李祖桓	历史研究	10期	1957
对李、蓝起义一些问题的探讨——兼与李祖桓、王文才二先生商榷	张生旺	人文杂志	4期	1959
论李永和、蓝朝鼎起义与太平天国的关系——与邹知白先生商榷	胡净生	史学月刊	11期	1959
李、兰起义军在四川	历史系地方史研究室	西南师院学报（哲社）	1期	1978
李、兰起义失败原因剖析	胡汉生	西南师院学报（哲社）	3期	1980
乌蒙风云——李、兰起义史话之一	柳　鸣	历史知识	3期	1980
金沙激浪——李、兰起义史话之二	柳　鸣	历史知识	4期	1980
盐工参战——李、兰起义史话之三	柳　鸣	历史知识	5期	1980
川西风云——李、兰起义史话之四	柳　鸣	历史知识	1期	1981
粉碎诱降——李、兰起义史话之五	柳　鸣	历史知识	3期	1981
建设铁山——李、兰起义史话之六	柳　鸣	历史知识	6期	1981
唐炯乞援——李、兰起义史话之七	柳　鸣	历史知识	1期	1982
湘军入川——李、兰起义史话之八	柳　鸣	历史知识	2期	1982
兰大顺问题考	罗尔纲	近代史研究	1期	1979
兰、李军史料辨伪	王文才	四川师院学报（社科）	1期	1979
李、兰起义失败原因剖析（1859年到1865年）	胡汉生	西南师院学报（哲社）	1期	1980
补近代史的缺漏——读罗尔纲先生的《兰大顺问题考》	蜀　溪	历史知识	5期	1980
罗尔纲先生《兰大顺问题考》中的问题——兼谈太平天国时期的李、兰起义	李有明	历史知识	1期	1981

续表一〇

篇、书名	著(译)编者	出处	卷、期	年月日
兰大顺问题再考——与罗尔纲先生商榷	李有明	社会科学研究	3期	1981
蓝朝鼎起义军在雅安	李有明	近代史资料	总50号	1982
蓝大顺起义在金堂赵镇地区之战	张诚毅	成都大学学报(社科)	1期	1988
论西北太平军与李蓝起义军入陕的几个问题	曹志君	宝鸡师院学报(哲社)	4期	1988
李永和蓝朝鼎起义川南战事补正	蓝勇	重庆史学	2期	1991
蓝朝鼎籍贯考	张宁	贵州师范大学学报(社科)	2期	1992
蓝朝鼎身世及其起义原因的探讨	张宁	昭通师专学报	3期	1992
"蓝大顺"本名蓝朝璧	刘光全	文史杂志	3期	2005
何绍基巧化干戈为玉帛	李朝正	文史杂志	5期	1990
骆秉章——清末历任四川总督	巴人	四川文献	96期	1970
骆秉章与清末农民起义	赖达观	佛山大学佛山师专学报(社科)	3期	1990
廉吏骆秉章	徐正唯	中学历史教学参考	5期	2000
石达开日记之研究	李崇惠	史学年报	1期	1929
石达开乞降书		国闻周报	12卷14期	1935
石达开论	方永靖	遗族校刊	3卷3期	1936
太平天国翼王石达开死事考	朱楔	东方杂志	38卷21号	1941
记石达开被擒就死事	任乃强	康导月刊	5卷7、8期	1943
翼王石达开涐江被困死难纪实	许亮儒	新中华(复刊)	3卷第9期	1945
安顺场——我国近代史的见证人	宋之的	旅行家	5期	1955
瑞天豫傅佐廷等告叙永厅人民谕跋	罗尔纲	太平天国史料考释集		1956
翼王石达开告涪州人民谕跋	罗尔纲	太平天国史料考释集		1956
石达开西征主力部队进军路线	刘天工	史学月刊	4期	1959
关于石达开在太平天国革命运动中的功过问题	58级历史人物评论组	合肥师院学报	5、6期	1960
		历史论文选集		1961
关于石达开大渡河覆败的真相	王庆成	光明日报		1960.3.17
论石达开及其"覆败"	闻化	光明日报		1960.10.27
试论石达开	张锡勤	北师大学报	2期	1961
关于石达开的评价问题	陈庆华	北京大学学报	4期	1961
试论太平天国军事家石达开	刘行志	文汇报		1961.2.10

续表——

篇、书名	著(译)编者	出处	卷、期	年月日
关于石达开的评价	吴雁南	北京日报		1961.8.4，8.10
石达开出走是"背叛革命"吗	张锡勤	北京日报		1961.8.31
石达开远征出走与投降问题	陈学文	文史哲	3期	1962
也论石达开	吴雁南	江海学刊	3期	1962
太平军过凉山	黄梅	成都晚报		1962.2.17
翼王名垂科甲巷——石达开殉难九十周年	赫治清	成都晚报		1962.6.25
石达开入川的征兵文告	柳如	新民晚报		1962.11.18
太平天国翼王石达开募兵训谕考	郭若愚	学术月刊	4期	1963
《太平天国翼王石达开募兵训谕考》一文读后感	王庆成	学术月刊	10期	1963
翼王石达开	卢心铬	光明日报		1963.6.25
太平天国著名军事家石达开	赫治清	成都晚报		1963.8.30
石达开在大渡河失败的经过情况是怎样的	隗瀛涛	历史教学	4期	1964
石达开入川遇害记	周询	四川文献	98期	1970
评石达开	胡润生	四川师院学报	3期	1975
评太平天国的投降派石达开	钟英	广西大学学报	2期	1976
关于石达开的评价问题	孙孝恩	哈尔滨师院学报	1期	1978
石达开作为叛徒论据不足	张道贵 于玉生	江苏师院学报	1期	1978
论石达开	李有明	社会科学研究	创刊号	1979
石达开远征经过及其战略的错误	郦纯	太平天国史论丛	2辑	1979
太平军在四川的战斗	隗瀛涛 林寿荣	四川大学学报（哲社）	2期	1979
关于石达开的几个问题——揭露"四人帮"搞影射史学的阴谋	陈周棠	华南师院学报	2期	1979
关于石达开评价的几个问题	隗瀛涛 林寿荣	四川大学学报（哲社）	3期	1979
关于评价石达开的几点意见	孙孝恩	学习与探索	3期	1979
试论石达开的出走和被俘	张耀美	郑州大学学报（哲社）	4期	1979
也论石达开的出走和被俘	丁孟轩	郑州大学学报（哲社）	4期	1979
石达开评价的几个问题	陈周棠 郭群一	中华文史论丛	4辑	1979

续表一二

篇、书名	著(译)编者	出处	卷、期	年月日
记新本《石达开自述》	方诗铭	中华文史论丛	4辑	1979
石达开并非分裂主义者	莫世祥	广西日报		1979.3.30
石达开拥兵出走的几个问题——与莫世祥同志商榷	雍容	广西日报		1979.8.27
评石达开的出走	孙孝恩	光明日报		1979.7.31
石达开"舍命全军"刍议	苑书义	光明日报		1979.7.31
重要的是作具体的历史的分析——谈谈石达开出走的问题	徐毅鹏	吉林日报		1979.10.29
太平天国翼王石达开	周光大	广西民院学报	1期	1980
试论石达开	齐钟久	中国历史博物馆馆刊	2期	1980
天国英雄，悲剧人物——试论天京事变后的石达开	张胤	南宁师院学报	2期	1980
石达开"受骗中计"质疑	苑书义	东北师大学报（哲社）	3期	1980
关于石达开的评价问题	饶任坤	广西民族大学学报（哲社）	3期	1980
石达开大渡河被俘问题	孙孝恩	东岳论丛	3期	1980
洪氏集团与石达开的出走	胡晏	中学历史	4期	1980
石达开谕涪州城民书		历史知识	5期	1980
黄彭年笔记中的石达开大渡河资料	王庆成	光明日报		1980.3.25
		历史知识	5期	1980
石达开是太平天国杰出的军事家和政治家	李茂高	上海师范学院学报（哲社）	1期	1981
关于石达开的入蜀问题	王洪峻	四川大学学报（哲社）	1期	1981
石达开大渡河被俘真相	苑书义	太平天国史学术讨论会论文选集	2册	1981
有关石达开出走的几个问题	舒翼	历史档案	3期	1981
对石达开是否投降的看法	廖伟章	学术论坛	6期	1981
驳石达开"拥众自雄"与"乞降变节"论	田景芳	四平师院学报	2期	1982
		吉林师范大学学报（人文）	4期	1982
石达开的"爱民"与大渡河的悲剧——评石达开远征与西南少数民族	邢凤麟	民族研究	2期	1982
		石达开论集		1983
石达开在大渡河被俘投降评议	彭大雍等	史学月刊	2期	1982
石达开入川路线考辨	张伟成等	江苏师院学报（哲社）	2期	1982
关于石达开在凉山州的史料集辑	廖文煜	广西师院学报		1982
论洪石矛盾与石达开的出走	朱哲芳等	广西民族大学学报（哲社）	2期	1983

续表一三

篇、书名	著(译)编者	出处	卷、期	年月日
石达开论集	《社会科学研究丛刊》编辑部、四川省太平天国史研究会	四川省社会科学院出版社		1983
太平军在凉山彝族地区史迹辑考	林 向 廖文煜	西南民族研究		1983
石达开的悲剧与红军的胜利	刘鸿喜	宝鸡师院教学与科研（哲社）	4期	1984
石达开并非蓄意远征不返	史 式	社会科学研究	6期	1984
石达开的结局及其窖藏之谜	柳 鸣	文史杂志	2期	1985
太平军在四川	史 式	四川人民出版社		1985
略谈曹卧虎献策和石达开败亡的关系	苏双碧	浙江学刊	1期	1986
石达开简论（上）	杨丙昆	乐山师范学院学报	2期	1985
石达开简论（下）	杨丙昆	乐山师范学院学报	1期	1986
石达开覆没大渡河考察记	何雅伦 王 笛	四川大学学报（哲社）	4期	1986
试探百余年来对石达开评价变化无常的原因	史 式	广西社会科学	2期	1987
天京出走与大渡河的悲剧——试析石达开兵败身亡的原因	赵 雷	河北大学学报（哲社）	3期	1987
石达开募兵训谕发布时地考	邓贻宽	探索（哲社）	4期	1987
石达开就义日期考	史 式	历史知识	5期	1987
关于石达开兵覆大渡河的几点辨析	陈伯坤	文史杂志	5期	1987
《石达开致骆秉章书》考伪	史 式	文史杂志	6期	1987
关于《石达开致骆秉章书》的真伪问题——兼与史式同志商榷	华 强	军事历史研究	1期	1988
实事求是的评价石达开	吕 梁	学术论坛	1期	1988
石达开出走的原因及性质分析	吴燕燕	社会科学家	6期	1988
介绍四川合江石达开略蜀岩刻	张铁宝 陈福宁	四川文物	6期	1988
涤去历史的积垢 还石达开真面目	章皆淳	昭通师专学报（社科）	2、3期	1989
应当怎样看待石达开与洪秀全的分裂	黄乘矩	首都师范大学学报（社科）	3期	1989
评太平天国后期的石达开	姚丽素	绥化师专学报（社科）	4期	1989
石达开离开天京时带走多少队伍	史 式	历史教学	4期	1989
石达开部"假道黔省，以入蜀疆"史略	何长凤	贵州教育学院学报（社科）	2期	1990

续表一四

篇、书名	著(译)编者	出处	卷、期	年月日
"别树一帜""另立一国"考	史 式	安徽史学	4期	1990
石达开是怎样落入清营的	李绍先	文史杂志	2期	1991
安顺场歌话古今	李映发	四川文物	4期	1991
石达开研究价值观	盛巽昌	社会科学研究	3期	1992
关于石达开幼子石定中的下落	盛巽昌	文史杂志	5期	1992
石达开"远征"并非以进图四川为目标	朱谐汉	赣南师范学院学报	1期	1993
石达开"自述"质疑	孟彭兴	史林	2期	1994
石达开出走无可厚非	李 猛	安徽史学	2期	1994
石达开大渡河失败的根本原因	秦维宪 周瑞芳	天府新论	6期	1994
石达开入湘图蜀和宝庆会战	陆 霞	邵阳师专学报	1期	1995
石达开部败亡川滇	周朝云	昭通师专学报（社科）	1期	1996
石达开远征之失策	吴 晓	学术论坛	5期	1996
再论石达开的出走	齐春晓	北华大学学报（社科）	4期	1997
石达开覆没与儒学传统的汪洋：出走及失败原因新探	朱久昀	石油大学学报（社科）	1期	1998
论石达开悲剧的形成原因	廖义军	郴州师范高等专科学校学报	3期	1998
石达开出走之辨	周俊仪	佳木斯教育学院学报	3期	1998
从彝藏两枚土司印看石达开兵败大渡河及其失败原因	尔布什哈	四川文物	4期	1999
石达开结局传说	张致强	广西大学学报（哲社）	6期	1999
石达开出走原因及其对太平天国事业的影响	曾 鸣	文史杂志	1期	2000
石达开之死	老 屯	巴蜀史志	1期	2000
大渡河钟声	潘旭澜	领导文萃	3期	2000
天京事变后的石达开	郭蕴深	黑龙江社会科学	4期	2000
太平天国石达开大渡河覆军真相考	史 式	百年潮	11期	2000
石达开出走之意图分析	刘焕性 罗全英	商洛师范专科学校学报	1期	2001
石达开兵败大渡河	张连松	中国机关后勤	10期	2001
对石达开集团的考察	贾熟村	河北学刊	6期	2002
石达开留在大渡河畔的三个谜	张超俊	四川档案	4期	2003
石达开之死	木 华	文史天地	5期	2003

续表一五

篇、书名	著(译)编者	出处	卷、期	年月日
石达开幼子的结局问题	黄嘉谟	"中研院"近代史研究集刊	9期	1980
石达开远征军李福猷部在西南的最后活动	邓贻宽	重庆师院学报（哲社）	2期	1988
The Composition and Functions of the Local Elite in Szechwan, 1851-1874	R. K. Schoppa	Ch'ing Shih Wen T'I	Vol. 2, No. 10	1973
1875年四川东乡县人民的抗粮斗争	伍仕谦 李祖桓	四川大学学报（社科）	2期	1956
1875-1879年四川东乡人民抗粮斗争	刘德仁 张先坊	历史教学	6期	1964
东乡血案	蒋学松	四川人民出版社		1986
李有恒剿办东乡军务节略	杜春和	近代史资料	总62号	1986
吴镇、袁廷蛟与东乡血案	赵学成	文史杂志	2期	1991
光绪初年清政府镇压四川东乡县抗捐史料（一）	王澈	历史档案	2期	1994
光绪初年清政府镇压东乡抗捐史料选（二）	王澈	历史档案	3期	1994
光绪初年清政府镇压东乡抗捐史料（三）	王澈	历史档案	4期	1994
光绪初年清政府镇压东乡抗捐史料（四）	王澈	历史档案	1期	1995
光绪初年四川东乡抗粮案述论	王澈	徐州师范大学学报	3期	1998
从"东乡抗粮案"看"同光司法"	柳岳武 张雷	商丘师范学院学报	3期	2005
第一艘外轮入侵川江的斗争——四川近百年史拾零	隗瀛涛	成都日报		1961.5.6
四川人民反帝斗争档案资料	四川大学历史系	人民出版社		1962
收回重庆王家沱日租界斗争档案选（1931-1932）	李荣忠	四川档案史料	1期	1985
四川抗日救亡运动的先声——重庆民众自动收回王家沱日租界的斗争	刘君	历史知识	6期	1985
重庆王家沱租界始末	艾新全	重庆地方志资料	1期	1986
重庆王家沱租界的设立及收回	徐庆坚等	重庆党史研究资料	9期	1986
重庆王家沱日本租界始末	黄淑君 王世祥	西南师范大学学报（人文）	3期	1989
重庆日租界的收回	邓沛	民国春秋	5期	1998
收回重庆日租界纪实	王肇槐	重庆晚报		1999.2.3

续表一六

篇、书名	著(译)编者	出处	卷、期	年月日
不能忘却的记忆——1901～1937年重庆日本租界剖析	王德昱	文史杂志	4期	2001
略论川东早期的反洋教斗争	胡汉生	史学通讯	1期	1983
试论四川人民反"洋教"斗争的意义和作用	刘德仁 王家楼	西南民族学院学报（社科）	4期	1984
近代四川少数民族反教会侵略的斗争	郎维伟 周锡银	西南民族学院学报（社科）	2期	1985
清末四川的半殖民地化与仇教运动	铁山博（施超伦）	国外中国近代史研究	9辑	1987
困境中的排教——论刘秉璋经办四川教案的态度、措施及其影响	钟　钢	成都大学学报（社科）	1期	1993
四川反洋教斗争概说	唐　毅	三峡学刊	3期	1995
略论近代四川教案的政治文化背景	唐　毅	文史杂志	2期	1998
试论民间戏曲对清季四川教案的影响	秦和平	清史研究	3期	2000
1886-1898的四川大足教案始末——在义和团起义前两年提出了"顺清灭洋"的口号	历史系调查组	四川大学学报（社科）	2期	1956
十九世纪末的四川大足爱国运动	黄天朋	西南师范学院学报（哲社）	3期	1982
重庆教案	艾小惠	史学月刊	5期	1957
对艾小惠《重庆教案》一文的意见	赵宗诚	史学月刊	1期	1960
重庆教案	吕实强	"中研院"近代史研究集刊	3期（下）	1972
严惩"教首"罗元义——重庆第二次教案	雷启汉	重庆日报		1979.11.1
同治二年重庆教案	王荒牧	重庆日报		1984.12.8
重庆教案新议	庄燕和	重庆社会科学	1期	1985
第二次重庆教案述论	曾绍敏	四川社联通讯	1期	1990
		天府新论	1期	1990
		社会科学研究	3期	1990
晚清重庆地区的社会动乱与反洋观念的变化	魏棻棣	四川大学学报（哲社）	4期	1991
余栋臣与四川农民反帝运动	徐庆坚	近代史资料	总7号	1955
余栋臣与四川农民反帝运动史料续辑	伍仕谦 李祖桓	近代史资料	总18号	1958
关于余栋臣反帝起义的研究——1890年四川余栋臣起义调查	西南师院历史系	文汇报		1962.3.7

续表一七

篇、书名	著(译)编者	出处	卷、期	年月日
近代四川人民的第一次反侵略斗争	隗瀛涛	成都晚报		1962.12.26
义和团变乱前夕四川省的一个反教运动——光绪二十四年余栋臣事件	吕实强	"中研院"近代史研究所集刊	1期	1969
楸园随笔——余蛮子造反	孙震	四川文献	121期	1972
余栋臣计败桂天培	陈先学	历史知识	4期	1982
余栋臣起义和"顺清灭洋"口号	涂鸣皋	社会科学研究	5期	1982
评余栋臣	赵清 郑成	社会科学研究	5期	1982
"扶清灭洋"思想与近代教案的关系	廖一中	社会科学研究	5期	1982
第一个提出"灭洋"口号的余栋臣	隗瀛涛	文史知识	11期	1982
试论余栋臣起义的性质	曾绍敏	社会科学研究	3期	1983
知识分子在余栋臣起义中的作用	李有明 陈红涛	四川师院学报(社科)	4期	1983
论余栋臣起义在反洋教斗争史上的作用	彭易芬	南充师院学报(社科)	4期	1983
余蛮子传奇	陈先孚	重庆出版社		1997
"成都教案"述评	张莉红	西南民族学院学报(哲社)	4期	1984
1895年"成都教案"简述	钟钢 胡大牛	四川文物	4期	1992
成都教案综述	章江心	巴蜀史志	1期	2004
"酉阳教案"始末	宋玉鹏	社会科学研究	2期	1983
乐山人民的反"洋教"斗争	王恭铭	乐山师范学院学报	3期	1989
四川总督锡奏犍为县拳匪倡乱派兵剿平折	锡良	东方杂志	2卷6期	1905
四川的义和团	嘉弘	历史研究	8期	1956
义和团在四川的活动	隗瀛涛	历史教学	7期	1960
义和团在四川迅速发展的原因及其特点	隗瀛涛	四川大学学报	2期	1960
		义和团运动六十周年纪念论文集		1961
"扫清灭洋"的口号是谁最早提出的	李俊虎	天津日报		1963.7.17
义和团运动在四川	黄淑君	西南师范学院学报(哲社)	2期	1978
义和团运动在四川(续)	黄淑君	西南师范学院学报(哲社)	1期	1979
四川义和团运动	张力	四川人民出版社		1982

续表一八

篇、书名	著(译)编者	出处	卷、期	年月日
《义和团在四川的战斗史料汇编》综述	伍士谦	四川大学学报（哲社）	2期	1979
"顺清灭洋"、"灭清剿洋"两个口号在四川的由来及其影响	张 力	社会科学研究	6期	1980
		义和团运动史讨论文集		1982
廖观音——四川义和团人物介绍	李 洁	历史知识	1期	1981
四川义和团运动	张 力	四川人民出版社		1982
《四川义和团运动》后记	张 力	四川史研究通讯	1期	1983
浅析四川义和团运动与反教会侵略斗争的关系	李正清 余化一	西南民族学院学报（社科）	增刊	1986
四川新都"义和团"辨析	张永海	历史档案	3期	1987
谈谈四川红灯教	曹 蓉	文史杂志	2期	1992
清代四川红灯教研究	林 顿	成都大学学报（社科）	3期	1992
四川义和团质疑	曹 蓉	近代史研究	1期	1993
二十世纪初期自贡人民的两次反洋教斗争	颜尔孚	井盐史通讯	1期	1977
前清末年的四川	范朴斋	中建	1卷7期	1948
清末四川省における局士の歴史的性格	新村容子	東洋学報	64卷3、4号	1983
清末四川省における局士の歴史的性格（正誤表）	新村容子	東洋学報	65卷1、2号	1984
四川省瀘州覚之書——清末民国初期の郷紳	西川正夫	金沢大・文学部論集史学科篇	10号	1990
转型时期的社会新群体：近代知识分子与晚清四川社会研究	何一民	四川大学出版社		1992
Illusion and Reality in the Law of the Late Qing: A Sichuan Case Study	Zhou, Guangyuan	Modern China	Vol. 19, No. 4	1993
Money and Justice: Clerks, Runners, and the Magistrate's Court in Late Imperial Sichuan	Bradly W. Reed	Modern China	Vol. 21, No. 3	1995
晚清长江上游地区公共领域的发展	王 笛	历史研究	1期	1996
County Administration in Late-Qing Sichuan: Conflicting Models of Rural Policing	Kristin E. Stapleton	Late Imperial China	Vol. 18, No. 1	1997
Gentry Activism in Nineteenth-Century Sichuan: The Three-Fees Bureau	Bradly W. Reed	Late Imperial China	Vol. 20, No. 2	1999
论清末民初四川社会的早期现代化	刘正祥	中共四川省委党校学报	4期	2002
李鸿章和重庆	李 竹	重庆晚报		1985.10.9

续表一九

篇、书名	著(译)编者	出处	卷、期	年月日
清末历任四川总督：吴棠、丁宝桢、岑春煊、赵尔丰等	巴 人	四川文献	96-98期	1970
清末四川官吏	周 询	四川文献	99-107期	1970.11-1971.7
丁宝桢治蜀浅论	杨亮升	社会科学研究	2期	1988
丁宝桢的抑教御侮思想	张莉红	西南师范大学学报（哲社）	3期	1989
丁宝桢在四川的十年	鲁子健	文史杂志	2期	2001
晚清西部改革家丁宝桢	张立真	辽宁大学学报	1期	2003
成都武侯祠名联作者赵藩	孙晓芬	四川文物	3期	1987
滇人赵藩在川轶事	孙晓芬	四川文物	1期	1992
白族文豪赵藩在四川	刘冠群	文史杂志	2期	2002
黄英《筹蜀篇》及其维新思想	何一立	四川师范大学学报（社科）	5期	1986
骆成骧与戊戌维新运动	何一民	文史杂志	4期	1987
军机四卿与百日维新	徐立亭	史学集刊	2期	1989
释珠岩山人戊戌诗三首——杨锐、刘光第与戊戌变法	王 炎	未定稿	8期	1989
杨锐、刘光第、宋育人爱国主义思想浅探——兼及维新派与光绪帝之双向依赖	林 顿	成都大学学报（社科）	1期	1990
川督赴任		集成报	48期	1902
川督询问疾苦谕		选报	32期	1902.10.22
岑春煊之真相	我我生	大陆报	2卷2期	1904
袁世凯恐吓岑春煊	爆弹	汉帜	2期	1907
岑春煊与袁世凯	筱园	国闻周报	13卷4、6、8期	1936
谈岑春煊	陈亨德	古今	8期	1942
岑春煊与袁世凯	石立民	社会科学家	5期	1993
百年前他改变了成都	岱 峻	成都日报		2002.5.22
署四川总督锡奏川边巨匪就歼地方安静折	锡 良	东方杂志	2卷2期	1905
署四川总督锡奏剿办宁远夷匪并纠参匪报之府县折	锡 良	东方杂志	2卷2期	1905
四川总督锡奏宁远夷务剿办事竣折	锡 良	东方杂志	3卷2期	1906
锡良与四川新政	王 笛	历史知识	1期	1987
锡良与晚清四川近代化	何一民	四川师范大学学报（社科）	3期	1993

续表二〇

篇、书名	著(译)编者	出处	卷、期	年月日
周孝怀蜀地行新政	岱峻	巴蜀史志	6期	2002
成都史话——辛亥革命前成都剪影	雷履平	成都日报		1959.10.25
四川保路运动前夜的社会状况	西川正夫	东洋文化研究所纪要	45册	1968
试论保路运动前的四川士绅	张汝 张彦	乐山师专学报（社科）	3期	1994
重庆公强会散论	俞笙	近代史研究	2期	1987
光绪三十三年十月四川起义的历史意义	黄季陆	传记文学	10卷3期	
丁未成都六君子起义	何一民	成都日报		1981.8.30
辛亥革命前夕川鄂边武装起义	张诗亚等	西南师范学院学报（哲社）	3期	1981
永存的足迹悲壮的颂歌——孝义军攻打巴州纪略	程大钊 易伟	文史杂志	5期	1987
拼将热血洒红毡——记辛亥革命烈士佘英	何一民	成都日报		1981.9.23
佘英遗迹述略	陈必	四川文物	3期	1987
黄花岗七十二烈士之一饶国梁	胡齐畏等	四川日报		1981.10.11
辛亥革命前夕四川人民的反帝反封建斗争	刘章霖	内江师专学报	1期	1991
川北义和团首领、辛亥革命志士达兴武事略	刘泰焰 达鹏轩	四川民族史志	3期	1995
辛亥前我参加的四川几次武装起义	熊克武	辛亥革命亲历记亲历·亲见·亲闻		2001
为川汉铁路当先修成渝谨告全蜀父老	思群	四川	2期	1907
川汉铁路线路评议	晏模	京绥铁路公报	150期	1924
清宣统朝铁路案	军机处档	文献丛编	23期	1935
辛亥革命前的川汉铁路	李一氓	大公报		1952.3.27
粤汉、川汉铁路借款问题	孙毓棠	大公报		1952.6.5, 6.12
川汉铁路资料三种	舒君实	近代史资料	总17号	1957
铁路国有问题与辛亥革命	全汉昇	中国现代史丛刊	1册	1960
美帝掠夺川汉铁路的罪行——四川近百年史拾零	隗瀛涛	成都晚报		1961.5.24
论清末的铁路风潮	祈龙威	历史研究	2期	1964
20世纪初各省商办铁路及其结局	金士宣等	北方交通大学学报	2期	1977
试论川路租股	鲜于浩	历史研究	2期	1982

续表二一

篇、书名	著(译)编者	出处	卷、期	年月日
内江市发现的清末川省川汉铁路公司股票	袁克林	四川文物	4期	1991
川汉铁路特别股东会析论	钟穗	四川师范大学学报（社科）	3期	1993
冲垮大清王朝的川汉铁路股票	王晓华	炎黄春秋	9期	1994
清代川汉铁路股票	夏详烈	中国钱币	3期	1998
试论川路公利之股——川汉铁路公司的再投资	刘会贵	西南民族学院学报（哲社）	增刊3	1998
清末川路公司股份制的误区	彭南生	贵州师范大学学报（社科）	4期	2000
滇蜀铁路主权上的英法角逐	屈川	四川师范大学学报（社科）	4期	2003
辛亥四川路事纪略	诵清堂主人	著者刊		1915
The Revolution in Szechwan 1911-1912	R. C. Yang	Journal of the West China Border Research Society	Vol. 6	1933-1934
达县市大事记（1911年-1949年）	政协达县市委员会文史资料研究室	编者刊		1984
万县地区大事记1911-1989	四川省万县地区地方志编纂委员会	编者刊		1988
辛亥四川事变之我	周善培	著者刊		1938
辛亥四川保路运动与武昌起义——有关史料的处理问题	黄季陆	新时代	2卷10期	1951
辛亥保路史话	叶琴	工商导报		1952.6.21-6.24
辛亥革命时期四川从保路运动到独立的经过	何重仁	中科院历史研究所集刊	1集	1954
辛亥四川争路亲历记	周培善	重庆人民出版社		1957
辛亥四川保路运动的历史意义	戴执礼	人文杂志	4期	1958
四川保路运动史料	戴执礼	科学出版社		1959
辛亥四川保路运动	隗瀛涛	历史教学	11、12期	1961
		成都晚报		1961.10.5
四川保路运动	隗瀛涛	中华书局		1962
The Szechwanese Railroad Protection Movement: Themes of Change and Conflict	Charles H. Hedtke	"中研院"近代史研究集刊	6期	1977
关于四川保路运动的几个问题——学习郭老有关保路运动论述的笔记	隗瀛涛	辛亥革命史丛刊	1辑	1980

续表二二

篇、书名	著(译)编者	出处	卷、期	年月日
试论同盟会在四川保路运动中的作用	林西成 彭 文	成都大学学报（社科）	2期	1981
四川保路运动中羌藏人民的反清斗争	彭起跃	成都大学学报（社科）	2期	1981
盛宣怀与四川保路运动	刘恩格	历史知识	4期	1981
辛亥路潮	邹趣涛	群众文艺	5期	1981
论四川保路运动中的立宪派	冯玉荣	社会科学研究	5期	1981
四川立宪派在保路运动中的作用	谢忠樑等	社会科学研究	5期	1981
试析四川立宪派能够倡导保路运动的原因	蒋晓丽	社会科学研究	5期	1981
我忆辛亥保路运动	罗鬯渔	龙门阵	6辑	1981
关于四川保路运动史的一些问题	谢忠樑等	纪念辛亥革命七十周年论文选		1981
郭沫若在四川保路运动中	郭一民	成都日报		1981.10.4
四川保路运动	包子衍	人民日报		1981.10.6
保路运动		光明日报		1981.10.13
四川保路运动史	隗瀛涛	四川人民出版社		1981
四川保路风云录	政协四川省文史资料研究委员会、四川省人民政府文史研究馆	四川人民出版社		1981
四川保路运动档案选编	四川省档案馆	四川人民出版社		1981
清末立宪派与四川保路运动	牛济	史学月刊	5期	1982
四川保路运动中的立宪派	陈国勇	南充师院学报（哲社）	2期	1983
《四川保路运动史》若干问题之商榷	戴执礼	四川大学学报（哲社）	3期	1983
四川保路运动中的张澜	张利源	文史杂志	2期	1985
蒙裁成先生事略	丁秀君	文史杂志	2期	1985
立宪派在四川保路运动中的地位与作用	符和积	海南大学学报（社科）	3期	1985
试论立宪派在四川保路运动中领导地位的形成	符和积	海南大学学报（社科）	2期	1987
四川保路运动中的新军之杰夏之时	杨建华	文史杂志	5期	1987
近代四川妇女的首次奋起——辛亥年间的四川女子保路同志会述略	刘传英	四川大学学报（哲社）	3期	1988
四川保路运动传单	杨天石	近代史资料	总72号	1989

续表二三

篇、书名	著(译)编者	出处	卷、期	年月日
张澜在辛亥保路运动中的政治思想初探	康大寿	四川师范学院学报（哲社）	1期	1991
成都保路运动纵横谈——纪念辛亥革命八十周年	史占扬	成都文物	3期	1991
萧云圃"袒护党人始末"	萧树恩	文史杂志	4期	1991
四川保路运动简论	隗瀛涛	四川文物	4期	1991
试析罗泉井会议在四川保路运动中的重要作用	宋国英	四川文物	4期	1991
四川保路风潮中的宣传漫画	江玉祥	四川文物	6期	1991
川鄂两省的保路斗争述论	郭溶	四川师范学院学报（哲社）	1期	1992
邓孝可与四川保路运动	鲜于浩	西南民族学院学报（哲社）	2期	1992
四川保路爱国运动的兴起和发展	刘章霖	大庆师专学报	2期	1992
爱国耆宿伍西垣	罗明萱	文史杂志	5期	1992
清末湘蜀保路运动相互影响及比较	刘淮	近代中国	6期	1992
四川保路同志会未设会长副会长	鲜于浩	历史研究	4期	1993
《川人自保商榷书》出自谁手	干永昌	文史杂志	4期	1993
盛宣怀与四川保路运动	张克宏	中山大学研究生学刊（社科）	2期	1994
《四川保路运动史料类纂》编辑始末	戴执礼	史学月刊	5期	1994
四川保路运动史料汇纂	戴执礼	"中研院"近代史研究所		1994
保路运动与资产阶级立宪派	王萍	山东大学学报（哲社）	1期	1996
清末"保路运动"的再反思	萧功秦	战略与管理	6期	1996
保路运动的历史启示——兼与萧功秦先生商榷	周衡	战略与管理	4期	1997
四川保路运动时期四川地方政府与中央政府的对峙——兼论清朝覆灭的原因	刘正祥 徐精鹏	社会科学研究	4期	1998
重新认识保路运动	萧功秦	重新认识百年中国		1998
从清政府的对策看湘、蜀两省保路运动不同走向的原因	资军	四川师范大学学报（社科）	4期	1999
品味罗泉井	赖武	中国西部	4期	1999
左右与螺旋	易丹	上海文艺出版社		1999
川鄂两省保路运动的不同之处（上）	陈文 刘清华	四川师范学院学报（哲社）	4期	2001

续表二四

篇、书名	著(译)编者	出处	卷、期	年月日
川鄂两省保路运动的不同之处（下）	陈 文 刘清华	四川师范学院学报（哲社）	2期	2002
张澜在四川保路运动中的一次精彩演讲	康大寿	文史杂志	5期	2001
四川保路运动是一场早期现代化运动	隗瀛涛	文史杂志	6期	2001
关于保路运动若干问题的辨正——与《重新认识保路运动》一文商榷	章玉钧	社会科学研究	6期	2001
四川保路运动		四川政协报		2001.10.10
"资州罗泉井会议"考辨	杨鹏程	四川师范大学学报（社科）	3期	2003
"保路运动"保的是什么路	雷 鸣	中学历史教学	8期	2003
蒲殿俊与四川保路运动（上）	陈 文	西华师范大学学报（哲社）	5期	2004
蒲殿俊与四川保路运动（下）	陈 文	西华师范大学学报（哲社）	6期	2005
保路舆论的形成原因	龙 伟	西南交通大学学报（社科）	3期	2005
双十节与四川人	张 群	大公报		1941.10.12
辛亥革命四川回忆录	杨兆蓉	近代史资料	总19号	1958
忆辛亥革命前后	王右瑜	四川日报		1961.10.13
辛亥革命	吴玉章	人民出版社		1961
辛亥革命四川起义纪念日的意义	徐 堪	"中央日报"		1962.9.7
四川与辛亥革命	周开庆	四川文献研究社		1964
		学生书局		1976
《四川与辛亥革命》读后感	毛一波	"中央日报"		1964.9.22
章炳麟先生与四川	李 寰	四川文献	88期	1969
辛亥革命四川起义纪念日	华 生	四川文献	121期	1972
论四川辛亥革命时期资产阶级革命派和农民的联盟问题	隗瀛涛	四川大学学报（哲社）	2期	1978
辛亥革命在成都——对当时社会民情的分析说明	李 璜	四川文献	168期	1978
辛亥革命在四川	涂鸣皋	西南师范大学学报（人文）	3期	1979
郭沫若和四川革命同志会	曾绍敏	社会科学研究	5期	1979
蓉城家书	丘权政等整理	辛亥革命史丛刊	1辑	1980
蜀党史稿	熊克武等	辛亥革命史丛刊	2辑	1980
如是我闻录	天 君	龙门阵	6辑	1981

续表二五

篇、书名	著(译)编者	出处	卷、期	年月日
辛亥革命中的四川青年	谢 放 何一民	四川青年	10期	1981
辛亥革命时期四川保路同志军、民军擒斩、拘禁、驱逐与礼遣清吏及军官表	黄 绶	纪念辛亥革命七十周年论文选		1981
辛亥革命研究论文集——四川大学学报丛刊第九辑	四川大学学报编辑部、四川大学历史系	四川人民出版社		1981
四川辛亥革命史料（上）	隗瀛涛 赵 清	四川人民出版社		1981
四川辛亥革命史料（下）	隗瀛涛 赵 清	四川人民出版社		1982
孙中山与四川辛亥革命	隗瀛涛	文史杂志	1期	1985
辛亥革命时期的朱德同志	孙石月	山西师大学报（社科）	2期	1987
革命党人在四川的宣传鼓动述评	苏 琳	四川师范大学学报（社科）	3期	1989
吴玉章与四川辛亥革命	吴达德	自贡师专学报	3期	1991
论四川辛亥革命的社会历史背景（上）	隗瀛涛	文史杂志	4期	1991
论四川辛亥革命的社会历史背景（下）	隗瀛涛	文史杂志	5期	1991
论近代知识分子与辛亥四川思想启蒙	何一民	天府新论	4期	1991
朱德和辛亥革命	王向立	瞭望	4期	1991
吴玉章与辛亥革命	涂鸣皋	四川社联通讯	5期	1991
四川近代知识分子与辛亥革命	何一民	西南民族学院学报（哲社）	5期	1991
孙中山对四川革命志士的培育	张惠昌	文史杂志	5期	1991
纪念辛亥革命80周年	谢 凌 陈 玮	四川档案	5期	1991
辛亥革命与四川社会	隗瀛涛等	成都出版社		1991
辛亥革命与重庆知识分子	肖堂炎	重庆师院学报（哲社）	1期	1992
蒲殿俊与四川辛亥革命	何一立	四川师范大学学报（社科）	4期	1992
吴玉章是《四川光复始末记》的作者	杨士元	社会科学研究	5期	1993
黄兴与辛亥革命时期四川的革命运动	曾绍敏	黄兴研究文集		1994
郫、崇人民在辛亥革命中的重大贡献	刘安诚	巴蜀史志	4期	2002
辛亥革命与四川社会	隗瀛涛	成都出版社		2002
赵次帅		安徽白话报	5期	1908.11.4

续表二六

篇、书名	著(译)编者	出处	卷、期	年月日
赵督院行踪		蜀报	7 期	1910.11.16
赵大臣将继任川督		广益丛报	9 年 3 期	1911.3.20
民贼伏诛		广益丛报	9 年 28 期	1911.12.19
民贼正法之详情		广益丛报	9 年 28 期	1911.12.19
记赵尔丰酿蜀变事		雅言	1 卷 4 期	1914
赵尔丰轶事	陈渠珍	康导月刊	3 卷 8、9 期	1940
清川边大臣赵（季鹤）君赞并序	曾缄	斯文	3 卷 3 期	1943
成都人民痛驳赵尔丰	史占扬	成都日报		1980.10.11
赵尔丰发动"成都兵变"说质疑	邱远应	华中师院学报（哲社）	5 期	1982
赵尔丰挨刀记	奋斋	龙门阵	7 辑	1982
再评辛亥革命中的赵尔丰	冯静 万华	四川师范大学学报（社科）	5 期	1988
赵尔丰《灵石记》趣谈	邓碧清	文史杂志	1	1990
赵尔丰在川活动简论	迟云飞	历史教学	4 期	1991
论赵尔丰	李茂郁	社会科学研究	4 期	2002
赵尔丰嗜石佚闻	王晓春	四川档案	2 期	2004
赵尔丰晚年的成就与悲剧	刘玉 周文林	西南民族大学学报（人文）	4 期	2005
"成都血案"一则史料考辨	邱远应	复印报刊资料·中国近代史	1 号	1983
辛亥成都血案的历史见证	史占扬	文物天地	3 期	1985
辛亥年"成都血案"史实考辨	蒋松	成都大学学报（社科）	3 期	1992
谈"水电报"	胡洁兰	历史知识	4 期	1981
"水电报"	龙郁	成都日报		1981.10.4
历史上的水电报	蓝勇	中学历史教学参考	10 期	1993
四川历史上四次"水电报"及其作用	王平	四川文物	3 期	2001
四川独立记		革命文选	47 辑	1970
辛亥革命中四川独立迟缓的原因何在	林金树	社会科学研究	1 期	1985
荣县独立	吴玉章	荣山旭水·活页文选	6 辑	1983
吴玉章与荣县独立	达生	文史杂志	4 期	1991
"荣县首义"原由浅析	赖德辉 秦涛定	四川社联通讯	5 期	1991
		天府新论	5 期	1991

续表二七

篇、书名	著（译）编者	出处	卷、期	年月日
辛亥四川荣县独立时间考	何一民	社会科学研究	5期	1991
辛亥荣县首义、吴玉章和四川保路运动研究的新收获	史 岩 王 文	社会科学研究	6期	1991
辛亥荣县独立时间考	吴达德	近代史资料	总84号	1993
		近代史研究	3期	1994
荣县首义与辛亥革命	曾绍敏等	成都出版社		1994
首义先天下——吴玉章和辛亥荣县独立	甘 犁	红岩春秋	6期	2001
辛亥革命时期的资州起义	宋国英	四川文物	6期	1991
辛亥成都独立记	李劼人	成都晚报		1962.1.31-3.8
四川革命与重庆光复	陆丹林	胜流	6卷7期	1947
况春发与唐廉江——辛亥重庆光复琐记	温少鹤	重庆日报		1961.10.6
重庆光复前后的回忆	朱必谦 高梦兰	重庆日报		1961.10.11
重庆市纪念辛亥革命七十周年学术讨论会集刊	重庆市政协文史资料研究委员会	重庆地方史资料组		1981
重庆学堂的兴办与辛亥革命	孙志玄	重庆日报		1984.3.24
辛亥革命重庆不战而胜	周擎宇	重庆日报		1984.5.19
重庆辛亥革命	周 勇	重庆地方志	2期	1986
重新评价辛亥重庆光复	彭伯通	重庆地方志	2期	1986
辛亥革命重庆纪事	周 勇	重庆出版社		1986
我为什么写《重新评价辛亥重庆光复》	彭伯通	重庆地方志	3、4期	1987
重庆辛亥革命史研究概述	饶 亚	重庆社会科学	6期	1991
重庆市纪念辛亥革命八十周年学术讨论会集刊	重庆市政协文史资料研究委员会	西南师范大学出版社		1991
略论重庆辛亥革命的失败	朱思国	重庆教育学院学报	2期	1993
资中周晫颜先生传略	刘泗英	四川文献	3期	1962

续表二八

篇、书名	著(译)编者	出处	卷、期	年月日
李绍伊领导大竹农民起义的经过	政协大竹县委员会	辛亥革命回忆录（三）		1962
记川西保路同志军起义	唐仁均	人民日报		1981.10.15
辛亥革命与自贡盐工	张学君	井盐史通讯	2 期	1983
川西"红蚂蚁"起义	刘光全	四川地方志通讯	2 期	1983
辛亥革命时期鄂川边区的反清起义	梅兴无	中央民族学院学报	5 期	1987
辛亥革命关河诸先烈蜀战殉国记	赵 端			1925
《关河诸先烈蜀难殉国记》的发现与考述	周基华	四川文物	6 期	1990
《〈关河诸先烈蜀难殉国记〉的发现与考述》读后	逸 民	四川文物	2 期	1991
辛亥嘉州布告及知府李立元	高国芬	四川文物	4 期	1991
任伟章与"川北民军"	王兰英	四川文物	1 期	2001
辛亥革命在自贡	自贡市政协文史资料编辑委员会	四川人民出版社		2001
鄂军资州反正杀端方确切时间考	彭易芬	南充师院学报	4 期	1981
论端方	蔡济生 谢助	纪念辛亥革命七十周年论文选		1981
端方资中授首记	邹明忠	历史知识	6 期	1985
辛亥潮头杀端方——故乡忆昔之六	康式昭	四川戏剧	4 期	2004
蜀军革命始末	向 楚	四川文献	3－5 期	1962.11－1963.1
辛亥革命运动前后的夏之时	曾祥邹	团结报		2000.11.23
略论辛亥革命时期之四川新军	孔路原	重庆社会科学	5 期	1988
试析辛亥革命中的四川新军	席萍安	文史杂志	6 期	1997
辛亥革命期间的四川新军	席萍安	成都大学学报（社科）	2 期	1998
辛亥保路运动中的四川巡防军	孔路原	理论与改革	4 期	1990
辛亥革命时期四川少数民族的英勇斗争	周锡银	历史知识	5 期	1981
辛亥革命时期四川少数民族反帝反封建反奴隶制的英勇斗争	周锡银 钱安靖	纪念辛亥革命七十周年学术讨论会论文集（中）		1981
辛亥张耀堂西昌起义始末	高履龙	四川文物	5 期	1992
辛亥张耀堂西昌起义与失败	高履龙	四川文物	2 期	1995

续表二九

篇、书名	著(译)编者	出处	卷、期	年月日
从两通碑刻看辛亥革命在凉山彝区的影响	张正宁	四川文物	4期	1991
辛亥革命时期四川松潘地区各族人民的反清斗争	程舟	西南民族学院学报（哲社）	3期	1981
辛亥革命时期四川松茂各族人民的反清起义	周锡银	思想战线	4期	1986
辛亥革命时期鄂川边区的反清起义	梅兴无	中央民族学院学报	5期	1987
略论土家族知识分子在辛亥革命中的历史作用	黄柏权	中南民族学院学报（哲社）	5期	1991
试论土家族人民对辛亥革命的贡献	陈国安	贵州民族研究	4期	2001
辛亥革命中藏族人民的革命斗争	杨岭多吉	四川社联通讯	5期	1991
辛亥革命中四川藏区人民的革命斗争	杨岭多吉	四川藏学研究	2辑	1994
略论辛亥革命在川滇甘青藏区的反响	凯成文	西藏民族学院学报（社科）	4期	1991

（十一）民国

篇、书名	著(译)编者	出处	卷、期	年月日
60年大事录（1921年6月－1981年6月）	四川省社科院资料情报研究所	社会科学参考	15期	1981
自贡现代革命史大事年表1919－1949	中共自贡市委党史资料征集小组办公室	编者刊		1982
万源县民国时期大事记	中共万源县委党史工委办公室	编者刊		1984
万源市大事记	万源市大事记编辑领导小组	万源市地方志办公室		2001
民初四川军政领导阶层的递嬗（1912－1937）	吕实强	"中研院"第二届国际汉学会议论文集（下册）（明清与近代史组）		1989
怀沙坪忆当年	重庆市沙坪坝区政协文史资料委员会	编者刊		1989
怀沙坪忆当年（续集）——庆祝中国共产党建党七十周年暨纪念辛亥革命八十周年	重庆市沙坪坝区政协文史资料委员会	编者刊		1991

续表一

篇、书名	著(译)编者	出处	卷、期	年月日
民国年间川东要事纪要	王文海	史志文汇	2期	1997
近代四川政局和政权演变概述	赖悦	中华文化论坛	2期	2000
达州市通川区大事记（1919-1949）	中共达州市通川区委党史研究室	编者刊		2002
临时政府公报中有关川事之记载	天骄	四川文献	39期	1965
记为蜀军返川向湖北军政府借道事	任鸿隽	文史资料选辑	77辑	1981
重庆蜀军政府简史	涂鸣皋	史学通讯	1期	1980
重庆的辛亥革命活动——记蜀军政府	涂鸣皋	重庆日报		1981.9.14
重庆蜀军政府资料选编	重庆地方史资料组	编者刊		1981
蜀军政府始末	张培爵	四川档案史料	4期	1983
蜀军政府始末	谢守平	四川档案	4期	1983
重庆蜀军政府的成立及其法制	邱远猷	重庆师专学报	4期	1998
蜀北军政府成立始末	平青	四川文献	39期	1965
成渝两军政府合并时间辨误	屈景益	四川档案史料	2期	1985
论四川军政府	许增纮	西南师范大学学报（哲社）	4期	1991
四川军政府的第一次外交事务	吴嘉陵	文史杂志	4期	1991
"四川军政府"称谓质疑	王东	四川大学学报（哲社）	4期	1997
尹昌衡舌战赵尔巽——清末尹昌衡是怎样初露头角的	李思桢 王治平	龙门阵	5辑	1981
煊赫一时的风云人物尹昌衡	陈祖武	文史资料选辑	77辑	1981
尹昌衡出任川督引起的思索	邱远应	西南民族学院学报（哲社）	1期	1987
尹昌衡与四川军政府	何一民	文史杂志	4期	1991
临变入盟——尹昌衡参加同盟会考辨	许增纮	文史杂志	6期	1992
辛亥志士尹昌衡	沈洪民	成都文物	4期	2003
故四川民政长张列五先生墓志铭	李植	华西学报	6、7期	1941
张培爵对民主革命的贡献——纪念辛亥革命七十周年	黄天朋	西南师范学院学报（哲社）	2期	1981
		纪念辛亥革命七十周年学术讨论会论文集（中）		1981
关于张培爵之死	谢幼国	历史知识	6期	1981
辛亥革命烈士张培爵	郭礼淮	四川地方志	2期	1986

续表二

篇、书名	著(译)编者	出处	卷、期	年月日
川战简史	康选宜	复兴月刊	3卷6、7期	1935
辛亥后之四川战记	杨兆蓉	近代史资料	总23号	1958
云南起义与四川刘存厚独立响应	孙震	自立晚报		1965.12.25
辛亥滇军入川问题	谢本书	思想战线	4期	1981
回忆川军反对袁世凯的斗争	但懋辛	文史资料选辑	11辑	1961
四川讨贼军的兴起和失败	吴克雄	文史资料选辑	30辑	1962
对《四川讨贼军的兴起和失败》的质疑	唐仲殷	文史资料选辑	48辑	1963
护国战争时期的朱德	李希泌等	近代史研究	2期	1979
护国之役中的国民护送队	叙永县志办	四川民族	4期	1985
从几件历史文物看护国讨袁时期的蔡锷与朱德	谢荔	四川文物	3期	1987
护国战争其间的四川将军陈宧	孙毅	历史教学	7期	1987
记朱德戊午剿匪	田心	四川文物	1期	1989
建国川军广东瓦解考	刘文耀	四川大学学报（哲社）	2期	1989
入蜀日记	季自求	近代史资料	总33号	
		陈宧研究资料		1987
陈宧查禁告示	廖文煜	近代史资料	总56号	
陈宧入川及其清乡活动	陈长河	学术月刊	12期	1989
护国战争中的四川军民	唐学锋	重庆社会科学	1期	1991
成都琉璃乡贵州会地	林集友	四川文物	3期	1993
读志小议——张百祥宣布绵阳独立	陈见昕	绵阳师范高等专科学校学报	3期	1996
孙中山与四川护法战争	张茂泽 唐毅	文史杂志	4期	1986
孙中山与川滇黔军之战	马宣伟	贵州社会科学（文史哲）	2期	1987
护法之役 我参加的重庆战役与成都会战	刘革园	贵州文史资料选辑	25辑	1987
四川内战详记——附贵州内战	废止内战大同盟会总会	编者刊		1933
		近代稗海	8辑	1987
二十年来之川阀战争	李白虹	近代史资料	总29号	1962
四川动乱概观	田尻（杨凡）	近代史资料	总29号	1962
四川军阀的防区制	陈书农	上海文史资料选辑	8期	1961

续表三

篇、书名	著(译)编者	出处	卷、期	年月日
四川军阀的防区制、派系和长期混战纪略	吴晋航等	文史资料选辑	10辑	1961
陈洪范——四川军阀又一类型	宋钰	文史资料选辑	10辑	1961
关于四川军阀割据混战的几个问题	涂鸣皋	西南师院学报（哲社）	1期	1980
四川军阀史料第一辑	四川省文史研究馆	四川人民出版社		1981
四川军阀史料第二辑	四川省文史研究馆	四川人民出版社		1983
四川军阀史料第三辑	四川省文史研究馆	四川人民出版社		1985
四川军阀史料第四辑	四川省文史研究馆	四川人民出版社		1987
四川军阀史料第五辑	四川省文史研究馆	四川人民出版社		1988
四川军阀混战：1927－1934年	肖波 马宣伟	四川省社会科学院出版社		1984
四川军阀与国民政府	罗伯特A.柯白（殷钟崃、李惟健）	四川人民出版社		1985
关于川军多是"双枪兵"的质疑	元江	近代史研究	2期	1986
四川军阀混战：1917－1926	肖波 马宣伟	四川省社会科学院出版社		1986
周道刚、周骏不是一人——纠正《四川军阀混战》的一处谬误	文长风	文史杂志	4期	1988
试析四川军阀长期混战之因	傅曾阳	四川师范大学学报（社科）	6期	1989
试论四川军阀的防区制	马宣伟	新时代论坛	1期	1990
四川军阀混战频繁之原因	唐学锋	西南师范大学学报（社科）	2期	1990
试论军阀割据的社会基础	唐学锋	西南民族学院学报（哲社）	4期	1990
《四川军阀与国民政府》辨误二则	张大兴	西南民族学院学报（哲社）	5期	1990
四川军阀史	匡珊吉 杨光彦	四川人民出版社		1991
歌谣楹联里四川军阀群像	元江	民国春秋	2期	1995
爱国主义传统与四川军阀的两次转变	杨光彦 潘洵	西南师范大学学报（哲社）	1期	1996
四川军阀的桃色旧闻	元江	民国春秋	2期	1997
论清末民初的"尚武"之风对川阀混战的影响	李智 李一南	川北教育学院学报	2期	1998

续表四

篇、书名	著(译)编者	出处	卷、期	年月日
四川军阀特殊相	唐振常	世纪	3 期	1998
四川军阀迷信逸闻	元江	民国春秋	6 期	1998
茗边老话：四川军阀杂说	唐振常	辽宁教育出版社		1998
四川军阀割据中防区制的特点	王友平	天府新论	2 期	1999
四川军阀赌博大观	元江	民国春秋	3 期	2001
川系军阀的形成	张建基	军事历史研究	3 期	2003
滑稽戏似的军阀首领——四川军阀趣谈	张超俊	四川档案	5 期	2003
滑稽戏似的军阀首领（续）——四川军阀趣谈	张超俊	四川档案	6 期	2003
1917 年成都罗刘、戴刘之战	邓锡侯 田颂尧	文史资料选辑	30 辑	1962
戴戡与四川——戴戡小传的辨正	则平	四川文献	140 期	1974
唐继尧图川和顾品珍倒唐的经过	金汉鼎	文史资料选辑	30 辑	1962
对《唐继尧图川和顾品珍倒唐的经过》的补正	金汉鼎	文史资料选辑	37 辑	1963
试论一九一七年的川、滇、黔军阀混战	李双璧	贵州文史丛刊	2 期	1984
唐继尧密电——滇黔川战争	陈正卿 王一景	近代史资料	总 76 号	1989
最近川乱纪实	田俊生	近代史资料	总 79 号	1990
1919－1920 年唐继尧策动滇黔川大战密电稿		档案与史学	3 期	1995
川滇黔军阀争夺四川的片断回忆	邓汉祥	文史天地	3 期	1996
刘存厚叛乱始末		近代史资料	总 23 号	1958
一支垮杆军队——记川军第一师旗军的覆灭	市仁	成都风物	4 辑	1981
1920－22 年的四川军阀混战	范崇实	近代史资料	总 29 号	1962
《1920－22 年的四川军阀混战》补充	吴晋航	近代史资料	总 29 号	1962
四川最近军事政治概况	国民革命军总司令部政治部	编者刊		1926
袍哥旅长覆灭记	朱文建 任兆祥	龙门阵	12 期	2005
杨森将军纪念册	杨森将军纪念集编辑小组	编者刊		1979

续表五

篇、书名	著(译)编者	出处	卷、期	年月日
杨森演义	马宣伟 肖波	龙门阵	1、2辑	1980
四川军阀杨森	马宣伟 肖波	四川人民出版社		1983
杨森和他的鸽队	唐亚俊 赖德馨	体育博览	5期	1992
四川军阀杨森杀妾内幕	吴越	炎黄世界	6期	1996
杨森举办1925年的川省运动会	赵可	民国春秋	5期	1998
鲜英策反杨森始末	赵东平	团结报		1998.6.16
追慕新潮的杨森	赵可	民国春秋	1期	1999
朱德和陈毅策反杨森	魏明生	党史天地	11期	2001
干一番轰轰烈烈为国为民的事——朱德陈毅联袂对军阀杨森开展统战工作纪事	倪良端	四川统一战线	5期	2003
朱德和陈毅"统战"杨森内幕	倪良端	文史春秋	8期	2003
朱德、陈毅与杨森易帜	倪良端	党史文汇	8期	2003
吴佩孚在梁山的一月	熊征五 梁平	文史资料选辑	12辑	1961
吴佩孚流寓四川五年中的阴谋活动	黄应乾等	文史资料选辑	41辑	1963
吴佩孚在射洪三台	敬文温	龙门阵	6辑	1982
吴、杨勾结与四川军阀混战	赖悦	西昌师专学报	1期	1994
		惠州大学学报（社科）	2期	1994
铩羽后的吴佩孚	蔡玉臻	春秋	2期	1995
吴佩孚逃亡四川始末	贾国雄	民国春秋	3期	1999
吴佩孚晚年寓居四川始末	王安平 刘丽敏	四川师范学院学报（哲社）	5期	2001
吴佩孚流寓成都受人施舍	李兴辉	世纪	2期	2003
田颂尧、刘文辉成都巷战记	何煜荣	文史资料选辑	33辑	1963
七十年前的成都巷战纪实	罗竞先 任兆祥	龙门阵	12期	2004
绿林、袍哥、军人范哈儿——范绍增外传	马宣伟	四川人民出版社		1993
范绍增与陪都高级俱乐部	马宣伟	名人传记	3期	1995
范绍增将军起义内幕	黄文轩	四川统一战线	7期	1999
范绍增率袍哥部队起义（上）	马宣伟	团结报		2000.9.19

续表六

篇、书名	著(译)编者	出处	卷、期	年月日
为范绍增起义作联络员	黄开富 黄文轩	红岩春秋	6期	2001
"傻儿司令"范绍增其人其事	周恭文	党史纵览	7期	2005
抗战时期的川军将领范绍增	周恭文 周廷光	文史春秋	7期	2005
刘神仙与四川军阀	蒋尚朴	文史资料选辑	7辑	1960
刘湘、刘文辉争霸四川之几次战争	冷寅东	文史资料选辑	10辑	1960
刘湘、刘文辉混战始末	黄应乾	文史资料选辑	33辑	1963
二刘大战二三事	杨学端	文史资料选辑	33辑	1963
四川军阀最后的一场混战	陈光藻	文史资料选辑	33辑	1963
刘湘统一四川内幕	沈默士	东南亚研究所		1968
刘湘的"空军"	田青	龙门阵	6辑	1982
「神仙」・劉従雲と軍閥・劉湘—その「荒唐無稽」な関係についての一考察	今井駿	人文論集（静岡大学）	40号	1989
刘湘与四川空军	唐学锋	文史杂志	3期	1993
试论二刘相争的历史影响	屈小强 田原	民国档案	4期	1993
刘湘的军师刘从云	张军	民国春秋	4期	1994
二刘争霸之一幕	戴溶江	红岩春秋	6期	1997
四川最后一次军阀混战及其影响	元江	成都大学学报（社科）	2期	1998
二刘争川之战	赵映林	民国春秋	2期	1999
叔侄争霸：四川二刘之战	贾国雄	炎黄春秋	1期	2000
刘湘杀侄平事端	罗竞先 张大川	龙门阵	4期	2004
奉大巫（三次）陷城惨案	巫山、奉节、巫溪县难民公启	编者刊		1930
论四川军团之病民	邱薈双	复兴月刊	3卷 6、7期	1935
各县土匪近况		四川月报	9卷4期	1936
一字之争，生灵涂炭	靳继良	龙门阵	9辑	1982
杨卓之强抢恶要发横财	石汉荣等	湘西文史资料	13辑	1989
秀山西路杨卓之发迹	石汉荣等	湘西文史资料	13辑	1989
民国川省土匪、袍哥与军阀的关系	张杰	江苏社会科学	3期	1991
试论民国初年川西的匪患	梁勇	中国社会经济史研究	3期	2000

续表七

篇、书名	著(译)编者	出处	卷、期	年月日
也谈赵洪文国与川西匪患	杨世元	红岩春秋	3期	2003
民国悍匪李鸿勋	海内盛 任兆祥	龙门阵	4期	2004
四川的暗潮	朱柏	中建	1卷3期	1948
革命风暴掀起的巨浪——五四运动在四川的反响	川大历史系四年级四川近代史编写组	成都日报		1959.5.4
回忆"五四"时期四川的几个革命烈士	萧崇素	四川日报		1959.5.14
"五四"运动在四川	曾金祥	成都日报		1961.5.4
五四运动在四川	张秀熟	四川大学学报（哲社）	1期	1979
新文化运动在四川	孟默	新文学史料	3期	1979
五四期间四川的反帝反封建斗争	四川医学院中共党史教研室	四川日报		1979.5.5
五四革命风暴在四川	匡珊吉	社会科学研究	2期	1979
关于五四运动在四川的发动时间问题	杨副军	重庆师院学报（社科）	1期	1981
"五四"时期四川知识界的革命活动	明鲁	历史知识	2期	1981
五四浪潮激荡巴山蜀水	黄淑君等	西南师范学院学报（哲社）	2期	1979
五四运动在四川概述	高国芬	四川文物	3期	1989
五四运动在四川	中共四川省委党史工作委员会	四川大学出版社		1989
"五四"在成都——回忆"五四"二三事	陈竹影	四川日报		1959.5.10
"五四"新文化运动在成都	吴先优	四川日报		1959.5.12
"五四"运动在成都	陈竹影	成都风物	2辑	1981
"五四"运动在成都	石湍	历史知识	2期	1981
五四时期成都人民抵制仇货运动	邓寿明	成都现代革命史资料	总8期	1982
五四运动在成都	邓寿明	成都现代革命史资料	总15期	1982
五四运动在重庆	杨付军	西南师范学院学报（哲社）	2期	1979
五四运动时的重庆	雷启汉	重庆日报		1979.5.3
五四前后的重庆政治经济概况	杨付军	重庆党史研究资料	11、12期	1984
五四运动在重庆的展开	何作	重庆日报		1984.4.21
五四运动在重庆	中共重庆市委党史工委	编者刊		1984

续表八

篇、书名	著(译)编者	出处	卷、期	年月日
五四期间重庆青年学生的反帝反封建斗争	徐兴旺	重庆社会科学	2期	1985
"五四"运动在重庆	唐守荣	教育周报	5期	1992
论五四时期重庆地区的新思潮	张新华	探索	1期	1998
五四运动在江津	共青团江津县委	重庆青运史研究资料	2期	1985
五四时期的邓小平	吴忠才	广西党史	3期	1999
1921年重庆学生抵制日货的斗争——"五四"运动在四川的一页	李世平	四川大学学报	1期	1960
蒲殿俊与新文化运动	何一立 林 顿	成都大学学报（社科）	3期	1988
四川近代知识分子群的形成及其原因	何一民	天府新论	2期	1989
五四前后的四川思想界	屈小强	四川文物	3期	1989
跨世纪的选择——四川近代知识分子群的政治觉醒	何一民	社会科学研究	2期	1990
四川的文化启蒙	谭晓钟	四川党的建设（城市）	2期	2004
王光祈与少年中国学会（1918-1936）——民国学会个案探讨之一	郭正昭	"中研院"近代史研究集刊	2期	1971
少年中国学会在四川的活动	怒 海 侯 平	四川党史研究资料	4期	1982
"五四"时期少年中国学会在四川的活动及其历史地位	侯 平	四川社科界	6期	1994
20年代江北中学反对国家主义派的斗争	姜资生	重庆党史研究资料	2期	1987
国家主义与马克思主义在重庆的三次较量	艾新全	重庆党史研究资料	2期	1987
全面反击国家主义派——"六·二事件"述略	黄淑君等	重庆党史研究资料	2期	1987
大革命时期重庆教育界反对国家主义派的斗争	吴文华 谢永川	西南师范大学学报（哲社）	增刊	1987
试述成都早期无政府主义组织的革命活动	管文虎	四川师范大学学报（社科）	2期	1987
无政府主义在四川的流传	盛 明	四川党史	3期	1995
大革命前四川国民党的内讧及其与南北政府的关系	熊克武	文史资料选辑	30辑	1963
中国国民党四川省执行委员会（莲花池）的成立和活动		重庆党史研究资料	5期	1986

续表九

篇、书名	著(译)编者	出处	卷、期	年月日
中国国民党荣昌县临时县党部的成立和活动		重庆党史研究资料	5期	1986
重庆莲花池国民党左派省党部各阶段的起止时间和称谓考证	邓铭	四川党史研究资料	1期	1987
四川国民党史志	四川省文史研究馆、四川省人民政府参事室	四川人民出版社		1994
四川革命历史文件汇集（甲1-14）	中央档案馆、四川省档案馆	编者刊		1984-1988
四川建党前的一些奠基工作	刘弄潮	四川现代革命史研究资料	4、5期	1980
关于四川YC团	成电马列教研室	四川现代革命史研究资料	3期	1981
马克思主义的传播与四川建党	匡珊吉	社会科学研究	6期	1981
吴玉章谈在四川建立中国青年共产党	肖效钦等整理	党史研究资料	6、7期	1981
马克思主义的传播与四川人民的觉醒	匡珊吉	四川大学学报（哲社）	2期	1983
五四运动与四川建党	温贤美等	四川人民出版社		1985
试论中国YC团的几个问题	管文虎	四川师范大学学报（社科）	1期	1989
中国YC团纲领		重庆党史研究资料	2期	1993
中国YC团章程度		重庆党史研究资料	2期	1993
研究四川早期共产主义团体的重要文献		重庆党史研究资料	2期	1993
诞生的话——《赤心评论》		重庆党史研究资料	2期	1993
刘帅曾入过YC团	顾实	四川党史	1期	1994
吴玉章与中国YC团的创建及其马克思主义宣传	吴达德	自贡师专学报	4期	1996
简论四川共产主义前驱者的道路	胡康民	重庆党史研究资料	1、2期	1997
中国YC团（中国青年共产党）	中共四川省委党史研究室等	重庆出版社		1997
马克思主义在四川传播和建团建党	中共四川省委党史研究室	四川大学出版社		1998
四川早期团组织的创建及其特殊历史作用	陈全	重庆社会科学	6期	2000
巴蜀星火	钱阳等	四川档案	增刊	2001
吴玉章与四川"中国青年共产党"的创建	吴达德	四川师范大学学报（社科）	4期	2005
从成都社会主义读书会到社会主义青年团——刘弄潮同志谈话纪要		四川现代革命史研究资料	4期	1981

续表一〇

篇、书名	著(译)编者	出处	卷、期	年月日
关于中共成都独立小组和重庆地委等问题的考辨	李荣忠等	四川党史月刊	5期	1988
关于中国社会主义青年团重庆地方团建立的三篇文献		重庆党史研究资料	6期	1983
关于重庆建党的几个问题	李畅培	重庆党史研究资料	6期	1983
马克思主义在重庆的早期传播	彭承福	重庆日报		1983.4.16
对重庆建党问题的一些看法	曾 康	重庆党史研究资料	2期	1987
关于重庆最早的党组织	曾 康	重庆地方志	3、4期	1987
重庆"共产党"辨析	曹仲彬	党史研究资料	2期	1992
关于重庆"共产党"及其他	杨奎松	党史研究资料	12期	1992
试析《四川省重庆共产主义组织的报告》	杨世元	四川党史	2、3期	1996
关于"重庆共产主义组织"的再探索	杨世元	重庆党史研究资料	3、4期	1998
关于"四川省重庆共产主义组织"的再探索	杨世元	四川党史	4期	1998
重庆的第一代共产党人	穆 申	红岩春秋	4期	2001
我认识的第一个共产党人——王右木先烈回忆琐记	林如稷	人民文学	4期	1958
四川马克思主义运动先驱者——纪念王右木诞生一百周年	中共江油县委党史办公室	四川大学出版社		1988
王右木研究	中共江油市委党史工委	四川大学出版社		1989
珍贵的遗物 历史的见证——王右木烈士在日本学习的讲义	黄石林	四川文物	4期	1992
张秀熟与王右木	蒋 志	绵阳师范高等专科学校学报	1期	1994
鲜为人知的四川早期团史资料——孟本斋致王右木的信的残件考	蒋德心	四川党史	2期	1995
马克思主义在四川传播的第一人——王右木	邓寿明	四川党史	3期	2001
四川党团组织的创始人王右木	邓寿明	四川党的建设（城市）	1期	2004
恽代英同志在泸州	张至皋	社会科学研究	1期	1980
缅怀先烈恽代英努力办好师范学校		四川教育	10期	1980
恽代英同志在四川活动述略	李畅培	四川现代革命史研究资料	2期	1981
"代英堪称一代英"——恽代英办学事迹简介	李定熙	四川教育	7期	1982
恽代英旅行读书团在江北	钟心见	重庆党史研究资料	8期	1984

续表一一

篇、书名	著(译)编者	出处	卷、期	年月日
对《恽代英旅行读书团在江北》的更正		重庆党史研究资料	11、12期	1984
恽代英致重庆友人书		重庆党史研究资料	1、2期	1984
川南师范学堂与恽代英同志	谢荔	四川文物	2期	1985
恽代英在泸州	中共泸州市委党史工作委员会办公室	编者刊		1987
泸州新发现的恽代英手迹	徐利红	四川文物	5期	1989
萧楚女同志在四川的建党活动	郝谦	四川现代革命史研究资料	1期	1980
萧楚女在重庆	雷成农	重庆日报		1980.2.10
肖楚女同志在泸州	吴孟辉	重庆师范大学学报（哲社）	2期	1981
萧楚女烈士二三事	江如水	重庆党史研究资料	1、2期	1983
萧楚女在重庆	姜直中	重庆日报		1984.6.9
萧楚女致团中央信		重庆党史研究资料	3期	1985
《南鸿》、《爝光》中哪些文章是萧楚女写的	李畅培	重庆党史研究资料	2期	1986
"楚女横流布阵容"——萧楚女在重庆	李畅培	重庆党史研究资料	2期	1987
萧楚女对重庆早期团组织建设的杰出贡献	李善贵	重庆地方志	3、4期	1987
重庆早期青年运动杰出领导人童庸生烈士传略	杨炜等	重庆青运史研究资料	2期	1983
童庸生给团中央的两件报告		四川档案史料	1期	1985
试论童庸生烈士的主要历史功勋	卢光特	重庆党史研究	4期	1987
1926－1928年中共四川党组织的革命斗争情况	张秀熟	四川革命史研究资料	4期	1980
解放前中共四川省组织概况	何盛明	四川现代革命史研究资料	6期	1981
中共四川地委组织及其活动情况	李嘉仲	四川档案史料	1期	1983
也谈四川早期党组织和重庆地委的建立	何盛明	四川党史研究资料	3期	1985
中共四川地方党史大事年表（1921－1949）	中共四川省委党史工作委员会	四川人民出版社		1985
谈谈关于中共重庆地委和中共四川地委建立的时间问题	任白戈	四川党史研究资料	2期	1986
补充四川党团临时特委	任白戈	重庆党史研究资料	2期	1986

续表一二

篇、书名	著(译)编者	出处	卷、期	年月日
四川革命历史文件汇集	中央档案馆、四川省档案馆	四川人民出版社		1987
五卅运动与中共四川地方委员会的建立	后 云	社会科学研究	4 期	1988
中共四川省委贯彻"六大"路线的几次重要会议	刘昌福	重庆党史研究资料	3 期	1990
中共四川省委地方党史大事记	郭春生	四川党史月刊	7 期	1990
中共历届四川省级组织简介	艾新全	红岩春秋	4 期	1991
中共四川地方史十讲（新民主主义革命时期）	中共四川省委党史研究室	四川人民出版社		1991
谁是中共四川省委第一任书记	袁南生	党史研究资料	10 期	1993
对1930年四川省委遭受大破坏有关问题的探讨	何 蜀	重庆党史研究资料	2 期	1995
中国共产党四川省组织史资料（1921－1949）	中共四川省委组织部等	四川人民出版社		1995
中国共产党四川历史大事记：民主革命时期	中共四川省委党史研究室	四川大学出版社		1997
中国共产党地方组织在四川的建立	中共四川省委党史研究室	四川人民出版社		2001
中国共产党四川省成都市组织史资料（1922－1993）	中共成都市委组织部等	四川人民出版社		2000
中国共产党成都地方组织历史图志：光辉历程	中共成都市委党史研究室	四川美术出版社		2001
简论中共成都历史	岳建功	四川党史	6 期	2002
中国共产党成都历史大事记（1919.5－2005.12）	中共成都市委党史研究室	中共党史出版社		2006
中国共产党四川省温江县组织史资料（1927－1987）	中共温江县委组织部	编者刊		1992
中共温江县党史大事记（1929－1990）	中共温江县史志办公室	编者刊		1993
中国共产党四川省新都县组织史资料（1927.秋－1987.12）	中共新都县组织部等	编者刊		1993
中共双流县党史大事记（1923－1989）	中共双流县委党史研究室	编者刊		1991
中共双流地下党的二十二年（1927－1949）	中共双流县委党史研究室	编者刊		1993
中共郫县党史资料（1921－1949）	中共郫县党史研究室	编者刊		1991

续表一三

篇、书名	著(译)编者	出处	卷、期	年月日
中国共产党四川省郫县组织史资料（1927－1987）	中共四川省郫县县委组织部、中共四川省郫县县委党史研究室	四川人民出版社		1993
中共郫县党史大事记（1926－1987）	中共郫县县委党史研究室	编者刊		1994
中国共产党四川省蒲江县组织史资料（1927.4－1987.12）	中共四川省蒲江县委组织部等	编者刊		1992
中国共产党蒲江县历史大事记（1927－1989）	中共蒲江县委	编者刊		1996
中国共产党四川省大邑县组织史资料（1931.12－1987.10）、四川省大邑县政军统群系统组织史资料（1950.1－1987.10）	中共大邑县委组织部	成都出版社		1991
中国共产党四川省金堂县组织史资料（1927－1987）、四川省金堂县政军统群系统组织史资料（1949－1987）	中共四川省金堂县委组织部等	四川人民出版社		1991
中共金堂县党史资料汇编（1927－1949）	中共金堂县委党史研究室	编者刊		1996
金堂县党史大事记（1927－1978）	中共金堂县委组织部、中共金堂县委党史研究室	编者刊		2001
中国共产党四川省新津县组织史资料（1931－1987.12）	中共新津县委党史研究室	编者刊		1991
中国共产党新津县历史大事记（1932－1985）	中共新津县委党史研究室	编者刊		2001
中共灌县地方党史资料长编（1928－1949）	中共灌县县委党史工作委员会	编者刊		1984
中国共产党四川省灌县组织史资料（1928－1988）	中共四川省都江堰市委组织部	四川人民出版社		1992
中共灌县地方党史大事记（1923－1988.5）	中共都江堰市委党史研究室	编者刊		1996
彭县党史大事记（1919－1989）	彭县党史办	编者刊		1992
中共彭县地下组织简史	中共彭县县委党史研究室	编者刊		1992
中国共产党四川省彭县组织史资料（1926－1987）	中共四川省彭县县委党史研究室	成都科技大学出版社		1993

续表一四

篇、书名	著(译)编者	出处	卷、期	年月日
中共邛崃历史大事记	中共邛崃县委党史研究室	编者刊		1991
中国共产党四川省邛崃县组织史资料（1927.11－1987.12）、四川省邛崃政军统群系统组织史资料（1950.1－1987.12）	中共邛崃县委组织部等	编者刊		1992
中共崇庆县党史大事记（1930－1987）	中共崇庆县委党史工委办公室	编者刊		1989
中国共产党四川省崇庆县组织史资料（1934－1987）	中国共产党四川省崇庆县组织史资料编委会	四川人民出版社		1992
中共德阳地方组织的摇篮——六中二、四分校	中共德阳市市中区党史研究室	四川大学出版社		1990
中国共产党四川省德阳市市中区组织史资料（1921.7－1987.11）	中共德阳市市中区委组织部等	编者刊		1994
中共德阳地方史纪事（新民主主义革命时期）	中共德阳市党史研究室	编者刊		1994
德阳市市中区现代革命斗争史（1919－1949）	周映璧	中共德阳市市中区党史研究室		1995
中国共产党四川省中江县组织史资料（1929－1987.10）、四川省中江县政军统群系统组织史资料（1950.1－1987.10）	中共中江县委组织部等	编者刊		1991
中国共产党四川省广汉县组织史资料（1927.8－1986.6）、广汉县政军统群系统组织史资料（1949.12－1988.6）	中共广汉市委组织部	四川人民出版社		1991
中国共产党四川省绵竹县组织史资料（1927.春－1987.10）	中共绵竹县委组织部等	编者刊		1989
中共绵阳地方党史稿（1927－1949）	中共绵阳市委党史工作委员会	四川人民出版社		1989
中国共产党四川省绵阳市组织史资料（1927－1987）	中共四川省绵阳市委组织部、中共四川省绵阳市委党史研究室	四川人民出版社		1993
中共绵阳地方史大事记（1919－1995）	中共绵阳市委党史研究室	四川人民出版社		1997

续表一五

篇、书名	著(译)编者	出处	卷、期	年月日
中共绵阳县（市，区）地方党史大事记 1928-1998（征求意见稿）	绵阳市涪城区委党史研究室	编者刊		2000
中国共产党四川省绵阳市市中区组织史资料（1928-1987）	中共四川省绵阳市市中区委组织部等	四川人民出版社		1993
中共绵阳市涪城区历史大事记（1928-1998）	中共绵阳市涪城区委党史研究室	巴蜀书社		2001
中国共产党四川省三台县组织史资料（1929-1987）	中共四川省三台县委组织部等	四川人民出版社		1992
盐亭地下党斗争史（1929-1949）	中共盐亭县委党史工作委员会办公室	编者刊		1986
中国共产党四川省盐亭县组织史资料（1929-1987）	中共四川省盐亭县委组织部等	四川人民出版社		1992
抗日战争时期梓潼地下党史略	傅纯乐等	中共梓潼县委党史工作委员会办公室		1986
解放战争时期中共梓潼地下党史略（1949.1-12）	中共梓潼县党史工作委员会办公室	编者刊		1988
中国共产党四川省梓潼县组织史资料（1935.4-1987.10）	中共四川省梓潼县委组织部等	四川人民出版社		1993
中国共产党四川省安县组织史资料（1927.3-1987.10）、四川省安县政军统群系统组织史资料（1949.12-1987.10）	中共四川省安县县委组织部等	四川人民出版社		1991
中共安县地方史大事记（1927-1996）	中共安县县委党史研究室	成都科技大学出版社		1999
中国共产党四川省北川县组织史资料（1927.7-1987.10）、四川省北川县政军统群系统组织史资料（1950.1-1987.10）	中共四川省北川县委组织部等	四川人民出版社		1991
中共北川县党史大事记（1935-1990年）	中共北川县委党史研究室	编者刊		1997
回眸	中共北川县县委党史研究室	编者刊		2001
中国共产党四川省平武县组织史资料（1927-1987）	中共平武县委组织部	编者刊		1995

续表一六

篇、书名	著(译)编者	出处	卷、期	年月日
中共平武地方史大事记（1935－1998）	李尊友	中共平武县委党史研究室		1999
中国共产党四川省江油县组织史资料（1927－1988）	中共江油县委组织部等	编者刊		1996
中国共产党四川省广元市组织史资料（1930.1－1987.10）	中共四川省广元市委组织部等	四川人民出版社		1993
中国共产党四川省广元市市中区组织史资料（1933.7－1986.7）、四川省广元市市中区政军统群系统组织史资料（1949.12－1987.10）	中共四川省广元市委组织部等	编者刊		1996
中国共产党四川省青川县组织史资料（1939－1987）	中共四川省青川县委组织部等	四川人民出版社		1992
中国共产党四川省剑阁县组织史资料（1930年春－1987.10）、四川省剑阁县政军统群系统组织史资料（1949.12－1987.10）	中共剑阁县委组织部等	编者刊		1989
中共剑阁县地方史 第一卷：新民主主义革命时期	中共剑阁县委党史研究室	编者刊		2001
苍溪地下党及三堆石苏维埃政权（1923年至1933年）	罗伯铭	中共苍溪县委党史资料征集小组办公室		1984
中国共产党苍溪地方党史（1933年－1935年）	中共苍溪县委党史研究室	编者刊		1991
中国共产党四川省旺苍县组织史资料（1933－1987）、四川省旺苍县政军统群系统组织史资料（1933－1987）	中共旺苍县委组织部等	编者刊		1988
中共旺苍地方史大事记	中共旺苍县委党史办公室	编者刊		1993
中国共产党四川省巴中县组织史资料（1927－1987.10）、四川省巴中县政军统群系统组织史资料（1949.12－1987.10）	中共四川省巴中县委组织部等	四川人民出版社		1991
中国共产党四川省平昌县组织史资料（1933－1987）	中共四川省平昌县委组织部	四川人民出版社		1992
中国共产党四川省通江县组织史资料（1933－1987）	中共四川省通江县委组织部等	四川人民出版社		1993
民主革命时期南江地方党史大事记	中共南江县委党史工委办公室	编者刊		1987

续表一七

篇、书名	著(译)编者	出处	卷、期	年月日
中国共产党四川省南江县组织史资料（1927-1987）	中共四川省南江县委组织部等	编者刊		1994
中共达县地区党史稿（1921-1949）	中共达县地委文党史研究室	四川人民出版社		1991
中国共产党四川省达县地区组织史资料（1926.8-1987.10）	中共达县地委组织部等	重庆出版社		1995
中国共产党四川省达县组织史资料（1928-1987）	中共四川省达县县委组织部等	四川人民出版社		1993
中国共产党达县历史大事记（1919-2000）	中国共产党达县委员会党史研究室	编者刊		2003
中国共产党四川省宣汉县组织史资料（1923-1987）	中共四川省宣汉县委组织部等	四川人民出版社		1994
民主革命时期中共大竹地方党史大事年表	中共大竹县委党史工作委员会	编者刊		
中国共产党四川省大竹县组织史资料（1927.8-1987.11）	中共大竹县委组织部等	重庆出版社		1992
中国共产党四川省渠县组织史资料（1929.12-1987.11）、四川省渠县政军统群系统组织史资料（1949.12-1987.11）	中共四川省渠县县委组织部等	编者刊		1992
中国共产党渠县地方史（1929-1949）	中共渠县县委党史研究室	编者刊		2003
中共万源地方史（1921-1949）	中共万源市委党史研究室	编者刊		2001
中国共产党四川省南充地区组织史资料（1921-1987）	中共四川省南充地区组织部	四川人民出版社		1992
中国共产党四川省南部县组织史资料（1927-1987）、四川省南部县政军统群系统组织史资料（1949-1987）	中共南部县委组织部等	四川大学出版社		1993
中国共产党四川省仪陇县组织史资料（1927-1987）	中共仪陇县委组织部	四川大学出版社		
中共阆中党史资料	中共阆中党史研究室	编者刊		1986
中国共产党四川省阆中县组织史资料（1927.7-1987.12）、四川省阆中县政军统群系统组织史资料（1950.1-1987.12）	中共四川省阆中县委组织部等	四川人民出版社		1991

续表一八

篇、书名	著(译)编者	出处	卷、期	年月日
中国共产党四川省广安县组织史资料（1929.3－1987.12）、四川省广安县政军统群系统组织史资料（1949.12－1987.12）	中共四川省广安县委组织部等	编者刊		1991
中国共产党广安县大事记（1927－1976）	中共广安区委党史研究室	编者刊		1999
中共岳池地方史稿（1921－1949）	中共岳池县委党史研究室	成都科技大学出版社		1991
中国共产党四川省岳池县组织史资料（1926－1987）	中共四川省岳池县委组织部	编者刊		
中共岳池党史大事记（1925－1999）	中共岳池县委党史研究室	编者刊		2000
中国共产党四川省武胜县组织史资料（1928.4－1987.12）、四川省武胜县政军统系统组织史资料（1950.1－1987.12）	中共四川省武胜县委组织部等	编者刊		1991
中国共产党四川省邻水县组织史资料（1926－1987）	中共四川省邻水县委组织部	四川人民出版社		1992
中国共产党四川省遂宁市组织史资料（1921.7－1987.10）、四川省遂宁市政军统群系统组织史资料（1949.12－1987.10）	遂宁市组织史资料编辑组等	编者刊		1989
中国共产党四川省射洪县组织史资料（1926－1987）、四川省射洪县政军统群系统组织史资料（1949－1987）	中共射洪县委组织部等	四川人民出版社		1990
解放战争时期中共蓬溪地方党的组织工作概况（初稿）	中共蓬溪县委党史工作委员会办公室	编者刊		1985
中国共产党四川省蓬溪县组织史资料（1927.8－1987.10）、四川省蓬溪县政军统群系统组织史资料（1949.12－1987.10）	中共蓬溪县委组织部等	编者刊		1990
中国共产党四川省安岳县组织史资料（1928.7－1987.10）、四川省安岳县政军统群系统组织史资料（1949.10－1987.10）	中共安岳县委组织部等	编者刊		1991
中国共产党四川省乐至县组织史资料（1927.8－1987.10）、四川省乐至县政军统群系统组织史资料（1949.12－1987.10）	中共四川省乐至县委组织部等	四川人民出版社		1991

续表一九

篇、书名	著(译)编者	出处	卷、期	年月日
华蓥春秋——华蓥市民主革命时期党史专辑	周光瑾	成都科技大学出版社		1993
中国共产党四川省简阳县组织史资料（1939.7－1987.10）、四川省简阳县政军统群系统组织史资料（1949.12－1987.10）	中共简阳县委组织部等	编者刊		1992
中共简阳地方史大事记（1919.6－1978.12）	中共简阳市委党史研究室	编者刊		2000
中国共产党内江地下组织革命斗争史略 1921－1949（内江市文史资料特刊）	内江市编史修志委员会	编者刊		1981
中国共产党四川省内江市组织史资料（1926.12－1987.10）、四川省内江市政军统群系统组织史资料（1949.12－1987.10）	中共四川省内江市委组织部等	四川人民出版社		1991
中国共产党四川省资中县组织史资料（1928－1987）、四川省资中县政军统群系统组织史资料（1949－1987）	中共四川省资中县委组织部等	编者刊		1992
中共威远县历史大事记（1928－1998）	中共威远县委党史研究室	编者刊		2000
中国共产党四川省隆昌县组织史资料（1932－1987）	中共四川省隆昌县委党史工作委员会、四川省隆昌县档案局	四川人民出版社		1992
中国共产党隆昌县历史大事记（1927－2000）	中共隆昌县委党史研究室	编者刊		
中国共产党四川省自贡市组织史资料（1926.夏－1987.10）	中共四川省自贡市委组织部	四川人民出版社		1994
中国共产党自贡历史大事记（1921－1978）	中共自贡市委党史研究室	四川人民出版社		2001
中国共产党四川省荣县组织史资料（1926.夏－1987.11）、四川省荣县政军统群组织史资料（1949.12－1987.11）	中共荣县县委组织部等	编者刊		1991
中国共产党四川省自贡富顺县组织史资料（1926－1987）	中共富顺县委党史办	编者刊		
中国共产党四川省泸州市组织史资料（1921.7－1987.10）、四川省泸州市政军统群系统组织史资料（1949.10－1987.10）	中共泸州市委组织部等	四川大学出版社		1992

续表二〇

篇、书名	著(译)编者	出处	卷、期	年月日
中共泸州地方党史史稿第一卷（1921–1949）	中共泸州市委党史研究室	编者刊		2003
中共泸县中心县委与武装斗争	中共泸州市委党史工作委员会办公室	编者刊		1989
中共四川省纳溪县组织史资料（1921.7–1987.10）、四川省纳溪县政军统群系统组织史资料（1949.12–1987.10）	中共纳溪县委组织部等	编者刊		1989
中国共产党合江历史大事记（1922–2000）	唐义碧	合江县档案馆		2001
中共叙永地方党史：大事年表·组织概况（1921–1949）	中共叙永县委文史工作委员会办公室	编者刊		1988
中国共产党四川省叙永县组织史资料（1928.8–1987.1）、四川省叙永县政军统群系统组织史资料（1949.12–1987.10）	中共叙永县委组织部等	编者刊		1992
中共宜宾地方党史大事年表、组织概况（1921–1949）	中共宜宾地委党史工作委员会	编者刊		1986
中共宜宾地区党史资料选编（1919–1937）	中共宜宾地区党史工作委员会	编者刊		1989
中国共产党四川省宜宾地区组织史资料（1921–1987）、四川省宜宾地区政军统群系统组织史资料（1949–1987）	中共四川省宜宾地委组织部等	四川人民出版社		1991
中国共产党宜宾县历史大事记（1919.5–1999.6）	中共宜宾县委党史研究室	四川人民出版社		2000
史海拾贝——宜宾县党史研究论文集	中共宜宾县委党史研究室	编者刊		2005
中国共产党宜宾历史（第一卷：1919–1949）	中共宜宾市委党史研究室	中共党史出版社		2005
中国共产党四川省南溪县组织史资料（1921–1987）、四川省南溪县政军统群系统组织史资料（1949–1987）	中共南溪县委组织部等	编者刊		1990
中共南溪地方党史资料汇编（1921–1949）	中共南溪县文党史研究室	编者刊		1991
中国共产党四川省江安县组织史资料（1927–1987）、四川省江安县政军统群系统组织史资料（1949–1987）	中共江安县委组织部等	编者刊		1992

续表二一

篇、书名	著(译)编者	出处	卷、期	年月日
中共长宁地方党史资料汇编（第一辑：1921－1949）	中共长宁县委党史工作委员会	编者刊		1987
中国共产党四川省长宁县组织史资料、四川省长宁县政军统群系统组织史资料	中共长宁县委组织部等	编者刊		
中国共产党四川省高县组织史资料（1921－1987）、四川省高县政军统群系统组织史资料（1949－1987）	中共高县县委组织部等	编者刊		1994
中共四川省筠连县组织史资料（1921.7－1987.10）、四川省筠连县政军统群系统组织史资料（1950.1－1987.10）	中共筠连县委组织部等	编者刊		1990
中国共产党珙县八十年历史大事记（1921.1－2000.12）	中共珙县党史研究室	编者刊		2001
中国共产党四川省兴文县组织史资料（1928－1987）、四川省兴文县政军统群系统组织史资料（1949－1987）	中共兴文县委组织部等	编者刊		1990
中国共产党四川省眉山县组织史资料（1928.9－1987.10）、四川省眉山县政军统群系统组织史资料（1950.1－1987.10）	中共眉山县委组织部等	编者刊		1991
中国共产党眉山县委大事年表（1928－1992）	中共眉山县委党史研究室	编者刊		1993
中国共产党四川省仁寿县委组织史资料（1928.1－1987.10）	中共仁寿县委组织史资料编纂领导小组	西南交通大学出版社		1992
中共洪雅地方党史（1940－1949）	杨国忠	西南交通大学出版社		1990
中国共产党四川省洪雅县组织史资料（1939.7－1987.10）	中共四川省洪雅县委组织部等	西南交通大学出版社		1992
中共青神县党史资料选编（1927－1949）	中共青神县委党史工作委员会	编者刊		1989
中国共产党四川省青神县组织史资料（1927－1987）	中共四川省青神县委组织部等	四川人民出版社		1992
中国共产党四川省乐山市组织史资料（1929.2－1987.10）、四川省乐山市政军统群系统组织史资料（1950.1－1987.10）	中共四川省乐山市委党史工作委员会、四川省乐山市档案局	四川人民出版社		1991

续表二二

篇、书名	著(译)编者	出处	卷、期	年月日
中国共产党乐山历史（1927－1997）	中共乐山市委党史研究室	四川人民出版社		2005
中国共产党四川省乐山市五通桥区组织史资料（1927－1987）	中共四川省乐山市五通桥区委组织部等	四川人民出版社		1992
中国共产党四川省井研县组织史资料（1933.1－1987.10）	中共井研县委组织部等	电子科技大学出版社		1992
中共井研县委大事年表（1933.1－1992.12）	张志兴	中共井研县委办公室		1996
中国共产党四川省夹江县组织史资料（1932.11－1987.10）	中共夹江县委组织部等	编者刊		1992
中国共产党四川省沐川县组织史资料（1933－1987）	中共四川省沐川县委组织部等	四川人民出版社		1992
中共沐川史（1933－2003）	中共沐川史编纂委员会	编者刊		2004
中共雅安地方党史研究新编	周英哲	成都出版社		1990
中国共产党四川省名山县组织史资料（1928－1987）、四川省名山县政军统群系统组织史资料（1949－1987）	中共名山县委组织部等	编者刊		1989
中国共产党四川省甘孜藏族自治州组织史资料（1935－1987）、四川省甘孜藏族自治州政军统群系统组织史资料（1950－1987）	中共四川省甘孜藏族自治州委组织部等	四川人民出版社		1991
中共马尔康县史稿	四川省《中共马尔康县史稿》编纂委员会	编者刊		1999
中国共产党四川省丹巴县组织史资料（1935.3－1988.12）	四川省甘孜州丹巴县委组织部等	四川人民出版社		1998
中共四川省汶川县组织史资料、四川省汶川县政军统群组织史资料（1935－1987）	中共汶川县委组织部等	编者刊		1988
中国共产党四川省凉山彝族自治州组织史资料（1929－1987）	中共凉山州委组织部等	四川人民出版社		1992
中国共产党凉山州历史大事记（原西昌地区卷）1923－1978	中共凉山州委党史研究室	四川民族出版社		2001
中国共产党四川省西昌市组织史资料（1930－1987.10）	中共四川省西昌市委组织部等	编者刊		1995

续表二三

篇、书名	著(译)编者	出处	卷、期	年月日
中国共产党西昌市历史大事记（1929－1999）	中共西昌市委党史研究室	四川人民出版社		2001
中国共产党四川省会理县组织史资料（1935－1987.10）、四川省会理县政军统群系统组织史资料（1950－1987.10）	中共会理县委组织部等	编者刊		1990
中共会理地下组织及其领导下的武装斗争（1942－1950）	中共会理县委党史工委	编者刊		1989
中共普格县地方史稿	《中共普格县地方史稿》编委会	四川大学出版社		1995
中国共产党四川省米易县组织史资料（1948.冬－1993.12）	中共四川省米易县委组织部等	编者刊		1996
川东重庆地区党的组织概况（1925－1940）	中共重庆市党史办公室	重庆党史研究资料	2 期	1982
中共重庆地委的建立	陈石平	党史研究资料	12 期	1982
对《中共重庆地委的建立》一文的补充	何盛明	四川党史研究资料	11 期	1983
民主革命时期中共重庆地方党史组织概况（征求意见稿）	中共重庆市委党史工委	编者刊		1984
从两件历史文献看中共重庆地委创建的时间	莹成	四川档案史料	1 期	1985
中共重庆地方委员会建立时间的探讨	陈立军	四川党史研究资料	1 期	1985
曹露霄同志谈重庆早期地下党情况		重庆党史研究资料	2 期	1986
回忆中共重庆地委的创建——访张锡畴同志	张廷益等	四川党史研究资料	5 期	1986
中共重庆地方委员会创建时间的再探讨	陈立军	重庆党史研究资料	1 期	1987
迎着风浪诞生的中共重庆地委	陈立军	四川党史	11 期	1990
中共重庆地方党史大事记（1919.5－1949.11）	中共重庆市委党史研究室	重庆出版社		1991
对中共重庆地委成立时间两个问题的考辨	陈全	重庆党史研究资料	2 期	1993
中国共产党重庆历史大事记	钟修文	重庆出版社		2001
中国共产党四川省万县组织史资料（1923－1987）	中共四川省万县县委组织部等	编者刊		1994

续表二四

篇、书名	著(译)编者	出处	卷、期	年月日
中国共产党四川省涪陵市组织史资料（1926－1988）	中共涪陵市组织史资料编辑组	四川人民出版社		1992
中共涪陵地方党史大事记	王应全	成都科技大学出版社		1994
中共涪陵地区简史	中共四川省涪陵市委党史研究室	重庆出版社		1997
关于重庆城区区委	刘隆华	重庆党史研究资料	7 期	1981
谈谈城区区委的情况——张家壁同志在小组会上的发言		重庆党史研究资料	4、5 期	1985
中国共产党重庆市市中区组织史资料（1926.1－1987.10）、重庆市市中区政军统群系统组织史资料（1949.12－1987.10）	中共重庆市市中区组织部等	编者刊		1993
中共重庆市市中区党史大事记（1919－1992）	中共重庆市渝中区委党史研究室	编者刊		1997
川东特委时期的化龙桥区区委	张家壁	重庆党史研究资料	11 期	1985
抗日战争初期重庆沙磁区地下党的建党斗争	黄大明	重庆现代革命史资料	5 期	1981
关于磁器口分区委	魏仲云	重庆党史研究资料	6 期	1986
中国共产党重庆市沙坪坝区组织史资料（1926.8－1987.10）、重庆市沙坪坝区政军统群系统组织史资料（1949.12－1987.10）	中共沙坪坝区委组织部等	编者刊		1989
中共重庆市沙坪坝区党史大事记（第一集：1919－1949）	中共重庆市沙坪坝区委党史研究室	编者刊		1999
沙磁区委机关建立的回忆	黄大明	重庆党史研究资料	2 期	1995
1947 年至 1948 年重庆地下党南岸工委的成立与合并	周应培等	重庆党史研究资料	3 期	1987
中国共产党重庆市南岸区组织史资料（1927.8－1987.10）、重庆市南岸区政军统群系统组织史资料（1949.12－1987.10）	中共重庆市南岸区委组织部等	编者刊		1992
1929 年共青团在江巴	徐庆坚	重庆党史资料	3 期	1982
1931－1932 年江巴地区的一些情况	李晓南	四川党史研究资料	3 期	1982
曾在 1940 年任江北县委书记的"老大哥"是谁	陶秋白	重庆党史研究资料	11 期	1985

续表二五

篇、书名	著(译)编者	出处	卷、期	年月日
1940年江北县委内奸事件已经查清	中共江北县党史办公室	重庆党史研究资料	11期	1985
周正平同志谈重庆汉利药房特支	巴县县委党史办	重庆党史研究资料	9期	1986
1926年成立中共江北县地方党组织的前前后后	徐小荣	重庆党史研究资料	4期	1987
中国共产党江北区地方史大事记	尹天林	中共江北区委党史办公室		1999
中共重庆市渝北区明月地下党组织60周年纪念专辑	中共重庆市渝北区委党史研究室	编者刊		1999
巴县党史研究资料汇编	中共巴县县委党史工委	编者刊		1989
中国共产党四川省巴县组织史资料（1926.2－1987.10）、四川省巴县政军统群系统组织史资料（1949.12－1987.10）	中共巴县县委组织部等	编者刊		1990
江浩然同志谈北碚中心县委的情况	黄淑君	重庆现代革命史资料	8期	1981
北碚地区党组织概况	中共北碚区委党史研究组	重庆党史研究资料	9期	1982
抗日战争时期北碚党史资料专辑	北碚区委党史委员会	编者刊		1985
中国共产党民主革命时期北碚地方史概略	唐宜存	中共重庆市北碚区委党史研究室		1995
复旦大学及北碚区据点的组织概况和几项重要工作	许鲁可等	重庆党史研究资料	1、2期	1985
中共北碚地方党史大事记（1925－1993）	中共重庆市北碚党史研究室	编者刊		1997
嘉陵风云——中共重庆市北碚地区党史文集	唐宜存	重庆出版社		2004
黎明前的壮歌——万县市地方党史丛书	中共四川省万县市委党史工作委员会	重庆大学出版社		1989
中国共产党四川省万县组织史资料（1923－1987）	中共四川省万县县委组织部等	编者刊		1994
中共涪陵党史资料汇编	中共涪陵党史工作委员会	编者刊		1989
中国共产党四川省涪陵地区组织史资料（1926.2－1988.6）	中共四川省涪陵地委组织部等	四川人民出版社		1990

续表二六

篇、书名	著(译)编者	出处	卷、期	年月日
中共涪陵地区简史	中共四川省涪陵市委党史研究室	重庆出版社		1996
中国共产党四川省长寿县组织史资料（1925.8－1987.10）、四川省长寿县政军统群系统组织史资料（1949.12－1987.10）	中共长寿县委组织部等	编者刊		1995
江津县共青团的建立	共青团江津县委	重庆青运史研究资料	2期	1985
我在江津进行革命活动简况	向国灵	重庆党史研究资料	11期	1985
中共江津地方党史	中共江津县委党史工委	编者刊		1986
中国共产党四川省江津县组织史资料（1926.12－1987.10）、四川省江津县政军统群系统组织史资料（1949.12－1987.10）	中共江津县委组织部等	编者刊		1991
抗日战争中的中共合川地方党	中共合川县委党史办公室	重庆党史研究资料	11期	1985
合川党史资料汇编	中共合川党史研究室	编者刊		1986
中国共产党合川历史大事记	中共合川市委党史研究室	编者刊		2001
中国共产党永川县组织史资料（1930－1987）、四川省永川县政军统群系统组织史资料（1949－1987）	中共永川市委组织部	编者刊		1991
中共四川省南川县组织史资料（1926.2－1988.6）、四川省南川县政军统群系统组织史资料（1949.11－1988.6）	中共南川县委组织部等	编者刊		1990
回忆30年代綦江党的组建情	李冰洁	重庆党史研究资料	9期	1982
中共綦江县党史研究资料汇编	中共綦江县委党史工委	编者刊		1987
中国共产党四川省綦江县组织史资料（1926.1－1987.10）、四川省綦江县政军统群系统组织史资料（1949.12－1987.10）	中共綦江县委组织部等	编者刊		1987
中共大足县党史（第一辑 1928－1949）	中共大足县委党史工作委员会	编者刊		1988
中国共产党四川省大足组织史资料（1928.2－1993.7）	中共大足县委组织部	编者刊		

续表二七

篇、书名	著(译)编者	出处	卷、期	年月日
铜梁党史资料汇编 第一集（1922－1949）	中共铜梁县委党史工作委员会	编者刊		1987
中国共产党铜梁历史大事记（1922－2000）	铜梁县党史县志办公室	编者刊		2005
中国共产党四川省璧山县组织史资料（1927.4－1987.10）、四川省璧山县政军统群系统组织史资料（1949.12－1987.10）	中共璧山县委组织部等	编者刊		1990
中国共产党四川省潼南县组织史资料（1928.6－1987.10）、四川省潼南县政军统群系统组织史资料（1949.12－1987.10）	中共潼南县委组织部等	编者刊		1991
红旗初展——记中共荣昌县建党初期的活动及其被破坏的情况	蓝祯伟	重庆党史研究资料	11、12期	1983
中国共产党荣昌县地方党史资料选集（第一辑 1926－1949）	中共荣昌县委党史工作委员会	编者刊		1987
中国共产党四川省荣昌县组织史资料（1927.2－1987.10）、四川省荣昌县政军统群系统组织史资料（1949.12－1987.10）	中共荣昌县委组织部等	编者刊		1991
中国共产党梁平县党史大事记（1921－1993）	中共梁平县委党史研究室	编者刊		2001
中国共产党梁平县简史（1921－1949）	中共梁平县委党史研究室	编者刊		2001
中国共产党四川省城口县组织史资料、四川省城口县政军统群系统组织史资料（1928－1987）	中共城口县委组织部等	编者刊		
中国共产党丰都县组织史资料（1926.8－1988.6）	中共丰都县委组织部等	编者刊		1991
中国共产党四川省开县组织史资料（1926－1987.10）	中共开县委组织部等	成都科技大学出版社		1994
中国共产党四川省忠县组织史资料（1921－1987）	中共四川省忠县委组织部等	编者刊		1994
中共忠县地方党史大事记（1921.7－1993.12）	中共忠县委党史研究室	编者刊		1995
中国共产党四川省云阳县组织史资料（1932－1987）	中共四川省云阳县组织部等	四川人民出版社		1993
中国共产党云阳县大事记（1926.8－1995.12）	石志全	中共云阳县委党史研究室		1997

续表二八

篇、书名	著(译)编者	出处	卷、期	年月日
中国共产党四川省奉节县组织史资料	中共奉节县委组织部	成都科技大学出版社		
中共奉节县党史大事记（1933－1999）	中共奉节县委党史研究室	重庆出版社		2000
中国共产党四川省巫溪县组织史资料	中共奉节县委组织部	编者刊		
中国共产党四川省彭水苗族土家族自治县组织史资料（1927－1988）	中共四川省彭水苗族土家族自治县委组织部	编者刊		1995
重庆工运史回忆资料	重庆市总工会工运史研究组	编者刊		1981
自贡现代工人运动大事记（1919－1949）	自贡市总工会工运史资料编写组	编者刊		1981
自贡工人运动史简编——新民主主义革命时期	自贡市总工会	编者刊		
泸化工人运动史	国营泸州化工厂工运史征集组	编者刊		1983
重庆工人运动大事记——新民主主义革命时期	重庆市总工会工运史研究组、西南师范学院历史系	编者刊		1984
重庆工人运动史（1919－1949）	重庆市总工会工运史研究室、西南师范大学历史系	西南师范大学出版社		1986
阆中县工人运动、工会运动史（1910－1985）	阆中总工会	编者刊		1986
试论早期的成都工人运动	吴继华	社会科学研究	1期	1988
四川工人运动史料选编	四川省档案馆、四川省总工会	四川大学出版社		1988
当代四川的工人阶级和工会运动	《当代四川》丛书编辑部	四川人民出版社		1991
乐山工运史资料（1851－1949）	乐山市总工会	编者刊		1996
宜宾工运史资料（1912－2000）	宜宾市总工会	编者刊		2000
不屈的斗争，壮丽的诗篇——回顾重庆大学解放前的学生运动	程地全	重庆日报		1979.12.24
山城青运小史	团市委调研室	重庆日报		1987.10.7

续表二九

篇、书名	著(译)编者	出处	卷、期	年月日
民主革命时期重庆地方青年运动大事记（征求意见稿）	共青团重庆市委青运史研究室等	编者刊		1984
追求之歌——四川青年运动	李柏云	成都科技大学出版社		1986
追求之歌——四川青年英烈	共青团四川省委青运史研究室	四川人民出版社		1987
四川青年运动史稿——新民主主义革命时期	邓寿明等	四川人民出版社		1990
内江妇女运动史资料汇编	内江市妇女联合会	编者刊		1988
党领导下的巴县国民师范	巴县县委党史办	重庆党史研究资料	12 期	1985
国共合作期间国民党四川第一次代表大会文献汇编		四川现代革命史研究资料	6 期	1980
国共第一次合作时期的四川情况片断	李筱亭	文史资料选辑	77 辑	1981
第一次国共合作在重庆的特点及经验	冉宗荣	重庆党史研究资料	6 期	1986
刍议第一次国共合作在重庆的特点及经验教训	石剑文等	重庆党史研究资料	2 期	1987
第一次国共合作在四川	中共四川省委党史研究室	四川大学出版社		1996
五卅运动在四川	后云	成都科技大学出版社		1993
一曲反帝斗争的凯歌——重庆又新丝厂工人反日斗争纪要	重庆市总工会工运研究室	四川党史研究资料	5 期	1984
"七二渝案"始末	后云	四川师范大学学报（社科）	3 期	1985
顺泸起义	匡珊吉	四川大学学报（哲社）	4 期	1979
顺泸起义中的刘伯承同志	戴迎春	南充师院学报	4 期	1980
大革命时期的泸州、顺庆起义	宋科等	党史研究	5 期	1981
泸顺起义，威震全川——刘伯承同志青年时代在四川发动的一次武装起义	四川省政协文史资料办公室	四川日报		1982.8.16
泸州顺庆起义	陈石平	人民出版社		1982
顺泸起义和吴玉章同志	刘伯承	四川党史研究资料	4 期	1984
泸顺起义时期的国民师范学校	陈培基	重庆党史研究资料	2 期	1984
朱德将军在泸纳	肖禾马	四川文物	2 期	1985
泸顺起义总指挥部旧址及龙透关遗址	钟瑜	四川文物	2 期	1985

续表三〇

篇、书名	著(译)编者	出处	卷、期	年月日
顺泸起义军在开江	中共开江县委党史办	四川党史研究资料	2期	1985
顺泸起义的片段回忆	罗沛霖	四川党史研究资料	4期	1986
浅析泸州顺庆起义的原因、经过及意义	王崇英	重庆社会科学	5期	1986
泸顺起义	中共四川省委党史工作委员会	四川省社会科学院出版社		1986
泸州起义——纪念泸州起义六十周年	中共泸州市委党史工作委员会办公室	编者刊		1986
纪念泸州起义六十周年学术论文选	中共泸州市委党工委办公室	编者刊		1986
泸顺起义中的合川起义	杨联欧	重庆党史研究资料	3期	1987
泸州顺庆起义是南昌起义的一次预演	陈石平	中共党史研究	1期	1988
顺泸起义	匡珊吉等	四川大学出版社		1988
顺泸起义	中共南充县委党史工委办公室	四川人民出版社		1989
刘伯承泸州脱险	刘志翔	人民政协报		1990.2.16
龙透关风云	陈修伍	泸州文化局、泸州市博物馆		1991
龙透关与泸州起义	冯仁杰	四川文物	1期	1992
泸顺起义总指挥刘伯承	屈德骞	党史天地	4期	1993
吴玉章与顺泸起义	吴达德	自贡师专学报	2期	1994
"泸州起义"总指挥刘伯承离泸去富顺的史实补遗	刘海声	四川党史	3期	1994
天府兵暴——泸顺起义	陈钧	海燕出版社		1995
万县惨案	隗瀛涛	历史教学	4期	1960
重庆人民声援"九五"惨案的斗争	黄淑君	史学通讯	1期	1980
万县九五惨案史料汇编	中国人民政治协商会议四川省万县市委员会文史资料工作委员会	编者刊		1981
万县"九五惨案"始末	阚孔壁等	西南民族学院学报（哲社）	3期	1983
万县九五惨案	中共四川省委党史工作委员会	四川省社会科学院出版社		1986

续表三一

篇、书名	著(译)编者	出处	卷、期	年月日
民国十五年四川万县惨案	李健民	"中研院"近代史研究集刊	19期	1990
"万县惨案"后的中英交涉	彭平	近代史研究	1期	1994
关于"万县惨案"的补正	黄岭峻	近代史研究	3期	1995
"九五惨案"70周年祭——朱德在"万县惨案"前后	杜之祥	三峡学刊	4期	1996
关于万县"九五"惨案的几个问题	陈一容 张国镛	重庆党史研究资料	1、2期	1997
万县"九五"惨案	谢声	红岩春秋	5期	1997
生者不应沉默——万县惨案71周年	彭平	中国作家	2期	1998
朱德与万县"九·五"惨案	张春	党史天地	8期	2000
党领导下的綦江东溪阻击斗争	罗人庆	重庆日报		1981.10.12
綦江"东溪米案"回忆	郝谦	重庆党史研究资料	9期	1982
北伐时期四川人民的革命斗争	马成功	历史教学	2期	1980
大革命时期在合川的陈毅同志	唐唯目	上海师范大学学报（哲社）	2期	1982
陈毅同志在合川	范英士	重庆党史研究资料	2期	1984
回忆大革命时期的綦江——看望邹进贤烈士的夫人	犹凤歧	重庆党史研究资料	1、2期	1983
大革命时期的綦江	郝谦等	重庆党史研究资料	6期	1983
大革命时期四川农民运动概述	于建章	四川文物	1期	1984
大革命时期江北静观场党的活动情况	江北县党史办公室	重庆党史研究资料	2期	1984
大革命时期的重庆工人纠察队	邱富贵等	重庆党史研究资料	5、6期	1984
大革命时期的重庆	中共重庆市委党史工作委员会	编者刊		1984
大革命时期江津的女共产党员	共青团江津县委	重庆青运史研究资料	2期	1985
大革命时期的南川	中共南川县委党史工委	编者刊		1985
大革命时期党在四川的军运工作	杨治远	重庆党史研究资料	2期	1987
大革命时期四川国共合作特点刍议	郑洪泉	重庆党史研究资料	2期	1987
重庆在第一次国内革命战争时期的历史地位	彭承福等	重庆党史研究资料	2期	1987
浅析大革命时期綦江、南川、涪陵的特点	冉光海	重庆党史研究资料	4期	1987

续表三二

篇、书名	著(译)编者	出处	卷、期	年月日
大革命时期重庆人民的反帝爱国主义运动	赵 抗	探索	6期	1987
大革命时期四川国共合作特点刍议	郑洪泉	重庆师范大学学报（哲社）	2期	1988
大革命时期的涪陵	中共涪陵市委党史研究室	编者刊		1991
大革命时期的四川各派政治力量	艾新全	档案史料与研究	1期	1993
论大革命时期四川党的历史贡献	王忠事	重庆党史研究资料	1、2期	1997
大革命风云在重庆	石 化	重庆党史研究资料	1、2期	1997
试述大革命时期四川农民运动的特点	田若川	重庆党史研究资料	1、2期	1997
		绵阳师范高等专科学校学报	2期	1998
大革命时期四川党组织的历史贡献	刘国龙	探索	2期	1997
北伐时期四川人民的革命斗争	刘 莉	四川党史	3期	1997
第一次国内革命战争时期四川大事记	四川省文史研究馆、四川省人民政府参事室	四川人民出版社		1998
大革命时期四川农民运动的特点探析	田若川	天府新论	4期	1999
关于刘湘和蒋介石的勾结与三·三一惨案的补充订正	黄伯易	文史资料选辑	52辑	1964
重庆"三·三一"惨案——团阀档案、邮务档案、声讨暴行电		四川档案史料	1期	1984
重庆"三·三一"惨案	喻 石	重庆日报		1984.3.31
"三·三一"惨案后，四川党团临时特委及其活动的情况回忆	詹正圣	重庆党史研究资料	2期	1986
"三·三一"惨案的背景和经过		重庆党史研究资料	1期	1987
"三·三一"惨案伤亡调查		重庆党史研究资料	1期	1987
"三·三一"惨案发生以后革命派的反击		重庆党史研究资料	1期	1987
大革命时期和"三·三一"惨案	罗人庆等	重庆党史研究资料	1期	1987
从"三·三一"惨案到"四·一二"反革命政变	牟敏昌等	重庆党史研究资料	2期	1987
"三·三一"与四川军阀	刘学良	重庆党史研究资料	2期	1987
重庆"三·三一"惨案前因后果析	胡大牛等	重庆党史研究资料	2期	1987
重庆"三·三一"惨案述略	邓寿明	四川党史研究资料	3期	1987

续表三三

篇、书名	著(译)编者	出处	卷、期	年月日
"三·三一"惨案60周年祭	中共重庆市委党史工委	重庆日报		1987.3.26
"三·三一"惨案时的范长江	傅旦歌	龙门阵	1期	1988
重庆"三·三一"惨案纪事	中国人民政治协商会议四川省重庆市政协文史资料研究委员会	西南师范大学出版社		1989
"三·三一"惨案65年祭	傅平	红岩春秋	2期	1992
"土地菩萨不开口,老虎敢吃人吗?"	陈立军	四川党史	1期	1994
论刘湘与重庆"三·三一"惨案	倪良端	四川党史	4期	1997
"三·三一"惨案脱险记	陈代六	红岩春秋	5期	1997
刘湘与重庆"三三一惨案"	倪良端	文史春秋	9期	2003
英名永垂——记李蔚如烈士	罗人庆	重庆日报		1981.10.26
冉钧烈士传略	邱富贵等	四川党史研究资料	6-8期	1983
漆南薰事略	郑洪泉	重庆师院学报(哲社)	1期	1987
漆南薰经济思想初探	马烈	重庆党史研究资料	2期	1987
		探索	3期	1987
怀念漆南薰老师	段仲榕	重庆晚报		1987.3.31
漆南薰遗著选编	中共重庆市委党史工作委员会等	编者刊		1987
从经济学者到反帝战士——纪念漆南薰烈士诞辰100周年	史言	重庆党史研究资料	4期	1992
漆南薰"联俄"思想简论	胡大牛	探索	4期	2002
缅怀反帝反封建的英勇斗士陈达三烈士	中共铜梁县委党史工委	重庆日报		1987.3.29
"与敌苦斗在渝蓉"——纪念梁伯隆同志牺牲五十周年	杨副军	重庆师范大学学报(哲社)	4期	1980
正视淋漓鲜血的猛士——梁伯隆烈士和他的遗诗遗书	杨副军	重庆日报		1981.10.4
记廖恩波烈士(征求意见稿)	张模超 粟时勇	重庆师范大学学报(哲社)	2期	1983
孙炳文烈士早年事迹与泸州遗墨	吴孟辉	四川师范学院学报(社科)	2期	1985
四川"法院第一次共产党案"始末	于建章	重庆党史研究资料	2期	1990
省立师范·"二·一六惨案"前后	沙汀	新文学史料	2期	1991

续表三四

篇、书名	著(译)编者	出处	卷、期	年月日
中共四川省委贯彻"八七"会议精神情况初探	刘昌福	四川党史研究	2期	1986
浅谈大革命失败后中共四川临时省委对敌斗争的方针和策略（1927.8－1930.12）	赵时玉	四川师范学院学报（社科）	2期	1993
烈士哥哥与叛徒弟弟	何蜀	红岩春秋	3期	1995
参加南昌起义的宣汉籍将士	廖乐山	四川党史	3期	1995
论李蔚如及涪陵农军的历史贡献	王应全	重庆党史研究资料	1、2期	1997
武胜人民怀念孙绍麟同志	肖诗芳	四川党史	4期	1997
四川历史上的一位优秀省委书记——纪念在1927－1928年期间担任中共四川省委书记的傅烈同志诞辰100周年	卢竿岗	四川党史	5期	1999
四川省委首任书记傅烈与妻子陈才用的动人恋情	梅宏 潘素珠	党史纵览	7期	2003
往事如歌——怀念四川革命英烈	尹怀炯	四川档案	2期	2004
短暂而闪光的生命——记在广州起义牺牲的重庆女英雄游曦烈士	罗人庆	重庆青运史研究资料	2期	1983
蜀中女英雄，碧血染珠江——纪念广州起义中殉难的游曦	曾维钦	重庆日报		1987.12.11
游曦与磁器口女校	尹凌	红岩春秋	5期	2002
秋收起义总指挥卢德铭	曹德权 任兆祥	龙门阵	10期	2005
郁郁丰碑垂青史——记1927年郫县农民起义	邓欤	龙门阵	11辑	1982
肖凤阶、方士廷二烈士传略	川大历史系师生	井盐史通讯	1期	1977
回忆我的老师肖凤阶烈士	陈戈	井盐史通讯	1期	1979
肖凤阶与儿童团	龚咏弛	井盐史通讯	1期	1980
论自贡盐业工人一九二八年春季大罢工	陈然	井盐史通讯	2期	1983
忆重庆兴隆巷事件	张静波	重庆党史研究资料	6期	1986
"酱园铺"楼上的搏斗	陈全	四川党史	2期	1996
雾城血	何蜀	重庆出版社		1996
郑佑之文稿	中共宜宾委党史研究室	重庆出版社		1997
邹进贤日记	中共重庆市委党史研究室	重庆出版社		1997

续表三五

篇、书名	著(译)编者	出处	卷、期	年月日
南溪农民暴动	中共宜宾地委党史工作委员会	编者刊		1985
一九二八年春南溪农民暴动初探	吕开金	宜宾师专学报	3、4期	1988
试论南溪农民暴动的历史地位	田若川	四川党史	2期	2003
川南工农革命军独立团简史	中共宜宾地委党史工作委员会	编者刊		1986
固军坝起义的领导人——李家俊	王永清	四川文物	3期	1985
纪念川东固军坝起义60周年 1929-1989	中共万源县委党史工作委员会	编者刊		1988
川东固军起义60周年纪念文集	中共万源县委党史工作委员会	编者刊		1989
关于固军起义的几个史实的考证	王平元	四川党史	3期	1994
中国工农红军在四川的早期斗争概述	何守义	四川大学学报（哲社）	4期	1978
川东游击军简史（初稿）	达县地委党史资料征集小组	编者刊		1983
牛正声烈士传略	王 斌	西南师范学院学报（哲社）	3期	1985
川东红军游击队	中共四川省委党史工作委员会	四川大学出版社		1992
拼将热血换光明——记川东游击军第一路政委唐伯壮	唐敦教	四川党史	2期	1994
川东游击军在中国工农红军史中的地位和作用	邓金德	四川党史	4期	2003
论川东游击军的历史地位和作用	邓金德	达县师范高等专科学校学报	1期	2004
川东游击军"拉肥猪"	唐 文 张大川	龙门阵	10期	2005
记李鸣珂烈士	周秀芳 王 斌	西南师范学院学报（哲社）	3期	1980
李鸣珂	涂家绪等	四川日报		1980.10.25
忆省委书记李鸣珂	梁佐华	四川党史月刊	4期	1990
四川第一个苏维埃政权	罗 霞	中共成都市委党校学报（哲社）	5期	2002
四川早期苏维埃运动概述	黄国华等	四川文物	6期	1989
对四川早期苏维埃运动的考察	钟小敏	四川师范大学学报（社科）	4期	1994
江津起义	马宣伟	四川党史研究资料	1期	1982
江津兵变和下川东特委的建立	苏幼农	重庆党史研究资料	1期	1984

续表三六

篇、书名	著(译)编者	出处	卷、期	年月日
中共四川省委早期的抗日斗争策略	张策佳 吴志忠	四川档案	3期	2005
南部升（钟）、保（城）起义调查报告		南充师院学报（哲社）	3期	1980
升钟寺起义	中共南部县委党史工作委员会办公室	编者刊		1988
升钟寺农民起义	任定隆	重庆党史研究资料	4期	1992
一九三三年红军在蓬安	蓬安县文化馆	编者刊		1980
"岷江风暴"——青神西山起义的前前后后	段玉章等	成都日报		1959.7.19
青神西山红军武装斗争史——纪念青神西山红军武装斗争七十周年	青神县党史志办公室、青神县政协文史委	编者刊		2004
1935年峨眉武装起义	《何克希将军》编辑委员会	何克希将军		1993
纪念张家沟起义六十周年	范厚坤	四川党史	4期	1995
川陕边人民对革命战争的贡献	张友	新华日报		1951.10.6
红军第四方面军和鄂豫皖边区、川陕边区史料	中共中央宣传部党史室	编者刊		1954
川陕区革命根据地资料选辑	黄自敬	近代史资料	总20号	1958
红军在阆中	中共阆中县委宣传部	编者刊		1961
红四方面军在川陕革命根据地和长征途中的体育活动	孙仲达	成都体育学院院刊	3期	1977
川陕革命根据地大事记（1932.12－1935.4）	川陕革命根据地科研组	四川大学学报（哲社）	3期	1978
川陕革命根据地资料选编	四川大学马列主义教研室川陕革命根据地科研组	编者刊		1978
红四方面军强渡嘉陵江战役	沈果正	社会科学研究	3期	1979
川陕革命根据地历史文献选编（上）	川陕革命根据地历史文献选编编委会	四川人民出版社		1979
川陕革命根据地历史文献选编（下）	川陕革命根据地历史文献选编编委会	四川人民出版社		1980

续表三七

篇、书名	著（译）编者	出处	卷、期	年月日
关于红四方面军粉碎"六路围攻"战况的回忆	程世才	社会科学研究	4期	1980
川陕革命根据地的若干历史情况	刘瑞龙	社会科学研究	4期	1980
红军在营山	营山县文化馆	编者刊		1980
巴山烽火——川陕革命根据地回忆录	成都部队川陕革命根据地军事斗争史编委会	四川人民出版社		1981
川陕苏区反"六路围攻"战争始末	盛仁学	四川党史研究资料	2期	1982
川陕革命根据地概况	沈果正	南充报		1982.6.9
川陕革命根据地历史长编	《川陕革命根据地历史长编》编写组	四川人民出版社		1982
试论川陕革命根据地的法制建设	杨波	许昌师专学报（社科）	1期	1983
川陕根据地的工农体育活动	杜中 黄耀	体育文史	4期	1983
川陕革命根据地建立和发展的原因初探	叶心瑜	中国现代史论丛（上）		1983
川陕革命根据地渠县苏维埃资料选编	中共渠县县委党史工作委员会	编者刊		1983
红军在北川	中共北川县委党史办公室	编者刊		1983
木门会议——红四方面军发展史上重要的一页	曾德仁	四川文物	1期	1984
川陕革命根据地历史的几个问题	林超 温贤美	西南师范学院学报（哲社）	3期	1984
红四方面军入川后与川军的一次谈判	杜重石	上海文史资料选辑	47期	1984
川陕苏区历史研究	川陕革命根据地博物馆	编者刊	1-22期	1984-1999
红军在平武	中共平武县委党史工作委员会	编者刊		1984
红军在青川	中共青川县委党史工作委员会办公室	编者刊		1984
万源保卫战（史料）	中共万源县委党史工作委员会、万源保卫战史陈列馆	编者刊		1984

续表三八

篇、书名	著(译)编者	出处	卷、期	年月日
万源保卫战（回忆录）	中共万源县委党史工作委员会、万源保卫战史陈列馆	编者刊		1984
红军在广元	中共广元县委党史工作委员会办公室	编者刊		1985
红旗飘扬剑门关——红军在剑阁	中共剑阁县委党史工作委员会办公室	编者刊		1985
红军强渡嘉陵江	《红军强渡嘉陵江》编委会	编者刊		1985
川陕革命根据地迅速建立和发展的原因	匡珊吉 王亚利	社会科学研究	2期	1985
对川陕革命根据地的面积、人口及创建初期几个史实的质疑和订正	元江	四川党史研究资料	2期	1985
万源保卫战——保卫川陕革命根据地的关键之战	何守义	四川文物	3期	1985
红四方面军反六路围攻的胜利	匡珊吉	四川文物	3期	1985
关于川陕革命根据地几个史实的辨正	文戈	党史资料征集通讯	7期	1985
川陕苏区反"六路围攻"的胜利——兼谈徐向前的指挥艺术	盛仁学	军事历史	3期	1986
川陕苏区后期的两次重要军事会议	元江	四川文物	3期	1986
红军在剑阁时的体育活动	揭继林	体育文史	6期	1986
川陕苏区平昌人民斗争史	白明高	中共平昌县委党史工作委员会		1986
红四方面军在绵阳广元斗争纪实	中共绵阳市委党史工作委员会、广元市委党史委员会	四川省社会科学院出版社		1986
川陕革命根据地史料选辑	四川省社会科学院、陕西省社会科学院	人民出版社		1986
川陕苏区平昌人民斗争史	中共平昌县委党史工作委员会	编者刊		1986
红军在平昌	平昌县县志编纂委员会办公室	编者刊		1986

续表三九

篇、书名	著(译)编者	出处	卷、期	年月日
剑阁红军录	中共剑阁县委党史工作委员会办公室	编者刊		1986
渠县红军回忆录	中共渠县县委党史工作委员会	编者刊		1986
红军在阆中	中共阆中县委党史工委办公室	编者刊		1986
关于川陕革命根据地的几点考订	元江	近代史研究	3期	1987
川陕革命根据地军事斗争史	成都军区党史资料征集委员会办公室	四川大学出版社		1987
川陕革命根据地论丛	温贤美	四川大学出版社		1987
红军在江油	中共江油县委党史办公室	编者刊		1987
试论川陕苏区反六路围攻胜利的原因	元江	成都大学学报（社科）	2期	1988
川陕革命根据地史	林超 温贤美	四川省社会科学院出版社		1988
通江苏维埃志	中共通江县委党史研究室	四川省社会科学院出版社		1988
蜀门红旗——川陕苏区广元史略	中共广元市委党史工委《蜀门红旗》编委会	编者刊		1988
川陕革命根据地——木门会议文集	中共旺苍县委党史工委办公室	编者刊		1988
川陕革命根据地渠县苏维埃资料选编	中共渠县县委党史工作委员会	编者刊		1988
从两条石刻标语看红四方面军为什么要西渡嘉陵江	温贤美	四川文物	1期	1989
浅谈川陕苏区《干部必读》	元江	四川文物	2期	1989
从资料、文物看木门会议的几个问题	史占扬	四川文物	4期	1989
四川早期苏维埃运动概述	黄国华	四川文物	6期	1989
川陕革命根据地斗争史	中共达县地委党史工作委员会	华夏出版社		1989
红军在仪陇	中共仪陇县委党史研究室	四川人民出版社		1990
浅析川陕根据地的印刷业	杜中	汉中师院学报（哲社）	2期	1991

续表四〇

篇、书名	著(译)编者	出处	卷、期	年月日
一件珍贵的革命文物——中华苏维埃共和国《宪法大纲》	母学勇	四川文物	4期	1991
红军家属优待证和红军优待政策	曾昌林	四川文物	5期	1991
巴中现代革命史	中共巴中县委党史室	四川人民出版社		1991
川陕革命根据地南江斗争史	中共南江县委党史研究室	中共党史出版社		1991
中国工农红军第四方面军战史	中国工农红军第四方面军战史编辑委员会	解放军出版社		1991
川陕根据地绵阳市革命文化史料集	绵阳市文化局	编者刊		1991
川陕革命根据地南江斗争史	中共南江县委党史研究室	中共党史出版社		1991
红军鏖战剑门关	剑阁县党史研究室	编者刊		1991
革命文化史料集：川陕根据地广元市	广元市文化局	编者刊		1992
江油战役及其历史作用	罗顺祥 曾昌林	四川文物	2期	1993
悲壮的巾帼劲旅——红四方面军妇女独立武装沿革述略	马军	党史纵横	4期	1993
中国工农红军第四方面军战史资料选编：川陕时期	中国工农红军第四方面军战史编辑委员会	解放军出版社		1993
苍溪红军录	中共苍溪县委党史研究室	电子科技大学出版社		1993
历史丰碑——川陕革命根据地营山斗争史	中共营山县委党史研究室	电子科技大学出版社		1993
红军同杨森的一次秘密谈判	吴瑞林 曾精明	红岩春秋	1期	1994
川陕苏区模范县——巴中	张秉直	四川党史	5期	1994
巴山风骨——写在川陕革命根据地诞辰60周年	陈明明	四川党史	6期	1994
红军在旺苍（1-3辑）	中共旺苍县委党史工委办公室	编者刊		1994-1996
略述川陕苏区的内部肃反	余洪贵	四川党史	2期	1996
红四方面军在川陕根据地的军事情报工作	王明渊	四川文物	2期	1996
川陕苏区发展史上的里程碑	王明渊	四川文物	3期	

续表四一

篇、书名	著(译)编者	出处	卷、期	年月日
强渡嘉陵江——纪念红军长征胜利60周年	王定国	中华文化论坛	3期	1996
川陕革命根据地的文教事业	李蓉	文史杂志	5期	1996
川陕革命根据地的诞生——徐向前和玄天观会议	周治科	党史纵横	8期	1996
红四方面军铁流三千里	朱秀海	炎黄春秋	1期	1997
红四方面军总指挥部旧址——通江文庙	朱绍文	四川文物	3期	1997
川陕苏区法律制度浅述	王平元	四川党史	5期	1997
川陕根据地革命文化史料选编	川陕根据地革命文化史料征编委员会	三秦出版社		1997
旺苍苏维埃志	中共旺苍县委党史研究室	编者刊		1997
论川陕边苏维埃政权区域形成发展原因和相当条件	王淼生	军事历史研究	1期	1998
川陕苏区妇女武装产生的历史条件探	邓均洪	四川党史	1期	1998
红四方面军纪实	刘秉荣	知识出版社		2000
追记徐向前元帅谈川陕革命根据地史	温贤美	四川党史	5期	2001
徐向前重视川陕根据地有线电通信建设的回顾与思考	魏天柱 李雁	军事历史	5期	2001
川陕革命根据地	张全修 奉政名	四川档案	增刊	2001
大军西去——红四方面军第四次反"围剿"纪实（连载）	马德俊	党史纵览	2-12期	2002
川陕革命根据地村级苏维埃政权的建设与民主监督	冯进	达县师范高等专科学校学报	3期	2002
红四方面军入川与川陕革命根据地的创建	肖登国	四川党史	6期	2002
红色区域内乡村社会变迁的思考——以川陕边苏区为例	时广东	社会科学研究	6期	2002
红军在巴中	中共巴中市委党史办	编者刊		2002
川陕苏区何以成为第二大苏区	尹家福	中国老区建设	2期	2003
川陕苏区时期的宣传工作特点	毕瑛涛	达县师范高等专科学校学报	1期	2004
川陕苏区人权保障刍论	唐敦教	达县师范高等专科学校学报	1期	2004

续表四二

篇、书名	著(译)编者	出处	卷、期	年月日
苏区妇女解放实践初探——以川陕根据地为例	李 涯	西南交通大学学报（社科）	4 期	2004
血战大巴山——红四方面军万源保卫战纪实	秦 川	解放军文艺出版社		2004
川陕苏区医疗卫生工作探析	张 玲 胡 澜	达县师范高等专科学校学报	3 期	2005
红军妇女独立师在旺苍	王 强	中国老区建设	11 期	2005
川陕革命根据地简史	中共巴中市委、巴中市人民政府	编者刊		2005
反对张国焘的分裂主义和军阀主义		合肥工大	2 期	1972
我的回忆	张国焘	明报月刊出版社		1974
		现代史料编刊社		1980
		东方出版社		1998
张国焘回忆录	张国焘	北方妇女儿童出版社		1998
毛主席的革命路线是红军的生命线——批判张国焘推行逃跑主义、分裂主义路线的罪行	马澄清	西北大学学报（哲社）	4 期	1975
坚持团结 反对分裂——批判张国焘右倾分裂主义路线	陇 军 时 达	历史研究	6 期	1975
反革命两面派张国焘	于吉楠	武汉大学学报（哲社）	1-5 期	1978
长征路上党粉碎张国焘右倾分裂主义路线的斗争	川陕革命根据地科研组	四川大学学报（哲社）	1 期	1979
张国焘和《我的回忆》	于吉楠	四川人民出版社		1982
张国焘问题研究资料	盛仁学	四川人民出版社		1982
我党与张国焘在何地建立根据地之争是原则之争	叶心瑜	党史资料与研究	4 期	1983
张国焘对知识分子干部的迫害	邵中坚	齐鲁学刊	4 期	1983
按照实际情况坚持正确指挥——徐向前同志与张国焘斗争的片断	颜白敦	军事历史	2 期	1984
一个拳头不能选出两个中央——回忆朱老总在卓木碉与张国焘的斗争	刘 坚	湖南党史通讯	6 期	1984
党中央在长征中同张国焘错误的斗争	莫 阳	军事历史	3 期	1986
张国焘的分裂主义及其失败	修义嵩	华东石油学院学报（社科）	4 期	1986
长征中的张国焘	平 卓	湖北人民出版社		1986
张国焘伪中央成立时间考	秦 生	党史研究与教学	4 期	1988

续表四三

篇、书名	著(译)编者	出处	卷、期	年月日
张国焘伪中央成立的时间		福建党史月刊	12期	1988
谈张国焘的封建家长作风	张肃璠	东北林业大学学报	增刊	1990
张国焘事件——一场坚持还是反对党对军队绝对领导的严重斗争	刘家国	军事历史研究	4期	1992
更喜岷山千里雪——长征途中反对张国焘的斗争及其历史经验	刘宗尧	四川教育学院学报	4期	1995
记长征途中朱德与张国焘的斗争	张攀学	蒙自师范高等专科学校学报	4期	1996
"度量大如海，意志坚如钢"——朱德同张国焘分裂主义的斗争	张廷益	四川党史	6期	1996
张国焘在长征中的主要错误及其教训	王维远	天中学刊	1期	1997
把历史的内容还给历史——关于张国焘"密电"的考辨	秦生	甘肃理论学刊	2期	1997
张国焘另立伪中央探析	顾燕新	苏州教育学院学报	4期	1997
徐帅谈张国焘私立伪中央及被迫取消的过程	何鸿志	领导文萃	8期	1999
张国焘警卫排长何福圣口述：毛儿盖风云1-5		支部建设	2-5、8期	2001
张国焘放弃另立中央原由探析	李加才旦	青海民族学院学报	3期	2002
川匪刺杀张国焘	孙夫	档案时空	9期	2002
朱德刘伯承反对张国焘分裂	刘邦琨	世纪行	7期	2003
朱德制止绑架张国焘	刘邦琨	党史天地	11期	2003
刘湘暗杀张国焘事件始末	秦岭	党史文汇	1期	2004
试析中国共产党战胜张国焘分裂活动的若干原因	蔡双全	湖北师范学院学报（哲社）	1期	2004
朱德制止刘伯承捉拿张国焘	王泉云 刘邦琨	文史月刊	2期	2004
略论红军长征中的左右两路军——兼议张国焘分裂红军的罪恶行径	肖甡	江西社会科学	9期	2004
刘湘暗杀张国焘始末	张治宇 夏前勇	湖北档案	1、2期	2005
最后的脚印——记红二方面军过草地	李文清	成都日报		1954.7.31
过雪山		四川日报		1956.7.31
红四方面军长征过川北	肖崇第	成都日报		1976.6.7
毛主席长征过四川	李映发	四川大学学报（哲社）	3期	1978

续表四四

篇、书名	著(译)编者	出处	卷、期	年月日
朱德同志长征在四川	川陕革命根据地研组科	四川大学学报（哲社）	3期	1978
长征途中红九军团在黔滇川的战斗历程	赵镕	文史资料选辑	56辑	1978
红军长征过四川	四川省博物馆	编者刊		1978
三过草地话长征	王加善	湖北文史资料	1期	1980
红四方面军是在什么情况下和在什么时候开始长征的	林超	社会科学研究	2期	1980
从巴西到俄界	刘清明	文史资料选辑	72辑	1980
《红军长征在四川的战斗历程》有关问题的商榷	张家德	四川师院学报（社科）	4期	1981
长征时期甘孜、阿坝、若尔盖等会议的历史情况	余洪运	四川现代革命史研究资料	10期	1981
红军长征在四川的战斗历程	四川省博物馆	四川人民出版社		1981
藏族人民支援红军长征	温贤美	西藏研究	2期	1982
忆三次过雪山草地的大人事变动	田长华	文史资料选辑	3期	1983
关于红军《北上抗日》的一份历史文献	王庭科	四川文物	3期	1984
红军过崃山——中共邛崃地方党史资料	中共邛崃县委党史工委	编者刊		1984
红军长征途中召开的历次重要会议	王廷科	四川文物	3期	1985
红军长征过少数民族地区大事记述	周锡银	思想战线	3期	1985
金沙水拍云崖暖——红军长征过会理	中共会理县委党史工委	编者刊		1985
彝海结盟——红军长征过冕宁	冕宁县纪念彝海结盟五十周年筹备委员会	编者刊		1985
红军长征过冕宁有关人物、地址、事件考	刘德先 马文中	四川党史研究资料	3期	1986
卓木碉会议会址考证	龚自德	四川大学学报（哲社）	3期	1986
红四方面军在长征中的贡献	曹军	理论学刊	11期	1986
红军巧渡金沙江的渡船数目	张金忠	历史教学	11期	1986
红军长征在四川	中共四川省委党史工作委员会《红军长征在四川》编写组	四川省社会科学院出版社		1986

续表四五

篇、书名	著(译)编者	出处	卷、期	年月日
从大渡河到夹金山——红军长征的一段艰苦历程	中共雅安地委党史工委办公室	四川省社会科学院出版社		1986
中央红军长征在川南	中共宜宾地委党史工作委员会	编者刊		1986
国民党军追堵红军长征档案史料选编（四川部分）	四川省档案馆	档案出版社		1986
红军长征在芦山资料选辑	政协芦山县文史资料研究委员会	编者刊		1988
彝海结盟	张守福	中国民兵	9期	1989
长征时期中共中央在川西北召开几次政治局会议的史实	沈果正	四川文物	4期	1991
围追堵截红军长征亲历记——原国民党将领的回忆	《围追堵截红军长征亲历记》编审组	中国文史出版社		1991
岷江怒潮涌 羌寨峰火燃——羌族人民在红军长征过境时期的革命斗争	罗映光	全国少数民族革命史文集		1991
红军长征在甘孜藏区	中共甘孜州委党史研究室	成都科技大学出版社		1993
兵走凉山非好战	吴启权	四川党史	1期	1994
长征路上的巴蜀娘子军	胡 敏 张 惠	四川党史	2期	1994
红军长征过綦江石壕初探	唐文胜	四川文物	5期	1994
草地风云	石永言	理论与当代	6期	1994
红军在太公	中共广元市元坝区太公镇委员会	编者刊		1994
毛泽东六次入川考	黄致敬	四川大学学报（哲社）	4期	1995
长征途中朱德对川军的统战工作	李 翠 刘本良	四川统一战线	7期	1995
长征在川大事记要（1935年1月－1936年8月）	吴启权	四川人民出版社		1995
彝海结盟	辛晓峰等	四川人民出版社		1995
卫星升起的地方：冕宁——纪念红军长征过冕宁暨彝海结盟60周年（1935－1995）	冕宁县人民政府	四川人民出版社		1995
红军长征过彝区"彝海结盟"琐谈		四川党史	1期	1996

续表四六

篇、书名	著(译)编者	出处	卷、期	年月日
贺龙长征过四川	宁志一	中华文化论坛	1期	1996
长征在四川是长征史诗上光辉的篇章	吴启权	天府新论	1期	1996
民族团结的光辉典范——纪念"彝海结盟"六十周年	杨荆楚	民族研究	1期	1996
彝海边,那一座不朽的丰碑	王道义	四川统一战线	2期	1996
云崖初暖铁索寒——浅谈蒋介石、刘文辉对中央红军过宁属时的围追堵截	陈 蓉	西昌学院学报(社科)	3期	1996
红军长征过绵阳	蒋 志	绵阳师范高等专科学校学报	4期	1996
红军长征过綦江	王有华	重庆党史研究资料	4期	1996
红军长征在四川活动的影响	曾小勇	西南师范大学学报(哲社)	4期	1996
中国工农红军为什么没有成为石达开第二	蒋懿菊	绵阳师范学院学报	4期	1996
四川在红军长征史上的特殊历史地位和作用	元 江	四川大学学报(哲社)	4期	1996
红军长征对四川少数民族的历史性影响	李全中	西南民族学院学报(哲社)	5期	1996
雪山草地祭——纪念红军长征胜利六十周年	刘祖万	四川党史	5期	1996
红军长征过四川的报刊宣传	肖 燕	文史杂志	5期	1996
红军长征过邛崃	骆奇南	四川文物	5期	1996
中央红军胜利通过宁属地区原因探析	陈 蓉	四川党史	5期	1996
红军与藏族羌族的鱼水情	张天伟	西南民族学院学报(哲社)	5期	1996
红军长征的伟大历史意义及四川在红军长征中的地位	彭 塞	四川党史	6期	1996
"彝海结盟"和党的民族政策——纪念红军长征胜利六十周年	杨绍猷	中央社会主义学院学报	6期	1996
红军长征在四川的几个重要事实和数字	元 江	四川党史	6期	1996
红军巧过大凉山——刘伯承彝海结盟	刘小兵	党史纵横	10期	1996
彝海结盟 丰碑矗立	颜 林	四川统一战线	11期	1996
艰难的里程——长征过草地的日日夜夜	郭继联 傅利民	党史纵横	12期	1996

续表四七

篇、书名	著(译)编者	出处	卷、期	年月日
红军长征在西南	成都军区政治部宣传部	四川人民出版社		1996
红军长征过阿坝革命文化史料汇编	阿坝藏族羌族自治州文化局	编者刊		1996
红军在北川	中共北川县委党史办公室	编者刊		1996
三次过草地三次被开除——女红军作家李伯钊片断	丁艾	四川党史	1期	1997
红军长征纪念碑为什么要建在四川	元江	成都大学学报（社科）	1期	1997
红军长征过凉山二三事	张国元	重庆工商大学学报（社科）	1期	1997
试论红四方面军对长征的贡献	季相林	哲里木畜牧学院学报	2期	1997
红军长征过四川史实考证两则	何成学	四川党史	3期	1997
雪山草地的通司、向导与红军	余宗琼	四川党史	5期	1997
关于沙窝会议会址	张德林	四川党史	5期	1997
长征亲历记——忆在红四方面军的艰苦岁月	任寿武 陈文清	党史纵横	10期	1997
红军在芦山	中共芦山县委党史研究室、芦山县县志编委办公室	成都科技大学出版社		1997
红四方面军长征的第一战	王友平	文史杂志	4期	1998
红军长征中的神秘向导	梁峰等	环球军事	17期	2001
喜引红军过彝区	唐玉鲁等	北京档案	2期	2002
彝海结盟	郭健	四川文物	4期	2002
甘孜会师中的团结与斗争	顾永忠	纵横	2期	2003
安顺场：历史改写的地方	刘志愚	四川档案	5期	2003
从苟坝会议到四渡赤水——红军长征之九	石仲泉	百年潮	2期	2004
直插云南 巧渡金沙江——红军长征之十	石仲泉	百年潮	3期	2004
古城会理和会理会议——红军长征之十一	石仲泉	百年潮	8期	2004
彝海结盟过彝区——红军长征之十二	石仲泉	百年潮	9期	2004
大渡桥横铁索寒——红军长征之十三	石仲泉	百年潮	10期	2004

续表四八

篇、书名	著(译)编者	出处	卷、期	年月日
泸定会议和翻越夹金山——红军长征之十四	石仲泉	百年潮	11期	2004
红四方面军的长征和红军两大主力的会师——红军长征之十五	石仲泉	百年潮	12期	2004
两河口会议：两军会师后的第一次重要会议——红军长征之十六	石仲泉	百年潮	1期	2005
从卓克基到黑水芦花——红军长征之十七	石仲泉	百年潮	3期	2005
进军松潘毛儿盖——红军长征之十八	石仲泉	百年潮	4期	2005
茫茫草地生死行——红军长征之十九	石仲泉	百年潮	5期	2005
张国焘"密电"南下和巴西会议——红军长征之二十	石仲泉	百年潮	6期	2005
俄界会议和夺取天险腊子口——红军长征之二十一	石仲泉	百年潮	7期	2005
长征路上的邓小平	邓寿明	西南交通大学学报（社科）	4期	2004
红军长征在天全	天全县文化工作室	中国三峡出版社		2004
从彝海到大渡河——寻访红军长征的足迹	刘启星	贵阳文史	1期	2005
奇兵往来赤水河	曹金平	党史天地	10期	2005
红军长征在古蔺	中共古蔺县委党史研究室	大众文艺出版社		2005
红军长征在雅安	中国人民政治协商会议四川省雅安市委员会	编者刊		2005
红军的光辉照炉霍	中共炉霍县委党史工作委员会	编者刊		1990
红军长征中的回族阿訇肖福祯	文星明	四川文物	5期	1991
一件珍贵的革命文物	黄清华	四川文物	4期	1994
从史料看红军过藏区的民族政策及其影响	李豫川	西藏民族宗教	2期	1995
红军在藏区的民族政策	李豫川	民族	6期	1995
红军长征经过藏区时的宗教政策及其影响	李豫川	中国宗教	4期	1996
长征时期有关回族的重大事件和人物	周锡银	中国穆斯林	3期	1997

续表四九

篇、书名	著(译)编者	出处	卷、期	年月日
红军长征在甘孜藏区与孔萨土司家族	孔萨益多 彭子郑	民族	8期	1997
红军长征与马克思主义在藏区的传播	徐友发 钟金慧	西藏民族学院学报	2期	2000
红军长征在甘孜藏区	中共甘孜州委党史研究室	编者刊		2004
红军长征途经甘孜藏区的重大战略意义	扎西次仁	康巴文苑	1、2期	2005
刘湘部在川黔滇边境防堵红军的经过	四川省政协文史资料研究委员会军事史料编写组	文史资料选辑	62辑	1979
24军在川康边境阻截红军的实况	张伯言等	文史资料选辑	62辑	1979
胡宗南率部在川北阻截红军的经过	范汉杰	文史资料选辑	62辑	1979
胡宗南部在毛儿盖被歼记	李日基	文史资料选辑	62辑	1979
堵截中央红军长征的沿江川军兵力质疑	张家德	近代史研究	3期	1983
也谈堵截中央红军长征的沿江川军兵力	白 静	近代史研究	5期	1984
湘鄂川黔革命根据地史稿	《湘鄂川黔革命根据地史稿》编写组	湖南人民出版社		1985
试论川南红军	张家德	四川师范大学学报（社科）	4期	1986
英雄的川滇黔边区红军游击纵队	裴国法	西南师范大学学报（社科）	3期	1987
长征时期的川滇黔边红军游击队	李德明	重庆师范大学学报（哲社）	3期	1987
中国工农红军与湘鄂川黔神兵武装	胡飞扬	地方革命史研究	1期	1991
浅论湘鄂川黔神兵的性质	胡飞扬	江汉论坛	4期	1991
中国工农红军川滇黔边区游击纵队斗争述评	陶利辉	四川党史	1期	1995
川滇黔边区红军游击纵队的历史回顾	刘国语	军事历史	5期	1995
活跃在川滇边境的红军云南游击队	陶利辉	四川文物	1期	1996
关于中央组建川滇黔边区游击纵队的战略意图及其他——与陶利辉同志商榷	李言璋	四川党史	3期	1996
对涪陵特区（特委）及二路红军游击队特委性质的考证	王应全	重庆党史研究资料	3、4期	1998

续表五〇

篇、书名	著（译）编者	出处	卷、期	年月日
佘泽鸿烈士	中共宜宾市委党史研究室、中共长宁县委党史研究室	编者刊		2002
党指引着斗争的方向——记赵唯在川东云、奉边区特委	杜之祥	四川党史	3 期	1995
1936 年中共大足特委重建之前后	田荣金	重庆党史研究资料	6 期	1986
巴蜀英杰谢唯进战斗在西班牙	杨 平	四川文物	4 期	1989
土地革命战争时期四川党领导的武装斗争	中共四川省委党史工作委员会	四川大学出版社		1987
土地革命战争时期四川武装斗争述评	盛 明	西南师范大学学报（人文）	1 期	1990
土地革命时期下川东的武装斗争	杜之祥	重庆党史研究资料	4 期	1992
土地革命战争时期四川党组织的大起大落	李荣忠	四川党史	4 期	1993
土地革命战争时期的涪陵	中共涪陵市委党史研究室	四川辞书出版社		1993
试谈土地革命战争时期四川武装起义的若干特点	余 渊	四川党史	2 期	1994
关于土地革命战争时期四川一些武装起义称谓的商榷	余 渊	四川党史	4 期	1994
有关土地革命战争时期四川武装起义时间、人物、地名等问题的订正	余 渊	四川党史	3 期	1996
土地革命战争时期四川几次兵变若干史实考订	元 江	四川党史	3 期	1997
第二次国内革命战争时期四川大事记	四川省文史研究馆、四川省人民政府参事室	四川人民出版社		1993
民国年间成都第一任市长——黄隐	赵建强	成都大学学报（社科）	2 期	1990
北伐后中国地方主义的发展——1926-1937 年的四川、广西和山西	陈能治	中国现代史论集	8 辑	1982
论联省自治运动中的吴玉章	张继才	华中科技大学学报（社科）	5 期	2002
论日常生活中的人际关系对吏治的影响——以 20 世纪二三十年代四川农村会为例	冷 波	四川师范大学学报（社科）	1 期	2003
四川联省自治运动述论	张继才	西南师范大学学报（社科）	2 期	2003
地方观念和国家观念的冲突与互助——1936 年《川行琐记》风波	王东杰	四川大学学报（哲社）	1 期	2004

续表五一

篇、书名	著(译)编者	出处	卷、期	年月日
"中国土地岂容胡行"——记35年前成都人民的一次反美斗争	侯耘	成都晚报		1965.12.13
成都之日本领事	冰	戊午周报	9期	1918
近代成都的外国领事馆	杨蕴成	文史杂志	6期	1994
1936年成都事件	何北衡	文史资料选辑	2辑	1960
抗战前中日间"成都事件"经过	华生	掌故	9卷	1972
一九三六年成都事件述评	于建章	四川师范大学学报（社科）	6期	1986
抗日救亡的壮歌——成都事件	于建章	四川文物	1期	1989
成都"大川饭店事件"纪实	肖志康 陈励冰	成都现代革命史资料	6期	
大川饭店打瘟神	丛方	成都风物	2辑	1981
打瘟神——成都大川饭店事件	熊悼云	龙门阵	8辑	1982
"大川饭店事件"余波	杨蕴成	文史杂志	3期	1994
中日关于成都事件的谈判述评	丁三青	徐州师范学院学报	2期	1995
成都事件始末	相云霞 丁二青	淮阴师专学报	2期	1996
1936年成都大川饭店事件史料选	成都市档案馆	民国档案	3期	1996
成都大川饭店事件始末	赖爱无	四川档案	6期	2003
蒋匪祸川记	米庆云	近代史资料	总29号	
1934-1937年蒋介石谋取四川略论	陆远权 张皓	重庆三峡学院学报	4期	1998
一九三五年参谋团入川前后	吴晋航	文史资料选辑	2辑	1960
"参谋团"入川剖析	王廷科	社会科学研究	6期	1983
贺国光——蒋介石的定川大吏	贺觉非	世纪行	11期	2000
张学良在武汉会见"入川参谋团"	沈重宇 沈元加	武汉文史资料	9期	2002
四川省政府及重庆行营成立的经过	邓汉祥	文史资料选辑	33辑	1963
抗战初期蒋介石侍从室对四川军阀的调查材料	秋宗鼎	文史资料选辑	33辑	1963
四川自治与统一	孙震	四川文献	31期	1965
国民政府迁渝前后蒋介石与川康地方实力派的控制和反控制的斗争	温贤美 马宣伟	天府新论	2期	1988
抗战前后国民党中央对四川的控制	刘正美	民国春秋	3期	1997

续表五二

篇、书名	著(译)编者	出处	卷、期	年月日
川康实力派与蒋介石	四川省人民政府参事室、四川省文史研究馆	四川大学出版社		1993
川康整军会议形形色色	甘继丕	文史资料选辑	33 辑	1963
略论川康整军的积极一面	文建辉	重庆师范大学学报（哲社）	6 期	2005
二三十年代影响重庆城市变迁的几个因素——论刘湘对重庆的军人干政	张 瑾	重庆大学学报（社科）	2 期	1999
刘湘政府（1935-1938）对川省基层行政人员的任用倾向	王玉娟	四川大学学报（哲社）	4 期	2002
国民党四川省党部人员转业从政初探	周海峰	四川大学学报（哲社）	增刊	2004
刘湘与蒋介石的勾心斗角	邓汉祥	文史资料选辑	5 辑	1960
冯玉祥与刘湘的秘密往来	高亚兴	文史资料选辑	42 辑	1964
关于刘湘、韩复榘之死的一点见闻	范绍增	文史资料选辑	42 辑	1964
记刘湘、韩复榘、宋哲元联日反蒋的失败	张槭亭	文史资料选辑	54 辑	1965
刘湘之死		群众文艺	3 辑	1981
匪夷所思的勾心斗角——刘湘"拱卫"蒋介石	徐伯威	龙门阵	5 辑	1982
刘湘之死	袁蔗等	重庆出版社		1982
简评《刘湘之死》	田闻一	文谭	10 期	1982
我所知道的武德励进会	田一平	四川党史研究资料	2 期	1984
1937年蒋介石致刘湘函稿一件		档案春秋	2 期	1996
《川、桂、红协定》初探	曹 蓉	四川党史	3 期	1996
《川、桂、红协定》及其来龙去脉	曹 蓉	文史杂志	6 期	1996
《川、桂、红协定》，一个难解之谜	曹 蓉	四川统一战线	1 期	1997
刘湘之死及其丧葬经过	马宣伟 温贤美	四川文物	1 期	1986
刘湘两次解囊助中共	马宣伟	世纪	5 期	1999
"四川王"刘湘魂断汉口之谜	朝 晖	武汉文史资料	11 期	2000
刘湘巨款资助中共	杨 惠	四川统一战线	3 期	2005
刘湘逝世后中央对川事之处置——《四川与对日抗战》	周开庆	四川文献	94 期	1970
刘湘死后川局波澜记略	黄应乾	文史资料选辑	12 辑	1961

续表五三

篇、书名	著(译)编者	出处	卷、期	年月日
对《刘湘死后川局波澜纪略》一文的更正	张志和	文史资料选辑	30 辑	1962
抗战时期蒋介石亲兼四川省主席记略	陈雁翚	文史杂志	4 期	1988
蒋介石与四川的历史渊源	杨殿元	巴蜀史志	4 期	1992
1938 年四川省政府改组风潮始末	杨维真	"国史馆"学术集刊	4 期	2004
蒋介石派张群图川的经过	邓汉祥	文史资料选辑	5 辑	1960
我所知道的张群	冯若飞	文史资料选辑	42 辑	1964
张岳军先生在川言论选集	《张岳军先生在川言论选集》编辑委员会	台北市四川同乡会、重庆同乡会		1968
有关张群出任南京国民政府外交部长期间中日交涉的一组史料	戴雄	民国档案	2 期	1988
张群与四川对日抗战的贡献	吕实强	近代中国	89 期	1992
张群与调整中日关系	蒋永敬	抗日战争研究	2 期	1993
		第二届近百年中日关系史国际研讨会论文集		1993
张群入主川政经纬（1938－1940）	何智霖	中华民国史专题论文集：第二届讨论会		1993
张群在 1936 年中日外交谈判中的强硬态度	严如平	民国春秋	4 期	1994
论南京国民政府时期的新政学系	赵英兰	史学集刊	3 期	1995
对蒋介石唯命是从的张群	严如平	世纪	2 期	1996
张群主川时的衣食住行	黄文轩	四川统一战线	5 期	2000
蒋介石与张群、胡子昂先生的故事	王光烈	贵州文史天地	3 期	2001
叶蓬谋刺张群案件揭秘	王炳毅	文史春秋	7 期	2003
卢汉释放张群之谜	赵子云	文史月刊	8 期	2004
		海内与海外	12 期	2004
		文史春秋	1 期	2005
明哲保身的国民党政坛"不倒翁"张群	王炳毅	文史春秋	10 期	2005
日中戦争開始前後、四川省新都縣における縣政改革の實験とその挫折——一九三八年十一月の縣城包圍事件に對する一考察	山本眞	一橋論叢	120 卷 2 号	1998
四川——民族复兴的根据地	王燕	新青年（浙江）	4 卷	1945

续表五四

篇、书名	著(译)编者	出处	卷、期	年月日
四川抗战大事记	怀襄	四川文献	23期	1964
四川与对日抗战	周开庆	台湾商务印书馆		1971
The Chinese Nationalists and the Great Rear Area: Wartime Szechwan（中国国民党与大后方——战时的四川）	Robert. A. Kapp（甘德馨）	Chinese Republican Studies Vol. 1, No. 1 Newsletter		1975
		中国现代史论集	9集	1982
四川人民在抗日战争中的巨大贡献	阮永熙等	成都大学学报（社科）	3期	1985
四川与抗战	四川省人民政府参事室、四川省文史研究馆	编者刊		1985
四川省纪念抗日战争胜利四十周年学术讨论会论文暨史料选	《四川省学术讨论会论文暨史料选》编辑组	四川省社会科学院出版社		1985
四川少数民族对抗日战争的贡献	李全中	西南民族学院学报（哲社）	4期	1987
四川与对日抗战	周开庆	商务印书馆		1987
抗日战争时期四川大事记	四川省人民政府参事室、四川省文史研究馆	华夏出版社		1987
四川抗日救亡运动述评	杨绍安	四川师范学院学报（哲社）	2期	1992
张群与四川对抗战的贡献	吕实强	近代中国	89期	
试论蒋介石与四川抗日根据地的策定	唐润明	历史档案	4期	1994
四川人民与抗日战争的胜利	龚自德 龙雅芳	今日四川	2期	1995
四川对抗日战争的巨大贡献	徐涛	成都大学学报（社科）	3期	1995
坚强的堡垒 卓越的功勋——四川人民对抗战的巨大贡献	张莉红	文史杂志	5期	1995
四川与抗日战争	周开庆等	四川文献研究社、川康渝文物馆		1995
四川人民的抗战及对盟军的支持	周小粒	成都师专学报	2期	1996
抗战时期四川抵制日货活动	江熔	巴蜀史志	4期	1995
抗战时期的四川社会学	赵喜顺	西南民族学院学报（哲社）	5期	1995
试论抗战期间的四川精神	吕实强	庆祝抗战胜利五十周年两岸学术研讨会论文集		1996
四川人民对抗战的贡献	温贤美	文史杂志	4期	1997
四川人民在抗战中的贡献	周小粒 李鸿生	四川师范学院学报（哲社）	2期	1998

续表五五

篇、书名	著(译)编者	出处	卷、期	年月日
抗日战争时期日军侵占四川的战略计划及其破产	龚自德	四川党史	6期	1999
莫忘四川抗战	岱峻	四川政协报		2004.8.12
		巴蜀史志	2期	2005
抗日战争期间四川人民的深重灾难与突出贡献	李仕根	四川档案	3期	2005
四川人民的抗日精神	林红	四川档案	3期	2005
关于四川抗战的几个问题	周文林	四川档案	5期	2005
论四川人民对全民族抗战的伟大贡献	谭晓钟	文史杂志	5期	2005
中华告急 四川全民抗战	毛毛	四川党的建设（城市）	8期	2005
川人大抗战	郑光路	四川人民出版社		2005
抗战时期的四川	段渝	巴蜀书社		2005
抗日战争时期四川省各类情况统计	四川省档案馆	西南交通大学出版社		2005
策定四川为抗日根据地之经过	周开庆	四川文献	83、84期	1969
试论蒋介石与四川抗日根据地的策定	唐润明	历史档案	4期	1994
论西南大后方抗战战略地位的确定	张皓 张福记	山东师大学报（社科）	4期	1995
试论国民政府大西南大后方战略的确立	姜从山	扬州大学学报（人文）	4期	1997
国民政府抗战后方的确定及其影响	杨扬	成都教育学院学报	3期	1999
抗战时期的迁徙运动——以人口、文教事业及工厂内迁为例的探讨	吕芳上	纪念抗日战争胜利五十周年学术讨论会论文集		1996
民国大迁都	蒋顺兴 孙宅巍	江苏人民出版社		1997
民生公司抗日物资抢运记	李天元	四川文物	3期	1987
卢作孚与宜昌大抢运	李严成	民国春秋	4期	1996
"中国的敦刻尔克撤退"与卢作孚	刘力	湖北文史资料	2期	2001
民生公司在川江航运中的贡献		水路运输文摘	5期	2001
抗战迁川大撤退中的民生公司	刘力	文史精华	6期	2001
中国的"敦刻尔克"大撤退	吴琪	决策与信息	7期	2005
民生公司与"中国实业上的敦刻尔克"	赵晓玲	全国新书目	9期	2002
卢作孚与"中国实业上的敦刻尔克"	刘力	党史天地	11期	2002

续表五六

篇、书名	著(译)编者	出处	卷、期	年月日
1938：中国的"敦刻尔克大撤退"		党政论坛	11期	2002
中国抗战史上的"敦刻尔克大撤退"	晓 真	湖北档案	1、2期	2003
1938：发生在川江上的悲壮一幕——卢作孚与东方"敦刻尔克大撤退"	朱复胜	中国三峡建设	4期	2005
宜昌大撤退：中国实业界的敦刻尔克	蔡春丽	今日重庆	4期	2005
宜昌抢运：中国的敦刻尔克——纪念抗日战争胜利六十周年	王世赏 王卫东	理论月刊	8期	2005
卢作孚：指挥"东方敦刻尔克"大撤退		商务周刊	15期	2005
长江上的生死之航	东 石	中国交通报		2005.8.26
民生（1938）：托起民族工业的诺亚方舟	万 芳	中国水运报		2005.9.2
宜昌大撤退图文志——1938中国的"敦刻尔克"	湖北省宜昌市地方志编委会	贵州人民出版社		2005
试论日本帝国主义进攻四川作战计划的破产	沙劲松	文史杂志	5期	1989
侵华日军两次攻川计划	许锡挥	广州师范学院学报	2期	1991
日军侵占四川战略部署的探析	龚自德	成都党史	6期	1995
日军"四川作战计划"为什么破产	张 军	文史杂志	4期	1996
太平洋战争爆发后日军进攻重庆、西安的战略计划及其破产	徐旭阳	史学月刊	1期	1998
抗日战争时期日军侵占四川的战略计划及其破产	龚自德	四川党史	6期	1999
"四川作战计划"与日本对华政策的再调整	宋 俭	江西社会科学	12期	2002
川军在前线	长江等	战时出版社		1938
刘湘出任第七战区经过	华 生	四川文献	67期	1968
刘湘率师出川抗战及其逝世	周开庆	四川文献	93期	1970
刘湘出川抗战记	戴高翔	战史汇刊	16期	
刘湘率军出川抗战经过及其作用和影响	温贤美	社会科学研究	2期	1994
刘湘对抗战的积极态度	唐润明	民国春秋	4期	1995
也谈刘湘之死兼及川军抗战	胡昌民	武汉文史资料	2期	2001
刘湘率将士出川抗战记	胡 嘉	巴蜀史志	4期	2002

续表五七

篇、书名	著(译)编者	出处	卷、期	年月日
川军在前线	范长江	战时出版社		1938
川军抗战集	鹤琴 海燕	中央图书公司		1938
民族战争川军战绩史料存要	傅双无	民族学会		1941
忠勇川军	张善	新新新闻文化服务社		1944
陆军第二十六师在抗战中的战绩	刘雨卿	四川文献	11、12期	1963
抗战中的第二十三集团军	戴传薪	四川文献	11、12期	1963
驻川各军出川参加抗战概况	孙震	四川文献	52、53期	1966.12, 1967.1
川军参加抗日战斗序列概述	华生	四川文献	65期	
抗战期中四川知识青年从军运动之展开	周开庆	四川文献	96期	
试析抗日战争时期的四川军队	邹吉川	南充师院学报（哲社）	2期	1985
川军抗战亲历记	四川省政协文史资料研究委员会、四川省人民政府参事室	四川人民出版社		1985
川军出川抗战纪事	马宣伟 温贤美	四川省社会科学院出版社		1986
川军东阳关阻击战散忆	王志道	山西文史资料	1、2期	1995
四川军队在抗战初期的作用初探	杨清禄	蜀都建设	4期	1995
川军在抗日战争中的重要表现	方秋苇	民国档案	2期	1998
川军拐子刀	胡志金	红岩春秋	5期	1998
忆川军	王士廉	山西文史资料	10期	2000
试论川军在武汉会战中的历史地位	易斌	军事历史研究	1期	2001
川军东回阻击战	石信	文史月刊	10期	2002
8年抗战中的川军第20军	王晓春	四川档案	3期	2005
论川军出川抗战的成因及其意义	龙雅芳	四川经济管理学院学报	4期	2005
川军出川抗战	王晓春	四川档案	5期	2005
浴血奋战的内江籍将士	杨修武 甘德明	四川档案	5期	2005
南京外围保卫战中殉国的饶国华	施惠政	江淮文史	5期	2005
台儿庄血战中的川军（上）（下）	曹德权 任兆祥	龙门阵	5、6期	2005
悲壮：3000川军将士殉国死守滕县	杜翔宇 周强	国际展望	17期	2005

续表五八

篇、书名	著(译)编者	出处	卷、期	年月日
陪都大门保卫战	马士弘	龙门阵	8期	2005
铁血川军	林海 陶英	解放军出版社		2005
无名英雄碑与抗日将领墓	孙琪华 刘玉珊	巴蜀书社		2005
抗战捐躯的川军四将领	吴嘉陵	文史杂志	1期	1985
为国捐躯的川军抗日将领王铭章、李家钰	叶萍	四川文物	4期	1985
悼抗日爱国将领杨怀	庄燕和	四川文物	4期	1985
"男儿欲报国恩重 死到沙场是善终"——记豫中会战中的李家钰将军	赵可	中州今古	5期	1994
李家钰将军在抗战中——写在抗日爱国将领李家钰先生阵亡50周年之际	曹蓉	四川统一战线	12期	1994
血染秦家坡的李家钰将军	马宣伟	文史杂志	4期	2005
革命军人，抗日英雄——纪念川军将领王铭章	杨正玉	四川党史	3期	1995
关于王铭章部固守滕县的若干史实问题商榷	蓝祯伟	四川党史	5期	1995
继承将军遗志 弘扬爱国精神——缅怀川军抗日英烈王铭章将军	代静涛 杨美剑	四川教育	7、8期	2005
川军抗日将领王铭章将军遗骸是如何寻得的	高勇	中国档案	10期	2005
王铭章师长殉国，我离他只20多米远——川军老战士孙帮安，回忆川军史上最光辉的一页	周轶君等	新华每日电讯		2005.8.23
九死一生——我在川军参加抗战的经历	罗杏照	纵横	3期	1995
甘洒热血卫中华——川军将领饶国华殉国记	邓玲	四川党史	6期	1995
饶国华出川抗战记	徐伯荣	四川统一战线	8-10期	1995
巴蜀英雄——抗战名将饶国华	李远等	中外杂志	1期	1997
抗日捐躯的杨怀将军	庄燕和	重庆日报		1985.8.18
从军琐忆	詹大风	四川党史	4期	1997
川军抗日名将谭尚修	陈和平 钱成国	四川统一战线	8期	2005

续表五九

篇、书名	著(译)编者	出处	卷、期	年月日
四川抗日战争时期的日寇空袭损害统计（1938-1944）		四川档案史料	3 期	1988
日本帝国主义侵华期间对四川各地的惨重轰炸		四川党史	3 期	1995
抗日战争时期日寇轰炸四川始末	张洁梅 李泽民	四川档案	3 期	2005
二战中日军对四川的空中大屠杀	常崇宜	巴蜀史志	3 期	2005
川渝大轰炸——抗战时期日机轰炸四川史实研究	谢世廉	西南交通大学出版社		2005
控诉日帝在成都的罪行	唐凤池	工商导报		1951.2.26
侵害的控诉	王泰	工商导报		1951.2.27
成都人民永远不忘记的"611"和"727"	柴敬祖	工商导报		1951.2.27
一段沉痛的回忆	张明锦	四川党史	4 期	1995
曾经的伤痛 难泯的记忆——抗战时期的成都人口疏散情况	龚克 刘言	四川档案	3 期	2005
抗战时期重庆防空黑幕	邹高竞	文史资料选辑	40 辑	1963
重庆大轰炸——《重庆时代的大公报》之三	陈纪滢	传记文学	卷 4、5 24	
重庆 1941 年"六五"大隧道窒息惨案综述	谭重威	重庆市中区史志	创刊号	1985
日机对重庆的战略轰炸及其后果	余凡等	重庆社会科学	增刊	1985
大隧道今昔		重庆晚报		1985.6.23
"五四"大轰炸	冯英子	重庆晚报		1985.11.24
日机轰炸重庆始末	陈建林等	历史知识	3 期	1987
日机对重庆的大轰炸	唐守荣	民国春秋	4 期	1988
勿忘这血的历史——访日机大轰炸重庆时的目睹者	萧鸣锵	重庆日报		1988.7.6
重庆大轰炸	前田哲男（李泓、黄莺）	成都科技大学出版社		1989
震撼山城的大隧道惨案亲历记	张开书	文史杂志	4 期	1992
重庆大轰炸（1938-1943）	西南师范大学历史系、重庆市档案馆	重庆出版社		1992
一张照片后面的历险故事——周恩来在日机大轰炸中的重庆	陈宇	文史杂志	1 期	1993

续表六〇

篇、书名	著(译)编者	出处	卷、期	年月日
重庆空袭紧急救济联合办事处（陪都空袭救护委员会）组织概况	陈长河	档案史料与研究	1期	1994
震惊中外的"重庆大隧道惨案"	李万凌	生命与灾祸	2期	1994
陪都空袭救护委员会关于敌机空袭伤亡之损失的通报（1941年6月-8月）		档案史料与研究	3期	1994
日机对重庆的"战略轰炸"和重庆的反空袭斗争	温贤美	天府新论	4期	1994
侵华日军对重庆大轰炸见闻记	周云蒸	湖北文史资料	1辑	1995
抗战时期陪都人民的反空袭斗争	王显乾	重庆商学院学报	2期	1995
重庆大隧道惨案		重庆党史资料	2期	1995
陪都大隧道惨案调查赈恤亲历记	欧阳平	红岩春秋	3期	1995
论抗战时期重庆反空袭斗争的地位和作用	杨光彦	西南师范大学学报（社科）	3期	1995
重庆大隧道惨案实录	林川	大江南北	4期	1995
重庆大隧道惨案	林川	国防	8期	1995
为了永不忘却的纪念——我记忆中的重庆大轰炸	以惇	朔方	9期	1995
日机轰炸重庆的暴行	杨耀健	文史精华	12期	1995
抗战时期重庆的防空	重庆抗战丛书编纂委员会	重庆出版社		1995
日军轰炸重庆纪实	杨耀健	党史博览	2期	1996
重庆大隧道惨案死亡人数辨析	程雨辰	民国档案	4期	1996
抗战时期日机空袭重庆和重庆反空袭斗争述论	杨光彦 潘洵	庆祝抗战胜利五十周年两岸学术研讨会论文集 上册		1996
重庆大隧道惨案史料一组	王俊明	民国档案	1期	1997
日机对重庆的大轰炸	魏励勇	航空史研究	3期	1997
60年前参加重庆首次空战纪实	张光明	传记文学	5期	1997
抗战期间重庆大隧道惨案	孙晓鸥	春秋	1期	1998
抗战时期骇人听闻的重庆大隧道惨案	赵子云	紫金岁月	6期	1998
"重庆6.5大轰炸"历史老照片发现记	李泽民	中国档案	9期	1998
重庆大轰炸纪实	罗泰琪	内蒙古人民出版社		1998

续表六一

篇、书名	著(译)编者	出处	卷、期	年月日
劫后余生的坚强女性——重庆大轰炸60周年祭	张小曼	红岩春秋	3期	1999
记忆中的重庆大轰炸	田苗	红岩春秋	4期	1999
论重庆大轰炸	潘洵 杨光彦	西南师范大学学报（社科）	6期	1999
重庆大轰炸图集	重庆市文化局等	重庆出版社		2001
重庆大轰炸	重庆市政协学习及文史委员会等	西南师范大学出版社		2002
重庆大隧道惨案揭秘	赵子云	文史月刊	5期	2003
重庆大隧道惨案始末	张守广	直面血与火——国际殖民主义教育文化论集		2003
论重庆大轰炸对重庆城市社会变迁的影响	潘洵	直面血与火——国际殖民主义教育文化论集		2003
中日学者重庆大轰炸论文集	王群生	中国三峡出版社		2004
愈炸愈勇的红岩人	孙志慧 许军	红岩春秋	4期	2005
论重庆大轰炸对重庆市民社会心理的影响	潘洵	重庆师范大学学报（哲社）	4期	2005
亲历重庆大隧道惨案	高键文	世纪	5期	2005
抗战时期重庆大轰炸对重庆城市社会变迁的影响	潘洵	西南师范大学学报（社科）	6期	2005
重庆大轰炸	黄茵茵	公民导刊	9期	2005
1938-1943：重庆大轰炸	曾小勇等	湖北人民出版社		2005
重庆大轰炸（1938-1941）	易丹	四川文艺出版社		2005
哭泣的焦土——日机轰炸四川乐山追记	李泽民	四川档案	6期	2002
历史的见证	丁强	四川档案	3期	2005
乐山大轰炸	杨追奔	乐山市人民防空办公室		2005
日军轰炸白帝城 蒋介石险些丧生	张容生	海内与海外	1期	1995
永记日寇暴行	廖正才	四川党史	6期	1995
日军对自贡井盐基地的轰炸与中国的防御	徐勇	抗日战争研究	1期	1998
日本侵略军的"盐遮断"轰炸	谭刚	文史杂志	4期	2000
档案为凭 侵略者罪责难逃——日本飞机轰炸自贡纪实	沈涛	四川档案	1期	2003

续表六二

篇、书名	著(译)编者	出处	卷、期	年月日
日本飞机对南充城区的三次野蛮轰炸	侯文体	四川档案	5期	2005
击落"轰炸魔鬼"的抗日英雄段文郁	王德芬	龙门阵	9辑	1983
抗日空军英雄颜泽光	陈维谨	文史杂志	4期	1992
碧血长空洒东海——轰炸日本航空母舰的彭德明烈士侧记	李德良 李兴勤	四川档案	3期	2005
北碚社会概况调查		社会调查与统计	2期	1943
重慶インフレーションの研究	飯田藤次	日本評論社		1943
抗战八年重庆花絮	许晚成	上海龙文书店		1946
战时重庆生活	陶希圣	自由谈	13卷11期	1962
抗战期中重庆市总工会之改组	陈铁夫	四川文献	68期	1968
战时陪都文酒之会及其它	李田林	传记文学	20卷3期	1972
陪都学生运动之回顾	姚蒸民	四川文献	124期	1972
沙坪三载见沧桑	陶怀仲	中外杂志	16卷4期	1974
重庆生活	赖世昌	中外杂志	17卷6期	1975
抗战期间重庆的上层民主运动	祝世康	上海文史资料选辑	33期	1980
外国人眼里的：抗战初期的重庆	史拾遗	重庆日报		1983.5.1
抗战时期北碚妇女工作概况	唐宜臣	重庆党史研究资料	3期	1984
回忆重庆	顾执中等	重庆出版社		1984
中国劳动协会在重庆	中共重庆市委党史工作委员会	编者刊		1984
抗战时期国民政府移驻重庆有关文献辑录	彭伯通	重庆市中区史志	创刊号	1985
沙坪忆旧	赵继昌	中外杂志	38卷2期	1985
国民政府何时定重庆为陪都	曾立	重庆社会科学	3期	1985
抗日战争中的重庆妇女	李九荣等	四川党史研究资料	10期	1985
重庆在抗日战争时期的地位和作用	彭承福	重庆社会科学	增刊	1985
抗日战争胜利前后的重庆爱国民主运动	谭重威	重庆社会科学	增刊	1985
重庆·行都·陪都	牛翁	重庆晚报		1985.8.6
重庆抗战纪事	中国人民政治协商会议四川省重庆市委员会文史资料研究委员会	重庆出版社		1985

续表六三

篇、书名	著(译)编者	出处	卷、期	年月日
重庆抗战纪事（续编）	中国人民政治协商会议四川省重庆市委员会文史资料研究委员会	重庆出版社		1991
抗日战争时期重庆工人运动史料	重庆市总工会工运史研究室等	编者刊		1985
国民政府陪都设置始末	杨国屏	重庆地方志	创刊号	1986
抗战时期重庆国民政府经济行政机构的战略调整	韩渝辉	重庆地方志	创刊号	1986
重庆"中央训练团"始末	薛祚光	重庆市重区史志	2期	1986
抗战时期重庆妇女民主宪政运动	何为	四川党史研究资料	4期	1986
国民政府在重庆时期的"玉玺"	王文	重庆晚报		1986.8.3
也谈国民政府在重庆时期的"玉玺"	凌家澄等	重庆晚报		1986.8.9
抗战时期之重庆	王聿均	近代中国区域史研讨会论文集 上册		1986
加拿大公民在重庆史料	谢守平	重庆市档案馆		1986
抗日战争中的重庆	黄友凡 彭承福	西南师范大学出版社		1986
战时重庆风光	林如斯	重庆出版社		1986
蒋介石的黄山别墅	子为	重庆社会科学	2期	1987
忆沙坪坝	黎东方	中外杂志	41卷2期	1987
浅谈抗战时期重庆达官名流住宅的称谓	凌沈释	重庆地方志	5期	1987
从抗日战争谈首都迁建问题	张明凯	"国史馆"馆刊	复刊2期	1987
重庆的密电破译与山本五十六之死	俞煦照	联合时报		1987.7.3
漫忆战时重庆	顾执中	重庆晚报		1987.12.4
抗日战争时期的陪都重庆	庄燕和	四川文物	1期	1988
陪都时期的国民政府军事委员会	方全等	重庆地方志	2期	1988
抗战时期陪都体育史料	重庆市体育运动委员会、重庆市志总编室	重庆出版社		1989
试论国民政府迁都对重庆的影响	唐润明	重庆师院学报（哲社）	4期	1991
抗战之都·重庆（中英文对照）	重庆市对外文化交流协会	四川人民出版社		1991

续表六四

篇、书名	著(译)编者	出处	卷、期	年月日
试论抗战时期重庆成为国民政府战时首都的原因	陆大钺	重庆社会科学	2期	1992
国民政府迁都重庆的原因和经过	温贤美	文史杂志	4期	1992
重庆各界支持抗战略记	余曙光	文史杂志	4期	1992
国民政府迁都重庆述论	唐润明	重庆地方史	4期	1992
抗日战争时期的北碚	重庆市北碚区政协文史委	编者刊		1992
国民政府重庆陪都史	张弓 牟之先	西南师范大学出版社		1993
陪都风雨——重庆时期的国民政府	张同新	黑龙江人民出版社		1993
中国抗战陪都史五题	郑洪泉	档案史料与研究	1期	1994
民国时期的首都、陪都与行都	刘敬坤 富兵	民国档案	1期	1994
陪都集邮盛况	罗华生	重庆集邮	2期	1994
			3期	1995
战时重庆见闻	宁承恩	传记文学	65卷 2、4期	1994
重庆开展抗战陪都史研究	钟铁	社会科学报		1994.2.3
迁都重庆的国民政府	中国人民抗日战争纪念馆、重庆市档案馆	北京出版社		1994
陪都星云录	重庆市文史研究馆	上海书店		1994
抗战陪都历史资源——在新时期海外统战工作中的应用	欧可平等	重庆社会科学	1期	1995
重庆抗战大事记（上）（下）		史志文汇	1、2期	1995
抗战时期重庆地位的变化和重庆人民的历史使命	彭承福	西南师范大学学报（社科）	3期	1995
论抗战时期重庆人民的爱国主义精神	彭承福	重庆社会科学	4期	1995
陪都重庆与抗日战争	牟敏昌 梁平	1945-1995抗日战争胜利五十周年纪念集		1995
重庆国民政府	杨光彦等	重庆出版社		1995
重庆人民对抗战的贡献	彭承福	重庆出版社		1995
抗战时期重庆的军事	唐润明	重庆出版社		1995
重庆抗战大事记	罗传勰	重庆出版社		1995

续表六五

篇、书名	著(译)编者	出处	卷、期	年月日
中国重庆抗战陪都史国际学术研讨会文集	顾乐观	华文出版社		1995
陪都人物纪事	杨耀健等	重庆出版社		1995
抗战中的重庆	安占宝 郭同耀	中共重庆市渝中区委宣传部等		1995
民主党派在重庆——纪念抗日战争胜利五十周年	中共重庆市委统战部、重庆市统战理论研究会	编者刊		1995
"陪都"风云——风波云诡雾重庆	杨景民	解放军文艺出版社		1995
陪都遗址寻踪	冯开文	重庆出版社		1995
关于重庆国民政府的几个问题	杨光彦 张国镛	史学月刊	1期	1996
抗战时期的重庆卫戍总司令部	唐润明	档案史料与研究	1期	1996
重庆对抗日战争的重要贡献	牟敏昌 梁平	重庆大学学报（社科）	2期	1996
论国民政府迁都重庆的意义与作用	黄立人 郑洪泉	民国档案	2期	1996
浅论国民政府择迁重庆的三个问题	张国镛	档案史料与研究	2期	1996
战时重庆见闻录	姜豪	档案与史学	3期	1996
在历史的漩流中——抗战时期的国民政府	张明楚等	广西师范大学出版社		1996
关于"陪都"史研究的几个问题	黄立人 郑洪泉	民国档案	1期	1997
关于国民政府择迁重庆问题的再探讨	张国镛	西南师范大学学报（社科）	1期	1997
抗战初期国民政府迁都重庆经过	唐润明	民国春秋	6期	1997
中国重庆抗战陪都史国际学术研讨会论文集	顾乐观等	华文出版社		1997
重庆特刑庭狱中见闻	冉敬林	纵横	3期	1998
国民政府定都重庆的历史考察	陈选康	中学历史教学参考	10期	1998
重庆"特园"：光荣的民主之家——记鲜英	李起民	中国青年报		1998.5.9
抗战陪都	老康	重庆与世界	4期	2000
鲜特生的"民主之家"		文史资料选辑	150辑	2002
抗战时期国民政府迁都对重庆市民生活的影响	朱丹彤 徐晓旭	四川师范大学学报（社科）	3期	2004

续表六六

篇、书名	著(译)编者	出处	卷、期	年月日
重慶国民政府の研究（最終報告）	石島紀之	東京大学出版会		2004
陪都重庆的"建墓铸逆"运动	唐润明	四川档案	3期	2005
狂奔、狂叫、狂舞、狂欢——重庆人民欢庆抗战胜利纪实	敬业	四川档案	3期	2005
抗战胜利在重庆	田苗	红岩春秋	4期	2005
胜利消息传来之夜	吕贤汶	红岩春秋	4期	2005
重庆在抗日战争史上的历史地位和重大贡献	周勇	红岩春秋	5期	2005
重庆抗战史1931-1945	周勇	重庆出版社		2005
中国抗战重庆陪都史专题研究	张国镛	四川人民出版社		2005
为了忘却的纪念——中国抗战重庆历史地位研究	张国镛 陈一蓉	西南师范大学出版社		2005
溯游抗战重庆丛书：走进南方局	孙志慧	重庆出版社		2005
溯游抗战重庆丛书：风雨白公馆	厉华	重庆出版社		2005
溯游抗战重庆丛书：烽火岁月——重庆大轰炸	李金荣 杨筱	重庆出版社		2005
溯游抗战重庆丛书：中国战区参谋长史迪威将军	苑鲁	重庆出版社		2005
溯游抗战重庆丛书：又见大后方影剧明星	石曼	重庆出版社		2005
溯游抗战重庆丛书：解密飞虎队	杨耀健	重庆出版社		2005
溯游抗战重庆丛书：探询陪都名人旧居	杨筱	重庆出版社		2005
溯游抗战重庆丛书：重睹大后方文坛芳华	孙善齐	重庆出版社		2005
溯游抗战重庆丛书：陪都溯踪	邓又萍等	重庆出版社		2005
溯游抗战重庆丛书：回味陪都市井生活	李学政	重庆出版社		2005
重庆抗战遗址：岁月尘封的记忆	龙俊才	西南师范大学出版社		2005
西迁重庆綦江的韩国临时政府	綦江政协委员会	编者刊		1998
流亡重庆的韩国独立运动各党派之关系	杨副军	抗日战争研究	2期	1994
韩国临时政府在重庆	杨耀健	文史精华	12期	1996
韩国临时政府主席金九在重庆	冯开文	重庆党史研究资料	3期	1997
回忆我参加"重庆谍参班"第四期受训片断	崔玉鼎	新野文史资料	2辑	1986

续表六七

篇、书名	著(译)编者	出处	卷、期	年月日
军统局渝特区1939年度工作总结报告		档案史料与研究	1期	1993
美蒋匪特杀人场"中美合作所"		文物参考资料	1-6期	1950
美帝攫夺我国气象资料情形	新华社	科学通报	2期	1951
"中美合作所"	培民	世界知识	14期	1955
杀人魔窟"中美合作所"	重庆市博物馆	四川人民出版社		1965
重庆"中美合作所"集中营史实简介	歌乐山烈士陵园	编者刊		1984
中美合作所集中营内一部分政治斗争的牵头人	张大昌	重庆师院学报(哲社)	4期	1985
珍珠港事件与中美合作所		张家口文史资料	8辑	1985
"白公馆"及其主人	张志远	重庆晚报		1986.3.27
简析"中美合作所集中营"	邓又平	美国研究	3期	1988
中美合作所真面目	邓又平	红岩春秋	增刊	1989
陪都时期的中美情报合作	黄友良	重庆地方志	3期	1992
当年中美合作所 今日革命纪念馆	厉华	重庆与世界	1期	1994
简评中美合作所	刘灿华等	档案史料与研究	2期	1997
从中美合作所主要活动看其实质	刘灿华 钱克锦	安徽史学	3期	1997
中美合作所历史沿革与白公馆、渣滓洞大屠杀真相	潘嘉钊	犯罪与改造研究	12期	1997
中美合作所的一副对联案	巫国君	纵横	3期	1999
中美合作所集中营史实研究与保护利用	厉华	重庆出版社		2001
逃离中美合作所	何鸿钧	红岩春秋	1期	2002
中美合作所与军统重庆集中营	孙丹年	红岩春秋	2期	2002
史实与评说：中美合作所功罪之争	沈愚 许茵	民国档案	3期	2002
文艺作品中与历史上的中美合作所	何蜀	书屋	7期	2002
中美合作所的本来面目	何蜀	炎黄春秋	10期	2002
中美合作所的历史真相	耿法	杂文选刊	11期	2002
中美合作所≠白公馆、渣滓洞	崔书芳	党史天地	12期	2002
这样的真相还有多少	亦非	杂文选刊	1期	2003

续表六八

篇、书名	著(译)编者	出处	卷、期	年月日
我见到的"中美合作所"	杨益言	中华儿女	5月号	2003
		书摘	9期	2003
是"见到的"还是编造的——评杨益言《我见到的"中美合作所"》	孙 曙	书屋	11期	2003
中美合作所和一首烈士诗的疑惑	龙忻成	文史天地	8期	2003
中美合作所的本来面目		北京日报		2003.2.3
从"白公馆"到"渣滓洞"	一 鸣	山东人大工作	5期	2004
成都抗日救亡运动和四川党的重建	林 蒙	四川现代革命史研究资料	2辑	1981
成都市"工人抗敌宣传团"概况	成都市总工会工运史组	成都现代革命史资料	2期	1982
成都抗日战争时期回忆录选编——纪念抗日战争胜利四十周年	中共成都市委党史工作委员会	编者刊		1985
成都抗日救亡运动的特点	岳建功 刘 海	成都大学学报(社科)	3期	1995
		成都党史	6期	1995
新津机场和四川人民的抗战		成都党史	4、5期	1995
成都人民抗日救亡十四年		成都党史	6期	1995
关于成都机场事件的档案史料选(1937年12月-1938年8月)		档案史料与研究	2期	1996
抗日战争时期成都市民消费生活水平研究	谯 珊	社会科学研究	3期	2003
中日成都间谍战始末	周廷光	四川档案	6期	2004
日本投降那天发生在成都的三个第一	王 东 王大炜	龙门阵	11期	2004
成都对远征军的贡献	钱 阳 刘 言	四川档案	3期	2005
诞生在抗日烽火中的双流国际机场	李德良 李兴勤	四川档案	3期	2005
曾经的伤痛 难泯的记忆——抗战时期的成都人口疏散情况	龚 克 刘 言	四川档案	3期	2005
成都八年抗战的特点及贡献	张鹤鸣 刘 海	成都大学学报(社科)	4期	2005
抗战风云录——成都八年抗战史料简编	中共成都市委党史研究室	成都时代出版社		2005
叱咤风云的抗暴斗争——一九三九年自贡盐场工人反拉丁斗争记实	袁伯龄	井盐史通讯	1期	1978
荣昌县抗日救亡运动的蓬勃兴起	蓝桢伟	四川党史研究资料	8期	1985

续表六九

篇、书名	著(译)编者	出处	卷、期	年月日
抗日救亡运动在綦江	张昌益	重庆史学	2期	1986
抗日战争时期合川县纪事	唐唯目	四川地方志	4期	1987
渠县抗日战争时期资料选辑	中共渠县县委党史工作委员会	编者刊		1987
九龙坡区大事记（1937.7—1988.12）	重庆市九龙坡区地方志编纂委员会	编者刊		1989
抗日烽火遍川北	冯维纲 吉兆洪	四川党史	5期	1994
合川抗战纪实	叶昌林	史志文汇	1期	1995
合川抗战大事纪实	叶昌林	巴蜀史志	5期	1996
绵阳人民在抗日战争中的贡献	士心	绵阳师范高等专科学校学报	3期	1995
八年抗战中的安岳人民	中共安岳县委党史研究室	四川党史	5期	1995
抗日战争时期的涪陵	中共涪陵市委党史研究室	编者刊		1995
烽火年代——仪陇抗战时期史略	四川省仪陇县政协文史委员会	编者刊		1995
泸县抗战纪事	泸县政协	编者刊		1995
抗日救亡运动在资中	宋大杰	四川党史	4期	1996
大足八年抗战录	李传授	大足县地方志编辑部		1996
抗战中的简阳人民	朱仲文	中共简阳市委老干部局、简阳市图书馆		1996
抗战时期美国租借物资与西昌的历史联系	赵先明	四川师范大学学报（哲社）	3期	1998
抗战时期来西昌的美国人	赵先明	西南民族大学学报（人文）	11期	2004
风云八年——璧山抗战文化研究	璧山抗战文化组	编者刊		2001
渠县的抗日救亡运动	江正荣	四川档案	3期	2005
东北中山中学在威远静宁寺的抗日宣传活动	杨汉明	四川档案	3期	2005
兵力与粮食——四川省第三行政督察区人民在抗战中的主要贡献	杨玉林	四川档案	5期	2005
略谈康区人民对抗战的贡献	郭卫平	康定民族师专学报	2期	1989
略述康区各族人民对抗日战争的贡献	郭卫平	康定民族师专学报		1998

续表七〇

篇、书名	著(译)编者	出处	卷、期	年月日
四川藏族对抗日战争的贡献	陶利辉 袁晓文	民族	5期	1995
		西南民族学院学报（哲社）	5期	1995
		藏学研究论丛	7辑	1995
		四川藏学研究	4辑	1997
抗战时期蒋介石上峨眉山的考究	元江	四川师范大学学报（社科）	1期	1989
抗战期中四川同胞节约献金盛况	华生	四川文献	78期	1969
冯玉祥将军主持自贡盐场节约献金救国运动纪实	陈然	井盐史通讯	2期	1985
抗战时期冯玉祥在内江的募捐活动	刘春	巴蜀史志	1期	2003
四川各族各阶层人民抗日救亡活动史料汇编——重庆江巴各界"七七"大献金活动		四川档案史料	3期	1985
冯玉祥将军与内江三县的节约献金救国运动	杨修武 甘德明	四川档案	3期	2005
抗战后期四川节约献金救国运动评述	陈翔	四川档案	5期	2005
日月并辉 永存不朽——从冯玉祥的亲笔信看自贡市的献金热潮	沈涛	四川档案	5期	2005
为国为民不为私——冯玉祥在重庆	常云平等	重庆大学出版社		2005
宋哲元将军在绵阳成婚与殡葬	南治平	绵阳师范高等专科学校学报	1期	1998
坚持国共合作抗战的陈离将军	马宣伟	巴蜀史志	2期	2005
王治同志谈四川地下党	张鲁	重庆现代革命史资料	5期	1981
抗日战争时期和解放战争时期我党设在重庆的代表机关的组成及其辖属情况	重庆红岩革命纪念馆资料组	重庆现代革命史资料	1期	1981
张友渔同志谈重庆分局（四川省委）撤离重庆时的部署	林梅侠	重庆现代革命史资料	4期	1981
抗日战争时期在南方局直接领导下重建、发展、巩固川东地下党的主要情况（1937.12－1943.9）	廖志高	四川党史研究资料	3期	1984
对廖志高同志回忆川东地下党一文的更正	本刊编者	重庆党史研究资料	11、12期	1984
对《抗日战争时期重建、发展、巩固川东地下党》一文几点史实的商榷	陈红藻	四川党史研究资料	2期	1985
中共川东特委召开的一次县委书记会议	朱真俊	重庆党史研究资料	4期	1984

续表七一

篇、书名	著(译)编者	出处	卷、期	年月日
抗战初期我在重庆地方党工作的情况	杨修范	重庆党史研究资料	4期	1984
抗日战争时期重庆地下党情况的一些回忆	何文遒	重庆党史研究资料	1、2期	1985
关于1942至1946年重庆地区部分党的工作情况——何文遒同志发言		重庆党史研究资料	4、5期	1985
关于抗日战争初期川东党的重建问题——林蒙同志在小组会上的发言		重庆党史研究资料	4、5期	1985
关于抗日战争时期重庆、川东党的建设问题——江浩然同志的发言		重庆党史研究资料	4、5期	1985
重庆市工委成立前后的情况——罗清同志的发言		重庆党史研究资料	4、5期	1985
回忆1941年重庆金融特支的一些情况——刘文楷同志在小组会上的发言		重庆党史研究资料	4、5期	1985
党领导全川人民为争取抗战胜利而斗争——纪念抗战胜利四十周年	何盛明 王宗力	天府新论	5期	1985
抗日战争时期北碚党史资料专辑	中共重庆市北碚区委党史工作委员会	编者刊		1985
周恩来重庆统战记事	阚孔璧	重庆出版社		1985
周恩来在沙坪坝	沙坪坝区政协等	重庆大学出版社		1986
战斗在山城	本社编	中国青年出版社		1987
记1939年间川东特委几个直属党员——徐雪寒、黄操良、周科徵、熊唯知、甘树人、郭劳为	何求	重庆党史研究资料	1期	1990
1938年省工委扩大会议琐忆	宋少沛	四川党史月刊	6期	1990
抗日战争时期的川康特委	宋少沛	重庆党史研究资料	3期	1993
抗战时期党在四川的上层统战工作与四川党组织的重建和发展	邓筱丽	成都党史	6期	1995
我党领导四川抗日救亡运动纪实	龚自德 龙雅芳	四川党的建设（城市）	8期	1995
一本重要的历史文献纪念册——《胡世合工友纪念册》	红岩革命纪念馆资料室	重庆党史研究资料	4期	1982
刘实同志谈重庆的工人运动与"胡世合事件"	重庆市总工会工运史研究组	重庆党史研究资料	4期	1982
对"重庆胡世合事件"的几点意见	余造邦	重庆党史研究资料	12期	1982
胡世合惨案与重庆人民民主运动的高潮	黄淑君	四川省历史学会史学论文集		1982

续表七二

篇、书名	著（译）编者	出处	卷、期	年月日
中共南方局对"胡世合事件"的领导	黄淑君	西南师范学院学报（哲社）	4期	1983
抗战时期震撼山城的梳暴斗争——胡世合事件挽联史话	刘兵	广东教育学院学报	1期	1984
中共中央南方局领导的一场反特抗暴斗争——抗日战争后期震撼山城的"胡世合事件"	重庆市总工会工运史研究组	四川党史研究资料	7期	1984
胡世合运动	中共重庆市委党史工委	编者刊		1984
试论"胡世合运动"爆发的原因、过程及意义	王永玺	中国工运学院学报	5期	1991
刘光与"胡世合运动"	吴日中	湘潮	2期	2004
抗日战争时期的北碚工人运动	唐宜存	重庆党史研究资料	11期	1985
抗战期间的重庆工人运动	舒文云等	重庆社会科学	增刊	1985
民主革命时期重庆地方青年运动大事记（征求意见稿）	共青团重庆市委青运史研究室等	编者刊		1984
追求之歌——四川青年运动	李柏云	成都科技大学出版社		1986
追求之歌——四川青年英烈	共青团四川省委青运史研究室	四川人民出版社		1987
建立据点——1941-1945年重庆学生运动的回忆	吴佩伦	四川党史研究资料	3期	1982
参加重庆学生抗日救亡运动的片断回忆	刘渝明	重庆青运史研究资料	5期	1984
关于1938-1939年重庆市青委和川东青委的一些活动	张国钧等	重庆党史研究资料	10期	1984
李冰洁同志谈抗战初期重庆青运妇运中的统战工作	蒙自贵等	重庆青运史研究资料	3期	1985
抗战初期中央大学柏溪分校党组织概况及其学生运动	张仲明	重庆青运史研究资料	3期	1985
在抗日救国旗帜下的重庆青年学生	何子玉等	重庆社会科学	增刊	1985
刘光同志对中大等校游行示威的估计和初步总结		重庆青运史研究资料	1期	1986
1944年秋至1946年夏重庆中央大学学运纪实报	胡辅臣	重庆党史研究资料	9期	1986
抗战时期党领导下的重庆青年运动	秦一杰	西南师范大学学报（人文）	增刊1	1987
试论重庆青年在抗战时期的先锋作用	杨东渝	重庆党史研究资料	7期	1986

续表七三

篇、书名	著（译）编者	出处	卷、期	年月日
救亡先锋	中共成都市委党史工作委员会	成都科技大学出版社		1988
重庆女师抗日救亡活动的回忆	李梦萍	重庆党史研究资料	2期	1990
1941年在重庆国民党中央党部作地下工作的回忆	孙耘	重庆党史研究资料	4期	1990
撩开神秘的纱幕——党在陪都的地下斗争	杨顺仁	重庆出版社		1991
中共南江县委地下斗争史（1940-1949）	中共南江县委党史研究室	编者刊		1992
抗战时期党在四川的上层统战工作与四川党组织的重建和发展		成都党史	6期	1995
我党领导四川抗日救亡运动纪实	龚自德 龙雅芳	四川党的建设（城市）	8期	1995
试论吴玉章与抗战初期的国际宣传和统一战线	吴达德	自贡师专科学报	3期	1995
谈谈抗日战争时期川东、重庆的妇女工作	陈红藻	重庆党史研究资料	4、5期	1985
女青年会乡村服务队在潼南	林琼	四川党史研究资料	3期	1985
潼乡火种——记抗日战争时期的一支乡村女服务队	丁艾	四川党史	5期	1995
在"隐蔽"中斗争	朱光璧	四川党史	2期	1996
川康三年	郑伯克	四川党史	4-6期	1996
			1、2期	1997
抗战时期中共中央南方局对地方实力派的统战工作	周建华	广东教育学院学报	3期	1998
中共争取四川"二刘"反蒋抗日纪事	代淑筠	四川统一战线	8期	2001
中国共产党对建造四川抗战基地的贡献	刘昌福	四川党史	5期	2002
抗战时期中共南方局在渝对外工作述评	刘志远	重庆大学学报（社科）	5期	2005
抗战期间重庆的上层民主运动	祝世康	文史资料选辑	5辑	1980
在四川发祥的民主党派	曹蓉	历史知识	4期	1988
时代的俊杰，学习的榜样——缅怀救国会诸英烈	靳之等	重庆党史研究资料	11期	1980
关于重庆救国会的性质问题	刘传蒒	四川现代革命史研究资料	1期	1981
往事琐记——救国会等活动资料	胡子婴	重庆现代革命史资料	10、11期	1981

续表七四

篇、书名	著(译)编者	出处	卷、期	年月日
对《回忆重庆救国会》一文的补充材料	陈倩华	重庆党史研究资料	9 期	1982
关于重庆救国会在金满成家开代表会议的补充和修正	杨超伦	重庆党史研究资料	7 期	1985
忆救国会的几位老战士——纪念"重庆救国会"成立50周年	温田丰	重庆日报		1986.9.5
重庆职业青年救国会成立及其活动	杨帆	重庆党史研究资料	7 期	1985
重庆救国会——重庆党史研究资料丛书	重庆市博物馆	中共重庆市委党史工作委员会		1985
朱学范同志谈劳协	重庆市总工会工运史研究组等	重庆党史研究资料	10、11 期	1981
党在工人运动中的统战工作和群众工作的光辉典范——中国劳动协会在重庆的活动	重庆市总工会工运史研究组等	重庆党史研究资料	5、6 期	1984
在重庆战斗的中国劳动协会	周文林等	重庆市档案馆		1985
国民党当局武装接收中国劳动协会重庆办事处事件档案史料选	重庆市档案馆	民国档案	2 期	1988
甘祠森同志谈"小民革"的情况	邓菱等	重庆现代革命史资料	10、11 期	1981
重庆民革	赖汝强	重庆出版社		2002
抗战时期的"重庆妇女高干班"	纪新青等	甘肃文史资料选辑	13 辑	1982
抗战初期的重庆妇女救国会和重庆妇女慰劳分会	陈红藻	重庆党史研究资料	3 期	1983
中国妇女联谊会与重庆妇女联谊会	蔡开文	重庆党史研究资料	3 期	1984
关于重庆妇女联谊会	李玉钿	重庆党史研究资料	3 期	1984
我所知道的民主同盟前期的一些情况	廖石城	重庆党史研究资料	10	1983
对《我所知道的民主同盟前期的一些情况》一文的更正意见	民盟重庆市委文史工作委员会	重庆党史研究资料	11、12 期	1984
张志和与四川民盟的革命活动	张伎英	文史资料选辑	99 辑	1984
民盟成立前后在特园的活动	庄燕和	重庆地方志	5 期	1988
中国民主同盟重庆地区大事记（解放前部分）	中国民主同盟重庆文史委员会	编者刊		1988
民盟的三个秘密盟友——刘文辉、潘文华、龙云	赵锡骅	红岩春秋	1 期	1990
我经历的民盟在重庆的活动	冯克熙	重庆党史研究资料	3 期	1990
四川民盟史稿（1941-1950）	中国民主同盟四川省委文史委员会	四川人民出版社		1995

续表七五

篇、书名	著（译）编者	出处	卷、期	年月日
民盟在重庆——纪念民盟重庆市组织建立五十周年	民盟重庆市委文史委员会	编者刊		1995
中国民主同盟重庆地区大事记（解放前部分）	民盟重庆市委文史委员会	编者刊		1998
重庆民盟	《重庆统战政协文史资料丛书》编委会	重庆出版社		2002
南充民盟60年（1945－2005）	中国民主同盟南充市委员会	编者刊		2005
忆重庆青年会自强读书会	冯兰瑞	重庆党史研究资料	7期	1985
对《忆重庆青年会自强读书会》略有异议——冯兰瑞同志来信		重庆党史研究资料	1期	1986
珍贵的凝聚，战斗的历程——记"中国青年民主社"	冯克熙	重庆党史研究资料	2期	1990
重庆新民主主义青年联谊社始末	张再为	重庆党史研究资料	4期	1990
"民协"在南方局青年组织领导下卓有成效地开展民主运动	张光成	成都党史	6期	1991
重庆"反战同盟"总部述略	张国镛	重庆地方志	4期	1992
中国职业青年社概述（上）（下）	何子超	重庆党史研究资料	1期	1994
抗战时期民主党派在重庆的抗日民主活动	樊伟	重庆师院学报（哲社）	1期	1997
抗战时期的重庆赈济委员会	徐建明	重庆晚报		1998.12.31
重庆民建会史	中国民主建国会重庆市委员会	编者刊		2000
重庆民建	李瑞祥	重庆出版社		2001
重庆民建六十年	中国民主建国会重庆市委员会	编者刊		2005
成都民建六十年	中国民主建国会成都委员会	编者刊		2005
重庆九三学社	朱小容	重庆出版社		2002
重庆农工	《重庆统战政协文史资料丛书》编委会	重庆出版社		2002
抗战时期的民盟与中共统战政策	许增纮	重庆社会科学	11期	2005
市中惨案及成都学潮		解放日报		1944.12.9
成都"市中事件"始末记	周偑	青运史研究资料	3期	1981

续表七六

篇、书名	著(译)编者	出处	卷、期	年月日
野火春风话当年——忆1944.11.11市中事件的斗争	王宇光 贾唯英	成都日报		1981.8.28
成都市中事件亲历记	夏祥瑜 李明春	成都现代革命史资料	8期	1984
市中事件	中共成都市委党史研究室	成都出版社		1991
四川綦江战干团惨案回忆	周振强	文史资料选辑	5辑	1960
书綦江狱	章士钊	文史资料选辑	7辑	1960
对《四川綦江战干团惨案回忆》的补正	袁第锐	文史资料选辑	43辑	1964
綦江惨案亲历记	刘非	文史资料选辑	66辑	1979
1945年宜宾大刀会进攻县城的前因后果	刘学超	文史资料选辑	40辑	1963
重庆三千万元物资走私案见闻	吕恢祺	文史资料选辑	50辑	1964
掩耳盗铃的"抢米事件"	虹	成都晚报		1966.3.18
1940年的成都"抢米事件"	成都科技大学党史教学组	四川革命史研究资料	1期	1980
抢米事件	中共成都市委党史研究室	成都出版社		1991
1940年成都"抢米"由民变转化为政治事件的考察	昌文彬	西南民族大学学报（社科）	10期	2005
1938年"郫县事件"始末	熊梦 周致远	成都现代革命史资料	11期	1982
邛崃抗捐军的斗争	王俞文	四川党史研究资料	6期	1982
一段难忘的历史——抗捐军斗争史实记	倪锡文	四川文物	1期	1985
浓雾中的火光	王火	重庆出版社		1983
抗战时期四川"民变"初探	刘君 冉光荣	档案史料与研究	4期	1990
由缉私到暴动——民国三十三年四川江油县中坝"三二八"事件	侯坤宏	庆祝抗战胜利五十周年两岸学术研讨会论文集		1996
费巩"失踪"被害真相	玉如等	人物	2辑	1980
我不入地狱，谁入地狱——读《费巩传》随想	沈自敏	读书	2期	1982
费巩教授的失踪	邓林春	重庆日报		1983.12.2
我与"费巩失踪案"	邵全声	纵横	9期	1996
浙大教授费巩失踪案	张炼	贵州文史天地	5期	1998

续表七七

篇、书名	著(译)编者	出处	卷、期	年月日
不能遗忘的费巩	傅国涌	炎黄春秋	6期	2001
先父费巩和费巩事件	费莹如	钟山风雨	4期	2002
追念我的父亲民主教授费巩	费莹如	炎黄春秋	5期	2002
不能言月渺茫——费巩之死	傅国涌	文史精华	12期	2003
追求民主的典范——纪念浙江大学教授费巩老师殉难60周年	赵廷杰	金秋	9期	2005
陈独秀后期行踪		重庆党史研究资料	3期	1982
陈独秀先生始末记	何之瑜	党史资料丛刊	3期	1982
陈独秀死于何日	琪书	重庆晚报		1985.5.26
陈独秀在江津纪实	黄永盛等	重庆地方志资料	1期	1986
陈独秀晚年在江津生活片断	黄永盛等	志苑	1、2期	1987
鼎山青松映孤魂——陈独秀的归宿	刘敬坤	民国春秋	2期	1988
陈独秀在江津	江津县政协文史委员会	编者刊		1991
陈独秀困死江津（上）（下）	国伦 岱阳	南中	2、3期	1993
陈独秀病逝江津前后	剑荣	民国春秋	3期	1995
清苦淡泊，客死江津——陈独秀晚年岁月	林川	人物	3辑	1995
陈独秀晚年在江津	王肇槐	文史春秋	1期	1998
鹤山坪石墙院里的陈独秀	张灿彬	四川统一战线	12期	2001
陈独秀晚年留下的信札	郭奎生	四川档案	1期	2002
陈独秀陨落石墙院	倪良端	党史纵览	4期	2002
陈独秀在江津	中共江津市委党史研究室	中国文联出版社		2002
在鹤山坪——陈独秀生命的终点站	丁弘	同舟共进	4期	2003
陈独秀在四川江津的最后岁月	张家康	钟山风雨	1期	2004
陈独秀：寂寞向晚石墙院	吕平	红岩春秋	2期	2005
陈独秀在四川的生前生后事	李英	巴蜀史志	4期	2005
许国忘身英烈女 清白长留足千秋——李蜀君传略	蒋含光	四川党史研究资料	3期	1984
张继之子张琨被害案件始末		民国档案	4期	1993
张琨案始末	一丁	民国春秋	1期	1997
张琨之死谜案	陆其国	检察风云	3期	2000

续表七八

篇、书名	著（译）编者	出处	卷、期	年月日
回忆张琨案		近代中国大案纪实		2002
教师血泪凝成的公文——50年前的一件公案	余天潢	重庆地方志	2期	1992
"草鞋县长"康冻	王应常	文史杂志	6期	1992
故宫国宝在陪都	胡昌健	红岩春秋	4期	1995
故宫国宝流离重庆事略	胡昌健	中国博物馆	4期	1997
故宫国宝流离陪都前后	胡昌健	红岩春秋	6期	1997
抗日烽火中故宫国宝藏巴蜀	魏奕雄	巴蜀史志	4期	2005
"老成都"票证的故事	刘永禄	四川档案	2期	2005
万县七君子案	林向北	龙门阵	12期	2005
解放战争时期四川大事记	四川省文史研究馆、四川省人民政府参事室	四川人民出版社		1990
抗战胜利后蒋介石西昌之行及其对西南政局的影响	邹明德 柳蕴琪	贵州大学学报（社科）	4期	1990
国民党当局武装接收中国劳动协会重庆办事处事件档案史料选	张有高 周文林	民国档案	2期	1988
浅析1946年内江蔗农的请愿活动	胡丽美	内江师范学院学报	5期	2005
解放战争时期的南川	中共南川县委党史研究室	编者刊		1991
解放战争时期的涪陵	中共涪陵市委党史研究室	编者刊		1992
积极发掘四川地下党历史资料	何盛明	四川日报		1979.7.7
浅析解放战争时期中共四川地方组织领导的武装斗争	沈 沙	四川党史月刊	4期	1990
再析解放战争时期中共四川地方组织领导的武装斗争	沈 沙	四川党史月刊	5期	1991
解放战争时期四川地方武装斗争	中共四川省委党史研究室	四川大学出版社		1993
解放战争时期中共成都地方党组织活动情况	彭 塞	成都现代革命史资料	1期	1981
1948年至1949年党在成都郊区的工作情况	苟治平	成都现代革命史资料	2期	1981
解放战争时期成都市委工作的一些情况	洪德铭	成都现代革命史资料	12期	1982
蓉城在斗争中新生	中共成都市委党史研究室	成都出版社		1994

续表七九

篇、书名	著(译)编者	出处	卷、期	年月日
在成都黎明前的地下工作	洪德铭	四川党史	1期	1997
蜀中英烈，名垂史册——肖汝霖烈士在大邑搞武装斗争的事迹	周鼎文	成都日报		1981.7.4
川西农民运动和武装斗争	李唯嘉	四川党史研究资料	7期	1982
象鼻山上腥风血雨——解放前夕川西地下武装斗争片断	张大放	四川党史	6期	1994
难忘的岁月，无悔的青春——中共川西地下党重庆下遣组工作简记	原中共川西地下党工作组	重庆党史研究资料	1期	1995
胡春甫不是川西大邑地区武装斗争组织领导人	周鼎文	四川党史	2期	1995
冲破黑暗、迎接曙光——川北地下党为迎接解放而进行的斗争回忆片段	王叔武	四川日报		1981.6.20
血火铸丰碑——解放前夕中共川东川康地下组织斗争纪实	杨喆	重庆出版社		2005
难忘的1948	赵隆侃	重庆现代革命史资料	5期	1981
魏学新同志回忆重庆的地下斗争	黄淑君	重庆现代革命史资料	8期	1981
谈王璞领导下的重庆工运小组	温静涛	重庆党史研究资料	2期	1982
邓照明同志谈川东地下党组织的几次重要工作部署	向运青	重庆党史研究资料	3期	1982
1949.5月-11月上川东党组织概况	卢光特	重庆党史研究资料	7期	1982
1948年下半年重庆地区的策反工作纪要	卢光特	重庆党史研究资料	7期	1982
刘兆丰同志谈解放战争时期川东地下党和重庆工人运动情况	王斌	重庆党史研究资料	7期	1982
1949年川东党组织工作概况	刘兆丰	重庆党史研究资料	4、5期	1983
在川东暨重庆地区解放战争时期的斗争	邓照明	重庆党史研究资料	4、5期	1983
解放战争时期重庆地下党外围青年核心组织简况（初稿）	石化	重庆党史研究资料	7期	1983
重庆解放前夕地下党领导重庆市参议会内的民主斗争	廖石城	重庆党史研究资料	9期	1984
关于川东地下党历史上几个问题的探讨	石化	重庆党史研究资料	10期	1984
1949年下半年重庆地区党的策反工作	卢光特	重庆党史研究资料	1期	1986
十二洞桥战斗始末	蒋维彦	重庆党史研究资料	9期	1986

续表八〇

篇、书名	著(译)编者	出处	卷、期	年月日
川东地下党的斗争	中共重庆市委党史工作委员会	编者刊		1986
回忆南温泉木桥新村6号	邓照明	重庆党史研究资料	4期	1987
萧泽宽谈川东地下党	石化	重庆党史研究资料	2期	1988
解放战争时期的川东农村武装斗争	邓照明	四川党史研究资料	12期	1988
川东三次武装起义	杨缨	红岩春秋	增刊	1989
川东地下党1948年遭受巨大破坏和损失原因浅探	赛广平	重庆党史研究资料	1期	1991
简介地下党时期的一份《支部手册》	中共重庆市委党史研究室永川编写组	重庆党史研究资料	1期	1991
巴渝鸿爪——川东地下斗争回忆录	邓照明	重庆出版社		1991
下川东革命摇篮	中共万县市委党史研究室	四川民族出版社		1991
中共川北南岳工委与敌人的英勇斗争	李名栋	四川党史	5期	1998
我所知道的川东武装斗争	刘隆华	重庆现代革命史资料	7期	1981
对川东地区武装斗争之我见	刘隆华	重庆党史研究资料	4、5期	1983
难忘的华蓥山游击队活动（上）（下）	刘隆华	妇女生活	5、7期	1982
我所参加的华蓥山武装斗争	陈伯纯	重庆党史研究资料	4、5期	1983
华蓥山游击队纪实（上）（下）	华蓥山游击队纪实编写组	四川党史研究资料	9、10期	1983
拨开迷雾显英雄——华蓥山游击队斗争史实	吴中福等	四川日报		1983.9.29，1983.9.30
华蓥东北的武装斗争	中共达县地委党史工作委员会	编者刊		1984
华蓥烽火	刘邦成 阚孔璧	重庆出版社		1985
华蓥山游击队	中共南充地委党史工作委员会	重庆出版社		1988
华蓥山武装斗争史	任尚贤等	四川人民出版社		1989
华蓥怒涛	中共广安县委党史办	编者刊		1991
华蓥少年游击队	金青禾	伊犁人民出版社		1999
邓惠中妈妈轶事	彭华秋	四川日报		1983.11.5
双枪老太婆传奇	弓戈 孔璧	北方文艺出版社		1988

续表八一

篇、书名	著(译)编者	出处	卷、期	年月日
"双枪老太婆"确有其人，小说《红岩》中"双枪老太婆"的原型邓惠中	杨玉忠	团结报		1988.1.16
双枪老太婆——邓惠中传	樊希安	职工教育出版社		1988
魂荡华蓥——"双枪老太婆"前传	傅德岷	华夏出版社		1991
双枪老太婆	陈联诗	中国青年出版社		1995
双枪老太婆	林 雪 林民涛	中国青年出版社		1998
真实的"双枪老太婆"陈联诗	林 雪 林民涛	大众文艺出版社		2002
揭开华蓥山游击队历史真面目	陈启兵	文史精华	2 期	2003
虎穴里的战斗——记我在1948至重庆解放时的一段经历	袁鉴承	重庆现代革命史资料	7 期	1981
对合川、铜梁、潼南、南充等县工作的简单回忆	江伯言	重庆党史研究资料	11 期	1982
关于铜梁县地下工作时期的统战工作	游文俊	重庆党史研究资料	10 期	1983
党领导的四川武装斗争资料——合川地方暴动	刘昌福等	四川档案史料	11 期	1985
对天府总公司和天府煤矿上中层人士统战工作	樊恒才	重庆党史研究资料	12 期	1985
重庆秘密交通站	艾新全等	重庆党史研究资料	12 期	1985
重庆职青特支活动纪实	余时亮	重庆党史研究资料	9 期	1986
由重庆计划发动的奉大巫起义	徐祥瑶	重庆党史研究资料	1 期	1990
武陵风云	向同伦等	红旗出版社		1993
涪江壮歌——绵阳革命故事选	中共绵阳市委宣传部	四川大学出版社		1995
妇女的力量是伟大的——川鄂边游击队妇女群英谱	黄少文	四川党史	5 期	1998
血染巴山	中共奉县委党史研究室	成都出版社		1998
解放战争时期四川人民反内战争生存的斗争	马功成	四川师院学报（社科）	3 期	1980
关于荫蔽精干和第二战场	郑伯克	四川党史	6 期	1992
第二条战线在四川	中共四川省委党史研究室	成都科技大学出版社		1997
解放战争时期四川青年运动史稿	王玉生等	重庆大学出版社		1987

续表八二

篇、书名	著（译）编者	出处	卷、期	年月日
解放战争时期四川学生运动的主要经验	盛 明	四川党史月刊	11期	1990
1944－1946年成都的学生运动	贾唯英 王宇先	四川现代革命史资料	3期	1981
1945－1948年四川大学学生运动大事记	杨 俊 章文伦	成都现代革命史资料	1期	1981
解放战争时期"川大"反美反蒋斗争的回顾	彭迪先	文史资料选辑	105辑	1986
"川大文学笔会"的战斗历程		四川党史	3期	1996
原华西大学党组织的建立和斗争情况	四川医学院马列主义教研室党史搜集整理组	成都现代革命史资料	2期	1981
1948年至1949年党在华西大学领导组织的斗争	王堤生	成都现代革命史资料	2期	1981
解放战争时期成都华西协中的学生运动	常崇宜	成都现代革命史资料	8期	1982
在斗争中成长的成都师范地下党支部	何泽昌	成都现代革命史资料	2期	1981
"四九"运动亲历记	游训天	成都风物	5辑	1983
纪念"四·九运动"五十周年	王堤生	四川党史	3期	1998
解放战争时期的重庆学生运动概况	罗 桢	四川党史研究资料	4期	1983
解放战争时期重庆的学生运动	廖伯康	重庆党史研究资料	4、5期	1983
解放战争时期重庆学生运动述略	俞 史	重庆党史研究资料	7期	1983
女师学院在解放战争时期的学生运动	钱云仙等	重庆党史研究资料	7期	1983
记青运战线上的中国青年民主社	青运史研究室	重庆青运史研究资料	2期	1984
第二条战线上重庆学生运动的一支突击队（1947年至1948年夏）	刘承才等	重庆青运史研究资料	3期	1984
解放前重庆市二中学运概况	朱振民等	重庆青运史研究资料	3期	1984
从市一中到华蓥山	杨文涛	重庆青运史研究资料	3期	1984
重庆市一中的教师工作与学生运动	汪国桢	重庆青运史研究资料	3期	1984
党领导下的市一中学运（1945－1947）	黄治等	重庆青运史研究资料	3期	1984
解放战争时期的重庆市一中学运工作回忆	赵隆侃	重庆青运史研究资料	3期	1984
黎明前的市一中学运斗争（1948年秋到1949年冬）	万修之等	重庆青运史研究资料	3期	1984

续表八三

篇、书名	著(译)编者	出处	卷、期	年月日
浅述青运中的"育才"——重庆的一所革命学校	宋融	重庆青运史研究资料	4期	1984
长夜漫漫放歌行——记前国立音乐学院的学生运动	童戈青	重庆青运史研究资料	4、5期	1985
国民党当局防止华侨二中进步学生活动的"对策"说明了什么	谭重威	重庆党史研究资料	12期	1985
重庆正阳法学院学生运动片断	蒋子恒等	重庆党史研究资料	3期	1986
他们在革命战火中茁壮成长	蔡馥生	重庆青运史研究资料	3、4期	1986
爱国民主运动中的西南学院（1946年）	秦志如	重庆党史研究资料	4期	1987
沙坪坝上的火焰——忆重庆"一·二五"学生运动	刘晴波	文艺生活	7期	1981
"一·二五"学生运动的回顾——纪念促进政协成功大游行40周年	童式一	重庆青运史研究资料	1期	1986
关于"一·二五"运动情况	郭其耀	重庆青运史研究资料	1期	1986
原中大据点负责人谈"一·二五"游行经过		重庆青运史研究资料	1期	1986
跟着党走，是青年运动的正确道路——纪念重庆"一·二五"学生运动40周年	童式一等	重庆青运史研究资料	1期	1986
人心北渡之战——从市一中看重庆"四·二一"学生运动	甘犁	重庆党史研究资料	8期	1982
重庆"四·二一"争温饱运动	梁余	四川党史研究资料	9期	1982
回忆渝女师在"四·二一"学生运动前后战绩	蒋绍兰	重庆青运史研究资料	3期	1983
活跃在"四·二一"学运中的四川省教育学院学生	伍子玉	重庆青运史研究资料	1期	1984
"绿州"的烽火——追忆南开中学"四·二一"运动前后	丁润生	重庆青运史研究资料	1期	1984
"四·二一"学生运动中的重庆大学	重庆大学校史学运史编写组	教学研究（重庆）	2期	1984
人心背向王朝倾，齐声高唱送葬歌——重庆中学在"四·二一"学运中的活动片断	傅培元等	重庆青运史研究资料	5期	1984
回忆乡建学院的"四·二一"学运	谭重威	重庆青运史研究资料	5期	1984
回忆重庆小学教师在"四·二一"运动中的罢教斗争	苏康宁	重庆青运史研究资料	1期	1985

续表八四

篇、书名	著（译）编者	出处	卷、期	年月日
重庆清华中学学运史上的重要篇章——回忆"四·二一"运动及其前前后后	汪国桢	重庆党史研究资料	3期	1985
重庆"四·二一"学生运动	伍子玉	重庆青运史研究资料	6期	1986
回忆重庆"四·二一"学生运动	赵子玉等	重庆地方志	5、6期	1992
重庆"4.21"学生运动	中共重庆市委党史工作委员会	西南师范大学出版社		1994
"兄弟们向太阳向自由"——纪念重庆"四·二一"学生运动	杨世元	重庆党史研究资料	2期	1995
"4.21"学运在重庆一中	重庆市第一中学校	编者刊		1999
抗暴运动，震撼山城	梁余	四川党史研究资料	1期	1982
汪盛荣同志回忆重庆的抗暴运动	吴智勇	重庆党史研究资料	8期	1982
关于抗暴运动的补充意见	田伯萍	重庆党史研究资料	8期	1982
曾德林、蓝健同志谈重庆的反美抗暴运动	彭定秀	重庆党史研究资料	8期	1982
渝女师的抗暴运动	罗宗哲	重庆青运史研究资料	3期	1983
田伯萍同志回忆抗暴运动	吴智勇	重庆党史研究资料	7期	1983
新闻采访回忆录——忆1947年重庆学生爱国抗暴运动	田伯萍	重庆日报		1983.3.3
社大、西南学院的抗暴和反内战斗争片断	汪文风	重庆青运史研究资料	5	1984
抗暴运动在重庆	中共重庆市委党史研究室	西南师范大学出版社		1994
赖松回忆女师学院在抗暴运动与"六一"大逮捕中的斗争	林硝侠	重庆青运史研究资料	2期	1984
从抗暴到"六一"	冉敬林等	重庆青运史研究资料	3期	1984
在暴雨中搏击奋进——回忆重庆市一中"六一社"	杨世元	重庆党史研究资料	1、2期	1997
"六一"大逮捕后女师学院又重振战鼓——关于47年（秋）到48年（春）的学运回忆	杨蜀翘	重庆青运史研究资料	2期	1984
记1949年重庆学生争生存争温饱运动	李国音等	四川现代革命史研究资料	8、9期	1981
1949年重庆学生争温饱、争生存运动综述	谭重威	重庆党史研究资料	3期	1985
反饥饿革命运动中的一曲凯歌——忆市师学生团智斗反动派的斗争	张镛声	重庆党史研究资料	2期	1990

续表八五

篇、书名	著(译)编者	出处	卷、期	年月日
护校炼兵，粉碎"应变"——记女师学院解放前夕护校斗争	张伯华	重庆青运史研究资料	5期	1984
解放前夕新民主主义青年团江津白沙小组活动片断	程济苍等	重庆青运史研究资料	2期	1985
难忘的历程——记城中心南岸学运特支斗争片断	王大昭	重庆党史研究资料	1、2期	1997
忆1946年重庆两次"反苏"大游行	石延庆	津市文史资料	4辑	1987
忆1947年"反饥饿、反内战、反迫害"运动	洪德铭	重庆党史研究资料	1期	1995
沧白堂事件和较场口事件	商闻实	文史资料选辑	66辑	1979
较场口事件与诗人陈白尘	高国藩	齐鲁学刊	6期	1980
较场口事件	舒福蓉等	中共重庆市委党史工委		1984
重庆较场口事件档案选载	重庆市档案馆	历史档案	1期	1986
重庆较场口事件	凌学成等	中共重庆市委党史工委		1986
从民建发起到"较场口事件"		文史资料选辑	150辑	2002
"较场口血案"中的劳协		文史资料选辑	150辑	2002
重庆"较场口事件"见闻及其前后		文史资料选辑	150辑	2002
我参与审理"较场口血案"		文史资料选辑	150辑	2002
重庆解放前夕的各民主党派和爱国人士	秦文敏	重庆地方志	1期	1991
解放前夕重庆工人的护厂斗争	邱富贵	重庆党史研究资料	4期	1984
抗战胜利后重庆失业工人的斗争	钱盛华	重庆党史研究资料	5、6期	1984
漫话重庆的码头工	孙曙	重庆党史研究资料	1期	1990
记重庆工人民主工作队	刘实	重庆党史研究资料	1期	1991
解放战争时期重庆工人运动述略	姚文贞	重庆党史研究资料	4期	1994
四川省革命烈士英名录	四川省民政厅	编者刊		1982
忆罗南辉同志	程子健	成都日报		1959.10.9
绿叶丹心耀锦城——记十二桥烈士许寿真	成世	成都风物	2辑	1981
回忆许寿真同志	李任	四川日报		1979.12.27
拼将热血灌青春——忆成都十二桥死难烈士毛英才	夏雨	成都风物	1辑	
和父亲在一起的日子——怀念杨伯恺烈士	杨洁	四川日报		1981.4.8
回忆杨伯恺烈士	危淑元	四川现代革命史资料	5期	1981

续表八六

篇、书名	著（译）编者	出处	卷、期	年月日
杨伯恺烈士在辛垦书店的情况回忆	沙汀	南充师院学报（哲社）	1期	1985
忆成都十二桥烈士缪竟韩同志	杨易丹等	四川日报		1979.12.27
渣滓洞狱中纪事	唐弘仁	贵州文史丛刊	2期	1981
英烈颂 第1集	重庆现代革命史资料丛书编委会、重庆《中美合作所》集中营展览馆	重庆出版社		1982
英烈颂 第2集	重庆现代革命史资料丛书编委会、重庆《中美合作所》集中营展览馆	重庆出版社		1984
英烈颂 第3集	重庆现代革命史资料丛书编委会、重庆《中美合作所》集中营展览馆	重庆出版社		1987
英烈颂 第4集	重庆现代革命史资料丛书编委会、重庆《中美合作所》集中营展览馆	团结出版社		1989
红岩英魂逢春记——中美合作所殉难人员复查纪实	孟勇等	四川人民出版社		1983
		文汇报编辑部		1983
为了美好的明天——访重庆"一一·二七"大屠杀中的幸存者孙仲同志	王旭	四川日报		1984.5.26
党没有忘记他们——红岩英烈（上）	中共四川省委组织部红岩英烈编写组	四川人民出版社		1984
党没有忘记他们——红岩英烈（下）	中共四川省委组织部红岩英烈编写组	四川人民出版社		1986
狱中斗争纪实	傅伯雍 张正履	重庆出版社		1984
歌乐忠魂——中美合作所集中营里的斗争	中共重庆市委党史工作委员会	编者刊		1984
一曲难忘——回忆古承铄烈士	谭重威	重庆日报		1979.12.2
人民的歌手——记古承铄烈士	梁余	重庆日报		1981.11.7

续表八七

篇、书名	著(译)编者	出处	卷、期	年月日
怀念王朴烈士	黄同福	重庆日报		1980.11.27
青山有幸埋忠骨——吊王朴烈士墓	闻鲤冰	重庆日报		1982.11.7
在王朴烈士墓前	万龙生	重庆日报		1983.11.27
王朴烈士事略	唐守荣	重庆史学	1期	1984
继承革命传统,发扬莲花精神——纪念莲花中学建校40周年暨王朴烈士牺牲37周年	黄友凡	重庆党史研究资料	12期	1986
一代英烈,浩气长存——纪念王朴烈士殉难37周年	陈兵	重庆晚报		1986.10.28
"磨光宝剑莫踟蹰,自有通声血似珠"——王璞烈士传略	卢光特	四川党史月刊	8期	1988
英烈千古,丰碑永存——纪念华蓥山起义、合江金子沱起义暨王璞烈士牺牲40周年	黄友凡	重庆日报		1988.8.28
"疾风知劲草,板荡出英雄"——宋绮云烈士传略	江山等	人文杂志	3期	1981
宋绮云、徐林侠夫妇双烈	丁雍年等	文物天地	6期	1981
宋绮云	冯劼	党的生活丛刊	6期	1982
宋绮云同志被捕被杀纪实	李郁	革命英烈	4期	1987
碧血丹心照汗青——记杨虎城将军的秘书宋绮云烈士	何军萍	秘书之友	9期	1988
狱中教子——记徐林侠烈士狱中生活片断	周唯一	妇女生活	1期	1985
一位可歌可敬的女党员——徐林侠烈士事迹	胡民新	革命英烈	4期	1987
小萝卜头的故事	张朝东	重庆出版社		1984
闪耀在铁窗里的小星——小萝卜头的故事	程树榛	黑龙江少年儿童出版社		1986
我爱太阳——小萝卜头的故事	陈金发	中国卓越出版公司		1989
小萝卜头和他的小伙伴	杨小谊	重庆出版社		1986
小萝卜头的故事	厉华等	海南摄影美术出版社		1996
小萝卜头	薛家太	中国矿业大学出版社		1996
"小萝卜头"宋振中	宋振平等	群众出版社		1997
"我要为革命成仁"——记刘国鋕烈士	曾紫霞	重庆日报		1981.11.28
刘国鋕	曾紫霞	重庆出版社		1983

续表八八

篇、书名	著（译）编者	出处	卷、期	年月日
生当作人杰，死亦为鬼雄——回忆刘国鋕烈士	刘以洪	重庆日报		1987.11.25
话说刘国鋕	刘以洪	红岩春秋	4期	1990
记张学云烈士	王庸	重庆师院学报（哲社）	1期	1983
记李青林烈士（征求意见稿）	向远青	重庆师院学报（哲社）	3期	1983
琼姐入党前后——追忆李青林烈士	余造邦等	重庆日报		1987.7.12
陈然烈士传略	蒋一苇等	重庆出版社		1983
关于我营救内弟陈然烈士的情况	冷善昌	重庆党史研究资料	6期	1986
一个无私无畏的共产党员——记红岩烈士李犹龙同志	聂菁	四川日报		1985.7.3
虎口余生话当年——重庆渣滓洞大屠杀余生	盛国玉	妇女生活	1期	1987
绵竹王干青烈士墓	雷晓光	四川文物	3期	1987
他牺牲在中美合作所——怀念老战友齐亮同志	马识途	云南文史资料选辑	34辑	1988
忆齐亮1-3	马识途	红岩春秋	3-5期	
齐亮同志在重庆——记一个优秀的地下工作者	黄友凡	重庆党史研究资料	4期	1994
怀念单本善烈士	范国华	重庆日报		1988.11.25
虎穴坚持神圣业 几人鲜血染红星——"无名七杰"之一杨光烈士	杨绍元	党史纵横	3期	1989
浩气长存 世代英华——重庆歌乐山烈士陵园纪念册	重庆歌乐山烈士陵园	编者刊		1989
军统重庆集中营	杨顺仁	红岩春秋	增刊	1989
重庆"中美合作所"暨军统集中营历年死难人数考	凌杰	红岩春秋	增刊	1989
烈士英名录		红岩春秋	增刊	1989
歌乐山下埋忠骨，正气凛然垂千古——史德瑞烈士传略		成都党史	3期	1991
热血洒渝州，歌乐慰忠魂——刘石泉烈士传略	石磊	重庆地方志	6期	1991
临刑寄语——巴渝革命烈士书信选	中共重庆市委党史研究室	成都科技大学出版社		1991
血手染红岩——徐远举罪行实录	公安部档案馆	群众出版社		1991
渣滓洞逃出来的国民党将军	曾精明	红岩春秋	1期	1993

续表八九

篇、书名	著(译)编者	出处	卷、期	年月日
虎口脱险——军统重庆集中营历史故事系列	魏仲云	重庆大学出版社		1993
志士与炼狱——军统重庆集中营历史故事系列	杨顺仁	重庆大学出版社		1993
刽子手的末日——军统重庆集中营历史故事系列	孙 曙	重庆大学出版社		1993
魔窟传奇——军统重庆集中营历史故事系列	魏仲云	重庆大学出版社		1995
红岩九烈士	杨益言	中国青年出版社		1994
红岩魂——纪念11.27烈士殉难四十五周年	钟修文等	红岩春秋杂志社		1994
红岩小说与中美合作所军统集中营	厉 华 孙丹年	群众出版社		1994
血洒红岩——记中美合作所死难烈士黎洁霜夫妇	谭玉萍	广西党史	5期	1996
铁窗风云	钟修文等	群众出版社		1996
浩气长存	厉 华 王庆华	重庆大学出版社		1996
红岩逸闻	杨益言	重庆出版社		1996
红岩之光	杨益言	重庆出版社		1996
红岩风范	王 泓 刘 英	重庆出版社		1996
红岩魂——白公馆、渣滓洞革命烈士事迹	厉 华	兵器工业出版社		1996
歌乐山之魂	柯愈勋	重庆出版社		1996
红岩精彩故事	罗广斌等	河北少年儿童出版社		1996
血泪的嘱托	陈 全	重庆出版社		1996
牢记鲜血凝成的警示——读红岩烈士《狱中意见》	刘安南	四川党史	1期	1997
牺牲在"中美合作所"的民革五烈士	赖汝强	团结	5期	1997
军统特务重庆大屠杀罪行实录		炎黄春秋	6期	1997
红岩小说与重庆军统集中营	厉 华 孙丹年	群众出版社		1997
集中营里的血腥——军统罪行实际录	公安部档案馆	群众出版社		1997
红岩魂	重庆歌乐山烈士陵园	群众出版社		1997

续表九〇

篇、书名	著(译)编者	出处	卷、期	年月日
红岩魂	章 轲 黄先钢	上海文艺出版社		1997
红岩烈士丁地平	杨俊光	文史精华	11 期	1998
成都虎口	洪德铭	红岩春秋	2 期	1999
红岩大揭密：保密局重庆集中营纪实	曹德权	中国文联出版社		1999
红岩魂纪实系列——来自歌乐山的报告	厉 华	重庆出版社		1999
红岩魂纪实系列——来自B类档案的报告	孙曙等	重庆出版社		2000
红岩魂纪实系列——来自白公馆、渣滓洞集中营的报告	厉华等	重庆出版社		2003
再铸红岩魂	重庆歌乐山革命纪念馆	重庆出版社		2003
历史不会忘记	合川市委党史研究室	编者刊		2001
历史不会忘记	中共江津市委党史研究室	中国文联出版社		2003
往事如歌——怀念四川革命英烈	尹怀炯	四川档案	2 期	2004
解放大西南之战	李 达	四川日报		1962.8.11
进军大西南回忆片断	姚 萍	成都日报		1959.12.26, 27
向西北西南进军	《向西北西南进军》四川人民出版社编写组	四川人民出版社		1985
解放西南纪略	杨 平	四川党史研究资料	3 期	1983
刘邓出奇兵，解放川东南	冉兴海	四川党史研究资料	5 期	1986
刘邓大军进军西南	韦敏士等	重庆出版社		1989
挺进西南	成都军区政治部编研室	巴蜀书社		1989
大军西南行——一个记者的随军日记	林 田	新华出版社		1990
率师回川 饮誉西南	吴启权	四川党史	1、3、4 期	1996
论人民解放军进军西南的主要特点和经验	元 江	四川党史	5 期	1999
郭汝瑰回忆录	郭汝瑰	四川人民出版社		1987
"解放西南第一功"——记刘宗宽在解放西南中的功绩	马宏骄 李有平	党史文汇	7 期	1995

续表九一

篇、书名	著(译)编者	出处	卷、期	年月日
解放大西南的第一功臣刘宗宽	梁家盛	文史精华	7期	1996
为解放大西南立下汗马功劳的民主人士——刘宗宽	朱玉清	重庆社会主义学院学报	1期	2002
蒋介石在大陆的最后一个梦	陆廷荣	党史文苑	6期	1997
从撤出陕西到川北起义	裴昌会	文史资料选辑	23辑	1962
我从鄂西溃退入川到起义的经过	陈克非	文史资料选辑	23辑	1962
起义前的几点回忆	李振	文史资料选辑	23辑	1962
对李振《起义前的几点回忆》的订正	陈华	文史资料选辑	34辑	1963
解放前夕我和胡宗南策划的一个阴谋	宋希濂	文史资料选辑	23辑	1962
对《解放前夕我和胡宗南策划的一个阴谋》的两点订正	张宣武	文史资料选辑	30辑	1962
我在成都外围起义经过	鲁崇义	文史资料选辑	50辑	1964
第十六兵团在川西起义前后	傅英道	文史资料选辑	50辑	1964
罗广文在四川编练新军和率领第十五兵团起义经过	赵秀昆等	文史资料选辑	50辑	1964
李文第十五兵团在川西投降记略	王应尊	文史资料选辑	50辑	1964
我在西南的挣扎和被歼经过	宋希濂	文史资料选辑	50辑	1964
关于《我在西南的挣扎和被歼灭经过》的一点说明	陈克非	文史资料选辑	55辑	1965
对《我在西南的挣扎和被歼灭经过》的一点订正	李钦哲	文史资料选辑	129辑	1995
四川解放前夕我的罪恶活动	王陵基	文史资料选辑	55辑	1965
王陵基何时做重庆镇守使——郭沫若自传《初出夔门》的一个史实考证	梁辰美	郭沫若学刊	2期	2004
西蜀沉戈——罗广文将军起义纪实	谢谷 祁人	炎黄春秋	4期	1994
朱鼎卿金堂起义	许芊	武汉文史资料	7期	2005
回忆四川解放	四川省政协文史资料委员会	四川人民出版社		1989
重庆、成都解放前夕蒋介石指使的大破坏与大屠杀	郭旭	文史资料选辑	50辑	1964
解放重庆的前夜	阎成恩等	重庆人民出版社		1957
解放前夕重庆"十行庄本票案"史料选辑	唐小燕	档案史料与研究	4期	1996

续表九二

篇、书名	著(译)编者	出处	卷、期	年月日
重庆大火	韩素音	红岩	6期	1985
重庆"九二"火灾史料	秦知吾等	重庆市档案馆		1989
火的追忆，留给45年后的问号——举世闻名的重庆"九二"火灾纪实	王群生	峨眉	2期	1994
奇袭黄桷垭——记九五团解放重庆的最后一战	何某据等	重庆日报		1979.11.20
把红旗插上山城——回忆解放重庆之战	张瑞原	重庆日报		1979.12.10
解放重庆第一线	朱增禄	重庆党史研究资料	10期	1986
1949年重庆陆军大学起义实况	杭鸿志	江苏文史资料选辑	19辑	1987
鏖战川东，解放重庆	曹里怀	中华英烈	1期	1987
接管重庆	中共重庆市委党史工作委员会	编者刊		1985
重庆的解放与接管	任白戈	重庆党史研究资料	7期	1986
重庆解放简况	高雄辉	重庆党史研究资料	3期	1987
重庆的解放	中共重庆市委党史工作委员会	重庆出版社		1989
北碚的解放与接管	中共重庆市北碚区委党史工作委员会	编者刊		1989
重庆解放在解放大西南战役中的战略地位	毛鹏翼	重庆党史研究资料	1期	1990
重庆解放与西南战役	罗传勋等	重庆地方志	6期	1991
国民党海军江防舰队重庆起义始末	张祁	重庆地方志	4期	1992
陪都第十区和平解放的前前后后	刘金禄	档案史料与研究	4期	1994
解放重庆（1949.11.30）	李宪科	四川党史	2期	1998
进军成都	贾青心	成都晚报		1963.1.22
成都人民庆解放	勃扬	成都日报		1979.12.27
回忆解放战争中的"成都战役"	萧永银 李开湘	人民日报		1982.10.4
1949年的成都国事座谈会	四川医学院马列主义教研室党史组	成都现代革命史资料	14期	1982
川西解放前夕的"游干班"和"川康游击挺进军"	康兆奎	文史资料选辑	96辑	1984

续表九三

篇、书名	著(译)编者	出处	卷、期	年月日
1949·成都：蒋介石在大陆的最后时刻1-4	于 东	文史杂志	1-4期	1990
一个"爆破成都"阴谋的破产1-3	于 东	文史杂志	3-5期	
蒋介石：在大陆的最后时刻	秦彤等	南海出版社		1992
魂断天府	陈 宇	黄河出版社		1993
蒋介石在大陆的最后一次阅兵		党史文汇	9期	1994
蒋介石为何从成都飞往台湾	汤传霞	四川档案	5期	1995
必然的一幕——蒋介石逃离大陆前的一次阅兵	李 明	党史纵横	1期	1996
蒋介石在中国大陆的最后41小时	鲁 青	党史文汇	2期	1996
黯然的逃离	苗 生	党史纵览	1期	1998
蒋介石在大陆的最后十天	达 生	红岩春秋	6期	1999
蒋介石在大陆的最后日子	建 林	档案时空	7期	2003
历史沉案：1949年我军未打蒋介石逃台座机真相		湖北档案	3期	2004
蒋介石逃离成都前后	彭荆风	文史天地	8期	2004
蒋介石去台前的最后七天	韦晓萍	文史春秋	4期	2005
成都解放的一段秘闻（上）（下）	刘明等	龙门阵	9、10期	2004
解放平武的前前后后	吕斐然	四川党史研究资料	2期	1982
做好统战策反，和平解放永川	中共永川县党史办	重庆党史研究资料	9期	1984
欢庆达县解放	中共达县县委党史工作委员会	编者刊		1987
和平解放宜宾	中共宜宾市委党史工作委员会	编者刊		1989
泸州解放	中共泸州市委党史研究室	编者刊		1989
加强统战工作，迎接万县解放	杜之祥	四川统一战线	4期	1990
万县地区的解放	中共万县地委党史研究室	四川大学出版社		1991
四川省第九区行政督察专员李鸿焘万县起义电稿一束		档案史料与研究	4期	1995
彭水的解放	中共彭水苗族土家族自治县委党史研究室	编者刊		1991

续表九四

篇、书名	著(译)编者	出处	卷、期	年月日
竹阳春晓——大竹解放纪实专辑	四川省政协大竹县委员会	编者刊		1992
马尔康解放始末	李兵	民族	7期	1994
三上竹海——纪念解放竹海44周年	戴白君	四川党史	4期	1994
解放通南巴平部队考	肖登国	四川党史	5期	1997
奉节的解放	廖正才	西南师范大学出版社		1997
绵阳人民喜迎解放纪略	蒋春玲	四川党史	5期	1999
绵阳解放纪实	中共绵阳市委党史研究室	编者刊		1999
迎来曙光——巴县解放专题资料	中共重庆市巴南区委党史研究室	编者刊		2002
梁山的解放	中共梁平县委党史研究室	编者刊		2004
西康各县政情大概		蒙藏周报	2期	1929
康藏大事记(上)(下)	杨露浓	边政月刊	1卷	1929
			3卷	1931
西康大事纪年		民族研究情报资料摘编	2期	1987
近百年来之康藏	刘家驹	四川民族史志	4期	1988
英人干涉川藏划界		西北月刊	23期	1925
尚带古风治西康	醒康	新西康	5期	1930
西康形势记		蒙藏周报	14、15期	1930
外人侵略已深入西康		蒙藏周报	24期	1930
西康社会势力之分析	杨仲华	蒙藏周报	43期	1930
外人垂涎之西康	育栋	新西康	5期	1930
西康镇守使时代的行政状况	汪袭风	蒙藏周报	51期	1930
康部社会之没落及基因	任汉光	康导月刊	2卷3期	1931
西康人民与喇嘛寺之武力		蒙藏周报	60期	1931
西康与内政	少祥	新西康	10期	1931
西康要闻汇志		蒙藏周报	74期	1931
西康政治鸟瞰	杨仲华	蒙藏周报	75-78期	1931

续表九五

篇、书名	著(译)编者	出处	卷、期	年月日
康藏过去之党务及今后推行方针	刘家驹	蒙藏旬刊	9期	1931
康藏之过去及今后建设	刘家驹	新亚细亚	3卷5期	1932
经营西康与安定川局	梦蕉	蒙藏旬刊	59期	1933
西康政情现状		蒙藏旬刊	66期	1933
康藏青年与康藏前途	马裕恒	康藏前锋	1卷2期	1933
对刘文辉经营西康之意见	天	康藏前锋	1卷5期	1934
西康党务应速推进	文斗	康藏前锋	1卷5期	1934
西康青年运动之过去与将来	隐	康藏前锋	1卷5期	1934
康藏与新疆		蒙藏旬刊	84期	1934
今后之康藏与新疆		蒙藏月报	1卷2期	1934
西康今后繁荣之途径	举安	康藏前锋	1卷10、11期	1934
西康之重要		蒙藏月报	1卷5期	1934
西康区内之形势		蒙藏月报	2卷1期	1934
四川匪祸与康藏国防	祥麟	康藏前锋	2卷1期	1934
西康前途之瞻望	黄举安	康藏前锋	2卷1期	1934
封建社会前期之康藏		康藏前锋	2卷2期	1934
应如何注意西北与康藏		蒙藏月报	2卷3期	1934
三十三年之西康	阿铁	边事研究	1卷2、3期	1935
康藏问题之研究	懒兵衣	边事研究	1卷3期	1935
西康最近之立体研究	怀瑾	边事研究	2卷2、3期	1935
西康之现状		川边季刊	1卷3期	1935
西康政策与民情	林东海	康藏前锋	2卷6期	1935
西康过去政治与今后应革新的途径	幼愚	康藏前锋	2卷6期	1935
参谋团入川与西康今后	茂森	康藏前锋	2卷6期	1935
西康今后的命运	俊荣	康藏前锋	2卷6期	1935

续表九六

篇、书名	著（译）编者	出处	卷、期	年月日
冷卡石上粮对西康政局的展望	陈尊泉	康藏前锋	2卷7期	1935
由巩固边防谈到康藏青年应有的觉悟	天齐	康藏前锋	2卷7期	1935
谈谈江苏省的三大要政与西康今后的建设	王孟周	康藏前锋	2卷8期	1935
西康行政会议提案志要		康藏前锋	2卷8期	1935
对西康行政会议闭幕后之期望	幼恩	康藏前锋	2卷8期	1935
西康目前最需要的五个条件	李文壁	康藏前锋	2卷8期	1935
西康最近之立体研究	怀瑾	边事研究	2卷2、3期	1935
西康现状	刘文辉	康藏前锋	3卷2期	1935
西康社会状况之分析	民生	求实月刊	2卷10期	1935
康藏地方通讯		蒙藏旬刊	98期	1935
蒋委员长告川康藏青边区民众书		西陲宣化	1卷3期	1936
康藏的社会地理基础	张俊德	蒙藏月报	6卷2期	1936
西康现况及赵尔丰治康之得失	刘文辉	西北问题季刊	2卷1期	1936
康定现状	余贻泽	禹贡	6卷12期	1937
西康之现况与将来开发之途径	谢常洁	西陲宣化	1卷9期	1937
二十年来康政得失之概要	启图	康导月刊	1卷1期	1938
西康之过去、现在和将来	刘文辉	康导月刊	1卷1期	1938
康藏地区概要	张涤生	四川月报	12卷3、4期	1938
西康之政治改革之途径	陈升朝	康导月刊	1卷5期	1939
澄清吏治为建设新西康之先决条件	张镇国	康导月刊	1卷5期	1939
一年来之西康保安		康导月刊	1卷9期	1939
未来的西康	叶秀峰	康导月刊	2卷1期	1939
康事纪要		康导月刊	2卷1、3期	1939
西康之过去与现在	刘渭平	政治建设	2卷6期	1940

续表九七

篇、书名	著(译)编者	出处	卷、期	年月日
西康的国防问题	鸿爪	康导月刊	2卷9期	1940
抗战期中的康藏动态	冷亮	东方杂志	32卷24期	1940
西康情况	李鉴铭	责善半月刊		1941.5
西康之历史状况与今后治康之基本任务	刘文辉	蒙藏月报	13卷5期	1941
从"西藏巡礼"谈到康藏边政	颜泽夔	读书通讯	24期	1941
评"西康社会之鸟瞰"	康疆	蒙藏月报	13卷4期	1941
抗战期中之新西康		蒙藏月报	13卷7期	1941
西康在我国国防上之地位	黄国璋	边政公论	创刊号	1941
古史在西康	卫聚贤	说文月刊	2卷11期	1941
西康未来之瞻望	刘文辉	边政公论	1卷5、6期	1942
康藏国防交通	张玉书	康导月刊	4卷2、3期	1942
邓柯四年来施政概要	黎可行	康导月刊	4卷8、9期	1942
稻城四大势力之分析	乔鉴平	康导月刊	4卷8、9期	1942
西康边防问题及其解决途径	黄国璋	边政公论	1卷11、12期	1942
宣抚康南日记	曾言枢	康导月刊	5卷2、3、6期	1943
西康社会之鸟瞰	郭沅卿 杨仲华	康导月刊	5卷9期	1943
康事日志		康导月刊	3卷12期	1944.8
			4卷2、3期	1945.7
			5卷1期	
			6卷8期	
滇康边区新形势	黄举安	边疆通讯	2卷1期	1944
一年来西康民政	张为炯	康导月刊	5卷10期	1944

续表九八

篇、书名	著(译)编者	出处	卷、期	年月日
一年来之西康保安行政	王靖宇	康导月刊	5卷11、12期	1944
三十年来康政之检讨	陈启图	康导月刊	6卷1期	1944
康藏社会演进所受之政治影响	任乃强	边疆文化	11期	1945
西康省北山模范政治指导区概况	余文成	边政月刊	2卷7-9期	1946
西藏自治与康藏划界	任乃强	边政公论	5卷2期	1946
西康的游牧社会	谢国安	华西乡建	7、8期	1947
西康夷族参政感言	丁珍亭	边疆通讯	4卷8、9期	1947
蒋介石假征藏以图康的经过	伍培英	文史资料选辑	33辑	1963
走到人民阵营的历史道路	刘文辉	文史资料选辑	33辑	1963
反逆刘文辉	天仇	四川文献	160期	1976
民初四十年之西康	劲松	四川文献	170期	1977
走到人民阵营的历史道路	刘文辉	三联书店		1979
蒋介石派我回西康的前后	张练庵	文史资料选辑	110辑	1987
邓汉祥在川康政治舞台上的后期纵横	陈雁脖	文史天地	1期	1998
略论刘文辉研究中的几个问题	李殿元	天府新论	3期	1994
论刘文辉反蒋	李殿元	社会科学研究	1期	1994
抗战时期刘文辉治康初探	陈亦荣	中华民国史专题论文集：第三届讨论会		1996
刘文辉与蒋介石决裂起义内幕	李殿元	世纪	6期	1997
西康王刘文辉	蔡远	文史精华	7期	1997
周恩来与刘文辉起义	李静	文史杂志	2期	1998
中共地下电台之谜	刘德鑫	中华魂	7期	1998
贺龙巧劝刘文辉戒烟	邓寿明	四川党史	5期	2002
张友渔秘密会见刘文辉	官伟勋	红岩春秋	6期	2004
我的父亲刘文辉	雷晓宇	中国企业家	19期	2005

续表九九

篇、书名	著(译)编者	出处	卷、期	年月日
中共会理地下组织及其领导下的武装斗争（1942-1950）	中共会理县委党史工委	编者刊		1989
民盟在西康策动地方武装起义的前前后后	彭迪先	文史资料选辑	121 辑	1987
西康盟务五则	赵锡骅	文史资料选辑	121 辑	1987
我在雅安的一段经历	洪 钟	文史资料选辑	121 辑	1987
我与荣经盟员并肩战斗的回忆	任康执	文史资料选辑	121 辑	1987
我在荣经的战斗历程	刘光烈	文史资料选辑	121 辑	1987
四川民盟策动川康军政人员起义概述	张松涛	文史资料选辑	122 辑	1987
陈同生联系川康人士的点滴回忆	王祖骥	戎马书生——陈同生纪念文集		2001
黎明前的战斗——西康中共地下党斗争回忆录	周英哲	中共雅安市委党史研究室		2005
黎明前的战斗续集——西康中共地下党斗争回忆录	周英哲	中共雅安市委党史研究室		2005
西南义举——卢汉刘文辉起义纪实	成都军区政治部联络部	四川人民出版社		1988
刘、邓、潘起义前的一段插曲	许广清	四川统一战线	11 期	1995
天变川康——争取刘文辉、邓锡侯、潘文华起义纪实	邓高如 陶朱问	解放军出版社		2002
我在川西起义的经过	邓锡侯	文史资料选辑	17 辑	1961
对《我在川西起义的经过》的订正	袁桓楚	文史资料选辑	30 辑	1962
对《我在川西起义的经过》的几点补充	熊顺义	文史资料选辑	37 辑	1963
邓锡侯率部起义前后	方镇华 张炎炳	武汉文史资料	3 期	1994
川西起义经过	严啸虎	文史资料选辑	23 辑	1962
关于《川西起义经过》的订正	雷云仙	文史资料选辑	37 辑	1963
雅安起义经过	杨学端	文史资料选辑	50 辑	1964
川西起义将领潘文华事略	廖时哲	文史精华	3 期	1998
略论黑水的解放	周礼富	四川党史	5 期	1996

续表一〇〇

篇、书名	著(译)编者	出处	卷、期	年月日
康定解放纪实	胡庆和	民族	6、7 期	2000
胡宗南部逃窜西昌和覆灭实录	李犹龙	文史资料选辑	50 辑	1964
川康最后苦斗记——节录胡宗南上将军谱		四川文献	116、117 期	1972
更残梦尽——胡宗南集团西昌覆灭记	许汉光等	四川人民出版社		1992
试述西昌战役的特点及历史意义	陈 蓉	西昌师范高等专科学校学报	4 期	1999
西昌战役——西昌战役胜利 50 周年纪念文史专辑	凉山州政协学习文史委员会、西昌战役战史研究会	编者刊		2000